邓小平教育科技
理论与实践研究

邓小平图书馆
邻水经济社会发展研究会　课题组 编著

西南交通大学出版社
·成都·

图书在版编目（CIP）数据

邓小平教育科技理论与实践研究 / 邓小平图书馆课题组，邻水经济社会发展研究会课题组编著. —成都：西南交通大学出版社，2017.12
ISBN 978-7-5643-5948-5

Ⅰ.①邓… Ⅱ.①邓… ②邻… Ⅲ.①邓小平理论 – 科学教育学 – 理论研究 Ⅳ.①A849②G40-05

中国版本图书馆CIP数据核字（2017）第301877号

Dengxiaoping Jiaoyu Keji Lilun Yu Shijian Yanjiu
邓小平教育科技理论与实践研究

邓小平图书馆课题组
邻水经济社会发展研究会课题组　编著

责 任 编 辑	郭发仔
特 邀 编 辑	王双叶　赵誉凌
封 面 设 计	曹天擎
出 版 发 行	西南交通大学出版社 （四川省成都市二环路北一段111号 西南交通大学创新大厦21楼）
发 行 部 电 话	028-87600564　028-87600533
邮 政 编 码	610031
网　　　　址	http://www.xnjdcbs.com
印　　　　刷	成都中铁二局永经堂印务有限责任公司
成 品 尺 寸	170 mm × 230 mm
印　　　　张	30.5
字　　　　数	564千
版　　　　次	2017年12月第1版
印　　　　次	2017年12月第1次
书　　　　号	ISBN 978-7-5643-5948-5
定　　　　价	98.00元

图书如有印装质量问题　本社负责退换
版权所有　盗版必究　举报电话：028-87600562

前　言

邓小平作为中国共产党第一代中央领导集体的重要成员、第二代中央领导集体的核心，他在提出和形成建设中国特色社会主义理论的过程中，继承和发展了马克思主义、毛泽东思想关于教育和科技的思想理论观点，是中国把教育科技理论与实践融为一体的开拓者和奠基人。可以说，中国今天教育科技事业能在许多方面取得重大突破和发展，教育科技工作能呈现蒸蒸日上的可喜局面，根本原因之一，就是各级党委政府、教育科技主管部门和广大教育科技工作者坚定地、全面地贯彻执行了邓小平、党和国家关于教育科技工作的理论、方针和政策。

从总体看，《邓小平教育科技理论与实践研究》（以下简称《研究》）具有以下三个特点：

一是真实再现了邓小平教育科技理论与实践的全局性与前瞻性。邓小平教育科技理论与实践博大精深，内容涉及教育科技的地位和作用，教育科技事业发展的指导方针，教育科技的性质和方向、培养目标，教育科技体制改革等各个方面，深刻揭示了中国教育科技事业的本质和发展规律，精辟阐述了中国教育科技改革和发展的一系列理论和实践问题。《研究》关于邓小平"我们国家要赶上世界先进水平……要从科学和教育着手""战略重点，一是农业，二是能源交通，三是教育和科学。搞好教育和科学工作……是关键""教育是一个民族最根本的事业""我们要千方百计，在别的方面忍耐一些，甚至牺牲一点速度，把教育问题解决好""科学技术的发展和作用是无穷无尽的""下一个世纪是高科技发展的世纪""中国必须发展自己的高科技，在世界高科技领域占有一席之地……这些东西反映一个民族的能力，也是一个民族、一个国家兴旺发达的标志""别的事情搞得差一点，发展科学技术这件事情搞好了，我们见马克思还可以交得了账，否则交不了账""发展科学技术，不抓教育不行""科学技术人才的培养,基础在教育""要后继有人,这是对教育部门提出的问题""'文化大革命'的一个大错误是耽误了十年人才的培养。现在要抓紧发展教育事业""我们多次说过,我国的经济,到建国一百周年时,可能接近发达国家的水平。我们这样说,根据之一,就是在这段时间里,我们完全有能力把教育搞上去,提高我国的科学技术水平,培养出数以亿计的各级各类人才。我们国家,国力的强弱,经济发展后劲的大小,越来越取决于劳动者的素质,取决于知识分子的数量和质量。一个十亿人口的大国,教育搞上去了,人才资源的巨大优势是任何国家比不了的。有了人才优势,再加上先进的社会主义制度,我们的目标就有把握达到""如果现在不向全党提出这样的任务,就会误大事,就要负历史责任",等思想理论观点的分析研究阐释,不仅真实再现了邓小平教育科技理论与实践的全局性,而且真实再现了邓小平教育科技理论与实践的前瞻性。

二是真实反映了邓小平教育科技理论与实践的全面性与时代性。《研究》的"教育基础篇",关于邓小平教育理论与实践若干研究内容观点的构思、设计、分析、研究、阐释,深刻揭示了邓小平"教育是一个民族最根本的事业,是中国现代化建设的基础,居于优先发展的战略地位"的丰富内涵,充分展示了邓小平教育要坚持社会主义方向、为中国经济社会建设服务、培养"三个面向"的"四有"人才,以及如何培养"三个面向"的"四有"人才等思想理论观点,不仅真实反映了邓小平教育理论与实践的全面性与时代性,而且为读者在纷繁复杂的教育思潮面前认清教育改革发展方向提供了路标,为中国正确处理教育与经济、政治、科技、传统文化、对外开放、未来发展等关系提供了思路。《研究》的"科技关键篇",关于邓小平科学技术理论与实践的若干研究内容观点的构思、设计、分析、研究、阐释,深刻揭示了邓小平"科学技术的发展和作用是无穷无尽的,中国要实现现代化,关键是科学技术要能上去"的丰富内涵,充分展示了邓小平科学技术是第一生产力的"第一性特征"、宽广眼界分析和判断国际形势的出发点、实事求是分析和研究中国国情的立足点、坚持科学技术是第一生产力的关键点、把科学技术融入中国特色社会主义事业中的根本点等思想理论观点,不仅真实反映了邓小平科学技术理论与实践的全面性与时代性,而且为读者认识和把握科学技术是第一生产力提供了导向,为中国发展产业化高科技、在世界高科技领域占有一席之地提供了路标。《研究》的"科教兴国篇",关于邓小平科技教育理论与实践若干内容观点的构思、设计、分析、研究、阐释,深刻揭示了邓小平"我们国家要赶上世界先进水平,要从科学和教育着手,发挥好科教兴国作用"的丰富内涵,充分展示了邓小平教育是中国现代化建设的基础、科技是中国现代化建设的关键、抓好教育科技人才培养集聚、尽快地培养出各行各业需要的人才和一批具有世界第一流水平的科学技术专家是科学教育战线的重要任务等思想理论观点,不仅真实反映了邓小平科教理论与实践的全面性与时代性,而且为读者认识把握教育与科技密不可分的一体关系提供了根据,为中国实施科教兴国战略提供了思想理论准备。

三是真实体现了邓小平教育科技理论与实践的科学性与指导性。《研究》从邓小平教育理论的形成脉络与内容体系,邓小平教育要"三个面向"的理论与实践,邓小平发展教育的理论与实践,邓小平把教育工作认真抓起来的理论与实践,邓小平科学技术理论的形成脉络与内容体系,邓小平科学技术是第一生产力的理论与实践,邓小平发展科学技术的理论与实践,邓小平科技理论与实践的特征特点、国际视野及其丰富发展,邓小平的科技教育观,邓小平教育科技人才培养与集聚人才大举措的理论与实践,邓小平尊重知识尊重人才的理论与实践及其丰富和发展,邓小平科技教育生产与经济结合以及中国科教兴国战略的理论与实践等十二个方面,对邓小平教育科技理论与实践进行深度挖掘、梳理、研究、阐释,坚持理论与实践相结合,构建了邓小平教育科技理论与实践紧密结合的科学体系,对人们进一步认识把握邓小平教育科技思想理论具有现实的指导意义。《研究》紧扣邓小平教育科技理论与实践,从理论与实践紧密结合的角度展示了邓小平教育科技理论与实践的丰富内容,不仅能让读者从中获得全面系统的、原汁原味的邓小平教育科技思想理论观点,而且能让读者从中全面、系统了解和把握邓小平教育科技思想理论观点是如何在实践中得到贯彻落实、端正人们对教育科技的认识、指导中国教育科技工作的,更将深刻影响、推动当前和今后教育科技理论与实践的创新和发展,坚定中国人民走中国特色社会主义教育科技一体化发展道路的信心和决心。《研究》把邓小平教育科技思想理论观点同党和国家关于教育科技事业、工作的方针、政策、措施有机结合起来的研究方法，不仅能极大增强人们对"教育是立国之本、科技是强国之路""不抓科学、教育，四个现代化就没有希望，就成为一句空话""抓科技必须同时抓教育"，以及要"抓头头，抓方针……政策、措施"等落实的认知，而且能极大地减少和避免单纯对邓小平教育科技理论与实践研究的抽象性，还原邓小平教育科技理论对中国教育科技事业、工作所进行的直接、长期指导作用的历史事实，为人们进一步深刻认识把握党和国家的教育科技方针、政策、措施提供科学的理论支撑。

《研究》对邓小平教育科技理论与实践研究所具有的全局性与前瞻性、全面性与时代性、科学性与指导性进行了深刻揭示，坚持理论与实践紧密结合的原则，具有较强的应用性、操作性等，可供从事相关研究的科研人员和有关决策部门阅读和参考。书中不足之处，敬请各位方家批评指正。

课题组
2017 年 6 月

目 录

第一篇　教育基础篇

第一章　邓小平教育理论的形成脉络与内容体系……………………002
　一、邓小平教育理论的形成脉络……………………………………002
　二、邓小平教育理论的内容体系……………………………………017
第二章　邓小平教育要"三个面向"的理论与实践……………………038
　一、邓小平教育要"三个面向"理论的提出背景及特点……………038
　二、邓小平教育要面向现代化的理论与实践………………………040
　三、邓小平教育要面向世界的理论与实践…………………………051
　四、邓小平教育要面向未来的理论与实践…………………………064
　五、坚持邓小平"三个面向"教育理论与实践要处理好的几个关系………075
第三章　邓小平发展教育的理论与实践………………………………078
　一、邓小平对中国教育战略地位的确立……………………………078
　二、邓小平对中国教育方针的坚持和发展…………………………080
　三、邓小平教育公平理论与实践……………………………………089
　四、邓小平教育法制理论与实践……………………………………094
　五、邓小平教育经济理论与实践……………………………………104
　六、邓小平发展教育理论与实践的辩证法…………………………110
第四章　邓小平把教育工作认真抓起来的理论与实践………………116
　一、邓小平坚持抓紧抓好教育工作的理论与实践…………………116
　二、邓小平坚持抓好教育质量提高的理论与实践…………………119
　三、邓小平坚持抓好成人教育的理论与实践………………………133

I

四、邓小平坚持抓好青年教育的理论与实践……………………140

　　五、邓小平坚持抓好党员修养和干部培养教育的理论与实践………158

　　六、邓小平坚持抓好军队、专政机构和国防教育的理论与实践………177

　　七、邓小平坚持抓好党员干部群众艰苦创业精神教育的

　　　　理论与实践……………………………………………191

　　八、邓小平坚持抓好思想政治教育的理论与实践………………203

第二篇　科技关键篇

第五章　邓小平科学技术理论的形成脉络与内容体系………………222

　　一、邓小平科学技术理论的形成脉络……………………………222

　　二、邓小平科学技术理论的内容体系……………………………240

第六章　邓小平科学技术是第一生产力的理论与实践………………251

　　一、邓小平科学技术是第一生产力理论的提出与科学含义………251

　　二、科学技术作为第一生产力具有结构性地位的首位性…………258

　　三、科学技术作为第一生产力具有功能性地位的先导性…………261

　　四、科学技术作为第一生产力具有经济性地位的效率性…………265

　　五、科学技术作为第一生产力具有战略性地位的制高性…………268

　　六、科学技术作为第一生产力具有人本性地位的向度性…………273

　　七、坚持邓小平"科学技术是第一生产力"理论与实践，

　　　　加快推进中华民族复兴伟业………………………………279

第七章　邓小平发展科学技术的理论与实践…………………………285

　　一、邓小平发展科学技术的理论与实践概述……………………285

　　二、邓小平发展信息化科技的理论与实践………………………298

　　三、邓小平发展生态科技的理论与实践…………………………303

　　四、邓小平发展管理科技的理论与实践…………………………307

　　五、邓小平发展安全科技的理论与实践…………………………313

第八章　邓小平科技理论与实践的特征特点、国际视野及其丰富发展 …… 319
　一、邓小平科技理论与实践的特征、特点 ………………………… 319
　二、邓小平科技理论与实践的国际视野 …………………………… 326
　三、习近平对邓小平科技理论与实践的丰富和发展 ……………… 338
　四、坚持邓小平、习近平科技理论与实践，
　　　加快建设世界科技强国的步伐 ………………………………… 349

第三篇　科教兴国篇

第九章　邓小平的科技教育观 ……………………………………… 352
　一、邓小平的科技教育一体观 ……………………………………… 352
　二、邓小平的科技教育地位观 ……………………………………… 355
　三、邓小平的科技教育作用观 ……………………………………… 357
　四、邓小平的科技教育创新观 ……………………………………… 360
　五、邓小平的科技教育发展方向观 ………………………………… 365
第十章　邓小平科技教育人才培养与当今集聚人才大举措的
　　　　理论与实践 ………………………………………………… 374
　一、邓小平关于抓好教师这个知识分子队伍重要组成部分和
　　　培养造就宏大知识分子队伍"工作母机"工作的理论与实践 …… 374
　二、邓小平关于加强科技人才队伍建设的理论与实践 …………… 381
　三、邓小平关于一定要有相当规模的科学研究机构，把科研队伍加强和
　　　扩大起来的理论与实践 ………………………………………… 401
　四、习近平关于集聚人才的理论与实践要求 ……………………… 405
第十一章　邓小平尊重知识尊重人才的理论与实践及其丰富和发展 …… 412
　一、邓小平尊重知识尊重人才的理论与实践 ……………………… 412
　二、江泽民对邓小平尊重知识尊重人才理论与实践的丰富和发展 …… 438
　三、胡锦涛对邓小平尊重知识尊重人才理论与实践的深化发展 …… 443

第十二章　邓小平科技教育与生产经济相结合以及

　　科教兴国战略的理论与实践 …………………………………… 449

　　一、邓小平教育与生产劳动、经济社会发展相结合的理论与实践 ………… 449

　　二、邓小平推进农村教育综合改革、科技兴农、农科教结合的

　　　　理论与实践 …………………………………………………… 454

　　三、邓小平科技教育理论与科教兴国战略 …………………………… 462

　　四、中国实施科教兴国战略必须坚持的几个问题 …………………… 469

主要参考文献 ………………………………………………………… 475

后　　记 ……………………………………………………………… 477

第一篇
教育基础篇

  教育是一个民族最根本的事业，是中国现代化建设的基础，居于优先发展的战略地位。本篇主要从"邓小平教育理论的形成脉络与内容体系（第一章），邓小平教育要'三个面向'的理论与实践（第二章），邓小平发展教育的理论与实践（第三章），邓小平把教育工作认真抓起来的理论与实践（第四章）"四个方面入手，对其进行全面系统的梳理、研究、阐述。

第一章 邓小平教育理论的形成脉络与内容体系

本章主要从邓小平教育理论的形成脉络、邓小平教育理论的内容体系两个方面入手,对其进行梳理、研究、阐述。

一、邓小平教育理论的形成脉络

邓小平教育理论的形成,是同中国革命和建设的战略全局、历史进程紧密联系在一起的。从中国革命和建设的全局来观察处理教育问题,把教育摆在优先发展的战略全局地位,是邓小平教育理论的基本特征。

（一）邓小平教育理论的发端

革命战争年代,邓小平在领导武装斗争和根据地建设的过程中,就十分重视教育工作特别是思想政治教育工作,把它看作取得革命斗争胜利的保证。这一时期邓小平教育理论集中体现在以下三个方面。

1. 采取较好的方式鼓起民众上前线的决心和勇气、武装战士的头脑

1938年1月12日,邓小平在《动员新兵及新兵政治工作》中指出,全国民众对日寇的侵略是深恶痛绝的,只要我们能采取较好的方式,去诱导他们、鼓动他们,必定能够很快地打破部分民众不健康的心理,必定能够鼓起他们最大的决心与勇气,自动地奔上前线,鼓励自己的夫、子、兄、弟上前线,为光荣的民族解放事业而战斗。如那些动员较好的区域,运用戏剧、歌曲、壁报、群众大会、小型演讲、个别谈话等方法,向群众说明目前形势和生路,揭露敌人的残暴,民众的抗日热情很快地就被激发起来,踊跃参军,远远超过强征的效果。对新兵的教育尤其重要的是武装战士的头脑,提高战士的觉悟。对新兵进行思想政治教育工作,在稳定新战士与提高其战斗力上,发挥了极大的作用。

2. 教育要为战争、为生产服务

1939年7月2日,邓小平在《太行区的经济建设》中指出,敌人对我们的经济进攻,是与军事、政治、特务的进攻密切结合着的,是极其残暴的,其目的则在于"毁灭抗战生存力",如不采取有效办法,一旦人民元气耗尽,一旦军

需民食没有保证，敌后抗战的坚持是不能设想的，今后的斗争将更加残酷，抗战胜利还要经历一个相当漫长的过程。战争、生产、教育，是敌后的三大任务，教育则为战争、生产而服务，把三者密切地结合起来，就是不可战胜的力量。我们同敌人进行了坚决的政治、文化和反特务的斗争，大大地发扬了根据地和敌占区人民的抗日积极性，坚定了人民的民族自尊心和自信心。邓小平从太行区敌后根据地的实际出发，正确地处理战争（政治）、生产（经济）、教育三大任务之间的关系，提出了教育为战争、生产服务的正确方针。

3. 通过整风整党和宣传教育，把每个人的思想工作作风整好

1943年11月10日，邓小平《在北方局党校整风动员会上的讲话》中指出，党是由许多个人集合组织起来的，个人把思想作风整好了，就可以使他担负的工作得到改进，因而党的力量也就增强了。如果我们所有的同志都把歪风去掉，那我们党不知要增加多大的力量！整风运动是我们建党的百年大计，每个同志都要自觉地参加，并要努力做到：要下定决心把自己的思想作风整好，要具有帮助别人整风的勇气，要与检查工作联系，要有思想上的压力，要提倡知无不言、言无不尽。总之，只要有改造自己、改造工作的决心，就一定能够收到很大的效果，党的事业就一定会有更大的进步。

1948年4月25日，邓小平在《跃进中原的胜利形势与今后的政策策略》中指出，在今天的党建中，不论是思想、成分不纯，还是贪污腐化、作风不好、违反纪律、对战争厌倦、怕过长江吃苦头等，都要从思想上好好整一整。争取教育是整党的方针，我们要严肃地对待任何犯错误的人，必须开展批评与自我批评。同年6月6日，邓小平在《贯彻执行中共中央关于土改与整党工作的指示》中指出，强化宣传教育，无论在军队还是在地方，都是刻不容缓的工作，各级党委和政治机关应加强宣传教育工作的领导，使之完全符合于党的方针和政策，乱写标语乱做宣传的坏现象应该制止。

1950年6月6日，邓小平在《克服目前西南党内的不良倾向》中指出，要把学习搞好，认真建立学习制度，学习可以使我们向前看，可以澄清各种混乱的思想，市委、直属机关党委要研究这个问题，加强领导。过去所以发生许多毛病，就是因为有些同志不重视学习，陷于事务主义的泥坑，不能经常吸收新的营养。我们采取这些措施，目的在于克服缺点，加强党的战斗力，更好地完成党交给我们的繁重任务。

（二）中华人民共和国成立初期邓小平的教育理论

中华人民共和国成立后，1952年7月，邓小平调到中央工作，任政务院常

务副总理（后任国务院常务副总理），协助周恩来总理全面工作，参与对教育工作的领导和决策。这一时期邓小平围绕社会主义建设这个主题，在教育理论上提出的主要观点有以下几个方面。

1. 学校教育工作关系重大

1951年1月18日，邓小平在《各级党委都要重视宣传工作》中指出，从新民主主义到社会主义社会、共产主义社会，就是要靠教育工作把人的思想意识改变过来，使之适应新的社会制度，又反转过来推动社会的发展。现在战争基本结束了，我们的主要工作就是生产和教育，别的工作均应服从这两大工作，或用这两大工作去推动其他工作。今年要努力做好一切准备工作，为以后长期的教育运动打下基础；学校教育工作搞不好，关系重大，宣传部一定要有管学校教育的领导，即使有一个干事也好，可以去了解了解情况；学校教育的困难在于教育改革，最大的问题是方针，而方针在于能不能团结教育界，发挥他们的积极性。要闻要问是解决问题的基础，解决问题的关键在于团结中间群众。邓小平的这些论述，明确地强调了教育的重要性，指出党领导教育要解决的思想认识问题和急需解决的实际问题，具有很现实的指导作用。

2. 教育计划要与国家经济建设计划密切配合

1952年10月17日，邓小平在代中央起草的关于教育部的综合报告的批语中明确指出："国家的教育建设计划是与国家的经济建设计划密切配合的，如果教育计划不能准确地完成，必将大大影响国家经济建设。"他在《关于教育工作的意见》中指出，现在国家转入建设阶段，教育部的工作也应该转入建设阶段，要建设新的教学秩序，组织若干人对教材加以研究，进行重新编写。

1954年4月8日，邓小平在主持政务院讨论中学教育工作后的总结讲话中指出，中学教育是现在教育工作中问题最多的，既不能满足高等学校招生的要求，又不能满足高小毕业生升学的要求，于是就有了就业问题。要想完成对农业的社会主义改造，提高农业生产，不仅需要高小毕业生到农村去，而且需要中学生、大学生到农村去。大批毕业生参加农业劳动，对农业的社会主义改造可以起很好的作用。这里，邓小平所表明的基本观点就是无论在什么时候都必须重视发展生产力、发展经济，强调教育要与经济密切配合，并为发展生产、繁荣经济服务。这个基本观点与邓小平在民主革命时期主张"教育要与战争、生产密切结合"的观点是一脉相承的。这个基本观点是邓小平教育理论中的一条主线。

3. 办好学校，培养干部

1954年7月9日，邓小平在政务院讨论教育工作时，在以《办好学校，培养干部》为题发表的重要讲话中指出，现在我们是搞建设，干部已成为决定性的因素。要充分发挥现有干部的作用，同时要培养大批各方面的建设人才。政务院许多部门的领导人，他们注意抓生产，抓基本建设，这是对的，但是对培养干部重视不够，这主要表现在对自己所管的学校注意得很差，有些业务部门的领导人，认为让他管生产是重视他，让他管学校是把他降格了。这是一种很不好的倾向，是办好学校的主要障碍，应该纠正。殊不知办好学校、培养干部，才是最基本的建设。他还提出了"教学纪律必须整顿""真正有本领的教授、副教授，高级工程师，高级医生，以及其他方面的高级专门人才的工资待遇，应该提高"等观点。这些具有战略意义的思想理论，是中共十一届三中全会前后邓小平提出实现现代化，科技是关键、教育是基础的理论以及中共十三大提出"百年大计，教育为本"思想理论的前奏。这篇讲话可以看作邓小平在社会主义建设时期教育思想理论的代表作。

4. 提高党员干部的马克思列宁主义思想水平，提高共产主义者的"嗅觉"

1955年3月21日，邓小平指出，加强党的思想工作，不断地同腐蚀我们党的各种资产阶级思想作斗争是我们党的一项基本任务，在这方面工作的任何减弱都是对党有害的。每一个党员都应该努力提高自己马克思列宁主义的思想水平，提高共产主义者的"嗅觉"，使我们能够敏锐而正确地鉴别什么是资产阶级的东西、什么是共产主义的东西，以便发扬共产主义的东西，反对和肃清资产阶级的东西。党必须在经济战线上有系统地改造资本主义工商业的同时，在思想战线上有系统地批判和战胜资产阶级思想的影响。党的高级干部提高理论水平尤其具有特别重要的意义，强调马克思列宁主义有没有学好是我们能否做好领导工作、能否经受得住尖锐阶级斗争考验的关键，要求每一个高级干部要经常地认真学习，并要实行按期分批把党的各级干部调到党校学习的制度。

5. 青年应当有远大理想，要努力学习建设社会主义的本领

1955年9月28日，邓小平《在全国青年社会主义建设积极分子大会的讲话》中指出，社会主义事业的推进更是为青年的全面发展打开了无限广阔的天地，青年有一切机会学会为建设社会主义所需要的本领，有一切可能把自己的聪明才智和力量贡献给祖国。只要方向正确，青年的任何一点积极性都应当受到珍视，都应当得到党和国家的支持。为此，他向青年提出两点希望和要求：

一是青年应当"有远大的理想",并要"善于把远大的理想和日常工作结合起来",严格地要求自己,发挥大胆创造和不怕困难的精神;二是青年应"用最顽强的精神去学习",成为识字、有文化,掌握科学和技术的人,"要十分重视马克思列宁主义的学习,来不断地提高自己的政治觉悟"和虚心地向有经验有学问的老一辈人学习,向群众学习,"就一定能够学到实实在在的本领"。

6. 教育必须服务于培养干部和人才、提高人民的科学文化水平

1956年9月16日,邓小平在《关于修改党的章程的报告》中指出,为了适应党和人民事业突飞猛进的发展形势,党的重要任务之一,就是要大量地培养和提拔新的干部,帮助他们熟悉工作,帮助他们同老干部建立团结一致、互相学习的同志关系。党必须特别注意培养精通生产技术和其他各种专门业务知识的干部,因为这是建设社会主义的基本力量。党必须在各个地方注意培养熟悉当地情况、同群众有密切联系的本地干部。在少数民族地区,党必须用最大的努力培养本民族的干部。党必须用很大的决心培养和提拔妇女干部,帮助和鼓励她们不断前进,因为她们是党的干部的最大来源之一。

1956年11月17日,邓小平会见国际青年代表谈话时指出,中国教育服务于培养人才、逐步提高人民的科学文化水平、为各方面建设服务的目的。教育的制度、任务也是这个目的。宪法规定的目的很明确,但是实现这些目的还很困难,如我们的小学,学龄前儿童有八千五百万人,但实际入学的只有六千万人,还有很多儿童不能入学,中学、大学都有这个问题。大学的宿舍、教室、实验室都不够,这反映了要求入学的人多,但学校的发展赶不上人民的需要,我们只能逐渐改进,现在是一年比一年好。

(三)1957年至1975年期间邓小平的教育理论

从1957年起,由于党的指导思想发生了"左"的错误,教育工作也出现了失误。在此期间,邓小平坚持实事求是的马克思主义思想路线,抵制和纠正教育工作方面"左"的错误。邓小平教育理论在纠正"左"的错误的过程中得到了发展。

1. 教育青年发扬艰苦奋斗、接受党的领导的传统

1957年1月3日,邓小平在中共中央书记会议上指出,中国青年运动的传统值得讲,现在青年中有忘掉传统的倾向,劳动观念也不强了。我们的传统是艰苦奋斗,要教育青年发扬艰苦奋斗的传统。

1957年1月12日,邓小平在清华大学师生大会上的报告中指出,现在有一股风气不好,就是总是不满足个人的享受。要学我们的先辈,学过去的青年,

当然也要学过去的老年，学习他们为了革命是怎样艰苦奋斗的。要把道理说清楚，没有说通道理就是官僚主义。为了建设社会主义，就要艰苦奋斗，就要顾全整体。

1957年1月16日，邓小平在和刘少奇召集团中央书记处书记讨论中国新民主主义青年团第三次全国代表大会报告稿谈话时指出，要给先进青年思想武器，让他们能说服教育人。要对青年讲清什么是觉悟，什么是工人阶级思想、马列主义思想，什么是共产主义思想。凡是思想问题，都是教育问题，要使青年有集体主义思想，有解放全人类的思想，也就是吃苦在前、享乐在后的思想。接受党的领导是中国青年的好传统，走革命的路、守纪律、能吃苦，也是中国青年的好传统。这个传统用之于革命、用之于建设都有好处，如果不注意，把好风气搞坏了，就要出毛病。

2. 把培养青年一代作为今后一个长时期的任务

1957年5月15日，邓小平《在中国新民主主义青年团第三次全国代表大会上的祝辞》中指出，用共产主义青年团作我们这支青年先进队伍的名称，不只是给全体团员带来了巨大的光荣，而且也在中国青年的肩上放上"在党的领导下，用共产主义的精神教育青年一代，团结全体青年积极参加建设社会主义的劳动，以便尽快地把我国建设成为一个伟大的社会主义工业国，为将来实现共产主义准备条件"的艰巨任务，并强调这是一个长时期的任务。中国共产主义青年团的全体团员要不断地努力学习，特别是"要结合建设祖国的实践，努力学习马克思列宁主义，提高自己的共产主义觉悟，克服资产阶级思想以及其他各种错误思想的影响"，"要努力学习各种劳动的本领，不断提高自己的文化、科学技术水平"，带领广大青年"尊敬年长的一代，从他们那里学会各种有用的本领"。邓小平要求把培养青年一代作为今后一个长时期的任务，把培养数以亿计的接班人和建成社会主义工业国紧紧地联系在一起，说明他的教育思想理论中已经包含面向未来、面向现代化的重要因素。

3. 纠正1958年"教育革命"中"左"的错误

在"大跃进"中，各级各类学校开展了以勤工俭学、教育与生产劳动相结合为中心的"教育革命"。由于指导思想上"左"的错误，学生参加生产劳动过多，忽视了课堂教学，打乱了正常的教学秩序，降低了教育质量，发生了失误。就在轰轰烈烈地开展"教育革命"的时候，1958年4月7日，邓小平主持召开中共中央书记处会议讨论教育工作，他针对当时教育领域已经出现的"左"的倾向指出，学生参加劳动，一是必须，二要适当，三看可能，不要影响学生的学习，无论如何要保证有一批学生基础课学得好，并强调指出："我们的方针是，一要普及，二要提高，两者不能偏废。只普及不提高，科学文化不能很快进步；只提高不普及，也不能适应国家各方面的需要。"社会主义建设需要有文化的劳动者，任何时候都要坚持"两条腿走路"，做到在普及基础上的提高和在提高指导下的普及。在这里，邓小平正确地论述了普及与提高的辩证关系，足见已清楚认识到教育的重大作用，不能把教育对象局限于在校青少年，而要面向全体社会成员。这些讲话切中了教育领域的要害，具有普遍的指导意义。

从1959年起，邓小平就有意识地在自己工作职权范围内消除"左"的错误。他在1961年5月31日《调整国民经济要有通盘考虑》中指出，这几年学校办的这样多，增加那么多大学，学校办大了，教员不够，上课的地方不够，宿舍不够，学生生活搞不好，身体也搞坏了，教学质量怎么能提高呢？这样搞，不但城市人口增加，而且科学技术水平也不会提高，教育系统要认真地把规划大大缩小。同年7月底至8月，邓小平在北戴河主持召开中共中央书记处会议，根据党的八届九中全会关于纠正"大跃进"的错误，对整个国民经济实行"调整、巩固、充实、提高"八字方针的精神，讨论制定了《高教十六条》。毛泽东审阅这个条例时高兴地说，总算有了自己的东西。此后又讨论制定了《中学五十条》和《小学四十条》。条例针对"大跃进"中"教育革命"的"左"的错误，明确规定学校必须以教学为主，学生以学习为主，发挥教师的主导作用；正确处理教学与劳动的关系，教学、科研、劳动和社会活动要安排适当；正确贯彻理论联系实际的原则，既要重视理论和书本知识，又要重视生产劳动以及实验、实习、社会调查等实践活动；正确执行党的知识分子政策，团结一切可以团结的知识分子，为社会主义服务；正确执行百花齐放、百家争鸣的方针，繁荣社会主义文化和学术。这些基本经验的总结，对于认识中国社会主义教育的规律，探索建立符合中国实际情况的教育体制，具有重要意义。

4. "两条腿走路"办学，缩短学制、快出人才

坚持"两条腿走路"办学。1958年4月7日，邓小平在中央书记处会议讨论教育工作讲话时指出："我们在任何时候都要坚持'两条腿走路'，做到普及基础上的提高和提高指导下的普及"。1959年1月8日，邓小平主持中央书记处会议讨论教育工作时指出："两条腿走路的方针应该肯定，要贯彻执行，但这不要妨碍建设一些重点学校。大中小学都要有重点学校，提高文化、科学水平主要靠它们，要抓好。中央、省都要抓一部分重点学校，必须保证教学质量。""清华、北大等学校的教学质量只准提高，不准降低。""几十所全国重点院校恢复统考，保证好学生招进好学校。"1962年5月21日，邓小平主持中央书记处

会议讨论教育调整时指出："初中毕业不能升学、不能下乡的，用业余学校办法学点技术。业余学校办得很好的，可以轮训技工。大量的技工应该是厂矿自己培训"，"高中毕业生尽量找就业出路，加以训练，当学徒，搞会计、统计"。1964年7月3日，在听取旅大市委负责人汇报办学问题时指出："办学校要两条腿走路，既要办正规学校，也要办简易学校，还可以办职业学校。普通中学，有的可以改为技工学校或职业学校。"1966年1月8日，邓小平主持召开中央书记处会议讨论学校半工半读的经验和全日制高等学校的改革问题时指出："半工半读的方向是肯定的"，但"让半工半读这一条腿达到同全日制一样的人数，不要勉强"，"业余教育这条道路没有危险，不影响生产。自学也能出批人才，从这条道路出来的人是以工为主，这些人中还不是同样能出发明家？但他们没有变，还是个劳动者。他们有了本事，总要提升他们。业余学校可以多发展"。

缩短学制，快出人才。1964年1月11日，邓小平在全军政治工作会议上的报告中指出，现在的学制对于我们的科学研究有很大的害处，学生走上工作岗位要到二十七岁：小学六年，中学六年，大学有的五年、有的六年，北大、清华的理科一般也是六年。如果七岁上学（有的超过七岁），大学毕业二十五岁，劳动一年，实习一年，就二十七岁了。这个问题很大，要从学制上来解决。搞自然科学，二十岁到三十岁是个关键时期，世界上多数成名的科学家都是在这个时期有作为的，而现在的学制要二十七岁才走上工作岗位，耽误了。这个问题是影响我们以后科学技术发展的一个重大的问题，要把这些问题摆到我们的议事日程上来，研究出一个办法来。我们社会主义国家的命运，归根到底决定在青年的身上。"因为根据自然规律，我们这些人总有那么一天要见上帝，要由青年来接班。"1966年1月8日，邓小平主持召开中央书记处会议讨论半工半读和高校改革问题时指出："工科的学制应该多数是五年，少数是四年，不搞六年的。医科也不要认为非得学那么长，改四年制要进行试点……总之，一个原则，不能降低教育质量科学技术水平。步子要走稳点。"1977年9月19日，邓小平同教育部主要负责同志谈话时指出："大学学制本科一般定为四年，这个问题认识基本一致了。医科不同，可以长一些。还有个别专业也可以长些。所谓四年，基础课恐怕要两三年。基础打得不好，科研是有困难的。"同年11月3日，邓小平会见美籍华人王浩教授时指出："高等院校招考新生，除了一般考题外，还可出些较深较难的题目，只要他答得出，就不一定上一年级，可以上二年级、三年级、四年级，有的甚至可以当研究生。科学领域总是后来居上，否则人类不能进步。过去我们有些方法有缺陷，不容易发现有特殊才能的人。有的人才甚至是外国发现了我们才注意到，有的是国内同行知道了，其他方面还不知道，没有给他们创造条件。要善于发现和选拔人才，发现有前途的，要有比较好的方法帮助他们早出成果,不仅是自然科学,还包括社会科学,要大力提倡学术讨论和交流。各种学报和刊物,都是交流的场所,还要召开学术讨论会。要允许犯错误,特别是社会科学领域,要允许犯错误,允许说话。"

5. 纠正"文化大革命"期间的错误,整顿教育

1973年邓小平复出。在分管体育工作期间,他要求要把学校的体育工作搞好,并提出了"体育往来是政治"的科学论断。1973年10月9日,在会见墨西哥体育代表团谈话时,他指出,毛主席发出的"发展体育运动,增强人民体质"的号召可以说是个群众运动。1974年1月4日,邓小平在听取王猛等汇报工作时指出,要加强学校的体育,要把学校的体育工作搞好;3月23日,邓小平在接见即将赴日本参加第二届亚洲乒乓球赛代表团等人员讲话时指出,我们所有出国的队伍,都要体现社会主义的中华人民共和国的精神面貌;4月4日、6月30日、8月8日,邓小平在听取国家体委负责人关于中国参加第七届亚运会准备工作情况汇报时指出:"体育往来是政治……亚运会这么大的一个活动,要配一个强的班子去。""亚运会是很重要的事情,打开我国在国际体育组织中的局面,也是要看亚运会。""这次去,实际上是参加一次集中的盛大的政治活动","要贯彻'友谊第一,比赛第二'的方针,运动员在接触中是平等的、谦虚的,不强加于人的,这样就扩大了影响"。

1975年,因周恩来病重,邓小平主持中央党政军日常工作。邓小平不顾"四人帮"的干扰破坏,挺身而出,开始大刀阔斧的全面整顿,其中对教育的整顿有:① 指出教育战线混乱不堪的局面以及教育中断各条战线后继乏人的严重问题,强调要狠抓文化教育的整顿提高;② 阐述教育与现代化建设的关系,教学水平与科学研究水平的关系,强调按教学规律办事,调整课程设置,加强理论教学,保证教学质量;③ 强调科技事业要后继有人,中心是办好教育;要办好教育,必须解决教师的地位问题。他在《各方面都要整顿》中,还针对"四人帮"鼓吹的"读书无用"的谬论指出,现在相当多的学校学生不读书,这不符合毛泽东思想;毛泽东同志反对的是教育脱离实际、脱离群众、脱离劳动,并不是不要读书,而是要读得更好。毛泽东同志给少年儿童的题词是"好好学习,天天向上"。邓小平这些思想理论观点,对于扭转中国教育战线的混乱局面起到了导航引路的作用。经过整顿,中国教育领域开始打破严重沉积混乱的局面,出现了新气象。

1977年,批判、推翻"两个估计"。"两个估计"是"四人帮"在1971年炮制的《全国教育工作会议纪要》中的两个荒谬结论,即"文化大革命"前17年教育战线是资产阶级专了无产阶级的政,是黑线专政;知识分子的大多数世

界观基本上是资产阶级的,是资产阶级知识分子。1977年8月4日至8日,邓小平亲自主持召开了全国科学和教育工作座谈会,在《关于科学和教育工作的几点意见》中他旗帜鲜明地批判了"两个估计"。对于前一个估计他驳斥说:"对全国教育战线十七年的工作怎样估计?我看,主导方面是红线。应当肯定,十七年中,绝大多数知识分子,不管是科学工作者还是教育工作者,在毛泽东思想的光辉照耀下,在党的正确领导下,辛勤劳动,努力工作,取得了很大成绩。特别是教育工作者,他们的劳动更辛苦。现在差不多各条战线的骨干力量,大都是建国以后我们自己培养的,特别是前十几年培养出来的。如果对十七年不作这样的估计,就无法解释我们所取得的一切成就了。"对于后一个估计他说道:"就知识分子的世界观改造方面来说,应该怎样估计呢?世界观的重要表现是为谁服务。我国的知识分子绝大多数是自觉自愿地为社会主义服务的。"邓小平8月8日的讲话说出了广大教育工作者和知识分子多年想说而不能说不敢说的话,这个讲话很快就传到全国各地,极大地鼓舞了广大教育工作者和知识分子的工作热情。

(四)邓小平新时期的教育理论

1977年7月,中共十届三中全会决定恢复邓小平党内外一切职务。邓小平在整个国家百废待举的关键时刻,自告奋勇分管科教工作,领导了教育战线的拨乱反正,提出了一系列重要观点,形成了面向21世纪的中国社会主义教育体系。

1. 教育在中国社会主义现代化建设中具有重要战略地位

粉碎"四人帮"不久,1977年5月24日,邓小平在《尊重知识 尊重人才》中指出:"我们要实现现代化,关键是科学技术要能上去。发展科学技术,不抓教育不行。靠空讲不能实现现代化,必须有知识,有人才。"1982年9月18日,邓小平在《一心一意搞建设》中指出:"战略重点,一是农业,二是能源和交通,三是教育和科学",而"搞好教育和科学工作""是关键"。因为,"没有人才不行,没有知识不行,'文化大革命'的一个大错误是耽误了十年人才的培养。现在要抓紧发展教育事业"。1982年,党的十二大把教育和科学列为中国社会主义建设的三大战略重点之一。

1983年3月2日,邓小平在视察江苏等地回北京后谈话时指出:"智力开发是很重要的。我说的是包括职工教育在内的智力开发,要更好地注意这个问题。"为了弥补知识、人才的不足,邓小平还提出要利用外国智力,请一些外国人来参加我们中国的重点建设以及各方面的建设;要抓住西欧国家经济困难的时机,同他们搞技术合作,使我们中国的技术改造能够快一些搞上去。1983年

10月1日，邓小平为北京景山学校题词："教育要面向现代化，面向世界，面向未来"，进一步指明了教育发展的战略方向。"三个面向"是对毛泽东教育思想的丰富和发展，是邓小平教育思想理论的精髓。

为了确立教育的战略地位，加快教育改革和发展的步伐，1985年5月19日，中共中央、国务院在北京召开全国教育工作会议，邓小平在讲话中指出："我们国家，国力的强弱，经济发展后劲的大小，越来越取决于劳动者的素质，取决于知识分子的数量和质量。一个十亿人口的大国，教育搞上去了，人才资源的巨大优势是任何国家比不了的。有了人才优势，再加上先进的社会主义制度，我们的目标就有把握达到。"同时，他还强调指出："中央提出要以极大的努力抓教育，并且从中小学抓起，这是有战略眼光的一着。如果现在不向全党提出这样的任务，就会误大事，就要负历史的责任。"为了巩固教育的战略地位，邓小平不仅亲自抓教育，还要求"各级领导要像抓好经济工作那样抓好教育"。他从全党工作重点转移的高度进一步强调指出："这个重点，本来就应当包括教育。一个地区，一个部门，如果只抓经济，不抓教育，那里的工作重点就是没有转移好，或者说转移得不完全。"他严肃指出："忽视教育的领导者，是缺乏远见的、不成熟的领导者，就领导不了现代化建设。"

1986年2月13日，邓小平在金牛宾馆会见中共广安县委书记、副县长等人时说："'文化大革命'的一个大错误是耽误了十年人才的培养，现在要抓紧发展教育事业。"同年4月19日，他在会见香港知名人士包玉刚等时指出："教育是一个民族最根本的事业。四化建设的实现要靠知识、靠人才，政策上的失误是很容易纠正过来的，而知识不是立即就能得到的，人才也不是一天两天就能培养出来的，这就要抓教育，要从娃娃抓起。"这里，邓小平从实现中国社会主义现代化建设的全局高度，确立了教育的战略地位。为了使教育真正居于战略地位，使教育事业得到优先发展，1988年9月5日、12日，邓小平在《科学技术是第一生产力》中特别要求："要千方百计，在别的方面忍耐一些，甚至于牺牲一点速度，把教育问题解决好。"1992年1月18日至2月21日，邓小平视察南方时更是特别指出："经济发展得快一点，必须依靠科技和教育"，"希望大家通力合作，为加快发展我国科技和教育事业多做实事"。

2. 坚持中国教育的社会主义方向，培养"四有"新人、"四化"干部

学校教育必须坚持社会主义方向，是邓小平教育思想理论中的一个重要原则。1978年4月22日，邓小平《在全国教育工作会议上的讲话》中指出："毫无疑问，学校应该永远把坚定正确的政治方向放在第一位。但这并不是说要把大量的课时用于思想政治教育。学生把坚定正确的政治方向放在第一位，这不

仅不排斥学习科学文化,相反,政治觉悟越是高,为革命学习科学文化就应该越加自觉,越加刻苦。"在这里,邓小平揭示了树立正确的政治方向与学习科学文化知识的辩证统一关系。1980年1月16日,邓小平在《目前的形势和任务》中指出,在社会主义现代化建设新的历史时期,建设现代化的社会主义强国"是最大的政治","是一个长期的任务",并指出,学校坚持正确的政治方向就是坚持党的以经济建设为中心,坚持四项基本原则、坚持改革开放的基本路线,为社会主义现代化建设服务,按照党和国家为教育改革和发展所提出的具有全局性的指导思想和教育方针办教育。1983年10月12日,邓小平在《党在组织战线和思想战线的迫切任务》中指出,教育工作者应当"教育和引导人民正确地对待历史,认识现实,坚信社会主义和党的领导,鼓舞人民奋发努力,积极向上,真正做到有理想、有道德、有文化、守纪律,为伟大壮丽的社会主义现代化建设事业而英勇奋斗"。1987年2月28日,邓小平在《用中国的历史教育青年》中指出,中国的"历史告诉我们,中国走资本主义道路不行,中国除了走社会主义道路没有别的道路可走。一旦中国抛弃社会主义,就要回到半殖民地半封建社会,不要说实现'小康',就连温饱也没有保证。所以了解自己的历史很重要。青年人不了解这些历史,我们要用历史教育青年,教育人民"。1991年4月7日,邓小平在《振兴中华民族》中要求每个中国人都"要懂得些中国历史,这是中国发展的一个精神动力"。1989年3月4日,邓小平在《中国不允许乱》中严肃地指出:"十年来我们的最大失误是在教育方面,对青年的政治思想教育抓得不够,教育发展不够。"同年3月23日,邓小平在会见外宾时再次指出:"我们最大的失误是在教育方面,思想政治工作薄弱了……这方面的失误比通货膨胀等问题更大。最重要的一条是,在经济得到可喜发展、人民生活水平得到改善的情况下,没有告诉人民,包括共产党员在内,应该保持艰苦奋斗的传统。坚持这个传统,才能抗住腐败现象。所以要加强对人民进行思想政治工作,提倡艰苦奋斗。"1992年1月18日至2月21日,邓小平在南方谈话中指出:"中国的事情能不能办好,社会主义和改革开放能不能坚持,经济能不能快一点发展起来,国家能不能长治久安,从一定意义上说,关键在人。""帝国主义搞和平演变,把希望寄托在我们以后的几代人身上","所以,要把我们的军队教育好,要把我们的专政机构教育好,把共产党员教育好,把人民和青年教育好"。

培养"四有"新人。邓小平关于培养"四有"新人的思想理论观点,初见于1981年11月17日他与来访的美国财政部长里甘的谈话。他说,搞中国的社会主义就是建立一个高度民主、高度文明的社会主义国家。所谓高度文明,就是人民要有理想,个人利益要服从整个国家和民族的利益,要守纪律,要有道德，要坚持艰苦奋斗的传统，我们的事业才有希望。1982年7月4日，在中央军委召开的座谈会上，邓小平进一步把这个思想理论观点明确化。他说："搞社会主义精神文明，主要是使我们的各族人民都成为有理想、讲道德、有文化、守纪律的人民。"1982年底召开的全国人大五届五次会议通过的《中华人民共和国宪法》规定："国家通过普及理想教育、道德教育、文化教育、纪律和法制教育，通过在城乡不同范围的群众中制定和执行各种守则、公约，加强社会主义精神文明的建设。"这样，"四有"便成为新时期全国人民必须遵守的法律规范和行为准则。1989年10月10日，邓小平为中国少年先锋队题词："培养有理想、有道德、有文化、有纪律的无产阶级革命事业接班人。"在培养"四有"新人的过程中，邓小平特别强调理想和纪律教育，如他在《一靠理想，二靠纪律才能团结起来》中指出："教育全国人民做到有理想、有道德、有文化、有纪律。这四条里面，理想和纪律特别重要。""有理想，有纪律，这两件事我们务必时刻牢记在心。一定要让我们的人民，包括我们的孩子们知道，我们是坚持社会主义和共产主义的，我们采取的各方面的政策，都是为了发展社会主义，为了将来实现共产主义。""共产主义的理想是我们的精神支柱。"1987年3月3日，邓小平在《中国只能走社会主义道路》中指出，社会主义初级阶段，中国的"理想就是社会主义现代化"，"要搞四个现代化，使中国发展起来，就要有纪律、有秩序地进行建设"。邓小平在强调进行理想教育、纪律教育的同时，提出加强法制教育。1986年6月28日，邓小平《在全体人民中树立法制观念》中指出："法制观念与人们的文化素质有关。现在这么多青年人犯罪，无法无天，没有顾忌，一个原因是文化素质太低。所以，加强法制重要的是要进行教育，根本问题是教育人。法制教育要从娃娃开始，小学、中学都要进行这个教育，社会上也要进行这个教育。"

培养"四化"干部。1980年12月25日，邓小平在中央工作会议上的讲话中要求，要在坚持社会主义道路的前提下，使我们的干部队伍年轻化、知识化、专业化，并且要逐步制定完善的干部制度来加以保证，并说："提出年轻化、知识化、专业化这三个条件，当然首先是要革命化，所以说要以坚持社会主义道路为前提。其次，这并不是说，不具备这三个条件或不合其中某一两个条件的德才兼备、善于学习、身体也好的同志就要调离。年龄的条件不能说得过死。如果离开了现在的干部队伍，我们的一切任务都不能完成，也就不可能实现干部队伍的年轻化等等。但是要看到，这是一个战略问题。我们的干部队伍总要变得比较年轻些，比较有知识，比较懂得业务。有些同志对这个问题的重要意义至今还认识不足，这有历史原因和实际原因，需要耐心细致地进行全面的准确的宣传解释工作。同时，在执行中还要定出妥善的步骤。"邓小平提出的干部

"革命化、年轻化、知识化、专业化"的"四化"标准,是对毛泽东关于干部标准方面理论的继承与发展。1992年,邓小平在南方谈话中进一步强调指出:"要按照'革命化、年轻化、知识化、专业化'的标准,选拔德才兼备的人进班子。我们说党的基本路线要管一百年,要长治久安,就要靠这一条。真正关系到大局的是这个事",是"我们共产党内部要搞好,不出事"。他还特别指出:"要进一步找年轻人进班子","十一届三中全会确立的这条中国的发展路线,是否能够坚持得住,要靠大家努力,特别是要教育后代。"

3. 教育与生产劳动相结合要有新发展,要"三个面向"

教育与生产劳动相结合是马克思主义教育学说的基本原则,是中国共产党一贯倡导的方针。在新的历史时期,邓小平坚持和发展了马克思主义教育与生产劳动相结合的原则。1978年4月22日,他《在全国教育工作会议上的讲话》中指出,为了培养社会主义建设需要的合格的人才,我们必须认真研究在新的条件下,如何更好地贯彻教育与生产劳动相结合的方针。因为"现代经济和技术的迅速发展,要求教育质量和教育效率的迅速提高,要求我们在教育与生产劳动相结合的内容上、方法上不断有新的发展"。要做到这一点,除了"各级各类学校对学生参加什么样的劳动,怎样下厂下乡,花多少时间,怎样同教学密切结合,都要有恰当的安排"之外,"更重要的是整个教育事业必须同国民经济发展的要求相适应。不然,学生学的和将来要从事的职业不相适应,学非所用,用非所学,岂不是从根本上破坏了教育与生产劳动相结合的方针?那又怎么可能调动学生学习和劳动的积极性,怎么可能满足新的历史时期向教育工作提出的巨大要求?"为此,他要求"国家计委、教育部和各部门,要共同努力,使教育事业的计划成为国民经济计划的一个重要组成部分"。1979年6月,邓小平同方毅谈话时指出:"现在中小学学制都是五年,这个办法不好。是否中小学学制都改成六年?这样可以减轻学生负担,而且学生十六岁毕业,就业有困难。"这些重要思想理论观点,不仅从微观上为各级各类学校如何正确贯彻教育与生产劳动相结合指明了方向,而且从宏观上对整个教育事业如何根据中国社会主义现代化建设需要进行改革指明了前进的道路。从此,中国教育事业在发展计划、规模、速度上都力求适应经济建设的发展需要;高等教育在结构调整中主动适应社会需求,中等教育结构改革致力于发展国民经济和社会需要的职业技术教育;农村教育从"应试教育"转向全面提高国民素质的轨道,实行农科教结合,推行"燎原计划",初步形成符合中国国情的适应农村经济社会发展需要的农村教育体系。

教育要面向现代化,面向世界,面向未来。自20世纪60年代以来,中国教育严重脱离现代化建设轨道，不适应社会主义现代化与改革开放对人才的需求；由于片面追求升学率的倾向、"千军万马过独木桥"的现象愈演愈烈；教师素质差，合格率低；教育经费紧缺，办学条件差，现代教育手段奇缺；政府统得过死；教育基础薄弱，尤其第三类地区以及山区、边疆、少数民族地区更为薄弱；中等教育结构不合理，中等职业教育和农业教育受到轻视；高等教育与中国社会发展需要严重脱节；学校教育严重划一化；政治思想教育工作薄弱，等等。针对这些"脱离""不适应"状况，邓小平于1983年10月1日为北京景山学校题词，① 从导向要求上提出了"教育要面向现代化"，即教育要朝着现代化这个方向稳步前进。因为教育事业事关知识创新与人才的培养，如果它的发展离开面向现代化的导向，那么将对科技的发展以及由此延伸的现代化建设产生不利的影响。② 从全局要求上提出了"教育要面向世界"，即教育事业的发展需要有广阔的教育视野加以支撑，需要合理借鉴有益的教育理论与经验，同时也要将中国丰富的精神资源、育人理念向世界传递，增强国人的自尊心和自信心，增加其在世界范围内的影响力。③ 从趋势要求上提出了"教育要面向未来"，即教育对人才的培养、人们思想道德素质的提高应当既注重为现有资源提供基础性保证，又重视在社会建设过程中不断累积以及日益进步的发展性条件；教育成果的取得得益于对教育事业的发展趋势进行科学预测和判断，并且以具有前瞻性的眼光推动教育事业与时俱进，着眼于"为了发展社会主义，为了将来实现共产主义"培养人才。

4. 建立教育、科技、生产、社会服务相结合的教育体制

邓小平很重视教育体制、机构的改革，主张建立教育、科技、生产和社会服务相结合的体制，以适应中国社会主义现代化建设的需要，使高等院校成为政府部门的智囊团，促进决策的科学化和民主化。他要求要按照教育的客观规律，培养高质量的劳动者和合格人才；要在抓好分学科、分阶段的教学改革的同时，进行大学、中小学、幼儿教育的整体教改实验。1977年8月8日，他《在关于科学和教育工作的几点意见》中指出："高等院校学生来源于中学，中学学生来源于小学，因此要重视中小学教育。""要下决心恢复从高中毕业生直接招考学生，不要再搞群众推荐。从高中直接招生，我看可能是早出人才、早出成果的一个好办法。" 1977年9月17日，他在《教育战线的拨乱反正》中提出大专院校"招生主要抓两条：第一是本人表现好，第二是择优录取"，大专院校应该恢复教授、讲师、助教等职称。1977年10月5日，邓小平在中央政治局会议讨论高等学校招生工作问题时指出："现在世界科学发展一日千里，我们办教育要以最新成果为基础，否则就是爬行主义。发达国家的小学课程就有代数、

简单的几何。景山学校就有这样的经验,学生能接受。这样,中学水平才能提高。"同月8日,邓小平会见美籍华人物理学家吴健雄、袁家骝夫妇时指出:"要实现四个现代化,我们的方针是从教育和科学着手。不抓教育,科研就搞不好";"我们的厂矿、企业,包括大工厂没有多少研究机构。这不行。科学院的研究系统是搞科研的一个方面,今后大学要加强科学研究,要造就一大批科研人员"。

领导体制是带有根本性、全局性的问题,是学校领导和管理工作的关键。1977年8月8日,邓小平在《关于科学和教育工作的几点意见》中提出要建立合理、有效的领导体制和机构,并且"希望这个调整搞得快一些","第一位的是配备好领导班子。我提出一个单位有三个人要选得好。党委统一领导,书记很重要,一定要选好,这是第一个人。第二个是领导科研或教学的人,要内行,至少是接近内行或者比较接近内行的外行。还有一个管后勤的,应当是勤勤恳恳、扎扎实实、甘当无名英雄的人。有了这样的三把手,事情就比较好办了"。"后勤工作的任务,就是要为科研工作、教育工作服务,要为科研工作者和教育工作者创造条件,使他们能够专心致志地从事科研、教育工作"。1985年5月19日,邓小平在《把教育工作认真抓起来》中还强调"领导就是服务",要求党政干部要为提高教学水平和教育质量创造必要的条件,"少讲空话,多干实事"。

二、邓小平教育理论的内容体系

邓小平教育理论内容丰富,博大精深,是指导中国特色社会主义教育事业的行动指南,是我们党领导教育工作的根本指针和强大思想武器,是教育战线最宝贵的精神财富,其内容的科学体系集中体现在"把教育放在优先发展的战略地位;教育要面向现代化,面向世界,面向未来;坚持社会主义办学方向和教育方针,培养'四有'新人;教师是培养合格人才的关键;深化教育改革,促进教育发展;各级领导都要重视教育,全社会都要支持教育"等六个方面。

(一)把教育放在优先发展的战略地位

"我们国家要赶上世界先进水平",就"要从科学和教育着手"[1],"战略重点,一是农业,二是能源和交通,三是教育和科学。搞好教育和科学,我看这是关键。没有人才不行,没有知识不行,'文化大革命'的一个大错误是耽误了

---

[1]《邓小平文选》第二卷,人民出版社1994年版,第48页。

十年人才的培养。现在要抓紧发展教育事业"[1]。在邓小平看来，发展教育是经济持续增长、精神文明建设、民主政治建设、科技发展创新、社会全面进步的必要条件，也是提高全民素质、发挥中国人力资源优势、加快中国社会主义现代化建设步伐、复兴中华民族的必由之路，具有优先发展的战略地位。

1. 优先发展教育是社会主义事业发展的根本大计

"我们要实现现代化，关键是科学技术要能上去。发展科学技术，不抓教育不行。靠空讲不能实现现代化，必须有知识，有人才。"[2] "科学技术人才的培养，基础在教育。"[3] "要后继有人，这是对教育部门提出的问题。"[4] "人是生产力中最活跃的因素。这里讲的人，是指有一定的科学知识、生产经验和劳动技能来使用生产工具、实现物质资料生产的人。" "历史上的生产资料，都是同一定的科学技术相结合的；同样，历史上的劳动力，也都是掌握了一定的科学技术知识的劳动力"，即"劳动者只有具备较高的科学文化水平，丰富的生产经验，先进的劳动技能，才能在现代化的生产中发挥更大的作用"。[5]

"我们要掌握和发展现代科学文化知识和各行各业的新技术新工艺，要创造比资本主义更高的劳动生产率，把我国建设成为现代化的社会主义强国，并且在上层建筑领域最终战胜资产阶级的影响，就必须培养具有高度科学文化水平的劳动者，必须造就宏大的又红又专的工人阶级知识分子队伍。"[6] "现在小学一年级的娃娃，经过十几年的教育，将成为开创二十一世纪大业的生力军。中央提出要以极大的努力抓教育，并且从中小学抓起，这是有战略眼光的一着。如果现在不向全党提出这样的任务，就会误大事，就要负历史的责任。"[7]

当今世界，教育与物质文明建设的关系越来越密切，物质资料的生产对劳动者的科学文化水平提出了更高的要求，脑力劳动者所占的比重越来越大。同时，我们要建设的社会主义国家不但要有高度的精神文明，还要建设社会主义民主政治等。这就要求"国家计委、教育部和各部门，要共同努力，使教育事业的计划成为国民经济计划的一个重要组成部分"[8]。"我们多次说过，我国的经济，到建国一百周年时，可能接近发达国家的水平。我们这样说，根据之一，

---

[1]《邓小平文选》第三卷，人民出版社1993年版，第9页。
[2]《邓小平文选》第二卷，人民出版社1994年版，第40页。
[3]《邓小平文选》第二卷，人民出版社1994年版，第95页。
[4]《邓小平文选》第二卷，人民出版社1994年版，第33页。
[5]《邓小平文选》第二卷，人民出版社1994年版，第88页。
[6]《邓小平文选》第二卷，人民出版社1994年版，第104页。
[7]《邓小平文选》第三卷，人民出版社1993年版，第120~121页。
[8]《邓小平文选》第二卷，人民出版社1994年版，第108页。

就是在这段时间里，我们完全有能力把教育搞上去，提高我国的科学技术水平，培养出数以亿计的各级各类人才。我们国家，国力的强弱，经济发展后劲的大小，越来越取决于劳动者的素质，取决于知识分子的数量和质量。一个十亿人口的大国，教育搞上去了，人才资源的巨大优势是任何国家比不了的。有了人才优势，再加上先进的社会主义制度，我们的目标就有把握达到。"[1]

2. 千方百计把教育投入问题解决好

增加教育投入是落实教育优先发展战略地位的根本措施。"社会主义与资本主义不同的特点就是共同富裕，不搞两极分化。创造的财富，第一归国家，第二归人民，不会产生新的资产阶级。国家拿的这一部分，也是为了人民，搞点国防，更大部分是用来发展经济，发展教育和科学，改善人民生活，提高人民文化水平。"[2]所以，"我个人认为，科研、教育经费应该增加"[3]。"我们要千方百计，在别的方面忍耐一些，甚至于牺牲一点速度，把教育问题解决好。"[4] "教育经费整个不减，分到各省的也不减少。各省再想想办法，争取拿这么多钱办更多的事，但要保证原有的教学质量。必要的教学器材不能减少。经费使用不宜过紧。我们节约经费有个原则，不能因为节约经费而影响教学质量。如果教学质量降低了，过几年就能看出来，那时大学招生就要发生困难。"[5] "还有一个重要的比例，就是经济发展和教育、科学、文化、卫生发展的比例失调，教科文卫的费用太少，不成比例。甚至有些第三世界的国家，在这方面也比我们重视得多。印度在教育方面花的钱就比我们多。像埃及这样的国家，人口只有四千万，按人口平均计算，他们在教育方面花的钱，也比我们多几倍。总之，我们非要大力增加科教文卫的费用不可。今年因为财政困难，只能首先照顾到重点，但是，从明年、至迟从后年开始，无论如何要逐年加重这方面，否则现代化就化不了。"[6] "我们是社会主义国家，……总收入要更多地用来改善人民生活，用来办学。"[7]

（二）教育要面向现代化，面向世界，面向未来

邓小平"三个面向"题词不只是对景山学校教学改革实验的鼓励和指示，

---

[1]《邓小平文选》第三卷，人民出版社1993年版，第120页。
[2]《邓小平文选》第三卷，人民出版社1993年版，第123页。
[3]《邓小平文选》第二卷，人民出版社1994年版，第57页。
[4]《邓小平文选》第三卷，人民出版社1993年版，第275页。
[5]《邓小平文选》第一卷，人民出版社1994年版，第281~282页。
[6]《邓小平文选》第二卷，人民出版社1994年版，第250页。
[7]《邓小平文选》第三卷，人民出版社1994年版，第161~162页。

也是对全国教育改革的鼓励和指示，更是邓小平关于当代中国教育改革和发展的指导思想。这一战略思想，同他关于社会主义现代化的战略目标和战略部署的构想一脉相承，反映了邓小平从当代世界和民族历史命运的高度，对中国社会主义教育提出的总体要求，即教育要为实现现代化战略目标、为迎接21世纪技术革命的挑战、为我们中国的未来发展服务。

1. 教育要面向现代化

"我们干四个现代化，人们都说好，但有些人脑子里的四化同我们脑子里的四化不同。我们脑子里的四化是社会主义的四化。他们只讲四化，不讲社会主义。这就忘记了事物的本质，也就离开了中国的发展道路。"[1] "坚持社会主义，首先要摆脱贫穷落后状态，大大发展生产力，体现社会主义优于资本主义的特点。要做到这一点，就必须把我们整个工作的重点转到建设四个现代化上来，把建设四个现代化作为几十年的奋斗目标。"[2] "全面实现农业、工业、国防和科学技术的现代化，把我们的国家建设成为社会主义的现代化强国，是我国人民肩负的伟大历史使命。"[3] "我们要实现现代化，关键是科学技术要能上去。发展科学技术，不抓教育不行。靠空讲不能实现现代化，必须有知识，有人才。没有知识，没有人才，怎么上得去？"[4] "现代科学技术的日新月异，生产设备的更新，生产工艺的变革，都非常迅速。许多产品，往往不要几年的时间就有新一代的产品来代替。劳动者只有具备较高的科学文化水平，丰富的生产经验，先进的劳动技能，才能在现代化的生产中发挥更大的作用。"[5] "我们的国民经济是有计划按比例发展的，我们培养训练专门家和劳动后备军，也应该有与之相适应的周密的计划。""我们制订教育规划应该与国家的劳动计划结合起来，切实考虑劳动就业发展的需要。""应该考虑各级各类学校发展的比例，特别是扩大农业中学、各种中等专业学校、技工学校的比例；要研究发展什么样的高等学校，怎样调整专业设置、安排基础理论课程和进行教材改革。"[6] "要恢复对学生课外活动的指导，增长学生的知识和志气，推动学生的全面发展。"[7] "要全面地正确地执行党的教育方针，端正方向，真正搞好教育改革，

---

[1]《邓小平文选》第三卷，人民出版社1993年版，第204页。
[2]《邓小平文选》第三卷，人民出版社1993年版，第224页。
[3]《邓小平文选》第二卷，人民出版社1994年版，第85～86页。
[4]《邓小平文选》第二卷，人民出版社1994年版，第40页。
[5]《邓小平文选》第二卷，人民出版社1994年版，第88页。
[6]《邓小平文选》第二卷，人民出版社1994年版，第108页。
[7]《邓小平文选》第二卷，人民出版社1994年版，第54页。

使教育事业有一个大的发展、大的提高。"[1]这就是说,要搞好现代化必须首先实现人的现代化,只有先化人才能后化物。

根据邓小平上述思想理论观点,《中共中央关于教育体制改革的决定》明确提出:"要造就数以亿计的工业、农业、商业等各行各业有文化、懂技术、业务熟练的劳动者。要造就数以千万计的具有现代科学技术和经营管理知识,具有开拓能力的厂长、经理、工程师、会计师、统计师和其他经济技术工作人员。还要造就数以千万计的能够适应现代科学文化发展和新技术革命要求的教育工作者、科学工作者、医务工作者、理论工作者、新闻和编辑出版工作者、法律工作者、外事工作者、军事工作者和各方面党政工作者。所有这些人才,都应该有理想、有道德、有文化、有纪律,热爱社会主义祖国和社会主义事业,具有为国家富强和人民富裕而艰苦奋斗的献身精神,都应该不断追求新知识,具有实事求是、独立思考、勇于创造的科学精神。"

2. 教育要面向世界

"任何一个国家要发展,孤立起来,闭关自守是不可能的,不加强国际交往,不引进发达国家的先进经验、先进科学技术和资金,是不可能的。"[2]"我们是在一个贫穷的大国里进行改革的,这在世界上没有先例。我们搞建设有三十九年,有成功的经验,也有失败的教训。但是光凭自己的经验和教训还解决不了问题。中国要谋求发展,摆脱贫穷和落后,就必须开放。开放不仅是发展国际间的交往,而且要吸收国际的经验。"[3]"中国长期处于停滞和落后状态的一个重要原因是闭关自守。经验证明,关起门来搞建设是不能成功的,中国的发展离不开世界。"[4]"鉴于过去的教训,必须改变闭关自守的状态。"[5]"我们要向资本主义发达国家学习先进的科学、技术、经营管理方法以及其他一切对我们有益的知识和文化,闭关自守、故步自封是愚蠢的。"[6]"要利用外国智力,请一些外国人来参加我们的重点建设。""请来之后,应该很好地发挥他们的作用。"[7]"我们还要请外国著名学者来我国讲学。"[8]"希望所有出国学习的人

[1]《邓小平文选》第二卷,人民出版社1994年版,第95页。
[2]《邓小平文选》第三卷,人民出版社1993年版,第117页。
[3]《邓小平文选》第三卷,人民出版社1993年版,第266页。
[4]《邓小平文选》第三卷,人民出版社1993年版,第78页。
[5]《邓小平文选》第三卷,人民出版社1993年版,第224页。
[6]《邓小平文选》第三卷,人民出版社1993年版,第44页。
[7]《邓小平文选》第三卷,人民出版社1993年版,第32页。
[8]《邓小平文选》第二卷,人民出版社1994年版,第57页。

回来……这个政策不能变。告诉他们，要作出贡献，还是回国好。"[1]

"当代的自然科学正以空前的规模和速度，应用于生产，使社会物质生产的各个领域面貌一新。特别是由于电子计算机、控制论和自动化技术的发展，正在迅速提高生产自动化的程度。同样数量的劳动力，在同样的劳动时间里，可以生产出比过去多几十倍几百倍的产品。"[2]在信息社会，知识的生产力已经成为决定生产力、竞争力、经济成就的关键。《中共中央关于教育体制改革的决定》指出："在新技术革命条件下，一系列新的科学技术成果的产生，新的科学技术领域的开辟，以及新的信息传递手段和认识工具的出现，对教育产生了重大的影响，发达国家在这方面的经验尤其值得注意。要通过各种可能的途径，加强对外交流，使我们的教育事业建立在当代世界文明成果的基础之上。""我们要有计划、有选择地引进资本主义国家的先进技术和其他对我们有益的东西，但是我们决不学习和引进资本主义制度，决不学习和引进各种丑恶颓废的东西。"[3]"我们执行对外开放政策，学习外国的技术，利用外资，是为了搞好社会主义建设，而不能离开社会主义道路。"[4]"属于文化领域的东西，一定要用马克思主义对它们的思想内容和表现方法进行分析、鉴别和批判。"[5]"要向人民特别是青年介绍资本主义国家中进步和有益的东西，批判资本主义国家中反动和腐朽的东西。"[6]

3. 教育要面向未来

"革命的理想，共产主义的品德，要从小开始培养。我们党的教育事业历来有这样的优良传统。"[7]"科学的未来在于青年。青年一代的成长，正是我们事业必定要兴旺发达的希望所在。"[8]教育的发展"不但要看到近期的需要，而且必须预见到远期的需要；不但要依据生产建设发展的要求，而且必须充分估计到现代科学技术的发展趋势"[9]"今天，由于现代科学技术日新月异，生产设备的更新、生产工艺的变革，都非常迅速。许多产品，往往不要几年的时间就有新一代的产品来代替。劳动者只有具备较高的科学文化水平、丰富的生产经

---

[1]《邓小平文选》第三卷，人民出版社1993年版，第378页。
[2]《邓小平文选》第二卷，人民出版社1994年版，第87页。
[3]《邓小平文选》第二卷，人民出版社1994年版，第168页。
[4]《邓小平文选》第三卷，人民出版社1993年版，第195页。
[5]《邓小平文选》第三卷，人民出版社1993年版，第44页。
[6]《邓小平文选》第二卷，人民出版社1994年版，第168页。
[7]《邓小平文选》第二卷，人民出版社1994年版，第105页。
[8]《邓小平文选》第二卷，人民出版社1994年版，第95页。
[9]《邓小平文选》第二卷，人民出版社1994年版，第108页。

验、先进的劳动技能,才能在现代化的生产中发挥更大的作用。"[1] "现在小学一年级的娃娃,经过十几年的学校教育,将成为开创二十一世纪大业的生力军。"[2]正如《中共中央关于教育体制改革的决定》指出的:"社会主义现代化建设的宏伟任务,要求我们不但必须放手使用和努力提高现有的人才,而且必须极大地提高全党对教育工作的认识,面向现代化、面向世界、面向未来,为90年代以及下世纪中叶我国经济和社会的发展,大规模地准备新的能够坚持社会主义方向的各级各类人才。"

(三)坚持社会主义办学方向和教育方针,培养"四有"新人

邓小平关于坚持社会主义办学方向和教育方针、培养"四有"新人的思想理论,集中体现在学校应该永远把坚定正确的政治方向放在第一位,坚持德智体等方面全面发展,教育必须与生产劳动相结合,培养有理想、有道德、有文化、有纪律的社会主义新人等方面。

1. 学校应该永远把坚定正确的政治方向放在第一位

坚持教育为社会主义现代化建设服务,培养社会主义现代化建设所需要的合格人才,是学校坚持坚定正确的政治方向的集中体现。"毫无疑问,学校应该永远把坚定正确的政治方向放在第一位。"[3]也就是"在党的领导下,用共产主义的精神教育青年一代,团结全体青年积极参加建设社会主义的劳动,以便尽快地把我国建设成为一个伟大的社会主义工业国,为将来实现共产主义准备条件……我们的共产主义青年团员,一定要以对祖国、对人民的无限忠诚,同党一起站在这个伟大斗争的最前列,密切联系全体人民群众和青年群众,在不同的岗位上进行长时期的艰苦的奋斗。"[4] "用革命的事迹来教育我们的子孙万代:像我们前辈那样,像我们的先烈那样,永远当一个革命者,永远当一个为人民大众的集体事业服务的社会主义者,永远当一个共产主义者。"[5] "培养社会主义新人就是政治。……我们衷心地希望,文艺界所有的同志,以及从事教育、新闻、理论工作和其他意识形态工作的同志,都经常地、自觉地以大局为重,为提高人民和青年的社会主义觉悟奋斗不懈。"[6] "我们要在中国实现四个现代

---

[1]《邓小平文选》第二卷,人民出版社1994年版,第88页。
[2]《邓小平文选》第三卷,人民出版社1993年版,第120页。
[3]《邓小平文选》第二卷,人民出版社1994年版,第104页。
[4]《邓小平文选》第一卷,人民出版社1994年版,第276页。
[5]《邓小平论教育》,人民教育出版社1995年版,第23页。
[6]《邓小平文选》第二卷,人民出版社1994年版,第256页。

化，必须在思想政治上坚持四项基本原则。"[1]"如果动摇了这四项基本原则中的任何一项，那就动摇了整个社会主义事业，整个现代化建设事业。"[2]"我们干的是社会主义事业，最终目的是实现共产主义。这一点，我希望宣传方面任何时候都不要忽略。"[3]所以，"要加强各级学校的政治教育、形势教育、思想教育，包括人生观教育、道德教育"[4]。同时，邓小平还特别强调指出：要在全社会倡导"各行各业的同志在坚持社会主义政治立场的条件下，努力做好自己的岗位工作，这不但不是脱离政治，而且正是有社会主义觉悟的表现"[5]。

2. 坚持德智体等方面全面发展

"中国的事情能不能办好，社会主义和改革开放能不能坚持，经济能不能快一点发展起来，国家能不能长治久安，从一定意义上说，关键在人。""对这个问题要清醒，要注意培养人。"[6]"学校是为社会主义建设培养人才的地方。"[7]"我们要全面正确地执行党的教育方针，端正方向，真正搞好教育改革，使教育事业有一个大的发展，大的提高。"[8]培养人才的标准"就是毛泽东同志说的，应该使受教育者在德育、智育、体育几方面都得到发展，成为有社会主义觉悟的有文化的劳动者"[9]。"今后，不仅大中学校招生要德智体全面考核，择优录取，而且各部门招工用人也要逐步实行德智体全面考核的办法，择优尽先录用。这也就是把毛泽东同志提出的培养德智体全面发展、有社会主义觉悟的有文化的劳动者的方针贯彻到底，贯彻到整个社会的各个方面。这样做，对于提高整个职工队伍的政治质量和科学文化素养，对于满足不同工种、职业的特殊要求，对于在青少年中以至在整个社会上造成人人向上、奋发有为、不甘落后的革命风气，都将发挥巨大的促进作用。"[10]"希望全国的小朋友，立志做有理想、有道德、有知识、有体力的人，立志为人民作贡献，为祖国作贡献，为人类作贡献。"[11]"我们要大力在青少年中提倡勤奋学习、遵守纪律、热爱劳动、助人为乐、艰苦奋斗、英勇对敌的革命风尚，把青少年培养成为忠于社会主义祖

---

[1]《邓小平文选》第二卷，人民出版社1994年版，第164页。
[2]《邓小平文选》第二卷，人民出版社1994年版，第173页。
[3]《邓小平文选》第三卷，人民出版社1993年版，第110页。
[4]《邓小平文选》第二卷，人民出版社1994年版，第369页。
[5]《邓小平文选》第二卷，人民出版社1994年版，第94页。
[6]《邓小平文选》第三卷，人民出版社1993年版，第380页。
[7]《邓小平文选》第二卷，人民出版社1994年版，第103页。
[8]《邓小平文选》第二卷，人民出版社1994年版，第95页。
[9]《邓小平文选》第二卷，人民出版社1994年版，第103页。
[10]《邓小平文选》第二卷，人民出版社1994年版，第106～107页。
[11]《邓小平论教育工作》，北京师范大学出版社1998年版，第46页。

国、忠于无产阶级革命事业、忠于马克思列宁主义毛泽东思想的优秀人才，将来走上工作岗位，成为有很高的政治责任心和集体主义精神，有坚定的革命思想和实事求是、群众路线的工作作风，严守纪律，专心致志地为人民积极工作的劳动者。"[1]

"教材要反映出现代科学文化的先进水平，同时要符合我国的实际情况。"[2]"我们要在科学技术上赶超世界先进水平，不但要提高高等教育的质量，而且首先要提高中小学教育的质量，按照中小学生所能接受的程度，用先进的科学知识来充实中小学的教学内容。"[3]"由于林彪、'四人帮'的十年捣乱，思想战线上长期间充满了胡言乱语……我们思想理论战线的同志们一定要赶快组织力量，定好计划，在尽可能短的时间里陆续写出并印出一批有新内容、新思想、新语言的有分量的论文、书籍、读本、教科书来，填补这个空白。我提议中央宣传部把对这项工作的领导责任担当起来，并且提议，对于确实写得好的著作，经过评审，应该由党和国家发给奖金，以便给这项看来似乎平凡实则很艰苦的工作以应有的荣誉。"[4]

3. 教育必须与生产劳动相结合

"为了培养社会主义建设需要的合格的人才，我们必须认真研究在新的条件下，如何更好地贯彻教育与生产劳动相结合的方针。马克思、恩格斯、列宁和毛泽东同志都非常重视教育与生产劳动的结合，认为在资本主义社会里这是改造社会最强有力的手段之一；在无产阶级取得政权之后，这是培养理论与实际结合、学用一致、全面发展的新人的根本途径，是逐步消灭脑力劳动和体力劳动差别的重要措施。早在八十年前，列宁就说过：'无论是脱离生产劳动的教学和教育，或是没有同时进行教学和教育的生产劳动，都不能达到现代技术水平和科学知识现状所要求的高度。'现代经济和技术的迅速发展，要求教育质量和教育效率的迅速提高，要求我们在教育与生产劳动结合的内容上、方法上不断有新的发展。……各级各类学校对学生参加什么样的劳动，怎样下厂下乡，花多少时间，怎样同教学密切结合，都要有恰当的安排。更重要的是整个教育事业必须同国民经济发展的要求相适应。不然，学生学的和将来要从事的职业不相适应，学非所用，用非所学，岂不是从根本上破坏了教育与生产劳动相结合的方针？那又怎么可能调动学生学习和劳动的积极性，怎么可能满足新的历史

---

[1]《邓小平文选》第二卷，人民出版社1994年版，第106页。
[2]《邓小平文选》第二卷，人民出版社1994年版，第55页。
[3]《邓小平文选》第二卷，人民出版社1994年版，第104页。
[4]《邓小平文选》第二卷，人民出版社1994年版，第180页。

时期向教育工作提出的巨大要求？"[1]"生产劳动、科学试验和科学研究在学校教育中怎样组织得有计划，使之更符合于经济计划和教育计划的需要，应该加以深入的研究"[2]。

4. 培养有理想、有道德、有文化、有纪律的社会主义新人

在建设具有中国特色的社会主义社会时，"我们历来提倡有理想、有道德、有文化、有纪律，其中最重要的是有理想、有纪律。理想就是社会主义现代化。很多人只讲现代化，忘了我们讲的现代化是社会主义现代化。要搞四个现代化，使中国发展起来，就要有纪律、有秩序地进行建设。这些是一九七八年我们党的十一届三中全会以来一直这样讲的，从来没有变过。我们只是坚持既定的方针、政策，坚持原来的路线"[3]。

"要特别教育我们的下一代下两代，一定要树立共产主义的远大理想。一定不能让我们的青少年做资本主义腐朽思想的俘虏，那绝对不行。"[4]"有了理想，还要有纪律才能实现。纪律和自由是对立统一的关系，两者是不可分的，缺一不可。我们这么大一个国家，怎样才能团结起来、组织起来呢？一靠理想，二靠纪律。组织起来就有力量。没有理想，没有纪律，就会像旧中国那样一盘散沙，那我们的革命怎么能够成功？我们的建设怎么能够成功？"[5]"在党政机关、军队、企业、学校和全体人民中，都必须加强纪律教育和法制教育。没有规定纪律或规定得不完善不合理的，要迅速规定和改善。大中小学的学生从入学起，工人从入厂起，战士从入伍起，工作人员从到职起，就要学习和服从各自所必须遵守的纪律。对一切无纪律、无政府、违反法制的现象，都必须坚决反对和纠正。否则我们就决不能建设社会主义，也决不能实现现代化。合理的纪律同社会主义民主不但不是互相对立的，而且是互相保证的。"[6]

"我们一定要在全党和全国范围内有领导、有计划地大力提倡社会主义道德风尚，热爱社会主义祖国，提高民族自尊心，还要进行坚持社会主义道路、反对资本主义腐蚀的革命品质教育。现在有一部分青年有忽视政治的倾向，全党必须看到这个问题的严重性，一定要分析原因，找出办法，认真有效地加以解决。"[7]"现在，特别是在青年当中，有人怀疑社会主义制度，说什么社会主义

---

[1]《邓小平文选》第二卷，人民出版社1994年版，第107~108页。
[2]《邓小平文选》第二卷，人民出版社1994年版，第108页。
[3]《邓小平文选》第三卷，人民出版社1993年版，第209页。
[4]《邓小平文选》第三卷，人民出版社1993年版，第111页。
[5]《邓小平文选》第三卷，人民出版社1993年版，第111页。
[6]《邓小平文选》第二卷，人民出版社1994年版，第360页。
[7]《邓小平文选》第二卷，人民出版社1994年版，第262页。

不如资本主义，这种思想一定要大力纠正。"[1] "一部分青年人对社会的某些现状不满，这不奇怪也不可怕，但是一定要注意引导，不好好引导就会害了他们。"[2] "对青年人来说，右的东西值得警惕，特别是他们不知道什么是资本主义，什么是社会主义，因此要对他们进行教育。"[3]

"我们从来主张，在社会主义社会中，国家、集体和个人的利益在根本上是一致的，如果有矛盾，个人的利益要服从国家和集体的利益。为了国家和集体的利益，为了人民大众的利益，一切有革命觉悟的先进分子必要时都应当牺牲自己的利益。我们要向全体人民、全体青少年宣传这种高尚的道德。"[4] "我们在新民主主义革命时期，就已经坚持用共产主义的思想体系指导整个工作；用共产主义道德约束共产党员和先进分子的言行；提倡和表彰'全心全意为人民服务'、'个人服从组织'、'大公无私'、'毫不利己专门利人'、'一不怕苦、二不怕死'。现在已经进入社会主义时期，有人居然对这些庄严的革命口号进行'批判'，而这种荒唐的'批判'不仅没有受到应有的抵制，居然还得到我们队伍中一些人的同情和支持。每一个有党性、有革命性的共产党员，难道能容忍这种状况继续下去吗？"[5]

"党的领导机关除了掌握方针政策和决定重要干部的使用以外，要腾出主要的时间和精力来做思想政治工作，做人的工作，做群众工作。如果一时还不能完全做到这一点，至少也必须把思想政治工作放在重要地位上，否则党的领导既不可能改善，也不可能加强。"[6] "十年最大的失误是教育，这里我主要是讲思想政治教育，不单纯是对学校、青年学生，是泛指对人民的教育。对于艰苦创业，对于中国是个什么样的国家，将要变成一个什么样的国家，这种教育都很少，这是我们很大的失误。"[7] 所以，"思想教育工作要加强"[8]，"教育人民成为'四有'人民，教育干部成为'四有'干部"[9]。

"只靠坚持社会主义道路，没有真才实学，还是不能实现四个现代化。无论在什么岗位，都要有一定的专业知识和专业能力，没有的要学，有的要继续学，实在不能学、不愿意学的要调整。我们要按照专业的要求组织整个领

---

[1]《邓小平文选》第二卷，人民出版社1994年版，第250页。
[2]《邓小平文选》第二卷，人民出版社1994年版，第391页。
[3]《邓小平文选》第三卷，人民出版社1993年版，第229页。
[4]《邓小平文选》第二卷，人民出版社1994年版，第337页。
[5]《邓小平文选》第二卷，人民出版社1994年版，第367页。
[6]《邓小平文选》第二卷，人民出版社1994年版，第365页。
[7]《邓小平文选》第三卷，人民出版社1993年版，第306页。
[8]《邓小平文选》第三卷，人民出版社1993年版，第349页。
[9]《邓小平文选》第三卷，人民出版社1993年版，第205页。

导班子，充分发挥专业人才的作用，并且领导广大群众，按照专业的要求去学习和工作。"[1]

（四）教师是培养合格人才的关键

教师是科学文化知识的传播者，是精神文明的建设者，是人类灵魂的工程师，是发展教育事业的主要力量。在教学活动中，教育方针能否贯彻，培养目标能否实现，教师起着主导的作用。振兴民族的希望在教育，振兴教育的希望在教师。

1. 坚持教师为本，推进教育发展

"学校办得好坏，学校的干部和教员有很大的作用……他们提高了，学生就可以提高，学校就可以办好。"[2] "要选好办学校的干部，包括教师，这个很重要。这些干部比现职干部还重要，要选最优秀的，特别是能深入实际、努力工作、艰苦奋斗、以身作则的干部。"[3] "一个学校能不能为社会主义建设培养合格的人才，培养德智体全面发展、有社会主义觉悟的有文化的劳动者，关键在教师。"[4] "就今天的现状来说，要特别注意调动教育工作者的积极性，要强调尊重教师。我国科学研究的希望，在于它的队伍有来源。科研是靠教育输送人才的，一定要把教育办好。"[5]

坚持教师为本，就是坚持邓小平关于一个学校关键在教师的思想理论，即"教师很重要，要选好，要有一个好的教学队伍。"[6] "尤其是中小学教师和幼儿教育工作者，负有培养革命接班人的幼苗的重任。"[7] "只有老师教得好，学生才能学得好。"[8] 要把教师作为推动教育发展的第一资源。因为学校的教师就是学校的核心竞争力，是学校的品牌。无论中小学，还是大学，学校要真正发展好，都必须以教师为本。有好的教师，才有好的教育。如果一个学校的师资队伍不行，也就培养不出好学生。一个优秀教师可以带动和影响千千万万个优秀学生。因此，我们一方面要坚持把教师作为办学的主体，坚持教师是推动教育发展和保持教育活力的关键所在，切实把教师作为推动教育发展改革的重要

---

[1]《邓小平文选》第二卷，人民出版社1994年版，第262页。
[2]《邓小平论教育》，人民出版社1995年版，第3页。
[3]《邓小平文选》第二卷，人民出版社1994年版，第63页。
[4]《邓小平文选》第二卷，人民出版社1994年版，第108页。
[5]《邓小平文选》第二卷，人民出版社1994年版，第49~50页。
[6]《邓小平文选》第二卷，人民出版社1994年版，第64页。
[7]《邓小平文选》第二卷，人民出版社1994年版，第106页。
[8]《邓小平文选》第二卷，人民出版社1994年版，第55页。

保障。另一方面要把教师作为第一教育资源，把教师打造成高素质高水平、不负党和人民重托的生力军，培养名师，使教育系统名师辈出，形成体系；加强和改进师德建设，让高尚师德成为人民教师的不懈追求；大力弘扬"学为人师，行为世范"的高尚精神，让师德风范薪火相传，让教师努力成为学生爱戴、人民满意的教师。

2. 提高教师的政治和社会地位，改善教师的工作条件和生活待遇

"我们要把从事教育工作的与从事科研工作的放到同等重要的地位,使他们受到同样的尊重，同样的重视。……对于终身为教育事业服务的人，应当鼓励。"[1] "毛泽东同志是尊重人才的。" "你们讲科研机构要出成果、出人才，教育战线也应该这样。中小学教师中也有人才，好的教师就是人才。要珍视劳动，珍视人才，人才难得呀！要发挥知识分子的专长，用非所学不好。"[2] "科学家、教授、工程师……的工作做得越好，越有成绩，就会使全国人民越加懂得知识的可贵，推动大家都来尊重知识，学习知识，掌握知识。"[3] "人民教师是培养革命后代的园丁。他们的创造性劳动，应当受到党和人民的尊重。"[4] "我们要提高人民教师的政治地位和社会地位。不但学生应该尊重教师，整个社会都应该尊重教师。我们提倡学生尊敬师长，同时也提倡师长爱护学生。尊师爱生，教学相长，这是师生之间革命的同志式的关系。对于优秀的教育工作者，应该大张旗鼓地予以表扬和奖励。"[5] 总之，"为人民服务的教育工作者是崇高的革命的劳动者。我们对广大教育工作者的辛勤努力表示慰问和敬意。特别是对广大的小学教育工作者，他们在更为艰苦的条件下，为培养革命后代不辞劳累，作出贡献，我们更要表示慰问和敬意。"[6]

"要确实保证教师的教学活动时间，要关心他们的政治生活、工作条件和业务学习。"[7] "在学校里面，应该有教授（一级教授、二级教授、三级教授）、副教授、讲师、助教这样的职称。" "凡是合乎这些标准的人，就应该授予他相应的职称，享受相应的工资待遇。"[8] "所有的……学校……都要有对工作的评比和考核，要有学术职称、技术职称和荣誉称号。要根据工作成绩的大小、好

---

[1]《邓小平文选》第二卷，人民出版社 1994 年版，第 50 页。
[2]《邓小平文选》第二卷，人民出版社 1994 年版，第 50 页。
[3]《邓小平文选》第三卷，人民出版社 1993 年版，第 108 页。
[4]《邓小平文选》第二卷，人民出版社 1994 年版，第 95 页。
[5]《邓小平文选》第二卷，人民出版社 1994 年版，第 109 页。
[6]《邓小平文选》第二卷，人民出版社 1994 年版，第 109 页。
[7]《邓小平文选》第二卷，人民出版社 1994 年版，第 95 页。
[8]《邓小平文选》第二卷，人民出版社 1994 年版，第 224 页。

坏，有赏有罚，有升有降。而且，这种赏罚、升降必须同物质利益联系起来。"[1]
"要研究教师首先是中小学教师的工资制度。要采取适当的措施，鼓励人们终身从事教育事业。特别优秀的教师，可以定为特级教师。"[2] "我们不论怎么困难，也要提高教师的待遇。这个事情，在国际上都有影响"[3]，"我们要千方百计，在别的方面忍耐一些，甚至于牺牲一点速度，把教育问题解决好"[4]。

"要让教师休假，给教师以恢复疲劳、思考问题、总结经验的时间，给他们以休整的时间，不能把他们的假期时间都给占用了。搞好劳逸结合，不仅不会降低而且有助于提高教学质量。"[5]要调动"教育工作者的积极性，光空讲不行，还要给他们创造条件，切切实实地帮助他们解决一些具体问题。当然，一谈到这方面，就会遇到许多困难。对于这些困难，要分别轻重缓急，逐步加以解决。比如说，在科研队伍中，可以先解决一些比较有成就、有培养前途的人的困难。这些人不限于是老同志，还有中年、青年同志。'长江后浪推前浪'，在科学研究上，也往往是青年人赶过老年人，我们的老同志应当高兴地帮助青年人赶上来。对于那些与爱人分居两地的业务骨干，要优先把他们的家搬来。当然，不是说所有两地分居的人都能马上解决，这要修建许多宿舍，还得分别轻重缓急"[6]。

3. 加强教师队伍建设，提高教师队伍素质

"教育战线任务愈来愈重，各级教育部门不能不努力提高现有教师队伍的教学能力和教学质量。"[7] "要研究如何提高教师的水平。前几年教师不敢教，责任不在他们。现在要敢于教，还要善于教。要做到这一点，就要加强师资培训工作。要请一些好的教师当教师的教师，大学教师要帮助中学教师提高水平……要把师资培训列入规划，列入任务。只有老师教得好，学生才能学得好。当然教与学有相互作用。现在学生中出现的某些问题，有多种原因，有社会原因、家庭原因，其中也与老师善于不善于教学生、带学生有关。要提高教师的水平，包括政治思想水平、业务工作能力以及改进作风等。"[8] "师范大学要办好。省、市管的师范院校，教育部也要经常派人去检查。不办好师范教育，教师就没有

---

[1]《邓小平文选》第二卷，人民出版社1994年版，第151页。
[2]《邓小平文选》第二卷，人民出版社1994年版，第109页。
[3]《邓小平论教育》，人民出版社1995年版，第205页。
[4]《邓小平文选》第三卷，人民出版社1993年版，第275页。
[5]《邓小平文选》第二卷，人民出版社1994年版，第55页。
[6]《邓小平文选》第二卷，人民出版社1994年版，第56~57页。
[7]《邓小平文选》第二卷，人民出版社1994年版，第109页。
[8]《邓小平文选》第二卷，人民出版社1994年版，第55页。

来源。"[1] "教育部和各地教育行政部门,要采取切实有效的措施,比如充分利用广播、电视,举办各种训练班、进修班,编印教学参考资料等,大力培训师资。我们希望广大教师努力在政治上、业务上不断提高,沿着又红又专的道路前进。"[2] "要加强学校的教师队伍,科研系统有的人可以调出来搞教育,支援教育。搞教育是很光荣的,要鼓励大家热心教育事业。对科研系统抽出来支援教育的那些同志,教育部要在政治上、物质上安排好。今后我们要很好地研究科研和教育如何协调、人员如何经常交流的问题。人员不流动,思想就会僵化。外国科研机构很注意更新科研队伍,经常补充年轻的、思想灵活的人进来。我们也要逐步实行科研人员流动、更新的制度。要注意发现人才。现在有些人的成就外国人都公认,我们反而不了解,说明我们的一些制度有缺陷,不能发现人才,要认真改进。"[3] 同时,"各级党委和学校的党组织,应该热情地关心和帮助教师思想政治上的进步,帮助他们认真学习马克思列宁主义、毛泽东思想,使更多的人牢固树立起无产阶级的共产主义的世界观。要积极地在优秀的教师中发展党员"[4]。

（五）深化教育改革,促进教育发展

邓小平对中国改革大业的构想,一开始就把教育包括在内。早在1963年,邓小平在谈工业发展中技术人才培养问题时就指出:"过去十三年在培养技术人才方面进展很快,但是技术人员不足仍是各部门存在的尖锐问题。这方面要做的事还不少,如教育制度要作适当改革,师资不足需要补充等等。管理水平不高也是问题。"[5] 1978年,他更是明确指出:"我们要全面地正确地执行党的教育方针,端正方向,真正搞好教育改革,使教育事业有一个大的发展,大的提高。"[6]

1. 改革教育体制,夯实教育发展动力

"应该考虑各级各类学校发展的比例,特别是扩大农业中学、各种中等专业学校、技工学校的比例;要研究发展什么样的高等学校,怎样调整专业设置、安排基础理论课程和进行教材改革。要制订加速发展电视、广播等现代化教育手段的措施,这是多快好省发展教育事业的重要途径,必须引起充分的重

---

[1]《邓小平文选》第二卷,人民出版社1994年版,第69页。
[2]《邓小平文选》第二卷,人民出版社1994年版,第109~110页。
[3]《邓小平文选》第二卷,人民出版社1994年版,第70页。
[4]《邓小平文选》第二卷,人民出版社1994年版,第109页。
[5]《邓小平文选》第一卷,人民出版社1994年版,第334页。
[6]《邓小平文选》第二卷,人民出版社1994年版,第95页。

视。"[1]"要尽快提高少数民族的文化水平。应在少数民族地区举办一些教育事业，动员一些人到那里去办学校。"[2]即"教育事业必须同国民经济发展的要求相适应"[3]。根据这一原则，邓小平精心构建了中国的教育结构：①"要重视中小学教育"[4]；② 教育计划"应该考虑各级各类学校发展的比例，特别是扩大农业中专、各种中等专业学校、技工学校的比例"[5]；③ "高等学校的专业，哪些要合，哪些要分，哪些要增加，哪些要减少，哪些要取消，也要有一个统一的规划"[6]。总之，"我们的方针是，一要普及，二要提高，两者不能偏废。只普及不提高，科学文化不能很快进步；只提高不普及，也不能适应国家各方面的需要。社会主义建设需要有文化的劳动者，所有劳动者也都需要文化。教育普及了，群众的科学文化水平提高了，发明创造就会多起来。我们在任何时候都要坚持'两条腿走路'，做到在普及基础上的提高和在提高指导下的普及"[7]。"教育部以后要把中小学教育的相当一部分交给地方去办，各省能办多少，由省里根据实际情况去安排，教育部可以不管。"[8]"要办重点小学、重点中学、重点大学。要经过严格考试，把最优秀的人集中在重点中学和大学。"[9]"教育部要直接抓好几个学校，搞点示范。学校每周学习时间多少，政治活动时间不能超过多少等等，这些都要具体化，教育部要干预。"[10]"教育体制改革的决定草案，我看是个好文件。现在，纲领有了，蓝图有了，关键是要真正重视，扎扎实实地抓，组织好施工。"[11]

"重点大学既是办教育的中心，又是办科研的中心。""小学、中学、大专学校是培养科学技术人才的重要基础，而大专学校又是科学研究的一个重要的方面军。"[12]"高等院校，特别是重点高等院校，应当是科研的一个重要方面军，这一点要定下来。它们有这个能力，有这方面的人才……从科研队伍的数量来说，若干年后，学校的科研机构也许同专业研究机构大致相等……科学院和大

---

[1]《邓小平文选》第二卷，人民出版社1994年版，第108页。
[2]《邓小平文选》第一卷，人民出版社1994年版，第168页。
[3]《邓小平文选》第二卷，人民出版社1994年版，第107页。
[4]《邓小平文选》第二卷，人民出版社1994年版，第54页。
[5]《邓小平文选》第二卷，人民出版社1994年版，第108页。
[6]《邓小平文选》第二卷，人民出版社1994年版，第52页。
[7]《邓小平文选》第一卷，人民出版社1994年版，第280页。
[8]《邓小平文选》第一卷，人民出版社1994年版，第282页。
[9]《邓小平文选》第二卷，人民出版社1994年版，第40页。
[10]《邓小平文选》第二卷，人民出版社1994年版，第69页。
[11]《邓小平文选》第三卷，人民出版社1993年版，第120页。
[12]《邓小平文选》第二卷，人民出版社1994年版，第423页。

学可以多搞一些基础科学，但也要搞应用科学，特别是工科院校。"[1]同时，"学校刊物要办起来，要解决一下科研、教育方面的出版印刷问题，并把它列入国家计划"[2]。

2. 推进教学改革，提高教学质量

"为了加速造就人才和带动整个教育水平的提高，必须考虑集中力量加强重点大学和重点中小学的建设，尽快提高它们的教学水平和教学质量。"[3] "办教育一要普及，二要提高。" "我们在任何时候都要坚持'两条腿走路'，做到在普及基础上的提高和在提高指导下的普及。"[4] "就高等教育来说，大专院校是一条腿，各种半工半读的和业余的大学是一条腿。"[5] "任何时候都不要忽略职业中学的教学质量问题。职业中学的一部分毕业生应该能够升入高等专科学校学习。……现在已经建立起来的各类学校，都不能降低教学质量。提高教学质量，涉及一个学生人数的问题。学校应该挖掘教学潜力，多招学生，但是不要因此而降低教学质量。"[6]

"编好教材是提高教学的关键，要有足够的合格人力加以保障。"[7] "教材要反映出现代科学文化的先进水平，同时要符合我国的实际情况。"[8] "教材非从中小学抓起不可，教书非教最先进的内容不可，当然，也不能脱离我国的实际情况。"[9] "按照中小学生所能接受的程度，用先进的科学知识来充实中小学的教育内容。"[10]同时，要全面提高教学质量，必须改革教学内容和方法，改革考试和方法。邓小平认为："现代经济和技术的迅速发展，要求教育质量和教育效率的迅速提高，要求我们在教育与生产劳动结合的内容上、方法上不断有新的发展。"[11]他反复强调："考试是检查学习情况和教学效果的一种重要方法，如同检验产品质量是保证工厂生产水平的必要制度一样。当然也不能迷信考试，把它当作检查学习效果的唯一方法。"[12] "一次考得不好，还可以补考，不要

---

[1]《邓小平文选》第二卷，人民出版社1994年版，第53页。
[2]《邓小平文选》第二卷，人民出版社1994年版，第58页。
[3]《邓小平文选》第二卷，人民出版社1994年版，第108页。
[4]《邓小平文选》第一卷，人民出版社1994年版，第280页。
[5]《邓小平文选》第二卷，人民出版社1994年版，第54页。
[6]《邓小平文选》第一卷，人民出版社1994年版，第280～281页。
[7]《邓小平文选》第二卷，人民出版社1994年版，第424页。
[8]《邓小平文选》第二卷，人民出版社1994年版，第55页。
[9]《邓小平文选》第二卷，人民出版社1994年版，第69页。
[10]《邓小平文选》第二卷，人民出版社1994年版，第104页。
[11]《邓小平文选》第二卷，人民出版社1994年版，第107页。
[12]《邓小平文选》第二卷，人民出版社1994年版，第105页。

轻易留级。必须留级的，也要做好工作。对于表现太坏又屡教不改的，要开除学籍。"[1]教育要以提高教育质量为中心，应有现代化的教学手段，进一步深化课堂教学改革，持续开展"考试的革命"，注重培养学生的能力，使学生真正成为学习的主人。

3. 加强学校管理，提高办学效益

"我们也需要大量的、合格的学校管理人员，这也是专业人员。比如学校党委的领导同志，应不应该是个专业人员呢？应该是。他可以不是教学人员，但至少应该是懂得教育的有管理学校专长的专业人员，会管某一类学校。"[2]"后勤工作很重要，……要让党性好的组织能力强的人搞后勤。"[3]"搞后勤的要学会管家，学会少花钱多办事。"[4]"我提出一个单位有三个人要选得好。党委统一领导，书记很重要，一定要选好，这是第一个人。第二个是领导科研或教学的人，要内行，至少是接近内行或者比较接近内行的外行。还有一个管后勤的，应当是勤勤恳恳、扎扎实实、甘当无名英雄的人。有了这样的三把手，事情就比较好办了，下面单位的调整，计划的执行等等，就可以比较顺利地进行了。"[5]"大学里应当有一批热爱本职工作、勤勤恳恳为教学和科研服务的人，把这方面的工作管起来，使教学和科研人员能够集中精力做好业务工作，不要让他们为了设备和工作条件问题到处奔跑。"[6]

"要健全教育部的机构。要找一些四十岁左右的人，天天到学校里去跑。搞四十个人，至少搞二十个人专门下去跑。要像下连队当兵一样，下去当'学生'，到班里听听课，了解情况，监督计划、政策等的执行，然后回来报告。这样才能使情况反映得快，问题解决得快。可以首先跑重点大学，跑重点中学、小学。这些就是具体措施，不能只讲空话。"[7]

4. 加强教育立法，实现依法治教

"我们的法律是太少了，成百个法律总要有的，这方面有很多工作要做，现在只是开端"[8]，"必要的法律设施，加上全党的思想政治工作、报刊宣传和学

---

[1]《邓小平文选》第二卷，人民出版社1994年版，第55～56页。
[2]《邓小平文选》第二卷，人民出版社1994年版，第263页。
[3]《邓小平文选》第二卷，人民出版社1994年版，第33页。
[4]《邓小平文选》第二卷，人民出版社1994年版，第56页。
[5]《邓小平文选》第二卷，人民出版社1994年版，第53页。
[6]《邓小平文选》第二卷，人民出版社1994年版，第70页。
[7]《邓小平文选》第二卷，人民出版社1994年版，第68～69页。
[8]《邓小平文选》第二卷，人民出版社1994年版，第189页。

校教育的配合，就可以形成全党全军全民的共同行动准则"[1]。

"改革开放以来，我们立的章程并不少，而且是全方位的。经济、政治、科技、教育、文化、军事、外交等各个方面都有明确的方针和政策，而且有准确的表述语言"[2]。在教育立法、依法治教方面，中国先后颁布实施的《关于加强中小学教师队伍管理工作的意见的通知》《关于普及小学教育若干问题的决定》《教育部直属高等院校暂行工作条例》《中华人民共和国学位条例》《中共中央关于教育体制改革的决定》《义务教育法》《中国教育改革和发展纲要》《教师法》《教育法》《职业教育法》《高等教育法》《残疾人教育条例》等法律法规，对于实现依法治教发挥了积极的促进作用。

（六）各级领导都要重视教育，全社会都要支持教育

各级领导都要重视教育，全社会都要支持教育，是邓小平教育理论的重要内容。"政治路线确立了，要由人来具体地贯彻执行。由什么样的人来执行，是由赞成党的政治路线的人，还是由不赞成的人，或者由持中间态度的人来执行，结果不一样"[3]。因此，要加强和改善党对教育工作的领导，各级领导要像抓经济工作那样抓教育工作，要发挥各级地方政府办教育的积极性，全社会都要关心、支持教育工作。

1. 加强和改善党对教育工作的领导

"没有党的领导，就没有一条正确的政治路线；没有党的领导，就没有安定团结的政治局面；没有党的领导，艰苦创业的精神就提倡不起来；没有党的领导，真正又红又专、特别是有专业知识和专业能力的队伍也建立不起来。这样，社会主义四个现代化建设、祖国的统一、反霸权主义的斗争，也就没有一个力量能够领导进行。这是谁也无法否认的客观事实。那些对此暂时抱有某些怀疑态度的纯洁的青年，只要多经历一些时间，最后还是会同意这一点的。"[4] "党委的领导，主要是政治上的领导，保证正确的政治方向，保证党的路线、方针、政策的贯彻，调动各个方面的积极性。"[5]

"改善党的领导，除了改善党的组织状况以外，还要改善党的领导工作状况，改善党的领导制度"[6]，即"在不断出现的新问题面前，我们党总是要学，我

---

[1]《邓小平文选》第二卷，人民出版社1994年版，第371页。
[2]《邓小平文选》第三卷，人民出版社1993年版，第371页。
[3]《邓小平文选》第二卷，人民出版社1994年版，第191页。
[4]《邓小平文选》第二卷，人民出版社1994年版，第266页。
[5]《邓小平文选》第二卷，人民出版社1994年版，第98页。
[6]《邓小平文选》第二卷，人民出版社1994年版，第269页。

们共产党人总是要学……党员就是具有了专业知识，党也不能够代替一切，包办一切"[1]，要"教育全党同志务必注意提高警惕，照顾大局，在中央的领导下团结一致，既要继续解放思想，坚决发扬民主，调动一切积极因素，又要努力克服一小部分群众特别是一小部分青年中间的思想混乱"[2]，"要抓紧四项基本原则的教育，马克思主义基本理论的教育"[3]。与此同时，"必须在党的教育系统中，在党员的教育材料中，在党的报刊中，着重进行党的群众路线的教育"[4]，"抓精神文明建设，抓党风、社会风气好转，必须狠狠地抓，一天不放松地抓，从具体事件抓起"[5]，"那种只靠发指示、说空话过日子的坏作风，一定要转变过来。各个部门和地方，特别是主要负责同志，都要注意这个问题"[6]。

2. 各级领导要像抓经济工作那样抓教育工作

"我知道科学、教育是难搞的，但是我自告奋勇来抓。"[7]"我愿意当大家的后勤部长，愿意同各级党委的领导同志一起，做好这方面的工作。"[8]"教育要狠狠地抓一下，一直抓它十年八年。我是要一直抓下去的。我的抓法就是抓头头，抓方针。重要的政策、措施，也是方针性的东西，这些我是要管的。"[9]"近几年来，从中央到地方，到农村党支部，有越来越多的同志，懂得知识和人才的重要，懂得教育的重要。这是我们党的一大进步……一个地区，一个部门，如果只抓经济，不抓教育，那里的工作重点就是没有转移好，或者说转移得不完全。忽视教育的领导者，是缺乏远见的、不成熟的领导者，就领导不了现代化建设。各级领导要像抓好经济工作那样抓好教育工作。各级党委和政府，对教育工作不仅要抓，并且要抓紧、抓好，严格要求，少讲空话，多干实事。比如说，改革的决定，在你那个地区、那个部门，怎样贯彻落实？校舍和教学设备不够，怎样解决？学校经费不足，怎样筹集？师生的伙食，怎样办得好一点？师资培训，怎样组织？学校的思想政治工作，怎样改进？等等。各级党政负责同志，要经常深入学校，倾听广大师生的意见和呼声，为他们排忧解难。领导就是服务"[10]。

---

[1]《邓小平文选》第二卷，人民出版社1994年版，第270页。
[2]《邓小平文选》第二卷，人民出版社1994年版，第175页。
[3]《邓小平文选》第三卷，人民出版社1993年版，第318页。
[4]《邓小平文选》第一卷，人民出版社1994年版，第223页。
[5]《邓小平文选》第三卷，人民出版社1993年版，第152页。
[6]《邓小平文选》第三卷，人民出版社1993年版，第121页。
[7]《邓小平文选》第二卷，人民出版社1994年版，第68页。
[8]《邓小平文选》第二卷，人民出版社1994年版，第98页。
[9]《邓小平文选》第二卷，人民出版社1994年版，第70页。
[10]《邓小平文选》第三卷，人民出版社1993年版，第121页。

3. 要发挥各级地方政府办教育的积极性，全社会都要来关心、支持教育工作

"教育部以后要把中小学教育的相当一部分交给地方去办，各省能办多少，由省里根据实际情况去安排，教育部可以不管。"[1] "教育事业，决不只是教育部门的事，各级党委要认真地作为大事来抓。各行各业都要来支持教育事业，大力兴办教育事业。"[2] "科技和教育，各行各业都要抓。"[3] "对一部分先富裕起来的个人"要提倡"自愿拿出钱来办教育、修路"[4]。"我国城乡和社会各界，蕴藏着极大的办学热情，不少爱国侨胞也热心捐资办学。现在我们又有了一个正确的纲领。在这样的条件下，只要各级领导认真抓，我看教育的事情好办，悲观是没有根据的。扎扎实实抓它几年，中华民族教育事业空前繁荣的新局面，一定会到来。"[5]

---

[1]《邓小平文选》第一卷，人民出版社1994年版，第282页。
[2]《邓小平文选》第二卷，人民出版社1994年版，第95页。
[3]《邓小平文选》第二卷，人民出版社1994年版，第41页。
[4]《邓小平文选》第三卷，人民出版社1993年版，第111页。
[5]《邓小平文选》第三卷，人民出版社1993年版，第122页。

第二章 邓小平教育要"三个面向"的理论与实践

本章主要从邓小平教育要"三个面向"理论提出背景及特点、邓小平教育要面向现代化的理论与实践、邓小平教育要面向世界的理论与实践、邓小平教育要面向未来的理论与实践、坚持邓小平"三个面向"教育理论实践要处理好的几个关系五个方面入手,对邓小平教育要"三个面向"的理论与实践进行梳理、研究、阐述。

一、邓小平教育要"三个面向"理论的提出背景及特点

邓小平教育要"三个面向"的思想理论,既立足中国又面向世界,既总结历史又正视现实、放眼未来,把马克思主义基本原理同中国国情和时代特征结合起来,在研究新情况、解决新问题,进行锲而不舍的理论探索过程中形成和发展起来的,具有鲜明的时代性、变革性、统一性。

(一)邓小平教育要"三个面向"理论提出的背景

1978年12月,中国共产党召开了具有历史意义的十一届三中全会。这次全会停止使用"以阶级斗争为纲"这个不适用于社会主义社会的口号,果断作出把党和国家的工作重点转移到社会主义现代化建设上来和实行改革开放的战略决策,从而实现了中华人民共和国成立以来中国共产党历史上具有深远意义的伟大转折。1982年9月,党的十二大提出把马克思主义的普遍真理同中国的具体实际结合起来,走自己的路,建设有中国特色的社会主义的思想,并把建设高度的社会主义物质文明和精神文明作为社会主义建设的战略目标。至此,自中国共产党的十一届三中全会起步,到十二大后全面展开了从农村到城市,从经济领域到政治、科技、教育、文化等各个领域的改革,从沿海开放到沿江沿边开放,从东部开放到中西部开放,从对内搞活到对外开放的波澜壮阔的改革开放历史进程。正是在这样的时代背景下,邓小平以其对中国历史的深刻洞察和高瞻远瞩的战略家眼光,在教育改革和发展的战略问题上,通过为北京景山学校题词的方式,提出了中国"教育要面向现代化,面向世界,面向未来"的改革发展方针。

（二）邓小平教育要"三个面向"理论的特点

邓小平的题词不仅是对北京景山学校教改实验的鼓励和支持，而且指出了中国整个教育今后的改革发展方向，从而使中国在各种纷繁复杂的教育思潮面前，找到了教育向何处去的路标；为正确处理教育与经济、政治、科技的关系，教育与传统文化的关系，教育与对外开放的关系，教育与未来发展的关系提供了基本思路，为当时乃至以后教育的发展勾画出了一条鲜明的轨迹，具有以下鲜明特点。

一是时代性。中国实行改革开放以后，打开国门放眼看世界，发现国外的变化很大，世界已经进入了一个知识经济初见端倪、科学技术突飞猛进的全新时期。正是在这样的关键时刻，邓小平敏锐地把握时代发展的脉搏和契机，以开辟社会主义建设新道路的巨大政治勇气和开拓马克思主义新境界的巨大理论勇气，从建设中国特色社会主义新的实践经验和新的时代要求出发，提出了教育要"三个面向"的思想理论，用新的思想理论发展马列主义、毛泽东思想，说出了老祖宗没有说过的符合客观实际和时代发展的新话，使社会主义的教育理念在中国发生了全新的转变，赋予了蓬勃的时代感，完成了中国教育改革历史上最伟大的革命。

二是变革性。邓小平教育要"三个面向"的思想理论，使中国的教育在对象、内容、使命上都发生了比以往更广泛、更深刻的重要变革。在教育对象上，邓小平提出教育要"三个面向"之前，其认识和定位基本上限于个体的受教育者，面对的主要是在校学生、青少年和部分成年人；教育要"三个面向"的提出，开拓了中国教育的视野，把中国教育引向了一个广阔的充满生机和活力的社会主义现代化建设实践，一个日益联系紧密的世界，一个为之奋斗的未来。在教育内容上，由于"左"的思想影响和僵化体制的束缚，知识和文化不能畅通交融，继承和创新被割裂开来；专业面过窄，知识结构和学术前沿唯苏联马首是瞻，使教育内容限于经验式和单一性的传承，缺乏选择性和交叉性的复合；教育要"三个面向"的提出，使社会主义教育实现了中国和世界的结合、教育和现代化的结合，形成了当代马克思主义科学的教育观。在教育的使命上，马克思主义的教育观是以科学的社会实践和人类历史不断发展前进为特征的，即教育的使命不仅要接受、解释和传播知识，而且要不断进取，大胆地探求新知，用以改造世界，是继承和发展的统一。"三个面向"正是在这一理论基础上，提出了中国现代化教育的历史使命。

三是统一性。邓小平教育要"三个面向"思想理论，鲜明地反映了理论与实践的统一这一重要特征。它以教育为主线，把中国的社会主义事业与现代化、世界、未来的关系紧密地联系在一起，形成了一个统一的整体，提出了中国教育改革的任务和发展的方向。① 中国的教育改革和发展是中国现代化建设的题中应有之义。"我们要实现现代化，关键是科学技术要能上去"[1]，"科学研究的希望，在于它的队伍有来源"[2]，"科学技术人才的培养，基础在教育"[3]。② 中国的教育改革和发展是不断增强综合国力和国际竞争力的内在需要。当今世界的竞争是综合国力的竞争，而综合国力的竞争说到底是人才的竞争，人才竞争的实质是教育和科技的竞争。③ 中国的教育和现代化建设同属于未来。中国处在至少上百年的社会主义初级阶段，必须把发展生产力摆在首位，以经济建设为中心，推动社会的全面进步。同样，教育也必须同经济体制、政治体制的改革和发展相适应，以"有理想、有道德、有文化、有纪律"为目标，不断促进科技进步和提高劳动者素质的提高，这既是中国教育改革发展的目标，也是中国教育和现代化建设发展的前途。从这个意义上讲，邓小平提出的教育要"三个面向"思想理论不仅仅是为景山学校的题词，而是从建设中国特色社会主义现代化实际出发，对整个教育事业，乃至全党全国工作提出的基本要求。

二、邓小平教育要面向现代化的理论与实践

邓小平教育要面向现代化的理论与实践，强调的是教育与经济建设和社会发展的关系。新时期的教育必须与新时期的工作重点相适应。教育为经济建设和社会发展服务，是通过培养大批合格的人才来实现的。所以，教育要面向现代化的实质在于教育培养出来的人才必须在质量上、数量上、结构上都适合现代化的需要。

（一）教育要面向现代化的含义

1. 中国教育必须为中国特色社会主义现代化建设服务

从长远来看，精神文明建设问题关系到中国的事业将由什么样的一代人来接班，关系到党和国家的命运和前途。因此，邓小平要求要把这个问题郑重地提到全党全国人民面前，提到中央和地方各级党委的重要议事日程上来，在工作重心转移到经济建设以后，"全党要研究如何适应新的条件，加强党的思想工作，防止埋头经济工作、忽视思想工作的倾向"[4]。他说："过去我们党无论怎

---

[1]《邓小平文选》第二卷，人民出版社1994年版，第40页。
[2]《邓小平文选》第二卷，人民出版社1994年版，第50页。
[3]《邓小平文选》第二卷，人民出版社1994年版，第95页。
[4]《邓小平文选》第三卷，人民出版社1993年版，第48页。

样弱小，无论遇到什么困难，一直有强大的战斗力，因为我们有马克思主义和共产主义的信念。有了共同的理想，也就有了铁的纪律。无论过去、现在和将来，这都是我们的真正优势。"[1]教师是人类灵魂的工程师，在社会主义精神文明建设中负有重大责任，"应当高举马克思主义的、社会主义的旗帜……教育和引导人民正确地对待历史，认识现实，坚信社会主义和党的领导，鼓舞人民奋发努力，积极向上，真正做到有理想、有道德、有文化、守纪律，为伟大壮丽的社会主义现代化建设事业而英勇奋斗"[2]。

同时，现代经济和技术的迅速发展，要求教育质量和教育效率迅速提高，要求中国在教育与生产劳动结合的内容上、方法上不断有新的发展。这就要求中国的教育要在向学生传授现代科学知识的基础上，注重与生产劳动相结合；注重学生综合实践能力的培养，提高教育教学的实效性；注重在课程改革中进行综合实践课程的开发，以全面适应当今科学技术知识快速更新的时代，有效避免中国过去教育中"高分低能"的现象。也就是说，中国教育不仅要注重提高整个中华民族的素质，培养和造就一代又一代"有理想、有道德、有文化、有纪律"的社会主义建设者和接班人，以适应现代化建设对一般劳动者的需要，而且要造就一支有足够数量、掌握高科技知识的各种专业人才；中国教育不仅要注重培养学生的创造和学习能力，以适应现代化社会日新月异的科技进步，而且要考虑到各种人才的层次结构和专业结构，以便最大限度满足现代化建设多方面的需要。

2. 实现中国特色社会主义现代化必须依靠教育

邓小平指出，我们要实现现代化，关键是科学技术要能上去；发展科学技术，不抓教育不行；靠空讲不能实现现代化，必须有知识有人才；没有知识，没有人才，怎么上得去；我们要掌握和发展现代科学文化知识和各行各业的新技术新工艺，要创造比资本主义更高的劳动生产率，把中国建设成为现代化的社会主义强国，不抓科学、教育，就没有希望，就会成为一句空话。邓小平这些思想理论充分说明了现代化建设对教育的依靠关系，科学技术的现代化尤其关键；而实现科学技术的现代化，无疑需要依靠高科技人才的培养，而人才的培养根本在于教育。中国是一个人口众多、资源相对不足、经济文化比较落后的发展中国家，依靠什么来实现社会主义现代化建设的宏伟目标呢？具有决定性意义的一条，就是把经济建设转到依靠科技进步和提高劳动者素质的轨道上

---

[1]《邓小平文选》第三卷，人民出版社1993年版，第144页。
[2]《邓小平文选》第三卷，人民出版社1993年版，第40页。

来,真正把教育摆在优先发展的战略地位,努力提高全民族的思想道德和科学文化水平,是实现中国特色社会主义现代化的根本大计。

任何国家的现代化建设,都是以科学技术的现代化为关键的,而科学技术人才的培养在教育。"我们有个危机,可能发生在教育部门,把整个现代化水平拖住了。比如我们提高工厂自动化水平,要增加科技人员,这就要靠教育。"[1]中国特色社会主义现代化建设受教育的制约进而对教育的依赖和要求的特定内涵主要体现在:在很大程度上,作为中国特色社会主义现代化建设的"根本前提"的四项基本原则,依赖并要求教育使其在学生和全国人民的头脑中深深扎根;作为中国特色社会主义现代化建设社会前提的稳定,依赖并要求教育把学生和全国人民的注意力和精力引导到刻苦学习现代科学技术知识上来;作为中国特色社会主义现代化建设的动力的改革,依赖并要求广大教育工作者和学生的参与、支持和理解;作为中国特色社会主义现代化建设的关键的科学技术,依赖并要求教育为其研究和应用提供科学技术人才;作为中国特色社会主义现代化建设的中心的经济建设,依赖并要求教育为其培养具有现代科学技术知识的建设者;作为中国特色社会主义现代化建设的重要途径的开放,依赖并要求教育为其输送精通外语,善于开展国际交往、交流和合作的人才;作为中国特色社会主义现代化建设的立足点的独立自主、自力更生,依赖并要求教育引导全国人民特别是年轻一代继承和发扬勤劳、勇敢、智慧、有强烈的民族自尊心和民族自豪感等中华民族的优良传统;作为中国特色社会主义现代化建设的目的——国家兴旺发达、民族和睦团结、人民共同富裕,依赖并要求教育实现自身的现代化,以便实现民族素质普遍不断提高和人民文化生活水平普遍不断提高,等等。中国特色社会主义现代化对教育的这种依赖性和要求,就是"教育要面向现代化"给教育工作和教育事业所规定的战略任务和战略方向。

3. 中国教育自身必须现代化

中国教育自身必须现代化,这就要求教育本身要不断深化教育体制改革,更新教育观念、调整教育结构、合理安排教育发展规模、速度和布局,改革教学内容和教育方法,运用现代化的教学手段,建立和完善适应中国特色社会主义现代化建设需要的教育体系,使教育事业能够主动适应中国特色社会主义现代化建设的需要,充分发挥教育在推进中国特色社会主义现代化建设中的重要作用。因为只有教育的现代化,才能为中国各方面的现代化提供必要的前提,

---

[1]《邓小平文选》第二卷,人民出版社 1994 年版,第 34 页。

这是邓小平反复强调要把教育工作摆在与经济工作同样重要地位的根本原因。中国教育现代化涉及教育多方面的因素。① 必须尽快提高教育投入，没有一定的物质作保证，教育现代化也只能流于空谈。② 要不断提高师资素质，没有好的教师，教育质量便无从谈起。③ 改革教育体制，建立与社会主义市场经济体制相适应的教育体制。④ 要加快教育立法工作，用法治来推动教育现代化的进程。⑤ 改革或改进教育的内容、手段和方法，并大力加强教育科研和现代教育思想观念的学习宣传，让全社会特别是每一个教育工作者都能用现代教育思想和观念指导教育工作。具体来讲就是：① 国家增加教育投资，从各渠道筹措经费，鼓励全社会办学。② 提高教师工资及社会待遇，稳定教师队伍，提高合格率，加强教师培训，发展继续教育，提高教师水平等。③ 改善教师工作条件及学生学习条件，增加教学设施、设备、仪器、图书以及实验室等。④ 建立和完善办学领导体制，改革中等教育结构，高校层次、规格、形式合理，改革高等学校招生、分配制度，改革劳动人事制度，大学建立科研、教育中心，抓紧各种教育立法等。⑤ 教育观念现代化，落实"三个面向"战略方针，把教育放在优先发展地位，克服片面追求升学率的倾向，面向全体学生，提高教育的社会效率，教学促进智力尤其是创造能力的发展等。⑥ 加强现代科技教育、课程及教材现代化，大学专业即课程设置科学化，加强生产劳动及社会实践教育等。⑦ 引进现代化教育手段，改进教学法以提高教学质量等。⑧ 为教育决策、规划提供可靠依据，提高教育改革的科学性等。

（二）教育要面向现代化的基本要求

1. 必须把教育摆在优先发展的战略地位

"我们讲社会主义是共产主义的初级阶段,共产主义的高级阶段要实行各尽所能、按需分配，这就要求社会生产力高度发展，社会物质财富极大丰富。所以社会主义初级阶段的最根本任务就是发展生产力，社会主义的优越性归根到底要体现在它的生产力比资本主义发展得更快一些、更高一些，并且在发展生产力的基础上不断改善人民的物质文化生活。"[1] "生产力的基本因素是生产资料和劳动力"，而"历史上的生产资料，都是同一定的科学技术相结合的；同样，历史上的劳动力，也都是掌握了一定的科学技术知识的劳动力。我们常说，人是生产力中最活跃的因素。这里讲的人，是指有一定的科学知识、生产经验和劳动技能来使用生产工具、实现物质资料生产的人"。[2]

---

[1]《邓小平文选》第三卷，人民出版社1993年版，第63页。
[2]《邓小平文选》第二卷，人民出版社1994年版，第88页。

"就我们国内来说,什么是中国最大的政治?四个现代化就是中国最大的政治。"[1] "要实现现代化,关键是科学技术要能上去",而 "发展科学技术,不抓教育不行"[2]。因为"科学技术人才的培养,基础在教育"[3],"战略重点,一是农业,二是能源和交通,三是教育和科学。搞好教育和科学工作,我看这是关键"[4]。"我们多次说过,我国的经济,到建国一百周年时,可能接近发达国家的水平。我们这样说,根据之一,就是在这段时间里,我们完全有能力把教育搞上去,提高我国的科学技术水平,培养出数以亿计的各级各类人才。""一个十亿人口的大国,教育搞上去了,人才资源的巨大优势是任何国家比不了的。有了人才优势,再加上先进的社会主义制度,我们的目标就有把握达到。"[5]即不能将工作重点的转移单纯地转到经济建设上,还应转到教育上,要"大大加强各级教育工作,以及全体职工和干部的教育工作"[6],"一个地区,一个部门,如果只抓经济,不抓教育,那里的工作重点就是没有转移好,或者说转移得不完全。忽视教育的领导者,是缺乏远见的、不成熟的领导者,就领导不了现代化建设。各级领导要像抓好经济工作那样抓好教育工作"[7]。为此,党的十五大特别强调要切实把教育摆在优先发展的战略地位,并指出培养同现代化要求相适应的数以亿计高素质的劳动者和数以千万计的专门人才,发挥中国巨大人力资源的优势,是关系 21 世纪社会主义事业全局的大事。党的十八大进一步强调要坚持教育优先发展,全面贯彻党的教育方针,坚持教育为社会主义现代化建设服务,把立德树人作为教育的根本任务,培养德智体全面发展的社会主义建设者和接班人。

2. 教育事业必须同国民经济发展要求相适应

"我们的国民经济是有计划按比例发展的,我们培养训练专门家和劳动后备军,也应该有与之相适应的周密的计划。我们不但要看到近期的需要,而且必须预见到远期的需要;不但要依据生产建设发展的要求,而且必须充分估计到现代化科学技术的发展趋势",即"国家计委、教育部和各部门,要共同努力,使教育事业的计划成为国民经济计划的一个重要组成部分。这个计划,应该考虑各级各类学校发展的比例,特别是扩大农业中学、各种中等专业学校、技工

---

[1]《邓小平文选》第二卷,人民出版社 1994 年版,第 234 页。
[2]《邓小平文选》第二卷,人民出版社 1994 年版,第 40 页。
[3]《邓小平文选》第二卷,人民出版社 1994 年版,第 95 页。
[4]《邓小平文选》第三卷,人民出版社 1993 年版,第 9 页。
[5]《邓小平文选》第三卷,人民出版社 1993 年版,第 120 页。
[6]《邓小平文选》第三卷,人民出版社 1993 年版,第 70 页。
[7]《邓小平文选》第三卷,人民出版社 1993 年版,第 121 页。

学校的比例；要研究发展什么样的高等学校，怎样调整专业设置、安排基础理论课程和进行教材改革。要制订加速发展电视、广播等现代化教育手段的措施"。也就是说，"教育规划应该与国家的劳动计划结合起来，切实考虑劳动就业发展的需要"，[1]避免教育事业与经济社会建设相脱节，培养和造就与社会主义经济社会发展相适应的人才，适应现代科学技术发展和国家经济社会发展的实际需要。如果"学生学的和将来要从事的职业不相适应，学非所用，用非所学，岂不是从根本上破坏了教育与生产劳动相结合的方针？那又怎么可能调动学生学习和劳动的积极性，怎么可能满足新的历史时期向教育工作提出的巨大要求？"[2]同时，"现代经济和技术的迅速发展，要求教育质量和教育效率的迅速提高，要求我们在教育与生产劳动相结合的内容上、方法上不断有新的发展"。"无论是脱离生产劳动的教学和教育，或是没有同时进行教学和教育的生产劳动，都不能达到现代技术水平和科学知识现状所要求的高度。"[3]即教育事业必须同国民经济发展要求相适应，服从和服务于工业、农业、国防和科学技术现代化建设的需要。

3. 把思想政治教育作为一项经常性的重要工作

培养在思想政治素质方面过关的能适应中国特色社会主义现代化建设的合格人才，是一项经常性的工作。这是因为，一方面，现代思想政治教育要大力倡导和弘扬自立意识、创新意识、竞争意识等，培育符合中国特色社会主义现代化要求的健全人格，激励人们坚持以经济建设为中心，牢固树立机遇意识和开放意识，立足自身发展，着眼世界潮流，在经济全球化进程中发展壮大自己，实现中华民族的伟大复兴。另一方面，面对资产阶级和西方意识形态的挑战，要求中国教育在思想政治教育方面做出积极回应，保证中国特色社会主义现代化建设的正确方向，为中国特色社会主义现代化建设营建稳定的社会环境。中国教育在思想政治教育方面要更好地为现代化建设服务，就必须从现代化建设中吸收新鲜血液，不断总结经验教训，实现思想政治教育的创新及发展：通过思想政治教育自身实现现代化即思想政治教育观念现代化、思想政治教育体制现代化、思想政治教育内容现代化和思想政治教育手段现代化等，彻底突破思想政治教育单纯做人的思想工作的思维定势，树立为中国改革开放和中国特色社会主义现代化建设服务的思想，使思想政治教育在培养适应中国改革开放和中国特色社会主义现代化建设需要的优秀人才中发挥作用。

---

[1]《邓小平文选》第二卷，人民出版社1994年版，第108页。
[2]《邓小平文选》第二卷，人民出版社1994年版，第107～108页。
[3]《邓小平文选》第二卷，人民出版社1994年版，第107页。

上述基本要求的实质在于教育要为中国特色社会主义现代化服务，培养质量、数量、结构上都适应中国特色社会主义现代化需要的人才。具体来说就是：① 在提高中华民族的素质，培养大量具有科学文化水平的劳动者，造就足够数量的高水平的知识分子队伍的同时，注意满足广大农村地区、落后地区现代化建设的需要。② 培养既有文化又有社会主义觉悟的人才，即不仅要加强现代科学文化知识的教育，还要加强政治思想教育；不仅要为物质文明建设服务，还要为精神文明精神服务。③ 在向学生传授新的科学文化知识的同时，努力发展学生的能力特别是创新能力。④ 培养不同专业、不同层次的人才，使人才结构适应于各行各业的现代化对人才的需要。

（三）实现教育要面向现代化的基础措施

1. 强化人的现代化教育

人的现代化是人的心理、态度和观念向现代化转变的过程，即从传统人到现代人的转变。中国传统价值观念要求人们固守传统，服从权威。要实现中国特色社会主义现代化，就必须冲破传统的束缚，克服保守思想，不盲从、不守旧，实现人的观念的现代化。然而传统的应试教育只重视对书本知识的教学和条条框框的死记硬背，课堂教学中则是机械的"满堂灌"，不注重对学生实际能力的培养，结果出现学生高分低能、盲从权威、因循守旧、不思进取、缺乏开拓精神现象。要实现人的现代化，就必须对中国目前仍然存在的应试教育进行改革，大力推进素质教育，探索多样化的教学形式，"要全面地正确地执行党的教育方针，端正方向，真正搞好教育改革，使教育事业有一个大的发展，大的提高"，"各行各业都要来支持教育事业，大力兴办教育事业"。[1]拓宽学生和人民群众的知识视野和思维空间，培养学生和人民群众的开拓进取和勇于探索的精神，培养出符合中国特色社会主义现代化建设需要的具有理性精神和现代化意识的一代新人。因为人是现代化进程中的最基本的因素，只有现代的政治、经济和文化机构中的人员都获得了人格的现代性，所有国民在心理和行为上都发生了转变，形成了现代人格，社会才能称作真正的现代社会。如果在国民之中没有现代性素质的普遍存在，无论是快速的经济增长还是有效的管理，都是不可能的，已经开始的也不会维持太久；如果执行和运用这些现代制度的人，自身还没有从心理、思想、态度和行为方式上都经历一个向现代化的转变，那么失败和畸形发展的悲剧结局是不可避免的。再完美的现代制度和管理方式，再先进的技术工艺，也会在一群传统人的手中变成一堆废纸。

---

[1]《邓小平文选》第二卷，人民出版社1994年版，第95页。

2. 强化科学技术现代化教育

一是强化农业最终要靠科学技术解决问题的教育。邓小平高度重视农业的基础地位和现代科学技术对农业发展的先导性作用。他说:"农业问题的解决,农民自己总结:第一靠政策,包括因地制宜,实行自主权、责任制这些政策;第二靠科学。"[1]"将来农业问题的出路,最终要由生物工程来解决,要靠尖端技术。"[2]因为,随着生物技术和信息技术的突破性进展及其在农业领域的成功应用,世界农业正向基因农业、精细农业、蓝色农业、白色农业、生态农业、工厂化农业、超级农业、网上农业和太空农业方向发展,从而形成以知识化农民为主体,以高新科技知识信息资源的占有、配置、生产和消费(使用)为主要因素的知识型农业。其基本特征是:主体综合素质优化,高科技知识含量高密化,多学科互渗融合化。其核心是农业高科技产业化、市场化。其方向是集约化、高效化。其目标是实现农村城镇化、城乡一体化,农业全面走向农业高新技术的深度、广度、速度、优质高效、绿色生态可持续发展之路。也就是说,农业的发展和现代化离不开科学技术的推动和支撑,"提高农作物单产,发展多种经营,改革耕作栽培方法,解决农村能源,保护生态环境等等,都要靠科学"。因此,"要大力加强农业科学研究和人才培养"。[3]"我们有大量中学生,要把他们培养成土专家,让他们在农村发挥作用。"[4]

二是强化科学技术现代化是工业现代化的先导的教育。因为"随着现代科学技术的发展,随着四个现代化的进展,大量繁重的体力劳动将逐步被机器所代替,直接从事生产的劳动者,体力劳动会不断减少,脑力劳动会不断增加,并且,越来越要求有更多的人从事科学研究工作,造就更宏大的科学技术队伍"。[5]劳动者只有具备较高的科学文化水平,掌握先进的劳动技能,提高自身素质,才能在现代化的生产中发挥更大的作用。加强企业的科学研究工作是多快好省地发展工业的一个重要途径。因为当今国民经济发展已出现了新的变化:单位国民生产总值的能耗和物耗下降,国民经济正向低能耗和低物耗型转化;经济增长的主导类型由外延增长为主向内涵增长为主转化,不是靠投资和就业的增加而是靠技术和知识的投入,就业人口结构逐步向技术、知识、信息方面倾斜,在全部就业人口中,文化教育程度提高,科技人员、管理人员和脑

---

[1]《邓小平科技思想年谱》(1975—1994),中央文献出版社 2004 年版,第 176~177 页。
[2]《邓小平文选》第三卷,人民出版社 1993 年版,第 275 页。
[3]《邓小平科技思想年谱》(1975—1994),中央文献出版社 2004 年版,第 179 页。
[4]《邓小平科技思想年谱》(1975—1994),中央文献出版社 2004 年版,第 187 页。
[5]《邓小平文选》第二卷,人民出版社 1994 年版,第 89 页。

力劳动者比重上升，生产制造业人员和体力劳动者比重下降；物质资源的重要性相对下降，知识信息资源和人才资源成为经济和社会发展的决定性因素。

三是强化科学技术现代化是加速国防现代化、维护世界和平的根本保证。"维护世界和平也离不开科学"[1]，因为国防军事技术的现代化将对战争起到巨大的制约作用。随着现代科学技术的高速发展，凝结于武器装备上的科学技术，凝结于军事指挥员和战斗员素质上的科学技术，已成为影响战争胜负的重要因素；科学技术改变了战争的进行方式，改变了战争的时间、空间和战争的概念；战争中握有技术优势的一方更加易于夺取战争主动权，更能有效提高整体作战和系统作战的综合效应；要求交战双方务必充分利用和克服高技术兵器的弱点才能克敌制胜；科学技术落后必定挨打，必定受人欺侮等等表明，国防的发展和现代化离不开科学技术推动和支撑。

3. 培养面向现代化的社会主义新人

一是培养"面向现代化"的一代又一代的社会主义"四有"新人。中国特色社会主义现代化建设是一个很长的历史进程，需要一代又一代的中国人为之奋斗才能实现。所以邓小平特别强调指出："我们的学校是为社会主义建设培养人才的地方"[2]，"学校应该永远把坚定正确的政治方向放在第一位"[3]。即培养"面向现代化"的有理想、有道德、有文化、有纪律的"四有"新人，"教育人民成为'四有'人民"[4]。① 加强理想教育，牢固人民群众的理想信念。"四有"中，邓小平多次强调的是"有理想"。他说："我们一定要经常教育我们的人民，尤其是我们的青年，要有理想。"[5]有了共同理想，我们才可以进一步加强民族团结，统一力量，建设"四化"，振兴中华。② 加强道德教育，提升人民群众的道德素质。邓小平多次指出，在新时期一定要加强思想政治教育，包括道德教育，要"提倡和表彰'全心全意为人民服务'，'个人服从组织'，'大公无私'，'毫不利己、专门利人'，'一不怕苦、二不怕死'"[6]。同时，还要加强对青少年进行中华民族传统美德教育，如勤劳、敬业、诚信、节俭等。引导人们正确处理竞争与协作、自主与监督、效率与公平、先富与后富、经济效益与社会效益、个人利益与社会利益的关系，把国家、集体、人民的利益放在首

---

[1]《邓小平文选》第三卷，人民出版社1993年版，第183页。
[2]《邓小平文选》第二卷，人民出版社1994年版，第103页。
[3]《邓小平文选》第二卷，人民出版社1994年版，第104页。
[4]《邓小平文选》第三卷，人民出版社1993年版，第205页。
[5]《邓小平文选》第三卷，人民出版社1993年版，第110页。
[6]《邓小平文选》第二卷，人民出版社1994年版，第367页。

位，反对拜金主义、享乐主义、个人主义、本位主义、小团体主义，以及资产阶级损人利己、唯利是图"一切向钱看"等思想。③加强文化教育，培养人民群众的创新能力。我们要实现现代化，"必须有知识，有人才。没有知识，没有人才，怎么上得去？"[1]"要在党内造成一种空气：尊重知识、尊重人才。要反对不尊重知识分子的错误思想。"[2]为此，邓小平结合中国国情，科学地指出："要极大地提高科学文化水平"[3]，必须普遍深入地展开以文化、科学、经验为主的教育，培养人民群众的创新能力。唯其如此，才能转向科学化，才能逐渐走上理性化的道路，才能更具体地调适中国传统文化的基本取向与价值系统，培养一种"职业取向"以及"专业取向"的心态，以迎接中国特色社会主义现代化建设的挑战。④加强法纪教育，增强人民群众的法制观念。邓小平非常重视法纪教育在人才培养中的重要性。为此，他强调指出："要搞四个现代化，使中国发展起来，就要有纪律、有秩序地进行建设。"[4]然而，"我们国家缺少执法和守法的传统"，所以，"加强法制重要的是要进行教育，根本问题是教育人"。[5]为此，他要求，"在党政机关、军队、企业、学校和全体人民中，都必须加强纪律教育和法制教育。没有规定纪律或规定得不合理的，要迅速规定和完善。大中小学的学生从入学起，工人从入厂起，战士从入伍起，工作人员从到职起，就要学习和服从各自所必须遵守的纪律。对一切无纪律、无政府、违反法制的现象，都必须坚决反对和纠正。否则我们就决不能建设社会主义，也决不能实现现代化"。他还特别指出："合理的纪律同社会主义民主不但不是互相对立的，而且是互相保证的"[6]，要求"要大力加强革命秩序和革命纪律，造就具有社会主义觉悟的一代新人，促进整个社会风气的革命化"。[7]

二是培养具有多种素质能力的劳动者队伍。邓小平指出："只靠坚持社会主义道路，没有真才实学，还是不能实现四个现代化。无论在什么岗位上，都要有一定的专业知识和专业能力，没有的要学，有的要继续学，实在不能学、不愿学的要调整。"[8]他认为："这样做，对于提高整个职工队伍的政治质量和科学文化素养，对于满足不同工种、职业的特殊要求，对于在青少年中以至在整

---

[1]《邓小平文选》第二卷，人民出版社1994年版，第40页。
[2]《邓小平文选》第二卷，人民出版社1994年版，第41页。
[3]《邓小平文选》第二卷，人民出版社1994年版，第104页。
[4]《邓小平文选》第三卷，人民出版社1993年版，第209页。
[5]《邓小平文选》第三卷，人民出版社1993年版，第163页。
[6]《邓小平文选》第二卷，人民出版社1994年版，第360页。
[7]《邓小平文选》第二卷，人民出版社1994年版，第105页。
[8]《邓小平文选》第二卷，人民出版社1994年版，第262页。

个社会上造成人人向上、奋发有为、不甘落后的革命风气,都将发挥巨大的促进作用。"[1]为此,邓小平提出除了办好正规的大中小学外,还要兴办各种半工半读的和业余的大学以及其他各种学校和培训班,包括要把军队办成一个大学校。如他在1977年12月28日召开的中央军委全体会议的讲话中强调说,我们要把教育训练提高到战略地位,"就包括把军队办成一个大学校,使干部既学到现代战争知识,又学到现代科学知识和生产知识,还要学会做政治工作和管理工作。这样,我们的军队干部既能在军队建设中发挥作用,到地方上也能发挥作用,打起仗来,又可以在战争中发挥作用,就成为军队和地方都合用的干部"[2]。他要求对要转业到地方的军队干部"要办训练班,组织参观,请地方同志介绍经验,让他们接触工业、财贸、政法、文教等方面的知识","对战士的教育训练要做到一兵多能。要学政治、学军事、学技术,还要学点数理化,学点工农业知识,学点外语……很有用处……到地方就会发挥很大作用,地方上也就比较欢迎"。[3]在军队这个大学校里,干部和战士不仅要学习军事知识和技术,还要学习政治理论、一般的科技文化知识和生产技术,从而成为武能打仗,文能从事经济、文化教育等工作的新型人才。

三是培养"面向现代化"的高素质领导干部队伍。"我们的政治路线就是搞社会主义现代化建设。""政治路线确立了,要由人来具体地贯彻执行……这就提出了一个要什么人来接班的问题"。[4]即"中国的稳定,四个现代化的实现,要有正确的组织路线来保证,要有真正坚持马克思列宁主义、毛泽东思想和党性强的人来接班才能保证"[5],要有一支政治理论素养、文化道德素养以及现代科技知识含量很高的领导干部队伍。因为,不懂现代科学技术的领导,很难做到思想敏锐、决策英明、管理科学、举措得当,也就不可能正确地吸收各国的先进技术和经验,向世界水平看齐,更谈不上有所超越了。所以,要强化干部尤其是领导干部学习和掌握中华民族的历史、五千年文化的精华和科学技术,转变观念,重视科技和教育,大力提倡和支持知识创新,促进高科技产业化,切实把中国特色社会主义的现代化建设转移到依靠科技进步和提高领导者素质的轨道上来。否则,就会变成像邓小平说的那种缺乏远见、不成熟的领导者,就领导不了中国特色社会主义的现代化建设。为此,邓小平提出了干部要"革

---

[1]《邓小平文选》第二卷,人民出版社1994年版,第107页。
[2]《邓小平文选》第二卷,人民出版社1994年版,第79页。
[3]《邓小平文选》第二卷,人民出版社1994年版,第80页。
[4]《邓小平文选》第二卷,人民出版社1994年版,第191页。
[5]《邓小平文选》第二卷,人民出版社1994年版,第193页。

命化、年轻化、知识化、专业化"的要求，并认为，如果不搞干部队伍"四化"建设，"不只是四个现代化没有希望，甚至于涉及到亡党亡国的问题"[1]。对此，党的十五大报告指出："按照革命化、年轻化、知识化、专业化方针，建设一支适应社会主义现代化建设的高素质干部队伍，是我们的事业不断取得成功的关键。要以思想政治建设为重点，把各级领导班子建设成为坚决贯彻党的基本理论和基本路线、全心全意为人民服务、具有领导现代化建设能力、团结坚强的领导集体。"

三、邓小平教育要面向世界的理论与实践

邓小平教育要面向世界的理论与实践，强调的是教育的改革、发展不仅要着眼中国，而且要放眼世界。当今的世界是一个开放的世界，随着科学技术和生产力的迅速发展，国际间的经济、科技和教育文化的交往愈来愈密切。任何一个国家都不可能再自我封闭，否则就要落后，甚至失去生存和发展的机会。"中国的发展离不开世界。"[2]教育要面向世界的实质在于教育要培养出适应中国特色社会主义开放事业所需要的人才。

（一）教育要面向世界的含义

1. 中国教育要坚持正确的开放态度

正确的开放态度指的是敢于和善于学习和引进外国的先进科学、技术、文化，博采各国之长，洋为中用的态度。邓小平说，从目前来看，"我们的科学技术水平同世界先进水平的差距还很大，科学技术力量还很薄弱，远不能适应现代化建设的需要"[3]。据此，他主张"坚持自力更生为主、争取外援为辅、学习和引进外国先进技术发展我国社会主义经济建设的方针"[4]。江泽民在十四大报告中说："强调实行对外开放是改革和建设必不可少的，应当吸收和利用世界各国包括资本主义发达国家所创造的一切先进文明成果来发展社会主义，封闭只能导致落后。"开放的态度是针对闭关自守、夜郎自大、坐井观天的错误态度而言的。中华人民共和国成立以来的经验说明，坚持开放态度也不容易。但是从历史上看，各民族之间、各国之间相互学习和促进是自然的无可非议的普

---

[1]《邓小平文选》第二卷，人民出版社 1994 年版，第 397 页。
[2]《邓小平文选》第三卷，人民出版社 1993 年版，第 78 页。
[3]《邓小平文选》第二卷，人民出版社 1994 年版，第 90 页。
[4]《邓小平文选》第二卷，人民出版社 1994 年版，第 165 页。

遍现象。这是因为，世界上的每个民族多少都对人类的科技、文化发展作出了贡献，如中华民族的四大发明也促进了世界文明的发展，现代文化财富实际上是世界各国人民智慧的结晶，"科学技术是人类共同创造的财富"[1]。实际上，无论哪个民族都在不断地向其他民族学习，引进外国先进的文化，只是学习程度不同而已。

正确的开放态度不是无分析的、无批判的学习和引进，也不是简单的搬用、单纯的拿来主义，而是立足国情，应用马克思主义进行分析和批判的学习和引进。列宁说，只有确切地了解人类全部发展过程所创造的文化，只有对这种文化加以改造，才能建设无产阶级的文化。邓小平说："我们要向人民特别是青年介绍资本主义国家中进步和有益的东西，批判资本主义国家中反动和腐朽的东西。"[2]这就是有批判的学习态度。开放态度还涉及如何正确对待学习和创新的问题。学习除了"为我所用"之外，还在于在学习的基础上更多地、更有效地创新。中国的教育发展需要的是更加紧密地把学习与创新结合起来，在学习中有所发明创造，对世界作出新的贡献的态度。这是因为，中国的现代化是社会主义的，在现代科技革命的条件下，不可能把学习和创造截然分开，在学习中创新创造，"两步并作一步走"，这就是中国教育面向世界所应有的态度。

2. 中国教育要为中国的对外方针、政策服务

世界是由各个国家组成的。人民是世界的主体，是世界文明的创造者。教育通过实现人的社会化和促进社会人的发展而影响一个国家，使一个国家走向世界，进而影响世界。当今世界面临着和平与发展两大问题，和平要靠世界人民的共同努力才能维持。当今世界和平力量之所以在增长，就是因为热爱和平的人民在增加："日本人民不希望有战争。欧洲人民也不希望有战争"，第三世界国家希望发展自己，也不希望有战争，特别是人口最多的中国的力量，"是世界和平力量发展的重要因素"[3]；要让和平力量不断发展，就要在各国坚持不懈地进行推进维护世界和平的教育、反法西斯侵略战争的教育等，使和平深入世界人民的心中。教育不仅是推进和维护和平的手段，而且是第三世界实现发展的重要手段。因为第三世界要在世界事务中有所作为，就要加快发展自己，才能赶上世界先进水平；中国要屹立于世界民族之林和对人类有较大的贡献，就必须加快发展自己，才能赶超世界先进水平。而"我们国家要赶上世界先进水平"，必须"从科学和教育着手"[4]；要通过参与国际间的学术交流、人才交

---

[1]《邓小平文选》第二卷，人民出版社1994年版，第91页。
[2]《邓小平文选》第二卷，人民出版社1994年版，第168页。
[3]《邓小平文选》第三卷，人民出版社1993年版，第105页。
[4]《邓小平文选》第二卷，人民出版社1994年版，第48页。

流、教育交流，来学习和掌握世界"先进的科学、技术、经营管理方法以及其他一切对我们有益的知识和文化"[1]，只有努力"学习先进，才有可能赶超先进"[2]。由此说明，把教育作为一国走向世界、影响世界和赶超世界先进水平的基本手段来加以重视和发展，是"教育要面向世界"的一个战略规定。

随着信息时代的到来，现代化的交通工具、通信技术、电子技术、互联网得到迅速的发展，这不仅大大缩短了全球的空间距离，也同时促进了各国、各民族之间的接触与交流。这对于发展中国家既是挑战又是机遇。中国在这样的国际大环境中进行中国特色社会主义现代化建设，不可能关门搞建设；中国在与世界各国开展各行业之间的交流与吸引外资、发展经济，进行全面的改革开放需要一大批能够走向世界的"开放型人才"。这就要求中国教育要主动适应并服务于这种需要，即中国教育要培养能够参与和胜任国际竞争的现代公民。因为，只有教育为中国培养出大批适应国际竞争的尖端人才和高素质的劳动大军，培养出大批熟悉国情、了解世界、富有崇高爱国主义和国际主义精神、在国际事务中能够为国争光的建设者和接班人，中华民族才有振兴的希望。从这个意义上讲，中国教育就是要善于通过教育教学活动及社会实践，对学生和国人进行对外开放思想教育、国际形势教育、"面向世界"教育，为培养学生和国人正确的世界观、良好的国际意识、国际交流与合作能力、国际竞争能力奠定扎实的基础。

3. 中国教育自身要坚持对外开放

现代社会，由于现代交通工具和通信工具具有远程性、快速性、连接性和适应性等特点，各国之间的交往变得异常方便；随着国际交往的日益便利和市场经济的发展，国际分工和协作也日益向广度和深度发展，各国之间的相互关系也日益变得紧密而具有依赖性，一切国家的生产和消费都成为世界性的了。物质的生产如此，精神的生产也是如此。各个民族的精神活动的成果已经成为共同享受的东西，民族的片面性和狭隘性已日益不可能存在，许多民族的地方文学形成了世界文学等。作为精神生产的文学尚且如此，作为精神生产的教育也不例外。现在几乎没有哪个国家的教育体制、教育内容、教育方法、教育手段和教育组织形式完全是土生土长的。教育的世界性意味着世界科学技术的变革会引起教育内容的部分变革，因为"科学技术是人类共同创造的财富"[3]；教育的世界性意味着国际关系、世界格局和国际形势的变动，会对一国教育产生一定的影响；世界市场的形成必然导致国际间经济的竞争，而经济的竞争最

---

[1]《邓小平文选》第三卷，人民出版社1993年版，第44页。
[2]《邓小平文选》第二卷，人民出版社1994年版，第91页。
[3]《邓小平文选》第二卷，人民出版社1994年版，第91页。

终将归结为科学技术和教育的竞争。这说明，注重世界对一国教育的影响，承认教育的世界性是"教育要面向世界"的又一个战略规定。

教育要面向世界，实质就是教育要对外开放，了解世界的科学、教育、文化的发展现状和趋势，关注各国教育发展的成功经验，吸收世界上先进的教育科学成果，学习世界上先进的科学技术、先进的管理经验和一切有益的文化知识，就是要不断解放思想，摒弃陈旧过时的、与现代教育不相适应的教育思想、教育内容和方法，积极借鉴反映世界优秀文明成果以及当代科学技术文化最新成果的教材、教学内容和方法；就是要努力适应改革开放的需要，加强国际教育合作与交流，在努力学习借鉴外国先进经验和成果的同时，坚持立足中国实际，反对生搬硬套，自觉抵制种种腐朽东西的侵蚀。如邓小平指出，一方面，社会主义要赢得与资本主义相比较的优势，就必须大胆吸取和借鉴人类社会创造的一切成果，吸收和借鉴当今世界包括资本主义发达国家的一切反映现代社会化生产规律的先进经营方式、管理方法；另一方面，中国有自己的特点，只能按中国的实际办事，别人的经验可以借鉴，但不能照搬，要从本国的实际出发，博采别国之长，努力创立具有中国特色的社会主义教育模式；要努力实现国际信息联网，进行教育理论与办学经验的交流，引进先进的教材、教育手段与教育技术，进行合资或合作办学等。只有这样，中国教育才称得上自身的对外开放，也才能更好地为国家对外开放服务，更好地培养出适应对外开放的人才。

（二）教育要面向世界的基本要求

1. 切实贯彻落实好科教兴国战略

邓小平认为，科学和教育是推动经济社会发展、建设现代化强国的先导，只有依靠科学技术和教育才能建成中国特色的社会主义强国。为此，他要求"教材要反映出现代科学文化的先进水平，同时要符合我国的实际情况"[1]。在全国科学大会和全国教育工作会议上，他深刻地论述了经济社会快速发展离不开科技进步、科技进步又必须依赖于教育的重要意义：教育关系到科学技术的发展，关系到科技人才的培养等。在讲到中国经济社会发展的战略重点时，邓小平说："一是农业，二是能源和交通，三是教育和科学。搞好教育和科学工作，我看这是关键。"[2] "经济发展得快一点，必须依靠科技和教育。"[3] "一个十

---

[1]《邓小平文选》第二卷，人民出版社1994年版，第55页。
[2]《邓小平文选》第三卷，人民出版社1993年版，第9页。
[3]《邓小平文选》第三卷，人民出版社1993年版，第377页。

亿人口的大国，教育搞上去了，人才资源的巨大优势是任何国家比不了的。"[1]为此，他要求要重视培育世界级的研究中心，全方位地为优秀研究人员脱颖而出创造良好条件，源源不断地为中国特色社会主义现代化建设培养面向世界的年富力强的中青年科学家；要依靠和鼓励知识分子向社会传播科学知识，提供科学态度和科学方法，弘扬科学精神，与时俱进地推进中国特色社会主义现代化建设和复兴中华民族的进程；要重视基础科学研究，建立独立的研究机构和学院，从事系统的试验和理论研究；要充分利用基础研究新发现开辟新的生产力，并在市场经济的推动下，迅速将其取得的科技成果转化为现实的生产力，促进高新技术产业化，等等。正是根据邓小平这些重要的思想理论，党中央和国务院及时制定了科教兴国战略，并把它确定为中国的一项基本国策，使之成为指导中国特色社会主义现代化建设和复兴中华民族的一条重要方针；也正是因为这一战略方针的确立，才为中国经济社会的科学发展、又好又快发展找到了一条根本途径，确保了中国特色社会主义建设的顺利推进和中华民族复兴伟业的与时俱进。

2. 按照面向世界要求培养高素质劳动大军

解放和发展生产力始终是社会主义的根本任务，而解放和发展生产力任务的实现，必须依靠高素质的劳动者。正如邓小平指出的："人是生产力中最活跃的因素。这里讲的人，是指有一定科学知识、生产经验和劳动技能来使用生产工具、实现物质资料生产的人。"[2]也就是说，劳动者必须是掌握了一定的科学技术知识的劳动者。这是因为：一方面，知识是唯一能在现代化过程中不被消耗、可以通过创新而不断增值、能为社会共享的资源，知识最终将代替权力和资本成为最重要的推动经济社会发展的力量，高素质的知识型人才队伍是推进中国特色社会主义现代化和振兴中华、使中国屹立于世界民族之林的希望所在。另一方面，"由于现代科学技术的日新月异，生产设备的更新，生产工艺的变革，都非常迅速。许多产品，往往不要几年的时间就有新一代的产品来代替。劳动者只有具备较高的科学文化水平，丰富的生产经验，先进的劳动技能，才能在现代化的生产中发挥更大的作用"[3]。"我们要掌握和发展现代科学文化知识和各行各业的新技术新工艺，要创造比资本主义更高的劳动生产率，把我国建设成为现代化的社会主义强国，并且在上层建筑领域最终战胜资产阶级的影响，就必须培养具有高度科学文化水平的劳动者，必须造就宏大的又红又专的工人阶级知识分

---

[1]《邓小平文选》第三卷，人民出版社1993年版，第120页。
[2]《邓小平文选》第二卷，人民出版社1994年版，第88页。
[3]《邓小平文选》第二卷，人民出版社1994年版，第88页。

子队伍。这些要求本身就是无产阶级政治的要求。"[1] "随着现代科学技术的发展,随着四个现代化的进展,大量繁重的体力劳动将逐步被机器所代替,直接从事生产的劳动者,体力劳动会不断减少,脑力劳动会不断增加,并且,越来越要求有更多的人从事科学研究工作,造就更宏大的科学技术队伍。"[2] 同时,"在我们的社会里,广大劳动者有高度的政治觉悟,他们自觉地刻苦钻研,提高科学文化水平,从而必将在生产中创造出比资本主义更高的劳动生产率。"[3] 据此,教育要面向世界,实质上就是要求培养出一大批适应于中国对外开放并为国争光的人才。这些人才,必须具备:① 熟练地掌握外语。这里讲的外语除了主要的国际交际工具英语以外,还包括其他发达国家与发展中国家的语言。② 理解、关心他国和其他民族的政治、经济、地理、历史、文化传统、生活习惯等。③ 能够和外国人一道工作,交流思想感情,和睦相处。④ 能够严守国家机密,遵守国家有关政策,懂得有关国家关系方面的法律、准则、礼节等。⑤ 有正确的开放态度(或精神),也就是与改革开放相适应的精神状态,并"使每个科学技术人员都了解他所从事的科学技术工作同中国实现四个现代化的伟大目标的关系,鼓舞和动员他们以革命的精神,和衷共济,大力协同,努力攻克科学堡垒,攀登科学高峰"[4],为中华民族的伟大复兴和推进人类和平发展而奋斗!

(三)实现教育要面向世界的基础措施

1. 强化邓小平爱国主义思想理论教育

一是教育人民勿忘国耻,振兴中华。邓小平历来十分重视和善于总结历史的经验教训,多次强调"落后是要受人欺负的"[5],"落后就不能生存"[6]。1989年5月,他在《结束过去,开辟未来》一文中述说历史上中国在列强的压迫下遭受侵害时指出:"从鸦片战争起,中国由于清王朝的腐败,受列强侵略奴役,变成了一个半殖民地半封建国家。欺负中国的列强,总共大概是十几个,第一名是英国,比英国更早,强租中国领土澳门的,是葡萄牙。从中国得利最大的,则是两个国家,一个是日本,一个是沙俄,在一定时期一定问题上也包括苏联。"[7] 1990年,他说:"我是一个中国人,懂得外国侵略中国的历

---

[1]《邓小平文选》第二卷,人民出版社1994年版,第104页。
[2]《邓小平文选》第二卷,人民出版社1994年版,第89页。
[3]《邓小平文选》第二卷,人民出版社1994年版,第88页。
[4]《邓小平文选》第二卷,人民出版社1994年版,第99页。
[5]《邓小平文选》第二卷,人民出版社1994年版,第237页。
[6]《邓小平文选》第二卷,人民出版社1994年版,第270页。
[7]《邓小平文选》第三卷,人民出版社1993年版,第292~293页。

史。"[1]"要懂得些中国历史，这是中国发展的一个精神动力。"[2]前事不忘，后事之师，中国人民应从这段屈辱史中汲取教训，自觉地为建设有中国特色的社会主义而努力奋斗，使中华民族真正走向繁荣富强。

二是教育人民坚持走社会主义道路，反对资产阶级自由化。中国在粉碎"四人帮"以后出现了资产阶级自由化思潮，对此，邓小平一针见血地指出："所谓资产阶级自由化，就是要中国全盘西化，走资本主义道路。"[3]他要求全党必须旗帜鲜明地反对资产阶级自由化，坚定不移地走社会主义道路。邓小平指出，从中国的历史经验看，资本主义道路行不通。中国从鸦片战争起沦为半殖民地半封建社会，中国人成了世界著名的"东亚病夫"。从那时起的近一个世纪，中国有识之士包括孙中山都在寻求中国的出路。孙中山开始想学习西方，即资本主义。后来，孙中山觉得西方资本主义不行了，提出"以俄为师"，学习十月革命后的俄国，开始了国共合作，取得北伐战争的胜利。孙中山逝世之后，国民党的统治使中国继续处在半殖民地半封建社会的悲惨地位，在日本侵华期间大片国土沦为殖民地。在帝国主义、封建主义和后来发展起来的官僚主义压迫下，中国继续贫穷下去。"这个历史告诉我们，中国走资本主义道路不行，中国除了走社会主义道路没有别的道路可走。"[4]邓小平还指出，从中国的现实情况看，也不可能走资本主义道路。"道理很简单，中国十亿人口，现在还处于落后状态，如果走资本主义道路，可能在某些局部地区少数人更快地富起来，形成一个新的资产阶级，产生一批百万富翁，但顶多也不会达到人口的百分之一，而大量的人仍然摆脱不了贫穷，甚至连温饱问题都不可能解决。只有社会主义制度才能从根本上解决摆脱贫穷的问题。所以我们不会容忍有的人反对社会主义。"[5]因此，他强调要让中国人民特别是青年懂得"只有社会主义才能救中国，只有社会主义才能发展中国"[6]是已经被历史和现实证明了的科学真理。

三是教育人民发扬爱国主义精神，增强民族自尊心、自信心和自豪感。民族自尊心、自信心和自豪感对于每一个国家、民族和个人来说，都是不可缺少的。一个国家、民族如果没有民族自尊心、自信心和自豪感，就不能自立于世界民族之林；一个人如果没有民族自尊心、自信心和自豪感，就谈不上对祖国的热爱和为祖国而献身，甚至还会做出有损国格和人格的丑事。中国共产党十

---

[1]《邓小平文选》第三卷，人民出版社1993年版，第357页。
[2]《邓小平文选》第三卷，人民出版社1993年版，第358页。
[3]《邓小平文选》第三卷，人民出版社1993年版，第207页。
[4]《邓小平文选》第三卷，人民出版社1993年版，第206页。
[5]《邓小平文选》第三卷，人民出版社1993年版，第207~208页。
[6]《邓小平文选》第三卷，人民出版社1993年版，第311页。

一届三中全会以来,积蓄在中国人民心中的爱国主义热情似火山一样迸发,掀起了社会主义现代化建设的新高潮。但是,在实行对外开放的过程中,有少数人盲目崇拜资本主义国家,对中华民族和中国产生一种妄自菲薄的心理。对此,邓小平严肃指出:"由于对少数青少年的教育和管理不够,也出现了一些不健康的现象。一些青年男女盲目地羡慕资本主义国家,有些人在同外国人交往中甚至不顾自己的国格和人格,这种情况必须引起我们的认真注意。"[1]必须发扬爱国主义精神,提高民族自尊心和民族自信心,否则我们就不可能建设社会主义,就会被种种资本主义势力所侵蚀腐化。1989年春夏之交的政治风波被平息之后,邓小平又进一步强调要把国家的主权、国家的安全始终放在第一位。他指出,西方大国"在许多国家煽动动乱,实际上是搞强权统治、霸权主义,要控制这些国家","这次动乱从反面教育了我们。国家的主权、国家的安全要始终放在第一位,对这一点我们比过去更清楚了"。[2]要把国家的主权和安全始终放在第一位,是维护国家利益的第一要义,也是中华民族自尊心、自信心和自豪感的集中体现。人权与国权、人格与国格都是与国家的主权和安全密不可分的。主权、国格、国权是不容讨论的。无论是在香港、澳门问题上,还是在台湾问题上,中国必须坚持这种国家主权和安全观。邓小平深刻地指出:"特别是像我们这样第三世界的发展中国家,没有民族自尊心,不珍惜自己民族的独立,国家是立不起来的。"[3]

四是教育人民热爱共产党领导的社会主义新中国。爱国主义是一个历史范畴,在社会发展的不同阶段、不同时期有不同的具体内涵。在当代中国,爱国主义已经和社会主义紧紧联系在一起了,热爱社会主义新中国成为爱国主义的当然内涵。邓小平指出:"有人说不爱社会主义不等于不爱国。难道祖国是抽象的吗?不爱共产党领导的社会主义的新中国,爱什么呢?港澳、台湾、海外的爱国同胞,不能要求他们都拥护社会主义,但是至少也不能反对社会主义的新中国,否则怎么叫爱祖国呢?至于对中华人民共和国领导下的每一个公民,每一个青年,我们的要求当然要更高一些。"[4]他还认为:"中国人民有自己的民族自尊心和自豪感,以热爱祖国、贡献全部力量建设社会主义祖国为最大光荣,以损害社会主义祖国利益、尊严和荣誉为最大耻辱。"[5]这是对中国现阶段爱国主义特征的最精辟的概括。

---

[1]《邓小平文选》第二卷,人民出版社1994年版,第177页。

[2]《邓小平文选》第三卷,人民出版社1993年版,第348页。

[3]《邓小平文选》第三卷,人民出版社1993年版,第331页。

[4]《邓小平文选》第二卷,人民出版社1994年版,第392页。

[5]《邓小平文选》第三卷,人民出版社1993年版,第3页。

五是教育人民大力发扬独立自主、自力更生、艰苦创业的精神。中国共产党诞生之后领导中国人民经过艰苦的浴血奋战，取得了反帝反封建的民主革命的胜利，真正赢得了中国的民族独立和解放。中华人民共和国成立后，站起来的中国人民面对帝国主义的重重封锁和昔日朋友的背信弃义，自力更生，奋发图强，艰苦创业，以空前的热情和干劲进行社会主义建设。虽然经历了坎坷和挫折，但仍然取得了不可低估的伟大成就。正如邓小平所言："从五十年代中期到七十年代，即在建国三十二年多的时间里大体有二十几年，我们完全或基本上处于没有外援的状况，主要靠自力更生。没有外援也有好处，迫使我们奋发努力。在这种精神的激励下，我们在这个期间搞出了原子弹、氢弹、导弹，发射了人造卫星……当然，这并不是说不要争取外援，而是要以自力更生为主。这样，就可以振奋起整个国家奋发图强的精神，把人民团结起来，就比较容易克服面临的各种困难。"[1]尔后，邓小平在中国共产党十二大开幕词中又郑重地指出："独立自主、自力更生，无论过去、现在和将来，都是我们的立足点。中国人民珍惜同其他国家和人民的友谊和合作，更加珍惜自己经过长期奋斗而得来的独立自主权利。任何外国不要指望中国做他们的附庸，不要指望中国会吞下损害我国利益的苦果。"[2] "中国搞四个现代化，要老老实实地艰苦创业。"[3]在我们这样生产力比较落后的国家里实现现代化，必须长期奋斗，艰苦创业，勤俭建国。1989年6月9日，邓小平接见首都戒严部队军以上领导干部时，又一次语重心长地告诫全党，任何时候都不能放松艰苦奋斗的教育，"艰苦奋斗是我们的传统，艰苦朴素的教育今后要抓紧，一直要抓六十至七十年。我们的国家越发展，越要抓艰苦创业。提倡艰苦创业精神，也有助于克服腐败现象"[4]。

六是教育人民要努力让我们的国家发达起来，对人类作出较大贡献。早在民主革命时期，毛泽东就指出，中国共产党人必须将爱国主义和国际主义结合起来。邓小平在新时期继承和发展了毛泽东这一理论。他说："毛泽东同志经常教导我们：'中国应当对于人类有较大的贡献'"[5]，中国应当"对人类作出比较多一点的贡献"[6]。"对我们的国家要爱，要让我们的国家发达起来。"[7]首先，要让我们的国家发达起来是民族的要求、人民的要求、时代的要求，也是

---

[1]《邓小平文选》第二卷，人民出版社1994年版，第406页。
[2]《邓小平文选》第三卷，人民出版社1993年版，第3页。
[3]《邓小平文选》第二卷，人民出版社1994年版，第257页。
[4]《邓小平文选》第三卷，人民出版社1993年版，第306页。
[5]《邓小平文选》第二卷，人民出版社1994年版，第90页。
[6]《邓小平文选》第二卷，人民出版社1994年版，第237页。
[7]《邓小平文选》第三卷，人民出版社1993年版，第378页。

对我们国家热爱的最根本要求。只有大力发展社会主义生产力，坚持以经济建设为中心，才能尽快地把经济建设搞上去，逐步满足人民日益增长的物质文化需要是邓小平一贯强调的观点；社会主义中国要以更加雄壮的姿态屹立于世界民族之林，就必须集中力量把国内的事情办好，关键是更好地把国民经济搞上去，争取到21世纪中叶达到中等发达国家的水平，使社会主义制度的优越性得到更充分的体现，才能保证中国在国际竞争中立于不败之地。其次，中国要对人类作出较大贡献，必须首先使国家发达起来。中国在国际事务中一直把支持世界被压迫民族和被压迫人民的解放斗争，支持世界和平事业和人类进步事业，反对帝国主义、霸权主义的侵略和压迫作为应尽的国际主义义务，从而赢得了世界各国人民的信任和赞扬，保持了自己在国际交往中的尊严形象。1978年5月，邓小平会见外宾时说："我们现在还很穷，在无产阶级国际主义义务方面，还不可能做得很多，贡献还很小。到实现了四个现代化，国民经济发展了，我们对人类特别是对第三世界的贡献可能会多一点。"[1]1982年5月，邓小平又同外宾说："我们现在正在一心一意地搞建设，力争经济有较快的发展。到那个时候，我们可以对第三世界的朋友们多尽点力量。"[2]这充分反映了中国共产党人的宽广眼界、坦荡胸怀和坚定信心，相信中国一定能为人类作出较大的贡献。

2. 强化邓小平学习先进赶超先进思想理论教育

一是强化现代化与科学技术关系教育。就发展中国家或中国的现代化而言，现代化是要以科学技术的现代化来带动工业、农业、国防和其他方面的现代化，因为"科学技术是第一生产力"[3]；它所要解决的重点问题，是如何把世界上业已形成生产能力的先进科学技术学到手，并尽快转化为本国本区域的生产力，同时注重了解和掌握世界上尚未形成生产能力的高新科学技术，以便作好迎接新技术革命挑战的准备。就发达国家的现代化而言，现代化是各种社会在科学技术革命的冲击下业已经历或正在进行的转变过程，或是各种体制适应科技革命化的过程，即适应科技革命的要求是发达国家继续进行现代化的基本特征，它所要解决的主要问题是如何尽快把高新科学技术转化为本国、本区域的生产力。尽管一国科学技术发展的总体水平是与该国经济社会发展的总体水平相联系的，但这并不意味着高新科学技术只能在最发达的国家产生，即科学技术的

---

[1]《邓小平文选》第二卷，人民出版社1994年版，第112页。
[2]《邓小平文选》第二卷，人民出版社1994年版，第405页。
[3]《邓小平文选》第三卷，人民出版社1993年版，第274页。

相对独立性，使现代化程度各异的国家都有可能成为高新科学技术的发源地。

二是强化每个国家都有自己的长处、都要相互借鉴利用教育。"任何一个民族、一个国家，都需要学习别的民族、别的国家的长处，学习人家的先进科学技术"，即只有努力"学习先进，才有可能赶超先进。"[1]也就是说，无论是发展中国家还是发达国家，要加快本国现代化步伐，或向更高层次的现代化迈进，都不能闭关锁国，都"要向资本主义发达国家学习先进的科学、技术、经营管理方法以及其他一切对我们有益的知识和文化，闭关自守、故步自封是愚蠢的"[2]。"要利用外国智力，请一些外国人来参加我们的重点建设以及各方面的建设。"[3]同时，中国的社会主义现代化建设已得到并且必将进一步更广泛地得到世界各国人民的关注和支持，"要积极开展国际学术交流活动，加强同世界各国科学界的友好往来和合作关系"。"我们不仅因为今天科学技术落后，需要努力向外国学习，即使我们的科学技术赶上了世界先进水平，也还要学习人家的长处"[4]来弥补自己的不足。

三是强化教育在学习先进赶超先进中的作用教育。现代科学技术向现实生产力转化是现代化的关键，而教育则是实现这一转化的主要手段。因为掌握科学技术的人是实现这一转化的决定性因素。如果学习别国的长处和先进科学技术是各国加快现代化进程的重要条件，那么教育就是满足这一条件并使其转化为自己的优势的手段。因为没有教育，国际间现代科学技术的交流和合作是难以想象的。由此可见，教育通过科学技术的交流及其知识的传授，把一国的现代化与他国的现代化、与世界联系起来，教育即成了沟通一国现代化与世界之间的桥梁。加快教育的发展，对于加强中国现代化与世界先进科学技术的联系，具有十分明显的战略意义。所以，我们一定要瞄准当代世界科学教育的发展前沿，引进先进科学教育成果作为发展的起点，在高起点上通过消化吸收，发挥自主创新能力，形成有自主知识产权的先进科学教育，走有中国特色的科学和教育的强国之路。只有这样，才能面向世界和未来，加快实现中国特色社会主义现代化，完成振兴中华民族的历史任务。

3. 强化邓小平对外开放意识策略教育

一是强化邓小平对外开放的意识教育。"现在的世界是开放的世界"是邓小平对当代世界总体特征的一个科学概括。"中国执行开放政策是正确的，得到了

---

[1]《邓小平文选》第二卷，人民出版社1994年版，第91页。
[2]《邓小平文选》第三卷，人民出版社1993年版，第44页。
[3]《邓小平文选》第三卷，人民出版社1993年版，第32页。
[4]《邓小平文选》第二卷，人民出版社1994年版，第91页。

很大的好处。如果说有什么不足之处，就是开放得还不够。我们要继续开放，更加开放。因为我们的承受能力比较大，加上我们有正确的政策，即使有一些消极的东西也不会影响我们社会主义制度的根本。教育人民坚持四项基本原则，这就为我们事业的健康发展从根本上提供了保证。"[1]① 面对国际上强手如林、经济社会形势日新月异的严峻形势，要时刻保持主动出击的开放精神状态。② 在坚持基本制度不变的前提下，要有善于从总体上学习世界上最先进东西的意识。③ 在处理局部利益与整体利益、当前利益与长远利益问题上要学会辩证法，善于用世界眼光来认识利益问题。④ 在处理对内改革和对外开放的关系时，要有系统观念，走"以内促外、以外辅内、内外相济"道路。⑤ 面对世界经济全球化的大趋势，要有忧患意识，力求做到稳中求好求快。⑥ "属于文化领域的东西，一定要用马克思主义对它们的思想内容和表现方法进行分析、鉴别和批判"[2]，要"坚决抵制外来腐朽思想的侵蚀，决不允许资产阶级生活方式在我国泛滥"[3]，要"教育全国人民做到有理想、有道德、有文化、有纪律"[4]；"要特别教育我们的下一代下两代，一定要树立共产主义的远大理想。一定不能让我们的青少年作资本主义腐朽思想的俘虏，那绝对不行"[5]；"绝不允许把我们学习资本主义社会的某些技术和某些管理经验，变成了崇拜资本主义外国，受资本主义腐蚀，丧失社会主义中国的民族自豪感和民族自信心"[6]等。

二是强化邓小平对外开放策略教育。"中国的发展离不开世界"是邓小平观察当代世界趋势、研究现代化的客观规律而得出的重要结论。① 强化全方位的对外开放与点面结合策略教育。全方位的开放是指对西方发达国家的开放、对苏联东欧国家的开放、对第三世界国家的开放，以及针对各类国家在当前世界经济中发展程度和地位不同的重点对外开放。② 强化有序的对外开放策略教育。有序的对外开放是指要分阶段、分地域地逐步扩展、逐渐推进的策略，即形成"经济特区——沿海开放城市——沿海经济开发区——内地"和发展外向型经济等各多层次的、由外向内、由沿海向内地和走出国门发展的有序推进格局，保证对外开放向纵深方向发展。③ 强化独立自主、自力更生的对外开放策略教育。这一策略是指在对外开放中一方面要维护国家主权和民族尊严神圣不可侵犯，另一方面还要树立以自己的力量为主、外援为辅的发展观念。

---

[1]《邓小平文选》第三卷，人民出版社1993年版，第202页。
[2]《邓小平文选》第三卷，人民出版社1993年版，第44页。
[3]《邓小平文选》第三卷，人民出版社1993年版，第3页。
[4]《邓小平文选》第三卷，人民出版社1993年版，第110页。
[5]《邓小平文选》第三卷，人民出版社1993年版，第111页。
[6]《邓小平文选》第二卷，人民出版社1994年版，第262页。

④ 强化在"看准"基础上敢闯敢冒的对外开放策略教育。这一策略是指必须建立在"看准"基础上的敢闯敢冒，只有这样对外开放才能积极稳妥地推进。
⑤ 强化讲求宣传智慧的对外开放策略教育。这一策略是指要把握好对外宣传的"度"。即一方面要积极宣传中国的进步与成就，另一方面要实事求是承认中国和发达国家还存在着很大差距，以此更好地促进经济社会发展和加快中国现代化的步伐。

4. 强化利用后发优势加快中国特色社会主义现代化内在生长力培育的教育

一是强化落后国家现代化具备潜在的后发优势教育。总体而言，这方面的教育要集中体现在：① 发达国家的现代化会对落后国家形成强大的冲击力和示范效应，有利于落后国家现代化建设动力的形成并促使其加快现代化步伐。② 借鉴先进国家现代化的经验教训，采取优化的赶超战略，直接过渡到或较快进入较高的现代化阶段。③ 吸收外国经济技术成果，弥补落后国家现代化建设资金和技术不足的缺陷。④ 吸收外国发展经济的先进经营方式和管理方法，促进本国与现代化相适应的相关规章制度的建设。⑤ 利用发达国家产业结构升级和调整的机会，发挥本国劳动力资源丰富等优势，积极发展相关产业，增加积累和提高产品的国际竞争能力等。

二是强化现代化的内在生长力培育。现代化从本质上讲应是内生性的，后发优势只是构成现代化有利的外在条件，它不会自然而然地转化为现实成果。一个民族只有具备现代化的内在生长力，才会获得持续的良性发展。这种内在生长力是指国家和社会在其现代化过程中所产生的、源于自我本体的、与现代化相吻合的内部推动力量。现代化内在生长力的发育成熟，意味着在共同的现代化价值取向之下，整个社会制度、资源、经济技术基础、内外环境、民众、民族传统以及现代知识的积累与传播等多重因素共同构成一个有机大系统。这个系统的正常运作使整个社会表现出一种发展的惯性和强劲动力，推动现代化进程不断冲破各种旧因素的制约和束缚，实现社会的长久、健康发展。中国现代化内在生长力的培育，就是要在遵循现代化共同规律、立足于中国传统经济社会基础、着力解决中国现代化同国际接轨过程中的特殊问题：① 解决发展与稳定问题。与世界上其他国家现代化相比较而言，中国特色社会主义的现代化的变量因素更多，各种矛盾交织在一起，任何一个环节出了故障，都有可能对其他环节产生联动和广泛的影响。没有稳定的政治环境，要维持中国这个超大型社会的统一和完整都是不可能的，更谈不上中国长期的现代化发展。② 解决循序与浓缩问题。在当代历史条件下，中国不可能像早发现代化国家那样按部就班地发展,而必须采取一种浓缩的形式,将长期的现代化过程压缩在一个短时期内予以完成;必须通过科学的规划和有效的管理,确保中国浓缩现代化的顺利推进。③ 解决再造与传承问题。根据中国现代化发展及其与国际接轨的需要,进行现代化的文化再造是必然的;这种文化再造不是对传统文化的全面否定,而是把作为民族发展思想遗产的许多可传世的内容,如提倡积极"入世"的实践理性、催人奋进的自强思想、重民轻官的民本思想、尊重知识的倡学重教思想等积极因素与现代社会相融合,促进现代经济社会发展。这就需要在发展进程中把握好再造与传承之间的度,以实现现代化的共同标准与普遍规律同中国特定传统经济社会的现代化转化之间的统一。

三是强化现代化内在生长力与利用现代化后发优势良性互动培育。就中国而言,后发优势是现代化建设的外在环境和现实条件,内在生长力的培育才是中国现代化建设的内部机制的调适过程和长远目标。中国现代化的最佳选择就在于实现二者的有机结合:① 对外开放与避免依附。在开放的世界环境下推进现代化,稍有不慎,就会陷入依附性发展,即在政治经济上成为受西方发达国家控制的"边缘国家"。因此,中国的现代化,必须争取在现有的国际政治经济体系下,在充分发挥自身优势、促进现代化快速发展的同时,通过积极提升现代化水平和增强产品的国际竞争力,在国际政治经济秩序中抢占有利的地位。② 引进先进与自主创新。在引进先进的同时,应注重对这些先进成果的内化及在此基础上的自主创新,使外来先进成果在中国国情的基础上转化为适宜的经济技术存在方式,与中国现代化发展切实融为一体,并进而成为中国现代化发展的起点和促进创新的内生动力。③ 高速发展与环境协调。在世界现代化进程中因环境急剧恶化而导致的"现代化发展危机"等问题,已引起各国的警惕和现代化学者们的关注。对于饱受环境恶化之苦并已把可持续发展作为基本发展战略的中国现代化而言,这个问题尤其显得重要。④ 局部突进与整体转化。在中国现代化进程中,该突进的必须突进,不该突进的绝对不能冒进;某些方面一定的滞后是不可避免的,但社会整体转化的过分滞后则是不能允许的。⑤ 赶超愿望与克服急躁。在现代化国际交流日益频繁的今天,一方面应利用后发优势,以适当高速度赶超发展;另一方面必须克服急躁心理,在中国现代化的目标选择与推进战略上,立足国情,实现稳定、渐进发展。

四、邓小平教育要面向未来的理论与实践

邓小平教育要面向未来的理论与实践,强调的是教育不仅要考虑当前,而且要着眼长远。"现在小学一年级的娃娃,经过十几年的教育,将成为开创二十

一世纪大业的生力军。"[1]所以，教育事业的发展及其各项改革，"不但要看到近期的需要，而且必须预见到远期的需要；不但要依据生产建设发展的需要，而且必须充分估计到现代科学技术的发展趋势"[2]。要为 20 世纪末中国第二步战略目标和 21 世纪中叶第三步战略目标的实现以及复兴中华民族做准备，同时要使教育事业本身具有长远的发展后劲。

（一）教育要面向未来的含义

1. 教育的本质是要为未来培养人才

随着科学技术的飞速发展，知识更新的周期越来越短，人们所获取的知识不断陈旧或过时，而新的知识在不断涌现，传统的学校教育已经不能适应当前形势发展的需要。由于现代科学技术的日新月异，生产设备的更新、生产工艺的变革都非常迅速，许多产品，往往不要几年的时间就有新一代的产品来代替，劳动者只有具备较高的科学文化水平、丰富的生产经验、先进的劳动技能，才能在现代化的生产中发挥更大的作用。因此，这就要求教育要有未来意识和超前意识，为未来的发展储备人才，使人才能适应未来科技与经济的高度发展、迅速更新和激烈竞争的需要，从未来科技、经济、文化等发展的特点来考察和筹划教育的发展战略。这就要求要"从小学抓起，一直到中学、大学"，"要办重点小学、重点中学、重点大学"，"把最优秀的人集中在重点中学和大学"[3]，"把我们的军队教育好，把我们的专政机构教育好，把共产党员教育好，把人民和青年教育好"，[4]"我们的事业就会万古长青"[5]。

2. 教育必须为实现经济社会的可持续发展服务

邓小平教育要面向未来理论实践的核心，就是要求教育要根据未来经济社会发展对人的素质要求，以长远的、历史的战略眼光办好教育。教育作为经济、政治、文化等建设的基础工程，不仅要为现代化建设提供人才和智力储备，而且要直接参与各方面的建设事业，为推动各项建设事业作出贡献。这就要求中国教育必须改革脱离社会实际的教育思想和教学模式，尽快建立教育与经济、科技等密切结合的新机制；就是教育要预测未来经济社会对教育的要求，重视明天教育的研究。即中国应以发展的眼光，及时建立未来发展所需要的新学科，

---

[1]《邓小平文选》第三卷，人民出版社 1993 年版，第 120 页。
[2]《邓小平文选》第二卷，人民出版社 1994 年版，第 108 页。
[3]《邓小平文选》第二卷，人民出版社 1994 年版，第 40 页。
[4]《邓小平文选》第三卷，人民出版社 1993 年版，第 380 页。
[5]《邓小平文选》第三卷，人民出版社 1993 年版，第 381 页。

及时开发出未来发展需要的新课程,使今日的教育能够适应和满足未来经济社会发展的需要,并以此为依据制定体现未来的发展计划和目标,才能促进中国经济和社会发展计划与目标的实现。可见,按照面向未来、体现中国阶段性未来的经济和社会发展的计划与目标来制定教育发展计划和目标,是教育要面向未来的一个战略规定。

3. 国家和社会必须以长远的、历史的战略眼光,使教育自身走上可持续发展的道路

人类社会最终要进入生产力和科学技术高度发展,人们的思想境界高度升华,各尽所能、各取所需,全面发展的共产主义社会。"一定要让我们的人民,包括我们的孩子们知道,我们是坚持社会主义和共产主义的,我们采取的各方面的政策,都是为了发展社会主义,为了将来实现共产主义"[1]。社会主义现代化、共产主义的实现,寄希望于"有理想、有道德、有文化、有纪律"的社会主义事业的代代相传的接班人为之坚持不懈地奋斗,而这种接班人要靠教育来培养,即"革命的理想,共产主义的品德,要从小开始培养"[2]。总之,中国的事情能不能办好,社会主义和改革开放能不能坚持,经济能不能快一点发展起来,国家能不能长治久安,从一定意义上说,关键在人。"要经常教育我们的人民,尤其是我们的青年,要有理想。"[3]"要特别教育我们的下一代下两代,一定要树立共产主义的远大理想"[4],要充分估计到现代科学技术的发展趋势,着眼高科技发展的未来培养接班人。为此,邓小平特别指出,政策上的失误是很容易纠正过来的,而知识不是立即就能得到的,人才也不是一两天就能培养出来的,这就要抓教育,要从娃娃抓起。因为,"青年一代的成长,正是我们事业必定要兴旺发达的希望所在"[5],直接关系到中国特色社会主义现代化建设的成败和国家民族的前途命运。教育通过促进人的社会化,通过培养社会主义事业的建设者和接班人来为社会主义现代化奠基,为共产主义奠基。"中央提出要以极大的努力抓教育,并且从中小学抓起,这是有战略眼光的一着。"[6]中国完全有能力把教育搞上去,提高科学技术水平,培养出数以亿计的各级各类人才。一个十亿人口的大国,教育搞上去了,人才资源的巨大优势是任何国家比

---

[1]《邓小平文选》第三卷,人民出版社1993年版,第112页。
[2]《邓小平文选》第二卷,人民出版社1994年版,第105页。
[3]《邓小平文选》第三卷,人民出版社1993年版,第110页。
[4]《邓小平文选》第三卷,人民出版社1993年版,第111页。
[5]《邓小平文选》第二卷,人民出版社1994年版,第95页。
[6]《邓小平文选》第三卷,人民出版社1993年版,第120页。

不了的。有了人才优势，再加上先进的社会主义制度，我们的目标就有把握达到。所以，把教育作为实现人类美好未来的根本手段来加以重视和发展，既是教育要面向未来的一个战略规定，也是教育自身走上可持续发展道路的根本保证之一。

（二）教育要面向未来的基本要求

1. 为未来发展储备好人才

教育为未来发展储备好人才，就是：① 要使受教育者具有比以往任何时候都坚实的科学文化基础，并不断以信息科学技术、生物工程技术等新的科技成果、新的学科知识来充实和更新自己的知识和智力的结构。② 要使受教育者具备继续学习、终身学习的欲望和能力，尤其是自学能力，以及不断选择、处理、应用信息的能力。③ 要培养注重未来的态度以及科学预见的能力。④ 要培养具有共产主义理想、信念和道德品质的一代又一代的共产主义新人，因为我们的未来社会是共产主义社会，教育面向未来也就是面向发达的社会主义、共产主义社会，我们中国的教育决不能偏离这一最终目标。

2. 抓好教育者数量和质量的提升

一是抓好巩固和发展教师队伍的量。邓小平对如何巩固和发展教师队伍的量提出了许多宝贵的意见。他说："我们的教师，合格的大中小学教师，全国如果增加二百万、三百万，不算多。"[1]如何使合格的教师数量能在较短时间内得到大幅度增长？首先，要办好师范院校。邓小平说："师范大学要办好。省、市管的师范院校，教育部也要经常派人去检查。不办好师范教育，教师就没有来源。"[2]师范院校是培养人民教师的摇篮，只有创办出高质量的师范院校，才能为社会输送高质量的教师队伍。其次，要稳定现有教师队伍。对于转行或调走的教师，要创造条件，使他们归队。邓小平说："中小学教师中也有人才，好的教师就是人才。要珍视劳动，珍视人才，人才难得呀！要发挥知识分子的专长，用非所学不好。有人建议，对改了行的，如果有水平，有培养前途，可以设法收一批回来。这个意见是好的。"[3]再次，要抽调学有所长的人员来补充教师队伍。邓小平说："要加强学校的教师队伍，科研系统有的人可以调出来搞教育，支援教育。搞教育是很光荣的，要鼓励大家热心教育事业。对科研系统抽出来

---

[1]《邓小平文选》第二卷，人民出版社1994年版，第263页。
[2]《邓小平文选》第二卷，人民出版社1994年版，第69页。
[3]《邓小平文选》第二卷，人民出版社1994年版，第50~51页。

支援教育的那些同志，教育部要在政治上、物质上安排好。今后我们要很好地研究科研和教育如何协调、人员如何经常交流的问题。人员不流动，思想就会僵化。"[1]

二是抓好教师政治思想水平的提升。教师政治思想水平的高低，直接关系到能否培养出德、智、体全面发展的有理想、有道德、有文化、有纪律的社会主义接班人的问题，直接关系到能否改变社会主义事业的颜色的问题，直接关系到能否取得反对国内外敌对势力的"和平演变"的胜利的问题。所以，必须采取一切措施，提高教师的政治思想觉悟，增强教师为无产阶级事业培养接班人的自觉性。邓小平说："各级党委和学校的党组织，应该热情地关心和帮助教师思想政治上的进步，帮助他们认真学习马克思列宁主义、毛泽东思想，使更多的人牢固地树立起无产阶级的共产主义的世界观。要积极地在优秀的教师中发展党员。"[2]对于有这样或那样的缺点的同志，"领导工作者要经常同他们谈谈心，政治上思想上帮助帮助。不要求全责备。毛泽东同志说过，要打破'金要足赤，人要完人'的形而上学思想。这是马克思主义者的态度，是彻底的唯物主义者的态度"[3]。

三是抓好教师业务工作能力的提升。教师业务工作能力的高低，直接关系到能否培养出高质量的社会主义现代化建设所需要的各种人才，直接关系到中华民族文化素质的高低。所以，必须想方设法提高教师的业务水平。邓小平说："教育部和各地教育行政部门，要采取切实有效的措施，比如充分利用广播、电视，举办各种训练班、进修班，编印教学参考资料等，大力培训师资。"[4]在对教师进行业务培训的过程中，要立足于自力更生，充分发挥现有教师的力量，高级学校帮助低一级的学校，高水平的教员帮助低水平教员，最后达到整个教师队伍业务水平的提高。在这个过程中，还要注意不能故步自封，夜郎自大，而且要注意向外国学习，学习人家的长处，"要请外国著名学者来我国讲学"[5]。还应该请一些华裔学者来讲学，取各家之长，补自己之短，使中国教师的业务水平能在短期内获得长足进步。

只有这样，才能与时俱进地满足和适应教育要面向未来的需要和要求，源源不断地为中国特色社会主义现代化建设和中华民族复兴培养千千万万的高素质的建设者和接班人，进而实现国家提出的围绕提高自主创新能力，建设创新

---

[1]《邓小平文选》第二卷，人民出版社1994年版，第70页。
[2]《邓小平文选》第二卷，人民出版社1994年版，第109页。
[3]《邓小平文选》第二卷，人民出版社1994年版，第51页。
[4]《邓小平文选》第二卷，人民出版社1994年版，第109~110页。
[5]《邓小平文选》第二卷，人民出版社1994年版，第57页。

型国家，以高层次创新型科技人才为重点，努力造就一批世界水平的科学家、科技领军人才、工程师、高水平的创新团队、一线创新人才和青年科技人才，建设宏大的创新型科技人才队伍之目标。

3. 把培养具有世界一流水平的科学技术专家作为教育科学战线的重要任务

邓小平认为："如果六十年代以来中国没有原子弹、氢弹，没有发射卫星，中国就不能叫有重要影响的大国，就没有现在这样的国际地位。这些东西反映一个民族的能力，也是一个民族、一个国家兴旺发达的标志。"[1]中国不能安于落后，必须一开始就参与国际的高科技建设项目研究，培养和锻炼自己的人才。因为"当代的自然科学正以空前的规模和速度，应用于生产，使社会物资生产的各个领域面貌一新。特别是由于电子计算机、控制论和自动化技术的发展，正在迅速提高生产自动化的程度。同样数量的劳动力，在同样的劳动时间里，可以生产出比过去多几十倍几百倍的产品。社会生产力有这样巨大的发展，劳动生产率有这样大幅度的提高，靠的是什么？最主要的是靠科学的力量、技术的力量"[2]；"没有一支强大的高水平的专业科学研究队伍，就难以攀登现代科学技术的高峰，群众性的科学实验活动，也难以持久深入地一浪高过一浪地向前发展"[3]，"要开一条路出来，让有才能的人很快成长"[4]，"把尽快地培养出一批具有世界第一流水平的科学技术专家，作为我们科学、教育战线的重要任务"[5]。要依托重大科研和建设项目、重点学科和科研基地以及国际学术交流与合作项目，加大学科带头人的培养力度，积极推进创新团队建设；加强科技创新与人才培养的有机结合，鼓励科研院所与高等院校合作培养研究型人才；改进和完善职称制度、院士制度、政府特殊津贴制度、博士后制度等高层次人才制度，进一步形成培养选拔高级专家的制度体系，使大批优秀拔尖人才得以脱颖而出；要制定一系列包括干部制度和教育制度在内的制度，鼓励年轻人成为教学家、教育家、文学家和政治家、经济管理家、军事家、外交家以及其他各种专家，并把他们的智能转化为巨大的现实社会生产力。

4. 深化"三步走"现代化发展战略教育

邓小平"三步走"发展战略构想第一步是在 20 世纪 90 年代翻一番，即以

---

[1]《邓小平文选》第三卷，人民出版社 1993 年版，第 279 页。
[2]《邓小平文选》第二卷，人民出版社 1994 年版，第 87 页。
[3]《邓小平文选》第二卷，人民出版社 1994 年版，第 97 页。
[4]《邓小平文选》第三卷，人民出版社 1993 年版，第 18 页。
[5]《邓小平文选》第二卷，人民出版社 1994 年版，第 96 页。

1980 年的人均国民生产总值二百五十美元为基数翻一番，人均达到五百美元，解决人民群众的温饱问题；第二步是到 20 世纪末，再翻一番，即以 1980 年的人均国民生产总值二百五十美元为基数翻两番，人均达到一千美元，把贫困的中国变成小康的中国，人民群众生活达到小康水平；第三步是在 21 世纪用三十年到五十年再翻两番，使中国达到中等发达国家的水平、基本实现社会主义现代化。后来，邓小平在会见匈牙利社会主义工人党总书记卡达尔时的谈话中更是特别强调指出："我们的第一个目标是解决温饱问题，这个目标已经达到了。第二个目标是在本世纪末达到小康水平，第三个目标是在下个世纪的五十年内达到中等发达国家水平。我们现在真正要做的就是通过改革加快发展生产力，坚持社会主义道路，用我们的实践来证明社会主义的优越性。要用两代人、三代人、甚至四代人来实现这个目标。"[1]中国共产党十三大确认了这一跨世纪战略构想并指出，党的十一届三中全会以后，中国经济建设的战略部署大体分三步走：第一步，到 1990 年实现国民生产总值比 1980 年翻一番，解决人民的温饱问题，这个任务已经基本实现；第二步，到 20 世纪末，使国民生产总值再增长一倍，人民生活达到小康水平；第三步，到 21 世纪中叶，人均国民生产总值达到中等发达国家水平，人民生活比较富裕，基本实现现代化。中国共产党十五大根据邓小平提出的第三步战略目标，提出了 21 世纪前半叶中国新的"三步走"战略部署：第一个十年实现国民生产总值比 2000 年翻一番，使人民的小康生活更加宽裕，形成比较完善的社会主义市场经济体制；再经过十年的努力，到建党一百年时，使国民经济更加发展，各项制度更加完善；到 21 世纪中叶建国一百年时，基本实现现代化，建成富强民主文明和谐的社会主义国家。

通过深化"三步走"的现代化发展战略教育，要让全党全国人民进一步认识到：中国共产党十八大提出要在 2020 年全面建成中国小康社会，是一个要把一个人口比欧盟、美国、日本加起来还多的大国带入全面小康的人类历史上从未有过的伟大壮举，不可能一蹴而就，只有全面深化改革，破除利益藩篱，实现全面建成小康才有动力；只有全面依法治国，建立规矩秩序、推进公平正义，实现全面建成小康才有保障；只有全面从严治党，锻造领导核心、提供政治支撑，实现全面建成小康才有保证，才能确保到 2020 年实现经济持续健康发展，人民民主不断扩大，文化软实力显著增强，人民生活水平全面提高，资源节约型环境友好型社会建设取得重大进展等全面建成小康目标的实现，进而为到 21

---

[1]《邓小平文选》第三卷，人民出版社 1993 年版，第 256 页。

世纪中叶中华人民共和国成立一百周年时基本实现现代化、建成富强民主文明和谐的社会主义国家和推进中华民族复兴伟业奠定坚实基础。

（三）实现教育要面向未来的基础措施

1. 强化历史意识教育

一是强化走历史必由之路教育。对待任何现象和事物，邓小平主张都要分析其历史的复杂背景，看到其深厚的历史根源，并从对历史的研究中找出带规律性的东西指导自己，走历史必由之路。正如他所指出的，无论是中国共产党第一代领导集体带领全国各族人民进行社会主义革命、实现马列主义与中国革命实际相结合的第一次历史性飞跃，建立起社会主义的基本制度，还是中国共产党第二代领导集体坚持改革开放、实现马列主义与中国建设实际相结合的第二次历史性飞跃，把一个经济文化比较落后的社会主义中国变成一个富强民主文明和谐的现代化的社会主义中国，都是历史发展的必然选择和要求，是顺应历史发展的结果。

二是强化历史意识转化教育。把历史意识转化为巨大的历史感，将强烈的时间观念带入实际工作，将速度与效益放在各项工作的首位，增强人们工作的主动性与紧迫性。邓小平十分赞赏"时间就是金钱，效率就是生命"这个口号，并以时间因素和效益观念看待和要求各项工作。他指出，正确的政治领导的成果，归根结底要表现在社会生产力的发展上、人民物质文化生活的改善上；如果在一个很长的历史时期内，人民的物质文化生活得不到改善，人民就会不答应；我们要好好想一想，我们究竟给人民做了什么呢？这是非常值得深思的。

三是强化捕捉历史发展机遇教育。善于发挥历史意识的作用，努力捕捉历史发展所提供的各种机遇，使历史意识与机遇观念结合，充分利用国际格局急剧演化所出现的新问题与新矛盾，最大限度地发展中国特色社会主义。邓小平指出，世界发生重大转折，我们可利用的矛盾存在着，对我们有利的条件存在着，这就是机遇；应抓住这一大好时机，放开手脚，加快经济发展，争取经济上一个新台阶；如果不抓，看到的机会就会丢掉了，时间一晃就过去了，结果是丧失时机，犹如逆水行舟，不进则退。

2. 强化理想与现实、理想与利益、理想与挫折教育

一是强化理想与现实教育。在社会生活中，任何时候都会遇到理想与现实的矛盾，因为理想是一种奋斗目标，而现实总是不完善的。如作为共产党人为

之奋斗的"共产主义是没有人剥削人的制度，产品极大丰富，各尽所能，按需分配"[1]，而现实中存在的包括中国在内的社会主义，都还没有具备这样的前提条件。这就决定了现阶段中国共产党人只能把共产主义理想与中国的现实发展有机统一起来，"在发展生产力的基础上体现出优于资本主义，为实现共产主义创造物质基础"[2]，即通过强化这方面教育来消除人民对于理想与现实的割裂。"现在有人担心中国会不会变成资本主义""我们不能拿空话而是要拿事实来解除他们的这个忧虑，并且回答那些希望共产主义变成资本主义的人。我们的报刊、电视和所有的宣传工作都要注意这个问题"[3]。这就要保证中国现行的改革政策不偏离我们的理想目标，即"一个公有制占主体，一个共同富裕，这是我们所必须坚持的社会主义的根本原则。我们就是要坚决执行和实现这些社会主义的原则。从长远说，最终是过渡到共产主义"[4]。可见，从理想与现实的辩证关系出发来看待中国的现行政策，不仅不会动摇我们的共产主义理想与信念，恰恰相反，它只能进一步坚定我们的共产主义理想与信念。

二是强化理想与利益教育。共产党人所倡导的共产主义理想，是一种包含追求国家、社会和人民利益的崇高理想，它要求人们对于任何行为的选择，都要以有利于国家、社会和人民，符合人民长远和根本的利益要求为标准。正如邓小平所指出的："社会主义是共产主义第一阶段，这是一个很长的历史阶段，必须实行按劳分配，必须把国家、集体和个人利益结合起来，才能调动积极性，才能发展社会主义的生产。共产主义的高级阶段，生产力高度发达，实行各尽所能，按需分配，将更多地承认个人利益、满足个人需要"[5]；也即如中国共产党十四届六中全会《决议》所指出的，鼓励人们通过合法经营和诚实劳动获取正当经济利益；同时引导人们对社会负责、对人民负责，正确处理国家、集体和个人的关系，绝不允许把个人利益置于国家和集体利益之上。如果我们无视拜金主义思潮的危害并纵容其在全社会泛滥，那么，它不仅会使中国改革和建设的目标发生偏斜，而且发展下去还会毁掉我们的党和国家，毁掉神圣的共产主义事业。邓小平对那种主张"一切向钱看"观点、"歪风"就是没有理想的表现等的揭露和批判，实际上是给我们敲响了警钟。

---

[1]《邓小平文选》第三卷，人民出版社1993年版，第137页。
[2]《邓小平文选》第三卷，人民出版社1993年版，第137页。
[3]《邓小平文选》第三卷，人民出版社1993年版，第111页。
[4]《邓小平文选》第三卷，人民出版社1993年版，第111页。
[5]《邓小平文选》第二卷，人民出版社1994年版，第351～352页。

三是强化理想与挫折教育。共产主义的实现不是用一种剥削制度代替另一种剥削制度,而是彻底推翻一切剥削制度的人类历史上空前伟大的事业,绝没有平坦的大道可走,必然会有更多的曲折和反复。作为真正的共产党人,必须清醒地认识到,科学的马克思主义和美好的共产主义社会制度,在它的发展过程中,经历几次高潮和低潮,出现几度辉煌与坎坷,都是正常的;特别是当其处于低潮、遇到挫折的时候更要认识到,这并不说明科学的马克思主义理论是错误的,也并不能说明美好的共产主义制度是空想。正如邓小平所指出的:"一些国家出现严重曲折,社会主义好像被削弱了,但人民经受锻炼,从中吸取教训,将促使社会主义向着更加健康的方向发展。因此,不要惊慌失措,不要认为马克思主义就消失了,没用了,失败了。哪有这回事!"[1]也就是说,要教育人民群众正确地对待社会主义运动的高潮与低潮:在高潮时做到头脑不发热,不要动不动就把共产主义的所有原则在条件不具备时付诸实践,那样只会损害我们的事业;在低潮时做到不气馁,越要坚定理想与信念,在处理国际国内问题时从现实出发,采取某些实事求是的做法和一些必要的政策和策略,加快国内各项建设事业的发展,千方百计把国内的事情办好,用事实教育人民和用事实向世界宣告:社会主义道路并没有失败,我们对社会主义的前途充满信心。

3. 强化中国特色社会主义教育

一是强化中国特色社会主义道路、理论、制度、文化内涵教育。① 强化中国特色社会主义道路就是在中国共产党领导下,立足基本国情,以经济建设为中心,坚持四项基本原则,坚持改革开放,解放和发展社会生产力,建设社会主义市场经济、社会主义民主政治、社会主义先进文化、社会主义和谐社会、社会主义生态文明,促进人的全面发展,逐步实现全体人民共同富裕,建设富强民主文明和谐持续发展的社会主义现代化国家等。② 强化中国特色社会主义理论,就是包括毛泽东思想、邓小平理论、"三个代表"重要思想、科学发展观、习近平系列重要讲话精神在内的科学理论体系,是对马克思列宁主义的坚持和发展,是建设中国特色社会主义必须坚持的指导思想等。③ 强化中国特色社会主义制度,就是包括人民代表大会制度的根本政治制度,中国共产党领导的多党合作和政治协商制度、民族区域自治制度以及基层群众自治制度等基本政治制度,中国特色社会主义法律体系,以公有制为主体、多种所有制经济共同发

---

[1]《邓小平文选》第三卷,人民出版社 1993 年版,第 383 页。

展的基本经济制度,以及建立在这些制度基础上的经济体制、政治体制、文化体制、社会体制等各项具体制度在内的制度体系等,为人民群众坚持和发展中国特色社会主义提供理论和实践上的指导。④强化中国特色社会主义文化,就是包括坚持马克思主义指导思想,树立中国特色社会主义共同理想,加强社会主义核心价值体系建设,弘扬以爱国主义为核心的民族精神和以改革创新为核心的时代精神,倡导社会主义荣辱观,增强民族自尊、自信和自强精神,抵御资本主义和封建主义腐朽思想的侵蚀,扫除各种社会丑恶现象,努力使中国人民成为有理想、有道德、有文化、有纪律的人民,提高全民族的思想道德素质和科学文化素质等,为改革开放和社会主义现代化建设提供强大的思想保证、精神动力和智力支持。

　　二是强化中国特色社会主义旗帜、道路、理论、制度、文化关系教育。①强化中国特色社会主义是"旗帜、道路、理论、制度、文化"的有机统一的教育,即中国特色社会主义道路是中国特色社会主义事业的实践基础,无论是形成中国特色社会主义理论体系还是确立中国特色社会主义制度体系、发展中国特色社会主义文化,都是以中国特色社会主义道路为实践依据的;中国特色社会主义道路的开辟、中国特色社会主义制度体系的确立、中国特色社会主义文化的发展,都以中国特色社会主义理论体系为指导;中国特色社会主义制度体系的确立是中国特色社会主义道路、中国特色社会主义文化的根本制度保障,是中国特色社会主义理论体系的现实结果,并从制度上固化了中国特色社会主义理论体系;中国特色社会主义文化是中国特色社会主义道路、理论、制度的坚持和拓展、坚持和丰富、坚持和完善的集中反映;中国特色社会主义道路、中国特色社会主义理论体系、中国特色社会主义制度体系、中国特色社会主义文化发展繁荣鲜明地写在中国特色社会主义旗帜上。②强化中国特色社会主义是实践、理论、制度、文化紧密结合的教育,即中国特色社会主义既把成功的实践上升为理论,又以正确的理论指导新的实践,还把实践中已见成效的方针政策及时上升为党和国家的制度、价值,也就是说中国特色社会主义特就特在其道路、理论、制度、文化价值上,特就特在其实现途径、行动指南、根本保障、意识形态的内在联系上,特就特在这四者统一于中国特色社会主义伟大实践上。③强化对中国特色社会主义含义的概括和解读不能仅仅停留在理论层面或学理范畴的教育,即要从中国特色社会主义是为实现中华民族伟大复兴这一历史课题而开创的壮举、中国特色社会主义是对"怎样建设社会主义"探索的成功典范、中国特色社会主义是探索人类社会发展规律的有益尝试等方面,高举中国特色社会主义伟大旗帜,就要坚持和拓展中国特色社会主义道路、坚持和丰富中国特色社会主义理论体系、坚持和完善中国特色社会主义制度体系、坚持和繁荣中国特色社会主义文化的探索和实践。

五、坚持邓小平"三个面向"教育理论与实践要处理好的几个关系

实践表明，坚持邓小平教育要"三个面向"理论与实践，既要处理好"三个面向"之间的内在关系，又要处理好"面向现代化"与对待传统文化之间的关系、"面向世界"与立足国情之间的关系、"面向未来"与现实之间的关系。

（一）要处理好"三个面向"之间的内在关系

教育作为培养人的一种社会活动，它同社会生产力与生产关系、经济基础与上层建筑有着密切的联系。一定社会的教育总是要受一定社会的经济、政治等制约，同时又对它们起着巨大的促进作用。一方面，社会主义的教育是为巩固社会主义制度、发展社会主义经济服务的。另一方面，教育必然会对社会的政治经济发展起着巨大的推动作用，特别是高等教育更是高水平劳动生产力再生产的重要手段。因此，邓小平教育要"三个面向"理论实践是不可分割的互为目的和手段的统一整体。

教育要面向现代化作为教育发展的目的，是为了实现社会主义现代化。而社会主义现代化的实现要求劳动者掌握世界先进的现代科学技术和其他一切先进的对中国有益的知识，并随着世界科学技术的发展和人类精神文明的提高而不断更新知识和观念，这就提出了教育要面向世界、面向未来的要求。所以，从为社会主义现代化建设培养人才这个意义上讲，教育要面向世界、面向未来是实现教育要面向现代化的手段。

教育要面向世界作为教育发展的目的，是为了中国能自立于世界民族之林，为了中国对人类有较大的贡献。而只有通过培养现代化建设人才，通过培养一代又一代社会主义事业的建设者和接班人，使中国兴旺发达，才能实现中国自立于世界民族之林和对人类有较大贡献的目的。从这个意义上讲，教育要面向现代化、面向未来又是实现教育要面向世界的手段。

教育要面向未来作为教育发展的目的，是为了实现"两个一百年"目标、中国梦和将来实现共产主义。即教育只有面向现代化、面向世界，使中国早日富强起来，使中国早日进入世界发达国家行列才能显示出社会主义制度的优越性，从而影响世界，推动世界变革，才能最终实现共产主义。从这个意义上讲，教育要面向现代化、面向世界又是实现教育要面向未来的手段。

（二）要处理好面向现代化与对待传统文化之间的关系

文化是根也是魂。中国是一个有着悠久历史以及丰富传统文化的国家，而中国的传统文化中，既有精华，也不乏糟粕。从精华的角度上讲，如《礼记》提出的"天下为家"的小康社会和"天下为公"的大同社会，孔子的"宽则得众"，孟子提出的轻徭薄赋、选贤任能、重视教育等主张，其积极意义不言自明。但从糟粕的角度看，由于中国封建社会存在的时间很长，它的流毒和影响还长期存在。邓小平指出："旧中国留给我们的，封建专制传统比较多，民主法制传统很少。"[1]此外，以农业为主的封建生产方式，以及在这种生产方式基础之上形成的上层建筑和意识形态，不仅是造成中国封建社会长期延续的原因，而且对后世也有消极的影响。

"我们共产党人是彻底的唯物主义者，只能实事求是地肯定应当肯定的东西，否定应当否定的东西。"[2]在中国面向现代化的时候，我们对待传统文化的态度，也应该像对待其他事物一样，应当采取实事求是的态度，即既要反对历史虚无主义或民族虚无主义，也要反对复古主义。我们批判历史虚无主义或民族虚无主义，并不是要对传统文化不加分析地全盘接受，而是要坚持批判继承的态度。对于传统文化中哪些是应当肯定的东西、哪些是应当否定的东西，我们不能从主观随意性出发，而必须有一个客观的标准。这个标准，借鉴邓小平"三个有利于"的标准，即以是否有利于建设有中国特色社会主义文化、是否有利于推动中国特色社会主义生产力的发展、是否有利于中国特色社会主义现代化建设事业。按照这个标准来决定取舍选择，才是对待传统文化的正确态度。

（三）要处理好面向世界与立足国情之间的关系

改革开放30多年，中国的教育取得了长足的进步，人们也有越来越多了解世界先进教育的机会。随着人们眼界的开阔，现实中中国教育的一些不足不断被一些人放大并加以批判。这些批评意见中有一些是中肯的，有一些则是荒唐的。产生这样的问题，很大程度上是由于对中国国情认识的偏差导致的。我们应该认识到，从20世纪中期中国社会主义改造基本完成，到21世纪中叶基本实现现代化，至少100年时间，都是社会主义初级阶段。这是在经济文化落后的中国建设社会主义现代化不可逾越的历史阶段。中国还要花较长的时间才能走完后工业经济阶段。世界公认，任何国家要进入知识经济时代，必须具备三

---

[1]《邓小平文选》第二卷，人民出版社1994年版，第332页。
[2]《邓小平文选》第二卷，人民出版社1994年版，第333~334页。

个条件：一是完成工业化，二是有比较高的教育普及程度，三是有比较高的技术创新能力。我们的基本教育国情是，受教育人口众多，教育资源严重短缺，教育基础薄弱。对照这些标准，我们得老老实实地承认自己的不足。如果对中国的基本国情认识不足，也就是对中国现在正处于并将长期处于社会主义初级阶段这一国情认识不到位。自觉或不自觉地把中国的教育问题与西方发达国家进行比较，以此得出中国的教育如何落后、应该全盘学习西方的教育理念和体制等结论，无疑是错误的。只有对中国现阶段仍处于社会主义初级阶段有明确的认识，才能认清现阶段中国社会发展中存在的一些问题，才能够理解中国社会及教育发展所处的阶段。立足于中国的基本国情，认清中国发展所处阶段，不仅有利于认清现阶段中国发展过程中出现的各种问题，而且有利于认清所处于这个发展阶段所制定的各种有效的教育战略、方针和政策，以便更好地为中国特色社会主义现代化建设服务。

（四）要处理好面向未来与正视现实之间的关系

贯彻面向未来的教育理论实践需要目光长远，要有理想，要有长期规划，但现实中国社会迫切需要大量的能够解决当前问题的人才，理想与现实往往会出现矛盾。因此，不能不承认面向未来的教育理论和实践与现实之间存在冲突，如中国已经倡导和实施了多年的素质教育，原则规定得很具体，重要性也强调得很充实，然而对比现实，可谓是"雷声大雨点小"。在高考招生制度改革不充分、一切围着高考指挥棒转的情况下，要实现真正的素质教育谈何容易。因此就出现了这样的怪现象：素质教育占领舆论制高点，口号喊得震天响，说了多年的应试教育却在实践中"涛声依旧"。无疑，这些情况都从根本上背离了教育的本质。那么，面对这样的现状，如何真正化解教育要面向未来和针对现实之间的矛盾问题呢？首先，必须真正将邓小平提出的教育要"三个面向"理论实践作为教育的总方向，并采取切实有效的措施予以贯彻落实。其次，要加强教育的科学化、民主化决策，使教育在科学决策下得以可持续发展，即应有专家学者对重大问题进行各种形式的调查，以科学方法进行定量和定性分析，取得第一手资料并提出改革计划或方案，然后由政府统一制订切实可行的教育改革和发展规划，履行一定的法律程序后付诸实施。最后，要大力抓好教育教学改革，通过教育理念、教育制度和教学活动的变革，把邓小平教育要面向未来理论真正转化为培育人才的有效实践。

第三章　邓小平发展教育的理论与实践

本章主要从邓小平对中国教育战略地位的确立、邓小平对中国教育方针的坚持和发展的历史贡献、邓小平教育公平理论与实践、邓小平教育法制理论与实践、邓小平教育经济理论与实践、邓小平发展教育理论与实践的辩证法六个方面入手，对邓小平发展教育的理论与实践进行梳理、研究、阐述。

一、邓小平对中国教育战略地位的确立

邓小平站在社会主义现代化建设战略全局的高度，一贯强调要从战略高度来认识并搞好教育工作。1977年他刚一恢复工作就自告奋勇抓科技和教育。他指出："我们国家要赶上世界先进水平，从何着手呢？我想，要从科学和教育着手。"[1]5年后的1982年，在谈到党的十二大提出的到20世纪末国民生产总值翻两番的目标时，邓小平指出："战略重点，一是农业，二是能源和交通，三是教育和科学。搞好教育和科学工作，我看这是关键。没有人才不行，没有知识不行，'文化大革命'的一个大错误是耽误了十年人才的培养。现在要抓紧发展教育事业。"[2]又过了10年，1992年在视察南方时他仍然认为"经济发展得快一点，必须依靠科技和教育。"[3]总之，在邓小平看来，"四个现代化，关键是科学技术的现代化。没有现代科学技术，就不可能建设现代农业、现代工业、现代国防。没有科学技术的高速度发展，也就不可能有国民经济的高速度发展"[4]，而"科学技术人才的培养，基础在教育"[5]。

教育是推进经济发展的重要基础，教育劳动是直接把劳动能力本身生产、训练、发展、维持再生产出来的劳动。当代科学技术的发展对教育提出了培养大量掌握科学知识的劳动者的任务。为了适应经济、社会的发展，世界各国，特别是工业发达国家纷纷采取对策，而且都不约而同地把目光瞄准了教育。这是因为教育是科学技术转化为现实生产力的基础和关键。在生产力诸要素中，

---

[1]《邓小平文选》第二卷，人民出版社1994年版，第48页。
[2]《邓小平文选》第三卷，人民出版社1993年版，第9页。
[3]《邓小平文选》第三卷，人民出版社1993年版，第377页。
[4]《邓小平文选》第二卷，人民出版社1994年版，第86页。
[5]《邓小平文选》第二卷，人民出版社1994年版，第95页。

最活跃最重要的因素是劳动者，而"历史上的劳动力，也都是掌握了一定的科学技术知识的劳动力。我们常说，人是生产力中最活跃的因素。这里讲的人，是指有一定的科学知识、生产经验和劳动技能来使用生产工具、实现物质资料生产的人"[1]。邓小平关于生产力中人的因素的论述，特别强调要掌握一定的科学技术知识，这是完全符合马克思主义的。因为随着大工业的不断发展，相对来说，现实财富的创造越来越少地取决于劳动时间和耗费的劳动量，而越来越多地取决于一般科学水平和技术进步，即取决于科学在生产上的应有。在今天，"劳动者只有具备较高的科学文化水平，丰富的生产经验，先进的劳动技能，才能在现代化的生产中发挥更大的作用"[2]。而劳动者对科学文化技术的掌握是离不开现代教育的。教育是科学技术转化为现实生产力的中介，是推动科学技术进步的巨大动力。教育是科学知识再生产的手段，没有教育，前人积累的知识就无法被后人掌握，科学知识也就无从继承和发展。教育还是发展、创造、传播科学技术及其成果的重要手段。教育工作的超前性和其效益的滞后性，使得今天的教育决定着明天的科技水平和后天的生产力水平。

邓小平把教育看作面向未来的事业，把教育与国家民族的前途紧紧联系起来考虑。他在1978年的全国教育工作会议上，他就要求"使教育事业的计划成为国民经济计划的一个重要组成部分"[3]。在1985年全国教育工作会议上讲道："我们多次说过，我国的经济，到建国一百周年时，可能接近发达国家的水平。我们这样说，根据之一，就是在这段时间里，我们完全有能力把教育搞上去，提高我国的科学技术水平，培养出数以亿计的各级各类人才……一个十亿人口的大国，教育搞上去了，人才资源的巨大优势是任何国家比不了的。有了人才优势，再加上先进的社会主义制度，我们的目标就有把握达到。"邓小平意味深长地说，如果全党不以极大的努力搞好教育工作，"就会误大事，就要负历史的责任"[4]。他指出，全党全国工作重点的转移本来就包括教育，"一个地区，一个部门，如果只抓经济，不抓教育，那里的工作重点就是没有转移好，或者说转移得不完全"[5]。1988年，他又谆谆告诫大家："从长远看，要注意教育和科学技术。否则，我们已经耽误了二十年，影响了发展，还要再耽误二十年。后果不堪设想。"[6]"我们要千方百计，在别的方面忍耐一些，甚至与牺牲一点

---

[1]《邓小平文选》第二卷，人民出版社1994年版，第88页。
[2]《邓小平文选》第二卷，人民出版社1994年版，第88页。
[3]《邓小平文选》第二卷，人民出版社1994年版，第108页。
[4]《邓小平文选》第三卷，人民出版社1993年版，第120~121页。
[5]《邓小平文选》第三卷，人民出版社1993年版，第121页。
[6]《邓小平文选》第三卷，人民出版社1993年版，第274~275页。

速度，把教育问题解决好。"[1]并特别强调说，这是作为一个战略方针、一个战略措施来说的。从这些语重心长的话语中，我们不难感到邓小平对教育工作的高度重视。正因为如此，邓小平总是从改革开放和现代化建设的战略全局考虑教育问题。

邓小平关于教育战略地位的论述，充分表现了他的远见卓识和深邃的洞察力，已越来越成为中国共产党、政府、人民乃至整个社会的共识。中国共产党十四大报告指出："科技进步，经济繁荣和社会发展，从根本上说取决于提高劳动者的素质，培养大批人才。我们必须把教育摆在优先发展的战略地位，努力提高全民族的思想道德和科学文化水平，这是实现我国现代化的根本大计。"在邓小平建设有中国特色社会主义理论指引下，在建立社会主义市场经济体制的过程中，教育的战略地位得到进一步落实，教育改革和发展跃入一个新的阶段。

二、邓小平对中国教育方针的坚持和发展

中国教育方针规定了教育的性质、作用、培养目标和实现这一目标的途径，是中国共产党领导教育工作的根本指导思想，反映着一定历史时期社会发展和人的个体发展对教育的需要。

（一）中国教育方针三个不同发展阶段的表述

1. 社会主义改造基本完成以后至 1978 年中国共产党十一届三中全会召开以前的表述

中国社会主义改造基本完成以后，随着大规模的社会主义建设高潮的到来，教育也进入了探索社会主义教育发展道路的阶段。1957 年 2 月，毛泽东将马克思主义关于人的全面发展的思想与社会主义中国的实际相结合，明确提出了新中国社会主义全面发展的教育方针，即"我们的教育方针，应该使受教育者在德育、智育、体育几方面都得到发展，成为有社会主义觉悟的有文化的劳动者"[2]。1958 年 9 月，《中共中央国务院关于教育工作的指示》进一步提出，在社会主义社会，"党的教育工作方针，是教育为无产阶级政治服务，教育与生产劳动相结合"，并被概括为"教育必须为无产阶级政治服务，必须同生产劳动相结合"，简称"两个必须"。此后，"两个必须"与毛泽东提出的全面发展的教育方针结合起来，形成完整的社会主义教育方针。1978 年 3 月 5 日，五届人大

---

[1]《邓小平文选》第三卷，人民出版社 1993 年版，第 275 页。
[2]《毛泽东邓小平江泽民论教育》，中央文献出版社 2004 年版，第 65～66 页。

一次会议将其表述为：教育必须为无产阶级政治服务，同生产劳动相结合，使受教育者在德育、智育、体育几方面得到发展，成为有社会主义觉悟的有文化的劳动者。这一教育方针一直沿用到中国共产党十一届三中全会召开以前。

2. 中国共产党十一届三中全会召开以后至中国共产党十六大召开前的表述

中国共产党十一届三中全会以后，随着党和国家工作重点的转移，教育在现代化建设中的战略地位被确立为优先发展，教育方针在改革实践中得到发展。为适应新形势的需要，1993年2月，中共中央、国务院印发的《中国教育改革和发展纲要》提出的中国教育方针为："教育必须为社会主义现代化建设服务，必须与生产劳动相结合，培育德、智、体全面发展的社会主义事业的建设者和接班人。"这一表述经过修改并经一定的立法程序写入《教育法》，其第五条规定："教育必须为社会主义现代化建设服务，必须与生产劳动相结合，培养德、智、体等方面全面发展的社会主义事业的建设者和接班人。"

3. 中国共产党十六大报告的表述

中国共产党十六大报告从全面建设小康社会、实现中华民族伟大复兴的全局出发，深刻阐述了教育的战略地位和作用以及教育发展的目标和任务，并进一步明确了新时期中国的教育方针，即"坚持教育为社会主义现代化建设服务，为人民服务，与生产劳动和社会实践相结合，培养德智体美全面发展的社会主义建设者和接班人"[1]。中国共产党十六大报告对中国教育方针的新发展主要反映在三个方面：一是第一次把"为人民服务"写入教育方针，充分体现了以人为本的思想，以及坚持人民利益高于一切的宪法原则和中国共产党始终代表中国最广大人民根本利益的要求；二是完整地提出教育要努力促进人的德智体美全面发展，进一步明确了美育在教育工作中的重要地位和作用，也表明经济社会的发展对公民的基本素质有了更新、更高的要求；三是突出强调教育不仅要与生产劳动相结合，更要与社会实践相结合，走与经济社会相结合的道路。中国共产党十六大对中国教育方针的新表述既和中国共产党一贯坚持的基本方针一脉相承，保持了连续性，又反映了时代的新要求，特别是贯彻了"三个代表"的重要思想，这对新世纪、新阶段教育的改革与发展具有重要的指导意义。

从中国教育方针发展的历史沿革可以看出，中国教育方针是一个动态概念，它是随着中国社会、经济的发展变化而不断发展。尽管在中国社会发展的不同

---

[1]《江泽民文选》第三卷，人民出版社2006年版，第560页。

历史时期对中国教育方针有着不同的表述,但其核心都是坚持教育的社会主义方向,坚持教育与生产劳动相结合,坚持培育全面发展的社会主义新人。这正反映了中国教育方针的相对稳定性和鲜明时代性的统一,也正因为中国教育方针具有上述特点,才能在中国各个历史时期不断发展,对中国教育的改革发展和人才的培育发挥了持久的指导作用。

(二)邓小平中国特色社会主义教育方针理论为中国教育方针的发展做了理论上的铺垫

中国教育方针从第一种表述发展到第二种表述历时 15 年之久,意味着中国对教育本质与功能的认识是一个不断深化的过程。在整个深化过程中,邓小平根据国内外形势的变化,提出了许多新思想、新观点,在理论和实践上为坚持和发展中国特色社会主义教育方针作出了重要的贡献。

1. 邓小平坚持和发展了中国德智体全面发展的教育方针

粉碎"四人帮"以后,中国恢复了高考制度,重新调动起广大学生学习的热情,学校的学习氛围日益浓厚,也给社会风气带来了良好的影响。但旧的问题解决了,又产生了新的问题,即出现了单纯追求升学率的倾向。许多学校只着眼于对高一级学校输送学生,忽视为整个社会输送优良的劳动后备力量;只顾应付高考和中考,把注意力集中到有可能升学的一部分学生身上,忽视对全体学生进行基础知识的教学和基本技能的训练。在社会上,把升学率高低看作学校办得好坏的唯一标准的现象日益严重。针对这种情况,邓小平强调指出:"我们的学校是为社会主义建设培养人才的地方。培养人才有没有质量标准呢?有的。这就是毛泽东同志说的,应该使受教育者在德育、智育、体育几方面都得到发展,成为有社会主义觉悟的有文化的劳动者。"[1]并要求要把这个方针"贯彻到底,贯彻到整个社会的各个方面。"因为,"这样做,对于提高整个职工队伍的政治质量和科学文化素养,对于满足不同工种、职业的特殊要求,对于在青少年中以至在整个社会上造成人人向上、奋发有为、不甘落后的革命风气,都将发挥巨大的促进作用"[2]。

在新的历史条件下,邓小平对坚持"又红又专"的重要意义以及"红与专"的辩证关系作了精辟深刻的阐述。他指出,"红"是指具有坚定正确的政治方向,热爱我们的社会主义国家,自觉自愿地为社会主义服务;"专"是指具有良好的

---

[1]《邓小平文选》第二卷,人民出版社 1994 年版,第 103 页。
[2]《邓小平文选》第二卷,人民出版社 1994 年版,第 107 页。

科学文化素质和业务水平。他说："我们要掌握和发展现代科学文化知识和各行各业的新技术新工艺，要创造比资本主义更高的劳动生产率，把我国建设成为现代化的社会主义强国，并且在上层建筑领域最终战胜资产阶级的影响，就必须培养具有高度科学文化水平的劳动者，必须造就宏大的又红又专的工人阶级知识分子队伍。这些要求本身就是无产阶级政治的要求。"[1]"红"与"专"是辩证统一的，"我们的科学事业是社会主义事业的一个重要方面。致力于社会主义的科学事业，做出贡献，这固然是专的表现，在一定意义上也可以说是红的表现"[2]。邓小平还指出体育是使受教育者全面发展的一个重要方面，并多次提出要采取有效措施减轻学生的课业负担；大中学校招生要德、智、体全面考核；要保证学生德智体全面发展，要增强学生的体质。

2. 邓小平坚持和发展了中国教育必须与生产劳动相结合的方针

马克思主义认为，在以大工业为基础的资本主义社会中，教育与生产劳动相结合是提高社会生产的一种方法和培养全面发展的人的唯一方法。列宁也曾深刻地指出，没有年轻一代的教育和生产劳动的结合，实现未来社会的理想是不能想象的；无论是脱离生产的教学和教育，还是没有同时进行教学和教育的生产劳动，都不能达到现代技术水平和科学知识现状所要求的高度。中国共产党人创造性地把马克思主义教育思想运用于中国的教育实践，并作为一条重要的原则坚持下来。在新民主主义革命时期，苏维埃文化教育总方针明确规定要把教育与劳动联系起来。进入社会主义建设时期，又明确将教育与生产劳动相结合作为社会主义教育方针的重要内容，鼓励勤工俭学、半工半读，取得了一定的成效。但由于对教劳结合的理解过于狭窄，有的地方片面强调参加体力劳动的重要性，因此在实践中往往把教劳结合的方式简单地等同于师生参加体力劳动。

在社会主义现代化建设和改革开放的新时期，邓小平深刻阐述了在新的历史条件下贯彻教育与生产劳动相结合方针的问题，强调教育事业必须同国民经济发展的要求相适应，使教育事业的计划成为国民经济计划的一个重要组成部分，进一步深化了人们对教育事业与生产劳动相结合的认识。他指出："马克思、恩格斯、列宁和毛泽东同志都非常重视教育与生产劳动的结合，认为在资本主义社会里这是改造社会的最强有力的手段之一；在无产阶级取得政权之后，这是培育理论与实际结合、学用一致、全面发展的新人的根本途径，是逐步消灭

---

[1]《邓小平文选》第二卷，人民出版社1994年版，第104页。
[2]《邓小平文选》第二卷，人民出版社1994年版，第92页。

脑力劳动和体力劳动差别的重要措施。""现代经济和技术的迅速发展，要求教育质量和教育效率的迅速提高，要求我们在教育与生产劳动结合的内容上、方法上不断有新的发展。"[1]邓小平从马列主义理论的高度指出了教育与生产劳动相结合的重要性。对于如何做到这一点，邓小平指出："各级各类学校对学生参加什么样的劳动，怎样下厂下乡，花多少时间，怎样同教学密切结合，都要有恰当的安排。更重要的是整个教育事业必须同国民经济发展的要求相适应。"因为，"我们的国民经济是有计划按比例发展的，我们培养训练专门家和劳动后备军，也应该有与之相适应的周密的计划。我们不但要看到近期的需要，而且必须预见到远期的需要；不但要依据生产建设发展的要求，而且必须充分估计到现代科学技术的发展趋势"，"不然，学生学的和将来要从事的职业不相适应，学非所用，岂不是从根本上破坏了教育与生产劳动相结合的方针？那又怎么可能调动学生学习和劳动的积极性，怎么可能满足新的历史时期向教育工作提出的巨大要求？"[2]

邓小平的中国教育必须同国民经济发展要求相适应思想理论主要有两方面的含义：① 教育工作服从于经济建设这个中心，即在现阶段，就是要改革那些不适应中国特色社会主义现代化建设的教育体系，使中国教育事业有更大发展。② 教育工作对实现中国特色社会主义现代化有着极为重要的作用，即教育工作要根据实现中国特色社会主义现代化的目标，同现代生产技术相结合，培养出适应中国特色社会主义现代化需要的大批"又红又专"的各类人才。邓小平这些思想理论在《中国教育改革和发展纲要》《中华人民共和国教育法》，以及中国共产党十五大、十六大、十七大、十八大报告等重要文件中都得到了充分的体现并赋予新的时代内涵。这些思想理论已成为新世纪中国实践教育与生产劳动相结合原则的重要指导思想。

3. 邓小平坚持和发展了中国教育必须为社会主义建设服务的方针

"文化大革命"结束以后，邓小平站在建设中国特色社会主义和把握社会主义历史命运的高度，对中国教育工作作出了一系列重要论述，深刻地阐明了教育在国家建设中的战略地位和基础作用，为中国共产党和中国政府确立教育的战略地位，确立"教育必须为社会主义建设服务，社会主义建设必须依靠教育"的指导方针作出了思想和理论上的重要准备。

1978年3月，邓小平在全国科学大会上强调科学技术和教育在社会主义现

---

[1]《邓小平文选》第二卷，人民出版社1994年版，第107页。
[2]《邓小平文选》第二卷，人民出版社1994年版，第107~108页。

代化建设中的重要地位时指出："四个现代化，关键是科学技术的现代化"[1]，"现代科学技术的发展，使科学与生产的关系越来越密切了。科学技术作为生产力，越来越显示出巨大的作用"[2]。而"科学技术人才的培养，基础在教育"[3]。因此，我们一定要"大力发展科学研究事业和科学教育事业，大力发扬科学技术工作者和教育工作者的革命积极性"[4]。同年4月，邓小平在全国教育工作会议上的讲话，突出地解决了教育工作中的一系列重大方针、政策问题，从根本上澄清了"四人帮"搞乱的路线是非，进一步明确了在新的历史发展时期，教育为实现中国特色社会主义现代化服务的方针、教育的任务就是造就一支宏大的工人阶级知识分子队伍，极大地提高整个中华民族的科学文化水平。

在邓小平理论的指引下，中国共产党十二大把农业、能源和交通、教育和科学共同列为国家经济发展的战略重点，明确提出了教育的战略地位和今后的任务。这是中国共产党历史上首次将教育强调为国家经济发展的战略重点之一，这对推动中国教育事业的改革与发展产生了深远而持久的影响。1985年《中共中央关于教育体制改革的决定》确立了"教育必须为社会主义建设服务，社会主义建设必须依靠教育"的指导方针。这个方针既有别于新民主主义革命时期"教育为革命战争服务"的方针，又纠正了教育单纯为政治服务的倾向。教育为社会主义建设服务方针的确立标志着中国教育的根本性转折，反映了中国共产党对教育地位和作用的一种全新的认识，特别是拓展了对教育功能的认识。在实践上，加强了教育事业与经济建设之间的密切联系，推动各级各类教育为中国特色社会主义现代化建设培养数以亿计的用现代化科学技术和文化知识武装起来的有理想、有创造力的合格人才。

4. 邓小平坚持和发展了中国教育的社会主义办学方向，提出了培养"四有"新人的方针

面对改革开放时期出现的各种思潮和西方资本主义势力大搞"和平演变"，妄图达到对社会主义"不战而胜"的目的，邓小平站在掌握社会主义命运的高度，从社会主义国家长治久安的角度出发，反复强调要坚持社会主义的办学方向。他说："毫无疑问，学校应该永远把坚定正确的政治方向放在第一位。但这并不是说要把大量的课时用于思想政治教育。学生把坚定正确的政治方向放在

---

[1]《邓小平文选》第二卷，人民出版社1994年版，第86页。
[2]《邓小平文选》第二卷，人民出版社1994年版，第87页。
[3]《邓小平文选》第二卷，人民出版社1994年版，第95页。
[4]《邓小平文选》第二卷，人民出版社1994年版，第90页。

第一位，这不仅不排斥学习科学文化，相反，政治觉悟越是高，为革命学习科学文化就应该越加自觉，越加刻苦。"[1]邓小平的这一论断深刻地说明了坚持正确的政治方向是学校工作的灵魂，进一步指出了中国教育的社会主义办学方向。学校把坚定正确的政治方向放在第一位，就是要牢固树立教育为中国特色社会主义现代化建设和广大人民群众服务的观点，把培养和造就社会主义现代化建设所需要的合格人才作为首要任务，把重视思想政治工作、加强和改进学校的德育工作作为坚定正确的政治方向的重要环节。

  在社会主义现代化建设和改革开放的新时期，邓小平立足中国特色社会主义现代化建设的实际，从中国特色社会主义教育的根本要求和中国特色社会主义精神文明建设的根本任务出发，明确提出了教育的培养目标和人才标准就是要培养和造就一代又一代有理想、有道德、有文化、有纪律的新人。1982年7月4日，邓小平在中央军委座谈会上第一次明确提出："搞社会主义精神文明，主要是使我们的各族人民都成为有理想、讲道德、有文化、守纪律的人民。"[2]这个要求很快就被写入同年9月召开的中国共产党十二大报告和十二大通过的《中国共产党章程》总纲。1985年，邓小平在全国科技工作会议上的即席讲话中说："教育全国人民做到有理想、有道德、有文化、有纪律。这四条里面，理想和纪律特别重要。"[3]1986年，他在同日本首相中曾根康弘的谈话中指出："现在中国提出'四有'：有理想、有道德、有文化、有纪律，其中我们最强调的，是有理想。根据我长期从事政治和军事活动的经验，我认为，最重要的是人的团结，要团结就要有共同的理想和坚定的信念。我们过去几十年艰苦奋斗，就是靠坚定的信念把人民团结起来，为人民自己的利益而奋斗。没有这样的信念，就没有凝聚力。没有这样的信念，就没有一切。"[4]1987年2月18日，邓小平会见加蓬总统邦戈时指出："我们提出要教育人民成为'四有'人民，教育干部要成为'四有'干部。'四有'就是有理想、有道德、有文化、有纪律。"[5]1987年3月3日，邓小平在会见美国国务卿舒尔茨时指出："我们历来提倡有理想、有道德、有文化、有纪律，其中最重要的是有理想、有纪律。理想就是社会主义现代化。很多人只讲现代化，忘了我们讲的现代化是社会主义现代化。要搞四个现代化，使中国发展起来，就要有纪律、有秩序地进行建设。"[6]1989年

---

[1]《邓小平文选》第二卷，人民出版社1994年版，第104页。
[2]《邓小平文选》第二卷，人民出版社1994年版，第408页。
[3]《邓小平文选》第三卷，人民出版社1993年版，第110页。
[4]《邓小平文选》第三卷，人民出版社1993年版，第190页。
[5]《邓小平文选》第三卷，人民出版社1993年版，第205页。
[6]《邓小平文选》第三卷，人民出版社1993年版，第209页。

10月，邓小平给少年先锋队题词时特别写道："培养有理想、有道德、有文化、有纪律的无产阶级革命事业的接班人"，把60年代毛泽东提出的"革命事业接班人"这一具有战略意义的培养目标，再次响亮地提到了全国人民面前。此后，培育和造就有理想、有道德、有文化、有纪律的新人被概括为培养"四有"新人，写入中国共产党十五大报告和《中共中央国务院关于深化教育改革全面推进素质教育的决定》等文件中，成为中国特色社会主义教育的一项重要任务和目标。

"四有"是邓小平对社会主义新人标准的新概括，它是一个统一的整体，具有丰富的内涵。"四有"是社会主义新人必须具备的基本素质，是包括思想道德素质和科学文化素质两方面的统一整体。有理想，就是要树立包括共产主义远大理想和建设社会主义现代化强国的共同理想。在社会主义的初级阶段，全国人民的共同理想和奋斗目标就是要建设富强、民主、文明、和谐的社会主义现代化国家。有道德，就是要树立和发扬以为人民服务为核心，以集体主义为原则，以爱祖国、爱人民、爱劳动、爱科学、爱社会主义为基本要求的社会公德、职业道德和家庭美德。有文化，就是要努力学习科学文化知识，提高科学文化素质，发扬尊重知识、尊重人才的精神。有纪律，就是要增强社会主义公民的纪律意识和法制意识，养成遵纪守法的良好习惯。培养"四有"新人，全面提高民族素质，是社会主义教育的根本目标和主要任务。"四有"新人标准的提出，在新的历史条件下丰富和发展了马克思主义关于人的全面发展的理念，对促进中国特色社会主义教育改革与发展，推进中国特色社会主义精神文明建设等都具有重要的意义。

5. 邓小平提出和坚持了中国教育"要面向现代化，面向世界，面向未来"的战略指导方针

1983年国庆前夕，邓小平为北京景山学校成立20周年的题词"教育要面向现代化，面向世界，面向未来"，是一个科学的概括，具有丰富的内涵，又是一个有机整体，其中的三方面既相互联系，又各有侧重。

教育要"面向现代化"，深刻地论述了教育和社会主义现代化建设的关系。首先，努力提高全民族的思想道德和科学文化水平，提高劳动者的素质，为经济建设输送足够数量的、掌握现代科学技术、具有时代精神的人才。教育事业的改革和发展，必须与社会主义经济的改革和发展相适应，发挥出教育作为现代化建设战略重点之一的作用。其次，教育自身要实现现代化，即要求在教育观念、教育制度、教育内容、教育方法、教育手段等方面实现现代化。

教育要"面向世界"，是中国对外开放政策在教育上的集中反映，是现代经

济、社会发展对教育提出的客观要求。随着世界各国间交往和联系的愈益密切和频繁，一个国家的教育不可能在封闭的环境中进行，教育面向世界，已成为一种必然趋势。中国要了解和研究世界教育的发展动向和经验教训，吸收和借鉴人类社会创造的一切文明成果来改进教育工作；同时，中国要培养学生和国民放眼世界的开放意识，适应新的历史条件下实行改革开放的需要，而且要敢于竞争，勇于赶超世界先进水平，使中国立于世界先进民族之林。

教育要"面向未来"，是教育自身周期长、见效慢的特点决定的。教育是为未来培养人才的，今天在校学生的素质如何，直接关系着中国现代化建设的成败和国家民族的前途；今天的教育决定着明天的科技水平和后天的生产力水平。因此，教育要走在现代化建设的前面，教育的改革和发展，要具有超前性和预见性，要根据经济和社会发展水平对人才素质的要求来改革和发展今天的教育。

教育要"三个面向"的核心是要"面向现代化"，它是"面向世界""面向未来"的基本出发点。"面向世界"是"面向现代化"在空间上的拓展，"面向未来"是"面向现代化"在时间上的延伸。"三个面向"的提出，体现了邓小平从社会主义现代化建设的全局来认识教育地位和作用的一贯思想。"三个面向"既反映了建设有中国特色社会主义对教育的客观要求，又准确把握了时代特征和对世界未来的科学预测；既总结了教育改革的基本经验，又阐明了教育发展的必然趋势，是从世界发展和民族命运的高度对教育提出的总体要求，是当代中国教育改革和发展的战略指导方针，是邓小平关于中国教育的全面性、长远性、根本性的谋划和对策。同时，它作为邓小平的一种独特思维方式，对中国各方面的工作都具有普遍的指导意义，如中国共产党十六大报告就把"三个面向"作为当代中国先进文化的重要特征和发展方向。

教育要"三个面向"是同邓小平关于中国特色社会主义现代化战略目标和战略部署的构想一脉相承的，是邓小平教育思想理论的精髓。这一战略指导方针为构建中国特色社会主义教育体系，为研究、解决中国教育改革与发展中遇到的新情况和新问题提供了科学的思想理论依据。因此，《中共中央关于教育体制改革的决定》中明确要求：教育要面向现代化，面向世界，面向未来，培养各级各类合格人才。作为一种思维方式是与当代中国发展潮流和世界历史潮流的冲撞、融汇相适应的，是对传统的经验思维方式的一种突破。

（三）邓小平中国特色社会主义教育方针的科学性、时代性、实践性和前瞻性

科学性。在中国教育方针的设计上，邓小平立足国情，放眼世界，着手建设中国特色社会主义物质文明和精神文明，明确回答了在改革开放时期中国教

育应当"坚持什么方向""为什么服务""培养什么样的人"以及"如何培养人"等问题,涵盖了教育的性质、作用、培养目标和实现这一目标的途径,反映了中国教育的外部关系与内部关系的客观规律,从而形成了完整的中国特色社会主义教育方针的科学体系。

时代性。在中国教育的性质与作用上,邓小平更明确、更直接地突出了坚持教育的社会主义方向,并紧紧围绕改革开放和中国特色社会主义现代化建设时期中国共产党和国家的工作重点——以经济建设为中心,确定了"教育必须为社会主义建设服务"的方针。这种表述相对于"教育必须为政治服务"而言,拓展了教育的功能,标志着中国教育事业从为"以阶级斗争为纲"的政治服务向为"以经济建设为中心"的社会主义建设服务的根本性转折。在"培养什么人"的问题上,邓小平坚持和发展了毛泽东提出的要把德智体几方面全面发展作为培养人才的质量标准,强调教育要培养和造就一代又一代有理想、有道德、有文化、有纪律的新人,表明经济社会的发展对培养对象的基本素质有了更新更高的要求,使中国特色社会主义教育的培养目标和培养人才的质量标准达到了新的境界。

实践性。在中国教育与生产劳动相结合方针的问题上,邓小平要求各级各类学校不仅要安排学生下厂、下乡参加劳动,更重要的是整个教育事业必须同国民经济发展的要求相适应,加速为中国特色社会主义现代化建设培养各级各类合格人才,使中国沉重的人口负担转变为巨大的人力资源优势;要考虑各级各类学校发展的比例,制定中国教育规划要切实考虑劳动就业发展的需要,还必须充分估计到现代科学技术发展的趋势。这些论述拓宽了中国对培养人才途径的认识,对提高各类中国教育教学水平和教学质量,拓展教育与生产劳动结合的内容与方法具有重要的现实意义。

前瞻性。在中国教育的战略指导方针上,邓小平放眼中国特色社会主义现代化建设的未来,科学地提出"教育要面向现代化,面向世界,面向未来",从战略高度指明了中国特色社会主义教育改革和发展的方向。这一战略思想理论,反映了邓小平从当代世界发展和中华民族历史命运的高度,对中国特色社会主义教育提出的总要求,即教育要为迎接世界新技术革命和知识经济等挑战服务,要为实现中国特色社会主义现代化战略目标服务,要为复兴中华民族服务。

三、邓小平教育公平理论与实践

教育公平是社会公平的重要基础。邓小平非常重视中国教育公平问题,并为促进中国教育公平进行了不懈的探索,提出了一系列符合中国国情的促进中国教育公平的措施，高瞻远瞩地解决了困扰中国教育公平的重大问题，形成了系统且深刻的促进中国教育公平的理论实践体系。

（一）制定完善中国教育法律和制度，保障国民平等享有受教育的权利和机会

国民平等享有受教育的权利与机会，是教育公平的本质要求。要实现教育公平，就必须从根本制度上确立并保障国民平等享有受教育的权利与机会。因此，邓小平非常重视教育立法和教育制度的建设与完善，为中国人民平等享有受教育的权利与机会提供具体的法律和制度的保障。

首先，邓小平主导恢复了高考招生制度，重建以考试制度为核心的中国教育体制，促进受教育者通过公平竞争，平等享有接受良好教育的机会。由于人力、财力所限，中国大学教育在相当长的时期只能推行精英教育模式，还不能保证大多数受教育者都能进入到高等学府学习。公平、公正、合理地选拔优秀人才进入大学学习，是彰显教育公平的重大问题。所以，在新中国建立后的一段时间内，中国采取了非常严格的考录制度。但是，十年"文化大革命"期间，由于极左思想的影响，业已建立的考试选拔制度被废止，大学招生采用"群众推荐、领导批准、组织审核"的程序，"根红苗正"的青年才有机会进入大学学习。而许多有抱负、有天赋的人才因家庭出身等原因被拒之于外，其结果出现大学新生水平参差不齐、高校不"高效"的状况，从而严重影响了中国教育公平和社会主义事业的发展。对于中国高校招生中存在的严重问题，邓小平明确提出，要"选数理化好的高中毕业生入学，不照顾干部子弟"[1]，"要经过严格考试，把最优秀的人集中在重点中学和大学"[2]。根据邓小平的指示，1977年教育部召开了全国高等学校招生工作会议，决定恢复已经停止了十年的全国高等院校招生考试，以统一考试、择优录取的方式选拔人才上大学。同年11月，中国进行了恢复高考招生制度后的第一次高考，尽管当时的升学率不高，但是它向全社会发出了一个重要的信号：所有学生和国民都有机会通过公平的竞争进入大学学习。以此为标志，中国进入了重建以考试制度为核心的教育体制新时期。不仅全日制大学教育发展迅速，而且自学考试、成人高考等也迅猛发展起来，使所有没能进大学学习的人都能有一个机会读大学，圆了人们的大学梦，极大地促进了中国教育公平。

其次，邓小平倡导并推动制定了《中华人民共和国义务教育法》，实行九年义务教育，全面保障适龄儿童受教育的基本权利。全面保障适龄儿童受教育的

---

[1]《邓小平文选》第二卷，人民出版社1994年版，第34页。
[2]《邓小平文选》第二卷，人民出版社1994年版，第40页。

权利,是衡量教育公平的重要标尺。由于中国处于社会主义初级阶段,经济基础薄弱,教育经费的负担主体不清,出现教育经费的短缺,同时由于家庭观念的落后以及师资和校舍的匮乏,适龄儿童入学率明显偏低,严重制约了中国教育公平的实现。邓小平认为,促进中国教育公平,必须推行义务教育,从娃娃抓起,切实解决好基础教育问题。他指出:"现在小学一年级的娃娃,经过十几年的学校教育,将成为开创二十一世纪大业的生力军。中央提出要以极大的努力抓教育,并且从中小学抓起,这是有战略眼光的一着。"[1]在邓小平的极力倡导下,1986年4月12日,六届全国人大四次会议审议通过了《中华人民共和国义务教育法》,明确规定:"义务教育是国家统一实施的所有适龄儿童、少年必须接受的教育,是国家必须予以保障的公益性事业。"并强调,九年义务教育是在国务院领导下,实行地方负责,分级管理的一项至关重要、关系百姓民生和国家未来的教育系统工程。《中华人民共和国义务教育法》的制定和实施,明确了九年义务教育的主体、责任和义务,全面保障了适龄儿童最基本的教育权利,保障了教育起点的公平。

(二)确立中国教育优先发展战略地位,夯实中国教育公平基础

实现教育公平,既要有制度的保障,更需要坚实的教育事业基础为后盾。因为教育事业是实现教育公平最有效和最直接的载体。

深谙中国国情的邓小平以宏大的视野指出:"我们国家,国力的强弱,经济发展后劲的大小,越来越取决于劳动者的素质,取决于知识分子的数量和质量。一个十亿人口的大国,教育搞上去了,人才资源的巨大优势是任何国家比不了的。有了人才优势,再加上先进的社会主义制度,我们的目标就有把握达到。"[2]"从长远看,要注意教育和科学技术。否则,我们已经耽误了二十年,影响了发展,还要再耽误二十年,后果不堪设想。"[3]正是基于对中国教育深远作用的深刻洞察,邓小平始终从战略的高度看待和认识中国教育与教育公平问题,高瞻远瞩地确立中国教育优先发展的战略地位。早在1982年,他就明确指出:"战略重点,一是农业,二是能源和交通,三是教育和科学。搞好教育和科学工作,我看这是关键。没有人才不行,没有知识不行。……现在要抓紧发展教育事业。"[4]1985年,他又说:"各级领导要像抓好经济工作那样抓好教育工作。""各级党委和政

---

[1]《邓小平文选》第三卷,人民出版社1993年版,第120页。
[2]《邓小平文选》第三卷,人民出版社1993年版,第120页。
[3]《邓小平文选》第三卷,人民出版社1993年版,第274~275页。
[4]《邓小平文选》第三卷,人民出版社1993年版,第9页。

府，对教育工作不仅要抓，并且要抓紧、抓好，严格要求，少讲空话，多干实事。"[1]1988年，他再次强调："我们要千方百计，在别的方面忍耐一些，甚至于牺牲一点速度，把教育问题解决好。"[2]正是在邓小平这些战略思想的指引下，中国共产党十二大首次将教育排到国民经济发展的三大战略重点之一的地位；1985年中国共产党中央发布《关于教育体制改革的决定》；中国共产党十三大进一步提出"百年大计，教育为本，必须坚持把发展教育事业放在突出的战略地位"；1993年2月，中国共产党中央、国务院颁布《中国教育改革与发展纲要》。以后，中国共产党的每届代表大会都把教育放在了突出的位置来抓。这种战略地位的确立，无疑为促进中国教育公平的实现奠定了基础。

为了落实中国教育优先发展战略，邓小平提出和推动了一系列具体措施的实施。① 加大教育投入力度。鉴于长期以来中国因教育经费投入不足导致中国教育事业发展水平不高的现实，邓小平多次提出要增加教育经费投入，提高教育经费支出在国民生产总值中所占的比重。他说："经济发展和教育、科学、文化、卫生发展的比例失调，科教文卫的费用太少，不成比例。甚至有些第三世界的国家，在这方面也比我们重视得多……我们非要大力增加教科文卫的费用不可。"[3]在邓小平的推动下，全国财政性教育经费占GDP的比例走出了低谷，各级教育规模不断扩大，尤其是"两基"取得了比较大的发展。② 以政府为主导，多种形式办教育。邓小平一贯主张，办教育要两条腿走路。所谓"两条腿走路"，一是指既要注意普及又要注意提高，正确处理好二者的关系；二是指办学形式要多样化，即发展教育必须采取多种办学方式，同时必须动员全社会的办学力量。在邓小平的影响下，中国逐步建立了普通教育与职业教育、全日制学校与半工半读业余学校并举，公办学校与私立学校并存等多种办学形式，教育体系日臻完善，各级教育规模均有扩大，结构趋于合理，教育质量明显提高。③ 全面提高教师的基本素质和业务水平。教师的基本素质和业务水平，直接影响着教学质量和效果。因此，邓小平提出要把师资培训工作列入教育规划中，注重日常进修、知识更新和终身学习，以保证师资队伍水平的均衡性，尽可能让受教育者接受到无差别的教育。他特别重视对作为师资培养主体的师范院校的建设和管理，明确指出："师范大学要办好。省、市管的师范院校，教育部也要经常派人去检查。不办好师范教育，教师就没有来源"[4]。这些措施的实施，

---

[1]《邓小平文选》第三卷，人民出版社1993年版，第121页。
[2]《邓小平文选》第三卷，人民出版社1993年版，第275页。
[3]《邓小平文选》第二卷，人民出版社1994年版，第250页。
[4]《邓小平文选》第二卷，人民出版社1994年版，第69页。

使中国教育事业获得了前所未有的大发展，中国教育公平的基础进一步夯实，国民受教育程度普遍提高，极大地促进了中国教育公平。

（三）提高中国教育工作者地位和待遇，促进行业之间公平发展

教育工作者与其他社会成员地位和待遇的平等，是教育公平的重要内容，是教育公平的必然要求。

中华人民共和国成立后，教育曾一度受到党和政府的高度重视，翻身的人们渴望学习科学文化知识，有文化的人受到尊重，教师深受学生的爱戴，"师道尊严"和教师待遇都得到很好的保护。但是，随着"文化大革命"的开始，中国知识分子被打成"臭老九"，许多教师成为批判的对象，教师的地位一落千丈，教师流失，教育废止，更别说相关福利待遇。这不仅严重影响了中国教育事业的发展，也极大地妨碍了中国教育公平的实现。针对"文化大革命"中中国教育工作者受到的不公正对待，邓小平非常痛心地说："几百万教员，只是挨骂，怎么调动他们的积极性？"[1]他强调指出："人民教师是培养革命后代的园丁。他们的创造性劳动，应该受到党和人民的尊重。"[2]邓小平还充分肯定教师对于人才培养的重要作用，认为"一个学校能不能为社会主义建设培养合格的人才，培养德智体全面发展、有社会主义觉悟的有文化的劳动者，关键在教师"[3]。因此，要不断提高教师的地位，使教师受到整个社会的尊重。他说："我们要提高人民教师的政治地位和社会地位。不但学生应该尊重教师，整个社会都应该尊重教师。……对于优秀的教育工作者，应该大张旗鼓地予以表扬和奖励。"[4]

鉴于长期以来教师待遇偏低的状况，邓小平多次指示要把提高教师待遇落到实处，要认真解决教师的工资待遇、职称评定、后勤保障、住房和医疗保健等问题，明确要求："我们不论怎么困难，也要提高教师的待遇。"[5]"要调动科学和教育工作者的积极性，光空讲不行，还要给他们创造条件，切切实实地帮助他们解决一些具体问题。"[6]他认为，对中国教育工作者既要重视精神鼓励，更要注重改善他们的物质生活待遇。他还特别关心从事中国基础教育工作的教师待遇提高问题，要求有关部门"要研究教师首先是中小学教师的工资制度。要采取适当的措施，鼓励人们终身从事教育事业。特别优秀的教师，可以定为

---

[1]《邓小平文选》第二卷，人民出版社1994年版，第34页。
[2]《邓小平文选》第二卷，人民出版社1994年版，第95页。
[3]《邓小平文选》第二卷，人民出版社1994年版，第108页。
[4]《邓小平文选》第二卷，人民出版社1994年版，第109页。
[5]《邓小平文选》第三卷，人民出版社1993年版，第275页。
[6]《邓小平文选》第二卷，人民出版社1994年版，第56页。

特级教师。限于国家的经济力量，我们一时还难以较大地改善教职员工的物质生活待遇，但是必须为此积极创造条件。各级党委和教育行政部门，首先要在可能范围内，尽力办好集体福利事业"[1]。

按照邓小平的指示，中国共产党和中国政府制定和实施了一系列提高教师地位和待遇的措施，稳定了教师队伍，让教育工作者安心并乐于从教，教育事业得以蓬勃发展，促进了中国教育与其他行业的公平发展。

（四）改革分配体制，重塑中国教育行业内部公平

由于"大锅饭""平均主义"思想的影响，中国教育行业存在着严重的论资排辈现象，许多优秀教师和青年教师不能及时获得相应的待遇和职称，挫伤了他们工作的积极性，磨灭了他们的工作激情。对此，邓小平尖锐指出，我们的用人制度和分配制度存在很多缺陷，必须要勇于打破常规去发现人才，大胆使用优秀人才。特别是要创造能够使人才脱颖而出和合理流动的环境，建立合理的分配制度和奖励制度，排除论资排辈的复古思想的干扰。他明确指出："在学术上，只要有创造，有贡献，就应该评给相应的学术职称，不能论资排辈。"[2]"在学校里面，应该有教授（一级教授、二级教授、三级教授）、副教授、讲师、助教这样的职称。……凡是合乎这些标准的人，就应该授予他相应的职称，享受相应的工资待遇。""我们就是要建立这样一套制度，使那些有专业知识的、年富力强的人，被选到能够发挥他们才干的工作岗位上来。"[3]

在邓小平这些思想理论的指导和推动下，中国教育分配体制打破了长期存在的"平均主义"和吃"大锅饭"的局面，中国教育行业内部分配日趋公平，在中国教育系统内部逐渐形成了合理竞争、积极向上的务实氛围。这不仅为中国广大教育工作者创造了公平竞争、平等发展的和谐环境，而且极大地调动了中国教育工作者的积极性，教学质量显著提高。

四、邓小平教育法制理论与实践

邓小平教育法制理论既是社会主义法制建设的重要内容，也是新时期探索中国特色社会主义教育事业法制的指导思想之一，为确立中国教育的战略地位、改革中国教育体制、促进中国依法治教提供了思想理论基础。

---

[1]《邓小平文选》第二卷，人民出版社1994年版，第109页。
[2]《邓小平文选》第二卷，人民出版社1994年版，第224页。
[3]《邓小平文选》第二卷，人民出版社1994年版，第224~225页。

(一)邓小平教育法制理论的形成脉络

1949年以后,是邓小平教育法制理论的萌芽时期。1950年,时任西南军区政治委员的邓小平多次在会议上指出要提高西南少数民族的文化教育水平。1958年,邓小平在中共中央书记处会议讨论教育工作时指出:"目前教育方面要解决的问题,主要是普及与提高的问题。我们的方针是,一要普及,二要提高,两者不能偏废。只普及不提高,科学文化不能很快进步;只提高不普及,也不能适应国家各方面的需要。社会主义建设需要有文化的劳动者,所有劳动者也都需要文化。教育普及了,群众的科学文化水平提高了,发明创造就会多起来。我们在任何时候都要坚持'两条腿走路',做到在普及基础上的提高和在提高指导下的普及。""成都会议已经确定,教育经费整个不减,分到各省的也不减少。各省再想想办法,争取拿这么多的钱办更多的事,但要保证原有的教学质量。必要的教学仪器不能减少。经费使用不宜过紧。我们节约经费有个原则,不能因为节约经费影响教学质量。如果教学质量降低了,过几年就能看出来,那时大学招生就要发生困难。""师资问题要注意。正规大学、中学现有的师资质量不能降低……有的国家中小学质量差,吃了亏。我们无论如何要保证有一批学生基础课学得好,否则将来要吃大亏。"[1]1961年,他主持起草《教育部直属高等院校暂行工作条例》,对学校的基本任务、培养目标、教学活动、领导体制等方面作出了系统的规定。

1973年至1993年是邓小平教育法制理论的形成时期。1975年,复出的邓小平就提出要重视教育问题,"要后继有人,这是对教育部门提出的问题"[2]。1977年,邓小平提出"尊重知识、尊重人才"[3],要狠抓教育,实现教育战线的拨乱反正。到1978年中国共产党十一届三中全会,教育工作逐渐恢复正常,教育体制改革有了初步成效。中国共产党十一届三中全会上,邓小平对民主法制作了精要阐述,并提出加快立法、完善司法的要求。他认为中国教育发展需要良好的法制环境,要使教育工作走上法制化轨道,必须加强中国教育立法。在当时的具体条件下,邓小平提出了"宜粗不宜细"的立法原则。此后,有关中国教育的立法逐年增加并迅速发展。1980年《中华人民共和国学位条例》颁布,这是新中国第一部由全国人大通过的教育法律,它是中国教育法制发展的一个里程碑,标志着中国教育法制逐步发展;随后,在邓小平的主导下,《中共中央关于教育体制改革的决定》于1985年颁布,强调"要加强教育立法的工作";

---

[1]《邓小平文选》第一卷,人民出版社1994年版,第280~282页。
[2]《邓小平文选》第二卷,人民出版社1994年版,第33页。
[3]《邓小平文选》第二卷,人民出版社1994年版,第41页。

从 1985 年到 1993 年间,全国人大制定通过了《义务教育法》,并颁布了两项关于加强法制教育的决定,国务院出台了近 30 部行政法规,对基础教育、中等教育、高等教育、海外留学以及后勤保障方面都进行了相应规定,特别是 1993 年国务院出台的《中国教育改革和发展纲要》中,第一次提出"教育法制"的概念。透过这些法律法规,我们可以清晰地看出邓小平中国教育法制思想理论的形成轨迹和新中国教育法制建设的轮廓。

1993 年到 1997 年是邓小平教育法制理论成熟的时期。在这一时期,随着《教育法》《职业教育法》《高等教育法》等法律的相继颁布以及《残疾人教育条例》等行政法规的出台,中国特色社会主义教育法律体系框架逐渐成型。一系列的教育法律法规的陆续出台,教育政策运行逐渐实现了法制化,这正是邓小平教育法制思想理论指引的结果。中国共产党十五大首次提出"邓小平理论",并确立其作为中国共产党的指导思想。邓小平理论的提出和中国特色社会主义教育法律体系的初步形成,标志着作为邓小平理论组成部分的邓小平教育法制思想理论走向成熟。

(二)邓小平教育法制理论的主要内容

邓小平教育法制理论内容十分丰富,这里仅就其以法制确立教育的战略地位、教育总方针的法制化、教育改革措施的法制化等内容作简要阐述。

1. 以法制确立教育的战略地位

邓小平认为,在社会主义现代化建设的过程中,科技是关键,教育是基础、是动力。"我们要实现现代化,关键是科学技术要能上去。"[1]"我们国家要赶上世界先进水平……要从科学和教育着手。"[2]邓小平始终强调教育是振兴科技,完成中国特色社会主义现代化建设,实现国家富强、民族复兴的重要保障。1982 年,他在强调要一心一意搞现代化建设时指出:"战略重点,一是农业,二是能源和交通,三是教育和科学。搞好教育和科学工作,我看这是关键。没有人才不行,没有知识不行。'文化大革命'的一个大错误是耽误了十年人才的培养。现在要抓紧发展教育事业。"[3]他的这些思想理论,被写入了中国共产党十二大报告。邓小平认为,以前有过一些很好的经验,但是没有用法律将其固定下来。所以,要将社会主义现代化的经验和成果法律化,用法律的手段完成制度设计。在 1982 年修订的《中华人民共和国宪法》中,共提到教育 28 次,

---

[1]《邓小平文选》第二卷,人民出版社 1994 年版,第 40 页。
[2]《邓小平文选》第二卷,人民出版社 1994 年版,第 48 页。
[3]《邓小平文选》第三卷,人民出版社 1993 年版,第 9 页。

涉及教育的规定达12条之多。其中第十九条明确了教育在国家发展中的战略地位，这是对教育战略地位的最高确认，对保障中国教育事业的发展起到了极为关键的作用。1995年《中华人民共和国教育法》正式颁布，作为教育领域的基本法，以国家法律形式确立了教育的地位和任务；1997年中国共产党十五大报告再次明确了教育在中国特色社会主义现代化建设中的优先发展战略地位。

2. 教育总体方针的法制化

新时期中国教育事业发展总体方针的形成是一个渐进过程。在最初教育改革的试水阶段，邓小平就提出要尊重知识、尊重人才，强调教育的战略地位，在教育战线上拨乱反正，并逐步开展探索教育发展的出路，此时教育发展的总体方针尚在酝酿之中。随着教育事业渐入正轨，1983年邓小平在为景山学校题词时提出了著名的教育要"三个面向"的理论，是他对教育改革经验的总结，也是新时期教育事业发展的总方针。这一崭新的教育理论和方针，是邓小平关于教育问题一系列论述的集中概括，是他的教育理论的精髓所在，具有强烈的时代特色和重大的战略指导意义。

"三个面向"的理论在1985年出台的教育体制改革的纲领性文件——《中共中央关于教育体制改革的决定》中得到了体现。到1993年，国务院发布了《中国教育改革和发展纲要》，成为新时期教育发展的总纲领。《纲要》提出要"全面贯彻教育方针，面向现代化，面向世界，面向未来，加快教育的改革和发展"，使其"更好地为社会主义现代化建设服务"。到1995年，"三个面向"的基本内涵被写入中国的《教育法》。至此，教育发展的总体方针以法律形式固定下来。

3. 教育改革措施的法制化

1977年，邓小平在主持工作时认为当时落后的教育制度已经不适应现代化建设的新要求，教育改革势在必行。为此，他在教育体制机制、教师队伍建设、后勤保障等各个方面都进行了大胆的规划和科学的实践。

（1）教育体制改革的法制化。

关于教育体制改革问题，邓小平早在1958年中央书记处书记会议讨论教育工作时就高屋建瓴地指出："我们的方针是，一要普及，二要提高，两者不能偏废。……我们在任何时候都要坚持'两条腿走路'。"[1]1977年他又明确提出："办教育要两条腿走路。"[2]在此理论指导下，中国开创了多种办学形式的新局

---

[1]《邓小平文选》第一卷，人民出版社1994年版，第280页。
[2]《邓小平文选》第二卷，人民出版社1994年版，第40页。

面，直接催生或发展了自学考试教育、成人教育、职业教育、非学历教育等制度。这一理论对教育体制改革起到了引领性的作用。

在基础教育方面，邓小平认为："高等院校学生来源于中学，中学学生来源于小学，因此要重视中小学教育。"[1]"尤其是中小学教师和幼儿教育工作者，负有培养革命接班人的幼苗的重任。"[2]根据这一理论，1980年出台了《关于普及小学教育若干问题的决定》，对普及义务教育作出了系统的规划。1986年，《义务教育法》正式颁布，标志着基础教育法制的初步形成。《义务教育法》经过1992年国务院颁布的《〈义务教育法〉实施细则》以及2006年的修订与完善，完成了中国基础教育法制发展的成长与转变。

职业技术教育是现代教育的组成部分，邓小平对此有独到的看法，认为职业技术学校应以教学质量为主要提高方向，并指出："任何时候都不要忽略职业中学的教学质量问题。"[3]随着1980年国务院《关于中等教育结构改革的报告的通知》和1982年教育部《关于举办职工中等专业学校的试行办法》等多部行政法规、规章的出台，中等职业技术教育体制改革逐步深化。1996年，《职业教育法》的颁布对职业技术教育有了全面系统的规范，使中国职业教育逐步走向成熟。

高等教育一直是邓小平着力关注的领域。邓小平曾多次指出："高等院校，特别是重点高等院校，应当是科研的一个重要方面军。"[4]1977年，邓小平在对教育工作的一次谈话中说："重点大学既是教育的中心，又是办科研的中心。"[5]根据邓小平发展高等院校的思路，国务院出台了《关于1977年高等学校招生工作的意见》，标志着中国高等院校招生考试制度的重建，被中断十年的高考制度得以恢复。1978年《全国重点高等学校暂行工作条例》的出台和1980年《学位条例》的颁布使中国高等学校教育工作得以逐步展开。到1986年《高等教育管理职责暂行规定》和1988年《高等教育自学考试暂行条例》的出台，中国高等教育和自学考试制度日趋完善，在1993年和1995年国务院两个改革和发展高等教育的通知的基础上，1998年《高等教育法》正式颁布，使中国高等教育改革和发展有了内容完备、层次有序的法律保障。

（2）教师队伍建设的法制化。

教师队伍是教育事业发展的驱动力，是培养人才和提高教育质量的关键。

---

[1]《邓小平文选》第二卷，人民出版社1994年版，第54页。
[2]《邓小平文选》第二卷，人民出版社1994年版，第106页。
[3]《邓小平文选》第一卷，人民出版社1994年版，第280页。
[4]《邓小平文选》第二卷，人民出版社1994年版，第53页。
[5]《邓小平年谱》（1975—1997），中央文献出版社2004年版，第167页。

邓小平在教育战线拨乱反正的时候，首先提出要提高中国教师的社会地位，提出"好的教师就是人才"[1]，他还指出："要特别注意调动教育工作者的积极性，要强调尊重教师。"[2]邓小平谈到的教师队伍的建设是全面而系统的，包括教师地位、教师数量、教师待遇等各个方面。在教师数量上，邓小平提出增加学校的人才，增加教师的数量；在教师待遇上，他认为一方面要提高教师工资待遇，但提高教师待遇应当有一个循序渐进的过程；在教师培养上，邓小平认为应该首先加强师德建设，其次要加强教师的业务培训，做到师德建设和业务培训的有机结合。

邓小平关于中国教师队伍建设的理论是通过法律法规的制定和实施得以落实的，1978年国务院批转教育部的《关于加强中小学教师队伍管理工作的意见的通知》出台，首次以行政法规的形式对中国教师政策进行了拨乱反正，提高了中小学教师的待遇。1987年国务院出台《关于提高中小学教师工资待遇的通知》，提高了教师工资的10%。1993年《教师法》的颁布，是邓小平中国教师队伍建设思想理论法制化的里程碑。《教师法》对中国教师的权利与义务、任用和培养、待遇和考核等各个方面都作出了规定，对确立中国教师的地位、保障教师的合法权益、规范教师队伍建设具有里程碑的意义。

（3）后勤保障措施的法制化。

后勤保障问题是邓小平教育改革措施法制化的重要方面。邓小平明确指出："后勤工作的任务，就是要为科研工作、教育工作服务，要为科研工作者和教育工作者创造条件，使他们能够专心致志地从事科研、教育工作。"[3]他认为，后勤保障问题是非常重要的，直接关系到教育工作者的积极性，邓小平将后勤保障问题主要分为经费问题和教学物资问题。对于前者，他提出要提高教学经费和教师工资；对于后者，他则比较关注教材的编审和学校宿舍的修建，为此，国务院在1978年出台了《关于高等学校教材编审出版工作的请示报告的通知》和《关于退还被占用校舍的请示报告的通知》，恢复了部分教学场所，并开始编写新的教材。此后，关于提高教师工资，加强校舍修建，完善教学设施的行政法规相继出台，为中国教育后勤保障机制的建立和巩固提供了法律依据和实践指导。

4. 重视加强法制权威性、严肃性、稳定性、制度化教育

一是强化法制的权威性教育。其中最重要的是要求中国共产党及其领导人

---

[1]《邓小平文选》第二卷，人民出版社1994年版，第50页。
[2]《邓小平文选》第二卷，人民出版社1994年版，第49~50页。
[3]《邓小平文选》第二卷，人民出版社1994年版，第56页。

应当在法律允许的范围内活动，这是培养法制观念的关键。邓小平指出："纠正不正之风、打击犯罪活动中属于法律范围的问题，要用法制来解决，由党直接管不合适。党要管党内纪律的问题，法律范围的问题应该由国家和政府管。党干预太多，不利于在全体人民中树立法制观念。"[1]中国共产党及其领导人要严格依法办事，依法行政，使中国广大公民领悟到法制具有至高无上的权威。

二是强化法制的严肃性教育。邓小平关于"我们要在全国坚决实行这样一些原则：有法必依，执法必严，违法必究，在法律面前人人平等"[2]的理论体现了他关于法制的严肃性。法制的严肃性教育重点体现在法制面前人人平等。在具体执法中，他要求"越是高级干部子弟，越是高级干部，越是名人，他们的违法事件越要抓紧查处……高级干部在对待家属、子女违法犯罪的问题上必须有坚决、明确、毫不含糊的态度，坚决支持查办部门。不管牵涉到谁，都要按照党纪、国法查处。要真正抓紧实干，不能手软。"[3]"腐败、贪污、受贿，抓个一二十件，有的是省里的，有的是全国范围的。要雷厉风行地抓，要公布于众，要按照法律办事。该受惩罚的，不管是谁，一律受惩罚。"[4]严格执法才能取信于民。引导公民信法、服法和自觉守法，并善于和敢于运用法律武器来保护自己的合法权益，使公民的法制观念得到普遍提高。

三是强化法制的稳定性教育。法律制度应"不因领导人的改变而改变，不因领导人的看法和注意力的改变而改变。"[5]"现在是领导人说的话就叫法，不赞成领导人说的话就叫违法，这种状况不能继续下去了。"[6]"我们提倡民主，加强法制，同时强调加强社会主义法制，把法制建设提到重要地位……这不但是为了保护国家、集体和个人的合法利益，也是为了培养好的道德风尚和良好的社会风气，引导人们向前看。"[7]法制最具权威性，其稳定性如何直接影响公民对法制的尊重程度。因此，作为执政的中国共产党和中国政府的各级领导，除行为应与法制保持一致外，其思想观点不得左右法律的稳定性，否则难以使广大公民相信法制，尊重法制。法制的稳定有利于公民对法制知识的领会、掌握和积累，进而有利于公民法制观念的形成和提高。

---

[1]《邓小平文选》第三卷，人民出版社 1993 年版，第 163 页。
[2]《邓小平文选》第二卷，人民出版社 1994 年版，第 254 页。
[3]《邓小平文选》第三卷，人民出版社 1993 年版，第 152 页。
[4]《邓小平文选》第三卷，人民出版社 1993 年版，第 297 页。
[5]《邓小平文选》第二卷，人民出版社 1994 年版，第 146 页。
[6]《邓小平年谱》(1975—1997)，中央文献出版社 2004 年版，第 394 页。
[7]《邓小平年谱》(1975—1997)，中央文献出版社 2004 年版，第 767 页。

四是强化法制的制度化教育。"在党政机关、军队、企业、学校和全体人民中，都必须加强纪律和法制教育。没有规定纪律或规定得不完善不合理的，要迅速规定和改善。大中小学的学生从入学起，工人从入厂起，战士从入伍起，工作人员从到职起，就要学习和服从各自所必须遵守的纪律。对一切无纪律、无政府、违反法制的现象，都必须坚决反对和纠正。否则我们就决不能建设社会主义，也决不能实现现代化。合理的纪律同社会主义民主不但不是互相对立的，而且是互相保证的。"[1]

5. 法制教育应从娃娃开始，从全体公民抓起

任何一种思想观念的形成，都需要培育，其过程是一个循序渐进的过程，不可能一蹴而就。要使广大公民具备懂法、守法的良好素养，必须从小进行法制教育。

学校教育是青少年获得知识的最重要的途径，也是一个人世界观、人生观和价值观形成的最关键时期，是培养全面发展的人的最重要的阶段。在当今世界，作为全面发展的人，必须具备基本的法律素养，这一重任理所当然地应由学校教育来承担。学生头脑反应快，接受能力强，学习的知识、耳濡目染的事物都可能影响到他们今后的性格、素质定型。因此，在幼儿教育中有目的地加入一些增强他们分辨真善美能力的内容，在小学、中学、大学教育中开设思想品德及法律课程，使广大青少年从小到大都接受良好的道德修养教育和基本的法律教育，在掌握道德及法律知识的过程中，提高遵纪守法的自觉性，从而具备良好的法律素质。

社会教育是影响青少年和广大公民人生观、价值观、法制观的另一重要途径。人是社会生活中最活跃的一个分子，人离不开社会，当然也不能回避社会生活对他产生的潜移默化的影响。社会教育对广大青少年和公民的法制观念的影响可从两方面来理解，一方面在青少年法制观念形成方面，社会法制环境、涉及法律问题的舆论导向等对青少年法制观念的提高、法律意识的增强具有重大的影响，造就家庭和睦、邻里相尊、同事互敬、尊师重教、尊老爱幼、社会安定等良好的习俗和风尚是十分必要的。另一方面是对已步入社会的，因各种条件的制约，尚不具备基本法律素养，或随着社会的发展、法制的不断完善，原有的法律知识已不能适应社会发展需要的这两部分人，需要通过各种渠道不断地进行法制教育，使他们的法律素养得到提高。邓小平提出的社会上也要进行法制教育的观点，正是考虑了上述因素。在上述思想理论的指导下，自 20

---

[1]《邓小平文选》第二卷，人民出版社 1994 年版，第 360 页。

世纪80年代以来,在法制的社会教育方面,中国已经完成了"一五""二五""三五""四五""五五""六五"普法活动,其效果是非常明显的,现在全国人民的法律意识和法制观念普遍提高就是明证。相信经过持久的普法教育,中国全体公民的法律素质将会得到进一步的提高,中国的法治化程度也必将进一步地提高。

(三)邓小平教育法制理论与实践的特点与意义

1. 邓小平教育法制理论与实践的特点

时代性。邓小平教育法制思想理论与实践的时代性体现为两个方面。一方面,邓小平教育法制理论与实践是建立在"文化大革命"结束后拨乱反正的基础之上的。邓小平强调教育的作用,要求提升教师地位等一系列改革措施都是对以前错误路线的纠正。另一方面,和平与发展成为时代主题,世界科学技术日新月异、突飞猛进,邓小平及时把握难得的机遇,提出改革开放的战略决策,实施科教兴国战略,在教育改革中提出"三个面向"的总体方针,通过法制作为根本保障来确保教育的优先发展战略地位。

全局性。教育是民族的希望,是国强民富的基础,是人民群众最为关心的民生之一。邓小平通过依法治教的手段,对中国教育事业改革与发展的规划做出了整体的描绘,奠定了中国教育改革的基本理论,是新时期指导中国教育事业发展全局的理论。在以发展为首要目标的新时期,邓小平提出"一手抓建设,一手抓法制"的理论,"从一定意义上讲,市场经济就是法制经济",面向市场、社会办教育,须遵循法治原则,这是其教育法制理论与实践全局性的重要体现。

理论与实践相结合。首先,在邓小平教育法制理论形成的初期,全国开展了关于"实践是检验真理的唯一标准"的大讨论,邓小平"解放思想,实事求是"的总纲领奠定了基础。其次,邓小平多次强调,教育改革"要找一些四十岁左右的人,天天到学校里去跑。要像下连队当兵一样,下去当'学生',到班里听听课,了解情况,监督计划、政策等的执行"。最后,邓小平教育法制理论以朴素的话语为指导,以法制的制定和实施为落实手段,体现了理论与实践相结合的特点。

2. 邓小平教育法制理论的历史地位与现实意义

在历史地位方面,邓小平教育法制理论与实践秉承解放思想、实事求是的总方针,是中国特色社会主义现代化建设新时期马克思主义中国化的新战果,在当代中国教育事业发展中具有承前启后的重要历史地位。①邓小平教育法制理论与实践继承和发展了马克思主义、毛泽东思想。邓小平在正确认识毛泽东思想的基础上提出有部分、有阶段的劳动与教育相结合原则，继承和发展了毛泽东关于德、智、体全面发展的论述。② 邓小平大刀阔斧地改革教育制度，建立以义务教育为内容的基础教育，以职业教育为核心的中等教育和以培养高级人才为目标的高等教育的全方位、多层次的教育体系，为科教兴国战略提供了理论基础和实践指导。③ 邓小平"对人治还是法治"这个问题作出了明确的回答，邓小平法制理论与实践的精髓是法治，并在教育法制上提出依法治教的理念。④ 邓小平教育法制理论与实践和以人为本的中国教师队伍建设理论与实践，为科学发展观和中国特色社会主义民主政治建设提供了理论实践依据。

在现实意义方面，邓小平教育法制理论与实践在中国全面建成小康社会的征程中，面对中国社会和经济发展的新形势、新特征，进一步深化中国教育改革，促进中国教育事业又好又快发展有着十分重要的现实意义。① 邓小平教育法制理论是中国当代教育改革和发展的指导思想之一，对当前中国教育改革有着重要的指引作用。邓小平站在国家长远发展和民族复兴的高度对中国教育地位、教育方针、教育体制、教师队伍建设等各个方面进行了理论构建和实践探索，为中国教育发展引领了一条法制之路。在全面建成小康社会的新时期，教育改革仍然任重而道远，基础教育在公益性的轨道上渐行渐远，中等职业教育发展落后，高等教育面临质量和数量的困顿而无法自拔，人们对教育体制改革的呼声越来越高，邓小平教育法制理论为目前教育改革指明了新方向：通过教育立法，重新分配教育资源，以民主的手段，回应社会对于教育的制度需求；通过教育司法，理清教育法律关系，化解日益增多的教育纠纷，保障教师和学生的合法权益；通过教育执法，规范教育的管理与运行，肃清学风，监督学校的违法行为。在教育改革的深水区，邓小平教育法制理论为我们探索教育改革措施，保障教育健康发展提供了理论基础和实践指导。② 邓小平教育法制理论将法制融入教育管理，将教育纳入法制轨道，对中国实施依法治教，贯彻落实依法治国具有重要意义。一方面，邓小平教育法制理论是邓小平法制理论的重要组成部分，为依法治国的战略构想提供了理论指导和实践基础，在邓小平提出建设中国特色社会主义民主法制以后，中国共产党十五大提出依法治国的方略，并于1999年写入宪法。依法治国方略是对邓小平法制理论的坚持和发展。另一方面，依法治教是依法治国方略在教育法制领域的自然延伸。邓小平教育法制理论促进了中国教育法制的发展，为依法治国方略的实施提供了基础性保障，随着《学位条例》《教育法》《职业教育法》《义务教育法》《高等教育法》《残疾人教育条例》等法律法规的颁布和修订，初步形成了以宪法确立的基本原则为基础，以教育法为核心，以教育专门法和行政法规为主体的中国特色社会主义的教育法律体系。

五、邓小平教育经济理论与实践

邓小平的教育经济理论，作为邓小平教育理论的有机组成部分，以其深刻、丰富的内容，构成一个相对独立的科学理论体系。鉴于邓小平教育经济理论的博大精深，在此仅对邓小平如何站在社会主义中国生存发展的战略高度，对教育在社会主义社会经济发展中所处的战略位置，以及如何据此发展中国特色社会主义教育事业等教育经济理论与实践作简要分析和介绍。

（一）教育的经济战略地位

1. 中国特色社会主义经济建设中教育的经济功能

基于中国经济、社会发展的现实需要和世界经济发展的历史和新态势，邓小平做出了将工作重心由阶级斗争转移到经济建设、文化建设上来的重大战略抉择。不仅如此，他还高瞻远瞩地洞察到一个国家的教育状况是衡量社会经济发达与否的重要标志，因此主张大力发展中国的科学文化教育事业，认为中国教育的发展程度和发展质量不仅关系到中国教育事业本身，而且关系到中国特色社会主义社会的未来，他认为在实现"三步走"经济发展宏伟目标的工程中要讲战略重点，其中的"搞好教育和科学工作"这一战略重点"是关键"[1]。这是因为"不抓科学、教育，四个现代化就没有希望，就成为一句空话"[2]。他认为，改革开放的中国要走向现代化，必须发展国家的经济，发展中国的教育事业，就要改变过去把教育简单归属"上层建筑"，把教育等同于政治教育、道德教育，单单突显教育的政治功能和文化功能，忽视教育经济功能的态度和实践。邓小平敏锐地把握着这一时代的脉搏，在他的教育经济思想理论中，对于教育与经济发展的互动关系、教育的经济性、教育如何为经济服务、如何依据经济发展需求促进教育的发展等问题有许多非常精辟的论述。他不仅将中国教育的发展看作百年大计，看作一种基础产业，看作带动国家经济发展的龙头，他还旗帜鲜明地主张将中国教育放在优先发展的战略位置上来。

即使在教育的政治属性方面，邓小平也从经济的角度论述其存在的意义。他说："我们要在中国实现四个现代化，必须在思想政治上坚持四项基本原则。这是实现四个现代化的根本前提。"[3]因为人的劳动能力中既有技术文化上的因素，又有思想道德上的因素，因此"我说，人的因素重要，不是指普通的人，

---

[1]《邓小平文选》第三卷，人民出版社1993年版，第9页。
[2]《邓小平文选》第二卷，人民出版社1994年版，第68页。
[3]《邓小平文选》第二卷，人民出版社1994年版，第164页。

而是指认识到人民自己的利益并为之而奋斗的有坚定信念的人"[1]，即我们中国特色社会主义的教育要体现时代特色，满足现实需要，就要在提高劳动者的科学文化技术水平的同时，确立建设者的中国特色社会主义信念，不仅为中国特色社会主义经济发展提供强大的智力支持，还为中国特色社会主义经济发展提供思想保证，对内服务于中国特色社会主义的安定团结，对外增强我们抵制"和平演变""西化"和分化的能力，从而为中国特色社会主义经济建设保驾护航、鸣锣开道，这是中国教育与经济建设互动发展的一个结合点。在中国的社会主义革命和建设已进入以改革开放为中心的新时代，教育具有的政治属性已经不能脱离经济建设这个中心，经济建设就是当前最大的政治，提出中国教育为中国特色社会主义经济建设服务，是对中国教育为无产阶级政治服务的加强和深化。

2. 人力资源开发是中国特色社会主义现代化经济建设的发展动力

邓小平教育经济理论对人力资源开发与现代化建设发展动力之间的密切关系进行了深刻的论述。邓小平指出："从长远看，要注意教育和科学技术。否则，我们已经耽误了二十年，影响了发展，还要再耽误二十年，后果不堪设想。"[2]近二三十年来，世界高科技的一个突破带动一批产业的发展，为了使整个国家经济长期保持高速发展的势头，必须搞好科技，加速教育事业的发展步伐。邓小平简明扼要地指出："要实现现代化，关键是科学技术要能上去。发展科学技术，不抓教育不行。"[3]他还指出："生产力的基本因素是生产资料和劳动力……历史上的生产资料，都是同一定的科学技术相结合的；同样，历史上的劳动力，也都是掌握了一定的科学技术知识的劳动力。"[4]而"科学技术人才的培养，基础在教育"[5]。显然，邓小平把教育看作传播和发展科学技术知识的重要途径，看作培养和输送各种科技人才的园地，看作科学技术和生产力中最活跃的因素——人结合起来的纽带，是科学技术转化为现实生产力的关键。如果说实现人民共同富裕是目的，发展经济、实现现代化是途径，科学技术是关键，人才是一切实践活动的主体的话，那么，教育则是一切发展的基础，发展经济、实现现代化必须依靠科技和人才，发展科技和培养人才离不开教育，这就是邓小平教育经济思想理论中一条清晰的思路。

---

[1]《邓小平文选》第三卷，人民出版社1993年版，第190页。
[2]《邓小平文选》第三卷，人民出版社1993年版，第274～275页。
[3]《邓小平文选》第二卷，人民出版社1994年版，第40页。
[4]《邓小平文选》第二卷，人民出版社1994年版，第88页。
[5]《邓小平文选》第二卷，人民出版社1994年版，第95页。

1984年，邓小平在谈到经济体制改革问题时指出："事情成败的关键就是能不能发现人才，能不能用人才。"[1]人口众多是中国的国情，如果人口素质高，便是最宝贵的财富，否则就成了沉重的包袱。如何化劣势为优势，如何变包袱为财富？只有依靠教育来提高劳动者的素质。他说："中国的事情能不能办好，社会主义和改革开放能不能坚持，经济能不能快一点发展起来，国家能不能长治久安，从一定意义上说，关键在人。"[2]中国是"一个十亿人口的大国，教育搞上去了，人才资源的巨大优势是任何国家比不了的。有了人才优势，再加上先进的社会主义制度"，实现"三步走"的经济发展目标"就有把握达到"[3]，复兴中华民族的伟业就能大大向前推进。因此，不能将工作重点的转移单纯地转到经济建设上，还应转到教育上。在1985年全国教育工作会议上，邓小平还一针见血地指出："我们不是已经实现了全党全国工作重点的转移吗？这个重点，本来就应当包括教育。一个地区，一个部门，如果只抓经济，不抓教育，那里的工作重点就是没有转移好，或者说转移得不完全。""各级领导要像抓好经济工作那样抓好教育工作。"[4]

在邓小平教育经济战略地位理论的指导下，中国共产党十一届三中全会强调社会主义经济建设的战略地位，十二大将教育和科学确立为社会主义经济建设的战略重点之一；十三大提出把发展科学技术和教育事业放在首要位置，使经济建设转到依靠科技进步和提高劳动者的素质轨道上来；十四大指出科技进步、经济繁荣和社会发展，从根本上说取决于培养大批人才和提高劳动者素质，强调必须把教育摆在优先发展的战略地位上，努力提高全民族的思想道德和科学文化水平，这是实现中国现代化的根本大计；十五大要求"要切实把教育摆在优先发展的战略地位"，强调"培养同现代化要求相适应的数以千万计的专门人才，发挥我国巨大人力资源的优势，关系二十一世纪社会主义事业的全局"；十六大指出"教育是发展科学技术和培育人才的基础，在现代化建设中具有先导性全面作用,必须摆在优先发展的战略地位""造就数以亿计的高素质劳动者、数以亿计的专门人才和一大批拔尖创新人才"；十七大指出"教育是民族振兴的基石"，"优先发展教育"，"建设全民学习、终身学习的学习型社会"，"建设人才资源强国"；十八大指出"教育是民族振兴和社会进步的基石"，"要坚持教育优先发展"，"坚持教育为社会主义现代化建设服务、为人民服务"，"努力办人民满意的教育"，"让每个孩子都能成为有用之才"。

[1]《邓小平文选》第三卷，人民出版社1993年版，第92页。
[2]《邓小平文选》第三卷，人民出版社1993年版，第380页。
[3]《邓小平文选》第三卷，人民出版社1993年版，第120页。
[4]《邓小平文选》第三卷，人民出版社1993年版，第121页。

(二)发展教育事业,促进经济快速稳步发展

1. 教育与经济建设密切结合,实现经济增长、教育进步的良性循环

邓小平教育经济理论中的一个基本观点就是教育必须与经济密切配合,教育事业在发展计划、规模、速度以及人才质量上要力求适应经济建设的发展需要包括适应对教育超前的要求。早在1978年全国教育工作会议上,邓小平就指出:"我们的国民经济是有计划按比例发展的,我们培养训练专门家和劳动后备军,也应该有与之相适应的周密计划。我们不但要看到近期的需要,而且必须预见到远期的需要;不但要依据生产建设发展的要求,而且必须充分估计到现代化科学技术的发展趋势。"[1]即"教育事业必须同国民经济发展的要求相适应"[2]。

邓小平还从社会主义经济建设的战略高度对教育与生产劳动相结合赋予了新的内容,发展了毛泽东关于教育与生产劳动相结合的理论。在提倡和论述教育与生产劳动相结合时,邓小平纠正了把生产劳动简单地理解为具体的体力劳动和改造思想大熔炉的错误思想,也纠正了"文化大革命"后把教育与生产劳动相结合完全否定的错误思想。他明确指出:"为了培养社会主义建设需要的合格的人才,我们必须认真研究在新的条件下,如何更好地贯彻教育与生产劳动相结合的方针。"[3]显然,邓小平认为,贯彻教育与生产劳动相结合的方针,是新时期培养合格建设人才的需要,生产劳动不再是片面的体力劳动项目,而是泛指社会经济建设的各个领域。

邓小平还强调要"使教育事业的计划成为国民经济计划的一个重要组成部分……制订教育规划应该与国家的劳动计划结合起来,切实考虑劳动就业发展的需要"[4]。也就是说,这个教育事业的发展要讲方向、讲策略、讲科学,要与国民经济的当前需要和未来发展趋势相适应,贯彻教育事业与生产劳动相结合的精神实质,避免教育事业与经济建设相脱节,培养和造就与社会主义经济发展适应的人才,提高社会主义劳动者的素质和能力,适应现代科学技术发展和国家劳动经济的实际需要。

邓小平教育经济理论一方面站在为社会主义经济建设培养人才、发展生产力的角度,提出了教育适应国民经济建设需要以及教育与生产劳动相结合的问题,把教育的立足点放在培养合格的建设人才上、放在教育事业与经济建设相

---

[1]《邓小平文选》第二卷,人民出版社1994年版,第108页。
[2]《邓小平文选》第二卷,人民出版社1994年版,第107页。
[3]《邓小平文选》第二卷,人民出版社1994年版,第107页。
[4]《邓小平文选》第二卷,人民出版社1994年版,第108页。

结合上，明确要求教育"生产"出来的人才要与国民经济建设相结合，教育自身也要根据劳动就业的需求来培养人才，这为如何"培养理论与实际结合、学用一致、全面发展的新人"指明了"根本途径"[1]，为改革和发展中国特色社会主义的教育事业，使学生所学知识与将来进入社会所要从事的职业相适应，指明了方向。另一方面，邓小平还从更高的角度审视教育，着力构建一个面向市场、面向产业结构调整、面向经济发展态势，能主动应变的，能适应时代潮流能提供合格的社会生产工作者的教育系统，明确要求教育要与科技含量极高的社会化大生产相结合，由经济发展对人才的需求动向引导教育的发展，并用列宁关于"无论是脱离生产劳动的教学和教育，或是没有同时进行教学和教育的生产劳动，都不能达到现代技术水平和科学知识现状所要求的高度"[2]的论述来加强其说服力。

实践是检验真理的唯一标准。在邓小平教育与经济建设密切配合等理论指引下，中国教育事业发展和改革在中国共产党十一届三中全会以来取得了辉煌成就，为各行各业培育出数以亿计的劳动者和上千万专门人才，为21世纪国民经济建设、科学技术进步提供了智力支持。多年来，地方政府积极推进城乡教育的综合改革，对当地经济、科技和教育发展进行统筹规划，如在城区积极进行社区教育试点，探索现代企业教育制度和城市教育管理新体制；在农村实施"燎原计划"，以适应农村经济发展的各方面需要；教育系统自身也在打破不同部门之间的壁垒，调动各方面的力量，发挥各部门的积极性，促进中国教育与经济更加紧密的结合，实现了经济增长、教育进步的良性循环。

2. 保障教育投入，促进教育自身健康持续发展

由于种种原因，中国教育投入长期以来严重不足。邓小平非常重视这一问题，一再提出要增加教育投入。1977年邓小平就指出："现在国家还有困难，有些实际问题一下子还解决不了。我个人认为，科研、教育经费应该增加。"[3] 1980年，他在对比了中国与世界上其他国家或地区在教育投入上的差距之后指出："总之，我们非要大力增加教科文卫的费用不可……无论如何要逐年加重这方面，否则现代化就化不了。"[4]在邓小平的指导下，中国"六五"期间教科文卫费在国家财政支出总额中的比例由"五五"期间的11%提高到15.9%，并提出今后随着经济的发展，还要逐步增加教育、科学、文化、卫生、体育事业的开支的目标。

---

[1]《邓小平文选》第二卷，人民出版社1994年版，第107页。
[2]《邓小平文选》第二卷，人民出版社1994年版，第107页。
[3]《邓小平文选》第二卷，人民出版社1994年版，第57页。
[4]《邓小平文选》第二卷，人民出版社1994年版，第250页。

根据邓小平的一系列指示，《中共中央关于教育体制改革的决定》明确指出："发展教育事业不增加投入是不行的。在今后一定时期内，中央和地方政府的教育拨款增长要高于财政经常性收入的增长，并使按在校学生人数平均的教育费用逐步增长。"《中国教育改革和发展纲要》对教育经费作了专门规定："增加教育投资是落实教育战略地位的根本措施，各级政府、社会各方面和个人都要努力增加对教育的投入，确保教育事业优先发展。"1995 年颁布的《中华人民共和国教育法》也明确规定："国家财政性教育经费支出占国民生产总值的比例应当随着国民经济的发展和财政收入的增长而逐步提高。"

今天，科技的迅猛发展、知识经济的迅速崛起，使得所有的经济行为不得不依赖于知识的存在，知识成为创造财富的最基本生产要素，而教育作为生产和再生产知识的社会部门，将越来越成为推动社会生产前进的根本动力和源泉。从这个意义上说，谁掌握了面向 21 世纪的教育，谁就能在 21 世纪的国际竞争中处于战略主动地位。因此，社会主义的中国要想实现经济上的腾飞，要想在未来世界经济技术竞争中占有一席之地，就必须从真落实邓小平的教育经济战略思想理论。一切有远见的领导都应该向邓小平所说的那样："要千方百计，在别的方面忍耐一些，甚至于牺牲一点速度，把教育问题解决好。"[1]这就提醒我们必须解放思想，实事求是地认识教育的作用，从思想上根本解决对教育地位的认识，站在现代经济条件下思考教育问题，打破只有物质生产部门才是经济建设组成部分的传统观点，从迎接知识经济挑战的高度重新认识教育的生产性，把教育看作有巨大经济收益的投资行为，把教育看作经济建设的一个重要组成部分，从而极大地提高教育在经济发展中的战略地位，主动积极地抓好教育综合改革，这对于中国教育和中国经济的发展都是至关重要的。

（三）贯彻邓小平教育经济理论的实践意义

邓小平教育经济理论中首要的、基本的问题，就是确立教育在社会主义经济建设中的战略地位，形成教育必须服务于国民经济发展的总体思路。当前教育界对教育在经济改革中的方向和出路仍然存在着模糊认识和畏难情绪，在教育改革和发展实践中还存在很多疑惑、观望或裹足不前的现象。传统计划经济体制下"等、靠、要"思想观念没有得到彻底转变，安于现状、平均主义的思想观念和机制仍起着惯性作用，教育面对优胜劣汰、适者生存的市场经济法则，无论从思想观念上还是机制上都显得不太适应。从教育的外部环境看，仍然有少数领导对教育的重视不够，没有意识到教育是最基础的产业。在这种情况下，

---

[1]《邓小平文选》第三卷，人民出版社 1993 年版，第 275 页。

我们必须继续用邓小平教育经济理论武装头脑，促进思想观念的全面转变。坚持邓小平关于教育服务于经济建设这个中心，按照国民经济发展需要发展教育的教育经济理论，贯彻解放思想、实事求是的思想路线，结合实际，敢为人先，勇于突破，大胆创新，努力建设有中国特色的社会主义教育事业。

在思想观念全面转变的基础上，必须以邓小平教育经济理论为指针，以社会主义市场经济体制的建立和完善为契机,设计行之有效的教育改革发展方案,建立适应社会主义市场经济的灵活高效的教育内部运行机制，不断完善学校的社会功能，使其肩负起知识创新、技术推广、创建知识型产业等多重功能；大力发展校企联合办学，大搞科技和大力兴办产业，大力推进科教兴国，走教育与经济良性循环的发展道路；依据经济发展需要，创建各级各类新型特色学校；紧密结合经济发展实际，不断调整、改造和优化教育结构，优化课程专业结构，优化人才培养模式，培养适销对路人才；抓住机遇，积极探索与经济建设紧密结合的具有鲜明时代特色的办学新机制；坚持质量与效益第一的经济观念，加快中国教育发展的步伐。

总之，邓小平教育经济理论的视角和内涵作为邓小平教育理论的重要和有机组成部分，是邓小平根据国内外经济建设的发展历史和现状，从经济发展的战略高度，对新时期中国特色社会主义教育的科学总结和理论升华，是从历史事实和历史进程中作出的科学结论，它开启了教育思想解放的先河，促使人们重新思考社会主义教育的内涵及其本质，它为解决教育与经济发展互动中的重大理论和实践问题指明了方向、开辟了道路。认真学习和运用邓小平的教育经济理论，就能使中国的教育工作有长足的发展。

六、邓小平发展教育理论与实践的辩证法

唯物辩证法是马克思主义的根本方法。邓小平始终坚持用唯物辩证法去分析研究社会主义教育问题，正确地认识和处理了一系列对立统一的关系，形成了在中国特色社会主义教育问题上理论与实践的统一、现实与未来的统一、真理与价值的统一，创建了有中国特色社会主义教育的理论与实践，丰富和发展了马克思主义。

一是正确处理了教育同经济的关系。第二次世界大战以后，越来越多的国家重视教育对社会进步与经济发展的推动作用，提出了"素质教育""终身教育"的口号，把教育放到优先发展的地位。国家之间的经济竞争，实际上是人才的竞争，说到底是教育的竞争。对此，邓小平进行了辩证的历史的战略的分析指出："我们国家，国力的强弱，经济发展后劲的大小，越来越取决于劳动者的素

质，取决于知识分子的数量和质量。一个十亿人口的大国，教育搞上去了，人才资源的巨大优势是任何国家比不了的。有了人才优势，再加上先进的社会主义制度，我们的目标就有把握达到。"[1]邓小平十分重视教育对国民经济的促进作用。他在1985年全国教育工作会议上指出："一个地区，一个部门，如果只抓经济，不抓教育，那里的工作重点就是没有转移好，或者说转移得不完全。忽视教育的领导者，是缺乏远见的、不成熟的领导者，就领导不了现代化建设。各级领导要像抓好经济工作那样抓好教育工作。"[2]在邓小平这些理论指导下，出现了全党全国重视教育、各行各业支持教育、全社会尊师重教的新局面。事实已经证明：21世纪是知识经济时代，知识将成为推动经济社会发展的主导力量。一个国家在国际竞争中的地位将由国民素质的高低、人才的数量质量以及知识创新的能力来决定。正是由于邓小平高瞻远瞩的战略理论，中国逐步将经济建设转移到依靠提高劳动者素质的轨道上来，同时进行教育体制改革，与时俱进为经济建设提供所需要的合格人才，真正实现教育同经济相结合。

　　二是正确处理了教育同科技的关系。面对科学技术迅猛发展的趋势，邓小平从生产力的高度上概括了现代科学技术对经济增长的作用。他在马克思关于科学技术是生产力的基础上，第一次提出了"科学技术是第一生产力"的论断，强调科学技术高度发展对国民经济高速发展日益重要的作用，这是他对马克思主义的丰富和发展。同时，邓小平提出教育关系到科学技术的发展，关系到科技人才的培养，阐述了教育对科学技术发展的促进作用。在对教育同科技的关系进行了辩证的分析以后，邓小平进一步强调了教育和科技对社会进步与经济发展的战略作用。1977年，邓小平在科学和教育工作座谈会上指出："我们国家要赶上世界先进国家水平，从何着手呢？我想，要从科学和教育着手。"[3]这为实施科教兴国战略提供了理论依据。江泽民曾指出："科教兴国，是指全面落实科学技术是第一生产力的思想，坚持教育为本，把科技和教育摆在经济社会发展的重要位置，增强国家的科技实力及向现实生产力转化的能力。提高全民族的科技文化素质，把经济建设转到依靠科技进步和提高劳动者素质的轨道上来，加速实现国家繁荣强盛。"他认为"实施科教兴国，必将大大提高我国经济发展的质量和水平，使生产力有一个新的解放和更大的发展"[4]。

---

[1]《邓小平文选》第三卷，人民出版社1993年版，第120页。
[2]《邓小平文选》第三卷，人民出版社1993年版，第121页。
[3]《邓小平文选》第二卷，人民出版社1994年版，第48页。
[4]《江泽民文选》第一卷，人民出版社2006年版，第428页。

三是正确处理了知识分子与工人阶级的关系。邓小平坚持运用马克思主义的唯物辩证法,从中国的国情出发,以强烈历史责任感和求实精神科学地分析了中国知识分子的阶级属性,批判了十年动乱时期提出的"两个估计";他冲破长期以来"左"的思想影响,态度鲜明地指出,中国知识分子的"绝大多数已经是工人阶级和劳动人民自己的知识分子","是工人阶级自己的一部分"[1]。他要求各行各业为知识分子改善政治地位、工作条件和生活待遇。邓小平对中国知识分子和工人阶级之间的关系进行具体分析,以大无畏的理论勇气和严肃的科学态度推翻"两个凡是"和"两个估计",迎来了中国教育界的春天,极大地调动了知识分子的积极性和创造性。随着知识经济时代的到来,中国知识分子在中国特色社会主义现代化建设事业中的作用越来越重要,这也有力地证明了邓小平肯定中国知识分子已经成为"工人阶级的一部分"的科学论断的正确性。

四是正确处理了改革同发展的关系。邓小平始终把发展教育放在优先的地位,用发展教育来促进经济增长、科技跨越和社会进步,促进全民族素质提高和中国特色现代化建设步伐加快。他指出:"现代经济和技术的迅速发展,要求教育质量和教育效率的迅速提高。"[2]邓小平遵循事物发展的量变质变规律,提出中国特色社会主义现代化"三步走"发展战略,到20世纪末实现"小康水平"的目标,到21世纪中叶"达到中等发达国家水平"。同时,邓小平又强调教育的发展离不开改革,他指出:"要创造一种环境,使拔尖人才能够脱颖而出,改革就是要创造这种环境。"[3]根据中国特色社会主义现代化建设"三步走"的战略步骤,在邓小平对中国教育改革和发展关系进行辩证分析的基础上,中国制定了《中国教育改革和发展纲要》,指出中国教育发展的总目标是:到20世纪末,形成具有中国特色的、面向21世纪的社会主义教育体系的基本框架。再经过几十年的努力,建立起比较成熟和完善的社会主义教育体系,实现教育的现代化。邓小平还进一步阐明了教育改革的一些具体方面,如高等学校的管理体制、专业结构、教学内容、教育手段等要改革。在邓小平这些思想理论指导下,中国高等学校的管理体制进行了重大改革,实行中央和省级政府两级管理、以省为主的高等学校的管理体制,加大为地方经济服务的力度。中国高等学校的专业结构也在不断进行调整和积极实施《高等教育面向21世纪教学内容和课程体系改革计划》,教育手段正在加速实现现代化,实现了电视、广播等现代化教

---

[1]《邓小平文选》第二卷,人民出版社1994年版,第89页。
[2]《邓小平文选》第二卷,人民出版社1994年版,第107页。
[3]《邓小平文选》第三卷,人民出版社1993年版,第109页。

育手段，建立了"中国教育科研计算机网"，同国际"因特网"相连接，实现了远程网络教学。通过教育管理体制、教育运行机制、教学内容和教学方法的改革，优化了教育资源配置，提高了办学水平和经济效益，促进了教育事业的发展。

五是正确处理了开门办学同自主办学的关系。在发展中国特色社会主义教育事业的过程中，必须划清对外开放与独立自主的界限，划清吸收资本主义发达国家先进技术与抵制资本主义腐朽东西的界限。邓小平针对闭关自守、盲目排外的思想指出："独立自主不是闭关自守，自力更生不是盲目排外。科学技术是人类共同创造的财富。任何一个民族、一个国家都需要学习别的民族、别的国家的长处，学习人家的先进科学技术。"[1]在这一思想理论指导下，中国出国留学、引进外智工作取得很大进展；各类出国留学人员认真学习国外先进的科学技术、经营管理方法后回国服务；引智工作大胆吸收和借鉴包括资本主义发达国家创造的一切对我们中国有益的知识、文化和文明成果，有力地推进了中国特色社会主义的现代化建设。同时，邓小平又坚持独立自主、自力更生的原则，坚决抵制资本主义一切腐朽的东西。如他在会见第三世界朋友时介绍："你们想了解中国的经验，中国的经验第一条就是自力更生。"[2]在邓小平自主办学思想理论的指导下，中国教育坚持社会主义办学方向，坚持反对资产阶级自由化，坚持加强思想政治工作，坚持克服右的错误思想干扰。由于正确地处理了开门办学同自主办学的关系，中国教育既大胆吸收和借鉴了包括资本主义发达国家在内的人类文明的一切积极成果，同时又有效地抵制了资本主义一切腐朽的东西，达到了吸收他人长处发展自己的目的。

六是正确处理了普及同提高的关系。早在1958年，邓小平就对发展社会主义教育事业中普及同提高的关系进行了精辟的论述："目前教育方面要解决的问题，主要是普及与提高的问题。我们的方针是，一要普及，二要提高，两者不能偏废。只普及不提高，科学文化不能很快进步；只提高不普及，也不能适应国家各个方面的需要。"[3]中国地域广阔，人口众多，城乡之间、地区之间教育发展很不平衡，如果不注意教育的普及，那就很难提高全体国民的素质，也就没法消除城乡差别、地区差别以及脑力劳动与体力劳动的差别；如果不注意教育的提高，那就很难缩短和世界工业发达国家之间的差距，也难以屹立于世界民族之林。只有辩证地处理好普及同提高的关系，才能很好地发展中国特色社

---

[1]《邓小平文选》第二卷，人民出版社1994年版，第91页。
[2]《邓小平文选》第二卷，人民出版社1994年版，第406页。
[3]《邓小平文选》第一卷，人民出版社1994年版，第280页。

会主义教育事业。在邓小平这些理论指导下，中国以基本普及九年义务教育、基本扫除青壮年文盲作为教育普及工作的重中之重。同时，中国实行"211"工程，创办世界一流大学，取得了重大进展。

七是正确处理了文化教育同思想道德教育的关系。邓小平指出学生一定要掌握和发展现代科学文化知识，培养自己成为有高度科学文化水平的劳动者。学好科学文化知识，能够创造出比资本主义国家更高的生产率，把中国建设为现代化的社会主义强国，这就是无产阶级政治。同时，学校应该把坚定正确的政治方向放在第一位，加强思想道德教育，树立革命理想和共产主义道德。进行思想道德教育，提高学生的政治觉悟，能够有力地促进学生学习科学文化知识的积极性和自觉性。因此，文化教育和思想道德教育之间的关系是辩证统一的关系。通过文化教育和思想道德教育，增长学生的知识和才气，使学生在德智体各方面得到全面发展。他还极有远见地指出：学生负担不要过重，要采取有效措施来防止和纠正负担过重。

八是正确处理了基础科学同应用科学的关系。邓小平辩证地分析了基础科学同应用科学之间的关系，认为只有实现基础科学同应用科学相互结合、相互促进，中国教育才能为中国特色社会主义现代化建设事业培养大批人才。他指出："科学不是划分为基础科学和应用科学吗？生产部门也会有搞基础科学的，但要着重搞应用科学；科学院和大学可以多搞一些基础科学，但也要搞应用科学，特别是工科院校。"[1]因为基础科学侧重于研究物质结构及其运动形态，处于学科发展的前沿。基础科学的重大发现往往带来生产领域的革命性变化，产生许多新的产业。信息产业高速发展的历史充分说明了这一点。而同基础科学相比较，应用科学与生产技术的联系更为直接、更为紧密，更能迅速地将科技成果产业化。对于中国这样一个发展中的社会主义国家而言，加强应用科学的研究也是一个相当紧迫的任务。在基础科学中，邓小平明确指出要以尖端科学为主攻方向。为了使中国高科技能走上迅速发展的轨道，1986年，他亲自批准中国的《高科技研究发展计划纲要》即"八六三"计划。1991年，他又为"八六三"计划工作会议作了重要题词："发展高科技，实现产业化"，号召全党全国全军投入发展高科技，实现产业化的工作。在邓小平这些理论的指导下，中国正确地实现了基础科学同应用科学相结合，出现了基础科学和应用科学，特别是尖端科学迅速发展的新局面。

九是正确处理了继承同创新的关系。邓小平一贯强调要继承前人和今人的研究成果。他指出："任何一项科学研究成果，都不可能是一个人努力的结果，

---

[1]《邓小平文选》第二卷，人民出版社1994年版，第53页。

都是吸收了前人和今人的研究成果。"[1]他强调指出,要敢于继承,还要善于继承,把提高教育质量、提高科学文化的水平放在首位。对"四人帮"反对学生学习科学文化、反对学生以学习科学文化为主的谬论,邓小平大力进行拨乱反正。同时,邓小平十分注意创新,指出:"掌握新技术,要善于学习,更要善于创新。"[2]通过创新,提高我们中国的技术水平、管理水平,对知识资源进行继承和增值。江泽民也高度重视创新,指出:"创新是一个民族进步的灵魂,是国家兴旺发达的不竭动力。"[3]在这些理论指导下,第三次全国教育工作会议提出了加强以创新为主的素质教育的号召,积极探索和全面实施素质教育。同时,为了搞好创新工作,提出要密切注视世界科学技术发展的前沿,及时引进先进科学技术成果,作为发展的起点;还要发挥自主创新能力,形成更为先进的科学研究成果。

十是正确处理了学校教育、家庭教育、社会教育之间的关系。邓小平十分重视学校教育,要求学校提倡勤奋学习、遵守纪律、热爱劳动、助人为乐、艰苦奋斗、要求进步的风尚,培养学生成为忠于社会主义祖国,忠于无产阶级革命事业,忠于马克思列宁主义、毛泽东思想的优秀人才;教师要不断提高自身的政治思想水平,业务工作能力,改进工作作风,成为学生的朋友,把好风气带起来;学校教育要注意和生产劳动相结合,培养政治与实际相结合、学用一致、全面发展的新人。学校的风气要促进整个社会风气的健康发展,家庭和社会的风气要有助于学校培养好的风气。学校教育、家庭教育同社会教育要在培养合格人才的基础上辩证地统一起来,互相配合,共同促进。学生产生某些问题时,要从社会、家庭和学校等方面寻找原因,共同做好教育工作。邓小平这些思想理论为中国搞好学校教育、家庭教育和社会教育指明了方向。

---

[1]《邓小平文选》第二卷,人民出版社1994年版,第57页。
[2]《邓小平文选》第三卷,人民出版社1993年版,第51页。
[3]《江泽民论有中国特色社会主义》(专题摘编),中央文献出版社2002年版,第243页。

第四章　邓小平把教育工作认真抓起来的理论与实践

本章主要从邓小平坚持抓紧抓好教育工作的理论与实践、邓小平坚持抓好教育质量提高的理论与实践、邓小平坚持抓好成人教育的理论与实践、邓小平坚持抓好青年教育的理论与实践、邓小平坚持抓好党员修养和干部培养教育的理论与实践、邓小平坚持抓好军队专政机构和全民国防教育的理论与实践、邓小平坚持抓好党员干部群众艰苦奋斗创业精神教育的理论与实践、邓小平坚持抓好思想政治教育的理论与实践八个方面入手，对邓小平把教育工作认真抓起来的理论与实践进行梳理、研究、阐述。

一、邓小平坚持抓紧抓好教育工作的理论与实践

邓小平不仅在理论上确立了中国教育在社会主义现代化建设中优先发展的战略地位，而且更加注重在社会主义建设的实践中落实教育的战略地位。为此，他不仅反复强调各级党委和政府要把教育工作认真抓起来，而且主张青少年德智体全面发展。

（一）邓小平对教育领导工作的基本要求

党和政府要抓好教育工作，是邓小平一贯的主张。邓小平对教育领导工作的基本要求，归纳起来，至少有以下三个方面。

一是领导者要真正认识教育的重要性。领导者首先要在思想上真正重视教育，明确教育是社会主义建设的基础。在1985年的全国教育工作会议上，邓小平指出："一个地区，一个部门，如果只抓经济，不抓教育，那里的工作重点就是没有转移好，或者说转移得不完全。忽视教育的领导者，是缺乏远见的、不成熟的领导者，就领导不了现代化建设。"[1]他要求各级领导要像抓好经济工作那样抓好教育工作。邓小平在大力唤起全社会重视教育的基础作用的同时，强调各级领导要达成这样的共识，即经济要发展，除了经济工作本身要不断改革之外，更为重要的是要充分发挥科技，尤其是教育对经济增长的作用。如果没有这种认识，认为经济是硬任务，教育是软指标，那么不仅当前的经济建设不能搞好，而且会制约经济的长远发展。因此，邓小平批评一些同志对于发展和

---

[1]《邓小平文选》第三卷，人民出版社1993年版，第121页。

改革教育的必要性认识不足，缺乏紧迫感，或者口头上承认教育重要，到了解决实际问题时又变得不那么重要了。

二是领导者要少说空话，多干实事。"什么叫领导？领导就是服务。"[1]邓小平要求教育领导者转变工作作风，应当"勤勤恳恳、扎扎实实、甘当无名英雄"，为教育工作创造条件，全心全意为广大教育工作者服务，这样才能得到大家的拥护，才能实现对教育工作的有效领导。邓小平还特别强调领导者要少讲空话，多干实事。"领导者必须多干实事。那种只靠发指示、说空话过日子的坏作风，一定要转过来。"[2]1985年5月，在谈到中央关于教育体制改革的决定时，邓小平就要求把改革的方案落到实处，"组织好施工"。他还具体讲道，像校舍和教学设备的增添、教育经费的筹集、师资培训的组织、思想教育的改进等实际问题，都要一件一件具体落实。他多次表示，愿意当教育、科技事业的"后勤部长"，勉励大家通力合作，"为加快发展我国科技和教育事业多做实事"。他提醒各个部门和地方的主要负责同志要注意这个问题，认为各级领导能否真正扎扎实实地为教育多干实事，是教育改革的关键一环。

三是领导者要成为懂教育的内行。邓小平在1977年的科学和教育工作座谈会上讲到调整教育部门的领导班子时就提出："领导科研或教学的人，要内行，至少是接近内行或者比较内行的外行。"[3]1978年他又强调，党的各级领导干部，不能长期安于当外行，要逐渐成为内行。1980年他再次谈到学校党委的领导同志可以不是教学人员，但至少应该是懂得教育的有管理学校专长的专业人员，会管某一类学校的。教育领导者要成为懂教育的内行，这是现代教育对管理者的客观要求。教育管理者只有掌握了教育规律，才能够更好地深入教育实际，才能更有效地领导和管理好教育工作。邓小平深感在干部中懂得各行各业的人太少了，希望大家努力使自己学会本行的专业知识，而且"要下苦功夫学。"

邓小平关于教育领导工作的基本要求，是富有远见和智慧的教育领导方法，对中国教育事业的发展具有重要的指导作用。他是身体力行的，为我们如何领导教育、如何办好中国的教育事业树立了榜样。

（二）邓小平关于青少年要德智体全面发展的主张

培养德、智、体全面发展的人，是马克思主义经典作家共同的教育主张。1977年8月，邓小平在科学和教育工作会上说："毛泽东同志主张要德、智、

---

[1]《邓小平文选》第三卷，人民出版社1993年版，第121页。
[2]《邓小平文选》第三卷，人民出版社1993年版，第121页。
[3]《邓小平文选》第二卷，人民出版社1994年版，第53页。

体全面发展嘛。中小学都要这样做。"[1]1978 年 4 月，他在全国教育工作会上再次提出学校培养人才的质量标准就是毛泽东同志说的，应该使受教育者在德育、智育、体育几方面都得到发展，成为有社会主义觉悟的有文化的劳动者，而且还提出要把德智体全面发展的方针贯彻到整个社会的各个方面。

邓小平认为全面发展中占第一位的是德育，学校"应该永远把坚定正确的政治方向放在第一位"。因为从长远看，这个问题关系到中国的事业将由什么样的一代人来接班，关系到中国共产党和国家的前途命运。他说，革命的理想、共产主义的品质，要从小开始培养，并且强调说，大中小学的学生从入学起，就要对他们进行政治思想工作，学校的党团组织和所有的教员都要做学生的政治思想工作。对于思想政治工中出现的偏差，他总是尖锐地提出要及时纠正。特别是在 1989 年中，他先后四次在不同场合提出 10 年来我们最大的失误是在教育方面，主要是思想政治工作薄弱了，对青年的思想政治教育抓得不够。1992 年初，在视察南方时，他又语重心长地说，十一届三中全会确立的这条中国的发展路线，是否能够坚持住，要靠大家努力，"特别是要教育后代"。

邓小平十分重视智育，多次强调学生学好科学文化知识的重要性。他指出："青年本身的特殊任务，就是学习。在努力进行学习的特殊任务中，熟悉业务，掌握技术，为创造美好的将来准备好条件"[2]；"文化大革命"中"四人帮"反对学生学习科学文化，把大力提高教育质量，提高学生的科学文化水平说成是"智育第一"，"这不但是彻底的荒谬，而且是对于无产阶级政治的实际上的取消和背叛"[3]。在谈到学习科学文化的重要性时，他特别引述了列宁所说的，工人一分钟也不会忘记自己所需要知识的力量。没有知识，工人就无法自卫；有了知识，工人就有了力量。邓小平指出，列宁阐明的"这个真理在今天更加显出它的重要性"[4]。针对"文化大革命"造成的整个学校教育教学质量下降的状况，他强调要狠抓教育教学质量。他在 1978 年全国教育工作会议上讲的几点意见中，第一点就谈到要提高教育质量，提高科学文化的教学水平，更好地为社会主义建设服务；他对科学文化内容的要求上，突出了现代科学的先进内容，指出教材要反映现代科学的先进水平，要按照中小学生所能接受的程度，用先进的科学知识充实中小学的教育内容。

对于学生的身体健康，邓小平同样十分重视。他说："从事脑力劳动的青年，

---

[1]《邓小平文选》第二卷，人民出版社 1994 年版，第 54~55 页。
[2]《邓小平年谱》(1904—1974)，中央文献出版社 2009 年版，第 909 页。
[3]《邓小平文选》第二卷，人民出版社 1994 年版，第 104 页。
[4]《邓小平文选》第二卷，人民出版社 1994 年版，第 104 页。

也应该经过一段时间的体力劳动,这对于他们的德育、智育、体育的全面发展是必要的。"[1]1980年5月,他给《中国少年报》和《辅导员》杂志题词,在希望全国小朋友有理想、有道德、有知识之外,还加上了"有体力"。在这一年12月的中央工作会议上,他又对全国青少年重申了这一希望。

邓小平认为,全面发展是一个有机整体。德育、智育、体育之间是相辅相成、相互促进、不可偏废的,并对如何处理好全面发展中各部分之间的关系作了透彻的分析。在谈到德与智的关系时,他说,只靠坚持社会主义道路,没有真才实学,是不能实现四个现代化的。他要求把坚持正确的政治方向,与学好科学文化知识统一起来。他说,学校把坚定正确的政治方向放在第一位,并不意味着要把大量课时用于思想政治教育,并不排斥学习科学文化,二者不是对立的。相反,"政治觉悟越是高,为革命学习科学文化就应该越加自觉,越加刻苦"[2]。他还要求处理好学生学习和健康的关系,指出学生学习负担太重是不好的,要采取有效措施来防止和纠正,但这并不意味着降低学习的质量要求。他认为,促进学生德智体全面发展,不但是学校课堂教学的任务,课外活动也是很重要的一个方面,要恢复对学生课外活动的指导,增长学生的知识和志气,推动学生的全面发展;同时,在学校教育教学之外,校外、家庭教育也是促进学生德智体全面发展的有效途径,他要求"从事教育工作的同志,各个有关部门的同志,整个社会的家家户户,都来关注青少年思想政治的进步"[3]。

在社会主义条件下,社会为个人的全面发展和个性特长的充分发展创造了前所未有的条件,在实际操作中,确实由于思想认识的片面性和教育工作方法的简单化,出现了压抑学生个性、阻碍学生个性健康发展的现象,这是应当正视并加以克服的。在这方面,邓小平提出了正确的态度和方法:"在鼓励帮助每个人勤奋努力的同时,仍然不能不承认各个人在成长过程中所表现出的才能和品德的差异,并且按照这种差异给予区别对待,尽可能使每个人按不同的条件向社会主义和共产主义的总目标前进。"[4]邓小平的精辟论述,对于全面贯彻好全面发展的教育方针有特别重要的指导意义。

二、邓小平坚持抓好教育质量提高的理论与实践

提高教育质量是办好教育的方针性问题,是振兴国家的决定性因素,"学校

---

[1]《邓小平文选》第一卷,人民出版社1994年版,第277页。
[2]《邓小平文选》第二卷,人民出版社1994年版,第104页。
[3]《邓小平文选》第二卷,人民出版社1994年版,第105~106页。
[4]《邓小平文选》第二卷,人民出版社1994年版,第106页。

要保证提高教学质量，否则就不能说是成功的。"[1]

（一）邓小平提高教育质量的内外部动力理论

1. 邓小平提高教育质量的内部动力理论

（1）提高教育工作者素质是抓好提高教育质量的关键因素。

邓小平反复强调，"一个学校……能不能培养德智体全面发展，有社会主义觉悟的有文化的劳动者，关键在教师"[2]，"学校办得好坏，学校的干部和教员起很大的作用……他们提高了，学生就可以提高，学校就可以办好"[3]。随着科学技术日新月异，知识和技术的更新、变革速度越来越快，"旧"知识、"旧"技术被新知识、新技术替代所需的时间越来越短，教育者只有不断学习，掌握更多的更新的科学文化知识，才能适应现代教育发展的需要，"各级教育部门不能不努力提高现有教师队伍的教学能力和教学质量"[4]。除了专业素质外，政治素质也是教育者的重要素质之一。教育者的政治素质既决定着教育者从事教育的动机、目的，还决定着教育者对教育事业的劳动投入，在一定程度上决定着受教育者的价值取向。随着改革开放的深入和扩大，东西方文化不断碰撞，一些不良的价值观念不断冲击着中国传统的价值观，加上市场经济"效率优先"原则的影响，教育者的政治素质受到前所未有的挑战；教育工作队伍的稳定性、工作的积极性、主动性和创造性都不同程度受到影响，这在一定程度上影响着教育事业的进一步发展。因此，必须"热情地关心和帮助教师思想政治上的进步……使更多的人牢固地树立起无产阶级的共产主义的世界观"[5]，不断提高教育者的政治素质，激发教育者对教育事业的热情和热爱，特别是对提高教育质量的追求与拼搏热情。

（2）提高受教育者对教育的需求对抓好教育质量提高具有直接推进作用。

在教育构成的要素中，受教育者是教育活动存在的客体，他们的需求直接影响着教育的任务、教育的发展规模和发展方向，因为有什么样的需求就有什么样的教育。受教育者是教育的享受者，教育事业的发展归根到底是为了满足广大受教育者日益增长的精神文化需要。长期以来，传统教育理论和伦理道德观念深刻影响着教育质量的提高：在教育系统中，教育机构一直居于强势地位，教育者的权威不容动摇，受教育者往往处于被动接受状态，心理上是"教什么、

---

[1]《邓小平文选》第一卷，人民出版社 1994 年版，第 281 页。
[2]《邓小平文选》第二卷，人民出版社 1994 年版，第 108 页。
[3]《邓小平论教育》，人民出版社 1995 年版，第 3 页。
[4]《邓小平文选》第二卷，人民出版社 1994 年版，第 109 页。
[5]《邓小平文选》第二卷，人民出版社 1994 年版，第 109 页。

学什么"的心态占据主导地位，缺乏对个人成才目标和成才规格的思考，对教育结构、教学质量、教学的内容和手段缺乏关注和剖析。教育事业由于缺乏来自受教育者需求的外来的刺激容易陷入停滞不前。在改革开放过程中，面对改革开放和社会主义现代化建设的任务，邓小平把发展教育的战略方针确立为"面向现代化、面向世界、面向未来"，把社会主义事业接班人"身体好、学习好、工作好"的希望发展概括为"有理想、有道德、有文化、有纪律"。"三个面向"方针和"四有"新人既是受教育者对自己成长、成才的综合素质要求，也是受教育者对教育提出的人才培养模式和标准要求。"三个面向"和"四有"的人才培养模式和标准，有利于教育机构转变教育视角，按照时代发展的要求审视教育理念、教育功能、教育质量的标准及其运行规律，重新调整教育重心，推动教育顺应时代发展的需要。

（3）深化教育系统内部管理体制改革对抓好教育质量提高具有保障促进作用。

教育内部管理体制改革是保障教育质量提高的重要动力。邓小平指出，体制搞得合理，就可以调动积极性。教育内部管理体制改革就是改革教育管理中不适应教育质量提高的具体的管理方式和模式，改变和排除各种干扰教育质量提高的错误思想和错误做法，推动教育管理方面制度的自我完善和发展，赋予教育质量提高的生机和活力保障。针对改革开放前后，中国教育管理方面存在的越位、缺位和不到位的问题，邓小平提出从教育机构主管部门和教育机构自身两方面入手，改革教育管理体制。针对教育主管部门服务意识不够，缺位现象，邓小平指出"领导就是服务"，要求改变"管"的意识，树立服务意识，建立起服务型的管理机构。在管理机制和模式上，针对责任不清、吃"大锅饭"、极端集权、阻碍民主、挫伤师生积极性等问题，邓小平提出要改革教育管理的领导制度，要党政分开，各负其责，要使学校内部管理呈现出各司其权、各负其责的紧密合作关系；要明确责任，建立负责制，实行民主管理，充分调动广大师生的积极性，要顺应时代发展的潮流和教育发展的规律，建立起与经济社会发展相适应的教育管理体制。根据邓小平教育管理体制改革的思想及其主张，1985年中共中央作出了《中共中央关于教育体制改革的决定》，标志着中国的教育体制改革进入综合治理、全面改革的新阶段。

（4）改革教育内容、改进教育手段和方法对抓好教育质量提高具有重要推动作用。

教育内容直接作用于受教育者，直接决定着受教育者对知识的接受、消化和运用能力。邓小平强调教育内容要与生产实践相结合。随着人们实践活动范围的不断扩大，实践的形式也日益复杂多样，这就要求教育内容必须与时俱进。

如果教育内容陈旧，与经济社会发展脱节，受教育者不仅没有学习的兴趣，受教育者知识的增加和素质的提高就谈不上，还会影响整个社会知识的更新。邓小平以高瞻远瞩的战略眼光，要求要有计划有步骤地改革旧的教育内容，特别是"教材要反映出现代科学文化的先进水平，同时要符合我国的实际情况"[1]。在重视教育内容更新的同时，邓小平还要求在教育的方法和手段上，教育者要善于进行反思，不断总结教育过程中的经验和教训，不断建构、更新和优化教育手段和方法，促进先进的教育方法和手段与先进的教育内容有机渗透。因为，教育的手段和方法是教育介体，教育活动是通过手段和方法直接作用于受教育者的，是提高教学质量的具体措施；通过丰富的教育手段、方法，激发受教育者的学习兴趣，激发受教育者的内驱动力，使教育者的主导作用和受教育者的主体作用得以充分的发挥，提高教育效率，实现教育的目标。邓小平依照新时期素质教育的要求，提出要改变教育方法和手段上"穿老鞋，走老路"现象，特别是要改变教育中存在的"灌输式""填鸭式"教育方式和忽视实践性知识的学习和理论知识的转化等问题，要求教育者必须针对充满不确定性的教育环境，并根据时代发展要求，在实践中不断进行研究，倡导多样化的教育手段和方式，"要恢复对学生课外活动的指导，增长学生的知识和志气，推动学生的全面发展"[2]，"要制订加速发展电视、广播等现代化教育手段的措施"[3]，结合现代高科技发展成果，采取现代化教育手段和方法，增加教育的生动性、形象性、互动性，挖掘所有教学方法和手段的使用价值，促进各种教育技术手段的协同互补。

2. 邓小平提高教育质量的外部动力理论

（1）推动经济发展、提高教育投入是抓好教育质量提高的物质基础。

教育发展速度与规模，取决于教育投入的多少，而教育投入的多少又是直接由经济的发展水平决定。经济发展水平高，经济基础好，既能为教育发展提供一定的物质条件又对教育的发展提供一定的客观需求，也能为教育事业聚人才、留住人才提供物质条件。邓小平指出，坚持以经济建设为中心，是我们办好一切事情的基础。只有经济发展了，人民物质生活水平提高了，才会产生更多的更高的精神文化需求；也只有经济发展了，才能增加教育投入，改进教育设施，才能提高教育者的待遇，改变"体脑倒挂"问题，增强教育者对教育事业的热情和热爱。为了充分体现经济的发展的基础性作用，邓小平常常用"专心致志""聚精会神""扭住不放""顽固一点"等成语和俗语来强调"坚持以经

---

[1]《邓小平文选》第二卷，人民出版社1994年版，第55页。
[2]《邓小平文选》第二卷，人民出版社1994年版，第54页。
[3]《邓小平文选》第二卷，人民出版社1994年版，第108页。

济建设为中心"的重要性。经济发展并不直接带来教育的发展,必须增加教育投入,发挥教育投入对教育发展的支撑作用。为此,邓小平要求"要千方百计,在别的方面忍耐一些,甚至于牺牲一点速度,把教育问题解决好"[1],推动教育发展的规模、速度,优化教育内容、教学组织形式、教学方式和教学手段,进而推动教学质量的提高。

(2) 党委和政府的重视是抓好教育质量提高的政治保障。

各级党委政府对教育的态度、认识、看法和评价,是影响教育发展和质量提高的政治因素。邓小平强调领导要有"经济要发展,教育要先行"的意识,要亲自抓教育,"忽视教育的领导者,是缺乏远见的、不成熟的领导者,就领导不了现代化建设"[2]。他要求"各级党委要认真地作为大事来抓"[3],"各级党政负责同志,要经常深入学校,倾听广大师生的意见和呼声,为他们排忧解难"[4],要甘愿做"后勤部长",要采取一系列措施和政策解决教师的地位和待遇问题。党委和政府的重视有利于保证教育的投入,有利于保证教育发展的各项有益的实践经验转化为政策和法律制度,通过制度对教育发展进行全方位、强有力的支持;通过制度迅速解决教育发展过程中面临的问题,把教育发展的措施和实践转变成硬任务,确保教育发展和质量的提高。在邓小平这些思想理论指导下,中国颁布了《中国教育改革与发展纲要》《教师法》《教育法》《义务教育法》等,用法律形式规定了教育的战略地位、教师的社会地位,并确定9月10日为教师节,在全社会形成了重视教育发展的自觉意识,形成了全社会各方面共同努力推动教育发展的工作格局。

(3) 社会力量的参与是抓好教育质量提高的资源支持。

教育的发展和质量的提高离不开大的社会环境。马克思主义实践观告诉我们,人是社会实践的主体,也是推动社会发展的主体。邓小平强调,在教育发展和质量提高问题上,社会上每一个成员都应该具有主体意识,"各行各业都要来支持教育事业,大力兴办教育事业"[5]。改革开放前,直至改革开放最初的一段时间,针对教育领域内存在的思想保守、行为守旧、忽视社会力量参与的情况,邓小平强调要坚持人民教育人民办,坚持"两条腿走路"。针对改革开放后中国经济领域呈现公有制为主体、多种所有制经济共同发展的局面,他说:"我国城乡和社会各界,蕴藏着极大的办学热情,不少爱国侨胞也热心捐

---

[1]《邓小平文选》第三卷,人民出版社1993年版,第275页。
[2]《邓小平文选》第三卷,人民出版社1993年版,第121页。
[3]《邓小平文选》第二卷,人民出版社1994年版,第95页。
[4]《邓小平文选》第三卷,人民出版社1993年版,第121页。
[5]《邓小平文选》第二卷,人民出版社1994年版,第95页。

资办学,现在我们又有了一个正确的纲领。在这样的条件下,只要各级领导认真抓,我看教育的事情好办,悲观是没有根据的。"[1]要充分发挥社会力量参与中国教育事业发展和教育质量提高的作用,这样做有利于扩大中国教育资源总量;有利于吸纳社会资金,调节国家财政性教育经费的使用方向;有利于满足社会多样化的选择性教育需求;有利于推进中国教育体制、机制、结构与教育教学改革的创新,推进围绕教育创新的实践探索;有利于促进中国教育开放与对外交流,形成各类办学力量和谐发展和提高中国教育质量的竞争局面。

（4）对外合作与交流是抓好教育质量提高的重要因素。

改革开放前,中国中断了与国外特别是和发达资本主义国家的学术交流与合作,极大地制约了中国教育的发展和质量的提高。为此,邓小平强调教育要面向世界,要加强国际合作与交流,学习、借鉴、吸收外国先进的教学经验,既要派出去学习,又要请外国专家进来讲学或进行合作研究,加强国际教育交流,推动中国教育事业的发展和教育质量的提高。如他指出:"要利用外国智力,请一些外国人来参加我们的重点建设以及各方面的建设","他们长期来也好,短期来也好,专门为一个题目来也好"。[2]"华裔学者要求回国"的,"要创造条件,盖些房子,做好安置他们回国的准备工作","还要请外国著名学者来我国讲学"[3],"希望所有出国学习的人回来"[4],并要求有关部门要"搞个综合的科研中心,设立若干专业,或者在现有的一些科研机构和大学里增设一些专业",把出国留学回来以后没有工作条件的"人放在里面,攻一个方面,总会有些人做出重大贡献。否则,这些人不回来,实在可惜啊"。[5]

(二) 邓小平提高教育质量理论与实践的时代内涵

1. 提高教育质量是适应国家各方面的需要

1954年7月9日,在政务院政务会议讨论教育工作时,针对当时的干部"注意抓生产,抓基本建设……对培养干部重视不够"的实际,邓小平指出:"办好学校,培养干部,才是最基本的建设。""我们的中等专业学校普遍办得不好,真正办得好的很少,要设法解决这个问题"。[6]在这里,邓小平虽然讲的是抓好干部培养工作的重要性,但从他强调"办好学校,培养干部,才是最基本的建

---

[1]《邓小平文选》第三卷,人民出版社1993年版,第122页。
[2]《邓小平文选》第三卷,人民出版社1993年版,第32页。
[3]《邓小平文选》第二卷,人民出版社1994年版,第57页。
[4]《邓小平文选》第三卷,人民出版社1993年版,第378页。
[5]《邓小平文选》第三卷,人民出版社1993年版,第275页。
[6]《邓小平文选》第一卷,人民出版社1994年版,第209页。

设"的观点中，我们不难理解邓小平对强化干部教育质量的高度重视。

1958年4月7日，邓小平在中共中央书记处会议讨论教育工作时提出："我们的方针是，一要普及，二要提高，两者不能偏废。只普及不提高，科学文化不能很快进步；只提高不普及，也不能适应国家各方面的需要。……我们在任何时候都要坚持'两条腿走路'，做到在普及基础上的提高和在提高指导下的普及。"[1]可见，邓小平从普及教育、提高教育质量是"适应国家各方面的需要"的角度阐述了教育的时代内涵；通过教育提高全民族的综合素质需要"普及"；实现科学文化的快速进步，就必须在普及的基础上"提高"。二者的关系是辩证统一的，两者不能偏废。

2. 提高教育质量是为了更好地为社会主义建设服务

1977年8月8日，在《关于科学和教育工作的几点意见》中，就"教育制度和教育质量问题"，邓小平认为"搞好劳逸结合，不仅不会降低而且有助于提高教学质量"[2]。在《意见》中，邓小平之所以提出"劳逸结合""有助于提高教学质量"，同样是因为在那个时代及以前相当长一段时间，中国社会各个层次的人都普遍认为，新时代区别于旧时代的显著标志是通过尽可能多的体力劳动的"改造"来实现"教育与生产劳动相结合"的目标，除了在具体的教学活动中贯彻"劳动"的观念，即使是原本正常的学校假期也要将学生和老师"赶到"生产实践中去。针对这样的现实，邓小平将"劳逸结合"和"提高教学质量"的关系提出来讨论，虽然从表面上看是在讨论如何安排学校的正常假期，但实际上提出了教育改革的新课题。

新时期教育改革应该从何入手？又如何确立改革目标呢？1978年4月22日，邓小平《在全国教育工作会议上的讲话》中就开宗明义地提出："提高教育质量，提高科学文化的教学水平，更好地为社会主义建设服务。"[3]还指出："我们要在科学技术上赶超世界先进水平，不但要提高高等教育的质量，而且首先要提高中小学教育的质量，按照中小学生所能接受的程度，用先进的科学知识来充实中小学的教育内容。"[4]强调："现代经济和技术的迅速发展，要求教育质量和教育效率的迅速提高，要求我们在教育和生产劳动结合的内容上、方法上不断有新的发展。"[5]

---

[1]《邓小平文选》第一卷，人民出版社1994年版，第280页。
[2]《邓小平文选》第二卷，人民出版社1994年版，第55页。
[3]《邓小平文选》第二卷，人民出版社1994年版，第103页。
[4]《邓小平文选》第二卷，人民出版社1994年版，第104页。
[5]《邓小平文选》第二卷，人民出版社1994年版，第107页。

从邓小平的这些思想理论中，我们可以深切地体会到：要在科学技术上赶超世界先进水平，要适应现代经济和技术的迅速发展，更好地为社会主义建设服务，提高教育质量是关键。

（三）邓小平提高教育质量的评判标准

1. "四有"人才培养标准是提高教育质量的检验标准

邓小平十分重视培养社会主义新人和提高全民族的素质，多次强调指出："我们的学校是为社会主义建设培养人才的地方。培养人才有没有质量标准呢？有的。这就是毛泽东同志说的，应该使受教育者在德育、智育、体育几方面都得到发展，成为有社会主义觉悟的有文化的劳动者。"[1]要"教育全国人民做到有理想、有道德、有文化、有纪律"[2]。将邓小平这些思想理论观点运用到对教育质量的评判上，就是人才培养标准、教育质量检验标准。

"四有"之间互相联系、互相渗透，构成统一体，共同反映人才的素质标准和质量要求。"有理想、有道德"强调的是培养人才要有政治质量。邓小平指出："我们一定要经常教育我们的人民，尤其是我们的青年，要有理想。为什么我们过去能在非常困难的情况下奋斗出来，战胜千难万险使革命胜利呢？就是因为我们有理想，有马克思主义信念，有共产主义信念。"[3]"有文化"强调的是从知识和能力方面检验教育质量的标准。邓小平说："劳动者只有具备较高的科学文化水平，丰富的生产经验，先进的劳动技能，才能在现代化的生产中发挥更大的作用。"[4]"有纪律"是从组织观念和法制观念的角度阐述人才质量的又一特质："有了理想，还要有纪律才能实现。"[5]

将教育质量检验标准落实，具体的方式、方法可以多样化。如"考试是检查学习情况和教学效果的一种重要方法，如同检验产品质量是保证工厂生产水平的必要制度一样"，但"不能迷信考试，把它当作检查学习效果的唯一方法。要认真研究、试验，改进考试的内容和形式，使它完善起来。"[6]

2. "三个面向"是提高教育发展质量的标准

邓小平关于"教育要面向现代化，面向世界，面向未来"的思想理论，集

---

[1]《邓小平文选》第二卷，人民出版社1994年版，第103页。
[2]《邓小平文选》第三卷，人民出版社1993年版，第110页。
[3]《邓小平文选》第三卷，人民出版社1993年版，第110页。
[4]《邓小平文选》第二卷，人民出版社1994年版，第88页。
[5]《邓小平文选》第三卷，人民出版社1993年版，第111页。
[6]《邓小平文选》第二卷，人民出版社1994年版，第105页。

中体现了中国教育要为实现现代化战略目标、为迎接先进技术革命所带来的挑战、为中国未来发展服务的总体要求，也为中国教育发展质量树立了明确的标准。

教育面向现代化，就是一方面教育在发展战略方向上要面向现代化，也就是必须以经济建设为中心，并直接为经济建设服务，培养"具有高度科学文化水平的劳动者"，"造就宏大的又红又专的工人阶级知识分子队伍"[1]。另一方面，教育自身要适应现代化建设需要，① 以加强领导和增加教育投资作为保障。"各级党委和政府，对教育工作不仅要抓，并且要抓紧、抓好，严格要求，少讲空话，多干实事"[2]。② 要不断提高师资的素质，加强教师队伍建设，以适应现代化建设的需要。③ 教育内容必须现代化，"教材要反映出现代科学文化的先进水平要求"[3]。④ 教学方式、方法要现代化。⑤ 要改革教育体制和教学运行机制。

教育面向世界，就是要克服教育闭关锁国的思想观念，勇敢地走出国门，积极开展与世界各国的文化交流和教育往来，大胆地引进和吸收国外先进的教育思想、科学的管理方式和技术手段，努力培养出一大批适应中国对外开放、适应世界新技术革命发展形势、在国际上有竞争力的"开放型"人才，并促进教育本身不断国际化。

教育面向未来，就是要以长远的、战略的眼光培养人才，"培养训练专门家和劳动后备军"；教育"不但要看到近期的需要，而且必须预见到远期的需要；不但要依据生产建设发展的要求，而且必须充分估计到现代科学技术的发展趋势"[4]，以适应未来一定时期经济社会发展的需要。

（四）邓小平提高教育质量的技术手段

1. 抓好立足实用与保持先进相结合的教材建设基础

一是强调教材建设的关键性作用。教材的现代化，对整个教育工作来讲具有关键作用，是教育现代化的核心。如果只注重校舍、设备等"硬件"的投入，忽视教材这一"软件"的建设，教育改革是不会成功的。"文化大革命"中原有的中小学教材被全盘否定，教材混乱不堪，教材的质量低下，直接影响到学校的教育教学质量。1977年，恢复工作后的邓小平面对教育园地的荒芜景象，对

---

[1]《邓小平文选》第二卷，人民出版社1994年版，第104页。
[2]《邓小平文选》第三卷，人民出版社1993年版，第121页。
[3]《邓小平文选》第二卷，人民出版社1994年版，第55页。
[4]《邓小平文选》第二卷，人民出版社1994年版，第108页。

教育领域的诸多问题进行梳理,明确指出:"教育制度中有很多具体问题。……关键是教材。"[1]他把教材问题看作教育改革过程中的关键问题,明确提出要抓紧编写新教材。

二是保持教材的先进性。邓小平指出:"教材要反映出现代科学文化的先进水平。"[2]"教书非教最先进的内容不可"[3]。当今时代,在新的科技革命的推动下,科学技术发展迅猛异常,知识更新的周期缩短,为了跟上科学技术迅猛发展的步伐,教材的内容就需要不断更新。邓小平 1977 年说:"现在看来,同发达国家相比,我们的科学技术和教育整整落后了二十年。"[4]科技人才的培养,基础在教育。提高中小学教育,其关键的一点就是"用先进的科学知识来充实中小学的教育内容"[5]。邓小平关于教材内容的先进性的论述,抓住了中国教材建设的症结所在,反映了现代教育的客观要求,是尽快缩短中国在教材建设上与国外差距的良策。

三是注重教材的实用性。邓小平在谈到"教材要反映出现代科学文化的先进水平"的同时,特别指出"要符合我国的实际情况"[6],这体现了他一贯坚持实事求是、一切从实际出发的思想。学习、吸收外国的先进东西,不能简单地照抄照搬,而要结合中国的国情,加以改造创新。教材应适合于中国文化发展的现实水平和教育方针状况。邓小平指出教材的实用性的另一内容就是照顾到"中小学生所能接受的程度"[7]。这一点也非常重要。学生是学习活动的主体,教学内容和方法要适合于他们的心理和生理发展水平,有助于提高他们学习的积极性、主动性,促进他们知识和能力的发展。教材的编写"要符合我国的实际情况",明确指出了中国教材建设的出发点和归宿。

四是教材改革要从基础教育搞起。中小学教育是整个教育事业的基础,中小学的教材建设是整个教材建设的基础,因此"教材非从中小学抓起不可"[8]。正如邓小平所说:"我们要在科学技术上赶超世界先进水平,不但要提高高等教育质量,而且首先要提高中小学教育的质量,按照中小学生所能接受的程度,用先进的科学知识来充实中小学的教学内容。"[9]

---

[1]《邓小平文选》第二卷,人民出版社 1994 年版,第 55 页。
[2]《邓小平文选》第二卷,人民出版社 1994 年版,第 55 页。
[3]《邓小平文选》第二卷,人民出版社 1994 年版,第 69 页。
[4]《邓小平文选》第二卷,人民出版社 1994 年版,第 40 页。
[5]《邓小平文选》第二卷,人民出版社 1994 年版,第 104 页。
[6]《邓小平文选》第二卷,人民出版社 1994 年版,第 55 页。
[7]《邓小平文选》第二卷,人民出版社 1994 年版,第 104 页。
[8]《邓小平文选》第二卷,人民出版社 1994 年版,第 69 页。
[9]《邓小平文选》第二卷,人民出版社 1994 年版,第 104 页。

五是教材编写要照顾地区差异。由于中国幅员辽阔，各地经济、文化发展不平衡，这是编写教材时应注意的一个客观情况。如何处理好坚持统一基本要求和适应地区之间发展的不平衡性的关系呢？邓小平在 1958 年就注意到这一问题，并且提出了处理这一问题的方法："中小学教材可以组织各地去编，不一定要教育部自己关起门来搞。"[1]同时，他要求教育部注意总结各地编写教材的先进经验，并加以推广。实践证明，邓小平的这一方法至今仍然行之有效，收到了较好的教学效果。

2. 抓好基础教育是提高教育质量的关键

一是从教育发展战略高度强调要抓好中小学基础课教育质量。"现在小学一年级的娃娃，经过十几年的学校教育，将成为开创二十一世纪大业的生力军"[2]，所以，无论如何要保证有一批学生基础课学得好，否则将来要吃大亏。即在邓小平看来，中小学教育质量的好坏不仅影响教育效果，还会对以后的职业教育、高等教育产生负面影响，如果不能抓好中小学教育将来要吃大亏。

二是从基础教育目标方向高度，强调要抓好青少年思想政治的进步。"革命的理想，共产主义的品德，要从小开始培养。"[3]"有了共同的理想，也就有了铁的纪律。无论过去、现在和将来，这都是我们的真正优势。"[4]"我们希望从事教育工作的同志，各个有关部门的同志，整个社会的家家户户，都来关心青少年思想政治的进步，……我们要大力在青少年中提倡勤奋学习、遵守纪律、热爱劳动、助人为乐、艰苦奋斗、英勇对敌的革命风尚，把青少年培育成为忠于社会主义祖国、忠于无产阶级革命事业、忠于马克思列宁主义毛泽东思想的优秀人才，将来走上工作岗位，成为有很高的政治责任心和集体主义精神，有坚定的革命思想和实事求是、群众路线的工作作风，严守纪律，专心致志地为人民积极工作的劳动者。"[5]邓小平的这些思想理论，既符合教育发展的规律，也为教育发展的目标指明了方向。

三是就如何将基础教育落到实处给出了具体答案。邓小平首先强调了加强重点中小学建设、提高重点中小学教学质量对落实基础教育的重要性："为了加速造就人才和带动整个教育水平的提高，必须考虑集中力量加强重点大学和重点中小学的建设，尽快提高它们的教学水平和教学质量。"[6]"不但要提高高等

---

[1]《邓小平文选》第一卷，人民出版社 1994 年版，第 282 页。
[2]《邓小平文选》第三卷，人民出版社 1993 年版，第 120 页。
[3]《邓小平文选》第二卷，人民出版社 1994 年版，第 105 页。
[4]《邓小平文选》第三卷，人民出版社 1993 年版，第 144 页。
[5]《邓小平文选》第二卷，人民出版社 1994 年版，第 105~106 页。
[6]《邓小平文选》第二卷，人民出版社 1994 年版，第 108 页。

教育的质量，而且首先要提高中小学教育的质量，按照中小学学生所能接受的程度，用先进的科学知识来充实中小学的教育内容。"[1] "任何时候都不要忽略职业中学的教学质量问题"[2]，在考虑各级各类学校发展的比例时，要扩大农业中学、各种中等专业学校、技工学校的比例。邓小平的这些思想理论，是他关于发展教育要将普及与提高相结合思想理论的集中体现。

3. 改革教材内容和教学方式方法、抓好减轻学生课业负担合力整合是提高教育质量的重要途径

（1）改革教材内容和教学方式方法。

邓小平认为，要提高教学质量，一要高水平的教材，即教材既要反映出现代科学文化先进水平的要求，又要符合中国的实际情况，还要反映生产、生活实际。二要大力更新教学内容，改进教育手段，改革教学方法。三要鼓励学生参观、考察，亲自动手、手脑并用，和生产劳动相结合。四要减轻学生课业负担，"学生负担太重是不好的，今后仍然要采取有效措施来防止和纠正"[3]，"要恢复对学生课外活动的指导，……推动学生的全面发展"[4]，"要把学生的活动搞得生动活泼"[5]，要以"面向现代化、面向世界、面向未来"[6]为出发点，使受教育者成为"有理想、有道德、有文化、有纪律"[7]的人。

（2）抓好减轻学生课业负担合力整合。

第一，实施校内、校外两种资源整合。

通过校内校外资源整合，为学生课业减负提供系统的支持。① 就校内资源而言，要实现对学生课业负担的减轻，其前提是有充足的教育资源，满足广大学生学习的需要，更要满足千千万万家长的需求。特别是由于义务教育阶段教育资源的缺乏，以及由此而形成的所谓"重点学校""名牌学校""择校热"等使得广大家长和学生为了能够上重点学校而不断给自己加压，增加学习负担，从而使减负难以取得实质性的进展，因而需要优质、均衡发展义务教育，加强校内资源建设，不仅要为学生提供优质的物质条件保障，还要加强精神条件方面的开发与建设，努力满足人民群众对各级各类优质教育的需求，从根本上减负。② 就校外资源而言，综合利用校外有利于减轻中小学生课业负担的一切资

---

[1]《邓小平文选》第二卷，人民出版社1994年版，第104页。
[2]《邓小平文选》第一卷，人民出版社1994年版，第280页。
[3]《邓小平文选》第二卷，人民出版社1994年版，第104页。
[4]《邓小平文选》第二卷，人民出版社1994年版，第54页。
[5]《邓小平文选》第二卷，人民出版社1994年版，第55页。
[6]《邓小平文选》第三卷，人民出版社1993年版，第35页。
[7]《邓小平文选》第三卷，人民出版社1993年版，第110页。

源。如充分利用社会闲置资源，加强对社会资金的募集，从而为优质学校的建设提供物质方面的保障。同时，积极调动社会各方面的力量，为中小学生课业减负保驾护航。

第二，坚持提升政府、学校、家庭、社会的协同水平合力。

《国家中长期教育教学改革与发展规划纲要（2010—2020）》明确指出，减轻中小学生过重课业负担是全社会的共同责任，政府、学校、家庭、社会必须共同努力，标本兼治，综合治理。因此，减轻中小学生的课业负担，必须积极有效地加强政府、学校、家庭和社会四方面的联动，形成一股强大的合力。① 就政府方面而言，政府要加强对义务教育阶段经费的投入，建设优质的学校，满足家长和学生的教育需求；加强对减负工作的领导和管理；切实保证"减负令"的落实，加大对减负实施的监督等。② 就学校而言，要树立正确的教育理念，形成合理的人才观和学生观，不能仅以成绩、分数来衡量和评价学生，要实现学生的多元发展。同时，要加强学校内部的教育管理，大力实施素质教育，切实对减负形成有效监督，并形成一定的制度体系等。③ 就家庭而言，广大家长要转变教育理念，树立正确的人才培养观，切实配合学校减轻中小学生的课业负担，而不是给孩子报各种各样的培训班，加大学生的课业负担。同时，家长需要帮助孩子建立合理的作息制度，积极与孩子沟通，尊重孩子，肯定孩子，不仅减轻其身体上的负担还要卸去其心理上的负担，保证孩子健康活泼发展。④ 减轻中小学生课业负担，不仅需要政府、学校、家庭三方的努力，同时还要加强整个社会的积极联动、沟通，形成有效合力，才能切实减轻学生课业负担以及由此而形成的心理负担。

第三，着力教师、学生、课程、评价四个关键环节的改革。

一是着力教师因素对减轻中小学生课业负担的关键性作用。教师因素是减负这一系统的枢纽所在。课堂是减负的主战场，很多宏观和中观的减负对策只有通过教师的有效施行，才能真正减轻中小学生的课业负担。① 教师要转变观念，树立科学的教育观、人才观和质量观，认识到学生是有差异的、发展中的人，每一个学生都能成才。不能以一个标准、一个模式来衡量学生，更不能唯分数、成绩对待学生。② 教师要全面提高自己的素质，尤其是业务素质，改变过去教学中知识灌输、满堂灌、填鸭式的教学模式，使课堂教学过程生动有趣，实现教师和学生的资源生成和意义建构。③ 切实提高课堂教学质量，教师通过优化教学设计，合理安排教学流程，使课堂教学效果最优化，努力争取课堂上的问题当堂解决，从而减轻学生课后的作业负担。

二是着力中小学生课业负担减负的主体作用。减轻中小学生课业负担是为了实现学生的有效发展，而这个有效发展的主体是学生，如果学生本身就没有认识到自身的发展问题,那么,再多的减负对策、再多的努力也是无能为力的,因为减负的成效只有通过学生本人才能体现出来。因此,在学生方面,减轻中小学生课业负担,需要他们建立积极的自我认知,形成自我效能感,认识到自己是独特的、充满潜力的、有着无限发展空间的个人。同时,要发挥主观能动性,从各个渠道汲取知识,不仅立足于课堂,还要在课堂以外进行有效学习,发展健康的自我。

三是着力课程目标、课程内容、课程实施和课程评价四个方面的科学设置(计)。① 在课程目标设置方面,要充分了解学生的知识基础、能力基础和心理基础,明确学生的"最近发展区",切实符合学生的身心发展,从而通过教师的指导和学生的努力能够有效地实现课程目标,从而实现学生全面的、个性化的发展。② 在课程内容选择与设置方面,要对课程内容、教材等进行全面的审核,坚决删除难、繁、偏、旧的教学内容,改变过于注重书本知识、学科知识以及盲目增加课程内容提高课程难度的现状;改革课程设置,适当减轻课程难度,对相关课程进行有效整合;加强课程内容与社会现实以及学生的日常生活实践的有效结合,实现其知识和能力的增长;增加和有效施行综合实践课程和研究性课程。③ 在课程实施方面,改变传统教学中单向度的、机械的授受模式,形成教学过程中的多元、多向、多层、多群互动,实现师生创造力由潜在状态向现实的发展与转化。通过营造活泼轻松的课堂氛围,减轻学生的心理与精神负担,激发学生的求知兴趣,提高学生的课堂参与度,实现教学过程中的"基础性资源、互动性资源、生成性资源、原始性资源和方案性资源"生成。④ 在课程评价方面,充分发挥课程评价对减负的导向作用,课程评价的目的是通过学生对不同阶段的学习的检验,从而为教师的教学提供反馈,从而改进课程方案,最终实现学生的全面健康发展;切实减轻中小学生课业负担必须改变过去课程评价唯分数唯成绩的做法,实施多元评价,细化评价指标,增强评价的可操作性、过程性和发展性,以评价促进减负的有效施行。

四是着力运用评价来减轻中小学生课业负担。深入进行中小学生考试和评价制度改革,从导向上减负。① 加强作业和考试管理。在量上要根据各门学科的特点规定相应的作业量和考试次数,杜绝过去的题海战术、资料满天飞以及周考、月考、期中考、期末考的现象;在难度上要结合学生实际和课程具体特点,剔除偏题、怪题,适当降低难度,让大多数学生通过考试所获得的不仅仅是一个分数,更是对自我能力的一种积极肯定。② 在评价方面,要实施多元评价,如评价主体多元化,实行教师评、同学评、家长评、自我评相结合;评价内容多元化,不仅要关注学生的认知发展,还要注重学生在情感、态度、价值观等方面的进步;评价方式多元化,不仅要实行结果性评价,更要施行诊断性评价、过程性评价。通过多元化的评价淡化分数、成绩的重要性，减轻中小学生的课业负担，从而实现学生的多元化发展，真正成为"面向现代化、面向世界、面向未来""有理想、有道德、有文化、有纪律"的人。

4. 抓好教育投入管理、形成推动全社会尊师重教环境是提高教育质量不可或缺的推动力

一是强化对教育重要性的认识投入。由于教育自身具有周期长、间接性、迟效性和条件性等特点，因此，在中国现实社会中许多地区、部门的领导，片面以"经济"为中心，搞"短期行为"，只抓容易见成效、见政绩的建设项目，忽视或不愿抓教育，导致教学设备欠缺，师资不稳，从而影响教育质量。对此，邓小平指出，教育事业，绝不只是教育部门的事，各级党委要认真地作为大事来抓，各行各业都要来支持教育事业，大力兴办教育事业；要保证原有的教学质量，不能因为节约经费而影响教学质量，如果教学质量降低了，过几年就能看出来，那时大学招生就会发生困难。邓小平还语重心长地说，忽视教育的领导者，是缺乏远见的、不成熟的领导者，就领导不了现代化建设。他要求各级领导要像抓好经济工作那样抓好教育工作，要为全面提高教育质量切实地负起责任来。

二是尊重教师的劳动，提高教师的质量。邓小平认为，培养合格人才的关键在教师。他指出，只有教师教得好，学生才能学得好。因此，要加强师资培训工作，提高教师地位，形成不但学生应该尊重教师，整个社会都应该尊重教师的局面。一要提高教师待遇，倡导尊师重教，使教师安心本职工作，使教师职业成为最受人尊敬、最令人羡慕的职业。二要加强教师队伍建设，要加强师资培训工作，如充分利用广播、电视，举办各种训练班、进修班，编印教学参考资料等，大力培训师资，使广大教师在政治上、业务上不断提高，沿着又红又专的道路前进。

三是加强管理，提高教育质量。邓小平非常重视管理，认为这是提高教育质量、多出人才、出好人才的重要一环。为此，他提出，管理者要提高自身素质，树立领导就是服务的观念。他再三表态：自己愿意给教育、科技部门的同志当后勤部长。他提出要实行科学管理，人尽其才，物尽其用。此外，他还强调要牢记学校以教学为中心、德育放首位的宗旨，使财物真正用在提高教育质量上。

三、邓小平坚持抓好成人教育的理论与实践

成人教育是通过业余、脱产或半脱产的途径对成人进行的教育，是学校教育的继续、补充和延伸，是终身教育的组成部分。

（一）邓小平对成人职业培训和继续教育的重视

当代科学技术的发展迅猛异常，知识的总量急剧增长，而且随着科学技术新成果的迅速出现，从科学的发明、发现到应用的周期的缩短，导致科技知识陈旧周期也相应缩短。工业发达国家的实践表明，个人的知识90%是在工作中通过继续教育获得的，因此，接受继续教育、终身培训、与时俱进的自学，才能适应科学技术不断发展变化的新形势。这也是继续教育、职业培训、终身自学引起世界各国的重视，成为在新技术革命条件下开发劳动者智力的重要手段之一的根本原因。

在1979年，在中国公交系统的2000多万职工中，初中以下文化程度的占到80%；1982年全国人口普查统计，在10亿人口中，受过高等教育的（包括在校学生）只有600万人，占总人口的0.6%，而文盲、半文盲却有2.3亿多人，占总人口的23%。面对世界经济、科技飞速发展的形势，邓小平明确指出：对于岗位和职业培训问题，我们长期都没有重视，现在再不特别重视，就不可能进行现代化建设。1983年3月2日，他在视察了江苏等地回到北京后，与几位中央负责同志谈到："智力开发是很重要的，我说的是包括职工教育在内的智力开发，要更好地注意这个问题。"[1]同年6月18日，他再次提出进行四化建设的关键是知识问题，强调智力开发是中国投资的重点之一。

搞经济建设，劳动者无论在什么岗位上，都要有一定的专业知识和专业能力。因此，邓小平认为，面对知识更新速度加快的普遍趋势，除了通过普及国民基础教育和加强职业技术教育，培育新型的劳动后备力量外，还要进行职业培训和继续教育，这是进一步提高劳动者素质的有效途径，并指出提高劳动者素质的"办法就是学。一个是办学校、办训练班进行教学，一个是自学"[2]，要求"没有的要学，有的要继续学"[3]。

邓小平所讲的职业培训、继续教育、自觉学习，并不限于简单生产操作的范围，而是包括政治水平、文化水平、技术水平和经营管理水平等在内的整体素质水平的提高。同时，他还极富远见地认为这种培训、教育、自学并不是一种权宜之计，而应成为一种有计划的活动。他要求人们充分理解这种培训的重大意义，"逐步把这种培训变为适用于全体干部和工人的经常制度"[4]。这一观点对于发展成人继续教育等类型的教育具有重要的指导意义。

---

[1]《邓小平文选》第三卷，人民出版社1993年版，第26页。
[2]《邓小平文选》第二卷，人民出版社1994年版，第263页。
[3]《邓小平文选》第二卷，人民出版社1994年版，第262页。
[4]《邓小平文选》第二卷，人民出版社1994年版，第361~362页。

（二）邓小平的成人教育理论

1. 成人教育是提高劳动者素质的基本途径

"为了培养社会主义建设需要的合格的人才,我们必须认真研究在新的条件下,如何更好地贯彻教育与生产劳动相结合的方针。"因为"无论是脱离生产劳动的教学和教育,或是没有同时进行教学和教育的生产劳动,都不能达到现代技术水平和科学知识现状所要求的高度"。[1]邓小平这一教育思想理论极大地提高了全党全社会对成人教育的认识和重视程度,从而加速了成人教育事业的发展。1985年中共中央《关于教育体制改革的决定》指出成人教育是中国教育事业的重要组成部分,1987年国务院批转的《关于改革和发展成人教育的决定》指出:"成人教育是当代社会经济和科学技术进步的必要条件,成人教育主要是对已经走上各种生产或工作岗位的人员进行的教育,能够直接有效地提高劳动者和工作人员的素质,从而可以直接提高经济效益和工作效率。同时,对于培养有理想、有道德、有文化、有纪律的社会主义公民,成人教育也有着直接的作用。"1992年邓小平视察南方发表重要谈话以后,全国掀起了新的思想解放的热潮,党中央、国务院转发了《国家教委关于进一步改革和发展成人高等教育的意见》,从而使中国成人教育在扫盲工作、岗位培训、学历教育、体制改革、提高办学质量等方面均取得了辉煌的成就。1993年《中国教育改革和发展纲要》指出,成人教育是由传统学校教育向终身教育发展的一种新型教育制度;1995年《中华人民共和国教育法》第十条规定:国家实行成人教育制度。同时,党和国家还相继颁布了《关于加强职工教育工作的决定》《社会力量办学条例》。邓小平发展成人教育的这些思想理论主张,为提高整个中国特色社会主义建设队伍的劳动者素质指明了基本途径,是功在千秋的战略之举。

2. 成人教育是构建学习型社会的有效途径

邓小平指出:"工人一分钟也不会忘记自己需要知识的力量。没有知识,工人就无法自卫;有了知识,工人就有了力量。这个真理在今天更加显出它的重要性"[2];农业发展一靠政策、二靠科学,提高农作物单产,发展多种经营,改革耕作栽培方法,解决农村能源,保护生态环境等,都要靠科学,不能只靠传统的耕作方式,要学文化、学科学,实现多种经营,采用科学种植的方法,提高农业劳动生产率;当前大多数干部要着重抓紧三个方面的学习:"一个是学经济学,一个是学科学技术,一个是学管理。学习好,才可能领导好高速度、高水平

---

[1]《邓小平文选》第二卷,人民出版社1994年版,第107页。
[2]《邓小平文选》第二卷,人民出版社1994年版,第104页。

的社会主义现代化建设。"[1] "在不断出现的新问题面前,我们党总是要学,我们共产党人总是要学,我们中国人民总是要学。谁也不能安于落后,落后就不能生存。"[2]这些论述和要求都表明:邓小平对全党、全国人民、各级干部提出的学习要求,正是今天构建学习型社会对全社会提出的要求,是他的高瞻远瞩所在。

3. 成人教育的内容、对象和形式

(1) 成人教育的内容对象。

① 职工教育。邓小平指出:"就长远来说,工人教育应以文化技术为主,就目前情况来说,仍应着重政治教育,同时注意文化技术教育。"[3] "工人阶级要用最大的努力来掌握现代化的技术知识和现代化的管理知识。"[4] "提高他们的政治水平、文化水平、技术水平、经营管理水平。"[5] "智力开发是很重要的。我说的是包括职工教育在内的智力开发,要更好地注意这个问题。"[6]② 农民教育。邓小平认为:"农村大队俱乐部一定要在党的领导下由团组织来掌握,一定要占领这块阵地。在俱乐部中可以组织读书等活动"[7];必须加强农村的科普和教育工作,必须加强农业科学研究和人才培养,以提高农作物单产、发展多种经营、改革耕种栽培方法、解决农村能源、保护生态环境等。因为,"农业问题的出路,最终要由生物工程来解决,要靠尖端技术"[8],"要大力加强农业科学研究和人才培养,切实组织农业科学重点项目攻关"。[9]③ 干部教育。邓小平认为:"根本的是要学习马列主义、毛泽东思想,要努力把马克思主义的普遍原则同我国实现四个现代化的具体实践结合起来。当前大多数干部还要着重抓紧三个方面的学习:一个是学经济学,一个是学科学技术,一个是学管理。学习好,才可能领导好高速度、高水平的社会主义现代化建设。从实践中学,从书本上学,从自己和人家的经验教训中学。"[10]④ 军人教育。"提高军队的素质,提高军队的战斗力,还不是要从教育训练着手?"[11] "把军队办成一个大学校,使干部既学到现代战争知识,又学到现代科学知识和生产知识,还要学

---

[1]《邓小平文选》第二卷,人民出版社1994年版,第153页。
[2]《邓小平文选》第二卷,人民出版社1994年版,第270页。
[3]《邓小平文选》第一卷,人民出版社1994年版,第179页。
[4]《邓小平文选》第二卷,人民出版社1994年版,第136页。
[5]《邓小平文选》第二卷,人民出版社1994年版,第361页。
[6]《邓小平文选》第三卷,人民出版社1993年版,第26页。
[7]《邓小平年谱》(1904—1974),中央文献出版社2009年版,第1874页。
[8]《邓小平文选》第三卷,人民出版社1993年版,第275页。
[9]《邓小平文选》第三卷,人民出版社1993年版,第23页。
[10]《邓小平文选》第二卷,人民出版社1994年版,第153页。
[11]《邓小平文选》第二卷,人民出版社1994年版,第60页。

会做政治工作和管理工作。这样，我们的军队干部既能在军队建设中发挥作用，到地方上也能发挥作用，打起仗来，又可以在战争中发挥作用，就成为军队和地方都合用的干部。"[1] "要根据地方需要，按专业办训练班、速成学校等培训干部。"[2] "对战士的教育训练要做到一兵多能。要学政治、学军事、学技术，还要学点数理化，学点工农业知识，学点外语"[3]，要为干部战士转业复员到地方工作创造条件。广大官兵在学习和掌握打仗本领的同时，要学习与掌握搞中国特色社会主义建设的本领，这不仅能形成新的战斗力，而且也将再生产更高水平的劳动力，从而在更高层次上变消耗型国防为增值型国防。

（2）成人教育的内容形式。

主要包括五个方面：一是岗位职务培训；二是基础教育的补课；三是成人高等教育（主要是大专）和中专教育，也就是学历教育；四是新技能、新知识的继续教育；五是社会文化生活教育。邓小平认为，中国地域辽阔，需要接受成人教育的人口众多，然而教育资源有限，成人教育也要像普通学校教育那样贯彻"两条腿走路"的方针，即要走普及与提高之路，"就高等教育来说，大专院校是一条腿，各种半工半读的和业余的大学是一条腿，两条腿走路"[4]。

（三）邓小平成人教育的基本要求

1. 成人教育必须理论联系实际

坚持理论联系实际，做到学以致用是时代赋予教育的职责，它既是成人教育的出发点，又是成人教育的目的，也是邓小平成人教育思想理论的一个明显特点。1978年，在全国教育工作会议上，邓小平指出："现代经济和技术的迅速发展……要求我们在教育与生产劳动结合的内容上、方法上不断有新的发展。"同时，这也是"培养理论与实际结合、学用一致、全面发展的新人的根本途径"，"是整个教育事业必须同国民经济发展的要求相适应。不然，学生学的和将来要从事的职业不相适应，学非所用，用非所学，岂不是从根本上破坏了教育与生产劳动相结合的方针？那又怎么可能调动学生学习和劳动的积极性，怎么可能满足新的历史时期向教育工作提出的巨大要求？"[5]邓小平的这些思想理论，特别强调了教育与社会主义市场经济之间的相互作用，阐述教育与生产劳动相结合是大工业生产提出的客观要求，是教育与生产劳动从分离走向结

---

[1]《邓小平文选》第二卷，人民出版社1994年版，第79页。
[2]《邓小平文选》第二卷，人民出版社1994年版，第287页。
[3]《邓小平文选》第二卷，人民出版社1994年版，第80页。
[4]《邓小平文选》第二卷，人民出版社1994年版，第54页。
[5]《邓小平文选》第二卷，人民出版社1994年版，第107~108页。

合的必然趋势，是实现人的全面发展的唯一途径。根据邓小平的指示，国家教委在《关于改革和发展成人教育的决定》中指出，成人教育要从中国国情出发，贯彻学习与工作、生产的实际需要相结合的讲求实效的原则。要按照成人学习的特点，采取多种办学形式和灵活多样的教学方法，不断提高教育质量。

2. 成人教育应直接有效地为社会主义经济建设服务

成人教育是社会劳动力再生产特殊形式的教育，它同政治、经济、社会的关系密不可分，具有普通教育不可替代的作用。国家教委《关于进一步改革和发展成人教育的意见》指出："作为对各类高中后在职、从业人员进行多种教育的成人高等教育，担负着直接有效地为社会主义建设服务，促进生产力发展的艰巨任务和重要责任。"成人教育必须坚持直接有效地为现代化建设服务的方向，坚持以岗位培训和继续教育为重点，提高劳动者尤其是广大职工、农民等的素质；成人教育发展目标的确立和组织实施、发展规模、速度、结构以及人才培养的规格等都必须与社会经济结构和社会生产力发展水平相适应。随着经济结构、技术结构和城乡结构的大调整以及知识老化周期的加速，大量职工再就业需要培训，为此，职工教育必须适应并满足劳动力转移所产生的教育需求，搞好职业培训，拓宽就业门路，推进再就业工程，对新增劳动力和在职人员进行多样化的教育培训（其中包括再就业培训），培养大批高素质劳动者和初中级技术人才，促进经济发展。针对农村地域广、青壮年文盲较多及农村成人教育较薄弱的状况，尤其要加大教育为农业和农村工作服务的力度，要特别重视教育为农业和农村工作服务的问题，大力发展农村成人教育，深化农科教结合和各类教育统筹的综合改革，对农村地区义务教育毕业生或肄业生进行生产致富的实用技术的培训和创业教育，为乡镇企业和农村产业升级提供高质量的、合格的技术人才和管理人才。

3. 贯彻党的教育方针是历史赋予成人教育的使命

"历史上的生产资料，都是同一定的科学技术相结合的；同样，历史上的劳动力，也都是掌握了一定的科学技术知识的劳动力。"[1]劳动力的培养离不开教育，教育是科学技术转化为生产力的中介，科学技术要成为现实的生产力，必须靠人把科学知识应用于生产实践，物化为劳动者的劳动技能和劳动工具，这就需要通过教育传递科学知识，提高劳动者的科学文化水平。邓小平关于经济是中心、科技是关键、教育是基础的思想理论，揭示了教育与经济发展的本质关系，为确立教育在经济发展中的重要地位奠定了理论基础。在高等教育实现

---

[1]《邓小平文选》第二卷，人民出版社1994年版，第88页。

大众化的进程中，以函授、夜大学、自学考试为主的成人教育发挥着不可替代的作用。因为成人教育涉及的教育面广——学校教育外的全体大众；内容丰富、层次多样——从扫盲教育和基础教育补课到成人中等及高等学历教育，再到岗位培训和大学后继续教育、社会生活教育等；成人教育在培养专门人才，培训从业人员、提高国民素质、巩固政治基础、推动经济社会发展等方面具有不可替代的重要作用。所以，贯彻党的教育方针，培养德智体全面发展的社会主义接班人，既是时代和经济发展对成人教育的要求，也是历史赋予成人教育的责任。

4. 成人教育是构建社会主义和谐社会的客观要求

构建社会主义和谐社会是中国共产党顺应历史发展变化，全面落实科学发展观，实现"两个一百年"奋斗目标，加快中华民族复兴进程的必然要求。社会主义和谐社会是民主法治、公平正义、诚信友爱、充满活力、安定有序、人与自然和谐相处的社会。构建社会主义和谐社会，最重要的是要提高全民族的素质，使人人享有平等的教育权利。而在现阶段中国的教育资源以及经济发展状况，还不足以使每一个适龄人都能在学校享有平等的教育机会（尤其是继义务教育之后的中等以上的教育）。这就既给成人教育提供了发展的机遇，又给成人教育提出了新的发展要求。抓住机遇，积极发展各种形式、各类层次的成人教育，创建学习型社会，以满足不同社会群体的不同需要，为构建社会主义和谐社会提供与时俱进的国民素质；成人教育即是促进中国社会个体全面发展的有效方式。

5. 成人教育的目的是培养"三个面向"的"四有"人才

"教育要面向现代化，面向世界，面向未来"[1]，是邓小平教育理论体系的精髓。它要求教育不仅要着眼于现在，而且要面向未来；不仅要立足国内，而且要放眼世界；"教育人民成为'四有'人民，教育干部成为'四有'干部。'四有'就是有理想、有道德、有文化、有纪律"[2]是邓小平培养社会主义新人的标准。根据成人教育贴近生活，反映经济建设和社会发展需要的特点，深化成人教育体制改革，培养中国经济社会需要的"三个面向"的"四有"社会主义人才；主动适应世界需要、与国际接轨，通过国际间的交流与合作，吸收、消化并引进国外先进的教育思想、管理方法、技术手段，培养能参与国际竞争的"三个面向"的"四有"人才，是成人教育的目的。

---

[1]《邓小平文选》第三卷，人民出版社1993年版，第35页。
[2]《邓小平文选》第三卷，人民出版社1993年版，第205页。

四、邓小平坚持抓好青年教育的理论与实践

邓小平指出,青少年是祖国的未来,科学的希望;青年一代的成长,是我们中国事业兴旺发达的希望所在;把劳动和教育结合起来,是培养具有共产主义品德和真实本领的年青一代的根本出路;让更多的年轻人成长起来,我们就放心了。

(一)邓小平决不能放松青年教育的理论与实践

1. 青年是革命建设大业的未来

列宁认为,我们党是未来的党,而未来属于青年的。毛泽东也早在1957年接见中国留学苏联人员时就指出,世界是你们的,也是我们的,但是归根结底还是你们的;你们青年人朝气蓬勃,正在兴旺时期,好像早晨八九点钟的太阳,希望寄托在你们身上。作为第一代领导集体的重要成员之一、第二代领导核心的邓小平,继承和发扬了列宁、毛泽东的思想,把青年教育作为重中之重。他多次谈到,要教育好我们的人民,尤其是青年;抓住了青年就抓住了未来,如1949年9月,他在西南服务团团员作中国青年与党的关系的报告时指出:"青年是我们的未来,革命事业要靠年轻一代去完成。没有青年进来,就好像人缺乏新鲜血液一样。所以,无论对国家,对一个革命政党来说,青年是重要的。"[1]1964年1月21日,他在全军政治工作会议上的报告就指出:"不要着眼于个人得失,而要着眼于怎样培养后一代,让比较年轻一点的、政治思想好的共产主义者来接班。因为我们总是要比他们早见马克思的,我们看到他们在比较重要的岗位上成长起来,没有变质,也看到他们带后代,这有多么好啊!"[2]1978年3月,邓小平在全国科学大会开幕式上的讲话中指出:"科学的未来在于青年。青年一代的成长,正是我们事业兴旺发达的希望所在。"[3]1979年9月27日,邓小平为中国科协等部门举办的全国青少年科技作品展览题词"青少年是祖国的未来,科学的希望"[4]。1983年10月,邓小平为景山学校题词中要求教育要"面向未来"就是要着眼未来,把青年培养成祖国建设的未来人才。邓小平认识到,青年的价值不仅在于他们作为一个特殊年龄阶段和发展历程代表着人类未来的面貌,而且在于他们对社会构成日益突出的巨大作用。未来属于青年,谁重视

---

[1]《邓小平年谱》(1904—1974),中央文献出版社2009年版,第843页。
[2]《邓小平文集》(下),人民出版社,2014年版,第182页。
[3]《邓小平文选》第二卷,人民出版社1994年版,第94页。
[4]《邓小平年谱》(1975—1997),中央文献出版社2004年版,第560页。

青年就赢得了未来。反之，谁忽视了青年、失去了青年，谁就失去了未来。这是马克思主义的青年观。

现在中国处于社会主义初级阶段，中国特色的社会主义刚起步，虽然经过三十多年的改革开放，我们取得了前所未有的成绩，解决了人民的温饱问题，也较好地改变了国家的形象，但是，要实现共产主义，道路还很遥远，与发达的资本主义国家相比，也还有很大的距离。邓小平作为一位坚定的马克思主义者，他十分清楚前进道路上的曲折坎坷。"我们要在建设有中国特色的社会主义道路上继续前进"，"我们肩膀上的担子重，责任大啊！"[1]因此，培养"接班人"就显得尤为重要。1992年，88岁高龄的邓小平在南方谈话时仍念念不忘这件事，语重心长地讲，中国共产党"十一届三中全会确立的这条中国的发展路线，是否能够坚持得住，要靠大家努力，特别要教育后代"，"要选人，人选好了，帮助培养，让更多的年轻人成长起来。他们成长起来，我们就放心了"。[2]这里，邓小平既强调了接班人的重要性，又强调了紧迫性。

2. 青年是革命和建设的"闯将"

青年是处于人生特殊年龄段的一个特殊群体，"是解放劳动人民不可缺少的一部分力量"[3]，"脑子灵活，记忆力强"[4]，有着敢想敢干、富于创新、勇于开拓的"闯劲"，是革命和建设的一支不可替代的生力军和突击队。"世界科学发展史说明，在科学领域里做出杰出贡献的往往是中年人和青年人"[5]。翻开我党我军的历史，一批批优秀的中华儿女，他们风华正茂，意气风发，从参加革命那天起就立志献身于革命，要打破旧世界，寻找救国救民的真理，邓小平就是其中之一，他和他的战友们一道浴血奋战，建立了中华人民共和国。新中国第一代领导集体的成员在长期的革命斗争实践中，形成了"自己的光荣的革命传统"，那就是"不怕牺牲，不怕困难，不怕吃苦，热爱劳动，遵守纪律"[6]。"干革命，搞建设，都要有一批勇于思考、勇于探索、勇于创新的闯将。没有这样一大批闯将，我们就无法摆脱贫穷落后的状况，就无法赶上更谈不到超过国际先进水平"[7]。当今，世界的发展引入了快车道，变化日新月异，科研领域一日千里，虽然中国发展速度较快，但脱贫还需要一个阶段，赶上以致超过发

---

[1]《邓小平文选》第三卷，人民出版社1993年版，第383页。
[2]《邓小平文选》第三卷，人民出版社1993年版，第381页。
[3]《邓小平年谱》(1904—1974)，中央文献出版社2009年版，第843页。
[4]《邓小平文选》第二卷，人民出版社1994年版，第32页。
[5]《邓小平年谱》(1975—1997)，中央文献出版社2004年版，第575页。
[6]《邓小平文选》第一卷，人民出版社1994年版，第278页。
[7]《邓小平文选》第二卷，人民出版社1994年版，第143页。

达的资本主义国家,不说是万里长征,起码也要相当长的时间。中国不能安于落后,客观上要求必须储备一大批有"闯劲的青年",这是时代的昭示。邓小平站在历史发展的前沿,及时地提出要有闯的精神、冒的精神,鼓励青年凡是看准了的,就要大胆地试,大胆地闯。

3. 青年干部是党和国家干部队伍的活力

干部队伍要年轻化,要有活力与朝气,是邓小平一生中都很关心的话题之一。在他的文选一至三卷中,尤其在第二、三卷关于干部队伍年轻化以及关于优化领导体制结构的篇幅中的有关论述,是他长期从事革命和建设的经验或者说他的切身体会与感悟。纵观他的一生,"二十几岁就做大官了"[1],担任总书记时也不过五十二岁。在中华人民共和国成立初期,国民经济迅速得到恢复,这与党的第一代领导集体普遍年轻、领导干部结构合理有很大的关系。中国进入社会主义建设时期,干部队伍结构出现了新变化,尤其在"文化大革命"中,既错过了老干部发挥作用的最佳时期,也耽搁了青年干部的培养时间。"四人帮"倒台后,许多老干部平反回到了工作岗位,但由于受"四人帮"的长期迫害,他们年龄大了、身体弱了、精力也不足了,整个干部队伍非常老化。邓小平当时就敏锐地指出:"最近一年多来,我们把许多冤案、假案、错案处理了,好多老同志回到原来的工作岗位或担负相当原来职务的工作,这在前一段是必要的。但现在各级领导班子岁数太大,精力不够。"[2] "我们干部老化的情况不说十分严重,至少有九分半严重。这个问题不解决,我们的国家、我们的党就缺乏活力。"[3]因此,邓小平高屋建瓴地提出要尽快实现干部队伍的革命化、年轻化、知识化、专业化,实现新老交替。同时提出了培养教育接班人的战略设想,目的就是要使干部队伍结构合理,保持其连续性,保持党和国家的活力。他希望在青年中培养出"一大批三四十岁的优秀的政治家、经济管理家、军事家、外交家就好了。同样,我们也希望中国出现一大批三四十岁的优秀的科学家、教育家、文学家和其他各种专家"[4]。

4. 青年是各种势力争夺的目标

青年人富有朝气,代表着未来,但他们又缺乏应有的社会经验,阅历较浅,世界观尚未确立,易被各种非无产阶级思想所侵蚀,处于"游摆状态"。在阶级

---

[1]《邓小平文选》第三卷,人民出版社1993年版,第381页。
[2]《邓小平文选》第二卷,人民出版社1994年版,第191~192页。
[3]《邓小平文选》第三卷,人民出版社1993年版,第5页。
[4]《邓小平文选》第三卷,人民出版社1993年版,第179页。

社会里,各种势力斗争的焦点总是会指向青年,青年成为各种势力进攻的目标和想培养的代言人。中华人民共和国成立后,国内外的敌对势力一天也没有放松对青年一代的争夺,不断采用"和平演变"的方式拉拢青年,妄图搞垮中国。毛泽东早就意识到这一点并指出,努力培养和造就社会主义事业的接班人是我们事业的百年大计、千年大计、万年大计;同时,他也十分清楚地看到了争夺青年斗争的长期性和艰巨性。中国实行改革开放以后,国内外敌对势力趁机搞小动作,在我们中国后代的身上打主意,特别是20世纪90年代初期,社会主义处于低潮,西方势力活动更加猖獗,明目张胆地与我们党和国家争夺青年,竭力把我们的青年培养成他们的力量,企图从内部摧毁我们的堡垒。作为第二代领导核心的邓小平非常清醒地认识到,争夺青年一代对中国特色社会主义建设的极端重要性。他指出:"要特别教育我们的下一代下两代,一定要树立共产主义的远大理想。一定不能让我们的青少年作资本主义腐朽思想的俘虏,那绝对不行。"[1]"现在我们搞经济改革,仍然要坚持社会主义道路,坚持共产主义的远大理想,年轻一代尤其要懂得这一点"[2]。1986年国内出现了资产阶级自由化思潮,邓小平旗帜鲜明地提出"要向青年进行有理想、有纪律的教育"。针对有些"青年崇拜西方的所谓自由,但什么叫自由他们并不懂"的情况,提出"要使他们懂得自由和纪律的关系"[3],"要用历史教育青年"[4]。基于此,邓小平提出青少年教育要面向未来,要把青年培养成有理想、有道德、有文化、有纪律的青年,要始终把我们的青年教育好,要把接班人的培养教育作为领导干部的政治交代。

(二)邓小平青年教育原则、主题、内容、要求的理论与实践

1. 教育青年永远跟党走

一是坚持党的领导是指导青年工作的根本原则。邓小平指出:"党领导一切,是一切问题根本的根本。"[5]邓小平一再强调要对青年加强思想政治教育,要引导青年坚持四项基本原则,引导青年永远跟党走,并指出:"没有共产党的领导,肯定会天下大乱,四分五裂。历史事实证明了这一点。"[6]"事实上,离开了中国共产党的领导,谁来组织社会主义的经济、政治、军事和文化?谁来组织中

---

[1]《邓小平文选》第三卷,人民出版社1993年版,第111页。
[2]《邓小平文选》第三卷,人民出版社1993年版,第116页。
[3]《邓小平文选》第三卷,人民出版社1993年版,第191页。
[4]《邓小平文选》第三卷,人民出版社1993年版,第206页。
[5]《邓小平年谱》(1904—1975),中央文献出版社2009年版,第1440页。
[6]《邓小平文选》第二卷,人民出版社1994年版,第391页。

国的四个现代化？"[1]在今天的中国，决不应该离开中国共产党的领导而歌颂群众的自发性。针对改革开放之初极少数人利用各种名义散布否定中国共产党、否定社会主义言论的现象，在青年中间造成了某种思想混乱，邓小平强调指出："我们也必须教育全党同志务必注意提高警惕，照顾大局，在中央的领导下团结一致，即要继续解放思想，坚决发扬民主，调动一切积极因素，又要努力克服一小部分群众特别是一小部分青年中间的思想混乱。"[2]1981年7月，邓小平同中央宣传部的负责同志王任重、周扬等谈话时郑重指出，青年涉世不深、对历史不了解，容易受到误导，因而宣传部门对青年"一定要注意引导，不好好引导就会害了他们"[3]，并特别强调这是宣传部门的重要任务。

二是坚持党的领导是在总结经验教训中得出的科学结论。邓小平在1979年党的理论工作务虚会上提出，实现四个现代化必须坚持四项基本原则，并多次指出"四个坚持中最核心的是党的领导和社会主义"[4]。20世纪80年代中后期，由于思想战线的软弱无力，中国青年工作出现了一些波折，给我们国家和青年事业都造成了损失，邓小平及时总结了经验和教训。他说，我们的错误"就是坚持四项基本原则还不够一贯，没有把它作为基本思想来教育人民，教育学生，教育全体干部和共产党员"[5]。1989年9月16日，邓小平会见美籍华人学者李政道教授时指出，十年来，"我们最大的失误在教育，对年轻娃娃、青年学生教育不够。"[6]他所指的教育就是思想政治教育、引导青年跟党走的教育。他说："没有中国共产党，不进行新民主主义革命和社会主义革命，不建立社会主义制度，今天我们的国家还会是旧中国的样子。我们能够取得现在这样的成就，都是同中国共产党的领导、同毛泽东同志的领导分不开的。恰恰在这个问题上，我们的许多青年缺乏了解。"[7]对于1989年春夏之交的那场政治风波，邓小平尖锐地指出："这次发生的事件说明，是否坚持社会主义道路和党的领导是个要害。"[8]1990年2月，在会见前来参加香港基本法大会的霍英东时，他再次指出，通过这件事，我们看出来，"中国不搞四个坚持就团结不起来，也不会发展。搞改革开放，四个坚持，我们搞对了"。他说，四个坚持不能丢，没有四个坚持，中国就乱了。1993年9月，邓小平与弟弟邓垦回顾改革开放以来的

---

[1]《邓小平文选》第二卷，人民出版社1994年版，第170页。
[2]《邓小平文选》第二卷，人民出版社1994年版，第175页。
[3]《邓小平文选》第二卷，人民出版社1994年版，第391页。
[4]《邓小平文选》第三卷，人民出版社1993年版，第324页。
[5]《邓小平文选》第三卷，人民出版社1993年版，第305页。
[6]《邓小平文选》第三卷，人民出版社1993年版，第327页。
[7]《邓小平文选》第二卷，人民出版社1994年版，第299页。
[8]《邓小平年谱》(1975—1997)，中央文献出版社2004年版，第1281页。

经验和教训时说，改革开放之初提出的四个坚持被证明是对的，特别是党的领导一项，没有这些会出大问题。"在改革开放的同时，搞好四个坚持，我是打下个基础，这个话不是空的。""四个坚持集中表现在党的领导"，"党的领导是个优越性。"[1]这是对改革开放以来整个党和国家工作特别是中国青年工作的经验和教训进行深刻总结得出的科学论断。

三是坚持党的领导为改革开放背景下中国青年工作的健康发展指明了方向。江泽民在坚持邓小平教育青年永远跟党走是青年工作根本原则的基础上，在纪念建团80周年的大会上向全体青年强调指出："中国青年运动八十年的生动实践告诉我们，一切有理想有抱负的中国青年，只有在中国共产党领导下，同人民紧密结合，为祖国奉献青春，才能大有作为。这是总结中国青年运动得出的必然结论，也是当代中国青年运动必须坚持的正确方向。"[2]2012年五四青年节，胡锦涛在纪念建团九十周年大会上进一步将"必须始终坚持中国共产党的领导"作为总结90周年来青年运动的首条规律概括出来，并指出："一部中国青年运动史，说到底，就是一部广大青年在党的领导下不懈奋斗的历史。"他号召广大青年继续沿着正确的方向前进，指出："只有坚持党的领导，广大青年才能朝着正确方向奋勇前进，中国青年运动才能沿着正确道路蓬勃发展。"[3]

2. 教育青年对我们的国家要热爱，让我们的国家发达起来

一是要教育青年要热爱祖国和人民，提高民族自尊心的自豪感。"必须发扬爱国主义精神，提高民族自尊心和民族自信心。否则我们就不可能建设社会主义，就会被种种资本主义势力所侵蚀腐化。"[4]"有人说不爱社会主义不等于不爱国。难道祖国是抽象的吗？不爱共产党领导的社会主义的新中国，爱什么呢"[5]"中国人民有自己的民族自尊心和自豪感，以热爱祖国、贡献全部力量建设社会主义祖国为最大光荣，以损害社会主义祖国利益、尊严和荣誉为最大耻辱。"[6]"国格"是邓小平的一个发明，他常教育青年要注意国家的"国格"，要自觉维护中国的利益和形象，珍惜祖国的独立和自主。他说："像我们这样第三世界的发展中国家，没有民族自尊心，不珍惜自己民族的独立，国家是立不起来的。"[7]20世纪80年代初，针对当时社会上出现的"个人利益至上""一

---

[1]《邓小平年谱》(1975—1997)，中央文献出版社2004年版，第1363-1364页。
[2]《江泽民文选》第三卷，人民出版社2006年版，第481～482页。
[3]《人民日报》，2012-05-05。
[4]《邓小平文选》第二卷，人民出版社1994年版，第369页。
[5]《邓小平文选》第二卷，人民出版社1994年版，第392页。
[6]《邓小平文选》第三卷，人民出版社1993年版，第3页。
[7]《邓小平文选》第三卷，人民出版社1993年版，第331页。

切向钱看"的歪风，甚至有些人向国外出卖人格时，邓小平非常生气，他说："由于对少数青少年的教育和管理不够，也出现了一些不健康的现象。一些青年男女盲目地羡慕资本主义国家，有些人在同外国人交往中甚至不顾自己的国格和人格。这种情况必须引起我们的认真注意。我们一定要教育好我们的后一代，一定要从各方面采取有效的措施，搞好我们的社会风气，打击那些严重败坏社会风气的恶劣行为。"[1]

二是要教育青年以大局为重，正确处理好个人、集体、国家三者之间的利益关系。邓小平经常说，小道理要服从大道理，他说，"现在的社会风气不如过去……没有好的道德观念和社会风气，即使现代化建设起来了也不好，富起来了也不好"[2]；"在社会主义制度之下，个人利益要服从集体利益，局部利益要服从整体利益，暂时利益要服从长远利益，或者叫做小局服从大局，小道理服从大道理"[3]。邓小平要求对青年人"要教育他们在处理个人的问题、个人的困难、个人的利益时，应该从大局着眼。他们的困难，国家一下子解决不了，应该给国家时间，先把经济调整好，这样才有希望"[4]。青年为什么要以大局为重？邓小平认为，青年是祖国的希望，建设富强、民主、文明的社会主义也是祖国的希望。他站在建设有中国特色社会主义的高度上，把建设社会主义现代化国家的目标与青年处理切身利益紧密相连，并指出我们现在处在党和国家历史发展上的重要年代，只有正确处理好个人、集体、国家三者之间的利益关系，保持安定团结，大家认识统一、一致向前，才能集中力量、一心一意搞建设，才能完成振兴中华的历史重任。

三是要教育青年确立把我们民族发展起来、让我们国家发达起来的理想，为振兴中华民族而奋斗。邓小平提出培养"四有"新人的目标时把"有理想"放到很高的地位，要教育我们的青年有理想。他说："我们说要有理想，主要是两条。第一条是为共产主义奋斗终生，搞社会主义建设；第二条是爱国主义，就是要使祖国兴旺发达，使中华民族兴旺发达，具体讲就是把社会主义四个现代化搞好。搞共产主义、社会主义，是我们从青年时就干的事情。为什么在那样艰苦的条件下能坚持下来，就是有这个理想。那个时候天天准备被杀头，还不是个别人，而是成百万成千万的人。"[5]邓小平是这样要求青年的，他自己也是青年人的行为典范。他亲身经历了祖国从积贫积弱到独立自主走上发展道路，

---

[1]《邓小平文选》第二卷，人民出版社1994年版，第177页。
[2]《邓小平年谱》(1975—1997)，中央文献出版社2004年版，第705~706页。
[3]《邓小平文选》第二卷，人民出版社1994年版，第175页。
[4]《邓小平年谱》(1975—1997)，中央文献出版社2004年版，第499页。
[5]《邓小平年谱》(1975—1997)，中央文献出版社2004年版，第1060~1061页。

尤其珍惜祖国的独立和自强，他的一生为国家、人民事业鞠躬尽瘁，"我是中国人民的儿子。我深情地爱着我的祖国和人民"就是他的真实写照。他指出："有理想要有个内容，就是爱国主义，振兴中华民族，把我们民族发展起来。"[1]1992年视察南方时，邓小平对海外的中国学子隔海传话，呼吁："要做出贡献，还是回国好。"他充满感情地说："对我们的国家要爱，要让我们的国家发达起来。"[2]坚持弘扬爱国主义精神是邓小平站在建设有中国特色社会主义的高度提出的，对青年工作坚持健康方向具有重要的指导作用。同时，要根据变化了的时代背景和青年工作的特点，坚持按照江泽民关于"爱国主义，始终是中国青年运动的旗帜"[3]，今天我们坚持弘扬爱国主义，就是要按照振兴中华，建设有中国特色社会主义，实现我们祖国的现代化，使祖国兴旺发达起来的要求去做；坚持按照胡锦涛关于只有始终坚持弘扬爱国主义精神，广大青年才能激发出经久不息的奋斗热情，中国青年运动才能获得源源不断的精神力量的要求去做，以热爱学习、积极创新、勇于奉献的实际行动践行"我与祖国共奋进"的主题；坚持按照习近平关于广大青年一定要"坚定理想信念""练就过硬本领""勇于创新创造""矢志艰苦奋斗""锤炼高尚品格"的要求，"勇敢肩负起时代赋予的重任，志存高远，脚踏实地，努力在实现中华民族伟大复兴的中国梦的生动实践中放飞青春梦想"[4]。

3．教育青年坚持社会主义和共产主义

一是用马列主义毛泽东思想占领思想阵地，使青年自觉坚持中国特色社会主义道路。邓小平说："我们有自己的信念，我们希望永远保持社会主义制度，我们正在用这样的信念教育我们的后代。"[5]"我们搞的四个现代化有个名字，就是社会主义四个现代化。"[6]中国就是天不怕、地不怕，要坚持自己的信念到底，就是搞中国式的社会主义。他指出："我们共产党人的最高理想是实现共产主义，在不同历史阶段又有代表那个阶段最广大人民利益的奋斗纲领。"[7]在建设有中国特色社会主义的背景下，要牢固树立为社会主义中国的前途而奋斗是当代青年的最崇高的使命和荣誉的理念。针对当时思想战线上的混乱对青年造成的影响，邓小平指出："对青年人来说，右的东西值得警惕，特别是他们不知

---

[1]《邓小平年谱》(1975—1997)，中央文献出版社2004年版，第1061页。
[2]《邓小平文选》第三卷，人民出版社1993年版，第378页。
[3]《江泽民文选》第三卷，人民出版社2006年版，第482页。
[4]《习近平谈治国理政》，外文出版社2014年版，第50~52页。
[5]《邓小平年谱》(1975—1997)，中央文献出版社2004年版，第567页。
[6]《邓小平文选》第三卷，人民出版社1993年版，第181页。
[7]《邓小平文选》第三卷，人民出版社1993年版，第190页。

道什么是资本主义,什么是社会主义,因此要对他们进行教育。"[1] "在青年中发现和培养马克思主义者,是一个很重要的任务",要培养出"一些有马克思主义修养的年轻人"。他要求各方面都要帮助青年学生认真学习马克思列宁主义、毛泽东思想,使更多的人牢固树立起无产阶级的共产主义世界观。邓小平说:"为什么我们过去能在非常困难的情况下奋斗出来,战胜千难万险使革命胜利呢?就是因为我们有理想,有马克思主义信念,有共产主义信念。我们干的是社会主义事业,最终目的是实现共产主义。这一点,我希望宣传方面任何时候都不要忽略。"[2]正是以邓小平这些思想理论为指导,1987年5月中共中央作出《关于改进和加强高等学校思想政治工作的决定》,提出"教育学生坚持四项基本原则,坚持改革开放,从根本上提高思想政治素质"的目标。

二是用中国的历史教育青年,引导当代青年自觉坚持社会主义道路。邓小平强调,人人都要有个信念,没有信念团结不起来,不会往前奔,只会怨这怨那,起码是颓废,这是不行的;我们最大的失误是教育,是思想政治教育。不抓这条,中国就团结不起来。20世纪80年代后期,邓小平多次强调要用中国的历史教育青年,要对我们的子孙后代讲历史。他说"了解自己的历史很重要",青年人"他们不懂我们党的历史、革命的历史"[3],容易受蒙蔽。1987年2月,邓小平会见外宾时,他回顾了我们党和国家选择社会主义道路的历史,说:中国除了走社会主义道路没有别的道路可走,"青年人不了解这些历史,我们要用历史教育青年,教育人民"[4]。1990年2月20日,邓小平会见香港知名人士霍英东时再次强调了这段历史,并指出,鸦片战争以来的中国历史要普遍讲,"要年年讲,讲几十年,中国发展到中等水平国家时还要讲"。他说,要用历史教育我们的后一代,让他们了解中国选择社会主义的必然性,才能统一思想、团结起来,自觉坚持社会主义道路。

三是进行与新时期青年工作相一致的政治信念教育。江泽民根据不断深化的改革开放背景,继承和发扬了邓小平加强理想信念教育的理念,着重强调要用无产阶级思想教育青年,用无产阶级思想占领阵地。他说:"从爱国主义者到共产主义者,这就是鲁迅的道路,也是中国现代一切先进分子的共同道路。在现代中国,共产主义者是最彻底的爱国主义者,因为共产党人代表了中华民族最广大人民群众根本的长远的利益,因为只有社会主义才能救中国。"[5]他主张

---

[1]《邓小平文选》第三卷,人民出版社1993年版,第229页。
[2]《邓小平文选》第三卷,人民出版社1993年版,第110页。
[3]《邓小平年谱》(1975—1997),中央文献出版社2004年版,第499页。
[4]《邓小平文选》第三卷,人民出版社1993年版,第206页。
[5]《江泽民文选》第一卷,人民出版社2006年版,第172~173页。

用马克思主义特别是邓小平理论教育青年，用党的基本路线教育青年，用中国历史、中国国情、中华民族优良传统教育青年，引导青年确立为建设中国特色社会主义而奋斗的政治方向。新世纪以来，面对风云变幻的国际形势、艰巨繁重的国内改革发展稳定任务，以及对青年工作提出的新挑战，胡锦涛明确指出，培养跨世纪一代新人，最根本的是用建设有中国特色社会主义理论教育青年。他与共青团负责同志谈话时指出，拥有坚定理想信念是有为青年最可宝贵的品格；广大青年要认真学习马克思列宁主义、毛泽东思想、邓小平理论和"三个代表"重要思想，认真学习科学发展观，深刻理解中国特色社会主义理论体系，努力用马克思主义中国化最新成果武装头脑，在人生的关键时期确立起正确的世界观、人生观、价值观，立志为发展中国特色社会主义事业奋斗终身；党的十七届六中全会把"坚定中国特色社会主义共同理想"列为社会主义核心价值体系的重要内容之一，提出要深入开展理想信念教育，坚定人民特别是广大青年对中国特色社会主义的信心和信念，"坚定理想信念教育"更加成为当代青年工作常抓不懈的任务，对推动青年工作实现新的发展具有重要意义。党的十八大以来，习近平要求青年要自觉践行以富强、民主、文明、和谐，自由、平等、公正、法治，爱国、敬业、诚信、友善为基本范畴的社会主义核心价值观。他说："我为什么要对青年讲讲社会主义核心价值观这个问题？是因为青年的价值取向决定了未来整个社会的价值取向，而青年又处在价值观形成和确立的时期，抓好这一时期的价值观养成十分重要。这就像穿衣服扣扣子一样，如果第一粒扣子扣错了，剩余的扣子都会扣错。人生的扣子从一开始就要扣好。'凿井者，起于三寸之坎，以就万仞之深'。青年要从现在做起、从自己做起，使社会主义核心价值观成为自己的基本遵循，并身体力行大力将其推广到社会中去。"并要求"要勤学，下得苦功夫，求得真学问""要修德，加强道德修养，注重道德实战""要明辨，善于明辨是非，善于决断选择""要笃实，扎扎实实干事，踏踏实实做人"等方面下功夫，勇敢地"担当起党和人民赋予的历史重任，在激扬青春、开拓人生、奉献社会的进程中书写无愧于时代的壮丽篇章"[1]。

4. 教育青年实现从以自然属性为主的人格模式到以社会主义属性为主的人格模式的社会化转换

首先，坚持青年教育的社会化。

青年是社会的延续体，肩负着时代发展的使命，对青年的教育或者说把青年塑造成一个什么样的群体，不是某个人、某个组织的责任，而是"从事教育

---

[1]《习近平谈治国理政》，外文出版社2014年版，第172~176页。

工作的同志，各个有关部门的同志，整个社会的家家户户，都来关心青少年思想政治的进步"[1]培养接班人的大事。这些思想理论，足见邓小平注重聚合社会力量，坚持青年教育的社会性。社会的演进促使青年社会化欲求生成和发展，因为各时期青年社会化均打上了时代的烙印。当今，和平与发展成为世界两大主题，在中国，深化改革开放、实现经济社会可持续发展成为国人的共识和追逐的时尚。因此，当代青年社会化的目标之一就是促进青年全面素质的提高，立足于改革开放，致力于发展。正是基于这点，邓小平在1989年5月，对中国共产党一以贯之的德才兼备的干部标准及干部队伍"四化"方针作了更为完善的阐释："现在我们起用人，要抛弃一切成见，寻找人民相信是坚持改革路线的人。……我们现在就是要选人民公认是坚持改革开放路线并有政绩的人，大胆地将他们放进新的领导机构里，要使人民感到我们真心诚意要搞改革开放。"[2]显而易见，邓小平把坚持改革并富有成就作为当代中国青年社会化的重要内涵。不仅如此，世纪之交的中国，市场经济的竞争性、风险性，要求当代青年树立风险意识，培养竞争能力，敢于承担风险，敢与强手竞争。正因如此，邓小平多次鼓励青年干部、青年科技工作者、青年企业家，不要怕失败，不要怕挫折，"大胆地试，大胆地闯"。由此可以看出：虽然任何时期的青年社会化都必须适应时代的发展需要，但因每个时代的需要迥异，使青年社会化的具体内容具有时空性。也只有这样，才能通过青年社会化，促进社会发展，并从青年社会化的表象感知社会进化的轨迹。

其次，通过多样化途径，实现青年社会化。

一是坚持青年正确政治方向社会化教育。人类自有阶级以来，历朝历代都特别强调青年的阶级性、党性，把青年为谁服务的问题摆在教育的首位。当今，没有硝烟的战争对青年的争夺犹酣，加之中国还处在社会主义初级阶段，区域发展不平衡，个人收入分配失衡及个体能力禀赋迥异，致使青少年生存条件各异，他们在各自社会化进程中呈现出不同的价值观；改革开放的负面效应也亦无不对"心灵不设防"的青少年发生着潜移默化的甚至是挑衅性的影响，加之青年心理素质恒常性较差，情绪带有很强的爆发性，一旦出现某种外部强烈刺激，容易失去理智的控制，产生破坏性的行为后果。以上诸种因素的交互作用，使得青年群体通过社会化而呈现出层次性。即有的社会化程度高，而有的社会化程度低乃至失败，如不用正确的世界观、人生观、价值观引导青年，不但社会主义的大厦会倾覆，而且被误导的青年人掌握的知识、技术越多，对社会主

---

[1]《邓小平文选》第二卷，人民出版社1994年版，第105~106页。
[2]《邓小平文选》第三卷，人民出版社1993年版，第299~300页。

义国家的反叛性、对社会主义发展的阻滞作用可能更大。邓小平告诫学校教育各部门："应该永远把坚定正确的政治方向放在第一位。"[1] "要特别教育我们的下一代下两代，一定要树立共产主义的远大理想。一定不能让我们的青少年作资本主义腐朽思想的俘虏，那绝对不行。"[2]

理想是青年的生命之树，是青年奋发向上的精神内聚力；信念是激发斗志，树立目标、信心的动力。青年正是在不断地追求和实现理想信念的奋斗中成长和前进的。邓小平多次指出，思想政治教育的核心是理想信念教育，要教育青年有精神支柱，而这个精神支柱就是共产主义远大理想。"为什么我们过去能在非常困难的情况下奋斗出来，战胜千难万险使革命胜利呢？就是因为我们有理想，有马克思主义信念，有共产主义信念。我们干的是社会主义事业，最终目的是实现共产主义。"[3]实现共产主义的路还很长很长，需要一代又一代人前赴后继。如果没有理想做精神支柱，不用理想来凝聚青年，中国将会回到一盘散沙的状态，被人欺凌的日子也就不远了。所以说，理想教育是青年教育的关键，抓好这项工作是战略性任务，唯有如此，中国才有希望，才能让先辈们放心。

二是坚持提高青年文化素质、法纪社会化教育。邓小平在分析青少年犯罪与文化素质的关系时指出："法制观念与人们的文化素质有关。现在这么多青年人犯罪，无法无天，没有顾忌，一个原因是文化素质太低。"[4]这段话无疑也蕴含着知识化与个人社会化关系的深层内涵。只有加强知识修养，不断提高青年的文化素质，才能正确领悟社会对其角色的期待，准确把握价值准则，并依据社会对其行为的评判不断自我调适，使之合乎社会规范。科学文化知识作为人类智慧的结晶，在一定条件下可以促进青少年的高尚理想、信念、品德、情操的形成，并成为推动青少年健康成长的精神力量。准确地说，在现代社会，一个人虽然取得了社会成员的资格，倘若随着时空的更替，不能适应变动着的社会发展需要，其思想观念、价值标准、行为方式与时代要求不合拍，则表明这个人社会化不成功。在建设中国特色社会主义社会的今天，知识更新的加速，高科技的发展对人们职业技能的科技含量提出了更高的要求，而这一切有赖于通过教育这一社会化手段获取，有赖于通过教育"面向现代化，面向世界，面向未来"[5]来实现。

依法治国的关键是要提高全民的法治素质，使各领域逐步转变人治的状况

---

[1]《邓小平文选》第二卷，人民出版社1994年版，第104页。
[2]《邓小平文选》第三卷，人民出版社1993年版，第111页。
[3]《邓小平文选》第三卷，人民出版社1993年版，第110页。
[4]《邓小平文选》第三卷，人民出版社1993年版，第163页。
[5]《邓小平文选》第三卷，人民出版社1993年版，第35页。

而依法办事,构建不以领导人意志为转移的依法行政模式。提高全民的法治素质,首要的是对全民进行普法,尤其是对青少年的法制教育,因为法治之路主要靠青年一代来走,对青少年的普法至关重要。邓小平指出:"加强法制重要的是要进行教育,根本问题是教育人。法制教育要从娃娃开始,小学、中学都要进行这个教育,社会上也要进行这个教育。"[1]关于纪律教育问题,邓小平讲得最早。1938年1月12日,他指出新兵教育要推动新战士自觉遵守纪律;1954年4月他指出:"要做一个好公民,就要从小养成守纪律的习惯,这就要经常做工作。解决这个问题,更重要的是提高办学校的干部和教员的认识"[2],因为"培养自觉的纪律"靠"办学校的干部和教员"去做经常性的教育;1975年针对部队存在"不讲团结,不讲纪律,三大纪律八项注意至少有某种程度的丧失"[3]的问题,他强调要用"三大纪律八项注意"教育青年。1985年在军委扩大会议上他要求军队"一切服从这个大局",这不仅是个纪律问题,还是个政策问题;同年,邓小平在全国科技工作会议上即席讲话中指出:"遵守纪律的最高标准,是真正维护和坚决执行党的政策,国家的政策。"[4]

　　三是坚持青年社会责任感社会化教育。早在1978年,邓小平在全国教育工作会议上就指出:"我们要大力在青少年中提倡勤奋学习、遵守纪律、热爱劳动、助人为乐、艰苦奋斗、英勇对敌的革命风尚,……将来走上工作岗位,成为有很高的政治责任心和集体主义精神,有坚定的革命思想和实事求是、群众路线的工作作风,严守纪律,专心致志地为人民积极工作的劳动者。"[5]今天的中国要实现现代化伟业,要走可持续发展之路,必须从提高青年一代的道德水准着手,从培养他们的社会责任感着眼,不但社会、学校责无旁贷,而且青年自身亦人人有责。那种沉溺书海、糊里糊涂混分数,不问国家社会、只顾自己的私生活,不满现实而遁世隐居等诸种行为都是逃避社会责任的表现。其状况的改变需要学校和大众传播媒体双管齐下以加强法制教育:学校要着力抓素质教育,在重知识传授、技能培养的同时,更要下功夫教学生如何做人;大众传播媒体则要注意方向的把握、基调的协调,防止负面效应对青年的误导。加强法制教育要"以德辅法""以法彰德",使法律的外在强制逐步转化为青年自律的内在约束,从根本上提高其思想道德素质。

　　继承和发扬优良传统是青年一代的社会责任。优良传统是我党我军长期革

---

[1]《邓小平文选》第三卷,人民出版社1993年版,第163页。
[2]《邓小平文集》(中),人民出版社2014年版,第165页。
[3]《邓小平文选》第二卷,人民出版社1994年版,第18页。
[4]《邓小平文选》第三卷,人民出版社1993年版,第112页。
[5]《邓小平文选》第二卷,人民出版社1994年版,第106页。

命和建设的经验总结,是先辈们用鲜血和生命换来的,是规范、凝聚、指导我们的宝贵精神财富。它不仅在革命时期管用,而且在新的历史时期、乃至以后的社会主义现代化建设中仍将发挥应有的积极作用,帮助我们少走弯路。1957年,邓小平在青年团第三次全代会上指出:"我们共产主义青年团员不仅要把这个光荣传统继承下来,而且要在新的历史条件下把它大大地加以发扬",这个光荣传统就是"不怕牺牲,不怕困难,不怕吃苦,热爱劳动,遵守纪律",并号召"在全体青年中间发扬艰苦奋斗的正气"[1]。1975年7月他在军委扩大会议上指出:"有个战士坐车,一位妇女抱着娃娃,他不让座,娃娃哭了他也不理。旁边有位老人说,雷锋叔叔不在了。从这个事情上是可以看出问题的","有的人发展到追求资产阶级生活方式,艰苦奋斗的传统作风丢掉了。这方面的例子多得很",并警告说:"如果认为这些无关紧要,没有警觉,那是很危险的"[2]。后来,他还多次讲:"我们最大的失误在教育,对年轻娃娃、青年学生教育不够。"[3] "加强对人民进行思想政治工作,提倡艰苦奋斗。这是中国从几十年的建设中得出的经验。"[4]

四是坚持青年理论与实际相结合、环境改造与自我改造相结合社会化教育。理论与实际相结合是马克思主义的一贯主张,是"主观见之于客观"的过程,是培养全面发展之人才的根本途径,因而也是青年社会化的最有效的方式。为了在青年中形成理论与实际相结合的良好风气,邓小平要求"各级各类学校对学生参加什么样的劳动,怎样下厂下乡,花多少时间,怎样同教学密切结合,都要有恰当的安排"[5]。不但学校教育要坚持走理论与实践结合之路,青年走向社会后仍需将理论付之于实践。只有如此,才能深入社会,了解社会的重大问题,摸清改革开放的难点问题,熟悉老百姓关注的热点问题,防止官僚主义的"机关病"、闭目塞听的"都市病"的滋生蔓延。同时,唯物辩证法认为:外因是变化的条件,内因是变化的根据,外因要通过内因才能起作用。社会化的青年既是社会环境造化的结果,同时也是在一定价值目标支配下自我改造的产物。也就是说,社会化的过程是主体能动地化于客观社会环境的过程,这就是处于同一社会环境中的青年社会化存在差异的深层内因。因此,提高青年社会化程度,必须标本兼治,在强调优化社会环境的同时,不可忽视对青年的培养、教育。

---

[1] 《邓小平文选》第一卷,人民出版社1994年版,第278页。
[2] 《邓小平文选》第二卷,人民出版社1994年版,第18页。
[3] 《邓小平文选》第三卷,人民出版社1993年版,第327页。
[4] 《邓小平文选》第三卷,人民出版社1993年版,第290页。
[5] 《邓小平文选》第二卷,人民出版社1994年版,第107页。

中国特色社会主义现代化是千秋伟业，需要一代又一代人共同努力，对青年的培养不能局限于少数人。邓小平历来重视对整个青年一代的培养和造就，在谈到青年干部培养对象的选拔时，多次强调："选人不完全是从党的系统里面选，视野要开阔一点。总之，要有些年轻的人，否则难以为继。"[1]他多次呼吁要打破常规，给青年人压担子，不能论资排辈。他还提议在中央组织部成立青年干部局，使提拔青年干部的办法制度化并落到实处。选贤任能，德才兼备，是中国共产党长期奉行的干部政策，也是评价、选拔和使用青年人才的标准。邓小平指出："选人要选好，要选贤任能。选贤任能这个话就有德才资的问题。贤就是德，能无非是专业化、知识化，有实际经验，身体能够顶得住。"[2]"要注意培养人，要按照'革命化、年轻化、知识化、专业化'的标准，选拔德才兼备的人进班子。"[3]所谓德，最主要的，就是坚持社会主义道路和共产党的领导。所谓才，就是干革命事业的才能，有真才实学，能够办事。邓小平认为，对人才的准确评价和识别，仅靠少数人是难以做到的，必须依靠群众，依靠实践。他提出衡量标准就是看是否为人民造福，为发展生产力、为社会主义事业做出积极贡献；看是否是"人民公认"和有"政绩"，"要选人民公认是坚持改革开放路线并有政绩的人"[4]。

（三）邓小平青年教育方法的理论与实践

一是说服引导，不搞运动压制。思想政治教育一个很大的特点就是以理服人，以理正人，不能强行灌输，更不能采取压制的办法。邓小平是我军政工战线的"老政工"，长期从事政治工作，积累了丰富的理论知识和实践经验，对思想政治教育十分娴熟，很清楚掌握教育对象的思想特点的重要性。早在1938年他任八路军政治部副主任时就提出新兵教育要采取更多的教育说服方式，推动新战士自觉遵守纪律努力学习。他担任党和国家领导职务后，始终倡导大家要做好教育工作，尤其对青年要采取说服的方法，从思想上解决问题。1961年10月他指出："要引导人们向兴旺的道路走。"[5]1981年7月他强调说："一部分青年人对社会的某些现状不满，这不奇怪也不可怕，但是一定要注意引导，不好好引导就会害了他们。"[6]1987年3月3日，邓小平会见外宾时，针对资

---

[1]《邓小平文选》第三卷，人民出版社1993年版，第315页。
[2]《邓小平文选》第二卷，人民出版社1994年版，第400页。
[3]《邓小平文选》第三卷，人民出版社1993年版，第380页。
[4]《邓小平文选》第三卷，人民出版社1993年版，第380~381页。
[5]《邓小平文选》第一卷，人民出版社1994年版，第290页。
[6]《邓小平文选》第二卷，人民出版社1994年版，第391页。

产阶级自由化有所抬头的现象,他指出:"反对资产阶级自由化是一个长期教育的问题,同四个现代化建设将是并行的。"并说:"既然是长期的事,不可能搞运动,只能靠经常性的说服教育。"[1]时隔五日,在会见外宾时他又强调:"既然这是个长期的任务,我们就不能搞运动,方法以说服教育、引导为主。"[2]

二是实事求是,不搞形式。解放思想,实事求是是邓小平理论的精髓和活的灵魂。邓小平自己讲:"我是实事求是派。"这一思想反映到青年教育上,就是根据人的思想认识特点进行教育,教育要注重实效,不搞形式。他指出:"现在有一个问题,就是形式主义多。电视一打开,尽是会议。会议多,文章太长,讲话也太长,而且内容重复,新的语言并不很多。重复的话要讲,但要精简。形式主义也是官僚主义。"[3]"长篇的东西是少数搞专业的人读的,群众怎么读?要求都读大本子,那是形式主义的,办不到。"[4]他还结合自身实践讲:"我读的书并不多,就是一条,相信毛主席讲的实事求是。"[5]

三是用事实说话,不强迫。"拿事实来说话",这句话内含的思想,不仅贯穿到改革开放之中,而且也贯穿到邓小平关于青年的教育上。青年人由于缺乏一定的社会实践经验,对改革开放的形势,有的思想认识一时跟不上或理解有偏差,思想上、行动上、表现上不协调,这是正常的,符合人的认识规律。对这些青年,邓小平提出不强迫,用事实说话。1987年2月他在会见外宾时,就少数大学生闹事问题指出:"这些年总的发展不错,国家情况好,人民生活逐步提高。学生们放假回家,可以看到自己家里生活确实发生了变化,父母也要给他们上课的。"[6]时隔一个月,他又指出:"今年放寒假回去后,几乎每个家庭都给学生上了课。他们看看左邻右舍,同时又跑了一些地方,看到这几年搞的事情对每个家庭都有好处。所以,很多人回校后承认他们原来的认识和行动不对。"[7]这就是邓小平用事实说话的教育效果。

四是联系实际,求实效。教育效果如何,一个很大的因素就是看教育联系实际紧不紧,是不是从实际出发。邓小平对此有深刻的认识。他说:"教育一定要联系实际。对一部分干部和群众中流行的影响社会风气的重要思想问题,要经过充分调查研究,由适当的人进行周到细致、有充分说服力的教育,简单片

---

[1]《邓小平文选》第三卷,人民出版社1993年版,第208页。
[2]《邓小平文选》第三卷,人民出版社1993年版,第211页。
[3]《邓小平文选》第三卷,人民出版社1993年版,第381页。
[4]《邓小平文选》第三卷,人民出版社1993年版,第382页。
[5]《邓小平文选》第三卷,人民出版社1993年版,第382页。
[6]《邓小平文选》第三卷,人民出版社1993年版,第205页。
[7]《邓小平文选》第三卷,人民出版社1993年版,第208页。

面武断的说法是不行的。"[1] "群众从事实上感觉到党和社会主义好,这样,理想纪律教育,共产主义教育和爱国主义教育,才会有效。"[2]

五是以身作则,言传身教。言教与身教相结合、以身教为主的原则,是实施教育的重要原则。邓小平的青年教育方式不仅反映了他苦口婆心的言教,更体现了他以身作则的身教精神,并且实现了二者无缝结合。《邓小平文选》一至三卷,都体现了他身教的方式。"拿我来说,缺点是很多的,错误也是常常要犯的。"[3] "你一定要记下我的话,我是犯了不少错误的。"[4] "我这个人,多年来做了不少好事,但也做了一些错事。"[5]这些论述体现了他实事求是、勇于担当的坦荡胸怀。此外,他还身体力行废除领导职务终身制,带头退休。退休后虽然无官职,但一身并不轻松,时刻关注关心党和国家的前途命运。所有这些不仅为领导干部做出了表率,也给我们青年人树立了榜样。这既是身教的作风,也是邓小平人格魅力之所在。

六是齐抓共育,长期坚持。"思想战线上的战士,都应当是人类灵魂工程师。"[6]这是邓小平的一句名言。"作为灵魂工程师,应当高举马克思主义的、社会主义的旗帜,用自己的文章、作品、教学、讲演、表演,教育和引导人民正确地对待历史,认识现实,坚信社会主义和党的领导,鼓舞人民奋发努力,积极向上,真正做到有理想、有道德、有文化、守纪律,为伟大壮丽的社会主义现代化建设事业而英勇奋斗。"[7]这段论述既指出了教育工作者的广泛性,又强调了"思想战线上的战士"都有义务和责任"教育和引导人民"。这里的人民当然也包含中国广大的青年。此外,邓小平还要求全社会各阶层都来抓青年教育工作,包括每个青年的父母都有义务教育引导自己的子女,一定要用好家庭教育这种方法;反对资产阶级自由化是一个长期教育的问题,既然是长期的事,就只能靠经常性的说服教育;基本路线要管一百年,不能动摇,这也是一个长期的事,也要靠长期坚持教育。实践证明,只有长期坚持,才能保证教育效果。

七是相信青年,关心爱护青年。邓小平相信关心爱护青年是全方位的,他不仅重视青年人才的教育培养,也十分诚恳地以一位"老人"慈善的胸怀关心

---

[1]《邓小平文选》第三卷,人民出版社1993年版,第144页。
[2]《邓小平文选》第三卷,人民出版社1993年版,第144~145页。
[3]《邓小平文选》第一卷,人民出版社1994年版,第207页。
[4]《邓小平文选》第二卷,人民出版社1994年版,第353页。
[5]《邓小平文选》第三卷,人民出版社1993年版,第173页。
[6]《邓小平文选》第三卷,人民出版社1993年版,第40页。
[7]《邓小平文选》第三卷,人民出版社1993年版,第40页。

呵护着青年人的成长进步。在他的文选中主要体现了以下几个方面：一要肯定青年的优势。早在 1961 年他就指出："把年轻人提起来，放到重要岗位，管的业务宽了，见识就广了，就能更好地发挥作用。要重视二十几岁、三十几岁的年轻人。世界上的科学家，成名的很多是在三十岁左右。"[1]后来，邓小平又多次讲："我二十几岁就做大官了。"[2]这一方面要求领导干部选拔年轻人担当重任，帮助培养让更多的年轻人成长起来。另一方面，也在肯定青年有闯劲、有能力、有素质，相信青年人能够挑起大梁。这既肯定了青年的优势，又鼓舞激励了一大批青年，给青年人吃了定心丸。二要爱护青年。邓小平在接受外国记者采访时谈到，他一生中最大的痛苦是"文化大革命"。"要数罪状，把一些青少年带坏，是'四人帮'的一条很大的罪状。"[3]"过去的十来年中，林彪、'四人帮'把我们的党和政府搞乱了，把我们的社会搞乱了，也把不少青少年毒害了。"[4]正是基于此，邓小平恢复工作后的第一件事就是抓教育，做培养人教育人的工作。为教育好青年一代，他自告奋勇当教育战线的"后勤部长"，力争把十年的损失夺回来。随后，在邓小平的提议下尽快恢复了高考制度。改革开放后，邓小平反复强调一定要把我们的青年教育好。三要谅解青年。邓小平正确地对待青年的过失，甚至对青年中出现的一些错误倾向，他也循循善诱，泰然处之。1987 年 2 月针对学潮他指出："大学生闹事，主要责任不在学生，而是少数别有用心的人煽动，其中主要是少数党内高级知识分子。"[5]1989 年政治风波后，他在与李政道交谈中又进一步指出："不能责怪参加绝食、游行、签名的人，只追究用心不良、触犯刑律的带头人。"[6]四要激励青年。邓小平激励青年的方法多种多样，但最主要的是目标激励。他一再指出，要把青年培养成有理想、有道德、有文化、有纪律的青年，使之成为我们事业兴旺发达的希望所在。

综上所述，邓小平关于青年教育方法的理论与实践，是邓小平一生理论与实践结晶的重要部分。不仅理论上博大精深，而且也具有极强的实践性，对于新时期青年的健康成长，对于做好青年工作，对于我们党和国家事业的长治久安、蓬勃发展都有着深远的影响，有着巨大的指导作用。

---

[1]《邓小平文选》第一卷，人民出版社 1994 年版，第 291 页。
[2]《邓小平文选》第三卷，人民出版社 1993 年版，第 381 页。
[3]《邓小平文选》第二卷，人民出版社 1994 年版，第 54 页。
[4]《邓小平文选》第二卷，人民出版社 1994 年版，第 177 页。
[5]《邓小平文选》第三卷，人民出版社 1993 年版，第 204 页。
[6]《邓小平文选》第三卷，人民出版社 1993 年版，第 327 页。

五、邓小平坚持抓好党员修养和干部培养教育的理论与实践

邓小平指出:"对于党员干部的标准,毛主席从来都是提德才兼备……'德'就是政治品德,'才'就是从事革命事业的才能。这种品德和才能,都是经过长期革命斗争锻炼和培养出来的"[1];中国要出问题,还是出在共产党内部;要把共产党员教育好,要按照"革命化、年轻化、知识化、专业化"标准选德才兼备的人进班子,党的基本路线要管一百年,要长治久安,就要靠这一条。

(一)邓小平坚持抓好党员修养的理论与实践

1. 坚持党员思想解放是党员修养的首要前提

党的十一届三中全会召开前后,解放思想成为党和国家面临的首要问题。正如邓小平说:"在我们的干部特别是领导干部中间,解放思想这个问题并没有完全解决。不少同志的思想还很不解放,脑筋还没有开动起来,也可以说,还处在僵化或半僵化的状态。"[2]这些恶劣现象是与中国共产党提倡的马克思主义的思想路线相违背的,是反马克思列宁主义的,是党性不纯的表现;这些思想僵化、不讲党性的恶劣现象不排除,党就失去了前进的动力,干部和群众的思想不解放,实事求是的思想路线不确立,四个现代化就没有希望。所谓解放思想,就是指在马克思主义的指导下打破习惯势力和主观偏见的束缚,敢于研究新情况,解决新问题;所谓实事求是,也就是一切从实际出发,具体问题具体分析。解放思想是实事求是的前提,实事求是是解放思想的必然要求和结果。坚持以马克思主义的世界观和方法论为指导的共产党员要科学地认识世界和改造世界,就必然首先做到解放思想,实事求是。思想解放是我们正确学习和运用马克思主义的前提条件,是我们中国顺利推进改革开放和建设中国特色社会主义的思想基础。所以邓小平说:"只有思想解放了,我们才能正确地以马列主义、毛泽东思想为指导,解决过去遗留的问题,解决新出现的一系列问题,正确地改革同生产力迅速发展不相适应的生产关系和上层建筑,根据我国的实际情况,确定实现四个现代化的具体道路、方针、方法和措施。"[3]

客观世界在不断变化和发展,解放思想就永无止境。不同历史时期,解放思想的主题和时代内容会有所不同。广大党员尤其是领导干部,一方面要继续破除"文化大革命"的错误和封建残余思想;另一方面,对改革和建设所取得的成就所依赖的成功路径、方法和观念的过度依赖,逐渐形成惯性思维,甚至

---

[1]《邓小平年谱》(1904—1974),中央文献出版社 2009 年版,第 961 页。
[2]《邓小平文选》第二卷,人民出版社 1994 年版,第 141 页。
[3]《邓小平文选》第二卷,人民出版社 1994 年版,第 141 页。

固化成一种模式，诸如依靠高投入、高能耗的粗放型的经济增长方式，片面抓GDP 的增长、忽视改善民生和提高公共服务的片面发展观，以及对改革的先行者或由于体制和机制缺陷，凭借垄断而获利的既得利益者和利益团体的利益格局等。唯有我们党员干部坚持解放思想，坚持科学的发展观、绿色的政绩观、公正的利益观，大胆破除片面发展的思维定式，革新单纯地一味地追求经济增长的惯势，自觉抛弃不公正的利益分配观，让人民群众平等共享改革发展的成果，实现中国的全面、协调、可持续发展，我们中国才能在 21 世纪中叶实现中国特色社会主义现代化的宏伟目标和推进中华民族复兴伟业的进程。

2. 坚持党员修养内容突出现代性民主与法制的特色

邓小平在第三次复出之后，根据中华人民共和国成立以来中国共产党领导社会主义建设的正反两方面的经验，尤其是十年"文化大革命"的沉痛教训，在领导党和人民进行拨乱反正和改革开放的治党治国中，对社会主义的民主和法制建设有了更加深刻的认识。1978 年 12 月，邓小平在中央工作会议上明确指出，要继续发展社会主义民主，健全社会主义法制。把发展民主、健全法制作为一个战略性的根本方针。他说："为了保障人民民主，必须加强法制。必须使民主制度化、法律化，使这种制度和法律不因领导人的改变而改变，不因领导人的看法和注意力的改变而改变。"[1]这既是社会主义法治国家的本质特征，也是依法治国条件下对党和国家领导人的根本要求。在此基础上他提出了依法治国的基本原则：有法必依，执法必严，违法必究，在法律面前人人平等。依法治国的最终落实得依靠广大党员和群众，关键是人们的知法守法和领导干部的严格依法办事。邓小平认为："加强法制重要的是要进行教育，根本问题是教育人"[2]，在全体人民中树立法制观念。因此，他在强调加强各领域的法律制度化、完备化的同时，强调要对群众和党员干部进行法制教育、社会主义民主观教育。中国共产党作为依法治国的领导者，在社会主义法制建设中发挥着关键作用，具有权威示范效应。为了强化法律的权威性，邓小平认为，中国共产党作为执政党，中国共产党和它的成员都要自觉地、模范地维护法律的权威和尊严，全党同志和全体干部都要按照宪法、法律、法令办事，"一定要在法律范围内进行"[3]。并且，他认为共产党员严格遵守国家的法律，这也是党的纪律要求。由此，为了顺应中国特色社会主义民主和法制建设的需要，邓小平的党员修养观里也就必然赋予民主与法制观的时代内容和特色。

---

[1]《邓小平文选》第二卷，人民出版社 1994 年版，第 146 页。
[2]《邓小平文选》第三卷，人民出版社 1993 年版，第 163 页。
[3]《邓小平文选》第二卷，人民出版社 1994 年版，第 371 页。

经过改革开放的发展，中国特色社会主义的民主和法制建设已取得了显著的成效，但是依然存在一些党员干部滥用权力、知法犯法、贪赃枉法的现象。这说明建设中国特色社会主义法治国家的目标任重道远。完备的法律体系固然是依法治国的前提，使党员干部有了有法可依的基本依据，但是完备的法律体系在于落实，依法治国的根本在于自觉地维护法律的尊严和权威，关键在发挥党员干部对权力的监督作用和党员干部的自觉守法、严格依法办事。在我们中国已形成社会主义法律体系的新的历史起点上推进社会主义法治国家建设，一方面要发挥党员干部在维护法律权威上的关键作用，使各级领导干部牢固树立正确的权力观和利益观，自觉加强法律意识和法治观念的修养，在自己的工作岗位上依法行政、公正司法，自觉维护宪法和法律的权威，维护社会的公平正义。另一方面，在进一步健全民主制度和完善对各级权力机关的监督制约机制基础上，切实发挥广大党员的民主参与和民主监督的作用，广大党员要积极学习和了解社会主义法律体系，自觉培育法制观念和强化权利意识，认真履行法律赋予人民参与民主监督的权利，从而实现党的领导、发扬民主与依法治国在新的历史基础上的有机统一。

3. 坚持党员修养路径突出积极参与改革和现代化建设实践的特色

党员修养需要在中国特色社会主义改革和建设中进行，在积极参与和从事社会主义改革与建设的实践中来加强党性修养和锻炼，是邓小平党员修养思想理论的一大特色。因为，共产党人作为马克思主义的忠实信仰者和实践的唯物主义者，其修养不能脱离人民群众的社会实践，必须与社会实践紧密结合。党员干部只有积极参与到其中加强修养，才能提高认识、增强能力。同时，他还从历史教训中总结道：解决思想教育问题，不用说理讨论的办法，不用"扎扎实实、稳步前进的办法，去解决现行制度的改革和新制度的建立问题，从来都是不成功的"[1]。1975 年，邓小平受命主持中央日常工作时，面对"文化大革命"以来造成的严重混乱局面，他认为要实现"四化"的宏伟目标，就必须进行全面整顿，不整顿就没有出路。他明确提出整顿要从反对派性、增强党性入手，坚决同派性斗争。党的十一届三中全会之后，中国社会主义的改革和建设在他的领导下大刀阔斧地进行：在经济上，破除高度集中的计划经济体制，着手建立有计划的社会主义市场经济；在政治上，进行政治体制改革，加强法制建设，推进社会主义民主的制度化、法律化；在党的建设方面，加强和完善党的领导，恢复和健全党的民主集中制，整顿党的作风，要求党员干部以身作则；

---

[1]《邓小平文选》第二卷，人民出版社 1994 年版，第 336 页。

在反腐败中，搞廉洁政治；在思想文化方面，加强思想政治教育，坚决肃清封建主义的残余，对资产阶级思想进行彻底批判。

共产党人的修养是坚持唯物论反对唯心论，修养的途径和方式是现实的、具体的，而不是抽象的、形而上学的。如果说在革命战争年代，中国共产党人的修养途径是积极参加人民群众的革命运动，在革命实践中进行党性修养和人生品质的锻炼锤炼，那么在改革开放和发展市场经济条件下，共产党人的修养则是通过参与改革开放和建立社会主义市场经济的时代主题来进行的。要力争在 21 世纪中叶实现人均国民生产总值达到中等发达国家水平，基本实现现代化的第三步战略目标，必须依然坚持以改革促进发展的基本思路，在全面推进各领域的改革、努力提高改革的质量和水平的社会实践中加强修养；在经济体制改革的实践中提高领导经济建设的能力，在增强为人民服务的本领中加强修养；在积极稳妥地推进政治体制改革的实践中，坚定政治意识，在牢固树立中国特色社会主义的共同理想中加强修养；在加快推进文化体制和社会管理体制改革的实践中，始终代表中国先进文化的前进方向，在着力提高党领导和治理社会的水平中加强修养；在继续扩大对外开放水平的大胆探索中，开拓国际视野，提高应对国际国内风险的能力，在促进综合国力的显著增强中加强修养。

4. 坚持党员修养方法的辩证性和继承性

第一，坚持党员政治立场修养与现代专业知识修养相结合。

毛泽东提出的党员"又红又专"修养标准的"专"主要指精湛的专业技术和技能。刘少奇在《论共产党员的修养》中谈及了党员应具有各种科学知识与某些专门技术上的修养。邓小平在继承了毛泽东和刘少奇这一思想基础上，做了进一步的创新。1980 年 2 月，在邓小平参与下召开的中国共产党十一届五中全会通过的《关于党内政治生活的若干准则》之十二——"努力学习，做到又红又专"中明确指出："'红'就是具有坚定正确的政治方向，坚持四项基本原则；'专'就是学习和掌握现代化建设的专业知识，成为本职工作的内行和能手。"这不仅对"文化大革命"期间"四人帮"对"又红又专"的歪曲理解进行了纠正，而且为改革开放和"四化"建设中的党员修养指明了方向、明确了目标。"红"是"专"的前提，"专"是"红"的必然要求，两者紧密相连、不可分割，共同统一于改革开放时期党员修养的时代理想目标。邓小平坚持把党员政治立场的修养放在首位的同时，也重视党员的专业知识的修养。他认为，专不等于红，但红必须专，他说："不管你搞哪一行，你不专，你不懂，你去瞎指挥，损害了人民的利益，耽误了生产建设的发展，就谈不上是红。"[1]他把"要有一支

---

[1]《邓小平文选》第二卷，人民出版社 1994 年版，第 262 页。

坚持走社会主义道路的、具有专业知识和能力的干部队伍"看作实现四个现代化的四个前提之一,所以,他提出今后对干部选择的标准,在坚持政治素质的前提下,要特别重视专业知识。

邓小平对改革开放条件下党员的修养标准进行的辩证的阐释,既坚持了两点论,又坚持了重点论,实现了党员修养两点论与重点论的统一。继承邓小平的党员修养标准辩证思想,在世情、国情和党情发生深刻变化的形势下,加强党的执政能力建设和先进性建设,增强党性修养,具备"红"的政治本色,在任何时期任何条件下都是党员和干部的党性锻炼的根本;党员干部的"专"应体现在能顺利经受"四个考验"和如何有效应对"四个危险"的专业能力与水平上,也就是要具体体现在转变经济增长方式、着力改善民生的领导经济发展能力方面,体现在创新社会管理服务方式、促进社会和谐的社会管理科学水平,体现在领导文化体制改革,促进文化大发展大繁荣的文化科学发展水平上等方面。

第二,坚持党员率先垂范修养与主动接受内外监督修养相结合。

发挥党员在中国特色社会主义现代化建设中的模范先锋作用和在各行各业各条战线上的排头兵作用,是由中国共产党的性质和宗旨决定的。发挥党员应有的模范表率作用,早在抗日战争阶段,毛泽东就做出了明确的表述,他说:"共产党员应在民族战争中表现其高度的积极性;而这种积极性,应使之具体地表现于各方面,即应在各方面起其先锋的模范的作用。"[1]共产党员的模范表率作用,在和平时期体现在中国特色社会主义建设的方方面面,如应体现在认真贯彻国家的方针和政策上,体现在认真遵守党的组织纪律上,体现在继承和发扬党的优良传统上,体现在党员干部自觉学习马克思主义理论上等方面。邓小平指出:"党是整个社会的表率,党的各级领导同志又是全党的表率"[2],党员和领导干部"都要按照宪法、法律、法令办事"[3],反对党员干部的特殊化。但是,党员和干部发挥垂范作用的程度和发挥作用的大小,不能主要依靠其自觉性和自我意识,因为单纯个人的自觉意识和党的号召还存在一定的局限,党员个体有差异,思想觉悟有高低之分,"一个共产党员,第一,他是普通人,第二,他是普通人中的先进分子。但是也有比普通人还要落后的共产党员"[4]。所以,邓小平认为:"需要实行党的内部监督,也需要来自人民群众和党外人士对于我们党的组织和党员的监督。"[5]共产党员要接受监督,要自觉接受党的监

---

[1]《毛泽东选集》第二卷,人民出版社1991年版,第521页。
[2]《邓小平文选》第二卷,人民出版社1994年版,第177页。
[3]《邓小平文选》第二卷,人民出版社1994年版,第371页。
[4]《邓小平文选》第一卷,人民出版社1994年版,第258页。
[5]《邓小平文选》第一卷,人民出版社1994年版,第215页。

督,接受群众的监督,同时还要接受党纪和国法的监督,有了各方面的监督,中国共产党及其成员就会科学决策,谨慎行事,就会少犯错误,就能有效地发挥共产党员的积极作用,进而更好地发挥中国共产党的领导核心作用。

党员自觉地发挥先锋作用与主动接受外在监督修养相结合,充分体现了马克思主义内外因辩证关系原理。在党性修养中发挥好党员的主导地位和积极作用,建立和发挥健全的党内外监督制约机制,既是我们发展党内民主、推进党的制度建设和反腐倡廉建设的内在要求,也是推进党的建设科学化、制度化的必然体现。党的建设科学化,就是按照政党活动的规律办事;党的活动制度化,即必须遵循科学的方法来推进党的建设科学性,以制度化的方式确保党的活动规范化。以加强党员的党性修养作为推进党建科学化的重要途径和主要内容,如何从内在方面发挥党员的主动性和先锋模范作用,如何从外在方面规范约束党员和干部的行为,以及如何处理这两者的辩证关系,都需要以科学的理性思维来看待,以健全的可操作的体制和制度来加以保障。无疑,党员自觉树立先锋意识,争做时代的楷模,培养严格的自律意识,自觉接受党纪和国法的监督,勇于接受人民群众的监督,既是推进党的建设科学化的客观要求,也是维护党员纯洁性的有效对策。

第三,坚持党员学习马克思主义修养与批判错误思想意识修养相结合。

加强对马克思主义理论的学习,既是党员修养的重要内容,也是党员修养的一个重要方法。马克思主义理论是我们建党的基础、立国之本。我们党把马克思主义作为根本指导思想,一方面,是由党的性质和中国共产党肩负的历史使命所决定的。共产党以实现无产阶级和全人类的解放为最高目标,共产党员信仰马克思主义就是信仰共产主义。邓小平曾对马克思主义进行这样解释过,他说:"马克思主义又叫共产主义。"[1] "马克思主义的最高目的就是要实现共产主义。"[2] "我们共产党人的根本政治信仰是社会主义和共产主义,世界观是马克思主义的辩证唯物主义和历史唯物主义,这是任何时候都丝毫不能动摇的。"[3]另一方面,马克思主义是一种方法论,它还为我们党员认识世界和改造世界提供科学方法与工具。邓小平说:"马克思主义理论从来不是教条,而是行动的指南。它要求人们根据它的基本原则和基本方法,不断结合变化着的实际,探索解决新问题的答案,从而也发展马克思主义理论本身。"[4]马克思主义是科

---

[1]《邓小平文选》第三卷,人民出版社1993年版,第254页。
[2]《邓小平文选》第三卷,人民出版社1993年版,第116页。
[3]《江泽民文选》第二卷,人民出版社2006年版,第361页。
[4]《邓小平文选》第三卷,人民出版社1993年版,第146页。

学的世界观与方法论的有机统一，所以，中国共产党的历代主要领导人都十分重视党员对马克思主义的学习和修养。在改革开放和发展社会主义市场经济的条件下，邓小平不仅要求党员把马克思列宁主义、毛泽东思想作为学习的根本，努力促进马克思主义的普遍原理同建设中国特色的社会主义现代化的实践相结合，而且身体力行，创造性地学习和运用马克思主义，创立了邓小平理论，实现了马克思主义在当代中国的新发展。

党员对马克思主义的学习和修养，不仅可以坚定马克思主义的政治立场，增强共产主义的理想和信念，而且可以提高马克思主义的方法水平，提高工作中的预见性、原则性、系统性和创造性。邓小平作为中国改革开放新时期执政党建设新篇章的开拓者，强调和重视党员对马克思主义的修养，彰显的是执政的中国共产党建设的一种理性自觉，体现的是中国共产党人牢固树立马克思主义在社会主义意识形态中的主导地位的自主建构。同时，这种自主建构离不开对各种错误的、落后的思想意识的批判。"文化大革命"之后、改革开放之初，面对资产阶级自由化思潮的出现和各种封建残余沉渣泛起的乱象，对各种破坏和诋毁主导思想的落后意识进行批判和抵制，就显得格外紧迫和重要。因此，邓小平主张在宣传马克思列宁主义、毛泽东思想的正确性，宣传社会主义的优越性时，除了在党员中进行正面教育之外，还应对各种错误思想意识进行批判和斗争。他把肃清封建主义残余影响看作是一种自我教育和自我改造，主张在肃清封建主义残余影响的同时，彻底批判资产阶级思想和小资产阶级思想。他说："要批判和反对崇拜资本主义、主张资产阶级自由化的倾向，批判和反对资产阶级损人利己、唯利是图、'一切向钱看的'腐朽思想，批判和反对无政府主义、极端个人主义。……必须在思想政治领域把上述的斗争进行到底。……否则我们就不可能建设社会主义，就会被种种资本主义势力所侵蚀腐化。"[1]在他的倡导下，党和国家相继在思想文化领域进行了反对"精神污染"、反对"和平演变"，宣扬爱国主义和社会主义教育等一系列活动，以此来批判和抵制各种错误的思潮，坚决维护马克思主义在意识形态领域的核心地位。

历史证明，在思想意识形态领域里，马克思主义不去主动占领阵地，各种非马克思主义、反马克思主义的思想就会乘虚而入。事实上，马克思主义在中国的传播、发展与当代化，都是在同各种非马克思主义的思想和潮流的斗争中进行的。今天，纵然马克思主义已在党和国家占据主导地位，并在新的历史条件下实现了创新和发展。然而，在全球化的国际背景下，一方面，西方敌对势

---

[1]《邓小平文选》第二卷，人民出版社1994年版，第368~369页。

力对中国的"西化"、分化等各种政治图谋依然存在，诸如新自由主义、民主社会主义等西方思潮在不同程度上影响着一些青年学生和党员干部。同时，国内敌视、攻击、背弃和否定马克思主义的各种观点和社会思潮也时有涌现，加之封建余毒的根除不能一蹴而就，思想领域的矛盾和斗争依然复杂激烈。牢牢控制马克思主义在社会主义意识形态中的主导权，以先进的马克思主义引领和整合各种社会思潮，仍是我们党和国家当前和今后长时间的重要任务。在这个重大的战略任务中，广大党员和干部自觉地加强马克思主义的修养，尤其是对马克思主义中国化的最新成果的学习和掌握，增强政治敏锐性，提高政治鉴别力，坚定马克思主义的信仰，自觉划清马克思主义和反马克思主义等四个重大是非界限，旗帜鲜明地抵制各种错误思想影响，这对于我们维护马克思主义在意识形态领域的主导地位，自觉地拥护中国特色社会主义制度，毫不动摇地坚持走中国特色社会主义道路，都具有十分重大的意义。

（二）邓小平坚持抓好干部培养教育的理论与实践

1. 邓小平高度重视干部培养教育的理论与实践

第一，培养本地干部是联系群众深入工作的重要环节，也是外来干部的责任。

1948年6月6日，邓小平在"贯彻执行中共中央关于土改与整党工作的指示"中指出："培养本地干部是联系群众深入工作的重要环节，也是外来干部的责任。各地必须注意从斗争中，选拔大批的正派劳动的积极分子和贫苦知识分子（包括中农出身的），经过训练，提升为区村干部。党应经常检查这一工作的执行程度。对于地富出身的青年知识分子，亦应大量吸收，或送华北学习，或送本地军政学校予以改造，或经过教育后分配到外区外乡工作。"[1]

第二，办好学校、培养干部，才是最基本的建设。

从战略全局高度认识干部教育的重要地位和基础性作用，是邓小平干部教育思想理论的重要体现。早在1954年7月，邓小平在政务院讨论教育工作时就指出："政务院许多部门的领导人，他们注意抓生产，抓基本建设，这是对的，但是对培养干部重视不够，这主要表现在对自己所管的学校注意得很差。殊不知办好学校，培养干部，才是最基本的建设。"[2]这是邓小平首次明确干部教育的基础性地位。1975年，邓小平在中共中央军委扩大会议上强调指出，在没有战争的条件下，要把军队的教育训练提高到战略地位。为将这一方针具体化，

---

[1]《邓小平文选》第一卷，人民出版社1994年版，第122页。
[2]《邓小平文选》第一卷，人民出版社1994年版，第209页。

邓小平在 1977 年举行的中共中央军委座谈会上提出："一方面是部队本身要提倡苦学苦练"[1]，"另一方面是通过办学校来解决干部问题。"[2]也就是通过办学来"训练干部，选拔干部，推荐干部。用形象化的语言说，就是各级学校的本身要起到集体政治部的作用，或者说起到集体干部部的作用"[3]。1981 年，邓小平在中共省市自治区委员会书记座谈会上又说："选拔培养中青年干部这个问题太大了"，"我们历来讲，这是个战略问题，是决定我们命运的问题"。[4]"对思想作风正派，坚决维护祖国统一和民族团结，又有突出工作表现和一定资历的同志要大胆提拔上来，甚至放到很高的领导位置上来。"[5]

第三，培养教育干部具有战略性地位。

一是干部培养教育直接关系到党的思想路线、政治路线的实现。邓小平把干部教育培训上升到党的组织路线的高度，通过确立并贯彻正确的组织路线，教育培养合格的接班人，来保证党的思想路线和政治路线的实现。1979 年 7 月，在接见中共海军委员会常委扩大会议全体同志时，邓小平指出："不解决思想路线问题，不解放思想，正确的政治路线就制定不出来，制定了也贯彻不下去。""思想路线不是小问题，这是确定政治路线的基础。正确的政治路线能不能贯彻实行，关键是思想路线对不对头。"[6]也正是基于此种认识，他深刻阐述并重新确定了我们党的实事求是的思想路线，首先解决了全党干部的思想教育问题。邓小平继而指出："政治路线确立了，要由人来具体地贯彻执行。由什么样的人来执行，是由赞成党的政治路线的人，还是由不赞成的人，或者是由持中间态度的人来执行，结果不一样。"[7]"组织路线是保证政治路线贯彻落实的。"[8]干部的选拔和培养是组织路线的根本体现和重要方面。

二是干部培养教育直接关系党的干部新老交替、党的事业薪火相传。新老交替是自然法则，任何人都不可抗拒，否则也会给党和国家事业造成损害。"现在摆在老同志面前的任务，就是要有意识地选拔年轻人，选一些年轻的身体好的同志来接班。"[9]"中青年干部接班，最重要的是接老同志坚持革命斗争方向的英勇精神的班。希望通过你们的努力，把党的好传统、好作风发扬起来。

---

[1]《邓小平文选》第二卷，人民出版社 1994 年版，第 60 页。
[2]《邓小平文选》第二卷，人民出版社 1994 年版，第 61~62 页。
[3]《邓小平文选》第二卷，人民出版社 1994 年版，第 62 页。
[4]《邓小平文选》第二卷，人民出版社 1994 年版，第 384 页。
[5]《邓小平年谱》(1975—1997)，中央文献出版社 2004 年版，第 762 页。
[6]《邓小平文选》第二卷，人民出版社 1994 年版，第 191 页。
[7]《邓小平文选》第二卷，人民出版社 1994 年版，第 191 页。
[8]《邓小平文选》第二卷，人民出版社 1994 年版，第 193 页。
[9]《邓小平文选》第二卷，人民出版社 1994 年版，第 192 页。

我曾经说过，干部不是只要年轻，有业务知识，就能解决问题，还要有好的作风。"[1]

三是干部培养教育直接关系到能否坚持社会主义道路、能否粉碎"和平演变"阴谋。邓小平不但善于从国内战略全局来认识干部培养教育的战略地位，而且善于从国际政治斗争的战略高度来认识干部培养教育的战略地位。在南方谈话中，邓小平尖锐地指出："选拔培养中青年干部这个问题，是个战略问题，是决定我们命运问题。"[2] "现在我们面临的问题，是缺少一批年富力强的、有专业知识的干部。而没有这样一批干部，四个现代化就搞不起来"。[3] "对思想作风正派，坚决维护祖国统一和民族团结，又有突出工作表现和一定资历的同志要大胆提拔上来，甚至放到很高的领导位置上来"[4]，"帝国主义搞'和平演变'，把希望寄托在我们以后的几代人身上"，"我们这些老一辈的人在，有分量，敌对势力知道变不了。但我们这些人呜呼哀哉后，谁来保险？所以，要把我们的军队教育好，把我们的专政机构教育好，把共产党员教育好，把人民和青年教育好"。[5]

2. 邓小平干部培养教育的理论体系

（1）坚持干部培养教育的"三个面向"方向。

坚持干部培养教育"三个面向"的方向，即坚持"面向现代化、面向世界、面向未来"的方向。

面向现代化，就是干部的培养教育要从中国实际出发，与中国经济、社会发展的战略目标和战略步骤相适应，培养高素质的干部队伍，以适应中国特色社会主义现代化建设的需要。

面向世界，就是干部的培养教育要适应世界科学技术发展的趋势，适应复杂多变的国际环境，学会更多地利用世界资源，学习世界先进知识技术和管理方法，有计划、有选择地学习对中国特色社会主义建设有用的东西，同时自觉抵制腐朽的东西。

面向未来，就是干部的培养教育要有预见性和超前性，以长远的、历史的战略眼光来做好干部的培养教育工作，做到立足于社会主义初级阶段，又不拘泥于社会主义初级阶段，使培养教育出来的干部既能适应当下，也能满足未来一定时期的需要。

---

[1]《邓小平文选》第三卷，人民出版社1993年版，第146页。
[2]《邓小平年谱》(1975—1997)，中央文献出版社2004年版，第753页。
[3]《邓小平文选》第二卷，人民出版社1994年版，第221页。
[4]《邓小平年谱》(1975—1997)，中央文献出版社2004年版，第762页。
[5]《邓小平文选》第三卷，人民出版社1993年版，第380页。

"三个面向"是培养教育干部的指导方针,要建设中国特色社会主义"有理想、有道德、有文化、有纪律"的"革命化、年轻化、知识化、专业化"干部队伍,就必须坚持"三个面向"的培养教育方针。

(2)坚持干部培养教育的"四有"基础。

"有理想、有道德、有文化、有纪律"既寄予党和国家对少年儿童这一祖国未来的希望,也涵盖了党和人民对"下一代"领导干部的殷切期望。这也是党和国家各项事业对未来领导干部的客观要求。邓小平关于"四有"干部的政治见解和科学观点,为党在和平与发展条件下加强干部的培养教育指出了正确目标和方向,提出了原则和要求,奠定了坚实的基础。1980年5月,邓小平在给《中国少年报》和《辅导员》杂志的题词时指出:"希望全国的小朋友,立志做有理想、有道德、有知识、有体力的人,立志为人民作贡献,为祖国作贡献,为人类作贡献。"[1]1982年5月,《人民日报》发表的社论《当代青年的历史使命》中把邓小平的题词延伸为培养青年成为有理想、有道德、有文化、有纪律、有强健体魄的新一代。1985年,全国共青团思想政治工作会议提出,要加强和改进新时期的青年思想政治工作,在四化建设的伟大实践中培养和造就一代有理想、有道德、有知识、有体力的共产主义新人。1987年2月,邓小平在《用中国的历史教育青年》中指出:"教育干部成为'四有'干部。'四有'就是有理想、有道德、有文化、有纪律。"具体地讲就是:一是要有理想信念,要求党和人民事业的接班人在思想上牢固树立起共产主义的崇高理想和中国特色社会主义共同理想,有为之而奋斗终生的决心和信心,有为之而付出青春甚至生命的坚定勇气。二是要有完善的高尚的道德人格,懂得并能够正确处理好个人、集体与国家等各方面的关系;在狭隘私利的"自我"和"本我"面前舍得放弃和摒弃,在公而忘私的"大我"和"超我"面前舍得付出、舍得牺牲、舍得奉献。三是要有坚持学习、善于学习和培养本领,以克服能力不足、发挥不足、贡献不足的自觉意识与实践精神;四是要有组织观念、纪律观念、制度观念和法治观念,把私欲驯服在笼子里,把权力置于理性的阳光下。

"四有"作为培养教育干部的基础前提有其必然性,因为这一前提不但是党和人民选拔培养以及评价干部的基本尺度,也是中国特色社会主义事业对干部的基本要求;它也是近一百年来特别是改革开放以来,干部成长历程和中国特色社会主义事业发展进程所证明了的正确而科学的原则。昨天的少年儿童是明天的干部。每一代党和人民的干部,始终都是从儿童青少年成长起来的。因此,

---

[1]《邓小平年谱》(1975—1997),中央文献出版社2004年版,第639页。

邓小平对"四有"新人的期待和要求，始终是"未来"时期党和人民所期待的好干部成长的基本准则。

（3）坚持干部培养教育的"四化"标准。

针对改革开放和中国特色社会主义现代化建设的目标和任务，邓小平明确提出：如果不搞干部队伍"四化"，"不只是四个现代化没有希望，甚至于要涉及到亡党亡国的问题。"[1]

"革命化"是对干部的政治态度、政治品质和思想作风提出的总的要求。所谓"革命化"，最根本的是要坚持社会主义道路和党的领导。因为"我们要在社会主义制度下实现四个现代化，理所当然的，我们的干部队伍一定要坚持社会主义道路，要有马克思主义的基本观点"[2]。同时"革命化"还要求党的干部具有强烈的革命事业心和政治责任感，党性强，作风好，在工作中实事求是，大胆开拓；能够模范地遵守党的纪律和国家法令，坚持原则，廉洁奉公，不谋私利，敢于同不良倾向和不正之风作坚决斗争；能够密切联系群众，全心全意为人民服务；能够团结和自己意见不一致的同志一道工作，等等。

"年轻化"是对干部队伍尤其是领导班子的年龄结构提出的要求。"现代化与干部年轻化相关"[3]，即"干部年轻化是世界性的趋势，越是现代化，越要年轻化"[4]，"干部年轻化是我们的战略决策。"[5]具体来说，就是要求各级领导班子中，老、中、青干部都应有适当比例，其中中青年干部的比例应逐渐扩大，形成梯形的年龄结构和正常的新老交替。在第一线工作的干部，特别是领导干部，应该年富力强、精力充沛、能够胜任繁重任务；要选拔成千上万的中青年干部，经过锻炼之后充实到各级领导机构里去，"其中突出表现好的要到中央来"[6]。当然，年轻化也不能"一刀切"，中央、省、市、县、基层领导班子的成员年龄应有所不同，不能机械地要求各级领导班子的平均年龄逐级递减。

"知识化"是对干部的知识水平和文化程度提出的总的要求。为了适应现代化建设事业的需要，干部必须具备现代自然科学、社会科学和科学管理知识。要运用多种方式，培养和造就一大批有知识、懂科学、会管理的干部，提高现有干部的文化知识水平。邓小平十分重视对干部的培训，认为可以通过培训，有计划地对干部进行正规教育，"提高他们的政治水平、文化水平、技术水平、

---

[1]《邓小平文选》第二卷，人民出版社1994年版，第397页。
[2]《邓小平文选》第二卷，人民出版社1994年版，第261页。
[3]《邓小平年谱》(1975—1997)，中央文献出版社2004年版，第960页。
[4]《邓小平年谱》(1975—1997)，中央文献出版社2004年版，第1053页。
[5]《邓小平年谱》(1975—1997)，中央文献出版社2004年版，第1059页。
[6]《邓小平文选》第二卷，人民出版社1994年版，第386页。

经营管理水平",指出这是一种"能够收到很好效果的智力投资"[1]。这对于改变现有干部队伍的知识结构有很大益处。随着中国特色社会主义事业的发展,具有较高水平的干部比例要逐年增加,部委、司局级领导班子中大专以上程度的干部应占较大的比重。

"专业化"是对干部队伍的专业知识和业务能力提出的要求。邓小平多次指出,干部队伍构成不合理,缺乏专业知识、专业能力的干部太多,具有专业知识、专业能力的干部太少,这样搞四个现代化就没有希望。对此,邓小平提出,解决的办法就是学习,一是办学校、办训练班学习;二是自学,"要下苦功夫学"[2]。在哪一行,无论年龄多大,必须学会本行,"学不会的或者不愿意学的,只能调整"[3]。他还指出,要着重解决领导班子的专业化,逐步做到要由有专业知识的人来担任各级党委、业务机构的领导。他强调,由于专业不同,还要制定各个行业提升干部和使用人才的新要求、新方法,充分发挥专业人才的作用,并且领导群众按照专业的要求去学习和工作。

干部队伍"四化"是从干部队伍的政治素质、年龄结构、知识水平、专业能力四个维度提出的有机统一的要求,是相互联系、不可分割的整体。其中,革命化是年轻化、知识化、专业化三项要求的前提,是重要的思想保证,不讲革命化就会迷失方向,只讲革命化,容易成为空头政治家;年轻化则是适应新陈代谢规律,不断培养社会主义事业的接班人,以保证中国特色社会主义建设持续不断发展的需要。知识化和专业化则是实现中国特色社会主义现代化的能力要求。"四化"标准是干部队伍培养教育的明确目标。

(4)坚持干部培养教育内容的理论武装根本、能力提升关键、作风建设保障。

第一,坚持干部培养教育内容的理论武装根本。

"理论问题是关系到能不能实现四个现代化的问题。"[4]邓小平一直很重视干部的理论学习,坚持用正确的理论武装干部,不断提高干部的思想理论素质。他认为,这是决定干部政治目标、政治观点、政治方向、世界观和人生观的基础,是干部健康成长的关键。他指出,"学习什么?根本的是要学习马列主义、毛泽东思想,要努力把马克思主义的普遍原则同我国实现四个现代化的具体实践结合起来。"[5]"我们现在要建设有中国特色的社会主义,时代和任务不同了,

---

[1]《邓小平文选》第二卷,人民出版社 1994 年版,第 361 页。
[2]《邓小平文选》第二卷,人民出版社 1994 年版,第 263 页。
[3]《邓小平文选》第二卷,人民出版社 1994 年版,第 263 页。
[4]《邓小平年谱》(1975—1997),中央文献出版社 2004 年版,第 361 页。
[5]《邓小平文选》第二卷,人民出版社 1994 年版,第 153 页。

要学习的新知识确实很多，这就更要求我们努力针对新的实际，掌握马克思主义基本理论。因为只有这样，才能提高我们运用它的基本原则基本方法，来积极探索解决新的政治经济社会文化基本问题的本领，既把我们的事业和马克思主义理论本身推向前进，也防止一些同志，特别是一些新上来的中青年同志在日益复杂的斗争中迷失方向。因此，我希望党中央能作出切实可行的决定，使全党的各级干部，首先是领导干部，在繁忙的工作中，仍然有一定的时间学习，熟悉马克思主义的基本理论，从而加强我们工作中的原则性、系统性、预见性和创造性。"[1]学习和加强马克思主义理论培养教育是坚定领导干部理想信念、坚持社会主义道路的重要方式，也是培养教育干部"革命化"的重要内容。

第二，坚持干部培养教育内容的能力提升关键。

邓小平指出："目前重要的问题并不是干部太多，而是不对路，懂得各行各业的专业的人太少。"[2]"至于搞经济建设、搞教育、搞科学、搞政法等，应该说，我们的专业人才太缺乏了。所以，我们需要建立一支坚持社会主义道路的、具有专业知识和能力的干部队伍，而且是一支宏大的队伍。"[3]如何建设这支队伍，他提出："今后的干部选择，特别要重视专业知识。我们长期都没有重视，现在再不特别重视，就不可能进行现代化建设。没有专业知识，又不认真学习，尽管你抱了很大的热心建设社会主义，结果做不出应有的贡献，起不到应有的作用，甚至还起相反的作用。"[4]"可以考虑从香港、从东南亚、日本……请一批人来做顾问……任务就是教我们的干部怎么同外商打交道，怎么搞好城市的开放和管理。此外，还可以考虑选一两个地方、一两个学校，办对外开放专题速成班"[5]。只有"学习好，才可能领导好高速度、高水平的社会主义现代化建设。"[6]

第三，坚持干部培养教育内容的作风建设保障。

首先，坚持干部权力道德核心价值培养教育。为人民服务是社会主义国家政权性质在权力道德领域中的集中体现，是区别于资本主义权力道德的根本标志。"为什么人的问题，是一个根本的问题，原则的问题。"[7]权力道德的核心是为谁服务的问题。① 权力主体的双重身份决定了为谁服务的问题。权力主体

---

[1]《邓小平文选》第三卷，人民出版社1993年版，第146～147页。
[2]《邓小平文选》第二卷，人民出版社1994年版，第263页。
[3]《邓小平文选》第二卷，人民出版社1994年版，第264页。
[4]《邓小平文选》第二卷，人民出版社1994年版，第264页。
[5]《邓小平年谱》(1975—1997)，中央文献出版社2004年版，第1023～1024页。
[6]《邓小平文选》第二卷，人民出版社1994年版，第153页。
[7]《毛泽东选集》第三卷，人民出版社1991年版，第857页。

是代表个人利益的社会公民，有着自身的个人利益需求，同时又是人民选举出来的国家公务人员，是执行运用公共权力的权力主体，代表公共利益。在现实中，如果出现公共利益和个人利益相矛盾的情况，为谁服务的问题就凸显出来了。②为谁服务彰显着国家权力的性质。权力主体是代表国家行使权力的，是执行运用国家公共权力的代表。在资本主义国家，权力是为少数人服务的。在社会主义国家，权力则是为大多数人的公共利益服务的。

马克思主义的人民公仆观表明，社会主义国家公务人员即权力主体都是人民的公仆。邓小平在坚持马克思主义人民公仆观基础上，明确提出领导就是服务，就是做人民的公仆，就是为人民服务。"领导就是服务"这一全新命题，是对领导管理理论的重要创新，也是对马克思主义权力道德思想的逻辑发展。"我们进了城，执了政，是做官呢，还是当人民的勤务员呢？这个问题是毛泽东同志过去多次讲过的。可以有两种态度：一种是做官，一种是当人民的勤务员。如果不是做官，而是当人民的勤务员，那就要以普通劳动者的面貌出现，要平等待人，要全心全意地为人民服务。"[1]我们不做官当老爷，而是要做人民的公仆，为人民服务，并以人民拥护不拥护、人民赞成不赞成、人民高兴不高兴、人民答应不答应作为各项政策措施工作的出发点和落脚点，是邓小平权力道德思想理论的核心价值所在。

其次，坚持干部权力道德基本原则培养教育。

一是坚持权责统一原则的培养教育。权力机关及其当权者被赋予了权力，也就是承担了相应的责任。在这个意义上说，权力本身就意味着一种责任。从权力产生的机制看，权力在象征着地位与利益的同时，本身就伴随着责任与义务。邓小平认为，掌握了权力就要为人民服务，就要为人民负责，坚持权力与责任的统一原则。"我们党成为执政党，这是一件值得高兴的事情。但是，执政党也不是很容易当的。执了政，党的责任就加重了，共产党员的责任就加重了，我们领导干部的责任就加重了。"[2]

二是坚持慎权原则的培养教育。谨慎地使用权力是保证权力不被滥用、权力为人民所用的重要保证。党执政以后环境发生了变化，国家工作人员容易脱离群众，滋生官僚主义风气，沾染官气，从而主观上极易产生不谨慎使用权力的现象。邓小平认为，要正确使用权力，就要贯彻群众路线，密切深入联系群众，克服官僚主义。"有些同志以为天下是我们打下的，一切要服从我们。这是

---

[1]《邓小平文选》第一卷，人民出版社1994年版，第304页。
[2]《邓小平文选》第一卷，人民出版社1994年版，第303页。

非常错误的。实际上群众不一定会服从你。领导不是自封的,要看群众承认不承认,批准不批准。领导作风恶劣,群众就不会服从;领导犯了错误,群众就不批准。或者有人说,我革命时间长,本领大。但群众不跟你走,你就一事无成。"[1]所以,只有从根本上杜绝官僚主义习气,才能更好地为人民用好权,全心全意为人民服务。

三是坚持民主原则的培养教育。中国是社会主义国家,中华人民共和国的一切权力属于人民,领导干部在使用权力的过程中一定要坚持民主原则。人民是国家主人,干部是人民的公仆,要摆正公仆和主人的关系。"政治上,充分发扬人民民主,保证全体人民真正享有通过各种有效形式管理国家、特别是管理基层地方政权和各项企事业的权力,享有各项公民权利。"[2]为此,邓小平认为要保证人民管理国家权力的实现,就要从宪法入手,保证宪法的周密与准确,切实保障公民各项权利得到落实。

最后,坚持干部权力道德实践路径培养教育。

一是坚持反对官僚主义、以优良的作风为民用权的培养教育。邓小平认为,为人民服务就是要当好人民的勤务员,要平等待人,以优良的作风呈现在人民群众面前;要密切联系群众,处理好与人民群众的关系,任何官僚主义行为实质上都是背离党的群众路线的。"一种人老是拿共产党员的牌子和革命多少年的资格去压别人,硬要党外人士服从自己,说话态度生硬,架子摆得很大,以为这就是'领导'。其实只能令人讨厌,脱离群众,使自己陷于孤立和困难的地步。"[3]他指出,为人民服务,就要坚持求真务实,要有一丝不苟的精神,要不断总结工作经验,要不断提高工作实效,解决好人民群众反映的各种问题,以优良的工作作风呈现在群众面前。

二是坚持以民生为导向、切实解决人民群众的生活问题的培养教育。邓小平认为权力道德不是空谈的口号,为人民服务就要解决好人民群众的实际生活。在人民群众视野中,政府及其工作人员能不能为人民服务、是不是人民公仆,直接的判断标准就是涉及切身利益的生活问题。如果人民群众反映强烈的民生问题得不到解决,就会影响党和政府的形象。为此,邓小平要求,党员干部要迎难而上,克服实际工作中的困难,扎扎实实地做好群众民生工作,与时俱进贯彻落实为人民服务这一社会主义权力道德的核心价值。

---

[1]《邓小平文选》第一卷,人民出版社1994年版,第157页。
[2]《邓小平文选》第二卷,人民出版社1994年版,第322页。
[3]《邓小平文选》第一卷,人民出版社1994年版,第157页。

三是坚持从广大人民根本利益出发、为人民用好权的培养教育。邓小平认为,既然做了官,就要为人民服务,就要从人民根本利益出发,为人民用好权,也就是有利于实现人民群众利益的事情,就要扎扎实实做好;不利于人民群众的事情,就坚决不能做,要把人民群众高兴不高兴、人民群众拥护不拥护与人民群众赞成不赞成三项标准作为政府及其工作人员行政工作的出发点,作为贯彻群众路线、为人民用好权的基本准则。

(5)坚持多形式多途径培养教育干部的方式方法。

关于干部培养教育和学习的方式方法,邓小平明确提出:"一个是办学校、办训练班进行教学,一个是自学。要下苦功夫学。"[1]他要求干部"从实践中学,从书本上学,从自己和人家的经验教训中学"[2]。由此可见,邓小平讲求学习方法的灵活多样,并不拘泥于某种单一的形式。根据邓小平"全党同志一定要善于学习,善于重新学习"[3]的要求,1980年2月25日,中共中央宣传部、中共中央组织部颁发了《关于加强干部教育工作的意见》;1982年10月3日,中共中央、国务院颁发了《关于中央党政机关干部教育工作的决定》。《意见》和《决定》都对干部培养教育的方针、任务、内容进行了明确的表述,尤其强调了培训的方式方法。主要包括短期培训班(干训班、读书班、研究班)、党校、专业干部学校、长期离职学习、在职业余学习、夜大、函大、电大、领导干部专业进修班等形式。按照干部的层次、类别对培训班也进行了分类:中央党校干部培训班,招收具有大专以上文化程度、5年以上工作经验的优秀青年干部,进行比较全面的政治、业务培训;干部进修班,招收具有高中以上文化程度司局级以上的领导干部及其后备干部,或某一类型的专业领导干部;各个部委所属高等院校和中等专业学校举办学制2~3年的干部专修科和干训班,或招收本科班。对不具备初中毕业水平的干部,主要采取半脱产、业余文化补习学校的办法解决学习问题。对具有大专以上文化学历的干部主要采取3年离职半年进修或到有关高校、研究单位短期进修的方法,学习本职工作所需要的业务知识,进行知识补缺更新教育。

(6)坚持科学化、规范化的干部培养教育体制保障。

邓小平一贯重视制度化建设。如在对干部选拔的标准上他提出:"我们选干部,要注意德才兼备。所谓德,最主要的,就是坚持社会主义道路和党的领导。在这个前提下,干部队伍要年轻化、知识化、专业化,并且要把对于这种干部

---

[1]《邓小平文选》第二卷,人民出版社1994年版,第263页。
[2]《邓小平文选》第二卷,人民出版社1994年版,第153页。
[3]《邓小平文选》第二卷,人民出版社1994年版,第153页。

的提拔使用制度化。"[1]中国共产党十一届三中全会后，全国干部教育机构相继恢复，邓小平从多个方面加强学习的制度化建设，逐步改变原来不合理的规定，建立新的、适合新时代发展要求的干部教育体制；在邓小平提出要"有计划地对大批干部、工人进行正规教育，提高他们的政治水平、文化水平、技术水平、经营管理水平，就是一种能够收到很好效果的智力投资。要使全体干部、工人充分理解这种培训的重大意义，逐步把这种培训变为适用于全体干部和工人的经常制度"[2]之后，1980年2月中共中央宣传部、中共中央组织部颁发了《关于加强干部教育工作的意见》，1982年10月中共中央、国务院颁发了《关于中央党政机关干部教育工作的决定》；1983年10月，中央组织部颁发了时间跨度为8年的《全国干部培训规划要点》；1983年6月，为了加强专业干部培训，国务院批转教育部、国家计生委、国家经委、劳动人事部联合颁发了《关于成立管理干部学院问题的请示》；1984年3月，针对企业领导的教育培训问题，全国职教委、国家经委联合颁发了《关于加强职工培训提高工人队伍素质的意见》等。一系列文件的出台和实施，从机构建制、培训对象、培训内容、培训方式等诸多方面，为"文化大革命"后的干部、职工培养教育工作科学化、规范化开展提供了明确的指引和有力的体制保障。

3. 邓小平干部培养教育理论的现实指导意义

一是干部培养教育要为党和国家的中心工作服务，增强适应性。把干部培养教育工作放到党和国家工作大局来认识、谋划、推进，是邓小平干部培养教育思想理论的基本经验。早在1954年，邓小平就把办好学校、培养干部作为社会主义建设中最基本的一项建设。1978年12月，党中央决定把全党工作重点转移到经济建设上来，邓小平在中共中央工作会议闭幕会上指出："实现四个现代化是一场深刻的伟大的革命。在这场伟大的革命中，我们是在不断地解决新的矛盾中前进的。因此，全党同志一定要善于学习，善于重新学习。"[3]干部培养教育工作必须把适应我们党的历史方位的新变化、适应党和国家工作的新发展、适应干部队伍建设的新要求作为出发点和落脚点，不断增强干部培养教育的适应性。

二是干部培养教育要把理论武装放在首位，牢固其理想信念。从思想上建党，讲政治是我党的优良传统。"选拔人，第一个是政治条件。"[4]邓小平高度

---

[1]《邓小平文选》第二卷，人民出版社1994年版，第326页。
[2]《邓小平文选》第二卷，人民出版社1994年版，第361~362页。
[3]《邓小平文选》第二卷，人民出版社1994年版，第152~153页。
[4]《邓小平文选》第二卷，人民出版社1994年版，第411页。

重视干部对马列主义、毛泽东思想的学习,认为只有熟悉和掌握马克思主义基本理论,才能防止中青年领导干部在复杂的形势迷失方向,坚定中国特色社会主义的理想信念,保证党的事业长治久安。因此,新时期的干部培养教育要把马克思主义中国化的重要成果作为中心内容,着力推进党的创新理论进教材、进课堂、进头脑,帮助各级干部树立马克思主义世界观、人生观、价值观,始终保持政治上的清醒和坚定,始终保持和发展共产党人的先进性,是干部教育培训工作最重要的成效,也是保证干部教育培养工作正确方向的根本所在。

三是干部培养教育要抓住执政素质这个关键,提升其执政能力。能力培养始终是干部培养教育的主要内容。"我们需要一些专家、懂行的人,现在不懂行的人太多了,'万金油'干部太多了。我们的干部有一千八百万,缺少的是专业干部,技术人员、管理人员和其他各种专业人员。如果能增加一百万司法干部,增加两百万合格的教员,有五百万科学研究人员,再有两百万会做生意的人,那就比较好了。现在的干部结构不合理,不对路。"[1]在任何时期,干部的培养教育都要始终注重执政素质培养这个关键,引导和推动干部在丰富生动的实践中学习本领。唯有如此,党的执政能力才会得到不断提高。

四是干部培养教育要坚持理论联系实际,引导其学以致用。邓小平指出:"马克思主义的活的灵魂,就是具体地分析具体情况。马列主义、毛泽东思想如果不同实际情况相结合,就没有生命力了。我们领导干部的责任,就是要把中央的指示、上级的指示同本单位的实际情况结合起来,分析问题,解决问题,不能当'收发室',简单地照抄照转。"[2]"学马列要精,要管用。"[3]因此,干部培养教育必须把马克思主义学风贯穿于教学全过程,理论联系实际地开展教学,教育引导广大干部在学习培训中坚持理论联系实际,不断提高运用马克思主义立场、观点、方法分析和解决实际问题的能力。只有坚持理论联系实际的马克思主义学风,引导干部努力做到理论与实际、学习与运用、言论与行动相统一,干部教育培养才能取得良好的效果。

五是干部培养教育要与时俱进,不断创新。创新是邓小平理论的重要特点,也是他提出干部队伍年轻化的重要原因。"在党内和人民群众中,肯动脑筋、肯想问题的人愈多,对我们的事业就愈有利。干革命,搞建设,都要有一批勇于思考、勇于探索、勇于创新的闯将。没有这样一大批闯将,我们就无法摆脱贫

---

[1]《邓小平文选》第二卷,人民出版社1994年版,第196页。
[2]《邓小平文选》第二卷,人民出版社1994年版,第118页。
[3]《邓小平文选》第三卷,人民出版社1993年版,第382页。

穷落后的状况,就无法赶上更谈不到超过国际先进水平。"[1]我们有些年轻人不够成熟,但我们把希望寄托在年轻人身上。我们的总目标是各级领导干部逐步年轻化。没有一批年轻人,活力保持不了,创新也不容易。干部培养教育要随新形势而不断创新培训内容、改进培训方式、整合培训资源、优化培训队伍,适应党在不同时期的历史任务和中心工作,联系实际创新路,加强培训求实效。

六是干部培养教育要开阔视野,学习国际先进经验。"现在科学技术发展了,国际交流发展了,我们的经济一定要在国际上有竞争力,要拿国际水平的尺度来衡量一下。在不断出现的新问题面前,我们党总是要学,我们共产党人总是要学,我们中国人民总是要学。"[2]培养教育干部要开阔视野,一方面要通过学习借鉴国际的先进理论和经验,开阔干部的国际视野,提升他们跨文化的沟通能力、处理国际事务的能力和协调国际国内两个大局的能力;另一方面要通过培训外国官员,介绍中国道路、中国模式、中国制度、中国经验,让世界了解中国,向世界说明中国,在世界的官员培训中发挥作用,为世界的和平发展做出贡献。

六、邓小平坚持抓好军队、专政机构和国防教育的理论与实践

邓小平指出,人民是社会主义国家的主人,军队和专政机构"是人民民主专政的坚强柱石,肩负着保卫社会主义祖国、保卫四化建设的光荣使命"[3],所以,"要把我们的军队教育好,把我们的专政机构教育好"[4],把全民的国防教育抓好。

(一)邓小平把军队教育好的理论与实践

1. 加强和改善军队的思想政治工作

早在1940年初春,邓小平在听取汇报军民联欢大会情况和近期政治工作安排之后就指出:"应该抓抓连队政治工作。我们刘师长经常说'万丈高楼平地起',要搞好部队建设,就必须先抓好连队基层建设。而连队工作的关键又是政治指导员,所以要教育他们学习革命基本理论、学会做党的支部工作,熟悉各种条件下的政治工作,还要会做群众工作和敌伪工作。每个连队都要搞'救亡室',

---

[1]《邓小平文选》第二卷,人民出版社1994年版,第143页。
[2]《邓小平文选》第二卷,人民出版社1994年版,第270页。
[3]《邓小平文选》第二卷,人民出版社1994年版,第395页。
[4]《邓小平文选》第三卷,人民出版社1993年版,第380页。

青年工作也不能放松。""你们办训练队,不光是要大家来学习,还要发动大家有所创造,要结合当前抗日和对顽(敌)斗争的实际,总结抗战几年来的政治工作经验,在红军《政治工作若干条例》的基础上,研究写出适应新形势的几个政治工作条例。我们搞政治工作也得有个章法,没有章法不行。政治部机关要认真抓好编写条例的工作。写出来后,可以先试行,征求部队的意见,然后报上级批准后再颁发。"[1]1978年4月11日,邓小平同梁必业等座谈修改《关于加强军队政治工作的决议》稿等时指出:"政治工作的任务,主要是保证军队的性质,保证党的路线、方针、政策的贯彻执行,保证党对军队的绝对领导,保证提高部队的战斗力。"[2]同年6月,邓小平在全军政治工作会议上的讲话中对政治工作的重要性和必要性进行了详细论述,强调军队里的思想政治工作需要加强,必须把思想政治工作放在非常重要的地位;要加强军队党的建设,加强思想政治工作队伍建设,要求政治工作干部要以身作则,不能说一套、做一套;要抓紧四项基本原则教育,搞好马克思主义基本原理学习和教育。在新的历史条件下,他要求一方面要认真发扬政治工作的优良传统,另一方面要深入研究和解决新问题;要加强社会主义精神文明建设,做有共产主义理想有道德有文化有纪律、有国际主义和爱国主义精神的新人,要艰苦朴素,大公无私,一不怕苦、二不怕死,照顾全局,不要只看眼前,而要看长远。总之,要通过加强思想政治工作,发扬政治工作的优良传统,研究和解决新问题,保证军队政治上合格,确保"我们这个军队永远是党领导下的军队,永远是国家的捍卫者,永远是社会主义的捍卫者,永远是人民利益的捍卫者"[3]。

2. 把教育和训练摆在战略位置

一是确立战斗力标准,提高军队质量。战斗力是军队的实际作战能力,是军队综合素质的集中反映。坚持战斗力标准,就是要实现军队政治合格、军事过硬、作风优良、纪律严明、保障有力。邓小平强调,讲真正的战斗力,要讲全面提高部队素质。就战斗力的构成来讲,主要包括人、武器装备和体制编制三个基本要素。人的素质和武器装备的现代化水平是构成军队战斗力的物质基础,体制编制是建立在这一基础之上的组织形式,是联结人与武器的纽带。人的因素有个素质问题,包括军事素质、政治素质和科学文化素质。素质不行,会影响战斗力。武器装备有个物质基础和技术水平问题,解决不好,就会影响战斗力。人和武器装备也要科学组合起来,没有一个好的体制编制同样会影响

---

[1]《邓小平人生纪实》(上),凤凰出版社,2011年10月版,第390页。
[2]《邓小平年谱》(1975—1997),中央文献出版社2004年版,第294页。
[3]《邓小平文选》第三卷,人民出版社1993年版,第304页。

战斗力。从实践来看，战斗力的生成还有一个协同与合成问题，协同不了，合不起来，部队就不可能形成一个整体，也就不可能在作战条件下把战斗力充分发挥出来。为此，邓小平指出在不打仗的条件下，考验干部、提高干部、提高军队素质和战斗力，要从教育训练着手，要靠教育训练来实现。加强教育训练，一方面是部队本身要提倡苦学苦练，通过学习、训练、拉练、演习，提高军队政治觉悟和军事本领；另一方面，是通过办学校来解决干部问题。他要求要认真加强军队院校建设，把军队院校办成集体干部部。要通过部队和院校的教育训练，提高干部的指挥水平、管理水平和知识化、专业化，特别是要注意合成训练，使干部学会指挥现代战争。他指出："为什么政治学院的军政教育还要四六开，就是要政治干部学一些军事知识，政治干部不懂业务，不懂技术，不懂行，做不好政治工作。过去打仗的时候，政治干部和军事干部一起指挥，现在不学习，不懂业务技术，怎么出战斗力？"[1]要贯彻毛泽东关于把军队办成一个大学校的思想，使干部战士经过训练后，既能打仗，又能搞社会主义建设，成为军队和地方都适用的人才。这些论述，反映了和平时期加强军队建设的基本特点和规律。

二是强化教育训练，实现精兵目标。一支军队是否具有强大的战斗力，固然要有一定数量的兵员做基础，但更重要的是军队的质量。精兵，既是一个量的概念，也是一个质的概念，是量与质的统一，其核心是强调质的方面，就是要有先进的军事科学理论，精良的武器装备，科学的体制编制等。显然，这些都与人的素质有关。而提高人的素质主要靠教育训练。① 要着眼于军队建设指导思想拨乱反正的教育训练。"文化大革命"期间，林彪、"四人帮"大搞"突出政治"，军队"只搞文、不搞武"，军队建设受到很大破坏。1975 年，临危受命的邓小平，以无产阶级革命家的胆略和气魄，与"四人帮"一伙展开了针锋相对的斗争，对"文化大革命"以来造成的严重混乱局面进行大刀阔斧的整顿。他强调，军队整顿的任务，首先解决肿、散、骄、奢、惰的问题。要抓编制，抓装备，还要抓战略，要把教育训练放在战略问题的一个重要位置上。② 要着眼于实现国防现代化宏伟目标的教育训练。邓小平认为，能否实现四个现代化，决定着我们国家的命运、民族的命运。因此，要把现代化建设作为压倒一切的中心任务。正是基于这种认识，他总是从国防现代化的高度去看待教育训练的地位问题。他说，四个现代化，有个国防现代化。军队目前存在相当多的问题，很多同志担心，军队能不能顺利实现四个现代化？还有同志担心，军队经过林彪、"四人帮"这样持久的破坏，如果不很快整顿，遇到敌人进攻还能不能打仗？

---

[1]《邓小平科技思想年谱》(1975—1994)，中央文献出版社 2004 年版，第 70 页。

这些担心不是没有根据的。这就提出一些问题:军队怎样整顿?怎样准备打仗?怎样把军队搞好?解决这些问题从何着手呢?他进而指出,除了调整领导班子以外,就是没有战争的条件下,要把军队的教育训练提高到战略地位。③要着眼于提高军队在现代条件下作战能力的教育训练。邓小平指出,现在是合成军队作战,空中也有,地面也有,水里也有,不是过去的小米加步枪了,如果不注意军队训练,至少在战争初期要相当倒霉就是了。他告诫全军一定要正视现实,要承认我们的科学技术水平与世界先进水平相比,还差很长的一截。要承认我们军队打现代化战争的能力不够。要承认我们的军队人数虽然多,但是素质比较差……指挥现代化战争,包括我们老同志在内,能力都不够。他要求军队干部"认真学习现代化战争知识,学习诸军兵种联合作战。不但高级干部要学,连排干部也要学,都要懂得现代化战争"[1]。

三是着眼于国家建设大局的教育训练。邓小平关于把教育训练提高到战略地位的思想,还有一个鲜明的特色,就是把军队办成一个学校。他指出:"要把教育训练提高到战略地位,就包括把军队办成一个大学校,使干部既学到现代战争知识,又学到现代科学知识和生产知识,还要学会做政治工作和管理工作。这样,我们的军队干部既能在军队建设中发挥作用,到地方上也能发挥作用,打起仗来,又可以在战争中发挥作用,就成为军队和地方都合用的干部。""对干部的教育训练,要使他们学好马列著作和毛泽东同志的著作,懂得现代战争知识,有好的思想作风,有强的指挥能力和管理能力;还要使他们学点搞工业、农业的知识和必要的现代科学知识,学点历史、地理、外语;有条件的,还要使他们学点专业技术,比如开汽车、开拖拉机,并且懂点原理。我们军队里具有多种知识和一定专业技术的人以后会慢慢多起来。这些问题,主管教育训练的部门要作出规划,提出落实的具体措施。"[2]"文化教育还要继续搞,军队要学习科学文化。以后军队质量要提高,知识水平要提高。所有转业的,都要经过训练。干部学文化,也是为转业创造条件。"[3]"只着眼于军队本身建设的需要是不够的,还要着眼于干部、战士转业复员到地方的需要。现在一个团的干部到工厂,不要说大工厂,就说中小工厂吧,当个厂的领导行不行?看来有些人可能不行。按资历来说,能指挥一个团,如果好好学点知识,学点本领,锻炼一下,当个中小工厂的领导,大厂的车间领导,应该说是可以的。""对战士的教育训练要做到一兵多能。要学政治、学军事、学技术,还要学点数理化,

---

[1]《邓小平文选》第二卷,人民出版社1994年版,第62页。
[2]《邓小平文选》第二卷,人民出版社1994年版,第79页。
[3]《邓小平科技思想年谱》(1975—1994),中央文献出版社2004年版,第168页。

学点工农业知识，学点外语。""现在的战士，中学生占的比例是很大的，如果在服兵役期间，经过训练，水平提高了，作风又好，到地方就会发挥很大作用，地方上也就比较欢迎。""要创造这样的学习条件。""要使我们的干部和战士，经过训练以后，既能打仗，又能搞社会主义建设。""这对国家建设有利，对军队建设和战备也有利。"[1]以后他又反复强调这个问题。在邓小平这些思想理论指引下，全军达成了共识，形成了制度，教育训练出现了新局面。显然，邓小平在论述教育训练战略地位时，不仅看到了和平时期军队教育训练的军事效益，而且看到了社会效益；不仅着眼于军队建设的全局，而且着眼于国家建设的大局，充分表现了战略家的远见卓识。

3. 依法建设和管理部队

邓小平认为，在整个国家逐步走上法制化轨道的新形势下，军队建设也必须与之相适应，走依法治军的道路。根据邓小平的意见，1977年军委会议制定并通过了9个决定、条例，内容包括教育训练、武器装备、编制体制等许多方面。法规建设是一项长期基础建设、长远建设。中国共产党十一届三中全会后的一段时间，在邓小平领导下，先后制定颁发了60个军事法规。邓小平主持制定的一整套法规制度，是长期指导和规范国防和军队建设的重要法典，是新时期治军的依据，同时也为中国军队依法建设和管理部队开辟了道路。

军队正规化建设的过程，就是贯彻条令条例和其他法规制度，使之变成全体军队自觉行为的过程。"战士从入伍起，工作人员从到职起，就要学习和服从各自所必须遵守的纪律"[2]要把掌握军事技术同增强组织纪律结合起来，同培养优良作风结合起来，同提高部队整体素质结合起来，使各级官兵知法、懂法、带头守法和照章执法，坚持反对在执行条令条例和其他法规制度的随意性，彻底纠正和杜绝"以言代法""变通执法"以及搞"土政策"的错误倾向。

贯彻条令，治军要严。邓小平指出，制度问题带有根本性，军队要健全各种法规制度，做到有章可循，有了章程就要执行，增强法制观念，严格按条令条例和规章制度办事，坚持依法治军。与此相适应的，"军队非讲纪律不可"[3]。1977年12月，邓小平在中央军委全体会议上严肃的要求军队干部一定要服从命令听指挥，首先要从老干部开始，带头遵守纪律。一个是一切行动听指挥，一个是自觉遵守纪律，要加强这方面的教育；对一切无纪律、无政府、违反法

---

[1]《邓小平文选》第二卷，人民出版社1994年版，第80页。
[2]《邓小平文选》第二卷，人民出版社1994年版，第360页。
[3]《邓小平年谱》(1975—1997)，中央文献出版社2004年版，第252页。

制的现象，都必须坚决反对和纠正；要提高部队管理能力，学会做人的工作，学会做思想工作，切实把部队管理好。

4. 恢复和发扬中国军队的优良传统和作风

"革命精神是非常宝贵的，没有革命精神就没有革命行动。"[1]军队的优良传统和作风是一种无形的战斗力和无价的精神财富。为此，邓小平要求军队要发扬革命加拼命的精神，严守纪律和自我牺牲的精神，大公无私和先人后己的精神，压倒一切敌人、压倒一切困难的精神，坚持革命乐观主义、排除万难去争取胜利的精神；继承和发扬老红军坚持实事求是、老老实实的科学态度，密切联系群众、坚持党的群众路线，艰苦奋斗，坚决抵制资本主义腐朽思想文化及生活方式的侵蚀和影响，坚持批评与自我批评的作风。恢复和发扬我军的这些优良传统，就要求我们的战士谦虚谨慎，戒骄戒躁，全心全意为人民服务；就要求我们的战士做老实人，说老实话，办老实事，做扎扎实实、埋头苦干的实干家；就要求我们的战士真正相信和依靠群众，细心倾听群众的呼声，关心群众疾苦，一刻也不脱离群众，永远和群众心连心。

恢复和发扬我军优良传统，领导干部特别是高级干部以身作则非常重要。群众对领导干部总是听其言、观其行的；领导干部不做出好样子，就带不出部队的好风气，出不了战斗力。高级干部以身作则，就是要做马列主义、毛泽东思想和革命实践相结合的榜样。这一条，反映了新时期军队建设对优良传统的要求，它与提倡解放思想、实事求是、研究新情况、解决新问题是不矛盾的，是相辅相成的。发扬传统和改革创新从来是紧密结合的。继承是发展的基础和前提，发展是继承的目的和归宿，两者相辅相成，构成了中国特色军队建设发展的基本方式。

（二）邓小平把专政机构教育好的理论与实践

1. 把专政机构教育好的着眼点

一是着眼于巩固中国人民民主专政的国家政权。把专政机构教育好是与专政机构的特殊职能分不开的。邓小平早在1979年3月30日《坚持四项基本原则》的讲话中就非常鲜明地指出："在阶级斗争存在的条件下，在帝国主义、霸权主义存在的条件下，不可能设想国家的专政职能的消亡。……它们的存在同社会主义国家的民主化并不矛盾，它们的正确有效的工作不是妨碍而是保证社会主义国家的民主化。事实上，没有无产阶级专政，我们就不可能保卫从而也

---

[1]《邓小平文选》第二卷，人民出版社1994年版，第146页。

不可能建设社会主义。"[1]在1992年的南方谈话中,他再次强调要依靠无产阶级专政保卫社会主义制度,运用人民民主专政的力量巩固人民的政权,并且指出:"巩固和发展社会主义制度,还需要一个很长的历史阶段,需要我们几代人、十几代人,甚至几十代人坚持不懈地努力奋斗,决不能掉以轻心。"[2]强化中国人民民主专政,就要加强对专政机构的教育,使专政机构懂得专政机构的特殊职能,懂得中国人民民主专政不但要发扬人民民主,而且要加强对敌专政,专政不可能在当前消亡而应得到加强,成为保卫社会主义制度的强有力的武器。把专政机构教育好了,我们就能随时拿起这个武器,有效地挫败国内外敌对势力瓦解社会主义制度、颠覆中国国家政权的图谋。

二是着眼于维护团结稳定的政治局面,集中力量进行现代化建设。集中力量进行现代化建设,就要有一个安定团结的政治局面,"要有一个安定的政治环境。不安定,政治动乱,就不可能从事社会主义建设。"[3]1980年1月16日,邓小平在中央召集的干部会议上指出:"没有一个安定团结的政治局面,就不能安下心来搞建设。过去二十多年的经验证明了这一点。""在各个岗位上工作的同志,一定要共同负起责任,维护、保障和发展这个安定团结的政治局面。"[4]邓小平1986年1月17日在中央政治局常委会上指出:"坚持四项基本原则中为什么要有一条坚持人民民主专政?只有人民内部的民主,而没有对破坏分子的专政,社会就不可能保持安定团结的政治局面,就不可能把现代化建设搞成功。"并说:"不能不讲专政,这个专政可以保证我们的社会主义现代化建设顺利进行,有力地对付那些破坏建设的人和事。"[5]专政机构在维护国家和社会的稳定、为中国一心一意进行现代化建设提供良好的环境方面,具有特殊的重要作用,肩负着重大责任。把专政机构教育好了,我们中国就能运用专政手段维护团结稳定的政治局面,为中国社会主义现代化建设提供良好的环境和秩序,保证社会主义现代化建设的顺利进行。

三是着眼于两手抓,搞好社会主义精神文明建设。"我们社会主义的国家机器是强有力的。一旦发现偏离社会主义方向的情况,国家机器就会出面干预,把它纠正过来。开放政策是有风险的,会带来一些资本主义的腐朽东西。但是,我们的社会主义政策和国家机器有力量去克服这些东西。"[6]邓小平一贯强调两

---

[1]《邓小平文选》第二卷,人民出版社1994年版,第169页。
[2]《邓小平文选》第三卷,人民出版社1993年版,第379~380页。
[3]《邓小平文选》第三卷,人民出版社1993年版,第124页。
[4]《邓小平文选》第二卷,人民出版社1994年版,第251页。
[5]《邓小平文选》第三卷,人民出版社1993年版,第154页。
[6]《邓小平文选》第三卷,人民出版社1993年版,第139页。

手抓、两手都要硬,这就是一手抓改革开放(或物质文明建设),一手抓打击各种犯罪活动(或精神文明建设)。他在南方谈话中指出:"这两只手都要硬。打击各种犯罪活动,扫除各种丑恶现象,手软不得。"[1]改革开放以后,一些腐朽的东西也跟着进来了,中国的一些地方也出现丑恶的现象,如吸毒、嫖娼、经济犯罪等,这些腐败现象危害很大,必须坚持扫除。邓小平特别强调要求"在整个改革开放过程中都要反对腐败"[2]。加强社会主义精神文明建设,反对腐败,扫除各种丑恶现象是一项艰巨的任务,需要全党全国各行各业各个部门的共同努力,但专政机构在其中发挥着不可替代的作用。把专政机构教育好了,我们中国在同改革开放中各种消极腐败现象的斗争中就获得了更加强有力的武装,这将有助于克服各种消极腐败现象,为改革开放和社会主义现代化建设的进行提供良好精神支持,从而促进两个文明建设的协调发展,推动社会全面进步。

　　四是着眼于培养年轻一代接班人。邓小平十分强调培养一代又一代年轻接班人。早在1979年7月29日,他在接见海军党委扩大会议全体同志的讲话中就指出:"思想路线政治路线的实现要靠组织路线来保证"[3],"解决组织路线问题,最大的问题,也是最难、最迫切的问题,是选好接班人"[4]。1986年11月9日他在会见日本首相中曾根康弘时说:"哪一天中国出现一批三四十岁的优秀政治家、经济管理家、军事家、外交家就好了。同样,我们也希望中国出现一大批三四十岁的优秀科学家、教育家、文学家和其他各种专家。"[5]这些年轻专家是国家机构也包括专政机构富于效率、保持活力的必要条件。1992年初他在南方谈话中又指出:"正确的政治路线要靠正确的组织路线来保证,中国的事情能不能办好,社会主义和改革开放能不能坚持,经济能不能快一点发展起来,国家能不能长治久安,从一定意义上说,关键在人。"[6]他说:"帝国主义搞和平演变,把希望寄托在我们以后的几代人身上,江泽民同志他们这一代可以算是第三代,还有第四代、第五代。我们这些老一辈的人在,有分量,敌对势力知道变不了。但我们这些老人呜呼哀哉后,谁来保险?"[7]所以,他提出要把青年教育好,因为只要年轻一代接班人培养好了,由他们掌握政权,掌握专政机构的权力,我们这些老一代人就放心了,"就可以放心睡大觉"[8]。

[1]《邓小平文选》第三卷,人民出版社1993年版,第378页。
[2]《邓小平文选》第三卷,人民出版社1993年版,第379页。
[3]《邓小平文选》第二卷,人民出版社1994年版,第190页。
[4]《邓小平文选》第二卷,人民出版社1994年版,第192页。
[5]《邓小平年谱》(1975—1997),中央文献出版社2004年版,第1153页。
[6]《邓小平文选》第三卷,人民出版社1993年版,第380页。
[7]《邓小平文选》第三卷,人民出版社1993年版,第380页。
[8]《邓小平文选》第三卷,人民出版社1993年版,第381页。

2. 对专政机构进行教育的具体内容

一是进行无产阶级专政学说的教育。邓小平在南方谈话中鲜明地指出："依靠无产阶级专政保卫社会主义制度，这是马克思主义的一个基本观点。马克思说过，阶级斗争学说不是他的发明，真正的发明是关于无产阶级专政的理论。"[1]对专政机构进行教育，就是要进行马克思主义无产阶级专政学说的教育。无产阶级专政（人民民主专政）的思想理论，是马克思主义的精髓，在专政机构工作的每个人员，都应该深刻领会和掌握这一精髓。不能在这个问题上出现任何糊涂认识。早在1980年12月2日，邓小平就针对一些人在民主和专政关系问题上存在的糊涂观念，指出："马克思主义理论和实际生活反复教育我们，只有绝大多数人民享有高度的民主，才能够对极少数敌人实行有效的专政；只有对极少数敌人实行专政，才能够充分保障绝大多数人民的民主权利。所以，在当前条件下，使用国家的镇压力量，来打击和瓦解各种反革命破坏分子、各种反党反社会主义分子、各种严重刑事犯罪分子，以便维护社会安定，是完全符合人民群众的要求的，是完全符合社会主义现代化建设的要求的。"[2]1986年12月30日，他又讲："四项基本原则必须讲，人民民主专政必须讲。要争取一个安定团结的政治局面，没有人民民主专政不行。"[3]在1992年南方谈话中，他又针对一些人不敢理直气壮地坚持人民民主专政，不敢理直气壮地运用专政力量打击敌对势力活动，指出："历史经验证明，刚刚掌握政权的新兴阶级，一般来说，总是弱于敌对阶级的力量，因此要用专政的手段来巩固政权。""用人民民主专政的力量，巩固人民的政权，是正义的事情，没有什么输理的地方。"[4]当今，中国对专政机构进行教育，就是要按邓小平的以上论述，对专政机构进行无产阶级专政（人民民主专政）学说的教育，使每个专政机构的工作人员都懂得人民民主专政的现实必要性，强化而不是淡化人民民主专政意识，认识到人民民主专政是中国改革开放和中国特色社会主义现代化建设的保证，越是改革开放，推进中国特色社会主义现代化建设和中华民族复兴伟业越不能放弃专政手段。

二是进行党的基本路线的教育。邓小平多次强调，要坚持中国共产党十一届三中全会以来的路线方针政策，用党的一个中心、两个基本点的基本路线教

---

[1]《邓小平文选》第三卷，人民出版社1993年版，第379页。
[2]《邓小平文选》第二卷，人民出版社1994年版，第373~374页。
[3]《邓小平文选》第三卷，人民出版社1993年版，第195页。
[4]《邓小平文选》第三卷，人民出版社1993年版，第379页。

育全党、武装群众。专政机构要学习、掌握党的一个中心、两个基本点的基本路线，树立坚持党的基本路线一百年不动摇的信念。一是教育专政机构认识到经济建设是当前和今后一切工作的中心，"一切都要服从这个大局。"[1]即专政机构要为经济建设这个中心服务，不能脱离这个中心，自觉地为这个大局服务。二是教育专政机构旗帜鲜明地坚持四项基本原则，坚定地维护这个"立国之本"。邓小平多次强调"要经常用四项基本原则教育人民"，并说"如果动摇了四项基本原则中的任何一项，那就动摇了整个社会主义事业，整个现代化建设事业"[2]。专政机构是维护四项基本原则的坚强支柱，坚持四项基本原则必须坚定。三是教育专政机构坚持改革开放，充分认识到不改革开放，中国只能是死路一条。改革开放是党的十一届三中全会以来最鲜明的特点，是中国现时代的主旋律，中国所取得的各项成就都是改革开放的结果。"如果没有改革开放的成果，'六四'这个关我们闯不过，闯不过就乱，乱就打内战，'文化大革命'就是内战。为什么'六四'以后我们国家能够很稳定？就是因为我们搞了改革开放，促进了经济发展，人民生活得到了改善。所以，军队、国家政权，都要维护这条道路、这个制度、这些政策。"[3]这就极其鲜明地指出了对中国广大人民群众也包括对专政结构进行改革开放教育和坚持党的十一届三中全会以来路线方针政策的重要性。专政机构要自觉地为改革开放服务，成为改革开放的坚定支持者、拥护者，在实际工作中推动改革开放深入发展。

三是进行社会主义民主和法制的教育。"旧中国留给我们的，封建专制传统比较多，民主法制传统比较少。解放以后，我们也没有自觉地、系统地建立保障人民民主权利的各项制度，法制很不完备，也很不受重视"[4]，以致发生了"文化大革命"那样长达十年的内乱。邓小平深刻总结中国历史教训后指出，在新的历史条件下，阶级斗争已经不再是社会主要矛盾了，阶级斗争形式也因此由历史上阶级对阶级的斗争，转变为"特殊形式的阶级斗争"。为适应这种转变，必须学会用新的方法处理问题，用新的方法保证社会主义建设的顺利进行，这个方法就是"法制的原则"。他要求"全党同志和全体干部都要按照宪法、法律、法令办事，学会使用法律武器（包括罚款、重税一类经济武器）同反党反社会主义的势力和各种刑事犯罪分子进行斗争"，认为"这是现在和今后发展社会主义民主、健全社会主义法制的过程中要求我们必须尽快学会处理的新课题"[5]。

---

[1]《邓小平文选》第三卷，人民出版社1993年版，第129页。
[2]《邓小平文选》第二卷，人民出版社1994年版，第173页。
[3]《邓小平文选》第三卷，人民出版社1993年版，第371页。
[4]《邓小平文选》第二卷，人民出版社1994年版，第332页。
[5]《邓小平文选》第二卷，人民出版社1994年版，第371页。

邓小平认为，依靠法制，使国家纳入民主法制轨道，按宪法、法律程序办事；专政机构作为执法机构，应执法懂法，学会运用法律武器，学习和掌握宪法和各种法律，成为这方面的内行。专政机构作为执法的工具，应教育专政机构的工作人员，在国家法律范围内，按照法律程序，使用法律武器，准确地打击敌对分子。这是加强社会主义民主、法制建设，实现依法治国的必要前提。

四是进行理想道德文化纪律的教育。邓小平多次强调，要大力加强社会主义精神文明建设，加强理想信念道德文化纪律和优良传统等教育，培养有理想、有道德、有文化、有纪律的社会主义的"四有"新人。他在 1985 年党的全国代表会议上针对忽视精神文明的倾向指出："不加强精神文明的建设，物质文明的建设也要受破坏，走弯路。光靠物质条件，我们的革命和建设都不可能胜利。过去我们党无论怎样弱小，无论遇到什么困难，一直有强大的战斗力，因为我们有马克思主义和共产主义的信念。有了共同的理想，也就有了铁的纪律。无论过去、现在和将来，这都是我们的真正优势。"[1]1989 年 3 月 23 日，他在会见乌干达总统约韦里·卡友塔·穆塞韦尼时说，我们最大的失误"最重要的一条是，在经济得到可喜发展、人民生活水平得到改善的情况下，没有告诉人民，包括共产党员在内，应该保持艰苦奋斗的传统"[2]。他认为这方面的失误比经济领域中通货膨胀等问题更大。专政机构的特殊职能和地位决定了它比其他机构更要有坚定的理想信念纪律、良好的道德和较好的专业知识，因而更需要加强理想道德文化纪律教育。在对专政机构教育中，要强调在政治上听党的话，与党中央保持一致；在思想上有坚定的马克思主义、社会主义信念；在业务上要充当内行，努力钻研现代化专业知识；在作风上拒腐蚀永不沾，过得硬。总之，造就一支政治思想文化作风各方面都合格的强有力的社会主义政权力量。

（三）邓小平抓好国防教育的理论与实践

1. 把国防教育作为保证国家长治久安的战略性措施

一是增强全民的忧患意识。"帝国主义是战争的根源，消灭帝国主义，世界就永久和平。这是我们的一贯看法。战争不是不可避免的，和平是可以争取的，这句话对。但是这只是事情的一面。如果只讲这一面，帝国主义突然爆发战争，人民精神上会毫无准备，这是非常危险的"[3]，即天下虽安，忘战必危。邓小平作为一个伟大的战略家，深谙这个道理。他一方面强调"在较长时间内

---

[1]《邓小平文选》第三卷，人民出版社 1993 年版，第 144 页。
[2]《邓小平文选》第三卷，人民出版社 1993 年版，第 290 页。
[3]《邓小平年谱》(1904—1974)，中央文献出版社 2009 年版，第 1439~1440 页。

不发生大规模的世界战争是有可能的,维护世界和平是有希望的"。[1]我们必须利用这难得的和平机遇,抓住时机,发展自己,加快经济建设的步伐,为国防建设奠定扎实的物质基础。另一方面他也一再强调,"大仗"一时打不起来,但"小的战争"不可避免。如 1981 年他指出,尽管我们要争取和平,但对战争始终要保持警惕;1986 年,他又指出:现在总的来说,制约战争的力量在发展,超级大国任意主宰世界的时代已经过去了,但我们始终不要放松警惕;1989 年,他再一次指出:"国际形势有一个战争问题。美苏两家打不起来,就没有世界大战。小的战争不可避免。发达国家欺侮落后国家的政策没有变","世界上希望我们好起来的人很多,想整我们的人也有的是。我们自己要保持警惕,放松不得。要维护我们独立自主、不信邪、不怕鬼的形象。我们决不能示弱"。[2]为此,邓小平强调,必须要向人民群众进行生动实际的国防教育,引导人民群众认清错综复杂的国际环境,认清战争的危险性,认清中国安全所面临的威胁,克服和平麻痹思想,强化居安思危的忧患意识,始终保持对战争的警惕性。

二是培育和激发全民的爱国热情。经济建设是国防建设的基础,经济建设这个"大局好起来了",国力大大增强了,国防建设的发展就有了保障。所以,邓小平要求"全国党政军民一心一意地服从国家建设这个大局,照顾这个大局","我们军队有自己的责任,不能妨碍这个大局,要紧密配合这个大局,而且要在这个大局下面行动"。[3]国防教育作为国防建设的重要组成部分,必须要为国家经济建设服务。为此,从中国共产党第十三次代表大会开始,每次党代表大会都把"加强国防教育,提高国防观念"写进党的工作报告。实践证明,加强国防教育,振奋民族精神,可以把人民群众的爱国热情凝聚到建设有中国特色的社会主义事业上来,把人民群众通过国防教育所焕发出来的爱国之心、报国之志化为报国之行,形成建设祖国的强大动力,为促进中国经济建设更快发展多做贡献。

三是增强民族的凝聚力和向心力。在邓小平看来,社会稳定是实现社会发展进步的首要条件,是关系中国前途命运的大事,压倒一切的是稳定,而民族凝聚力和向心力是增进民族团结的"黏合剂",是促进社会稳定的重要因素。一个民族、一个国家,如果缺乏凝聚力和向心力,就会成为一盘散沙,社会就会动荡不安,经济就会停止不前甚至倒退。深入的国防教育,则可以弘扬爱国热情和民族精神,增强民族的凝聚力和向心力,使广大人民群众自觉地把热爱祖国与拥护社会主义制度统一起来,紧紧地团结在党中央周围,万众一心,齐心协力地建设好我们的国家、我们的军队。

---

[1]《邓小平文选》第三卷,人民出版社 1993 年版,第 127 页。
[2]《邓小平年谱》(1975—1997),中央文献出版社 2004 年版,第 1287 页。
[3]《邓小平文选》第三卷,人民出版社 1993 年版,第 99 页。

2. 把爱国主义教育作为国防教育的永恒主题

一是要始终把国家主权、国家安全放在第一位。国家安全是与国家主权紧密联系在一起的。自觉地维护国家的主权和根本利益，是爱国主义的最起码要求。一个国家如果失去了主权，就不可能有经济社会的发展，就没有民族的团结和统一。而失去了国家安全这个屏障，国家主权就会受到威胁，也就没有了国家的长治久安。所以，以维护国家主权和国家安全为主要内容的国家利益观，是国防观念的核心内容，是爱国主义精神的集中体现。为此，邓小平反复强调，国家的主权、国家的安全要始终放在第一位，即高度重视国家主权与国家安全，是邓小平国防教育思想理论的一个鲜明特征。

二是要提高民族自豪感和自尊心。强烈的民族自豪感、自尊心，是民族精神之魂，是一个国家、一个民族赖以生存和发展、自立于世界民族之林的精神支柱，也是鼓舞人们自觉维护国家安全、国家利益的内在的精神动力，是国防观念的重要组成部分。"中国人民有自己的民族自尊心、自豪感"[1]，"中国共产党有志气，中国人民有志气"[2]。但是，改革开放以来，也有一些人在外国势力面前悲观消极、自惭形秽、妄自菲薄，不加分析地盲目崇拜外国的一切，丧失了起码的民族自尊心和自豪感。针对这种现象，邓小平指出："中国人有自信心，自卑没有出路"[3]，"必须发扬爱国主义精神，提高民族自尊心和民族自信心。否则我们就不可能建设社会主义，就会被种种资本主义势力所侵蚀腐化"[4]。中国人民的民族自尊心和自豪感，就是"以热爱祖国、贡献全部力量建设社会主义祖国为最大光荣，以损害社会主义祖国利益、尊严和荣誉为最大耻辱"[5]。为此，邓小平要求要通过各种生动活泼的形式，广泛、深入、持久地强化爱国主义教育和宣传，提高全国人民的民族自尊心和自豪感，在全社会进一步发扬以热爱祖国、贡献全部力量建设祖国为最大光荣，以损害祖国利益和尊严为最大耻辱的良好风尚。

三是要以史为镜，增强责任感和使命感。中华民族在数千年的悠悠历史中，所经历的无数次安危存亡、荣辱兴衰，都直接与国防的强弱密切相连，其中蕴藏着极为丰富的经验教训，是激发全民族的国防观念和忧患意识的极好教材，是我们中国开展国防教育的宝贵财富。因此，邓小平把历史教育提升到关乎民族振兴、国家发展的战略高度，要求全党全军全国人民"要懂得些中国历史，

---

[1]《邓小平文选》第三卷，人民出版社 1993 年版，第 3 页。
[2]《邓小平文选》第三卷，人民出版社 1993 年版，第 329 页。
[3]《邓小平文选》第三卷，人民出版社 1993 年版，第 326 页。
[4]《邓小平文选》第二卷，人民出版社 1994 年版，第 369 页。
[5]《邓小平文选》第三卷，人民出版社 1993 年版，第 3 页。

这是中国发展的一个精神动力"[1]，强调"要用历史教育青年，教育人民。"[2]实践证明，学习中华民族的悠久文明史，可以提高民族的自信心；学习中国屈辱的近代史，能帮助人们认识到新中国来之不易，认识到没有共产党就没有新中国，认识到"落后就会挨打"，认识到不改革开放国家便没有希望，从而形成强烈的爱国意识并把这种报国之志化为自觉参与祖国建设的行动。

3. 把青少年作为国防教育的重点对象

一是加强国防教育，筑牢青少年的思想防线。赢得青少年，才能赢得未来。青少年是各种政治势力争夺的重点对象，因而也是国防教育的重点对象。针对敌对势力"西化"、分化、弱化中国的阴险企图，邓小平一再告诫我们："帝国主义搞和平演变，把希望寄托在我们以后的几代人身上……所以，要把我们的军队教育好，把共产党员教育好，把人民和青年教育好。"[3] "一定不能让我们的青少年作资本主义腐朽思想的俘虏。"[4]为此，他要求要加强以爱国主义为核心的国防教育，"要把是非讲清楚，要把利害讲清楚"，确保增强广大青少年抵御敌对势力侵蚀的能力，培育和激发爱国热情，坚定走建设有中国特色社会主义道路的信念和决心，以百倍的热情投入到有中国特色社会主义的建设中去。

二是加强国防教育，提高青少年的国防观念和国防素质。青少年兴则国家兴，青少年强则国家强。今天的青少年，是祖国明天的建设者，也是祖国明天安全的保卫者。他们当中有些人将直接战斗在建设国防、保卫国防的岗位上。在经济社会建设岗位上工作的人，也是保卫国防的后备力量。他们的国防观念、国防素质，决定着他们能否成为合格接班人，决定着我们能否打赢未来战争。因此，只有通过加强国防教育，提高青少年的国防观念，才能使他们自觉地投身于建设国防、保卫国防的伟大事业中去；只有提高他们的国防素质，才能使他们更好地履行国防义务。

4. 把立足于打赢未来人民战争作为国防教育的目标

一是用马克思主义战争观教育中国民众，牢固树立人民战争必胜的信念。马克思主义战争观认为，战争是敌对双方政治、经济、军力和民心等的综合较量，战争的正义性和群众性，是进行人民战争的前提，也是打赢人民战争的根本保证。马克思主义战争观是中国人认识战争的理论指南，是中国进行国防教育的重要内容。在国防教育中，用马克思主义战争观教育民众，可以引导民众

---

[1]《邓小平文选》第三卷，人民出版社 1993 年版，第 358 页。
[2]《邓小平文选》第三卷，人民出版社 1993 年版，第 206 页。
[3]《邓小平文选》第三卷，人民出版社 1993 年版，第 380 页。
[4]《邓小平文选》第三卷，人民出版社 1993 年版，第 111 页。

认清中国要进行的战争,是维护国家主权和领土完整、反对霸权主义的正义战争,它符合中国国家利益,符合中国广大人民群众的根本利益,战争的胜负与每个人休戚相关;认清"我们进行的是正义战争,是人民战争。这一点,我们要有充分的信心"[1]。要使广大人民群众坚信,"只要我们坚持人民战争,敌人就是现在来,我们以现有武器也可以打,最后也可以打胜"[2]。

二是引导中国广大人民群众正确认识人与武器的关系,坚定以劣胜优的信心。人民群众对战争胜负的信心,直接影响其对战争的参与度,也影响着战争的结局。在未来战争条件下,中国军队仍要面临着以劣胜优的问题,正如邓小平指出的:"即使能够争取十年二十年时间实现我军装备的现代化,那时我们同敌人比较起来,武器装备也仍将处于劣势。"[3]因此,必须要通过深入的国防教育,引导中国民众认清"我们历来的经验,就是用劣势装备打败优势的敌人,因为我们进行的是正义战争,是人民战争"[4]。教育中国民众正确认识人与武器的关系,深刻理解"决定战争胜负的是人而不是物"这一科学命题的深刻内涵,实事求是地分析高技术武器装备的优劣长短和中国军队武器装备的优长,从而克服"恐高症",坚定以劣胜优的信心。

三是广泛开展双拥活动,促进军政、军民团结。"军民团结如一人,试看天下谁能敌。"全国军民高度团结,万众一心,是打赢人民战争不可或缺的重要条件。因此,邓小平指出,只要我们坚持人民战争,我们有这样多人口,军民团结一致,敌人要消灭我们是不可能的,我们最后也可以打胜。中国军队从小到大、由弱到强,每一场战斗的胜利,每一个进步和成功的取得,无不得益于人民群众的大力支持和帮助。而双拥活动是促进军政、军民团结的最有效手段,也是最实际的国防教育实践活动。为此,1983年6月,邓小平在为"军民共建社会主义精神文明展览"题词时,发出了"发扬我军拥政爱民的光荣传统,军民共建社会主义精神文明"的号召,极大地推动了双拥工作的开展,有效地促进了军政军民的团结。

七、邓小平坚持抓好党员干部群众艰苦创业精神教育的理论与实践

邓小平指出,艰苦创业精神是中华民族的民族精神,是中国共产党和一切

---

[1]《邓小平文选》第二卷,人民出版社1994年版,第78页。
[2]《邓小平文选》第二卷,人民出版社1994年版,第77页。
[3]《邓小平文选》第二卷,人民出版社1994年版,第78页。
[4]《邓小平文选》第二卷,人民出版社1994年版,第78页。

革命群众的光荣传统。"我们最大的失误是教育方面",其中"最重要的一条是,在经济得到可喜发展、人民生活得到改善的情况下,没有告诉人民,包括共产党员在内,应该保持艰苦奋斗的传统。坚持这个传统,才能抗住腐败现象。所以要加强对人民进行思想政治工作,提倡艰苦奋斗。这是中国从几十年的建设中得出的经验"[1]。

(一)艰苦创业精神是中华民族的民族精神,是中国共产党和一切革命群众的光荣传统

1. 中国革命和建设的历史,就是一部艰苦创业精神史

艰苦创业,是中华民族的民族精神,更是中国共产党人和一切革命群众的光荣传统。中国共产党自成立之日起,就把以艰苦奋斗的创业精神领导中国人民走向富裕幸福为己任,把全心全意为人民服务作为唯一宗旨。井冈山精神、长征精神、延安精神,无不包含着艰苦奋斗精神这一重要组成部分。正是有了并彻底贯彻了艰苦创业的精神,中国共产党才依靠小米加步枪,克服了种种艰难险阻,从危机四伏中走了出来,从一个胜利走向另一个胜利,最终实现了新民主主义革命的彻底胜利。中华人民共和国成立以来,中国共产党同样一直倡导艰苦创业的精神,如在革命胜利前夕,毛泽东就告诫全党,夺取全国革命胜利只是万里长征走完了第一步,全党同志务必要谦虚谨慎、戒骄戒躁,继续保持和发扬艰苦奋斗的优良传统。全党全国人民经过中华人民共和国成立以来的艰苦创业,把昔日千疮百孔、贫穷落后的旧中国建设成了一个初步繁荣昌盛的自立于世界民族之林的社会主义国家。邓小平深有感触地总结道:"光靠物质条件,我们的革命和建设都不可能胜利"[2],中国共产党人90多年来战胜各种艰难困苦的最重要的法宝,就是有一股艰苦奋斗的创业精神,有一股革命的热情,"从延安到新中国,除了靠正确的政治方向外,不是靠这些宝贵的革命精神吸引了全国人民和国外友好人士吗?"[3]

革命精神是非常宝贵的,没有革命精神就没有革命行动。1980年1月,邓小平在《目前的形势和任务》中把"要有一股艰苦奋斗的创业精神"作为实现中国现代化必须解决的四个问题之一;同年12月25日,他又把中国共产党在革命战争中形成的艰苦奋斗精神概括为五种革命精神,即"革命和拼命精神,严守纪律和自我牺牲精神,大公无私和先人后己精神,压倒一切敌人、压倒一

---

[1]《邓小平文选》第三卷,人民出版社1993年版,第290页。
[2]《邓小平文选》第三卷,人民出版社1993年版,第144页。
[3]《邓小平文选》第二卷,人民出版社1994年版,第367页。

切困难的精神,坚持革命乐观主义、排除万难去争取胜利的精神"[1]。他认为,中国搞四个现代化,要老老实实地艰苦创业。1989年,针对社会上和党内出现的追求高消费、高享受、向钱看的倾向,邓小平又多次强调指出,必须继续保持艰苦奋斗的传统,认为十年改革开放的一大失误就在于"在经济得到可喜发展、人民生活水平得到改善的情况下,没有告诉人民,包括共产党员在内,应该保持艰苦奋斗的传统"[2];6月9日,在接见首都戒严部队军以上干部时的讲话中,邓小平进一步把要有艰苦奋斗的创业精神,称之为坚持党的一个中心和两个基本点的"保证",指出"艰苦奋斗是我们的传统,艰苦朴素的教育今后要抓紧",认为"我们的国家越发展,越要抓艰苦创业。提倡艰苦创业精神,也有助于克服腐败现象。"[3]

2. 艰苦创业精神是实现中国特色社会主义现代化的强有力的保证

一是中国的国情决定了中国特色社会主义现代化必须奉行艰苦创业的精神。"中国搞四个现代化,要老老实实地艰苦创业。我们穷,底子薄,教育、科学、文化都落后,这就决定了我们要有一个艰苦奋斗的过程。"[4]中国特色社会主义现代化建设是艰巨复杂的伟大事业,在前进的道路上会遇到各种各样的困难,例如,教育发展滞后,科学技术落后,人才缺乏,资金短缺,资源相对不足等,都制约着中国经济社会的发展,而我们又不能从国外搬回一个现代化来。为此,大力弘扬艰苦奋斗的创业精神,自力更生,依靠全国人民的奋发努力、不断进取,就成为摆脱困境、解决难题、实现现代化的唯一通道。全国人民必须打消那种在生活上盲目同发达国家攀比,超出生产力水平的消费欲望。

二是保持和发扬艰苦奋斗的创业精神是促进中国特色社会主义经济发展和社会全面进步的强大动力。在新的历史时期,发扬艰苦奋斗的精神,最根本的就是要在中国特色社会主义现代化建设和改革开放的伟大实践中,不怕困难,不惜献身,顽强拼搏,勇于改革创新和无私奉献。他认为,只有涌现出一大批具有艰苦奋斗创业精神的闯将,我们的中国特色社会主义现代化建设才有希望。"干革命,搞建设,都要有一批勇于思考、勇于探索、勇于创新的闯将。没有这样一大批闯将,我们就无法摆脱贫穷落后的状况,就无法赶上更谈不到超过国际先进水平。"[5]那种贪图安逸、因循守旧、奢侈挥霍的社会行为,都是和艰苦

---

[1]《邓小平文选》第二卷,人民出版社1994年版,第368页。
[2]《邓小平文选》第三卷,人民出版社1993年版,第290页。
[3]《邓小平文选》第三卷,人民出版社1993年版,第306页。
[4]《邓小平文选》第二卷,人民出版社1994年版,第257页。
[5]《邓小平文选》第二卷,人民出版社1994年版,第143页。

创业的精神背道而驰的,它只能败坏社会风气,腐蚀人民的斗志,影响乃至破坏中国特色社会主义现代化建设的进程。因此,为了抵制和反对拜金主义、享乐主义和极端个人主义,为了促进经济发展和社会进步,必须要弘扬艰苦奋斗的创业精神。

三是只有保持和发扬艰苦创业精神才能确保国家生产发展和人民生活水平与时俱进提升。艰苦奋斗,绝不是一时一地的暂时政策。有人认为,生活好起来后,中国人民达到了小康水平以致中等发达国家的水平,就不需要艰苦创业的精神了。邓小平明确指出,一方面"我们的国家越发展,越要抓艰苦创业"[1],因为社会是不停顿地发展着的,人类的进步同样是无止境的,始终面临着继续奋斗的目标,中国的广大人民群众必须要以国家、民族的根本利益为重,个人自觉地服从大局,以主人翁的姿态发挥进行社会主义生产的积极性和创造性,艰苦奋斗,勤俭治国,通过大力发展生产去达到改善人民生活的目的。另一方面,中国不是为了生产而生产,弘扬艰苦创业的民族精神绝不是要人民安于贫穷落后,永远地过着苦行僧式的艰辛生活,而是要通过艰苦创业,改变贫穷落后的现状,使人民走上富裕之路,生活水平得到与时俱进的提升。

3. 艰苦创业精神是确保中国共产党同人民群众联系的客观要求

邓小平指出:"为什么过去很困难的局面我们都能渡过?根本的问题是我们的干部、党员同人民群众一块苦。"[2]"群众是我们力量的源泉,群众路线和群众观点是我们的传家宝。"[3]如果我们的党员干部高高在上,脱离群众和实际,官僚主义盛行,那就很难获得群众的支持,也就很难发挥亿万群众建设社会主义的积极性和创造性。因此,为了密切干群和党群关系,我们绝对不能丢掉艰苦奋斗的创业精神。

但是有些人,尤其是一些党员干部,已基本忘记了为人民群众服务的宗旨,丢掉艰苦奋斗的创业精神,他们没有抵挡住资产阶级香风的进攻,开始信仰拜金主义和享乐主义;他们或者铺张浪费,慷国家之慨;或者假公济私,损公肥私,不择手段地捞钱;或者搞行业不正之风,乱摊派、乱收费,信奉靠山吃山、靠水吃水、近水楼台先得月……在这些人心目中,已毫无艰苦奋斗创业精神的意识,群众观点和群众路线也被置于脑后。凡此种种,无不引起群众的极大不满,严重损害了干群和党群关系。针对这种现象,邓小平指出:"我们要坚

---

[1]《邓小平文选》第三卷,人民出版社1993年版,第306页。
[2]《邓小平文选》第二卷,人民出版社1994年版,第217页。
[3]《邓小平文选》第二卷,人民出版社1994年版,第368页。

持建党几十年来最好时期的传统,就是要艰苦奋斗,谨慎办事,兢兢业业。"[1]"坚持这个传统,才能抗住腐败现象。所以要加强对人民进行思想政治工作,提倡艰苦奋斗。"[2]而"艰苦创业,首先要我们党员、干部,特别是高级干部带头。……我们的党员、干部,特别是高级干部,一定要努力恢复延安的光荣传统,……在艰苦创业方面起模范作用"[3]。只有这样,才能反对特殊化,纠正各种不正之风,才能比较深入地开展反腐败和廉政建设,才能恢复和加强党和政府同人民群众的血肉联系,加快推进中国特色社会主义现代化建设和复兴中华民族的进程。

(二)邓小平反对享乐主义和奢靡之风的历史考察与经验启示

1. 邓小平反对享乐主义和奢靡之风的历史考察

(1)革命战争时期,邓小平倡导吃苦精神,反对贪污腐化,努力克服享乐主义思想和奢靡之风,为中国革命斗争胜利集聚起强大精神力量。

一是要求党员干部要有吃苦的精神、吃苦的劲头。中国的革命是在极其艰苦的条件下进行的,因此,要使伟大革命斗争不断从胜利走向胜利,必须要有吃苦的精神、吃苦的劲头。1948年4月25日,邓小平在《跃进中原的胜利形势与今后的对策策略》中,就对党员干部中存在的"对战争厌倦""不愿到外线作战""怕过长江吃苦头"等不良情绪进行了批评。如他教育党员干部,革命不会是也不可能是一帆风顺的,总会碰到这样那样的困难,总会遇到意想不到的挫折,要赢得革命战争的胜利,任何时候党员干部都必须要有高度的战斗意志,必须做好充分的战斗准备,并强调说:"要胜利就要吃苦","屈服于困难的人就是革命不坚决的人。真正的英雄,就是要克服困难,准备吃苦"[4]。在这里,邓小平把能不能吃苦、有没有吃苦精神和吃苦的劲头,作为能否赢得革命胜利的先决条件来看待。

二是要求党员干部要有"脱裤子"的精神,敢于露出"尾巴"。1943年11月10日,《在北方局党校整风动员会上的讲话》中,邓小平就明确指出,有些党员,甚至是有些为党奋斗了多年的老党员,思想上依然还存在着非无产阶级的东西,他们是一只脚跨进了党门,还有一只脚是站在党门之外的。针对这种情况,邓小平强调每个党员干部都要有正确的整风态度,他向参加北方局党校整风的党员干部提出的五点意见中,第一点就是党员干部要有"脱裤子"的精

---

[1]《邓小平文选》第三卷,人民出版社1993年版,第259页。
[2]《邓小平文选》第三卷,人民出版社1993年版,第290页。
[3]《邓小平文选》第二卷,人民出版社1994年版,第260页。
[4]《邓小平文选》第一卷,人民出版社1994年版,第100页。

神,敢于露出"尾巴"。在这里,邓小平要求党员干部不仅要善于查找自己思想作风问题,而且要敢于查找自己的思想作风问题,认为这是解决党员干部思想作风问题的前提和基础。

三是要求坚决克服党员干部中的消极怠工、贪污腐化、犯法舞弊等行为。1941年4月15日在《党与抗日民主政权》中,邓小平就明确指出部分党员干部高傲自大、自以为是,不遵守抗日民主政权的法规和纪律,"甚有少数党员自成一帮,消极怠工,贪污腐化"[1]。为此,邓小平提出了"克服党员堕落腐化的危险,及时发现投机分子以及破坏分子而清洗出党"[2]的工作要求。

革命战争年代,正是因为中国共产党人倡导吃苦精神,反对贪污腐化,努力克服享乐主义思想和奢靡之风,才营造出良好的革命的政治生态,最大限度地调动起了党员干部和广大人民群众革命的热情,进而在极其艰难的条件下,不断战胜前进道路上的艰难险阻,使中国的伟大革命不断从胜利走向胜利。

(2)社会主义建设时期,邓小平要求要继续保持革命战争时期中国共产党人的革命热情、革命精神和革命态度、艰苦奋斗的优良作风,为建设和发展社会主义凝聚起强大的正能量。

一是要继续保持革命战争年代共产党人的那么一股劲,那么一种拼命精神,那么一股革命热情。中华人民共和国成立后,邓小平主政大西南时,针对部队和领导干部存在的"以为仗打完了、可以松口气、享受一下"的思想苗头,利用各种场合警醒干部。如他指出,革命虽然取得成功了,但建设任务还会更艰巨,党员干部没有任何骄傲自满的理由,没有任何享享清福和安心睡大觉的理由;那种骄傲自满的情绪、享享清福的思想、安心睡大觉不需要努力再努力的倾向,是非常危险的,也是应该努力克服和予以坚决纠正的。正是因为继续保持革命战争时期中国共产党人的革命热情、革命精神和革命态度,紧紧依靠广大人民群众,西南局顺利解决了消灭90万土匪的问题,顺利解决了90万起义、投诚、俘虏的国民党官兵的安置和教育改造问题,顺利解决了发动6 000万群众搞土改闹翻身的问题,顺利解决了提高60万干部战士素质以担当起新的繁重的工作任务的问题,以至于1989年11月20日邓小平在会见编写第二野战军战史的老同志的谈话时,还念念不忘地提及此事说,1950年西南局面临的"九十万,九十万,六千万,六十万,……这四项任务都完成得不错"[3]。

二是要牢记"两个务必",继续保持艰苦奋斗的政治本色。中华人民共和国

---

[1]《邓小平文选》第一卷,人民出版社1994年版,第11页。
[2]《邓小平文选》第一卷,人民出版社1994年版,第12页。
[3]《邓小平文选》第三卷,人民出版社1993年版,第343页。

成立前夕，毛泽东在中国共产党七届二中全会上提出了"两个务必"重要思想，1949年3月23日毛泽东等中央领导离开西柏坡踏上了"进京赶考"的征程，目光远大，着眼未来，包含着强烈的进取精神和危机意识。社会主义建设时期，面对着新的形势和艰巨的建设任务，邓小平反复强调，党员干部必须要牢记"两个务必"，继续保持艰苦奋斗的政治本色；"必须从长远利益出发，坚决克服享乐思想倾向，反对铺张浪费，一切为了克服困难与发展生产。所有同志必须保持与发扬艰苦奋斗的光荣传统，以批评与自我批评的精神认真检讨，困难是完全可以克服的"[1]。其原因在于：① 经济文化相对落后的中国国情决定了必须保持艰苦奋斗的政治本色。邓小平指出，中国还很穷，人口多底子薄，科技、教育、文化、卫生等各项事业都还比较落后，这就决定了中国搞社会主义现代化建设，必须要有一个艰苦奋斗的过程，必须要老老实实地艰苦创业。② 艰苦奋斗是共产党人的一种精神境界和精神追求。在邓小平看来，艰苦奋斗已成为衡量党员干部是否密切联系群众、是否全心全意为人民服务的标尺，已成为体现共产党人先进性的标志。③ 党员干部要做艰苦奋斗的模范。邓小平要求党员干部，特别是高级领导干部，要带头艰苦创业，要在艰苦创业方面起模范作用，通过党员领导干部的模范带头作用，在全社会形成艰苦奋斗的良好社会风尚。

三是要坚持走群众路线，防止官僚主义习气产生。邓小平认为，中国共产党取得执政党地位后，更容易使党员干部脱离群众、脱离人民，更容易使党员干部沾染上官僚主义的习气。为此，邓小平要求党员干部，要以普通劳动者的面貌出现，不要做官，不要沾染上"官气"，要做人民的勤务员。因为，在邓小平看来，密切联系群众，走群众路线，是我们共产党人的优良传统和优良作风，是革命和建设的动力源泉。无论是革命还是建设，要完成繁重的工作任务，唯一正确的办法是密切联系群众，走群众路线，都不应该脱离群众、脱离人民。如果脱离群众、脱离人民，党就会失去广大人民群众的支持，共产党员也就丧失了共产党员的高贵品质，那是非常危险的，是共产党人的致命伤。因此，"共产党员要与群众同甘共苦，这是我们的老章程"[2]。

四是要谨慎用权，防止贪污腐化现象出现。中国共产党在执政的条件下，党员领导干部有没有正确的权力观、能不能正确看待手中的权力、能不能谨慎用权，成为摆在党员领导干部面前的一个十分重要的问题。1950年6月6日，邓小平在《克服目前西南党内的不良倾向》中就特别提到了党员干部中"正在发展的蜕化腐朽思想"的错误倾向，并指出"无论城市农村，贪污腐化现象都

---

[1]《邓小平年谱》(1904—1974)，中央文献出版社2009年版，第896页。
[2]《邓小平年谱》(1904—1974)，中央文献出版社2009年版，第1354页。

很严重"[1]。针对党在执政条件下面临的新的考验，邓小平特别强调，中国共产党成为了执政党，党的责任就更重了，共产党员的责任就更重了，我们党员领导干部的责任就更重了。因此，"我们执了政，拿了权，更要谨慎"[2]。他要求，作为一个党员干部，不应当计较个人利益，贪图个人享受，要把党和人民的利益放在首位，全心全意为人民服务，努力做好本职工作。

五是党员干部要经常"照照镜子""洗洗脸"。党的执政地位使党员领导干部容易产生官僚主义习气，容易脱离群众，容易骄傲自满，容易产生贪污腐化。邓小平要求各级党员干部，要好好认识自己，首先看看自己的思想意识有无毛病，毛病在什么地方，要时常警醒自己，经常检查自己存在的缺点和问题。他认为，党员干部细心认识自己、考察自己，是健全自己、改造自己的基础；党员干部"都来照照镜子、洗洗脸是很必要的"[3]。

（3）改革开放新的历史时期，邓小平要求把反腐败贯穿于改革开放的全过程，下大力气抓好党风廉政建设和反腐败斗争。

一是艰苦奋斗还要讲，一点也不能疏忽。以中国共产党十一届三中全会为标志，中国进入了改革开放和社会主义现代化建设新的历史时期。面对改革开放和社会主义现代化建设极其艰巨的任务，邓小平告诫人们，一定要有一股艰苦奋斗的创业精神；艰苦奋斗还要讲，一点不能疏忽，要勤俭办一切事情，才能实现我们的目标。他要求人们在工作生活中一定要厉行勤俭节约，杜绝各种浪费。因为，在他看来，"任何浪费都是犯罪"[4]。

二是提倡艰苦奋斗精神，有助于克服和纠正享乐主义、奢靡之风和腐败现象。邓小平指出，艰苦奋斗是我们党的优良传统，"我们的国家越发展，越要抓艰苦创业。提倡艰苦创业精神，也有助于克服腐败现象"[5]。他强调，要克服享乐主义、奢靡之风和腐败现象，必须要加强对党员干部的思想政治教育工作，让广大党员干部始终保持艰苦奋斗的优良传统，这是从几十年的建设和发展中得出的基本经验。

三是要克服党员干部中存在的"特权思想"和特殊化现象。针对改革开放新时期部分党员干部中存在的"特权"思想和特殊化现象滋长蔓延的情况，邓小平指出，部分党员干部严重脱离人民群众，片面追求奢靡腐朽生活，甚至违

---

[1]《邓小平文选》第一卷，人民出版社1994年版，第158页。
[2]《邓小平文选》第一卷，人民出版社1994年版，第303页。
[3]《邓小平文选》第一卷，人民出版社1994年版，第207页。
[4]《邓小平文选》第二卷，人民出版社1994年版，第261页。
[5]《邓小平文选》第三卷，人民出版社1993年版，第306页。

反党纪国法，这些现象已经形成了一种社风风气，已经成为一个严重的社会问题。他强调，这股风来得很猛，要充分看到这种严峻的形势，下大力气刹住这股歪风，如果我们中国共产党对这种形势认识不足，刹不住这股歪风，那么，我们中国共产党和国家"确实要发生会不会'改变面貌'的问题。这不是危言耸听"[1]。为此，邓小平提出了"领导就是服务"的思想。他要求党员干部要发扬艰苦奋斗的优良传统，身体力行践行党的宗旨，全心全意为人民服务。

四是要把党风廉政建设和反腐败斗争贯穿于改革开放的全过程。下大力气抓好党风廉政建设和反腐败斗争，是中国共产党自身建设的客观需要，是顺利推进改革开放、推进中国特色社会主义现代化建设、复兴中华民族伟大事业的客观需要。为此，邓小平提出了抓好党风廉政建设和反腐败斗争的一些具体要求，如"必须狠狠地抓""一天不放松地抓""至少抓一二十件大案""处理不能迟""从具体事件抓起""手不能软"等。在1992年南方谈话中，邓小平再次表明了他反对享乐主义和奢靡之风、反对腐败的决心和信心。他说，改革开放以来出现的严重的经济犯罪，以及卖淫、嫖娼、吸毒等丑恶现象，必须坚决取缔，严厉打击，常抓不懈，决不能任其发展。他谆谆告诫人们，"在整个改革开放过程中都要反对腐败。对干部和共产党员来说，廉政建设要作为大事来抓[2]。"

2. 邓小平反对享乐主义和奢靡之风的经验启示

一是越是革命和建设事业发展顺利的时候，越要反对享乐主义和奢靡之风。力戒贪污腐化，努力克服享乐主义和奢靡之风，是革命、建设和改革不同历史时期中国共产党不断走向胜利、不断取得辉煌成就的重要保障。无论是革命时期还是社会主义建设时期，无论是事业发展比较顺利的时候，还是事业发展遇到困难和挫折的时候，都应力戒贪污腐化，努力克服享乐主义和奢靡之风，才能有效克服骄傲自满、贪图享受、不求进取的思想，以及贪污浪费、腐化堕落等现象。中华人民共和国成立前期，毛泽东提出"两个务必"重要思想，要求全党同志认真贯彻好执行好。新的历史时期，邓小平指出，如果我们骄傲自满，享乐主义和奢靡之风盛行，那我们就不会勤勤恳恳地工作，我们就不能前进，我们就必然会在工作中犯严重的错误；如果对于骄傲自满、享乐主义和奢靡之风不能及时纠正，任其发展下去，我们就挡不住敌对势力和敌对思想的任何侵袭。在革命、建设和改革的不同历史时期，正是因为我们党始终发扬艰苦奋斗的优良传统，始终保持艰苦奋斗的政治本色，努力克服享乐主义和奢靡之风，

---

[1]《邓小平文选》第二卷，人民出版社1994年版，第403页。
[2]《邓小平文选》第三卷，人民出版社1993年版，第379页。

中国共产党领导的各项事业才有今天的成就和发展局面，中国特色社会主义伟大事业才有今天的辉煌成就。

二是反对享乐主义和奢靡之风必须加强党的思想建设，认真做好思想政治教育工作。注重从思想上建党，认真开展思想政治教育工作，是推进党的建设的中心环节和重点工作，对于纯洁和净化党的肌体、防止享乐主义和奢靡之风产生、保持党的先进性具有重要意义。早在抗日战争时期，针对少数党员干部消极怠工、堕落腐化、贪污浪费等思想不纯、作风不正的问题，邓小平就强调要着力加强党的思想建设，认真开展思想政治教育工作。为了解放战争的胜利，邓小平提出了"任何时候，全军都必须有高度的战斗意志和战斗的准备"[1]的要求。社会主义建设时期，特别是改革开放新的历史时期，邓小平始终强调，"不做思想工作，不搞批评和自我批评一定不行。批评的武器一定不能丢"[2]。每个党员干部一定要认真做好思想政治工作，要把思想政治工作放在极其重要的位置，各级党委要聚精会神地抓党的建设，党的建设要天天抓，一刻也不能放松，要求"在工作重心转到经济建设以后，全党要研究如何适应新的条件，加强党的思想工作，防止埋头经济工作、忽视思想工作的倾向。各级党委，首先是党委主要负责同志，要密切注视和深入研究思想战线的形势和问题，采取切实有效的办法改进这条战线的工作"[3]，要通过思想政治教育工作，"加强全党的组织性、纪律性"，"教育全党同志发扬大公无私、服从大局、艰苦奋斗、廉洁奉公的精神，坚持共产主义思想和共产主义道德"，"加强党的组织、党员同群众的联系，要把国家的形势和困难、党的工作和政策经常真实地告诉群众"，"批判和反对封建主义在党内外思想政治方面的种种残余影响……批判和反对崇拜资本主义……批判和反对无政府主义"，"加强各级学校的政治教育、形势教育、思想教育，包括人生观教育、道德教育"，"加强工会工作和妇联工作，大力加强共青团工作、少先队工作和学生会工作"，"提高全党同志建设社会主义现代化强国的信心，通过各个岗位的党员的模范行动影响和吸引群众，振奋精神，团结一致，专心致志，稳步前进，实现我们的宏伟目标"。[4]邓小平注重从思想上加强党的建设，注重开展思想政治教育工作，开创并不断推进了党的建设新的伟大工程。

三是反对享乐主义和奢靡之风必须加强学习，不断提升党员干部的党性修

---

[1]《邓小平文选》第一卷，人民出版社 1994 年版，第 95 页。
[2]《邓小平文选》第二卷，人民出版社 1994 年版，第 390 页。
[3]《邓小平文选》第三卷，人民出版社 1993 年版，第 48 页。
[4]《邓小平文选》第二卷，人民出版社 1994 年版，第 366～369 页。

养。享乐主义和奢靡之风滋生蔓延的根源在于党员干部的思想不纯、党性不强。因此，党员干部要加强学习，特别是加强马克思主义理论的学习，切实解决好理论武装的问题，解决好信念信仰不坚定不牢固的问题，解决好"精神之钙"缺乏的问题，才能从思想上有效防止腐败的产生，从根源上有效遏制享乐主义和奢靡之风蔓延。早在革命战争年代，邓小平就要求党员干部要加强政策学习，确保党员干部能够模范执行党的全部政策。在西南局工作期间，邓小平强调学习的重要性时指出，学习可以使人们产生远大的志向，可以纠正各种错误的思想。他认为，不少党员干部自身存在的问题，都是不重视学习造成的。因此，他要求各级党组织都要建立学习制度，并要求加强对学习的组织领导。社会主义建设时期，邓小平要求全党要造成一种学习的空气。面对着改革发展的艰巨的历史任务，他发出了"全党同志一定要善于学习，善于重新学习"[1]的号召。邓小平认为，学习最根本的还是要学习马克思主义的科学理论，并说马克思主义是很朴实的东西，很朴实的道理。他要求党员干部学马列要精、要管用。学马列要精，就是要搞清楚马克思主义的基本立场、基本观点、基本方法，做理论上的明白人，而不能在理论上犯糊涂；学马列要管用，就是要注重实践，要把马克思主义的科学理论与具体实践相结合。因为，中国改革开放和社会主义现代化建设的成功，只能靠实践，只能靠实事求是。

四是反对享乐主义和奢靡之风必须克服官僚主义倾向。官僚主义是革命、建设和改革发展事业的大敌。反对享乐主义和奢靡之风必须克服官僚主义倾向。1980年8月18日，邓小平在《党和国家领导制度的改革》中，列举了它的主要表现和危害在于高高在上、脱离群众、脱离实际、滥用权力、思想僵化、墨守成规、好摆门面、办事拖拉、人浮于事、不负责任、不讲效率、不守信用、官气十足、动辄训人、压制民主、打击报复、专横跋扈、欺上瞒下、贪赃枉法、徇私行贿等。无论是革命还是社会主义建设时期，邓小平都十分注重防止和克服党内的官僚主义的倾向。在革命战争年代，邓小平就一直批评党员干部自高自大、盛气凌人、自以为是、不守法等官僚主义的倾向。在西南局工作期间，邓小平号召党员干部要发扬密切联系群众的作风，坚持走群众路线，坚决克服严重存在的官僚主义和命令主义，防止党员干部蜕化、腐朽思想的产生。邓小平还把党员干部在工作中是否联系群众和依靠群众作为区别一个工作人员是否有错误的标准来看。针对中国共产党在执政的条件下，党员干部容易产生的骄傲自满、官气十足、贪图享乐、腐化奢靡等不良倾向，邓小平强调，共产党员和领导干部，无论在什么时候、什么问题上，一定要能够同群众相结合，坚持

---

[1]《邓小平文选》第二卷，人民出版社1994年版，第153页。

群众观点，走群众路线，避免"沾染上官僚主义的习气"，避免"脱离实际和脱离群众的危险"。

五是反对享乐主义和奢靡之风必须加强制度建设，严守纪律，严明规矩。加强制度建设，严守纪律，严明规矩，是克服享乐主义和奢靡之风、遏制贪污腐化的有效手段。在革命战争年代，邓小平特别强调必须要用严明的纪律来确保党员干部的战斗力和纯洁性，确保党员干部密切联系群众，确保党成为群众的党。在抗战时期，邓小平要求党员干部和人民群众，要遵守抗日民主政权的纪律，要养成遵守抗日民主政权秩序和法令的习惯。对于党员干部舞弊犯法行为，他主张："除了行政上应依法惩治外，党内还应给以处分。"[1]对于毛泽东在第二次国内革命战争时期为中国工农红军制定的三大纪律八项注意，邓小平强调，党员干部和人民军队必须严格遵守执行。他还把"我军严格三大纪律八项注意、严整军风军纪"看作"树立良好影响、使群众敢于接近"的先决条件。对于"三大纪律八项注意"，邓小平指出："各级必须专门检查实现，万勿忽视。"[2]社会主义建设时期，邓小平反复强调严守纪律、严明规矩的重要性。他指出，我们过去搞革命，靠的就是纪律，中国共产党最好的风气就是有严密的组织纪律。他要求党员干部一定要严格遵守党的纪律，遵守国家的法律。党员干部遵守党的纪律的最高标准，就是要真正维护和坚决执行党的路线、方针和政策。对于改革开放新时期少数党员干部中出现的贪污腐化、享乐主义和奢靡之风，他强调，必须要从快从严从重狠刹这股风，必须给以最严厉的法律制裁。邓小平要求刹少数党员干部中出现的贪污腐化、享乐主义和奢靡之风，要有一点气势，处理要严，不能松松垮垮，对有严重违法违纪问题的党员干部，必须要给予开除党籍和开除公职处分。由此可见，邓小平特别重视制度、纪律和规矩在克服享乐主义和奢靡之风、遏制贪污腐化方面具有根本性的作用。

六是反对享乐主义和奢靡之风必须改善民生，爱护民力，保护群众利益。在革命战争年代，发动和组织人民群众进行武装斗争是党的中心任务。要发动和组织人民群众进行武装斗争，必须要关心好群众生活，保护好群众利益。1943年1月26日，邓小平在《五年来对敌斗争的概略总结》中就特别强调了"改善民生、爱护民力"的重要性。在《太行区的经济建设》中，邓小平还把减轻人们对敌负担、保护人民的利益的方针，作为一切敌占区政策的出发点来看待。在西南局工作期间，邓小平也反复强调，对于符合人民利益的事情，必须毫不犹豫地想方设法加以解决，对于损害人民利益的事情必须坚决反对，加以纠正。

---

[1]《邓小平文选》第一卷，人民出版社1994年版，第20页。
[2]《邓小平文选》第一卷，人民出版社1994年版，第95页。

在社会主义建设时期，邓小平针对以往对人民群众物质利益不够重视的情况，提出要高度重视人民群众的物质利益的思想。以解放和发展生产力为基础，以维护好、实现好、发展好人民群众的利益为落脚点和归宿点，以实现中国人民的共同富裕为根本目标，邓小平成功开创了中国特色社会主义，极大地推进了中国人民的共同富裕，推进了国家富强、民族振兴、人民幸福的中华民族伟大复兴的中国梦进程。

正是因为中国共产党人在革命、建设和改革的不同历史时期，密切联系群众，全心全意为人民服务，一切对人民群众负责，坚决遏制贪污腐化，有效克服享乐主义和奢靡之风，才赢得了广大人民群众的拥护，得到了广大人民群众的支持，这是中国共产党的不竭力量之源，也是中国共产党领导人民不断从胜利走向胜利的根本原因。

八、邓小平坚持抓好思想政治教育的理论与实践

邓小平不但坚持毛泽东关于"思想政治工作，各个部门都要负责任。共产党应该管，青年团应该管，政府主管部门应该管，学校的校长教师更应该管"的观点和做法，而且还特别强调，思想政治教育因环境不同，任务不同，其内容也不尽相同，但坚持进行共产主义思想的教育，为坚持党的基本路线不动摇提供保证，为教育人民做"三个面向"的"四有"新人，是思想政治教育的核心内容。

（一）邓小平思想政治教育内容的理论与实践

一是思想政治教育必须把理想和纪律作为提高全民素质的两个重要标准。在改革开放和市场经济条件下，多种所有制形式和多种分配方式并存，多种文化的渗透和激荡，多种价值取向的存在，思想政治教育要克服过去单一运行模式，坚持原则性与灵活性相结合、先进性与广泛性相结合的原则。因此，邓小平强调理想教育要把实现共产主义的最高理想与把中国建成富强、民主、文明的社会主义现代化国家的共同理想教育结合起来，使之符合中国的实际，既鼓励先进，又照顾多数，把先进性要求和广泛性要求结合起来。也就是他所说的："我们共产党人的最高理想是实现共产主义，在不同历史阶段又有代表那个阶段最广大人民利益的奋斗纲领。因此我们才能够团结和动员最广大的人民群众，叫做万众一心。有了这样的团结，任何困难和挫折都能克服。"[1]

---

[1]《邓小平文选》第三卷，人民出版社 1993 年版，第 190 页。

邓小平强调理想教育要与纪律教育结合起来。他指出："我们的社会主义建设，必须在安定团结的条件下有领导、有秩序地进行，我特别强调有理想、有纪律，就是这个道理。"[1]即在他看来，没有理想和纪律，建设四个现代化是不可能的。因此，要对青年进行理想和纪律教育，使他们懂得自由和纪律的关系，因为许多青年崇拜西方的所谓自由，但什么叫自由他们不懂；还要与日常工作结合起来，把理想建立在踏实工作基础之上，他要求"青年应当有远大理想，又要十分重视任何细小的工作。要有远大的理想，才能永远保持前进的勇气和方向。而达到理想的道路是要由无数细小的日常工作积累起来的。"[2]

二是思想政治教育必须注重对广大干部群众进行四项基本原则教育。邓小平根据时代的特点和中国特色社会主义现代化建设的经验教训，提出了"坚持社会主义道路，坚持无产阶级专政，坚持共产党的领导，坚持马列主义、毛泽东思想""四项基本原则"等科学概念，并且强调在思想政治上坚持四项基本原则教育。1980年12月，邓小平在中央工作会议上指出："我们的宣传工作还存在严重缺点，主要是没有积极主动、理直气壮而有说服力地宣传四项基本原则，对一些反对四项基本原则的严重错误思想没有进行有力的斗争。"[3]1989年6月9日，邓小平在接见首都戒严部队军以上干部讲话时指出："四个坚持本身没有错，如果说有错误的话，就是坚持四项基本原则还不够一贯，没有把它作为基本思想来教育人民，教育学生，教育全体干部和共产党员。"[4]"没有这'四个坚持'，特别是党的领导，什么事情也搞不好，会出问题。出问题就不是小问题。社会主义市场经济优越性在哪里？就在四个坚持。四个坚持集中表现在党的领导。这个问题可以敞开来说，我那个讲话（1979年3月在党的理论工作务虚会上的讲话《坚持四项基本原则》）没有什么输理的地方，没有什么见不得人的地方。当时我讲的无产阶级专政，就是人民民主专政，讲人民民主专政，比较容易为人所接受。现在经济发展这么快，没有四个坚持，究竟会是个什么局面？提出四个坚持，以后怎么做，还有文章，还有一大堆的事情，还有没有理清楚的东西。党的领导是个优越性。没有人民民主专政，党的领导怎么实现啊？四个坚持是'成套设备'。在改革开放的同时，搞好四个坚持，我是打下个基础，这个话不是空的。"[5]

三是思想政治教育必须重视爱国主义和集体主义教育。针对改革开放以来

---

[1]《邓小平文选》第三卷，人民出版社1993年版，第196~197页。
[2]《邓小平论教育》人民教育出版社1995年版，第8~9页。
[3]《邓小平文选》第二卷，人民出版社1994年版，第364页。
[4]《邓小平文选》第三卷，人民出版社1993年版，第305页。
[5]《邓小平年谱》(1975—1997)，中央文献出版社2004年版，第1363~1364页。

出现的种种崇洋媚外、丧失民族自尊心的行为，邓小平指出："中国人民有自己的民族自尊心和自豪感，以热爱祖国、贡献全部力量建设社会主义祖国为最大光荣，以损害社会主义祖国利益、尊严和荣誉为最大耻辱。"[1]邓小平批评了把爱国主义与社会主义相分离、宣扬抽象爱国论的错误观点。邓小平说，有人说不爱社会主义不等于不爱国，难道祖国是抽象的吗？爱什么呢？港澳、台湾、海外的爱国同胞，不能要求他们都拥护社会主义，但是至少也不能反对社会主义的新中国，否则怎么叫爱祖国呢？至于对中华人民共和国领导下的每一个公民，每一个青年，我们的要求当然要高一些。邓小平在谈到爱国主义时，是把它和时代的特征联系在一起的。针对改革开放以来特别是在社会主义市场经济体制建立过程中出现的拜金主义和个人利己主义，邓小平指出："要批判和反对崇拜资本主义、主张资产阶级自由化的倾向，批判和反对资产阶级损人利己、唯利是图、'一切向钱看'的腐朽思想，批判和反对无政府主义、极端个人主义。"[2]在市场经济大潮中对广大党员干部群众特别是青少年进行集体主义教育尤为重要。

四是思想政治教育必须注重民主和法制教育。"没有民主就没有社会主义，就没有社会主义的现代化。"[3]特别是在国门打开后，西方的民主思潮通过种种渠道流入中国，引起人们思想上的混乱。邓小平指出："我们一定要向人民和青年着重讲清楚民主问题。"[4]在他看来，民主作为一种政治制度，有强烈的阶级性质。在当今世界，存在着性质截然不同的两种民主，一种是资产阶级民主或称资本主义民主，一种是无产阶级民主或称社会主义民主，在中国叫人民民主。从民主的阶级性质出发，邓小平指出："什么是中国人民今天所需要的民主呢？中国人民今天所需要的民主，只能是社会主义民主或称人民民主，而不是资产阶级的个人主义的民主。"[5]也就是党的领导、人民当家作主、依法治国有机统一的民主。"民主要坚持下去，法制要坚持下去。这好像两只手，任何一只手削弱都不行。"[6]"为了保障人民民主，必须加强法制。必须使民主制度化、法律化，使这种制度和法律不因领导人的改变而改变，不因领导人的看法和注意力的改变而改变。"[7]如何加强法制？邓小平认为："加强法制重要的是进行教育，

---

[1]《邓小平文选》第三卷，人民出版社 1993 年版，第 3 页。
[2]《邓小平文选》第二卷，人民出版社 1994 年版，第 368-369 页。
[3]《邓小平文选》第二卷，人民出版社 1994 年版，第 168 页。
[4]《邓小平文选》第二卷，人民出版社 1994 年版，第 175 页。
[5]《邓小平文选》第二卷，人民出版社 1994 年版，第 175 页。
[6]《邓小平文选》第二卷，人民出版社 1994 年版，第 189 页。
[7]《邓小平文选》第二卷，人民出版社 1994 年版，第 146 页。

根本问题是教育人。"[1]在邓小平倡导下,中国在全国范围内进行普法教育,从小学开始进行文明礼貌教育的同时,也进行民主、法制教育,从而增强了公民的社会主义民主法制意识。

五是思想政治教育必须把讲清楚中国的国情和必须坚持共产党的领导结合起来。中国从鸦片战争时起沦为半殖民地半封建社会,中国人成为所谓"东亚病夫",从那时起的近一个世纪,包括孙中山在内的有识之士都在寻求中国的出路。孙中山开始想学西方,即学习搞资本主义,但没有成功。十月革命的胜利,为中国人民送来了马克思列宁主义,诞生了中国共产党,从此,中国共产党领导人民走向了社会主义道路。"这个历史告诉我们,中国走资本主义道路不行,中国除了走社会主义道路没有别的道路可走。一旦中国抛弃社会主义,就要回到半殖民地半封建社会,不要说实现'小康',就连温饱也没有保证,所以了解自己的历史很重要。""青年人不了解这些历史,我们要用历史教育青年,教育人民。"[2]因为,旧中国被称为一盘散沙、四分五裂,地方势力各霸一方;中国共产党产生以后,把全国人民团结起来,进行艰苦卓绝的革命斗争,建立了统一的中华人民共和国;以后中国共产党领导人民进行社会主义建设,建成了基本的社会主义制度;进入新时期以来,中国共产党领导人民进行改革开放,推进了社会主义现代化建设的进程。针对有的人特别是一些青年人受资产阶级自由化思潮的影响,否定共产党领导,主张中国照搬西方的多党制,邓小平特别指出:"现在要把这个问题讲清楚。从根本上说,没有党的领导,就没有现代中国的一切……没有党的领导,就没有一条正确的政治路线;没有党的领导,就没有安定团结的政治局面;没有党的领导,艰苦创业的精神就提倡不起来;没有党的领导,真正又红又专、特别是有专业知识和专业能力的队伍也建立不起来。这样,社会主义四个现代化建设、祖国的统一、反霸权主义的斗争,也就没有一个力量能够领导进行。这是谁也无法否认的客观事实。"[3]他主张就这些问题对青年进行宣传与思想政治教育工作,并且说:"那些对此暂时抱有某些怀疑态度的纯洁的青年,只要多经历一些时间,最后还是会同意这一点的。"[4]

(二)邓小平思想政治教育方法的理论与实践

1. 透彻说理、从容讨论的方法

毛泽东曾经说过:"凡属于思想性质的问题,凡属于人民内部的争论问题,

---

[1]《邓小平文选》第三卷,人民出版社1993年版,第163页。
[2]《邓小平文选》第三卷,人民出版社1993年版,第206页。
[3]《邓小平文选》第二卷,人民出版社1994年版,第266页。
[4]《邓小平文选》第二卷,人民出版社1994年版,第266页。

只能用民主的方法去解决，只能用讨论的方法、批评的方法、说服教育的方法去解决，而不能用强制的、压服的方法去解决。"[1]邓小平把这种讨论、说服教育的方法概括为"透彻说理、从容讨论"的方法，即"坚持对思想上的不正确倾向以说服教育为主的方针，不搞任何运动和'大批判'"。"不允许重犯任何简单化、扩大化的'左'的错误。"[2]"用大搞群众运动的办法，而不是用透彻说理、从容讨论的办法，去解决群众性的思想教育问题，而不是用扎扎实实、稳步前进的办法，去解决现行制度的改革和新制度的建立问题，从来都是不成功的。"[3]他强调："过去那种简单片面，粗暴过火的所谓批判，以及残酷斗争、无情打击的处理方法，决不能重复。"[4]

坚持说理透彻、从容应对的方法，就是：一要掌握理论，以理服人。给人一滴水，自己必须先有一桶水，透彻说理要有坚实的理论支撑。邓小平指出："思想战线上的战士，都应当是人类灵魂的工程师。在当前这个转变时期，在社会主义精神文明建设和整个社会主义建设事业中，他们在思想教育方面的责任尤其重大。"他要求思想政治工作者"高举马克思主义的、社会主义的旗帜，用自己的文章、作品、教学、讲演、表演，教育和引导人民正确地对待历史，认识现实，坚信社会主义和党的领导，鼓舞人民奋发努力，积极向上。"[5]这就要求，思想政治工作者要准确把握马列主义、毛泽东思想，全面理解党在改革开放中的路线、方针、政策及思想政治教育的基本原则，还要懂得教育学、心理学、社会学等与思想政治教育密切相关的学科理论并能结合起来加以运用，说理才能透彻，讨论才能从容。二要拿事实说话，以事实服人，以理服人。用事实说话是思想政治教育的本质要求，也是党的性质、宗旨在思想政治教育中的具体体现。在改革开放和社会主义现代化建设过程中，由于人们的认识一时还不能完全统一，有些人对党的路线、方针、政策不理解，思想认识一时跟不上形势的发展，有不同的观点，有怀疑的态度，邓小平认为这是正常的，但不能用急风暴雨式的、大批判式的运动来为群众洗脑。他说："纠正'左'的倾向和右的倾向，不要随意'上纲'，不要人人过关，不要搞运动。"[6]解决的办法是"拿事实来说话，让改革的实际进展去说服他们。"[7]他举例说："对改革开放，

---

[1]《毛泽东选集》第五卷，人民出版社1977年版，第368页。
[2]《邓小平文选》第三卷，人民出版社1993年版，第145页。
[3]《邓小平文选》第二卷，人民出版社1994年版，第336页。
[4]《邓小平文选》第三卷，人民出版社1993年版，第47页。
[5]《邓小平文选》第三卷，人民出版社1993年版，第40页。
[6]《邓小平文选》第二卷，人民出版社1994年版，第381页。
[7]《邓小平文选》第三卷，人民出版社1993年版，第156页。

一开始就有不同意见,这是正常的。不只是经济特区问题,更大的问题是农村改革,搞农村家庭联产承包,废除人民公社制度。开始的时候只有三分之一的省干起来,第二年超过三分之二,第三年才差不多全部跟上,这是就全国范围讲的。开始搞并不踊跃呀,好多人在看。我们的政策就是允许看。允许看,比强制好得多。我们推行三中全会以来的路线、方针、政策,不搞强迫,不搞运动,愿意干就干,干多少是多少,这样慢慢就跟上来了。"[1]他还说:"最终说服不相信社会主义的人要靠我们的发展。如果我们在本世纪内达到了小康水平,那就可以使他们清醒一点,到下世纪中叶我们建成中等发达水平的社会主义国家时,就会大进一步说服他们,他们中的大多数人才会真正认识到自己错了。"[2]三要广开言路,发扬民主。在思想政治工作中要充分发扬民主,让群众敢发表自己的意见,敢于参加各种讨论,才能达到互相启发、统一认识、共同提高的目的。早在抗日战争时期,邓小平就说过:"有了民主主义作风,才有广大的群众运动;有了广大的群众运动,才有真正的布尔什维克的党。"[3]1978年12月,邓小平在中共中央工作会议上关于《解放思想,实事求是,团结一致向前看》的讲话中指出:"我们要创造民主的条件,要重申'三不主义':不抓辫子,不扣帽子,不打棍子。在党内和人民内部的政治生活中,只能采取民主手段,不能采取压制、打击的手段。"[4]"党的领导就是要善于集中人民群众的正确意见,对不正确的意见给以适当解释。对于思想问题,无论如何不能用压服的办法,要真正实行'双百'方针。一听到群众有一点议论,尤其是尖锐一点的议论,就要追查所谓'政治背景'、所谓'政治谣言',就要立案,进行打击压制,这种恶劣作风必须坚决制止。"[5]

2. 联系实际、实事求是的方法

联系实际、实事求是既是思想政治工作的基本原则,又是思想政治工作的基本方法。首先是理论要联系实际。邓小平认为,实事求是是马克思主义的精髓,他要求我们开展思想政治教育时,不唯本本,不唯教条,要把解决思想问题同解决实际问题结合起来。"我们改革开放的成功,不是靠本本,而是靠实践,靠实事求是。"[6]"马克思主义理论从来不是教条,而是行动的指南。它要求人

---

[1]《邓小平文选》第三卷,人民出版社1993年版,第374页。
[2]《邓小平文选》第三卷,人民出版社1993年版,第204页。
[3]《邓小平文选》第一卷,人民出版社1994年版,第21页。
[4]《邓小平文选》第二卷,人民出版社1994年版,第144页。
[5]《邓小平文选》第二卷,人民出版社1994年版,第145页。
[6]《邓小平文选》第三卷,人民出版社1993年版,第382页。

们根据它的基本原则和基本方法,不断结合变化着的实际,探索解决新问题的答案,从而也发展马克思主义理论本身。"[1]其次是工作要实事求是。邓小平指出,按照实际情况决定工作方针,是一切共产党员所必须牢记的最基本的思想方法、工作方法,不然我们就只能讲空话,不能解决任何问题,"教育一定要联系实际。对一部分干部和群众中流行的影响社会风气的重要思想问题,要经过充分调查研究,由适当的人进行周到细致、有充分说服力的教育,简单片面武断的说法是不行的[2]。"邓小平还主张,对群众的疑问,要据实讲解;对群众反映的不合理现象,要及时纠正。"群众关心的实际生活问题和时事政策问题,各级领导一定要经常据实讲解,告诉大家客观的情况以及党和政府所作的努力,并且对群众所反映的不合理现象及时纠正"[3],使群众从事实上感觉到中国共产党和社会主义好,这样,理想纪律教育、共产主义思想教育和爱国主义教育才会有效。再次是方法要有针对性。思想政治教育的主体是复杂多样的,既有党员、干部,又有广大群众;既有知识分子,又有工人、农民;既有中老年人,又有青年学生;既有先进分子,又有中间和落后分子等。由于他们在社会生活中所处的地位不同,职业不同,文化素养不同,阶级状况不同,社会经历不同,个性特点不同,决定了他们的思想觉悟、接受能力必然存在一定的差异,客观上形成了不同的层次。在对他们进行思想政治教育时,要承认各人之间的差异,根据不同群体、不同层次、不同个体,采取区别对待、因人施教的方法,有针对性地开展教育,不能主观臆断、搞"一刀切"。他指出:"我们在鼓励帮助每个人勤奋努力的同时,仍然不能不承认各个人在成长过程中所表现出来的才能和品德的差异,并且按照这种差异给以区别对待,尽可能使每个人按不同的条件向社会主义和共产主义的总目标前进。"[4]"要针对每个单位、每个人的不同情况去做思想工作"[5],并根据不同的教育对象提出不同的要求。例如对青少年,要大力提倡"勤奋学习、遵守纪律、热爱劳动、助人为乐、艰苦奋斗、英勇对敌的革命风尚"[6];对工人,要多讲艰苦奋斗、严守纪律、服从安排的光荣传统;对科技人员,要"鼓舞和动员他们以革命的精神,和衷共济,大力协同,努力攻克科学堡垒,攀登科学高峰"[7];对党员干部,要强调努力掌握马

---

[1]《邓小平文选》第三卷,人民出版社1993年版,第146页。
[2]《邓小平文选》第三卷,人民出版社1993年版,第144页。
[3]《邓小平文选》第三卷,人民出版社1993年版,第144页。
[4]《邓小平文选》第二卷,人民出版社1994年版,第106页。
[5]《邓小平文选》第二卷,人民出版社1994年版,第380页。
[6]《邓小平文选》第二卷,人民出版社1994年版,第106页。
[7]《邓小平文选》第二卷,人民出版社1994年版,第99页。

克思主义理论；对民主党派和其他爱国人士，要强调发扬自我教育和自我改造的传统，加强思想改造，更好地为现代化建设服务。邓小平一贯注重思想政治教育工作的实效性，强调思想政治工作要齐抓共管、综合治理，并引用毛泽东的话说："思想政治工作，各个部门都要负责任。共产党应该管，青年团应该管，政府主管部门应该管，学校的校长教师更应该管。"[1]邓小平的这些思想理论，对我们有针对性地开展思想政治工作、提高思想政治教育的实效具有指导意义。

3. 尊重群众、走群众路线的方法

尊重群众，就是以平等的态度对待群众，尊重群众的民主权利，尊重群众的首创精神，尊重群众的人格和尊严。早在抗日战争时期，邓小平就曾经指出，对待工作对象，"我们同志的态度要谦和，要诚恳，要尊重其人格，尊重其意见；不要锋芒毕露，自以为是政治家"[2]。尊重群众，就必须要相信群众，相信群众的聪明才智，相信群众是通情达理的，是能够接受正确思想指导、纠正自己的错误认识的。尊重群众是为了把广大的人民群众团结起来，把他们中蕴藏的能量和才华最大限度地释放出来，加快社会主义现代化的建设。信任、尊重群众，就要在此基础上宣传教育群众，使党的要求和群众的需要能有机地结合在一起，党和群众能做到相互了解、相互沟通、相互了解。"如果我们各个单位真正把国家面临的问题给群众讲清楚，甚至把今天的困难同一九六二年的困难做个比较，还把我们现在采取了什么办法来克服困难，都向群众讲清楚，群众的情绪、群众的反映肯定不同。只要我们密切联系群众，深入地做工作，把道理向群众讲清楚，就能得到群众的同情和谅解，再大的困难也是能够克服的。"[3]群众的理解是我们进一步团结群众的基础，是调动广大人民群众参加社会主义现代化建设的有效途径。只要我们实事求是，就能得到群众的理解和支持；相信群众，群众就能与我们同舟共济。尊重群众，就必须要关心群众，关心群众的生活、学习和工作，把对群众的信任、尊重和理解落到实处。邓小平在总结我们党在思想政治工作上的优良传统时指出："过去领导同志到一个单位去，首先到厨房去看看，还要看看厕所，看看洗澡的地方。……我们的历史经验是，越是困难的时候，越要关心群众。只要你关心群众，同群众打成一片，不仅不搞特殊化，而且同群众一块吃苦，任何问题都容易解决，任何困难都能够克服。"[4]

---

[1]《邓小平文选》第二卷，人民出版社1994年版，第106页。
[2]《邓小平文选》第一卷，人民出版社1994年版，第17页。
[3]《邓小平文选》第二卷，人民出版社1994年版，第289~229页。
[4]《邓小平文选》第二卷，人民出版社1994年版，第228页。

4. 以身作则、典型示范的方法

以身作则、典型示范是邓小平大力提倡的榜样教育的方法。思想政治工作者只有做到以身作则，"做得有针对性、细致深入和为群众所乐于接受。最重要的条件，就是凡是需要动员群众做的，每个党员，特别是担任领导职务的党员，必须首先从自己做起[1]。"以自己的模范行动影响教育群众，既言传又身教，群众才能口服心服，才能提高思想政治工作的威信和效力。针对有些党员不能成为群众的模范、不合格的问题，邓小平说："过去我们党的威力为什么那么大？打仗的时候我们总是说，一个连队有百分之三十的党员，这个连队一定好，战斗力强。为什么？就是党员打仗冲锋在前，退却在后，生活上吃苦在先，享受在后。这样他们就成了群众的模范，群众的核心。就是这么个简单的道理。"[2]邓小平认为，在社会主义现代化建设新的历史时期，党员干部更加要结合形势，以身作则，发挥先锋模范作用。他指出，在新的历史时期，"共产党员的模范作用，包括努力学习专业知识，成为各种专业的内行，并且吃苦在前，享受在后，比一般人负担更多的工作"[3]。他要求共产党员要"发扬大公无私、服从大局、艰苦奋斗、廉洁奉公的精神，坚持共产主义思想和共产主义道德"[4]，要继承发扬我们党在长期的革命战争中形成的"革命和拼命精神，严守纪律和自我牺牲精神，大公无私和先人后己精神，压倒一切敌人、压倒一切困难的精神，坚持革命乐观主义、排除万难去争取胜利的精神"[5]。如果一个共产党员没有这种精神，就不能算是一个合格的共产党员。

邓小平特别强调党的高级干部要以身作则，带头发扬党的优良传统。1978年6月，邓小平在《全军政治工作会议上的讲话》中指出："领导干部，特别是高级干部以身作则非常重要。群众对干部总是要听其言、观其行的。连长指导员不以身作则，就带不出好兵来；领导干部不做出好样子，就带不出部队的好风气，就出不了战斗力。"[6]1979年3月，邓小平在党的理论工作务虚会上的讲话中又指出："党是整个社会的表率，党的各级领导同志又是全党的表率。"[7]"如果党的领导干部自己不严格要求自己，不遵守党纪国法，违反党的原则，闹派性，搞特殊化，走后门，铺张浪费，损公利私，不与群众同甘共苦，不实行

---

[1]《邓小平文选》第二卷，人民出版社1994年版，第342页。
[2]《邓小平文选》第二卷，人民出版社1994年版，第268页。
[3]《邓小平文选》第二卷，人民出版社1994年版，第270页。
[4]《邓小平文选》第二卷，人民出版社1994年版，第367页。
[5]《邓小平文选》第二卷，人民出版社1994年版，第368页。
[6]《邓小平文选》第二卷，人民出版社1994年版，第124页。
[7]《邓小平文选》第二卷，人民出版社1994年版，第177页。

吃苦在先、享受在后，不服从组织决定，不接受群众监督，甚至对批评自己的人实行打击报复，怎么能指望他们改造社会风气呢！"[1]思想政治工作的威力，一靠真理的力量，二靠人格的力量。"政治干部不能说的是一套，做的又是一套。"[2]否则做政治工作就没人听了。思想政治工作者高尚完美的人格，积极进取的人生态度和乐于助人的奉献精神对群众有重大的影响力。在新的历史时期，各级领导干部和思想政治工作者必须发扬党的思想政治工作的优良传统，坚持言传身教、以身作则，严于律己、率先垂范，以自己的模范行为影响和教育群众，增强思想政治工作的吸引力、说服力、感召力。

发现和树立先进典型，用他们的先进思想、优秀品质和模范事迹激励、引导群众，是行之有效的思想政治教育工作方法，对群众具有强大的说服力和吸引力。邓小平十分重视发挥先进典型的示范作用。他指出，要"集中力量，创造典型，积累经验，然后普及"[3]。他要求思想政治工作者要自觉运用典型示范的方法，结合深入生产、工作、学习和生活的实际，调查研究，发现典型，树立典型，实事求是地宣传典型，提高思想政治工作的实效。

5. 批评与自我批评的方法

批评与自我批评是邓小平特别注重的思想政治教育的基本方法。邓小平指出："解决思想战线混乱问题的主要方法，仍然是开展批评和自我批评。"[4]"批评的武器一定不能丢。"[5]"不能因为批评的方法不够好，就说批评错了。"[6]"坚持'双百方针'也离不开批评和自我批评。""决不能把批评看成打棍子"[7]，要允许批评，允许反批评，不能站在"左"的立场进行批评和自我批评，批评与自我批评是我党的三大作风之一。党的十一届三中全会以后，针对思想战线上的软弱涣散状态，邓小平一再强调开展积极的思想斗争，开展批评和自我批评。他指出："党内不论什么人，不论职位高低，都要能接受批评和进行自我批评。"[8]邓小平还指出在开展批评和自我批评的过程中要注意批评难的倾向。"有些同志明知不对，但是不愿或不敢进行批评，怕伤了和气。"[9]批评上级怕穿"小

---

[1]《邓小平文选》第二卷，人民出版社1994年版，第177~178页。
[2]《邓小平文选》第二卷，人民出版社1994年版，第124~125页。
[3]《邓小平文选》第一卷，人民出版社1994年版，第183页。
[4]《邓小平文选》第三卷，人民出版社1993年版，第46页。
[5]《邓小平文选》第二卷，人民出版社1994年版，第390页。
[6]《邓小平文选》第二卷，人民出版社1994年版，第391页。
[7]《邓小平文选》第二卷，人民出版社1994年版，第392页。
[8]《邓小平文选》第三卷，人民出版社1993年版，第38页。
[9]《邓小平文选》第三卷，人民出版社1993年版，第45页。

鞋",批评同级怕影响关系,批评下级怕丢选票,所以不愿批评或不敢批评,而被批评者却受到同情和保护的倾向。针对这种情况,邓小平明确指出:"一定要彻底扭转这种不正常的局面,使马克思主义的和社会主义、共产主义的宣传,特别是在一切重大理论性、原则性问题上的正确观点,在思想界真正发挥主导作用。"[1]为了运用好批评这个武器,邓小平强调:"批评的方法要讲究,分寸要适当,不要搞围攻、搞运动。"[2]"批评或自我批评都要站在马克思主义的立场上,不能站在'左'的立场上。"[3]邓小平强调要坚持实事求是,要注重调查研究,说话要有事实根据,不能凭主观臆断胡乱猜疑,"要对讨论和批评的问题研究清楚,绝不能以偏概全,草木皆兵,不能以势压人,强词夺理。对有错误的同志,要采取与人为善的态度,给他们时间认真考虑,让他们进行合情合理、澄清论点和事实的答辩,尤其要欢迎和鼓励他们进行诚恳的自我批评。有了这种自我批评就好,不要揪住不放"[4]。他要求我们要精雕细刻、深入细致地开展工作,号召我们按照毛泽东提出的"团结——批评——团结"的公式来解决群众中的思想问题,"从团结的愿望出发,经过批评和自我批评,达到新的团结,这就是正确处理人民内部矛盾的主要方法"[5]。唯有如此,才能使思想政治教育为群众乐于接受和收到较好的效果。

6. 坚持精神鼓励和物质利益相结合的方法

坚持革命精神与物质利益相结合的工作方法,是邓小平思想政治教育方法的重大创新。革命精神与物质利益是相互促进、相辅相成的,只有两者紧密结合起来,才能充分发挥思想政治教育的作用。邓小平非常重视两者的辩证关系,坚决反对不讲物质利益、只讲牺牲的倾向。他指出:"革命精神是非常宝贵的,没有革命精神就没有革命行动。但是,革命是在物质利益的基础上产生的,如果只讲牺牲精神,不重视物质利益,那就是唯心论。"[6]"不讲多劳多得,不重视物质利益,对少数先进分子可以,对广大群众不行,一段时间可以,长期不行。"[7]他还说:"我们实行以精神鼓励为主、物质鼓励为辅的方针。颁发奖牌、奖状是精神奖励,是一种政治上的荣誉。这是必要的。但物质奖励也不能缺

---

[1]《邓小平文选》第三卷,人民出版社1993年版,第46页。
[2]《邓小平文选》第二卷,人民出版社1994年版,第390页。
[3]《邓小平文选》第三卷,人民出版社1993年版,第47页。
[4]《邓小平文选》第三卷,人民出版社1993年版,第47页。
[5]《邓小平文选》第二卷,人民出版社1994年版,第392页。
[6]《邓小平文选》第二卷,人民出版社1994年版,第146页。
[7]《邓小平文选》第二卷,人民出版社1994年版,第146页。

少。"[1]这里,邓小平把发扬革命精神与重视物质利益紧密地结合起来,坚持了政治与经济的统一、先进性与广泛性的统一,这是反对空头政治的有力武器,是求真务实的重要体现。

7. 注重人格教育的方法

在邓小平看来,发展生产力是培育健康人格的坚实物质基础,四项基本原则是培育健康人格的信念支柱,"四有""三个倡导"是培育健康人格的目标追求。

(1)坚持把发展生产力作为培育健康人格的物质基础。

邓小平从马克思唯物主义的根本观点出发,认为人是现实活生生的人,解决好自身的物质问题,是人的根本核心问题;要培育人的健康人格,就必须要解决人最基本的物质需求即吃饭穿衣等需要,这是思想政治教育的根本出发点。邓小平正是从这一根本点出发,始终要求在思想政治教育过程中要大力发展生产力,切实解决人们的物质需求问题。只有解决好了人最根本的物质需求问题,才能培育人们的健康人格。

1938年1月12日,邓小平在《动员新兵及新兵政治工作》中就要求给抗日军人家属的困难"以最低限度的解决,使前线战士能够抛开家庭的顾虑而安心作战,并以这样的影响提高民众加入军队的决心和勇气"[2]。这里的"最低限度"就是指最低的物质保障,要解决这个"最低的物质限度",就必须大力发展生产力。抗日战争时期,日本帝国主义除了用军事力量钳制八路军外,也用经济封锁的方法想把八路军饿死冻死。面对这种状况,邓小平认为仅靠单纯的思想政治教育是不够的,还得把八路军物质需求提高到战略地位。他认为:"敌后的经济战线斗争的尖锐程度,绝不亚于军事战线。"[3]同时,他提出:"敌后的经济战线,包含了两个不能分离的环节,一是对敌展开经济斗争,一是在根据地展开经济建设。"[4]中华人民共和国成立后,对敌后残余势力进行清剿,不断进行各种政治运动,其根本目的就是稳固刚建立起的新中国政权。在巩固新政权的过程中,邓小平认识到,中华人民共和国成立后我们的主要任务就是加快经济建设,逐渐提高人们的生活水平,这是一个健康人格所需要的最基本的物质保障。

---

[1]《邓小平文选》第二卷,人民出版社1994年版,第102页。
[2]《邓小平文选》第一卷,人民出版社1994年版,第2页。
[3]《邓小平文选》第一卷,人民出版社1994年版,第77页。
[4]《邓小平文选》第一卷,人民出版社1994年版,第78页。

1957 年 4 月，邓小平在西安干部会议上作了《今后的主要任务是搞建设》的报告。在报告开篇里，他说："我们前一个阶段做的事情是干革命。……今后的主要任务是搞建设。我们党的第八次全国代表大会提出的任务，就是要调动一切积极因素，调动一切力量，为把我国建设成为一个伟大的社会主义工业国而奋斗。"[1]要把中国建设成为一个伟大的社会主义工业强国，就必须大力发展社会生产力。改革开放后，邓小平认真地吸取了过去有人片面认为思想政治教育就是强调阶级斗争，而忽视社会生产力发展的经验教训。他认为要加强思想政治教育就必须大力发展社会生产力，并强调指出："什么叫社会主义，什么叫马克思主义？我们过去对这个问题的认识不是完全清醒的。马克思主义最注重发展生产力。我们讲社会主义是共产主义的初级阶段，共产主义的高级阶段要实行各尽所能、按需分配，这就要求社会生产力高度发展，社会主义物质财富极大丰富。所以社会主义阶段的最根本任务就是发展生产力。"[2]在改革开放进入到特定阶段时，邓小平仍然认为最大的思想政治教育还是鼓励人们进行经济建设，大力发展生产力，"一定要使生产力发达，贫穷不是社会主义"[3]。即便是他后来会见莫桑比克总统希萨诺时仍然谈到："贫穷绝不是社会主义。"[4]

邓小平认为物质生产力发展的最终目的是为了提高人民的人格。一个人、一个民族、一个国家如果没有坚实的物质基础作为保障，就很难扬起自己的人格。他在论述社会主义本质时始终强调社会主义本质就是要大力发展生产力，贫穷不是社会主义；贫穷不能体现社会主义优越性，更不能体现人的人格尊严；只有生产力发展了，有了坚实的物质基础，才能真正塑造人的健康人格。虽然物质是健康人格的基础，但邓小平坚决反对用降低、损害甚至牺牲人格的方式获得自身的物质保障，他认为有部分人以降低、损害甚至牺牲自己人格尊严方式来获取自身物质利益，这不但没有提升自己的人格，反而更加降低了自己的人格尊严，这就需要我们思想政治工作者要用马克思主义理论加强其思想政治教育，让其彻底地改变错误做法，做到"君子爱财，取之有道"，树立健康人格尊严。

（2）坚持把四项基本原则作为培养健康人格的信念支柱。

邓小平敏锐地告诫世人，谈论人权、人格，切不可忘记还有一个国权、国

---

[1]《邓小平文选》第一卷，人民出版社 1994 年版，第 261 页。
[2]《邓小平文选》第三卷，人民出版社 1993 年版，第 63 页。
[3]《邓小平文选》第三卷，人民出版社 1993 年版，第 225 页。
[4]《邓小平文选》第三卷，人民出版社 1993 年版，第 261 页。

格,特别是像我们这样的发展中国家,没有民族自尊心,不珍惜自己的国权、国格,国家是立不起来的。"我们要在中国实现四个现代化,必须在思想政治上坚持四项基本原则。这是实现四个现代化的根本前提。这四项是:第一,必须坚持社会主义道路;第二,必须坚持无产阶级专政;第三,必须坚持共产党的领导;第四,必须坚持马列主义、毛泽东思想。"[1]中国共产党十三大把它作为党在社会主义初级阶段基本路线的两个基本点之一,并指出它是我们的"立国之本"。

改革开放以来,一直有一股势力想把中国引向资本主义道路,在意识形态领域始终存在着四项基本原则同资产阶级自由化的尖锐斗争。这种斗争的实质是中国应该举什么旗、走什么路,是坚持中国特色社会主义还是资本主义化的原则问题,是当今中国意识形态领域斗争的焦点。反对四项基本原则、主张资本主义化的人,把英美等发达资本主义国家的民主、自由、平等、人权等称为"普世价值",然后用这个标准来衡量中国特色社会主义的实践,指责这也不行、那也不行,然后要求按照资本主义的标准改造中国,企图把中国特色社会主义改造成资本主义。他们把西方发达资本主义国家里的政党轮流执政制度当作"普世"的、唯一的民主制度,攻击中国共产党领导下的多党合作、共同协商制度,要求照搬西方的政治制度,放弃共产党的领导,实行多党制;他们竭力歪曲和攻击无产阶级专政,把它同民主对立起来,否定《中华人民共和国宪法》,鼓吹西方所谓的"宪政"制度;他们宣传人的本性是自私的,因而私有制是最合理的、永恒的,要求在经济上实行私有化;他们把资产阶级的民主、自由、平等、博爱等称为人类共同的核心价值,要求放弃以马克思主义为指导的社会主义核心价值体系。如此等等,矛头所向,十分清楚,就是要求中国人民放弃中国特色社会主义,拐到西方的"主流"社会即资本主义道路上去。

近年中国意识形态领域的斗争,无不表明四项基本原则的确是中国的立国之本,任何时候都不能动摇。坚持四项基本原则是中国特色社会主义的基本内容之一,也是中国特色社会主义取得伟大成就的根本保证。所以,邓小平特别指出:"我们讲坚持四项基本原则,就需要经常用四项基本原则教育人民。"[2]"中国人民有自己的民族自尊心和自豪感,以热爱祖国、贡献全部力量建设社会主义祖国为最大光荣,以损害社会主义祖国利益、尊严和荣誉为最大耻辱。"[3]

---

[1]《邓小平文选》第二卷,人民出版社1994年版,第164~165页。
[2]《邓小平文选》第三卷,人民出版社1993年版,第201页。
[3]《邓小平文选》第三卷,人民出版社1993年版,第3页。

"如果中国不尊重自己，中国就站不住，国格没有了，关系太大了。中国任何一个领导人在这个问题上犯了错误都会垮台的，中国人民不会原谅。"[1]

（3）坚持把"四有"作为培育健康人格的目标追求。

思想政治教育是做人的工作的复杂的系统工程，不能头痛医头脚痛医脚，需要时刻关注现代化建设和世界发展变化引起人们思想发生的新变化、新诉求，时刻关注未来社会对人的发展的新要求，即要有"面向现代化、面向世界、面向未来"的意识与思维方式，坚持把"四有"作为培育健康人格的目标追求。

"四有"即"有理想、有道德、有文化、有纪律"。这是邓小平从20世纪80年代初就开始提出，又在不同场合反复强调的观点。邓小平如此强调"四有"，是因为他从中国的实际出发，站在历史发展的高度，科学地认识社会主义事业发展的客观规律，深刻地分析了在新的历史时期，时代和社会对教育的根本要求。正因如此，他的这一重要思想被《中共中央关于社会主义精神文明建设指导方针的决议》确定为社会主义精神文明建设的根本任务。

有理想，是指对马克思主义和共产主义的坚定信仰，是对党和人民事业的科学信念。在当今，全国各族人民的共同理想就是建设有中国特色社会主义。一段时间，一部分人在如饥似渴地追逐物欲享受、信奉金钱万能的同时，丧失了对社会主义和共产主义的理想追求；一部分人在不加选择地引进和吸收西方思想的同时，误以腐朽为神奇，错把糟粕当精华，怀疑乃至反对社会主义和共产主义的领导；一部分人在人生追求的某一目标失败之后，陷入颓废，厌倦人生……针对这种错误倾向，邓小平反复告诫人们尤其是青年：拥有一个远大的理想和积极的人生观是一个民族和个人朝气蓬勃、奋发向上的象征，是形成强大凝聚力的根本保证，是社会主义不断前进的驱动力，是社会主义优于资本主义的一个重要标志。因此，在对一切有利于中国特色社会主义现代化建设、振兴中华、统一祖国的积极思想和精神加以尊重、保护和发扬的同时，中国尤其要提倡树立远大的共产主义理想，因为它是全体共产党人和先进分子的力量源泉和精神支柱。

有道德，是指按照人们思想品质形成的规律，有目地培养人们具有与社会主义道德品质，具有与社会主义公有制相适应的主人翁思想和集体主义精神。邓小平认为，教育全国人民具有社会主义道德的基本要求就是爱祖国、爱人民、爱劳动、爱科学、爱社会主义，在人民内部形成和发展平等、团结、互利、友爱的社会主义新型关系。那种搞小团体主义，化大公为小公，搞个人主义，化

---

[1]《邓小平文选》第三卷，人民出版社1993年版，第332页。

公为私，损人利己，甚至不择手段贪污受贿，彼此间互相倾轧等行为，都是同社会主义的基本道德不相容的。为了克服和清除当今社会上的种种不道德行为，净化空气，邓小平大声疾呼，要在广大干部和群众中大力提倡和表彰"全心全意为人民服务""大公无私""毫不利己专门利人"、集体主义和艰苦奋斗的创业精神，并要求在提倡以集体主义为核心的共产主义道德的同时，要注意道德教育的广泛性，从社会主义初级阶段这一现实出发，鼓励先进，照顾多数，注意关心每个劳动者的个人利益，大力提倡劳动致富，提倡遵守职业道德和社会公德，提倡文明健康的生活方式。既立足于现实，又着眼于未来；既注意社会道德风貌，又要培养社会成员的共产主义品质。

有文化，是指提高全民族的科学文化水平，发展高尚的丰富多彩的文化生活。其下限是脱盲识字，接受现代教育，其上限是掌握人类创造的一切有用知识，这种知识不仅是指书本知识，而且包括实际的业务和创造能力，这是一个从低到高没有止境的过程。邓小平指出，科学文化既是物质文明建设的重要条件，也是提高人民群众思想觉悟的重要条件，科学技术是第一生产力。但是，由于封建传统的影响和林彪"四人帮"对中国教育事业的严重摧残，干部队伍和劳动者队伍文化素质不高，与中国特色社会主义建设的要求不相适应。这就要求全国人民无论在什么岗位上，都要掌握一定的专业知识和能力，要养成"尊重知识、尊重人才"的社会风气。只有当拥有一支政治思想和技术、文化、业务素质都较好的干部队伍，拥有一支素质优良、纪律严明的劳动者队伍时，才能使中华民族真正自立于世界民族之林。

有纪律，是指要遵守国家的法律，真正维护和坚决执行党和国家的政策。邓小平指出："组织起来就有力量，没有理想，没有纪律，就会像旧中国那样一盘散沙，那我们的革命怎么能够成功？我们的建设怎么能够成功？"[1]一定要教育我们的人民尤其是干部，一靠理想，二靠纪律，自觉执行国家法律和党的纪律。只有大力加强以宪法为根本的社会主义法制建设和教育，加强劳动和工作纪律，才能推进并保证经济建设和各项改革的顺利发展，才能维护国家的长治。那种把改革和纪律对立起来，认为改革只在搞活、纪律应该松绑的观点是错误的。改革需要纪律，纪律保证着改革。那种搞"上有政策、下有对策"的做法也是一种无纪律的行为，它破坏了全国的政令统一，损害了全局利益；那种以搞资产阶级自由化为目的的动乱更是违反法律、损害国家和人民利益的错误行为，必须予以坚决制止。

---

[1]《邓小平文选》第三卷，人民出版社1993年版，第111页。

"四有"中，邓小平特别强调理想和纪律。这既是他长期革命斗争经验的总结，又是进行社会主义现代化建设的客观需要。邓小平说，根据他长期从事政治和军事活动的经验，搞革命和建设，最重要的是人的团结，要团结就要有共同的理想和坚定的信念。"为什么我们过去能在非常困难的情况下奋斗出来，战胜千难万险使革命胜利呢？就是因为我们有理想，有马克思主义信念，有共产主义信念。"有了共同的理想信念，也就有了铁的纪律。无论过去、现在和将来，这都是我们的真正优势。邓小平结合中国的具体情况，还把理想和纪律作为实现现代化和向共产主义前进的基本保证。他指出，我们国家这么大，要团结起来，组织起来，一要靠理想，二要靠纪律。如果没有理想，没有纪律，那就会是一盘散沙，革命和建设都不会成功。他还谆谆告诫大家："要特别教育我们的下一代下两代，一定要树立共产主义的远大理想。一定不能让我们的青少年作资本主义腐朽思想的俘虏，那绝对不行。"[1]

理想和道德是紧密联系在一起的，"有理想"和"有道德"是一致的。邓小平特别重视德育工作，他在各种场合多次强调过培养高尚的共产主义道德的问题。他谈到，为了国家和集体的利益，为了人民大众的利益，一切有革命觉悟的先进分子必要时都应当牺牲自己的利益。我们要向全体人民、全体青少年努力宣传这种高尚的道德。他还要求各级各类学校加强政治教育、形势教育、思想教育，包括人生观教育、道德教育。希望青少年从小养成守纪律、讲礼貌、维护公共利益的良好习惯。1980年，邓小平严肃地指出，我们在新民主主义时期，就已经坚持用共产主义的思想体系指导整个工作；用共产主义道德约束共产党员和先进分子的言行；提倡和表彰"全心全意为人民服务""个人服从组织""大公无私""毫不利己专门利人""一不怕苦、二不怕死"。现在有人居然对这些革命口号进行荒唐的"批判"，而这种荒唐的"批判"不仅没有受到应有的抵制，居然还得到我们队伍中一些人的同情和支持。每一个有党性、有革命性的共产党员，都不能容忍这种状况继续下去。进入90年代后，他在提出深化改革、加快经济发展步伐的同时，仍关注着思想道德建设，强调"加强思想政治工作，讲艰苦奋斗，都很必要"。1992年，在视察南方时，他指出："广东二十年赶上亚洲'四小龙'，不仅经济要上去，社会秩序、社会风气也要搞好。"他还指出要坚决取缔和打击吸毒、嫖娼、经济犯罪等丑恶现象。

文化知识对于人们的理想确立、道德养成、纪律观念来说，是一个重要的条件。邓小平认为，法制观念与人们的文化素质就有关系。现在许多青年人犯

---

[1]《邓小平文选》第三卷，人民出版社1993年版，第110~111页。

罪，一个原因就是文化素质太低。1989年3月，他说："十年来我们的最大失误是在教育方面，对青年的政治思想教育抓得不够，教育发展不够。"这也说明了科学文化知识在青少年素质结构中的重要地位。"一个十亿人口的大国，教育搞上去了，人才资源的巨大优势是任何国家比不了的。有了人才优势，再加上先进的社会主义制度，我们的目标就有把握达到。""四有"人才标准，是立足于中国人民的根本利益，放眼世界，着眼未来提出的振兴中华民族的具有战略意义的对策。

第二篇

科技关键篇

　　科学技术的发展和作用是无穷无尽的，中国要实现现代化，关键是科学技术要能上去。本篇主要从邓小平科学技术理论的形成脉络与内容体系（第五章）、邓小平科学技术是第一生产力的理论与实践（第六章）、邓小平科学技术发展的理论与实践（第七章），以及邓小平科技理论与实践的特征特点、国际视野及其丰富发展（第八章）"四个方面入手，对其进行全面系统梳理和研究、阐述。

第五章 邓小平科学技术理论的形成脉络与内容体系

本章主要从邓小平科学技术理论的形成脉络、邓小平科学技术理论的内容体系两个方面入手,对其进行梳理、研究、阐述。

一、邓小平科学技术理论的形成脉络

邓小平科技理论的形成主要经历了重视科技,建设新国家(1949—1973年);全面整顿,振兴科技(1973—1978年);改革科技体制,推动经济发展(1978—1985年);提出科学技术是第一生产力(1985—1994年)等四个阶段。

(一)重视科技、建设新国家阶段

从中华人民共和国成立到1973年,是邓小平科学技术理论形成的第一阶段。在这个阶段,邓小平的科学技术理论主要体现在对"为什么要发展科学技术"和"怎样发展科学技术"这两个问题的回答上。

1. 社会主义建设离不开科学技术

在"为什么要发展科学技术"这一问题上,邓小平从一开始就认为科学技术发展是为社会主义建设服务的。早在1952年9月12日,邓小平在主持政务院政务会议讨论中国科学院工作的会议上就指出:"工业、文化、教育事业发展了,必然推动科学研究的发展,人民文化水平高了,也要求学习科学;科学研究是一项基本建设,在这方面的投资就叫基本建设的投资;人民要求科学发展,各部门也给科学院出了题目。"1959年12月11日,邓小平主持召开中央书记处会议,讨论国家科委党组《关于一九五九年科学技术发展规划执行情况的初步总结和一九六○年计划的报告》时指出:"科学研究,要突出目标,纳入规划,取得成果越快越好。但要准备失败,失败多次,花点冤枉钱,不要前怕狼后怕虎。一旦成功了,就可以带动一批科学技术前进。科研机构可以多几个点,不要太集中,可以在几个地方搞,大中小企业都可以设置。"这表明邓小平在中华人民共和国成立初期就已经清楚地看到科学研究的重要性。把科学研究列入国民经济中具有突出意义的基本建设范畴,已经表明邓小平这时已把马克思的"科学技术是生产力"的思想应用于中国社会主义建设的具体实践中了。

在发展整个科学技术时,邓小平主张利用国外的先进技术和先进经验,为

中国的工农业生产服务。1963 年 8 月 20 日，邓小平在工业决定起草委员会会议上强调要利用外国先进经验时指出，从现实出发，总结中国的经验，吸取外国的经验，工业发展就可以做到多快好省。他还说，我们的奋斗目标是经过几十年的努力走到世界前列，成为世界上几个主要的工业强国之一。在这个过程中，第一我们要抓吃、穿、用问题。第二要抓工业基础，第三要抓国防尖端技术。当时邓小平把建设世界工业强国作为我们工作的"纲"，一切工作包括发展科学技术，都要为这个"纲"服务，直到后来"文化大革命"开始，他仍然向毛泽东建议不要冲击这个"纲"。

2. 努力学习，狠抓教育，重视人才

在如何发展科学技术这个问题上，邓小平主张一要学习，包括领导干部也要学习；二要发展教育，普及科技文化知识；三要提高知识分子待遇。

（1）努力学习，为建设服务。

邓小平认为，搞社会主义建设，不仅需要人民学习，领导干部也要学习。他调到中央工作后，更重视这一问题。1957 年 4 月 8 日，邓小平出席西安干部会议并在发表题为《今后的主要任务是搞建设》重要讲话时说，从社会主义改造基本完成时起，革命的任务就基本完成了，今后主要任务是搞建设，把中国建设成为一个伟大的社会主义工业国，而搞建设就需要建设的本领。他认为，整体来说阶级斗争这门科学我们是学会了，但在改造自然方面这门科学，我们懂得太少了；我们的科学技术水平是很低的，因此，我们要学习世界上一切先进的经验，学习世界各国包括美国在内所有先进的东西；如果不好好学习，不总结经验，我们就会在建设问题上栽大跟头，犯大错误。1957 年 5 月 15 日，邓小平《在中国新民主主义青年团第三次全国代表大会上的祝词》中更是进一步指出："我们要努力学习各种劳动的本领，不断提高自己的文化、科学技术水平。青年团员必须带动广大青年，尊敬年长的一代，从他们那里学会各种有用的本领。"

（2）大力发展教育，培养人才，普及科学文化知识。

邓小平十分重视人才的培养。1954 年 7 月 9 日，邓小平在参加政务院政务会议讨论教育工作的发言中说："现在我们是搞建设，干部已成为决定性的因素。……要充分发挥现有干部的作用，同时要培养大批各方面的建设人才"，并指出办好学校，培养干部，才是最基本的建设。1957 年 9 月 23 日，邓小平在做党的八届三中全会报告时指出："为了建设社会主义，工人阶级必须有自己的技术干部队伍，必须有自己的教授、教员、科学家、新闻记者、文学家、艺术家和马克思主义理论家的队伍。这是一个宏大的队伍，人少了是不成的"，"凡是有条件的，都必须认真钻研理论和业务，顽强地下苦功，把自己造成'又红又专'的红色专家"，要"加强从工人农民中培养知识分子的工作，并且有计划地吸收优秀的革命知识分子入党。"1958年4月7日，邓小平出席中共中央书记处讨论教育工作的会议，在作题为《办教育一要普及二要提高》的讲话时指出，我们的方针是一要普及二要提高，两者不能偏废；只普及不提高，科学文化不能很快进步；只提高不普及，不能适应国家各方面的需要。他认为，社会主义建设需要有文化的劳动者，所有的劳动者也都需要文化；教育普及了，群众的科学文化水平提高了，发明创造就会多起来。他要求在任何时候都要坚持"两条腿走路"，做到在普及的基础上提高，在提高的指导下普及。1961年5月31日，邓小平在中央工作会议上讲话时指出："科学技术水平不决定于量，而决定于质。关键问题还得靠科学技术人员来解决。人海战术是不能把科学技术水平提高的。"

（3）要提高知识分子待遇，关心技术干部成长。

1954年7月9日，在政务院讨论教育工作时，针对科技人员收入低且平均化的问题，邓小平提出真正有本领的教授、副教授、高级工程师、高级医生以及其他方面的高级专门人才的工资待遇应该提高。中小学教师工资也应该提高，因为他们付出的劳动多、贡献大。1961年11月23日，邓小平在听取冶金工业系统汇报时指出，这几年来我们对技术干部关心不够，对他们的使用有问题；许多新生力量、能力未得到很好发挥；好多大学生工作了几年还当见习技术员，为什么不能大胆提拔当工程师呢？他要求各部要根据所属单位的情况，提拔一批工程师。这是邓小平尊重知识、重视人才使用培养思想理论的直接体现。

这一个时期，邓小平对"为什么发展科学技术"以及"怎样发展科学技术"这些问题的思想理论观点，为他后来科学技术理论的发展和完善奠定了基础。

（二）全面整顿、振兴科技阶段

从1973年邓小平恢复国务院副总理职务到1978年全国科学大会召开前，是邓小平科学技术理论形成的第二个阶段。这一阶段中，在"文化大革命"中受到冲击的邓小平刚恢复工作后不久，又受到不公正待遇，而且个人处境十分艰难。邓小平考虑的不是个人的得失，而是党和国家的前途和命运。他竭尽所能开始着手医治"文化大革命"给党和国家造成的创伤。邓小平总是牢记党和国家发展的总目标，他指出，总的说来，我们发展社会主义经济，建设国家，是按照毛主席的指示分两步走：第一步是用十年左右的时间，把中国的工业、农业、科学技术这些方面建成独立的比较完整的体系，使各方面都有比较好的发展；第二步是在这个世纪的末期达到现代化水平。根据当时的情况，为了实现这个总目标，邓小平从抓全面整顿工作入手，坚持搞社会主义建设就要发展科学技术的观点，一方面为科技发展创造条件，重视科技人员，发挥他们的积极性；另一方面，利用国外的先进技术和经验，在自力更生的同时，不排除吸收国外先进的东西；同时强调科技发展和教育发展一起抓，为国家发展积累持久的科技和人才力量。

1. 排除干扰，抓全面整顿工作，发展科学技术

1975年，邓小平在毛泽东和周恩来等的支持下复出主持中央日常工作，他以马克思主义者的大无畏的气概努力排除"四人帮"的干扰，开始了坚定的有步骤的全面整顿工作。1975年9月15日，邓小平在全国农业学大寨会议上讲话时指出："现在全国存在各方面要整顿的问题。毛主席讲过，军队要整顿，地方要整顿。地方整顿又有好多方面：工业要整顿，农业要整顿，商业也要整顿，文化教育也要整顿，科学技术队伍也要整顿。文艺——毛主席叫调整，实际上调整也就是整顿。"其全面整顿的思想理论要点有：① 加快发展生产力，把国民经济搞上去。② 全国各方面都存在整顿问题，整顿的核心是党的整顿，关键是领导班子。③ 要安定团结，要坚决同派性作斗争。④ 在整顿中要落实政策，要发挥知识分子的作用，不能把他们叫"臭老九"。⑤ 要抓规章制度。⑥ 要重视教育。⑦ 要搞好科学技术。⑧ 加强党的领导，发扬党的优良作风。从1975年1月开始，以邓小平上述全面整顿思想理论为指导，在全国开展了全面的整顿工作。这次整顿工作，虽仅仅只有一年，但得到了人民拥护，为后来粉碎"四人帮"奠定了坚实的思想理论基础和群众基础。

1975年3月5日，邓小平参加省、直辖市、自治区主管工业的书记会议，在会上作题为《全党讲大局，把国民经济搞上去》讲话时特别强调说："从现在算起还有二十五年时间，把我国建设成为具有现代农业、现代工业、现代国防和现代科学技术的社会主义强国。"很明显，这表明了在邓小平心中，始终装着实现"四个现代化"这个宏伟目标，狠抓全面整顿工作的目的，也是为实现这一宏伟目标所做的努力。在1975年整整一年的时间里，邓小平排除各方面的干扰，顶住压力，在狠抓全面整顿工作的同时，尽全力为科学技术的发展创造条件，为科技人员积极性的发挥提供保障。

1978年3月10日，邓小平出席政务院全体会议时指出："对我们技术力量要有足够的清醒估计，我们科技人员、工人、农民的技术水平都很低。所谓技术水平低，不能只讲有什么发明、有什么尖端。我们现在引进的许多新设备，自动化程度很高，工人的技术水平和知识水平还不行……现在国际上普遍使用电子计算机，我们的银行、商店不用行吗？工厂要改革工艺，不用行吗？我们

要随着工业的发展大量使用计算机。"3月22日,邓小平同刘西尧等谈话时指出:"不出成绩,不出人才,不热心为科学服务,就说明党委不善于领导,领导得不好。"

2. 继续坚持搞社会主义建设离不开科学技术的观点

在中华人民共和国成立初期,邓小平就形成了搞社会主义建设离不开科学技术的观点。在1973—1978年期间,他的这一观点得到了发展。1975年5月21日,邓小平在主持召开的国务院办公会议上说,搞社会主义建设,不能不搞生产,不能不搞科学技术。同年9月26日,他在听取中国科学院负责同志汇报时,既指出"科学技术叫生产力",又肯定"科技人员就是劳动者",并强调科研必须走在国民经济的前面,如果中国的科学研究工作不走在前面,就要拖整个国家建设的后腿,因为"提高工厂自动化水平,要增加科技人员,这就要靠教育"。这一时期,邓小平对世界各国的发展情况,包括资本主义国家的发展情况作了认真的分析。在他看来,世界上发达国家不管是什么社会制度,都是走依靠科学技术提高自动化水平,减少体力劳动的道路。因此,他非常重视科学技术在社会发展中的作用,强调要重视科技人才,科技和教育一起抓,要利用国外先进技术作为发展的起点。

(1)尊重知识,尊重人才,大力发展科技和教育。

在1975年全面整顿工作中,邓小平反复强调,对有水平的科技人员要爱护和鼓励,发挥其作用;要选党性好、组织能力强的人给科技人员搞后勤;那些一不懂行,二不热心,三有派性的人,不能留在领导班子里。1975年1月14日,邓小平在听取杨成武等汇报军队工作时指出:"精简主要是减机关和保障分队,而不是减技术兵种,有的技术兵种编制还要增加一点。"1975年7月9日,邓小平同胡乔木等谈话时指出:"在自然和科学研究中,现在对基础理论不重视,只搞应用科学,这样要赶超世界水平不行。"同时,他要求"政研室搞一些调查研究,收集近些年来文化、科学、教育、出版系统不执行'双百'方针的材料,以供政治家讨论时用"。1977年5月24日,邓小平就"两个凡是"和"尊重知识、尊重人才"的问题,同中央两位同志进行谈话时指出:"两个凡是"不符合马克思主义,坚持"两个凡是"就会把毛泽东思想庸俗化,就不会把毛泽东思想当作一个思想体系来看;如何对待毛泽东思想的问题,是个重要的理论问题,是个是否坚持历史唯物主义的问题。这些观点,为中国后来的思想解放奠定了基础。在这次谈话中,邓小平还谈到了"尊重知识、尊重人才"的问题。他指出,我们要实现现代化,关键是科学技术要能上去。发展科技不抓教育不行。靠空谈不能实现现代化,必须有知识、有人才。抓科技必须同时抓教育,并用日本从明治维新就开始注意科技、注意教育，花了很大力量，搞资产阶级现代化实践的例子，告诉我们是无产阶级，应该可能干得比他们好。他还说，一定要在党内造成一种气氛：尊重知识、尊重人才，要反对不尊重知识分子的错误思想；要重视知识、重视从事脑力劳动的人，要承认这些人是劳动者。邓小平正式复出后，自告奋勇抓科技和教育。他认为，只有科技和教育上去了，四个现代化才有希望。科技和教育这两个领域在"文化大革命"中受到的冲击和破坏最严重，人们的思想最混乱，只有从这两个领域抓起，才能带动其他领域里的拨乱反正。

1977年7月27日，邓小平同方毅、李昌谈科研工作时指出："一、科研单位的任务就是要出成果、出人才。二、要肯定党委领导下的所长分工负责制，要把政治、业务、后勤三大系统搞好。三、要把有作为的科技工作者列出名单，填出表格。对这些人要给予适当照顾。四、教育部已决定招研究生。要允许个人挑老师、老师挑学生。五、立即着手搞全国的科研规划。六、国外专家要求回来的，可以接收。七、要从全国选拔人才，组织科研队伍。八、科研人员的房子问题、两地分居问题要逐步解决。一九六四年、一九六五年毕业的大专毕业生，工作不适合的要调整。九、科研经费可以解决，但要看用得对不对，适当不适当。"7月29日，听取方毅、刘西尧等汇报教育工作时，邓小平提出要抓一批重点大学，并指出重点大学既是教育的中心，又是办科研的中心。高等学府的科学研究，应纳入国家规划。

1977年8月4～8日，邓小平在主持召开的全国科学和教育座谈会上指出，要做思想工作，把"臭老九"的帽子丢掉；对上山下乡知识青年中通过自学达到了较高水平的人，要研究用什么方法、经过什么样的途径选拔出来；要组织学术讨论、学术交流，集中大家的智慧，科研要走在前面，大厂、中厂，甚至小厂都要有科研机构、科研队伍；科学研究允许失败、允许中间科研成果报废；我们国家要赶上世界先进水平，要从科学和教育入手。这次讲话实际上揭开了科技和教育领域里拨乱反正的序幕。9月19日，邓小平在就教育战线拨乱反正问题同教育部的主要负责同志谈话中强调，中华人民共和国成立后的十七年各条战线包括知识分子比较集中的战线，都是以毛泽东为代表的路线占主导地位，"两个估计"不符合实际。我们的人才，大部分是十七年培养出来的，应当肯定十七年中绝大多数知识分子，不管是科学工作者，还是教育工作者，在毛泽东思想的指导下，在党的正确领导下，辛勤劳动，努力工作，取得了很大成绩；我国知识分子绝大多数是自觉自愿地为社会主义服务的。他还特别指出说，不抓科学和教育，四化就没有希望。9月25日，邓小平在会见联邦德国联邦议院外交委员会主席韦尔纳时强调说，在实现四个现代化过程中，我们一方面着手在工业方面搞自动化，技术革新，在农业方面搞机械化；另一方面，还是从教育和科学研究着手。邓小平一直关注着世界科学技术的发展，在9月29日，他同邓颖超一起会见作家韩素音说，世界科学技术在20世纪60年代末期70年代初期有个突飞猛进的发展，各个科学领域一日千里地发展，一年等于好几年，甚至可以说一天等于几年。他还说，我在1975年就曾讲过，同日本相比我国落后了50年，那时我老想抓科研，结果不仅没有抓上去，反而我自己被抓下去了。他强调，其他方面恢复起来比较容易，教育和科研方面就不是这样，这里存在一个要后继有人的问题。抓科研，不抓教育不行。10月20日，邓小平约见刘西尧等人时指出："自然科学固然很重要，要搞好，社会科学也很重要。"11月1日，邓小平听取洪学智等人汇报时指出："要建立岗位责任制，要坚持按劳分配的原则。物质奖励还是要的，以精神奖励为主，物质奖励为辅。"11月3日，邓小平在会见美籍华人王浩教授时肯定了他提出的"关于促进教育科技发展的几点意见"。邓小平说，科学领域总是后来居上，否则人类不能进步。过去我们有些方法有缺陷，不容易发现有特殊才能的人；有的人才甚至是外国发现了之后，我们才注意到；有的是国内同行知道，其他方面不知道，没有给他们创造条件。他指出："要善于发现和选拔人才，发现有前途的，要有比较好的方法帮助他，早出成果。"

（2）用世界的先进成果作我们发展的起点。

邓小平在强调通过发展科学技术和教育来为社会主义建设服务的同时，从未拒绝过学习和引进国外先进的科学技术成果。他主张实现四个现代化，要使用世界上的一切先进技术，把国外先进的东西作为我们现代化建设的出发点。

1974年4月10日，邓小平在联合国第六届特别会议发言中，他明确宣布，自力更生绝不是闭关自守、拒绝外援。我们一向认为，各国在尊重国家主权、平等互利、互通有无的条件下，开展技术经济交流，取长补短，对于发展民族经济，是有利的和必要的。在"文化大革命"期间，特别是在"批林批孔"、把矛头指向周恩来总理的政治气候下，邓小平的这种鲜明地否定闭关自守，主张对外开放，开展技术交流和互相取长补短的政策，充分地显示了其超常的无产阶级革命家的胆识和气魄。1977年9月14日，邓小平在会见日本新自由俱乐部访华团时指出："一切先进成果都是全人类共同努力的结果，就是资产阶级也懂得这个起码的常识，世界上先进的东西它都引进……自力更生，要先靠自己的努力，靠自己的资源，但决不能排除世界上一切先进的成果。"9月25日，他在会见联邦德国客人时指出："我们实现四个现代化，就是要使用世界上的一切先进技术。搞现代化，理所当然不是拿落后的技术作出发点，而是用世界的先进成果作出发点。"他强调："凡是我们需要的先进的东西，条件适合的，我们都愿意吸收,包括军事技术上某些先进的东西。"9月29日,邓小平在会见作家韩素音时说,我们损失了二十年或者三十年的时间,但我们相信"中国人是聪明的,再加上不搞关门主义,不搞闭关自守,把世界上最先进的科研成果作为我们的起点,洋为中用,吸收国外好的东西,先学会它们,再在这个基础上创新,那么,我们就是有希望的。如果不拿现在世界最新的科研成果作为我们的起点,创造条件,努力奋斗,恐怕就没有希望。我们还要吸收世界先进的工业管理方法,要搞科研,搞自动化。""引进技术,主要是为了掌握和发展技术。"同时,邓小平认为:"科学技术要赶超世界先进水平,但不是什么都赶超。要先学,学得好,才能赶超。科学设施的建设要从最先进的着手,高能加速器就是个重点。承认落后,就有希望……对科技工作,要想得远一些,看得宽一些。一是要派人出去学习,二是要请人来讲学。不但科研机构要这样,企业也要这样。""中国的同志一定要努力学习外国专家们的好的经验和长处。"

总之,在1973年到1978年初,邓小平不顾自己多次受到不公正待遇,始终把科学技术的发展同国家的宏伟目标结合起来,不断地审视着世界科学技术发展的趋势及其对社会的影响,努力探索一条适合中国国情的科学技术发展之路。

(三)改革科技体制、推动经济发展阶段

从1978年全国科学大会召开到1985年实行科技体制改革前,是邓小平科学技术理论形成的第三个阶段。这一阶段是邓小平科学技术理论形成的第一次飞跃。他通过对社会主义建设实践的经验总结,通过对世界各国特别是发达国家经济和科技发展状况的准确分析,对马克思的科学技术是生产力的思想理论有了更深刻地认识,比较系统地总结出社会生产力的巨大发展,最主要的是依靠科学技术的力量的观点,初步地形成了中国式的发展科学技术的道路以及实现中国式的现代化和建设中国式的社会主义等一系列思想理论。

1. 社会生产力的巨大发展,靠的是科学技术的力量

中华人民共和国成立以来,邓小平始终坚持搞社会主义建设离不开科学技术的观点。即使是在他个人处境十分艰难的时期,他仍然强调科学技术的重要作用。随着"四人帮"被粉碎,中国结束了十年动乱,迎来了"科学的春天"。1978年3月18日,在北京召开了中国科学技术发展史上具有重大意义的全国科学大会,邓小平在大会开幕式上发表了重要讲话,这个讲话是邓小平科学技术理论形成过程中第一次飞跃的标志。在讲话中他系统地阐述了科学技术是生产力,科学地分析了现代科学技术和经济社会发展特点,总结了中国的历史经

验，提出了关系到中国现代化前途的战略决策。他指出，把我们国家建设成为社会主义现代化强国，是我国人民肩负的伟大历史使命。四个现代化，关键是科学技术现代化。没有现代科学技术，就不可能建设现代农业、现代工业、现代国防。没有科学技术的高速发展，也就不可能有国民经济的高速发展。他明确提出"科学技术是生产力"，科学技术作为生产力，越来越显示出巨大的作用，以及知识分子是工人阶级的一部分，要建设一支宏大的又红又专的科技队伍，要加强党委对科技工作的领导等思想理论主张。他认为，当代的自然科学正以空前的规模和速度，应用于生产使社会物质生活的各个领域面貌一新。社会生产力有这样巨大的发展，劳动生产率有这样大幅度的提高，靠的是什么？最主要的是靠科学的力量，技术的力量。邓小平的这些重要思想理论观点，对于纠正长期以来存在的轻视科学技术的倾向，对于提高全党和全国人民对科学技术重要作用的认识，从而促进社会主义现代化建设事业健康发展，有着十分重要的意义。邓小平在讲话中还语重心长地指出，在科学技术方面，我国古代曾经创造过辉煌的成就，四大发明对世界文明的进步起了伟大的作用，但是我们祖先的成绩，只能用来坚定我们赶超世界先进水平的信心，而不能用来安慰我们现实的落后。认识落后，才能改变落后。学习先进，才有可能赶超先进。提高我国科学技术水平，当然必须依靠我们自己的力量，必须发展我们自己的创造，必须坚持独立自主，自力更生的方针。但是，独立自主不是闭关自守，自力更生不是盲目排外。科学技术是人类共同创造的财富。任何一个民族、一个国家都需要学习别的民族、别的国家的长处，学习人家的先进科学技术。这篇重要的讲话，是新时期中国科学技术工作的重要纲领性文件，是邓小平科学技术理论形成发展的一个里程碑。

  1978年4月30日，邓小平约胡乔木等人谈话时指出："要把农业发展起来，需要很多方面配合。现在我们一些同志的脑子里，总以为只要有了农业机械化就行了。其实，搞现代化农业，需要各方面的配合，交通运输、化学工业、电力水利事业等等都要配合上去，畜牧业也要发展。农产品增加了，就跟着发展各种农产品的现代化加工工业。从科学方面来说，要发展农业，需要有生物学的发展，气象学的发展，土壤学的发展，遗传学的发展。总之，农业要工业化才行。"9月1日，他主持军队引进国外先进技术座谈会时指出："电子工业要争取时间加快发展，所有部门的现代化都和它有关系，离开它寸步难行。"10月11日，邓小平出席中国工会第九次全国代表大会，在作《工人阶级要为实现四个现代化作出优异贡献》的致辞时指出，为了实现四个现代化的伟大目标，为了提高经济的发展速度，必须大大加强企业的专业化，大大提高全体职工的技术水平，摆脱目前生产技术和生产管理的落后状态。工人阶级要用最大的努力来掌握现代化的技术知识和现代化的管理知识，为实现四个现代化做出优异的贡献。同年12月13日，邓小平出席中共中央工作会议，在闭幕式上作题为《解放思想，实事求是，团结一致向前看》讲话时指出，实现四个现代化是一场深刻的伟大革命。在这场伟大的革命中，我们是在不断地解决新的矛盾中前进的。因此，全党同志一定要善于学习，善于重新学习。并指出，根本的是要学习马列主义、毛泽东思想，要努力把马克思主义的普遍原则同我国实现四个现代化的具体实践结合起来。他强调，当前大多数干部要着重抓紧三个方面的学习：一个是学经济学，一个是学科学技术，一个是学管理。他要求干部要带头钻研现代化经济建设。在邓小平等老一辈无产阶级革命家的倡导下，中国共产党十一届三中全会决定，把党的工作重点转移到社会主义现代化建设上来，并采取一系列重大改革，在自力更生的基础上，积极发展同世界各国平等互利的经济合作，努力采用世界先进技术和先进设备，把我国建设成为现代化的伟大社会主义强国。

1979年10月4日，邓小平在中共省、市、自治区第一书记座谈会上讲话强调，我们需要的是鼓实劲，经济工作要按经济规律办事。他说："按经济规律办事，就要培养一批能按经济规律办事的人。我们需要一些专家、懂行的人，现在不懂行的人太多了，'万金油'干部太多了。我们的干部有一千八百万，缺少的是专业干部，技术人员、管理人员和其他各种专业人员。如能增加一百万司法干部，增加两百万合格的教员，有五百万科学研究人员，再有两百万会做生意的人，那就比较好了。"

1982年9月18日，邓小平陪同朝鲜劳动党中央委员会总书记金日成去四川访问，途中他同金日成进行了亲切的交谈。他说，我们刚刚召开了中国共产党的十二大，提出的目标是二十年翻两番。二十年是从一九八一年算起到本世纪末。大体分两步走：前十年打好基础，后十年高速发展。战略重点：一是农业，二是能源和交通，三是教育和科学。他还说："搞好教育和科学工作，我看这是关键。没有人才不行，没有知识不行，'文化大革命'的一个大错误是耽误了十年人才的培养。现在要抓紧发展教育。"

1983年4月29日，邓小平在北京会见来访的印度共产党（马克思主义）中央代表团时说："在社会主义国家，一个真正的马克思主义政党在执政以后，一定要致力于发展生产力，并在这个基础上逐步提高人民的生活水平。这就是建设物质文明。过去很长一段时间，我们忽视了发展生产力，所以现在我们要特别注意建设物质文明。与此同时，还要建设社会主义精神文明，最根本的是要使广大人民有共产主义的理想，有道德、有文化、守纪律。国际主义爱国主义都属于精神文明的范畴。"物质文明和精神文明，这两方面的建设是相辅相成的。这是邓小平对中国社会主义建设的经验教训的深刻总结，这表明邓小平已经有了把发展生产力、提高人民的生活水平作为社会主义的根本任务的思想，也表明他对社会主义的本质问题有了更深刻的认识。

1984年6月30日，邓小平在会见第二次中日民间人士会议日方委员会代表团时指出，坚持马克思主义，坚持社会主义道路，对中国十分重要。他说："什么叫社会主义？什么叫马克思主义？我们过去对这个问题的认识不是完全清醒的。马克思主义最注重发展生产力。"并明确指出社会主义阶段的最根本任务就是发展生产力。10月1日，邓小平参加中华人民共和国成立35周年庆祝典礼，他在大会上讲话时强调指出，我们当前的主要任务，在对妨碍我们前进的现行经济体制进行有系统的改革的同时，要对全国现有的企业，进行有计划的技术改造；要大大加强科学技术研究工作，大大加强各级教育工作，以及全体职工和干部的教育工作；全党和全社会都要真正尊重知识，真正发挥知识分子的作用。这样，我们就一定会逐步实现现代化。

2. 抓科学不抓教育不行

通过发展教育，培养人才，促进科学技术的发展，推动经济的腾飞和社会的进步，是这一时期邓小平关于科技发展的又一重要思想观点。1978年2月26日，邓小平出席全国五届一次人代会议时指出，抓科学技术，教育很重要。这不仅是科学院的事，而且是全民性的事，从娃娃起就要培养。4月22日，邓小平在全国教育工作会议上发表了讲话，他说，学校是为社会主义培养人才的地方，人才的培养标准是德、智、体几方面都得到发展，成为有社会主义觉悟的有文化的劳动者。他指出，教育事业必须同国民经济发展的要求相适应；教育不但要看到近期的需要，而且必须预见到远期的需要；不但要依据生产建设发展的要求，而且必须充分估计到现代科学技术的发展趋势。他在讲到"提高教学质量，提高科学文化的教学水平，更好地为社会主义建设服务"的问题时，强调："我们要掌握和发展现代科学文化知识和各行各业的新技术新工艺，要创造比资本主义更高的劳动生产率，把我国建设成为现代化的社会主义强国，并在上层建筑领域最终战胜资产阶级的影响，就必须培养具有高度科学文化水平的劳动者，就必须造就宏大的又红又专的工人阶级知识分子队伍"，这就要办好大学，选数理化好的高中毕业生上大学；解决好教师地位问题，充分调动教师的积极性。6月5日，邓小平在会见日本广播协会代表团时说，"四人帮"的干扰在工农业上有破坏、损失，但最大的损失在科学教育方面，这方面耽误了十一二年的时间。我们要实现四个现代化，不抓科学教育不行，科学教育不采用现代化的方法也不行。1983年10月1日，邓小平为北京景山学校题词："教育要面向现代化，面向世界，面向未来。"这是邓小平教育理论的高度概括。

3. 要利用世界上一切先进技术和先进成果发展自己

实行对外开放，充分利用国外的先进技术来发展我们自己，是这一时期邓小平科学技术理论形成发展的突出表现。1978年3月4日，邓小平和方毅等听取王诤等人关于计算机发展问题汇报时指出，大型计算机都应该由国家控制。制造计算机要打歼灭战，一个省可集中搞一个型号，但可集中论证。这样搞既出成果，也培养了人才。还要派人出去学习，到丁肇中、邓昌黎那里去学习。我们还要考虑把一些主要的科学实验手段搞上去。3月25日，邓小平会见挪威外交大臣时指出，要接近世界先进水平不是一件很容易的事，如果闭关自守，不充分利用国际上最先进的水平，是不可能的。我们现在要善于学习，学习世界上一切先进的东西，这一点就包括引进国际上一些先进的技术。5月7日，邓小平在会见马达加斯加政府经济贸易代表团时，谈到中国实现四个现代化的问题时他强调，要利用世界上一切先进技术和先进成果，这是我们制定的明确方针。他指出："科学技术本身是没有阶级性的，资本家拿来为资本主义服务，社会主义国家拿来为社会主义服务。中国古代有四大发明，世界各国后来不是也利用了嘛！现在世界上的先进技术、先进成果我们为什么就不能利用呢？我们要把世界一切先进技术、先进成果作为我们发展的起点。"5月28日，邓小平会见阿尔及利亚总统时指出，吸收外国技术，"自己还要有所创造""才不会把我们实现四个现代化的目标变成空话"，"引进人家的技术，就要学习人家的管理方法，完全按它的管理方式生产"，"否则就没有资格引进，我们就永远落后"。10月10日，邓小平在会见联邦德国新闻代表团时说，中国在历史上对世界有过贡献，但是长期停滞，发展很慢，现在是我们向世界先进国家学习的时候了。关起门来，故步自封，夜郎自大，是发达不起来的。现在我们同发达国家相比，经济上的差距可能是二十年、三十年，有的方面甚至是五十年。到20世纪末还有二十二年，我们的四个现代化，要在本世纪末达到你们现在的水平已不容易了，要达到你们二十二年后的水平就更难了。所以，要实现四个现代化，就要善于学习，大量取得国际上的帮助。要引进国际的先进技术、先进装备，作为我们发展的起点。当回答中国实行改革开放政策是否与过去的传统相违背时，邓小平明确指出，我们的做法是，好的传统必须保留，但要根据新的情况来确定新政策。过去行之有效的东西，我们必须坚持，特别是根本制度，社会主义公有制，那是不能动摇的。"我们引进先进技术，是为了发展生产力，提高人民生活水平，是有利于我们的社会主义国家和社会主义制度。至于怎么能发展得多一点、快一点、好一点、省一点，这更不违背我们的社会主义制度。"

11月26日，邓小平会见佐佐木良作率领的日本民社党第二次访华团时指出："我们的方针是，尽量吸收国际先进经验，引进资金和技术，加速我们的发展。"

1979年1月31日，他在接受美国费城坦普尔大学授予名誉法律博士学位致答辞时说："中国人民深信，把自己的社会主义制度的优越性同经济发达国家的先进科学技术和经济管理、人才培养等方面的先进经验结合起来，对于加快实现四个现代化具有重要的意义。"5月10日，他会见美国商务部长时指出："我们经济调整本身，是为了使经济发展得更快，更好地利用外国先进技术和资金。还有一个要利用好的，就是人才。技术人才、管理人才，这也是我们的缺口。"11月26日，邓小平会见了美国不列颠百科全书出版公司编委会副主席吉布尼和加拿大麦吉尔大学东亚研究所主任林光达，并同他们进行了亲切地交谈。邓小平说，中国60年代初期同世界上有差距但不太大，60年代末期到70年代这十一二年，我们同世界的差距拉得太大了。这十多年，正是世界蓬勃发展的时期，世界经济和科技的进步，不是按年计算，甚至不是按月来计算，而是按天来计算。又说，中华人民共和国成立以来长期处于同世界隔绝的状态，这在相当长一个时期不是我们自己的原因，国际上反对中国的势力，反对中国社会主义的势力，迫使我们处于隔绝、孤立状态。60年代我们有了国际上加强合作交往的条件，但是我们自己孤立自己，现在我们算是学会利用这个国际环境了。他还说，学习资本主义国家某些好的东西，如"管理方法、科学技术，则没有社会主义和资本主义之分，资本主义在管理方面好的东西，社会主义也可以用"[1]来发展社会生产力。1984年2月16日，邓小平参观上海市微电子技术及其应用汇报展览时，要求"计算机的普及要从娃娃抓起"。

总之，这一阶段，邓小平坚持用科学技术推动经济发展的观点，强调科学技术是生产力，大力发展教育，实行对外开放，极大地促进了中国科学技术的进步和经济的发展；同时，他提出了把发展生产力作为社会主义的根本任务，初步摸索出什么是社会主义和怎样建设社会主义，并逐步形成为中国特色的现代化建设的道路和科学技术的发展模式。

（四）提出科学技术是第一生产力阶段

从1985年全国科技工作会议召开以后，是邓小平科学技术理论形成的第四个阶段。这一阶段是邓小平科学技术理论形成的第二次飞跃。他明确地提出社会主义的根本任务就是大力发展生产力，科学技术是第一生产力，中国要在世

---

[1]《邓小平年谱》（1975—1997），中央文献出版社2004年版，第765页。

界高科技领域占有一席之地,改革教育体制、促进科技发展等等重要思想理论观点。

1. "社会主义的根本任务是大力发展生产力"与"科学技术是第一生产力"的提出

在几十年的社会主义建设的实践中,特别是中国改革开放以来的实践中,邓小平始终把社会经济发展与科学技术的进步紧紧地联系在一起。从中华人民共和国成立初期的"搞社会主义离不开科学技术",到中国改革开放初期的"科学技术是生产力"……再到今天的"社会主义的根本任务就是大力发展生产力","科学技术是第一生产力",邓小平的科学技术理论也逐步系统化。在邓小平的科学技术理论中,发展科学技术的目的始终是为了更好地坚持和发展社会主义。

1985年4月15日,邓小平在会见坦桑尼亚联合共和国副总统姆维尼时指出,社会主义的首要任务是发展生产力,逐步提高人民的物质和文化生活水平。从1958年到1978年这二十年的经验告诉我们,贫穷不是社会主义,社会主义要消灭贫穷。不发展生产力,不提高人民的生活水平,不能说是符合社会主义要求的。中国共产党十一届三中全会以后,我们探索了中国怎么搞社会主义。归根到底,就是要发展生产力,逐步发展中国的经济。20年的历史教训告诉我们一条最重要的原则:搞社会主义,一定要遵循马克思主义的辩证唯物主义和历史唯物主义,也就是毛泽东同志概括的实事求是,或者说一切从实际出发。6月29日,邓小平在会见阿尔及利亚民族解放阵线代表团时又说,搞社会主义,中心任务是发展社会生产力;一切有利于发展社会生产力的方法,包括利用外资和引进先进技术,我们都采用。8月28日,邓小平在会见津巴布韦非洲民族联盟主席、政府总理穆加贝时指出,社会主义的任务很多,但根本一条就是发展生产力;要发展生产力,经济体制改革是必由之路。10月23日,邓小平在会见以格隆瓦尔德为首的美国高级企业家代表团时说,社会主义和市场经济之间不存在根本矛盾,问题是用什么方法才能更有力地发展社会生产力。中国共产党十一届三中全会以来,我们一直强调坚持四项基本原则,其中最重要的一条是坚持社会主义制度,而要坚持社会主义制度,最根本的是要发展社会生产力。

1986年4月4日,邓小平在会见南斯拉夫社会主义联邦共和国主席团主席弗拉伊科维奇时指出,社会主义的任务就是要发展社会生产力,增强社会主义国家的力量,使人民的生活逐步得到改善,并说我们现在采取的措施,都是为发展社会生产力服务的。

1988年5月25日,邓小平会见捷克斯洛伐克共产党中央总书记雅克什谈到中国的改革开放时,他指出,坚持社会主义的发展方向,就要肯定社会主义的根本任务是发展生产力,逐步摆脱贫穷,使国家富强起来,使人民生活得到改善,没有贫穷的社会主义。社会主义的特点不是穷,而是富,是人民共同富裕。

1988年9月5日,邓小平在会见捷克斯洛伐克总统胡萨克时,第一次提出"科学技术是第一生产力"的思想理论观点。他说:"世界在变化,我们的思想和行动也要随之而变。过去把自己封闭起来,自我孤立,这对社会主义有什么好处呢?历史在前进,我们却停滞不前,就落后了。马克思说过,科学技术是生产力,事实证明这话讲得很对。依我看,科学技术是第一生产力。"9月12日,邓小平听取关于价格和工资改革初步方案的汇报,在谈到科技问题时再一次提出"科学技术是第一生产力"的论断,并说"马克思讲过科学技术是生产力,这是非常正确的,现在看来这样说可能不够,恐怕是第一生产力"。他还强调对科学技术的重要性要充分认识,要注意科技和教育的投入,解决知识分子的待遇问题。

1989年10月26日,邓小平在会见泰国总理差猜时说,我们搞的是有中国特色的社会主义,是不断发展社会生产力的社会主义。只有不断发展社会生产力,国家才能一步步富强起来,人民生活才能一步步改善。

邓小平在强调社会主义的根本任务是发展生产力的同时,创造性地提出了科学技术是第一生产力的论断。这一论断的提出,对于中国科学技术和社会经济的发展都具有划时代的意义。它构成了邓小平科学技术理论的核心,是邓小平科学技术观第二次飞跃的突出表现。

2. 建立有利于经济发展的新科技体制

中国共产党十一届三中全会以后,随着改革开放的不断深入,中国已有的科技体制越来越表现出不适应经济发展的需求,迫切地需要对科技体制进行改革。1978年3月10日,邓小平在国务院全体会议上发言指出,对我们的技术力量要有足够的清醒的估计,我们的技术人员、工人、农民的技术水平都很低;我们现在引进的许多新设备,自动化程度很高,工人的技术水平和知识水平还不行,我们存在的普遍问题是不会管;我们要学会管理,善于组织我们的工业。管理好坏,效果大不一样。他提议国家要建立考核制度,这样比较容易发现人才,他借用丁肇中的话说,在一个科研机构当研究室的主任,如果三年不出成果,就要被解聘,不被解聘自己也得下台,工厂管理也是这样。如果老同志能够找出合格的人代替自己,那就是最大的贡献、最大的成绩。6月26、27日和7月1、2日,他和王震等听取汇报时指出:"要有尖子,技术上要选拔年轻人,管理干部也是如此，干好了就提升。""要赶快培养，这方面可不能空谈。""军工企业要走军民结合的道路。"8月1~2日和王震等听取宋任穷等汇报时指出："对科研人员，贡献大的要提高技术职称，提高待遇，不然就体现不出政策了。对后勤工作搞得好的，经过考核，要破格提升。"9月15日，他在听取李立安等汇报时指出："总的说来，我们的体制不适应现代化，上层建筑不适应新的要求。过去讲发挥两个积极性，无非中央和省市，现在不够了，现在要扩大到基层、厂矿，要加强基层企业的权力。比如大庆，决定它引进的建设的项目，从头到尾应由大庆负责，包括自己派人出去考察，每件技术怎样引进，怎么学，同外国人来往，签订合同等。"1985年3月2日至7日，党中央、国务院在北京召开了全国科技工作会议，这是自1978年3月全国科学大会后，中国科学技术发展史上又一次具有里程碑意义的会议，这次会议是中国开始进行科技体制改革的标志。3月7日，邓小平到会并发表了重要讲话。他说，现在要进一步解决科技和经济结合的问题。所谓进一步，就是说，在方针问题、认识问题解决之后，还要解决体制问题。"经济体制，科技体制，这两方面的改革都是为了解放生产力。新的经济体制，应该是有利于技术进步的体制。新的科技体制，应该是有利于经济发展的体制。双管齐下，长期存在的科技与经济脱节的问题，有可能得到比较好的解决。"全国科技大会闭幕后不久，3月13日，党中央正式发表了《中共中央关于科学技术体制改革的决定》，指出科学技术体制改革的根本目的就是使科学技术成果迅速地广泛地应用于生产，使科学技术人员的作用得到充分发挥，大大解放科学技术生产力，促进经济繁荣和社会发展。

3. 中国要在世界高科技领域占有一席之地

随着科技体制改革的深入，科学技术的作用日益突出。1986年3月3日，王大珩、王淦昌、杨嘉墀、陈芳允四位科学家给中共中央写信，提出要跟踪世界科技先进水平，发展中国高科技的建议。这封信得到了邓小平的高度重视，3月5日，邓小平做出"这个建议十分重要，此事宜速作决断，不可拖延"的批示。在邓小平亲自推动下，国家科委和国防科工委等有关部门组织了200多名科学家研究中国的高科技发展战略。10月18日，邓小平会见了美籍华裔科学家李政道教授夫妇和意大利科学家齐吉基教授夫妇。在会见时邓小平说，中国要发展，离开科学不行；在这方面，我们还比较落后；中国的现代化建设刚起步，也许本世纪末可以看到比较显著的进步，真正的进步要到下个世纪的30至50年；在发展科学方面，我们要共同努力；实现人类的希望离不开科学，第三世界摆脱贫困离不开科学，维护世界和平也离不开科学。他强调，发展高科技，我们还是要花点钱，该花的就要花；在高科技方面，我们要开步走，不然就赶不上，越到后来越赶不上，而且要花更多的钱，所以从现在起就要开始搞。同年 11 月，中共中央、国务院批准了《高技术研究发展计划》即"863 计划"，从此，中国高科技研究进入了一个以国家规模的有计划有组织发展的新阶段。

1988 年 10 月 24 日，邓小平视察北京正负电子对撞机工程，并作了重要的讲话。他说，世界上一些国家都在制订高科技发展计划，中国也制订了高科技发展计划。下一个世纪是高科技发展的世纪。过去也好，今天也好，将来也好，中国必须发展自己的高科技，在世界高科技领域占有一席之地。这些东西反映一个民族的能力，也是一个民族、一个国家兴旺发达的标志。现在世界的发展，特别是高科技领域的发展，一日千里，中国不能安于落后，必须一开始就参与这个领域的发展。不仅这个工程，还有其他高科技领域，都不要失掉时机，都要开始接触，这个线不能断了，要不然我们很难赶上世界的发展。

1991 年 4 月 23 日，邓小平又为全国"863 计划"工作会议题词："发展高科技，实现产业化"，为中国高科技的发展指明了正确的方向。邓小平用科学技术的高速发展来推动国民经济的高速发展，用高科技的重点发展来确保国民经济的持续发展，将高科技发展与经济发展和社会进步紧密结合，促进高科技成果的产业化，发挥科学技术作为第一生产力在中国特色社会主义现代化建设中的重要作用。

4. 改革教育体制，促进科技发展

在邓小平的科学技术理论中，教育与科技始终是联系在一起的。发展经济，需要科技，而劳动者科技水平的提高，又需要教育。随着经济体制改革和科技体制改革的展开，对教育体制进行改革的需求日益迫近。通过改革教育体制，提高劳动者素质，培养"四有"人才，来达到增强经济发展的后劲和社会主义事业发展的活力。1985 年 5 月 19 日，邓小平参加全国教育工作会议并作了重要讲话，他指出："我们国家，国力的强弱，经济发展后劲的大小，越来越取决于劳动者的素质，取决于知识分子的数量和质量。一个十亿人口的大国，教育搞上去了，人才资源的巨大优势是任何国家比不了的。有了人才优势，再加上先进的社会主义制度，我们的目标就有把握达到。"他认为，教育是一个民族最根本的事业。四化建设的实现要靠知识、靠人才；知识不是立即就能得到的，人才也不是一天两天就能培养出来的，这就要抓教育，要从娃娃抓起。尊重知识、尊重人才是长远的根本大计。

邓小平不仅重视人的知识素质，而且还重视人的思想素质。1986 年 11 月 9 日，他在会见日本首相中曾根康弘时曾说，革命和建设最重要的是人的团结，要团结就要有共同的理想和坚定的信念；没有这样的信念，就没有凝聚力，没有这样的信念，就没有一切。他说，中国现在提出"四有"即有理想、有道德、有文化、有纪律，我们最强调的是有理想。1989年3月4日，邓小平同中央负责同志谈话时指出，十年来我们最大的失误是在教育方面；对青年的政治思想教育抓得不够，教育发展不够。3月23日，邓小平在会见乌干达总统穆塞韦尼时又说，我们最近十年的发展是很好的，我们最大的失误是在教育方面，思想政治工作薄弱了，教育发展不够；要加强对人民进行思想政治工作。1996年10月10日，《中共中央关于加强社会主义精神文明建设若干重要问题的决议》指出：以马克思列宁主义、毛泽东思想和邓小平理论为指导，"加强思想道德建设，发展教育科学文化，以科学的理论武装人，以正确的舆论引导人，以高尚的精神塑造人，以优秀的作品鼓舞人，培育有理想、有道德、有文化、有纪律的社会主义公民，提高全民族的思想道德素质和科学文化素质、团结和动员各族人民把我国建设成为富强、民主、文明的社会主义现代化国家"。《决议》强调："精神文明建设包括思想道德建设和教育科学文化建设，要教育人民成为'四有'人民，教育干部成为'四有'干部，特别要教育好青年、教育好后代。"

1992年1月18日至2月21日，邓小平到武昌、深圳、珠海、上海等地视察时的谈话中，很多都是与科学技术发展有关的内容，其中主要有：革命是解放生产力，改革也是解放生产力；社会主义的本质，是解放生产力，发展生产力，消灭剥削，消除两极分化，最终达到共同富裕；社会主义要赢得与资本主义相比较的优势，就必须大胆吸收和借鉴人类社会创造的一切文明成果，吸收和借鉴当今世界各国包括资本主义发达国家的一切反映现代化社会化生产规律的先进的经营方式和管理方法；经济发展得快一点，必须依靠科技和教育；科学技术是第一生产力；要提倡科学，靠科学才有希望；高科技领域的一个突破，带动一批产业的发展；高科技领域，中国也要在世界占有一席之地；知识分子是工人阶级的一部分；老科学家、中年科学家很重要，青年科学家也很重要；感谢科技工作者为国家作出的贡献和争得的荣誉；希望所有出国学习的人回来，大家通力合作，为加快发展我国科技和教育事业多做实事，等等。最后，邓小平指出："搞科技，越高越好，越新越好。越高越新，我们也就越高兴。不只我们高兴，人民高兴，国家高兴。"这些内容，是邓小平科学技术理论的最精辟的表述。这次谈话是邓小平对发展科学技术论述得最集中、最概括、最全面的一次。7月23~24日，邓小平审阅中共十四大报告稿时指出，要提高机械化程度，特别是高科技成果的应用，有的要超过村的界限，甚至要超过区的界限，仅靠双手劳动，仅是一家一户的耕作，不向集体化集约化经济发展，农业现代化的实现是不可能的。1994年2月9日，邓小平还请李鹏转达他对大亚湾核电站一号机组顺利投产的祝贺，对该电站的建设者、科技人员表示感谢。

邓小平科学技术理论是邓小平理论不可分割的重要组成部分，它对中国科学技术的发展起到了重要的指导作用，也是中国发展知识经济的理论基础。

二、邓小平科学技术理论的内容体系

在邓小平关于科学技术和科学技术工作的大量论述中,既有邓小平科学技术理论的核心——"科学技术是第一生产力"的论断,又有邓小平的科技发展战略理论,同时还有邓小平关于发展科学技术的一系列方针政策的论述。这些思想理论观点不仅回答了科学技术的本质、社会功能以及科学技术在人类社会发展和中国社会主义现代化建设中的重要作用问题,回答了21世纪中国科学技术发展的战略目标、科学技术自身发展的内在规律和科技人员在科技发展中的重要作用问题,而且还回答了科学技术的发展与中国政治、经济、文化、教育、军事、外交发展的关系等一系列重要问题,是一个完整的科学体系。

(一)中国和人类要发展,离开科学不行

"世界形势日新月异,特别是现代科学技术发展很快。现在的一年抵得上过去古老社会几十年、上百年甚至更长的时间。不以新的思想、观点去继承、发展马克思主义,不是真正的马克思主义者。"[1] "我们国家要赶上世界先进水平,从何着手呢?我想,要从科学和教育着手。科学当然包括社会科学。"[2] "科学研究工作不走在前面,就要拖整个国家建设的后腿。"[3] "没有现代科学技术,就不可能建设现代农业、现代工业、现代国防。没有科学技术的高速度发展,也就不可能有国民经济的高速度发展。"[4] 如"农业问题的出路,最终要由生物工程来解决,要靠尖端技术"[5]。

"世界上先进技术发展很快,发展速度不是用年来计算,而是用月、用日来计算的,叫做'日新月异'。"[6] "科学技术的发展和作用是无穷无尽的。"[7] "现在的世界,人类进步一日千里,科学技术方面更是这样,落后一年,赶都难赶上。"[8] "科学是了不起的事情,要重视科学。"[9] "要提倡科学,靠科学才有希望。"[10] "新中国成立以来,我们的科学技术事业有了很大的发展,在经

---

[1]《邓小平文选》第三卷,人民出版社1993年版,第291~292页。
[2]《邓小平文选》第二卷,人民出版社1994年版,第48页。
[3]《邓小平文选》第二卷,人民出版社1994年版,第32页。
[4]《邓小平文选》第二卷,人民出版社1994年版,第86页。
[5]《邓小平文选》第三卷,人民出版社1993年版,第275页。
[6]《邓小平文选》第二卷,人民出版社1994年版,第112页。
[7]《邓小平文选》第三卷,人民出版社1993年版,第17页。
[8]《邓小平文选》第三卷,人民出版社1993年版,第180页。
[9]《邓小平文选》第三卷,人民出版社1993年版,第313页。
[10]《邓小平文选》第三卷,人民出版社1993年版,第377~378页。

济建设和国防建设中发挥了重大作用。这在旧中国简直是无法想象的。"[1] "从长远看，要注意教育和科学技术。否则，我们已经耽误了二十年，影响了发展，还要再耽误二十年，后果不堪设想……对科学技术的重要性要充分认识。"[2] "中国要发展，离开科学不行。……实现人类的希望离不开科学，第三世界摆脱贫困离不开科学，维护世界和平也离不开科学。"[3] "改革，现代化科学技术，加上我们讲政治，威力就大多了。"[4]

（二）科学技术是第一生产力

"科学技术是生产力，这是马克思主义历来的观点。……现代科学技术的发展，使科学与生产的关系越来越密切了。科学技术作为生产力，越来越显示出巨大的作用。"[5] "正确认识科学技术是生产力，正确认识为社会主义服务的脑力劳动者是劳动人民的一部分，这对于迅速发展我们的科学事业有极其密切的关系。"[6] "生产力的基本因素是生产资料和劳动力。科学技术同生产资料和劳动力是什么关系呢？历史上的生产资料，都是同一定的科学技术相结合的；同样，历史上的劳动力，也都是掌握了一定科学技术知识的劳动力。"[7] "现在连山沟里的农民都知道科学技术是生产力……农民把科技人员看成是帮助自己摆脱贫困的亲兄弟，称他们是'财神爷'。"[8]

"现代科学技术不只是在个别的科学理论上、个别的生产技术上获得了发展，也不只是有了一般意义上的进步和改革，而是几乎各门科学技术领域都发生了深刻的变化，出现了新的飞跃，产生了并且正在继续产生一系列新兴科学技术……当代的自然科学正以空前的规模和速度，应用于生产，使社会物质生产的各个领域面貌一新。特别是由于电子计算机、控制论和自动化技术的发展，正在迅速提高生产自动化的程度。同样数量的劳动力，在同样的劳动时间里，可以生产出比过去多几十倍几百倍的产品。社会生产力有这样巨大的发展，劳动生产率有这样大幅度的提高，靠的是什么？最主要的是靠科学的力量、技术的力量。"[9] "马克思说过，科学技术是生产力，事实证明这话讲得很对。依我

---

[1]《邓小平文选》第二卷，人民出版社1994年版，第90页。
[2]《邓小平文选》第三卷，人民出版社1993年版，第274~275页。
[3]《邓小平文选》第三卷，人民出版社1993年版，第183页。
[4]《邓小平文选》第三卷，人民出版社1993年版，第166页。
[5]《邓小平文选》第二卷，人民出版社1994年版，第87页。
[6]《邓小平文选》第二卷，人民出版社1994年版，第89页。
[7]《邓小平文选》第二卷，人民出版社1994年版，第88页。
[8]《邓小平文选》第三卷，人民出版社1993年版，第107页。
[9]《邓小平文选》第二卷，人民出版社1994年版，第87页。

看,科学技术是第一生产力。"[1] "马克思讲过科学技术是生产力,这是非常正确的,现在看来这样说可能不够,恐怕是第一生产力。"[2] "我说科学技术是第一生产力。近一二十年来,世界科学技术发展得多快啊!高科技领域的一个突破,带动一批产业的发展。我们自己这几年,离开科学技术能增长得这么快吗?要提倡科学,靠科学才有希望。"[3] "别的事搞得差一点,发展科学技术这件事情搞好了,我们见马克思还可以交得了账,否则交不了账。"[4]

(三)科学技术现代化是四个现代化的关键

"在 21 世纪内,全面实现农业、工业、国防和科学技术的现代化,把我们的国家建设成社会主义的现代化强国,是我国人民肩负的伟大历史使命。"[5] "什么叫现代化?恐怕首先是电子工业化吧,没有电子工业化就谈不上现代化。"[6] "四个现代化,关键是科学技术的现代化。没有现代科学技术,就不可能建设现代农业、现代工业、现代国防。没有现代科学技术的高速度发展,也就不可能有国民经济的高速度发展。"[7] 因为,"农业问题的出路,最终要由生物工程来解决,要靠尖端技术"[8],"一系列新兴的工业,如高分子合成工业、原子能工业、电子计算机工业、半导体工业、宇航工业、激光工业等,都是建立在新兴科学基础上的……使社会物质生产的各个领域面貌一新"[9]。"如果 60 年代以来中国没有原子弹、氢弹,没有发射卫星,中国就不能叫有重要影响的大国,就没有现在这样的国际地位"[10]。所以,"我们要实现现代化,关键是科学技术要能上去"[11]。

"我国科学研究的希望,在于它的队伍有来源。"[12] "我国现在科研人员少,队伍小,比不上那些发达国家的大国,这点我们要承认。……但是,正像有的同志说的,只要我们充分发挥社会主义制度的优越性,把力量统一地合理地组织起来,人数少,也可以比资本主义国家同等数量的人办更多的事,取得更大

---

[1]《邓小平文选》第三卷,人民出版社 1993 年版,第 274 页。
[2]《邓小平文选》第三卷,人民出版社 1993 年版,第 275 页。
[3]《邓小平文选》第三卷,人民出版社 1993 年版,第 377~378 页。
[4]《邓小平年谱》(1975—197),中央文献出版社 2004 年版,第 739 页。
[5]《邓小平文选》第二卷,人民出版社 1994 年版,第 85~86 页。
[6]《邓小平科技思想年谱》(1975—1994),中央文献出版社 2004 年版,第 133 页。
[7]《邓小平文选》第二卷,人民出版社 1994 年版,第 86 页。
[8]《邓小平文选》第三卷,人民出版社 1993 年版,第 275 页。
[9]《邓小平文选》第二卷,人民出版社 1994 年版,第 87 页。
[10]《邓小平文选》第三卷,人民出版社 1993 年版,第 279 页。
[11]《邓小平文选》第二卷,人民出版社 1994 年版,第 40 页。
[12]《邓小平文选》第二卷,人民出版社 1994 年版,第 50 页。

的成就"[1],即"科学技术水平不决定于量,而决定于质。关键问题还得靠科学技术人员来解决。人海战术是不能把科学技术水平提高的"[2]。"随着工业的发展,企业的科技人员数量应当越来越多,在全部职工中所占的比例应当越来越大。"[3] "全国有几十万个企业、几十万个生产大队,只有每个企业和生产大队都来大搞技术改造,大搞科学实验,先进的科学技术才能广泛地在工农业中得到应用,才能多快好省地发展生产。同时,又要大力抓好专业科学研究机构的工作。专业的科学研究队伍,是科学工作的骨干力量。没有一支强大的高水平的专业科学研究队伍,就难以攀登现代科学技术高峰,群众性的科学实验活动,也难以持久深入地一浪高过一浪地向前发展。我们一定要把专业队伍同群众队伍结合起来。"[4] "加强科学研究,这是总的趋势……不搞科研,我们就根本不可能有现代化。"[5] "要保证科研时间,使科研工作者能把最大的精力放在科研上去。"[6]

"现在要进一步解决科技和经济结合的问题。所谓进一步,就是说,在方针问题、认识问题解决之后,还要解决体制问题。……新的经济体制,应该是有利于技术进步的体制。新的科技体制,应该是有利于经济发展的体制。双管齐下,长期存在的科技与经济脱节的问题,有可能得到比较好的解决。"[7] "向科学技术现代化进军,政治工作的重要任务,就应该是使每个科学技术人员都了解他所从事的科学技术工作同实现四个现代化的伟大目标的关系,鼓舞和动员他们以革命的精神,和衷共济,大力协同,努力攻克科学堡垒,攀登科学高峰。"[8]

(四)努力掌握科学技术的客观规律

"从整个来说,阶级斗争这门科学,我们党、我们的干部是学会了。但在改造自然方面,这门科学对我们党来说,对我们干部来说,或者是不懂,或者是懂得太少。"[9] "要进一步解决科技与经济结合的问题。"[10] "如果不好好学习,

---

[1]《邓小平文选》第二卷,人民出版社1994年版,第52页。
[2]《邓小平文集》(下卷),人民出版社2014年版,第99页。
[3]《邓小平文选》第二卷,人民出版社1994年版,第29页。
[4]《邓小平文选》第二卷,人民出版社1994年版,第97页。
[5]《邓小平年谱》(1975—1997),中央文献出版社2004年版,第472~473页。
[6]《邓小平文选》第二卷,人民出版社1994年版,第53页。
[7]《邓小平文选》第三卷,人民出版社1993年版,第108页。
[8]《邓小平文选》第二卷,人民出版社1994年版,第99页。
[9]《邓小平文选》第一卷,人民出版社1994年版,第262页。
[10]《邓小平文选》第三卷,人民出版社1993年版,第108页。

不总结经验,我们也会在建设问题上栽跟头。"[1] "要讲究技术,不讲究技术是要吃亏的。"[2] "生产部门也会有搞基础科学的,但要着重搞应用科学;科学院和大学可以多搞一些基础科学,但也要搞应用科学,特别是工科院校。"[3] "哲学、社会科学同自然科学一样,决不能忽视基础理论的研究,这些研究是理论工作的任何巨大前进所不可缺少的。"[4] "不同学派之间要互相尊重,取长补短。要提倡学术交流。任何一项科研成果,都不可能是一个人努力的结果,都是吸收了前人和今人的研究成果。……没有前人或今人,中国人或外国人的实践经验,怎么能概括、提出新的理论呢?"[5]

"现代科学为生产技术的进步开辟道路,决定了它的发展方向。许多新的生产工具,新的工艺,首先在科学实验室里被创造出来。一系列新兴的工业,如高分子合成工业、原子能工业、电子计算机工业、半导体工业、宇航工业、激光工业等,都是建立在新兴科学基础上的。当然,无论是现在或者今后,还会有许多理论研究,暂时人们还看不到它的应用前景。但是,大量的历史事实已经说明:理论研究一旦获得重大突破,迟早会给生产和技术带来极其巨大的进步。"[6] "科学技术人员应当把最大的精力放到科学技术工作上去。……无数的事实说明,只有把全副身心投入进去,专心致志,精益求精,不畏劳苦,百折不回,才有可能攀登科学高峰。"[7]

"对科学家一般不要用行政事务干扰他们,要尽量使他们能够集中主要精力去钻研业务,搞好科研工作。"[8] "科学研究,要发挥技术人员的作用"[9],"我们要努力学习马克思主义,提高政治水平,又要努力学习科学知识,总结正反两个方面的经验,研究和掌握科学技术工作的客观规律,全面地正确地执行党的各项方针政策"[10]。"我们需要的是鼓实劲,不鼓虚劲","所谓鼓实劲,不鼓虚劲,拿科学的语言来说,就是按客观规律办事"。[11]

"我们过去长期搞计划,有一个很大的缺点,就是没有安排好各种比例关

---

[1]《邓小平文选》第一卷,人民出版社1994年版,第263页。
[2]《邓小平文选》第二卷,人民出版社1994年版,第77页。
[3]《邓小平文选》第二卷,人民出版社1994年版,第53页。
[4]《邓小平文选》第二卷,人民出版社1994年版,第179页。
[5]《邓小平文选》第二卷,人民出版社1994年版,第57~58页。
[6]《邓小平文选》第二卷,人民出版社1994年版,第87页。
[7]《邓小平文选》第二卷,人民出版社1994年版,第94页。
[8]《邓小平文选》第二卷,人民出版社1994年版,第225页。
[9]《邓小平年谱》(1904—1974),中央文献出版社2009年版,第1419页。
[10]《邓小平文选》第二卷,人民出版社1994年版,第99页。
[11]《邓小平文选》第二卷,人民出版社1994年版,第196页。

系……还有一个重要的比例,就是经济发展和教育、科学、文化、卫生发展的比例失调,教科文卫的费用太少,不成比例。甚至有些第三世界的国家,在这方面也比我们重视得多。"[1]

(五)中国必须在世界高科技领域中占有一席之地

"虽然我们在科学技术方面取得的成绩不大,但毕竟靠我们自己的力量搞出了原子弹、氢弹。它体现了一个质的变化,显示了我们的科学技术水平。现在国际上叫我们巨人,太夸大了,还是叫大块头吧。"[2] "现在的世界,人类进步一日千里,科学技术方面更是这样,落后一年,赶都赶不上。"[3] "在科学技术方面,我国古代曾经创造过辉煌的成就,四大发明对世界文明的进步起了伟大作用。但是我们祖先的成就,只能用来坚定我们赶超世界先进水平的信心,而不能用来安慰我们现实的落后。"[4] "大家要开动脑筋,有的人总认为自己好。要比就要跟国际上比,不要与国内的比。"[5] "新中国成立以来,我们科学技术事业有了很大的发展,在经济建设和国防建设中发挥了重大作用。这在旧中国简直是无法想象的。""但是,必须清醒地看到,我们的科学技术水平同世界先进水平的差距还很大,科学技术的力量还很薄弱,远不能适应现代化建设的需要。"[6] "我们有些方面落后,但不是一切都落后",北京正负电子对撞机工程本身就证明了这一点,并且"这个工程不完全是照搬过来的,中间也还有我们自己的东西,有自己的技术,有自己的创造。"[7]

"成立国际科学文化中心——世界实验室,是一个重要的创举,特别是可以使第三世界国家得到益处。中国是第三世界国家,中国的科学技术人员要积极参加这个世界实验室的工作。""发展高科技,我们还是要花点钱,该花的还要花。前几年有的外国科学家问我,你们在不富裕的情况下为什么要搞加速器?我说,我们是从长远考虑。现在看来搞对了,决心下对了,起码争取了几年时间。在高科技方面,我们要开步走,不然就赶不上,越到后来越赶不上,而且要花更多的钱,所以从现在起就要开始搞。"[8] "现在世界的发展,特别是高科技领域的发展一日千里,中国不能安于落后,必须一开始就参与这个领域的发

---

[1]《邓小平文选》第二卷,人民出版社1994年版,第250页。
[2]《邓小平科技思想年谱》(1975—1994),中央文献出版社2004年版,第137页。
[3]《邓小平文选》第三卷,人民出版社1993年版,第180页。
[4]《邓小平文选》第二卷,人民出版社1994年版,第90页。
[5]《邓小平科技思想年谱》(1975—1994),中央文献出版社2004年版,第115页。
[6]《邓小平文选》第二卷,人民出版社1994年版,第90页。
[7]《邓小平文选》第三卷,人民出版社1993年版,第280页。
[8]《邓小平文选》第三卷,人民出版社1993年版,第183~184页。

展。搞这个工程就是这个意思。还有其他一些重大项目，中国也不能不参与，尽管穷。因为你不参与，不加人发展的行列，差距越来越大。""过去也好，今天也好，将来也好，中国必须发展自己的高科技，在世界高科技领域占有一席之地。如果60年代以来中国没有原子弹、氢弹，没有发射卫星，中国就不能叫有重要影响的大国，就没有现在这样的国际地位。这些东西反映一个民族的能力，也是一个民族、一个国家兴旺发达的标志。""世界上一些国家都在制订高科技发展计划，中国也制订了高科技发展计划。下一个世纪是高科技发展的世纪。"[1]中国必须发展自己的以信息技术、生物技术、空间技术等为代表的最能体现第一生产力的尖端科技。"近十几年来我国科技进步不小，希望在90年代，进步得更快。每一行都树立一个明确的战略目标，一定要打赢。高科技领域，中国也要在世界占有一席之地……搞科技，越高越好，越新越好。越高越新，我们也就高兴。不只我们高兴，人民高兴，国家高兴。对我们的国家要爱，要让我们的国家发达起来。"[2]

（六）改革科技体制是为了解放生产力

"任何革命都是扫除生产力发展的障碍。"[3] "我们所有的改革都是为了一个目的，就是扫除发展社会生产力的障碍。"[4] "革命是解放生产力，改革也是解放生产力。"[5] "各个经济战线不仅需要进行技术上的重大改革，而且需要进行制度上、组织上的重大改革。进行这些改革，是全国人民的长远利益所在，否则，我们不能摆脱目前生产技术和生产管理的落后状态。"[6] "座谈中反映比较强烈的，是要求有一个统管科学工作的机构。教育有教育部管，科学方面大家提出要恢复国家科委。""这个意见我个人比较赞成。什么时机合适，怎样组成？是否把军队方面的科研也统一管起来？这些问题要经过中央、国务院研究，暂时不作结论。但不管采取什么组织形式，都要搞统一规划。规划中，不单是确定研究项目，对研究机构的调整，哪些该合，哪些该分……哪些要增加，哪些要减少，哪些要取消，也要有一个统一的规划。军事方面的科学研究也要纳入规划。"[7] "体制搞得合理，就可以调动积极性。

---

[1]《邓小平文选》第三卷，人民出版社1993年版，第279~280页。
[2]《邓小平文选》第三卷，人民出版社1993年版，第378页。
[3]《邓小平文选》第二卷，人民出版社1994年版，第311页。
[4]《邓小平文选》第三卷，人民出版社1993年版，第134页。
[5]《邓小平文选》第三卷，人民出版社1993年版，第370页。
[6]《邓小平文选》第二卷，人民出版社1994年版，第136页。
[7]《邓小平文选》第二卷，人民出版社1994年版，第51~52页。

要争取时间，快一点调整好。"[1]

"科学研究机构要建立技术责任制，实行党委领导下的所长负责制。这是重要的组织措施。它既有利于加强党委的领导，又有利于充分发挥专家的作用。""科学研究机构的基本任务是出成果出人才，要出又多又好的科学技术成果，出又红又专的科学技术人才。"[2] "要实行考核制度。""要有奖有罚，奖罚分明。""奖金制度也要恢复。对发明创造者要给奖金，对有特殊贡献的也要给奖金。搞科学研究出了重大成果的人，除了对他的发明创造给予奖励外，还可以提高他的工资级别。如果他干了几年，干不出成绩来，就应该让他改行。"[3] "要建立学位制度，也要搞学术和技术职称。……在学术上，只要有创造，有贡献，就应该评给相应的学术职称，不能论资排辈。"[4] "从科研队伍的数量来说，若干年后，学校的科研机构也许同专业研究机构大致相等。生产部门的科研队伍恐怕是最大的。科学不是划分为基础科学和应用科学吗？生产部门也会有搞基础科学的，但要着重搞应用科学；科学院和大学可以多搞一些基础科学，但也要搞应用科学，特别是工科院校。"[5]

"现在要进一步解决科技和经济结合的问题。所谓进一步，就是说，在方针问题、认识问题解决之后，还要解决体制问题"；"经济体制，科技体制，这两方面的改革都是为了解放生产力。新的经济体制，应该是有利于科技进步的体制。新的科技体制，应该是有利于经济发展的体制。双管齐下，长期存在的科技与经济脱节的问题，有可能得到比较好的解决。"[6] "改革经济体制，最重要的，我最关心的，是人才。改革科技体制，我最关心的，还是人才。""要创造一种环境，使拔尖人才能够脱颖而出。改革就是要创造这种环境。"[7]

"要保证科研时间，使科研工作者能把最大的精力放在科研上去。会上提出一周要有六分之五的时间搞科研，我加了'至少'两个字，你们又加上'必须'两个字。好！科学院文件下发时就加上这四个字。我看，有人一头钻到科研里面，应当允许有人七天七夜搞科研，为什么不可以。"[8]

---

[1]《邓小平文选》第二卷，人民出版社 1994 年版，第 54 页。
[2]《邓小平文选》第二卷，人民出版社 1994 年版，第 97 页。
[3]《邓小平文选》第二卷，人民出版社 1994 年版，第 102 页。
[4]《邓小平文选》第二卷，人民出版社 1994 年版，第 224 页。
[5]《邓小平文选》第二卷，人民出版社 1994 年版，第 53 页。
[6]《邓小平文选》第三卷，人民出版社 1993 年版，第 108 页。
[7]《邓小平文选》第三卷，人民出版社 1993 年版，第 108~109 页。
[8]《邓小平文选》第二卷，人民出版社 1994 年版，第 53~54 页。

（七）学习借鉴世界先进科学技术

"应该有赶超国际先进水平的雄心壮志。世界先进水平也不是高不可攀的。"[1] "各国人民在资本主义制度下所发展的科学和技术，所积累的各种有益的知识和经验，都是我们必须继承和学习的。"[2] "比如说，技术问题是科学，生产管理是科学，在任何社会，对任何国家都是有用的。"[3] "科学技术是人类共同创造的财富。任何一个民族、一个国家，都需要学习别的民族、别的国家的长处，学习人家的先进科学技术。我们不仅因为今天科学技术落后，需要努力向外国学习，即使我们的科学技术赶上了世界先进水平，也还要学习人家的长处。"[4] "科学技术本身是没有阶级性的，资本家拿来为资本主义服务，社会主义国家拿来为社会主义服务。中国古代有四大发明，世界各国后来不是也利用了嘛！现在世界上的先进技术、先进成果我们为什么就不能利用呢？" "要把世界一切先进技术、先进成果作为我们发展的起点。"[5]

"引进国际上的先进技术、先进装备，作为我们发展的起点。"[6] "引进先进技术设备后，一定要按照国际先进的管理方法、先进的经营方法、先进的定额来管理，也就是按照经济规律管理经济。一句话，就是要革命，不要改良，不要修修补补。"[7] "不仅新引进的企业要按人家的先进方法去办，原有企业的改造也要采用先进的方法。"[8] "引进项目必须是能够带动我们自己的。就是说，引进的项目里有好多东西我们能自己干的，都用我们自己的，有些则用它的图纸，用它的规格，由我们来制造。这样，引进一个项目，可以带动一些行业的发展。引进的技术我们掌握了，就能够用到其他方面。"[9] "我们参加国际合作，在充分吸收外国的先进科学技术和资金方面，也还要摸索经验"[10]。总之，"第一要学会，第二要提高创新。"[11]

"掌握新技术，要善于学习，更要善于创新。"[12] "要利用外国智力，请一些外国人来参加我们的重点建设以及各方面的建设。"[13] "任何一个国家要

---

[1]《邓小平文集》（中），人民出版社 2014 年版，第 364 页。
[2]《邓小平文选》第二卷，人民出版社 1994 年版，第 167~168 页。
[3]《邓小平文选》第二卷，人民出版社 1994 年版，第 351 页。
[4]《邓小平文选》第二卷，人民出版社 1994 年版，第 91 页。
[5]《邓小平文选》第二卷，人民出版社 1994 年版，第 111 页。
[6]《邓小平文选》第二卷，人民出版社 1994 年版，第 133 页。
[7]《邓小平文选》第二卷，人民出版社 1994 年版，第 129~130 页。
[8]《邓小平文选》第二卷，人民出版社 1994 年版，第 150 页。
[9]《邓小平文选》第二卷，人民出版社 1994 年版，第 199 页。
[10]《邓小平文选》第二卷，人民出版社 1994 年版，第 234 页。
[11]《邓小平文选》第二卷，人民出版社 1994 年版，第 129 页。
[12]《邓小平文选》第三卷，人民出版社 1993 年版，第 51 页。
[13]《邓小平文选》第三卷，人民出版社 1993 年版，第 32 页。

发展，孤立起来，闭关自守是不可能的，不加强国际交往，不引进发达国家的先进经验、先进科学技术和资金，是不可能的。"[1]"社会主义要赢得与资本主义相比较的优势，就必须大胆吸收和借鉴人类社会创造的一切文明成果，吸收和借鉴当今世界各国包括资本主义发达国家的一切反映现代社会化生产规律的先进经营方式、管理方法。"[2]"一切有利于发展社会生产力的方法，包括利用外资和先进技术，我们都采用。"[3]"我们的作法是，好的传统必须保留，但要根据新的情况来确定新的政策。过去行之有效的东西，我们必须坚持，特别是根本制度，社会主义制度，社会主义公有制，那是不能动摇的。我们不能允许产生一个新的资产阶级。"[4]也"绝不允许把我们学习资本主义社会的某些技术和某些管理的经验，变成了崇拜资本主义外国，受资本主义腐蚀，丧失社会主义中国的民主自豪感和民族自信心"。"我们一定要在全党和全国范围内有领导、有计划地大力提倡社会主义道德风尚，热爱社会主义祖国，提高民族自尊心，还要进行坚持社会主义道路、反对资本主义腐蚀的革命品质教育。"[5]

（八）加强和改进党对科技工作的领导

"科研工作能不能搞起来，归根到底是领导班子问题，不把领导班子弄好，谁来执行政策？领导班子，特别要注意提拔有发展前途的人。"[6]"能不能把我国的科学技术尽快地搞上去，关键在于我们党是不是善于领导科学技术工作。"[7]"党怎样做工作？就是要创造一个生动活泼、人心舒畅的局面，一个出科学成果的局面。党的领导要和知识分子交朋友，关心帮助他们；就是要老老实实当好勤务员，为科学家服务，替他们解决困难。"[8]"我们要按照专业的要求组织整个领导班子，充分发挥专业人才的作用，并且领导广大群众，按照专业的要求，去学习和工作。"[9]"我提出一个单位有三个人要选得好。党委统一领导，书记很重要，一定要选好，这是第一个人。第二个是领导科研或教学的人，要内行，至少是接近内行或者比较接近内行的外行。还有一个管后勤的，应当是勤勤恳恳、扎扎实实、甘当无名英雄的人。有了这样的三把手，事情就比较好办了。"[10]

---

[1]《邓小平文选》第三卷，人民出版社1993年版，第117页。
[2]《邓小平文选》第三卷，人民出版社1993年版，第373页。
[3]《邓小平文选》第三卷，人民出版社1993年版，第130页。
[4]《邓小平文选》第二卷，人民出版社1994年版，第133页。
[5]《邓小平文选》第二卷，人民出版社1994年版，第262页。
[6]《邓小平文选》第二卷，人民出版社1994年版，第33页。
[7]《邓小平文选》第二卷，人民出版社1994年版，第96页。
[8]《邓小平年谱》(1904—197)，中央文献出版社2009年版，第1647页。
[9]《邓小平文选》第二卷，人民出版社1994年版，第262页。
[10]《邓小平文选》第二卷，人民出版社1994年版，第53页。

"中央规定,科学研究机关要建立技术责任制,实行党委领导下的所长负责制。这是重要的组织措施。它既有利于加强党委的领导,又有利于充分发挥专家的作用。"[1] "科学研究机构的基本任务是出成果出人才,要出又多又好的科学技术成果,出又红又专的科学技术人才。衡量一个科学研究机构党委的工作好坏的主要标准,也应当是看它能不能很好地完成这个基本任务。只有很好地完成这个基本任务,才是为巩固无产阶级专政、建设社会主义真正尽到了自己的责任。" "要完成这个基本任务,有许许多多的工作要做。不可能所有这些事情都由党委去抓,都由党委去解决。"[2] "党员就是具有了专业知识,党也不能够代替一切,包办一切,现在尤其不能这样。党应该居于领导的地位。"[3] "党委的领导,主要是政治上的领导,保证正确的政治方向,保证党的路线、方针、政策的贯彻,调动各个方面的积极性。同时,是通过计划来领导,要抓好科研究计划,要知人善任,把力量组织好。为了实现科学研究计划,为了把科学研究工作搞上去,还必须做好后勤保证工作,为科学技术人员创造必要的工作条件,这也是党委的工作内容。我愿意当大家的后勤部长,愿意同各级党委的领导同志一起,做好这方面的工作。"[4]

"我们要改善党的领导,除了改善党的组织状况以外,还要改善党的领导工作状况,改善党的领导制度。"[5] "科学技术的业务领导工作,应当放手让所长、副所长分工去做。不论是党内的还是党外的专家,担负了行政职务,党委就应当支持他们的工作,充分发挥他们的作用,使他们真正做到有职有权有责。他们同样也是党和国家的干部,决不应该见外。党委应该了解和检查他们的工作,但是不能包办代替。" "许多事情,比如学术论文的评价,科学技术人员业务水平的考核,研究计划的制订,研究成果的鉴定,等等,都应该充分发扬民主,走群众路线,广泛倾听有关科学技术人员的意见。对于学术上的不同意见,必须坚持百家争鸣的方针,展开自由的讨论。在科学技术工作中,认真听取专家的意见,充分发挥专家的作用,是使我们少犯错误、做好工作所必需的。这是我们科学研究机构党委要实行群众路线的一个重要方面。"[6]

[1]《邓小平文选》第二卷,人民出版社 1994 年版,第 97 页。
[2]《邓小平文选》第二卷,人民出版社 1994 年版,第 97 页。
[3]《邓小平文选》第二卷,人民出版社 1994 年版,第 270 页。
[4]《邓小平文选》第二卷,人民出版社 1994 年版,第 98 页。
[5]《邓小平文选》第二卷,人民出版社 1994 年版,第 269 页。
[6]《邓小平文选》第二卷,人民出版社 1994 年版,第 98 页。

第六章　邓小平科学技术是第一生产力的理论与实践

本章主要从邓小平科学技术是第一生产力理论的提出与科学含义、科学技术第一生产力具有结构性地位的首位性、科学技术第一生产力具有功能性地位的先导性、科学技术第一生产力具有经济性地位的效益性、科学技术第一生产力具有战略性地位的制高性、科学技术第一生产力具有人本性地位的向度性，以及坚持邓小平"科学技术是第一生产力"理论与实践、加快推进中华民族复兴伟业七个方面入手，对邓小平科学技术是第一生产力的理论与实践进行梳理、研究、阐述。

一、邓小平科学技术是第一生产力理论的提出与科学含义

邓小平提出"科学技术是第一生产力"的论断经历的三个依次递进的提法，不仅丰富和发展了马克思主义关于科学技术是生产力的学说，而且具有丰富而深刻的科学含义。

（一）"科学技术是第一生产力"论断的提出

邓小平理论的一个重要特色，就是始终一贯地把促进或是阻碍生产力的发展作为评价社会制度是好是坏、是先进还是落后的根本标准。他彻底否定"无产阶级专政下继续革命的理论"，抛弃"以阶级斗争为纲"的错误路线，明确指出："从一九五八年到一九七八年这二十年的经验告诉我们：贫穷不是社会主义，社会主义要消灭贫穷。不发展生产力，不提高人民的生活水平，不能说是符合社会主义要求的。"[1]"我们所有的改革都是为了一个目的，就是扫除发展社会生产力的障碍。"[2]"社会主义的本质，是解放生产力，发展生产力，消灭剥削，消除两极分化，最终达到共同富裕。"[3]为了发展生产力，邓小平对现代生产力各要素中科学技术的地位，进行了历史的考察和科学的概括。

马克思在《资本论》《政治经济学批判（1857—1858年草稿）》等著作中提出，在任何社会，科学都是一般的社会生产力，而且在大工业生产条件下，由

---

[1]《邓小平文选》第三卷，人民出版社1993年版，第116页。
[2]《邓小平文选》第三卷，人民出版社1993年版，第134页。
[3]《邓小平文选》第三卷，人民出版社1993年版，第373页。

于科学并入了生产,因而它也就成了"直接的生产力"。列宁继承了马克思的这一思想,并提出了俄国的公有制加上西方国家的先进的科技和管理,就等于共产主义。马克思列宁虽然都高度重视科学技术在发展社会主义社会生产力中的作用,但由于当时科学技术对经济、社会发展的巨大作用还远没有充分显示出来,他们没有也不可能突出这个命题并做进一步的论述。20世纪以来,由于相对论和量子力学的提出,促进了整个自然科学的革命。特别是40年代以来随着原子能的利用、数字电子计算机的出现、半导体晶体管以及集成电路的发明、宇航的开始等,人类经历了一场世界范围的新的技术革命,科学技术正在对人类的生活、生产的各个方面产生巨大的影响:科学技术已成为当代生产力发展最活跃的决定因素,推动经济增长最重要的源泉,降低自然资源消耗提高经济效益的最主要因素,衡量国家综合国力的关键因素,促进社会生产力和劳动方式变革的巨大力量,解决人类社会发展各种难题的根本途径。显然,这与马克思、列宁所处的时代大不相同。因为马克思所处的是蒸汽机时代,电力的应用尚未大规模展开。正是基于这种历史与现实,邓小平关于"科学技术是第一生产力"的伟大命题经历了三个依次递进的提法。

第一个提法:"科学技术是生产力"。邓小平在1952年9月12日主持政务院讨论中国科学院工作的会议时指出,科学研究是一项基本建设,在这方面的投资叫基本建设投资。这一见解明确地把科学研究纳入了国民经济中具有重大意义的基本建设范畴,已经突破了把基本建设投入看作一种单纯的物质投入的传统观点,包含把科学技术作为生产力要素的思想。1975年9月26日,他在听取《中国科学院工作汇报提纲》时指出,如果我们的科学研究工作不走在前面,就要拖整个国家建设的后腿。正是在这个场合,邓小平引用了马克思早就说过的科学技术是生产力的论点,说"科学技术叫生产力,科技人员就是劳动者"[1]。

第二个提法:"科学技术是越来越重要的生产力"。在1978年召开的全国科学大会上,邓小平重申"科学技术是生产力"的马克思主义观点,指出:"现代科学技术的发展,使科学与生产的关系越来越密切了。科学技术作为生产力,越来越显示出巨大的作用。"[2]并且进一步具体地作了如下分析:"现代科学技术正在经历着一场伟大的革命。近三十年来,现代科学技术不只是在个别的科学理论上、个别的生产技术上获得了发展,也不只是有了一般意义上的进步和改革,而是几乎各门科学技术领域都发生了深刻的变化,出现了新的飞跃,产

---

[1]《邓小平文选》第二卷,人民出版社1994年版,第34页。
[2]《邓小平文选》第二卷,人民出版社1994年版,第87页。

生了并且正在继续产生一系列新兴科学技术。现代科学为生产技术的进步开辟道路,决定它的发展方向。许多新的生产工具,新的工艺,首先在科学实验室里被创造出来。一系列新兴的工业,如高分子合成工业、原子能工业、电子计算机工业、半导体工业、宇航工业、激光工业等,都是建立在新兴科学基础上的。"[1]4 月下旬,邓小平同吕东军谈话时指出:"科学技术是巨大生产力,在航空工业上表现得特别明显。"[2]邓小平的这些论述全面地深刻地分析了现代科学技术与生产力的关系,揭示了当今社会生产力的巨大发展、劳动生产率的空前提高,主要是靠科学的理论、技术的力量。这是邓小平对马克思关于"生产力中也包括科学"这个一般命题的重要发展。

第三个提法:"科学技术是第一生产力"。在 10 年之后的 1988 年,中国的改革开放已经有了十年的历程。在此期间,世界科学技术的飞速发展,导致世界产业结构发生巨大变化,在中国,科学技术在发展社会生产力中的作用也越来越显著。世界在变化,人们的思想和行动也随之而变。邓小平的思想也在随着世界的变化而发展。邓小平根据世界科学技术与经济发展的新态势,1988 年 9 月 5 日、12 日,邓小平连续三次谈到这一命题。他首先说:"马克思说过,科学技术是生产力,事实证明这话讲得很对。依我看,科学技术是第一生产力。"[3]紧接着又说:"马克思讲过科学技术是生产力,这是非常正确的,现在看来这样说可能还不够,恐怕是第一生产力。"[4]在谈到科教投资时,又强调说:"科学技术是第一生产力嘛"[5]。尔后,在 1992 年初南方谈话中,又强调说:"我说科学技术是第一生产力。近一二十年来,世界科学技术发展的多快啊!高科技领域的一个突破,带动一批产业的发展。我们自己这几年,离开科学技术能增长得这么快吗?要提倡科学,靠科学才有希望。"[6]邓小平关于科学技术是第一生产力的论述,是对当代科学技术现实的最新概括,是对马克思主义的创造性发展。

邓小平关于"科学技术是第一生产力"这个论断的"第一",不仅是一个排序的意思,而且更重要的是深刻揭示了科学技术的作用,它使生产力的各个要素都发生了质的变化,科学技术已成为当代生产力发展中具有决定意义的和最活跃的因素;目的是要让科学技术更好为经济社会建设服务,尽快实现中国社

---

[1]《邓小平文选》第二卷,人民出版社 1994 年版,第 87 页。
[2]《邓小平科技思想年谱》(1975—1994),中央文献出版社 2004 年版,第 77 页。
[3]《邓小平文选》第三卷,人民出版社 1993 年版,第 274 页。
[4]《邓小平文选》第三卷,人民出版社 1993 年版,第 275 页。
[5]《邓小平文选》第三卷,人民出版社 1993 年版,第 275 页。
[6]《邓小平文选》第三卷,人民出版社 1993 年版,第 377 页。

会主义现代化;政治意义在于为坚持和发展有中国特色社会主义事业指明了重要途径。

(二)"科学技术是第一生产力"的科学含义

邓小平从历史唯物主义和生产力理论高度总结概括提出的"科学技术是第一生产力"的科学含义丰富而深刻,需要从五个层次去认识和把握它的科学含义。

第一个层次,是科技工作这个层次。这是最直接的层次,由此形成有关科技工作的一系列政策思想,其意义是很重要的。

第二个层次,是经济发展这个层次。邓小平指出:"中国要发展,离不开科学。"不仅如此,"实现人类的希望离不开科学,第三世界摆脱贫困离不开科学,维护世界和平也离不开科学"。这四个"离不开",从广阔的时空范围揭示了科学技术的作用、价值和意义。

第三个层次,是社会和政治发展这个层次。科学技术发展不仅深刻影响于社会经济生活,也深刻地影响于社会政治生活、社会思想、文化和精神生活,即影响于整个社会生活和社会发展。"兴国"之所以要靠科学,一是因为科学技术是第一生产力,二是因为科学思想是第一精神力量。

第四个层次,是社会主义发展这个层次,是社会主义同资本主义在世界范围内的比较和较量这个层次。邓小平论科学技术问题,总是把它同社会主义的发展、社会主义的命运、社会主义的价值联系起来考察。

第五个层次,是世界发展、时代发展和马克思主义发展这个层次。邓小平观察世界、时代的发展,非常突出和强调科学技术这个方面,并且从马克思主义理论的高度来看科学技术的影响,这是最高层次。

可见,邓小平提出"科学技术是第一生产力",决不是从理论到理论进行纯逻辑的推导,而是作为一个关系中国发展全局和长远的、关系社会主义前途命运、关系马克思主义生命力的重大战略指导思想提出来的,它反映了客观事实,是科学的。首先,"科学技术是第一生产力",准确地表达了当代科学技术在生产力系统中的第一位变革作用。生产力系统是一个包括实体性要素和智能性要素的庞大、复杂的动态系统,科学技术在生产力系统中是智能性要素,在现代生产过程中,科学技术与生产力的关系,不是与生产力的实体性要素相并立单独加入生产过程的,而是以其强大的渗透力、凝聚力、推动力附着于生产力中人与物的要素,进入生产过程,使生产力诸要素和生产过程产生质的飞跃。社会生产力的不断智能化,正是科学技术强大作用的体现。其次,"科学技术是第一生产力",突出地指明了现代科学技术成为生产的先导。纵观生产发展的历史,人们提高生产的方法有两种:一种是增加投入,一种是提高素质;前者是外延性的扩大再生产，后者是内涵性的扩大再生产。在这两种提高生产的方法中，前种方法增加生产是有限的，而后种是无限的。科学技术进步是生产率提高的决定性因素，只有科学技术进步才导致生产产品所需的社会必要劳动时间减少，因此，必须更加重视内涵式扩大再生产。"科学技术是第一生产力"的提出，为中国走内涵扩大再生产的道路指明了方向。这就是：必须发展科学技术，采用新的生产技术，开展技术革新，推动技术进步，通过劳动生产力的提高来不断地扩大再生产。

（三）科学包括社会科学

1977年10月21日，邓小平约见刘西尧等人时指出："最近有人说我们只重视自然科学，文科没人研究。北大是综合大学，理科要抓，文科也不要丢掉。自然科学固然重要，要搞好，社会科学也很重要。文科，光有人民大学还不够，北大文科是有基础的，搞好文科是很有必要的。"邓小平不仅提出"科学技术是第一生产力"，而且还指出"科学当然包括社会科学"。正确地理解邓小平"科学技术是第一生产力"的科学论断，应该说社会科学也是一种生产力，或者说是一种特殊的生产力。

社会科学是一种生产力。这是因为社会科学作为人类认识世界、改造世界的一种能力，本来就应该属于生产力范畴。当然，社会科学在未进入生产过程时，也是静态的"知识形态的生产力"或客观存在的"潜在的生产力"。当它进入生产过程并渗透到生产诸要素之中时，它也就由静态变为动态，由客观存在进入社会的主客体的统一，并转化为"直接的现实的生产力"。社会科学是渗透和融合在生产力的诸要素之中的。① 人的特点具有思维能力和社会属性，这是"人"区别于任何别的"物"的本质之所在。自然科学能够改变生产工具和生产对象等"物"的属性或扩大其范围，使社会获得更高更大的生产能力，但它不能认识"人"的社会属性，从而使得最活跃的生产力因素会由于社会问题得不到解决而处在人与人的不协调或人与物的不协调状态，不利于自然科学及其技术的发挥，不利于生产力的有效提高，唯有社会科学才能解决这个问题。② 凝聚于劳动工具的物化知识，大部分是自然科学和技术科学的知识，但也越来越多地渗透进社会科学的知识，如计算机和人工智能机器所运用的语言、逻辑思维等，就属于社会科学范畴。③ 在科技革命的推动下，各项产业率和劳动对象层次呈现出新的变化趋势：一方面，在一、二产业部门内部直接从事生产的劳动比重在减少，而从事市场调研、技术开发、信息咨询、广告公关等服务性智能性工作的劳动比重在增大；另一方面，在第二产业中，由吸纳直接以物质生产部门释放出的资本、劳动而形成的高层次的产品和服务，反馈于物质生产部门,推动一、二产业质的提高和量的增长,所蕴含的丰富的社会科学知识,就具有直接人格化和物化为生产力的功能。

社会科学潜在的生产力向直接生产力转化的中介和机制体现在:① 体现在意识形态和社会体制模式等方面。社会科学是对社会各个领域客观规律的认识和人们行动的指南。社会科学研究的正确成果形成理论、路线、纲领、战略、政策并被人们付诸实践时,会成为推动社会发展的强大动力。反之,在错误的理论下形成的体制模式,则会束缚、阻碍社会的发展,甚至造成灾难性的后果。社会科学的这种认同和批判功能,对经济增长的价值定向、对社会发展的方向和目的都具有深远的意义。② 体现在生产的组织和管理方面。生产力是个复杂的系统。正如马克思所说,劳动生产力是由多种情况决定的,其中包括:工人的平均熟练程度,科学的发展水平和它在工艺上应用的程度,生产过程的社会结合,生产资料的规模和效能,以及自然条件。随着现代化大生产的迅速发展,生产分工越来越细,规模越来越大,综合性越来越强,专业化程度和社会化越来越高。这就要求对生产的过程实行科学的调度、控制、运筹,促进生产要素组合的不断创新,实现社会生产体系的结构性优化,推动生产力的发展。③ 体现在为决策者提供智力支持和科学依据等方面。现代科技的广泛应用和社会经济的飞速发展,使决策的难度和风险越来越大。社会科学与自然科学相结合,形成生产决策的科学参谋——软科学,它使社会的经济结构和产业结构更为合理,发展规划更符合实际,社会改革更稳妥可行,从而推动生产力的发展。中国改革开放 30 多年的政策使得生产力"获得第二次解放",即社会科学的作用。

由上可见,社会科学同自然科学一样,渗透和融合在生产力诸要素之中,并具有将潜在生产力转化为现实生产力的中介和机制,社会科学当然也是生产力,科学当然包括社会科学。1995 年 5 月 26 日,江泽民在全国科技大会上的讲话,引用了邓小平"科学当然包括社会科学"的原话,并指出,当代科学技术的发展,使得自然科学、技术与社会科学之间相互影响、渗透,联系越来越紧密,由此产生的综合学科、交叉学科层出不穷,社会经济和科技已经形成一个复杂的大系统。这就告诉我们,当代科学与技术向综合化发展的结果,促使自然科学与社会科学在多层次上相互渗透、结合,表现为各门学科之间既分化又整合的对立统一。一方面,学科越分越细,原来的一门分为多门学科;另一方面,各门学科相互渗透,出现一批交叉学科、边缘学科、综合学科。科学的发展已突破了"自然科学"和"社会科学"的框框。可见,克服自然科学和社会科学的分离,建立统一的大科学的观念,不仅是树立"科学技术是第一生产力"观点的需要,也是现代科学技术发展的大趋势。

（四）"科学技术是第一生产力"理论与实践的确立

"科学技术是第一生产力"具有极其深刻的理论涵义和对实践的指导意义。社会主义的根本任务是发展生产力，改革是解放和发展生产力的根本途径。那么，通过改革，解放和发展科学技术这个第一生产力，解决科技和经济结合的问题，造成人才脱颖而出的环境，则是中国共产党和国家领导人在改革和建设中应首先考虑的问题，也是中国共产党制定"科教兴国"战略决策的根本原因所在。

1992年初，在中国改革和建设的关键时刻，邓小平视察南方并作了重要讲话。1月25日，邓小平来到珠海亚洲仿真公司的员工们中间，当听到该公司总经理谈到公司走的是科技、生产、效益相结合的道路时，他问道："科学技术是第一生产力的论断，你认为站得住脚吗？"在得到肯定的答复后，他高兴地说："就是要靠你们回答这个问题，我相信它是正确的。"在这次视察南方的过程中，邓小平一再说："我说科学技术是第一生产力。近一二十年来，世界科学技术发展得多快啊！高科技领域的一个突破，带动一批产业的发展。我们自己这几年，离开科学技术能增长得这么快吗？要提倡科学，靠科学才有希望。近十几年来我国科技进步不小，希望在90年代，进步得更快。"[1]至此，"科学技术是第一生产力"的思想已成为中国共产党、全社会的共识，为认识国际、国内发展的最新趋势，为中国共产党的工作重心转移到经济建设上来，提供了重要的理论实践依据，全民学科学钻技术已蔚然成风。

随着"科学技术是第一生产力"的思想深入人心，党的十二大报告把科学列为经济发展的战略重点；党的十三大报告把发展科学技术和教育事业放在首要位置，使经济建设转移到依靠科技进步和提高劳动者素质的轨道上来，成为必须着重解决好的三个重要问题的第一个问题；党的十四大把建立和完善科技与经济有效结合的机制、加速科技成果的商品化和向现实生产力转化、不断完善保护知识产权的制度，作为促进整个经济由粗放型经营向集约化经营转变的重大步骤；党的十四届五中全会决议把实施科教兴国战略，促进科技、教育与经济紧密结合，列为今后15年经济和社会发展必须贯彻的九条重要方针的第三条；党的十五大报告提出实施科教兴国战略和可持续发展战略，把加速科技进步放在经济社会发展的关键地位；党的十六大报告提出要大力发展教育和科学事业，全面建设小康社会。走科教兴国，推动经济发展和腾飞的道路已成为中华民族振兴的历史性抉择和中国实现现代化的希望所在。在这一思想指导下，中国共产党和政府制定并实施了包括"863"计划、攀登计划、攻关计划、火炬

---

[1]《邓小平文选》第三卷，人民出版社1993年版，第377~378页。

计划、星火计划、新技术推广计划等一系列科技工作计划，建立了包括国家自然科学基金在内的各种科学基金，逐步完善了基础研究、高技术研究及其产业化、动员科技人员面向和投入国民经济主战场等三个层次的战略布局，中国的科学技术事业得到了迅速的发展。这些都是邓小平"科学技术是第一生产力"思想的实践。这些实践已经取得了良好的效果，中国科技事业欣欣向荣，经济建设持续、快速、健康发展。

二、科学技术作为第一生产力具有结构性地位的首位性

邓小平提出的"科学技术是第一生产力"论断，深刻揭示出了当代科学技术在植根于以市场机制为基础，配置社会资源这一经济运行形态的现代新型生产力有机构成要素中及其得以整合驱动运行发展中，所处"决定性支配"地位和所起"乘数或指数效应"性、"核心主导"作用而为之"第一"的"首位性"底蕴。在"生产力的基本因素是生产资料和劳动力"[1]有机构成要素的结构性地位及其变革性发展中，科学技术同生产资料和劳动力的关系，具有结构性地位的首位性。

（一）掌握了科学技术知识的智力型软劳动者具有取代体力型硬劳动者的首要性主导地位

一是以知识信息力为特征的智力型软劳动主体取代了体力型硬劳动主体的首要性主导地位，即无论从单个劳动力还是从整个社会来考究，劳动力知识智能型的软化始终是社会生产要素软化的首要前提，也是生产力软化的首位性前提，从而是社会财富软化和人类文明进化的保障。邓小平指出："提高自动化水平，减少体力劳动，世界上发达国家不管是什么社会制度都是走这个道路。"[2] 因此，劳动者为提高自身劳动力软率应当崇尚学习、励精图"创"；企业为提高生产要素软率也应当重知纳才，以科技为先导；国家为提高综合国力必须科教优先，按创分配，把提高国民的软化率素质放在首位。邓小平指出："随着现代化科学技术的发展，随着四个现代化的进展，大量繁重的体力劳动将逐步被机器所代替，直接从事生产的劳动者，体力劳动会不断减少，脑力劳动会不断增加，并且，越来越要求有更多的人从事科学研究工作，造就更宏大的科学

---

[1]《邓小平文选》第二卷，人民出版社1994年版，第88页。
[2]《邓小平文选》第二卷，人民出版社1994年版，第34页。

技术队伍。"[1]同时,"随着工业的发展,企业的科技人员数量应当越来越多,在全部职工中所占的比例应当越来越大"[2],如1956年美国白领工人人数首次超过蓝领工人,到1970年二者比例已达5∶4,其中增长最为迅速的是专业技术人员;1940年美国受过高等教育的人数为390万人,到1975年上升为1 320万人;1960年美国有科学家27.5万人、工程师80万人,到1975年已有科学家55万人、工程师150万人,差不多增长了一倍。中国改革开放30多年来企业的改革发展和科技人才队伍的迅速成长壮大也充分证实了这一点。

二是具有高职业技能与高知识智能素质的脑力劳动者(即"智创"型软劳动及其高软率)相对于一般简单体力劳动者(即"力造"型硬劳动及其低劳动生产率)为社会经济发展和科技进步所提供的贡献率愈益高居首位。邓小平指出:"在我们的社会里,广大劳动者有高度的政治觉悟,他们自觉地刻苦钻研,提高科学文化水平,从而必将在生产中创造出比资本主义更高的劳动生产率"[3]和科技进步贡献率。如北京大学方正集团以40万元拨款起家,于1988年开始生产汉字激光照排系统这一主导产品,引发了全球华人出版领域的一场深刻的技术革命,占据了出版市场80%的份额,而且开国产品牌软件进入发达国家之先河——方正日文软件被日本最大的杂志集团利库路特使用,并有了日文报纸用户;美国IBM也开始代理销售方正产品。据北大方正集团统计数据显示,该时北大方正集团总资产接近30亿元,产值达60亿元,利税逾3.3亿元,上交北大办学资金超过2亿元。又如山东一位农民上网销售花卉一年收入950万元。中国早在"六五"期间后4年由中国科技人员提供科技进步对经济增长的贡献率平均值就为54.13%。

(二)先进的科学技术对变革创新劳动工具从而驱动社会生产力飞跃性发展具有直接决定性的首要地位

不同时代的不同生产手段,是由科学技术水平的不同发展阶段决定的。人类历史上每一次由科技革命所带来的产业革命,都首先是以劳动工具的变革为主要标志的。生产工具的先进程度是衡量生产力发展状况的客观尺度。20世纪40年代开始的新科技革命,造出了电子计算机和机器人,从而进入了智能工具的时代。智能工具不仅在很大程度上代替了人的体力,更重要的是部分地代替了人的脑力劳动,使人类的部分智力得到了解放,劳动者不完全再是生产过程的主要当事者,而是站在生产过程的旁边,执行监督者和调节者的职能。在发

---

[1]《邓小平文选》第二卷,人民出版社1994年版,第89页。
[2]《邓小平文选》第二卷,人民出版社1994年版,第29页。
[3]《邓小平文选》第二卷,人民出版社1994年版,第88页。

达国家甚至出现了"无人工厂",机器人因其能干人所不能干的任何危险工作,而被叫作"铁领工人"。据统计,1993年就有50多万台工业机器人在世界各地不知疲倦地工作着。微电子人工智能系统装置的使用,使得机器体系在原有的工具机、发动机和传动机这三个部分组成的基础上,新增了自动控制机这个组成部分,使大工业机械化制造由功能化的单个部分之间的随机组合转变为信息的网络反馈、加工存处和传输调控的人工智能机的自动化工作过程。如果说前几次在动力和能源方面的技术突破引起的是体能革命,那么,这次在微电子信息网络技术方面的突破所引起的则是用以计算机模拟人脑的思维活动从而全面增强人脑功能的智能革命或称智能生产力革命,它神话般地增强和扩大了人类认识世界和改造世界的能力。据美国国家科委制造研究部调查,麦道飞机公司等5家大企业,采用计算机集成制造取得了如下效益:工程设计费用减少15%~30%;总生产周期缩短30%~60%;提高作业生产率40%~70%;提高产品质量2~5倍;提高工程师的工作效率3~35倍;提高主要设备的生产率(操作时间)2~3倍。很显然,由微电子计算机智能化工具带来的信息网络时代实现了对工业经济时代的如下十大变革创新性超越:网络时空超越物理时空——无形世界比有形世界重要,曲线比直线重要,虚拟世界挑战现实世界;信息社会超越工业社会——网络比机器重要;网络经济超越物质经济——服务比产品重要;生产要素的新组合和新机制——智创比力造重要,协同整合力比竞争耗散力重要;生产社会化价值向度的变化——融合的市值比分离的实值重要;全球化大市场对区域性市场的超越——社会共享比集团专用重要;从比较优势到竞争优势的超越——普及比稀有重要,市场比利润重要,增量比存量重要,未来比历史重要;从收益递减到收益递增的超越——追求生存质量比追求超额利润重要;知识文化价值超越物质财富价值——知识信息资本比物质财富资源重要,文化价值比物质价值重要;核心专长持续创新优势超越规制规模优势——网络化扁平式管理比金字塔式的垂直型管理重要。

(三)先进的科学技术不断主导着劳动对象由原生自然物愈益向人化自然物深化拓展

科学技术对劳动对象的影响也是巨大的。新技术革命使人们在开发利用自然资源的广度和深度上超过了以往任何时代,从而空前地扩大了劳动对象的范围。过去未能开发的自然资源,现在能开发了;过去未能充分利用的自然资源,现在得到了充分利用。特别是人们运用科学技术创造出了日益增多的新材料,如地球上天然存在的原子核仅有近300种,而人工制造的原子核已近1 600种。80年代平均每天人工合成新化合物1 000种,到80年代末世界上新材料已有二三十万种。随着科学技术的不断进步，人类得以利用、改造的劳动对象范围在日趋深化拓展。劳动对象已不仅仅为自然物和半自然物，而更多的则是真正属于人类创造的全新材料和原料。人工合成材料的不断涌现和广泛应用本身就充分体现了现代劳动对象的知识信息的高密度性。世界上现有 800 多万种人工化合物，每年还以 25 万种的速度在递增。特别是当代"炼金术"标志着现代科学技术使劳动对象进入了更高级的发展阶段：人们运用新技术、新工艺，可以把土壤中的沙粒变成半导体和光导纤维的重要原料，其价值高于黄金，可谓人类实现了把沙子变成黄金的梦想。

（四）作为生产力第四构成要素的现代化管理是提高综合经济效益的决定性因素

中国共产党十三大报告指出："现代科学技术和现代化管理是提高经济效益的决定性因素，是使我国经济走向新的成长阶段的主要支柱。""科学技术进步和管理水平的提高将在根本上决定我国现代化建设的进程。"因为当今动态系统化、程序集成化、信息网络化、竞争全球化的现代科学化管理活动本身就是新型生产力以增加高科技含量的渗透性和创造综合经济效益的综合性为特征著称的首位性构成要素。现代科学化管理技术之所以为第一生产力，是因为它首先使生产力诸要素实现有机结合而成为现实生产力；是因为它能够充分发挥生产力各要素在生产过程中得以倍增激活而起到催化剂和加速器的作用；是因为它通过组织生产专业化和协作能够创造一种新的生产力；是因为它能够使先进的现代化科学技术成为生产力要素中起到第一位的特殊作用的生产力新要素。邓小平指出："现代科学技术的发展使科学和生产的关系越来越密切了。科学技术作为生产力，越来越显示出巨大的作用。""同样数量的劳动力，在同样的劳动时间里，可以生产出比过去多几十倍几百倍的产品。"[1]

三、科学技术作为第一生产力具有功能性地位的先导性

如果说作为第一生产力的科学技术在生产力自身变革发展中的结构性地位突出表现为它的首位性特质，那么科学技术以其自身内驱能动发展的明显超前性作为它成为第一生产力的客观依据，在现代化建设总体发展进程中的功能性地位，则突出表现为它的先导性特质。这里的先导性是指时序上的超前领先性及其功能性作用发挥的引擎导向性。

---

[1]《邓小平文选》第二卷，人民出版社 1994 年版，第 87 页。

（一）现代科学为生产技术的进步开辟道路，决定它的发展方向

邓小平敏锐地指出，当代科学理论研究"一旦获得重大突破，迟早会给生产和技术带来极其巨大的进步"[1]。如果说在长时期内，人类往往是按生产→技术→科学的单向时序逻辑行进的话（例如，人们在1782年就制造出了往复式蒸汽机，而其理论依据的热力学原理，却直到19世纪中叶才建立起来），那么自19世纪中叶以来，这种行进机制就完全逆转了过来，科学理论不仅出现在技术和生产的前面，而且为之发展开辟了各种可能的途径，形成了"科学↔技术↔生产"的双向度互动式作用机制关系，即科学在时序逻辑上已客观必然地对技术和生产率先具有先导性和决定性的地位和作用。正是19世纪末法拉第在实验里发现了电磁感应定律和继麦克斯韦建立了电磁波理论，才有了后来发电机的制造、电报、电话的问世；正是先有了量子理论，而后运用量子力学研究固体中电子运动过程，建立了半导体能带模型理论，才使半导体技术和电子技术蓬勃发展起来，促进了电子计算机的发展；正是运用相对论及原子核裂变原理形成和发展了核技术，才促进了原子能在军事、航运、发电等方面的生产应用；也正是运用分子生物学、生物学、微生物学和遗传工程学等新的科学成就，才发展起生物技术，广泛地应用于工业、农业、医药卫生和食品工业等方面。尤其是微电子技术更具有巨大而深刻的辐射力和渗透力，使一系列产业发生革命性飞跃。据联合国工会组织统计，早在20世纪70年代世界国民生产总值的65%都已与微电子技术有关。邓小平提出："科研工作必须走在前面。"因为，"现代科学为生产技术的进步开辟道路，决定它的发展方向。许多新的生产工具，新的工艺，首先在科学实验室里被创造出来。一系列新兴的工业，如高分子合成工业、原子能工业、电子计算机工业、半导体工业、宇航工业、激光工业等，都是建立在新兴科学基础之上的"[2]。现代科学是构成现代技术的知识基础，故现代技术是知识信息密集型技术。现代科学技术对于生产的这种明显领先、强烈超前性和起着如此巨大的促进作用，决定它的第一生产力地位，也是当代社会生产的鲜明特点。因此，国务院1992年3月8日颁布的《国家中长期科学技术发展纲要》明确指出："基础研究和应用研究是新技术、新发明的先导，是科技和经济发展的坚强后盾，是培养科技人才的摇篮，对此必须给予充分的重视。"相反，"如果我们的科学研究工作不走在前面，就要拖整个国家建设的后腿"，即"我们要坚持把科学技术放在优先发展的战略地位"，这是中国的基本国策。

---

[1]《邓小平文选》第二卷，人民出版社1994年版，第87页。
[2]《邓小平文选》第二卷，人民出版社1994年版，第87页。

（二）中国要实现现代化，关键是科学技术要能上去

一是因为"农业最终要靠科学技术解决问题"。邓小平高度重视农业的基础地位和现代科学技术对农业发展的先导性作用。他说："农业的发展一靠政策，二靠科学。科学技术的发展和作用是无穷无尽的。"[1]"将来农业问题的出路，最终要由生物工程来解决，要靠尖端技术。"[2]很显然，当今以电子信息技术和生物工程技术为核心的强大技术支撑体系，直接带来新的农业产业革命和形成新的农业体系，极大地拓展了新的农业空间：农业将由动植物向微生物、农田向草地森林、陆地向海洋与太空发展；初级农业产品生产向食品、生物化工、医药等方向发展；单细胞蛋白、海洋农牧场、生物能源、农副产品综合利用和多层开发将成为农业新的生长点。随着生物技术和信息技术的突破性进展及其在农业领域的成功应用，世界农业正向基因农业、精细农业、蓝色农业、白色农业、生态农业、工厂化农业、超级农业、网上农业和太空农业方向发展，从而形成以知识化农民为主体，以高新科技知识信息资源的占有、配置、生产和消费（使用）为主要因素的知识型农业。其基本特征是：主体综合素质优化、新产品开发生产高科技知识含量高密化，多学科互渗融合化；其核心是农业高科技产业化、市场化；其方向是集约化、高效化；其目标是实现农村城镇化、城乡一体化，农业全面走向农业高新技术的深度、广度、速度、优质高效、绿色生态可持续发展之路。

二是因为科学技术现代化是工业现代化的先导。发展现代化工业更要以科学技术的现代化为先导。邓小平早就一再呼吁："加强企业的科学研究工作。这是多快好省地发展工业的一个重要途径。"[3]首先，世界发达国家是高度重视安排科学技术的先导作用的。它们为了争夺综合国力的优势地位，都把发展先进的科学技术放在优先的地位。美国用于科研的费用占国民生产总值的 2.85%，日本为 2.77%～4%，联邦德国、法国、英国分别为 2.72%，2.31%，2.24%。其次，以电子信息技术为核心的现代高新技术的先导性功能集中体现为：① 它向传统产业部门渗透而使之发生质变以实现其智能化。② 它向各平列产业渗透，催生了一些新的"边缘产业"，如光电子产业、医疗电子器械产业、航空电子产业、汽车电子产业等。③ 它强力吸引钢铁、化工、纺织等各业向电子工业反向渗透而把开发电子产业作为多角化经营的重要一翼，有的甚至很快超过了钢铁销售额。再次，科技现代化发展对工业现代化的先导性功能和作用集中表现为：

---

[1]《邓小平文选》第三卷，人民出版社1993年版，第17页。
[2]《邓小平文选》第三卷，人民出版社1993年版，第275页。
[3]《邓小平文选》第二卷，人民出版社1994年版，第29页。

国民经济正由能源密集型和资金密集型向技术密集型、知识密集型和信息密集型转化：① 以电子信息产业为代表的高新技术产业兴起。② 原有的产业部门为电子信息技术和其他高新技术所改造，其技术含量、知识和信息含量不断提高，使国民经济发展出现了四大趋势：其一，单位国民生产总值的能耗和物耗下降，国民经济正向低能耗和低物耗型转化；其二，经济增长的主导类型由外延增长为主向内涵增长为主转化，也就是说，经济增长主要不是靠投资和就业的增加而是靠技术和知识的投入；其三，就业人口结构逐步向技术、知识、信息方面倾斜；在全部就业人口中，文化教育程度提高，科技人员、管理人员和脑力劳动者比重上升，而生产制造业人员和体力劳动者比重下降；其四，物质资源的重要性相对下降，而知识信息资源和人才资源成为经济和社会发展的决定性因素。

三是因为加速国防现代化、维护世界和平必须以科技现代化为先导。邓小平始终密切关注着新技术革命对国家安全、世界和平和现代军事的深刻影响，意识到中国走高科技国防军事之路的必要性。他指出，我们"维护世界和平也离不开科学"[1]，并清醒地告诫我们："一定要承认我们的科学技术水平与世界先进水平相比，还差很长一截。要承认我们军队打现代化战争的能力不够。"[2] 国防军事技术的现代化，将对战争起到巨大的制约作用，"我们一定要在国民经济不断发展的基础上，改善武器装备，加速国防现代化"[3]。这就从理论与实践的结合上高度概括地揭示出了国际从冷战到多极化发展变化大背景下，科学技术现代化对国防现代化的先导性功能。

首先，高科技时代的国家安全概念发生了质的变化。传统的国家安全问题往往是以疆域和领土为界，而现在边界安全已经不等于国家安全。这是因为，科学技术特别是互联网信息技术的高度发展，提供了诸多突破边界的技术手段，模糊了边界的定位，使得主权国家特别是技术相对落后的国家难以维护边界。信息流可以随意穿越国界流动，领空不可侵犯，但没有"领太空"的限制，卫星可以在任何国家的太空上随意摄取信息，传输信息。1997年，国际游资的跨国界攻击是东南亚国家爆发金融危机的直接导火索。

其次，从通用技术到信息制胜。新科技革命及其先导功能必将引起国防军事技术及武器装备的划时代变革。① 新科技革命中产生的一系列高新技术一般都是军民两用的通用技术，它的每项突破都可能在民用产业和军事领域同时引起变革。例如，当超导研究在 1986 年取得突破，并在随后的 1987 年和 1988

---

[1]《邓小平文选》第三卷，人民出版社 1993 年版，第 183 页。
[2]《邓小平文选》第二卷，人民出版社 1994 年版，第 61 页。
[3]《邓小平文选》第二卷，人民出版社 1994 年版，第 395 页。

年取得重大进展时,军事家们则迎头而上,开出了超导在军事系统应用的清单:舰船用的更小巧、效率更高的电力驱动系统,定向能武器的电能储存系统,超导腔粒子加速器定向能武器,电磁炮,从直流到红外的磁和电磁探测器,武器系统和 C3I 系统用的超高速超小型信号处理机和计算机等几十种。② 军事装备的电子化时代正在到来。集中表现为:电子信息技术取代导弹核技术成为当代国防科学技术的核心和衡量国防现代化的重要标志,而且在军事电子方面的投资比例逐年提高。北约主要国家军事电子科研费占整个军事科研费的比例到 20 世纪 90 年代中后期超过 50%。到 21 世纪初这些国家已全面进入军事电子时代。③ 信息制胜成为现代军事对抗的新趋势,掌握制信息权成为克敌制胜的关键。电子信息战是指敌对双方利用电子信息技术和装备为争夺战场制信息权而进行的相互抗争。制信息权即控制信息的主动权。掌握制信息权的一方能使敌人武器系统中的电子装备性能降低或完全失效,甚至被摧毁,造成其通信中断、雷达迷盲、指挥失灵、导弹失控等;同时充分发挥己方电子装备的效能,能保证通信畅通、指挥灵敏,增进武器系统威力,提高整体作战能力。海湾战争之所以出现胜负"一边倒"的结局,除双方实力相差悬殊外,重要的原因是多国部队掌握了制信息权。随着现代科学技术的高速发展,凝结于武器装备上的科学技术,成了影响战争胜负的重要因素。科学技术确实改变了战争的进行方式,改变了战争的时间、空间和战争的概念。二战后的高技术局部战争,尤其是海湾战争表明,科学技术落后必定挨打,必定受人欺侮。因为,战争中握有技术优势的一方更加易于夺取战争主动权,更能有效提高整体作战和系统作战的综合效应,更注重与之相匹配的高素质人才。

四、科学技术作为第一生产力具有经济性地位的效率性

邓小平指出:"同样数量的劳动力,在同样的劳动时间里,可以生产出比过去多几十倍几万倍的产品。社会生产力有这样巨大的发展,劳动生产率有这样大幅度的提高,靠的是什么?最主要的是靠科学的力量、技术的力量。"[1] "我们必须认识到,从发展上看,主导国家命运的决定性因素是社会生产力发展和劳动生产率提高,只有不断推进科技创新,不断解放和发展生产力,不断提高劳动生产率,才能实现经济社会持续健康发展,避免陷入中等收入陷阱。"[2]

---

[1]《邓小平文选》第二卷,人民出版社 1994 年版,第 87 页。
[2]《习近平关于科技创新论述摘编》,中央文献出版社 2016 年版,第 30 页。

即"没有科学技术的高速度发展,也就不可能有国民经济的高速度发展"[1],科学技术第一生产力具有经济地位的效率性。

(一)当代科学技术自身变革发展的加速化、综合化的效率性本质决定了国民经济的高速发展

"当代的自然科学正以空前的规模和速度"[2]向前发展。近 30 年来,人类所取得的科技成果数量比过去 2000 年的总和还要多得多。据估算,截至 1980 年,人类社会获得的科学知识中有 90% 是"二战"后的 30 余年获得的。到 2000 年又在此基础上翻了番。现代物理学中 90% 是 1950 年后取得的。现在全世界每天发表科技论文 6 000~8 000 篇,其数量每隔一年半就增加一倍,当前则为 3~5 年增加一倍。现在全世界每年批准的专利数量达 120 万件。当今学科总数已达 6 000 多门。世界上自 1945 年研制出第一台计算机后飞速发展至今,经历了电子管、半导体、集成电路、大规模和超大规模集成电路的换代,其性能提高了 100 万倍。当前,超级计算机最快运算速度已达到 320 亿次每秒。人们现又开始研制光学计算机,其信息处理速度比电子信息处理速度快 1000 倍,有人甚至预测快 1 万倍。

科技进步的历史更替与创新正进入一个新阶段。当今科技进步已成为世界各国乃至全球化经济增长的主要动力和源泉。战后的科技进步不仅在数量上飞速增长,而且其发展经历了多次伟大的革命:1945—1955 年,以原子能的释放与利用为标志,人类开始进入利用核能的新时代;1955—1965 年,以人造地球卫星的发射成功为标志,人类开始摆脱地球引力,向外层空间进军;1965—1975 年,以 1973 年重组 DNA 实验的成功为标志,人类进入了可以控制遗传和生命过程的新阶段;1975—1985 年,以微处理机大量生产和广泛使用为标志,揭开了扩大人脑能力的新篇章;1985—1995 年,以软件开发及其大规模产业化为标志,人类进入了信息革命的新纪元。当代人研究出的聚变反应堆已成为传给后代的纪念碑,正将作为最终能一劳永逸地解决经济社会发展出现的能源危机;纳米(超微)技术将成为核心技术引起 21 世纪一场新的产业革命,给人类带来无数的新产品和新工艺;目前科学技术正在步步逼近自然界的各种极限而出现的超高温、超低温、超真空、超导、超强磁场、彻底失重等研究,预示着 21 世纪的人类将超脱尘寰世界,进入一个奇妙无比的超级境界;当前宇宙空间技术和海洋开发技术的进展,预示着 21 世纪人类将进入宇宙工艺学和宇宙工厂的

---

[1]《邓小平文选》第二卷,人民出版社 1994 年版,第 86 页。
[2]《邓小平文选》第二卷,人民出版社 1994 年版,第 87 页。

时代，无限地开拓人类的生产和经济活动的新领域；今天人工智能的开发和遗传工程的研究，在 21 世纪最初二三十年，将会硕果累累。

（二）科学技术发展的高速度决定了经济社会发展的高速度

一是从人类历史发展中的比较数据看，促进社会劳动生产率和国民经济增长率不断提高的内在科技进步贡献率，呈加速增长趋势。据苏联科学家初步估算，科学技术所提高的生产力发展的速度，石器时代平均 1 万年使劳动生产率提高 1%～2%。铁器时代，平均每 100 年提高 4%。蒸汽机电机时代（1870—1950 年）的 80 年间，美国的劳动生产率每年增长 1.5%～3%。有人还测算，英国在 1700—1780 年的 80 年间工业产值年平均增长率为 0.9%，而从 1781—1917 年的 136 年间，年平均增长率则提高到 2.2%～2.5%，18 世纪末英国科技所提高的劳动生产率与手工劳动生产率的比为 4：1，到 19 世纪中叶，这个比例变成 108：1。20 世纪初，发达国家的科学技术促进国民经济增长率为 5%～20%，到 20 世纪的 50-70 年代其增长率提高到 50%～80%，到 20 世纪的 80～90 年代有的国家或有的产业部门甚至提高到 90% 以上，例如日本汽车之所以在国际市场上有很大的竞争力，主要原因在于注意运用高新技术，其生产效率比美国高出三分之一，成本降低一二千美元。新技术革命直接带来了物质生产力的巨大飞跃，例如美国应用新科技每年完成的工作量相当于 4 000 亿人年，也就是说相当于美国人口工作量的 2 000 倍，相当于全世界人口工作量的 87 倍。

二是当代科技进步突出表现为直接和间接地实现了国民经济持续、快速增长。① 科技进步促进了产业高次化。20 世纪 60～80 年代是世界经济腾飞的 20 年，也是社会产业逐渐高次化的 20 年。如果说在此之前工业化社会的到来是第二次产业突起的话，那么，当今由于高技术领先的科技飞速发展将人类开发带入了信息和智能时代，信息技术、生物工程、航天工程等高技术产业、研究与设计业、金融保险业、文化教育业、商业与服务业等第三次产业逐渐占主导地位，从业人数也急剧增多。产业的高次化标志着科技知识在产业中的高密集程度。对一个国家来说，各次产业率反映着国家的发达程度；一次产业率占优势的为农业国；二次产业率占优势的为工业国；三次产业率占优势的国家已进入后工业化社会。第一、二、三次产业的就业人口，在一些发达国家 70 年代末的比例分别是：美国为 3：32：65；英国为 3：35：62；日本为 7：37：56。可以认为，第三次产业所占比重超过 50%。科学技术的贡献超过劳动和资本，已经明显成为第一位的要素。② 产品科技含量高密化。80 年代以来，物化在产品、商品中的科技含量达到高度密集的程度。为比较之方便，国内外许多学者通用产品单位重量价格比来描述科技含量的差别。统计资料表明，二战后产品的科技含量每隔10年增长10倍。50年代以钢材为代表性产品,每公斤不到1元。60年代以汽车、洗衣机、电冰箱为代表性产品,其每公斤的价格分别为30、60和90元,如果以30~100元作为60年代产品科技含量的比较指标,则比50年代提高约10倍。70年代以微机为代表性产品,每公斤1 000元价的钢材科技含量,比60年代又提高了10倍。而80年代以来,随着高科技产业的发展,其代表性产品首推软件,但它没有什么重量,然而其科技含量又特高,如果也按每公斤钢材价格计算,那比70年代就不知要高几百倍、几千倍、几万倍了。可见,当今日益飞速发展的高科技对推进经济的增长和社会的发展已达到了无可估量的程度。③科技应用于生产的周期趋短化和高新技术开发产品倍增量的趋高化。从19世纪70年代第二次科技革命以来,世界科学发现和技术发明总量远远超过以往时代的总和,科技物化为产品也出现加速度。仅据21项重要科学技术物化为生产力的速度统计,就单项而言,19世纪,电动机从发明到应用共用了65年,电话用了56年,无线电通讯用了35年,真空管用了31年。而20世纪以来这种时间距离则又大大缩短了,雷达从发明到应用用了15年,喷气发动机用了14年,电视机用了12年,尼龙用了11年,从发现核裂变反应到制成每一个核反应堆仅用了4年,集成电路从无到有仅用了2年时间,激光器仅用了1年的时间。尤其是电子技术问世后,其变革的速度更为加快,其中电子计算机技术的发展,从1973年研制成功第一台微处理机到80年代初已更新了4代。1976年研制出MCS-48系列的单片微型计算机,1980年研制出MCS-51系列的8位单片微型计算机,1983年又研制出HCS-96系列16单片微机。从科技产业化推动产品的倍增量来看,1900-1980年,世界石油产量增长148倍,汽车产量增长了4 240倍,合成橡胶43年增长2 266倍,塑料14年增长了8倍,人造纤维50年增长了7倍,而核发电则25年增长了13 446倍。电子计算机和光纤通讯等一大群新兴科技和新兴产业的发展更是令人眩惑不已,世界联机使用的控制机每10年增长17倍,光纤生产每5年增长20~25倍,新材料群中仅电子计算机配套关键材料磁盘材料的记录速度20多年提高了60多倍。由此可见,如果没有科技进步的加速增长,就不可能有经济快速增长。

五、科学技术作为第一生产力具有战略性地位的制高性

科学技术作为第一生产力战略性地位上的制高性本质特征,突出体现在当今国际间政治、军事、社会、科技到经济实力乃至综合国力竞争的制高点都立足于对现代发展高科技,实现产业化深度、广度和速度的抢战争夺上。为此,邓小平反复强调:"中国必须发展自己的高科技,在世界高科技领域占有一席之

地。"[1]否则，将会在激烈的国际竞争中被开除球籍。"从某种意义上说，科技实力决定着世界政治经济力量对比的变化，也决定着各国各民族的前途命运。"[2]

（一）国际斗争经济化的趋势与经济竞争制高点的选择

一是大国强国斗争方式和内容的变化，首先使国家威慑力的内涵由军事实力的强弱转为经济实力的强弱。由于当今世界通过直接军事战争方式解决大国强国间的矛盾的必要性与可能性日趋减少，在一般情况下，大国强国在很大程度上已不再十分担心在军事上变成他国的殖民地与战败国，而特别担心因为高技术及其产业化深度、广度和速度落后于他国，引起经济衰退，进而被时代潮流所淘汰，甚至被开除"球籍"。因此，当代的威胁已主要转变为由于科技、经济实力衰退而产生的一种关于国家生存的恐惧感与危机感。

二是当代大国强国争夺观念与方式的变化，使人们衡量国家实力强弱的标准也发生了转换。即由近代以来与以直接军事手段为内容的硬控制、硬争夺相适应所产生的衡量国家实力的数量标准（如国家地域广狭、人口多少、军队众寡、殖民地面积大小等），转为当代以高技术为基础的软争夺、软控制的质量主位标准。只占美国领土 1/19 的日本，1987 年国民生产总值高达 2.8 万亿美元，仅次于美国，而人均国民生产总值却已超过美国居世界第一位。日本多年保持着对美巨额贸易顺差，1986 年和 1987 年分别为 580 亿和 509 亿美元，其中大部分为高新技术贸易所形成。可见，在瞄准未来国际政治格局新变化首席位，集经济、政治、军事较量为一体的世界经济竞争制高点的选择上，国际间无不将自己的视角和着力点集中地转向并落实到对作为现代新型生产力杠杆的高科技产业化广度、深度和速度的争夺上。中国"有原子弹、导弹、氢弹，同步卫星上天，通信卫星也可以出口。有和没有不一样，就是有这么几个东西，国家的分量就不同了"[3]。

（二）高科技产业化的一系列新的特异功能及其特点决定了它在世界经济竞争中的制高点地位

一是高科技产业化使劳动密集型向知识技术资金三密集型、资源密集型生产向知识技术资金三密集型生产转换。根据美国人的观点，高科技产业有三个标准：①用于知识和技术开发的资金应相当于一般产业的 2~5 倍，应占产品净销售额的 5% 左右；②投入的专业技术人员应占生产总人数的 40%~65%；

---

[1]《邓小平文选》第三卷，人民出版社 1993 年版，第 279 页。
[2]《习近平关于科技创新论述摘编》，中央文献出版社 2016 年版，第 27 页。
[3]《邓小平科技思想年谱》（1975—1994），中央文献出版社 2004 年版，第 211 页。

③有能够占领市场的高附加值的产品,而其最终产品又具有结构复杂、技术成分高、研制费用高、产品新颖、需要科学组织研究制作等特色。

二是高科技产业化具有提高劳动生产率的高增值功能。①高科技产业创造了极高的生产效率。据中国对华东、华南、东北地区11个高科技产业的调查,人均年产值达8万元人民币。②高技术产业化具有总体的增值水平。中国工商银行的统计表明:全国科技贷款投入与产出之比为1:10。尽管中国目前高科技产业化尚处在起步阶段,但其高增值功能在对经济增长的多层次科技开发因素中是最强的。在发达国家高技术应用的投入产出之比就更高。③高技术产业化的高增值经济功能在具体行业上表现明显。例如,上海高技术产业化水平相对较高的航天工业系统,1988年的工业总产值比1978年增长了17.7倍,平均年递增速度达34%;人均产值由1978年的2876元,提高到1988年的48 009元,增长了15.7倍,年均递增32.5%。可见,如果说资金和劳力因素推动发展的进程,是一种常数形式的财富缓慢积累过程的话,那么高新技术的产业化应用对直接推动经济发展的过程则是一种指数形式的成倍增长的过程。

三是高科技产业化对变革传统产业、注入新的生机与活力具有扩散功能和带动功能。①一些高科技产业在整个国民生产总值中所占比重越来越大,赫然出现在重要产业的排名榜上。比如美、日信息产业的产值分别占其全国总产值的36%、32%,大大超过了汽车、钢铁等工业产值,成为仅次于能源产业的第二大产业部门;全世界集成电路销售额年增长68%,计算机销售额年增长52%,信息产业发展速度也很快。②高科技及其产业在经济发展中扩散、渗透带动了其他产业部门,使层次较低的传统产业摆脱困境,并得到长足的发展。③高科技产业化重新划分了一、二、三产业的比例,美国早在1980年一、二、三产业就业率之比为2:21:77,而中国到1990年代还是60:22:18。

(三)近现代强国的浮沉取决于自身以高科技产业化为核心的综合国力的兴衰变化

苏联之所以在战后一度发展,主要是因为它在这一时期的强国之路与第三次技术革命的特征正合拍:在第三次技术革命浪潮中,苏联利用社会主义国家制度的优势条件,在研究开发先进的高新技术并将其广泛应用于军事、经济建设中,尤其是在宇航、原子能、同位素、超音速飞机、机械制造等高新技术及其应用水平上领先于世界,这不仅使其国防力大增,而且对各个领域产生辐射影响,带动了综合国力的全面显著提高。据统计,该时期科技进步在国民经济发展中所增长的比重,1965—1975年苏联为63%,这与美国1964—1976年的71%、日本1952—1968年的65%基本不相上下。相反,苏联的国力在70年代后期转而大落后的重要原因则是苏联继续奉行国防优先战略和军事技术优先发展模式，没有跟上以民用技术为主的第四次新技术革命的浪潮，忽视了高新技术产业化的新型发展趋势。直到1985年，在西方国家高科技、研究开发计划的刺激下，才匆忙对发展高科技实现产业化作出有关决定。这种迟钝的认识和行动的滞后，使其高技术及其产业化水平比发达国家落后了12~13年。而10年技术立国的日本，不仅进一步从经济大国跃上了技术大国的地位，同时又使自己由民用开发走上了通用技术的发展道路，使日本军事技术潜力大增。

（四）谁在高科技产业化发展战略上占据制高点，谁就在21世纪领先

20世纪80年代以来，世界各国都纷纷制定自己国家走向21世纪抢占制高点的高科技及其产业化发展战略。据不完全统计，目前世界上已有50多个国家和地区制定了发展高技术及其产业化的发展战略或政策。按其提出的时间顺序，高科技及其产业化的发展，主要包括高科技研究、高技术产业化开展和高技术应用扩散三个层次，从整体上说，就是高技术产业化向广度拓展，向深度开掘，抢夺市场，谋求高经济效益。

从世界高技术及其产业化发展战略的经济竞争态势和发展趋势来看，突出表现为：① 高技术及其产业化已集团化、全球化。在世界范围内，研究和开发高技术已形成以美、日、西欧为主角，新兴工业化国家和发展中国家及地区积极参与，竞相发展，多头争雄的局面。② 高技术直接转化为现实生产力的速度竞相加快，谁先加快这一过程，谁就抢占先机，占领世界市场，取得主动。③ 以高科技人员为对象的世界一流人才的竞争加剧；发展高等教育、改革科研体制势在必行，这已为各国所重视。④ 全方位的世界高技术市场已日趋形成，高技术贸易比重逐年增大。很显然，以上趋势具有两个全新的特点：首先，从高技术及其产业化发展的阶段和广度来看，其发展正处于从幼年期向壮年期的转变，辐射面越来越宽，参加到竞争行列中的国家和地区愈来愈多，不仅一些大国和发达国家，而且一些发展中国家甚至小国，都极为重视发展高技术，竞相增加科技投入。从总体上说，发展高科技，实现产业化，在当今已成为经济发展的第一生产力，军事制胜的战斗力，社会发展的引擎驱动力，政治渗透的影响力。其次，从其发展的速度和深度来看，高科技及其产业化的发展已经取得了很多重大的进展，诸如温室核聚变、室温超导和生命科学等领域均有新的突破，这将对社会经济发展产生巨大的影响。世界各国都无不将高技术及其产业化发展战略的重点从提高国威转向增强综合国力，都无不将在21世纪的战略制高点落实到对高技术产业化广度、深度和速度的领先争夺上。

（五）高技术产业化是经济发展和文明进步的火车头

高技术产业化的过程和特点、世界高技术产业化历史经验决定了高技术产业化是经济发展和文明进步的火车头。

1. 高技术产业化的过程和特点

从科学、技术与经济发展史看，高技术产业化包括两个相互衔接的过程：第一个过程是高技术的产生。这是从科学到技术的过程，整个过程的关键是技术创新。它有如下要点：① 高技术的"高"是相对的。如无线电通信技术对于19世纪的科学发展水平来说是高技术。但随着科学的发展，以微电子学为基础的信息通信技术的出现，它现在已经不是高技术了。② 从结果看，高技术的产生是以当代前沿的科学理论为基础的；从过程看，高技术的产生总是从科学研究开始，然后才到技术的发明与应用。因此，人们把高技术的产生过程形象地称之为"科学走在前面"。③ 高技术的产生过程是研究与开发的过程，因而创新与风险这一对孪生子必然伴随整个过程的始终，使高技术具有高智力、高投入、高风险和高效益等特点。④ 高技术的诞生，经过从科学理论到技术应用这一研究与开发过程，其关键是技术创新，包括材料、能源、工艺、组织形式等的创新。第二个过程是产业化的形成是从技术到市场的过程，整个过程的关键是制度创新。高技术产业化，实际上是高技术产品的市场化，它要经过规划、设计、实验研究、试制、批量生产、市场营销、技术扩散等环节。而高技术产品的市场化，是一个复杂的社会系统工程，它需要具备相应的社会条件，如政府的政策、科研经费的投入、企业与院校等科研部门的联系形式、专利法的制定、优秀的科研集体的形成、从发明到应用的周期的长短，等等。因而，各发达国家为此纷纷制定国家创新体系。

2. 高技术产业化的世界历史经验

18世纪工业革命以来，以研究与发展为核心的高技术产业化，是带动经济发展、推动文明进步的火车头。自由资本主义时代，高技术产业化以大企业建立工业研究实验室为标志。这种科学、技术与经济活动一体化的组织形式，首先在德国化学工业中出现。德国著名化学家霍夫曼从柏琴的发现（人工合成苯胺紫——一种紫色颜料）中，敏锐地觉察到煤焦油染料化学工业的光明前景。于是他邀集了在英留学生回国，1869年设计并建成了德国最新的大型煤化学实验室，从英国引进了有关的专利。合成染料工业的发展，显示出科学为寻找新材料来源的巨大潜力，仅此一项就为德国每年节约数百万英镑进口天然染料原料的外汇。他的化学工业研究实验室，研究并解决了煤化学工业的各种技术问题，使德国化工技术跃居世界首位，带动了整个工业的发展，一个落后的德国很快就进入先进工业国的行列。不久，1876年爱迪生在美国创建了专门从事发明的研究实验室。他的一千多项发明大都是在这个实验室完成的。它拥有最好的科研条件，如一大批科学家、数学家、工程师、技术人员和技术工人；研究必需的仪器设备、加工车间、图书馆、生产后勤；充足的资金。尤为重要的是爱迪生本人是一个出色的组织者，他善于使用科学人才、发挥他们的专长和创造性。这个研究实验室的诞生，大大推动了美国经济的发展。在科技史上它标志着一个有目的、有组织的研究时代的开始。

由于垄断组织的出现，特别是由于两次世界大战的军事需要，高技术产业化进一步深入地发展，主要是以大企业为主体，政府积极参与，形成了"政府——企业——大学一体化"的组织形式。在第一次世界大战中，德、英、美等国都看到了科学对经济、军事的重要意义。如美国于1916年成立了国家研究委员会，下设工业研究委员会，并得到商业界董事组成的顾问委员会的帮助，形成了政府、工业、大学和私人基金会四方合作研究的形式。在战争时期，迅速发展了无线电通信、潜艇探测等技术。在此基础上，美国战后20年出现了各种形式的工业研究实验室。它们在1929—1933年大萧条时期，对促使经济复苏发挥了很大的作用。许多重要的发明，如尼龙、氯丁橡胶、柯达照相机、显像管、雷达、喷气式飞机、电子显微镜等新产品、新技术都是在这个时期出现的。在第二次世界大战中，为赢得战争的胜利，各国政府都加强对科学研究的领导，大力开展军事技术和新式武器的研究与开发，1942年在美国、英国和加拿大的合作下，由物理学家奥本海默负责的"曼哈顿工程"正式开始。这个工程在工业研究史上具有划时代的意义，它标志着有组织的研究与开发活动已经趋向成熟。

第二次世界大战后，美国一方面把许多军事技术成果，如雷达、微波通信、反潜、深水炸弹、红外线夜视装置、火箭、导弹、喷气式飞机等转向民用技术；另一方面把战时形成的科学研究与技术开发的组织形式，应用到企业的生产与发展问题上。除了政府继续采用采购制度与合同制外，各大企业纷纷设立了研究与发展机构，从而加速了高新技术产业化的过程。在大型企业实验室的基础上，逐渐发展出科学城、科技开发区等。

六、科学技术作为第一生产力具有人本性地位的向度性

人的全面发展是马克思主义追求的理想和目标，也是马克思主义对人的价值目标的最高规定。人的全面发展包括人的潜能、社会关系、个性以及自由等的全面发展，但是人的基本的物质生活需要应是人的全面发展的基础，是实现

人的全面发展价值目标的起点。在人的基本物质生活需要得到满足的基础上，实现人的全面发展的价值目标是马克思主义人的价值观的特点。

（一）物质生活需要是科学技术作为第一生产力人本向度的出发点

邓小平的科学技术第一生产力思想理论，是在继承马克思主义人的全面发展理论基础上展开的，强调要首先满足人们的基本物质生活需要，才能逐步实现人的全面发展。"文化大革命"结束后，邓小平正是从思考人们的基本物质生活需要状况开始探索科学技术第一生产力思想理论的人本意义的。他认为中华人民共和国成立后，特别是从1958年到1978年二十多年里，生产力没有多大发展，人民的收入增加很少，生活水平很低，中国社会发展实际上处于停滞和徘徊的状态。人民非常贫困，特别是大多数农民和多数的农村地区更是处于非常贫困的状态，"衣食住行都非常困难"[1]，"工人的月平均工资只有四五十元，农村的大多数地区仍处于贫困状态"[2]，"现在中国还很穷，国民生产总值人均只有三百美元"[3]。从总体上看，人民的生活整体处于贫困状态，大部分人还在受穷，不能满足基本的物质生活需要。

由此，邓小平认为，中国目前的主要矛盾就是人民日益增长的物质文化需要同落后的社会生产之间的矛盾。生产力水平发展不够，还远远不能满足人民和国家的需要。这个矛盾的解决不可能离开生产力的发展来完成。社会主义的根本任务是发展生产力也就成为必然结果了。只有通过生产力的发展才能满足人们基本的物质生活需要。而生产力的发展离不开科学技术。为此，邓小平首先恢复了科学技术是生产力的马克思主义观点，并创造性地提出了"科学技术是第一生产力"的论断，成为他对科学技术在生产力发展中作用的高度概括。

（二）为人民物质生活服务是科学技术作为第一生产力的目的取向

"科学技术作为第一生产力"要以满足人们生活的基本物质需要为目的。邓小平说："科学技术是第一生产力。我们的根本问题就是要坚持社会主义的信念和原则，发展生产力，改善人民生活。"[4]

1. 重视科学技术的作用

马克思把体现于生产过程中的智慧、知识、科学、思维等等称为精神生产

---

[1]《邓小平文选》第三卷，人民出版社1993年版，第238页。
[2]《邓小平文选》第三卷，人民出版社1993年版，第10~11页。
[3]《邓小平文选》第三卷，人民出版社1993年版，第57页。
[4]《邓小平文选》第三卷，人民出版社1993年版，第274页。

力,也把其称为"智慧生产力"即"社会智慧的一般生产力",或"知识形态上"的社会生产力。马克思所说的精神生产力主要指的是科学,主要是强调科技在生产力发展中对于提高劳动生产率的作用。邓小平"科学技术是第一生产力"中的生产力,是就科技作为"精神生产力"的一种主要形式,在促进物质生产力的发展中相比于其他"物化生产力"因素,即在生产过程中直接表现出来的物质因素或物质条件的作用要大得多而言的。也就是"最主要的是靠科学的力量、技术的力量"[1],才使社会生产力发展得这么快,劳动生产率的幅度提高得这么大。现代社会,人类已经从手工生产力、机器生产力发展到"知识生产力""信息生产力"的时代。由于知识在当代生产力发展中的作用越来越大,所以,精神生产力又可以称为知识生产力。而知识中的信息在当代生产力的发展中的作用相对较大,所以,知识生产力又可以称为信息生产力。这为生产力的发展,劳动生产率的提高,人们生活的改善和物质需求的满足,提供了必不可少的前提与条件。

2. 强调经济体制和科技体制的改革

马克思主义强调科学技术在生产力发展中的作用,但不支持科技决定论的观点。科技生产力不可能离开一定的生产关系或上层建筑而存在。任何科技生产力的发展都是在一定的生产关系或某种上层建筑的形式中进行的。科技生产力在不同的社会关系中会发挥出不同的作用。

邓小平重视科学技术第一生产力的作用,但同样不是科技决定论者。他在提出"科学技术是第一生产力"思想理论的同时,也提出了要改革不适应生产力发展的生产关系以及上层建筑的思想理论。邓小平恢复了毛泽东所提出的社会主义社会的基本矛盾即生产力和生产关系以及经济基础和上层建筑之间的矛盾的认识,强调要以此理论为指导,来"改革同生产力迅速发展不相适应的生产关系和上层建筑"[2]。社会主义制度已经建立起来,但初级阶段的社会主义制度又不够完善和不够成熟。一方面由于社会主义经济体制脱胎于单一的计划经济体制,决定了市场经济体制还残存着一些旧体制的影响,还需要一段时间来完善;另一方面社会主义民主法制所需的经济文化条件还不充分,封建主义、资本主义腐朽思想和小生产习惯势力在社会上还有广泛影响。这些生产关系和上层建筑中存在的问题,束缚着生产力的发展。所以,必须调整生产关系和上层建筑不适应生产力发展的方面,才能使生产关系和上层建筑逐步适应生产力的发展要求。

---

[1]《邓小平文选》第二卷,人民出版社1994年版,第87页。
[2]《邓小平文选》第二卷,人民出版社1994年版,第141页。

邓小平认为在这些认识问题解决了之后,"还要解决体制问题"[1],也就是要建立同科学技术第一生产力发展相适应的经济体制和科技体制。科技体制的改革首先是要解决科技和经济发展相脱节的问题,加强科研成果向生产过程的转化,变为现实的、直接的生产力。同时,政府的宏观决策、调控和协调要为科技与经济的结合创造良好的社会环境以及提供政策措施的保障。邓小平认为,经济体制和科技体制如果不改革,生产力也就不会获得解放,经济也就不会获得发展。经济体制和科技体制改革的目的都是"为了解放生产力",因此,新建立的经济体制和科技体制都应该是"有利于技术进步"和"有利于经济发展"的。也就是说,只有一起解决经济体制和科技体制问题,双管齐下,"长期存在的科技与经济脱节的问题"[2],才有可能得到比较好的解决。

3. 实施科教兴国的战略

"文化大革命"结束后,邓小平开始着手进行在"文化大革命"中被扰乱的科教部门整顿工作。他首先解除了知识分子的政治束缚,落实了知识分子的身份定位、阶级归属问题;指出不解决"尊重知识,尊重人才"[3]这个问题,就无法落实"科学技术是第一生产力"。

"尊重知识,尊重人才"的思想,必须落实到具体的政策措施之中。邓小平认为中国要想实现现代化,赶上发达国家,必须从科学和教育入手,走科教兴国的道路。中国国力的强弱以及经济发展后劲的大小,取决于两个方面:一是"劳动者的素质",二是"知识分子的数量和质量"[4]。因此,中国要赶上世界先进水平,要从科学和教育着手。中国是一个有十多亿人口的大国,只要把"教育搞上去了,人才资源的巨大优势是任何国家比不了的",中国四个现代化的目标,如果"有了人才优势","再加上先进的社会主义制度"[5],就一定有把握实现。

根据邓小平的上述思想理论,1995年《中共中央、国务院关于加速科技进步的决定》,正式提出了"科教兴国"战略。江泽民在《全国科学技术大会上的讲话》中,对"科教兴国"思想理论进行了总体概括:其一,目的是全面落实"科学技术是第一生产力"的思想;其二,重点是"坚持教育为本,把科技和教育摆在经济社会发展的重要位置";其三,关键是"增强国家的科技实力及向现

---

[1]《邓小平文选》第三卷,人民出版社1993年版,第108页。
[2]《邓小平文选》第三卷,人民出版社1993年版,第108页。
[3]《邓小平文选》第二卷,人民出版社1994年版,第41页。
[4]《邓小平文选》第三卷,人民出版社1993年版,第120页。
[5]《邓小平文选》第三卷,人民出版社1993年版,第120页。

实生产力转化的能力"；其四，落脚点是要"提高全民族的科技文化素质，把经济建设转到依靠科技进步和提高劳动者素质的轨道上来"[1]。只有落实好以上几个方面，才能加速生产力的发展，实现国家的繁荣和强盛。

（三）共同富裕是科学技术作为第一生产力消除异化的根本保障

科技生产力本来的目的是为人们基本物质生活需要服务，但在人类社会的发展中出现了科技生产力的异化问题，本来的目的与实际发展背道而驰。人既是科学技术的创造者，也是科学技术的利用者。某种科学技术的运用取决于社会生活中的人，而人利用的程度、方向又与一定的社会制度有关。

马克思也正是从制度入手来谈科技生产力的异化问题。他在《在〈人民报〉创刊纪念会上的演说》中说，本来能够具有减少人类劳动量从而减轻人类的劳动痛苦的机器（科技），却引起了饥饿和过度的疲劳，本来是创造财富新源泉的机器（科技），却变成贫困的源泉了，人类尽管控制自然的能力在不断增强，然而却带来了一种相反的现象，个人却似乎愈益成为别人的奴隶或自身的卑劣行为的奴隶了，结果是造成了现代工业和科学为一方与现代贫困和衰退为另一方的这种对抗，每一种事物好像都包含自己的反面，科技生产力异化了。能够创造巨大财富的机器本来能够给人们带来幸福，但在资本主义制度下，由于利用机器（科技）的目的完全是为了获取利润和赚钱，结果导致两极分化，造成了工人的饥饿和贫困。我们时代的生产力与社会关系之间的这种对抗，是显而易见的、不可避免的和毋庸置疑的事实。即资本主义制度下科技生产力的异化是不可避免的。社会主义制度是消灭阶级剥削的平等进步的社会制度，是劳动人民当家作主、共同占有生产资料、共同创造和享有物质精神财富的制度。只有在这个制度下，社会生产的目的才是为了满足人民日益增长的物质文化生活需要，共同富裕则是社会主义这一生产目的的具体体现。在社会主义制度下，科技生产力作用的发挥服从于社会主义的这些特点和要求。即社会主义科技生产力的利用也就不会也不能产生科技异化问题，而体现社会主义生产目的的共同富裕则是社会主义科技生产力不会也不能产生异化问题的根本保障。

"共同富裕"思想是毛泽东早在1955年《关于农业合作化问题》中首先提出来的。他认为，在逐步实现社会主义工业化的过程中，只有对手工业、资本主义工商业以及整个农业进行社会主义改造，特别是要在农村中实行合作化，消灭富农经济制度和个体经济制度，才能"使全体农村人民共同富裕起来"[2]。

---

[1]《江泽民文选》第一卷，人民出版社2006年版，第428页。
[2]《毛泽东文集》第六卷，人民出版社1999年版，第437页。

毛泽东的这种认识必然使他更多关注于所有制的公有化程度的变革。"文化大革命"结束后，邓小平在思考"什么是社会主义和怎样建设社会主义"的过程中，最终提出了社会主义本质是"解放生产力，发展生产力，消灭剥削，消除两极分化，最终达到共同富裕"。在邓小平看来，"共同富裕"是体现社会主义本质的东西，是社会主义的根本目标，也是社会主义制度最大的优越性；社会主义不仅强调解放生产力，发展生产力，而且强调人民创造的财富属于人民，能够实现共同富裕；社会主义与资本主义区别的不同点，"就是共同富裕，不搞两极分化"[1]；作为社会主义根本原则必须要坚持的，除了公有制占主体之外，共同富裕"是我们所必须坚持的社会主义的根本原则"[2]。因为，① "共同富裕"必然要求要"解放生产力和发展生产力"。"解放生产力和发展生产力"是实现"共同富裕"的手段和物质基础，没有生产力的解放和发展，共同富裕也就无从实现。只有充分利用科学技术第一生产力，创造出更多的物质精神财富，才能为实现共同富裕创造更多的客观物质条件。② "共同富裕"也必然要求要"消灭剥削和消除两极分化"。"消灭剥削和消除两极分化"是实现共同富裕的根本保证和途径。商品经济和市场经济具有一定促进科学技术第一生产力发展的优势，但同时也存在一些负面影响。在市场经济条件下，人与人的经济关系是通过商品、货物等物的形式表现出来的，对物的过分崇拜会使人变为商品、货币的奴隶，出现拜金主义观念及"物"的依赖现象。一些剥削阶级的思想也就会应运而生，两极分化问题也会不可避免地出现。如果没有共同富裕来引导人们的思想价值观念，一些剥削阶级思想的消除和两极分化问题的解决势必就会增加困难。③ "消灭剥削和消除两极分化"又是同"解放生产力和发展生产力"互为条件、互相促进的。只有在社会生产力充分发展的基础上才能够消灭剥削。所以，只有在共同富裕最终目标的引导下，把解放科学技术第一生产力和发展科学技术第一生产力同"消灭剥削和消除两极分化"结合起来，才会避免科学技术第一生产力的异化，真正实现科学技术第一生产力服从于人民物质文化生活需要的目的。

邓小平科学技术是第一生产力思想理论的人本意义，在江泽民和胡锦涛的思想理论中得到了继承与发展。"三个代表"重要思想是江泽民对科学技术第一生产力思想理论人文关怀的具体体现，强调要以人民群众的利益为出发点，在不断促进科学技术第一生产力进步和创新的基础上，发展先进生产力，繁荣先进文化，来切实满足人们日益增长的物质文化生活需要。胡锦涛以人为本、全

---

[1]《邓小平文选》第三卷，人民出版社1993年版，第123页。
[2]《邓小平文选》第三卷，人民出版社1993年版，第111页。

面协调、可持续的科学发展观则是对科学技术第一生产力人本意义的具体要求和规定,强调科学技术第一生产力的发展一切要从人出发,一切为了人,一切依靠人;要求在科学技术第一生产力发展不断满足人们物质需要的基础上,促进人的潜能、社会关系、人的个性以及人的自由的全面发展;要求在科学技术第一生产力发展中,要协调好各个阶层、各个地区之间的利益关系、统筹发展;要求科学技术第一生产力的发展,要以实现人与自然的关系和人与人的关系的和谐为标准。在社会主义制度下,未来科学技术第一生产力的运行,就会像马克思所说的那样,只有生产者联合起来,成为社会化的人,才将会合理地调节人类和自然之间的物质变换;只有这种物质变换在人们的共同控制之下,才不至于让其成为盲目的力量来统治人类自己;也只有这样,人类才有可能耗最小的力量,在最无愧于和最适合于人类自身本性的条件下来进行这种物质变换。这不但表征着人与人的关系和人与自然关系的和谐发展,而且也意味着人与人关系矛盾和人与自然关系矛盾的真正解决。这既是人的全面发展的最高境界,也是邓小平"科学技术是第一生产力"所要体现的本质内涵。

七、坚持邓小平"科学技术是第一生产力"理论与实践,加快推进中华民族复兴伟业

随着科学技术和生产力水平的进一步提高,任何国家要发展,都不可能只依靠本国的物质条件和技术能力,必须与其他国家进行交流,互通有无。为此,邓小平一方面认为完全依靠外国资金建设我们国家是不可能的,必须立足国内,立足于自力更生这个原则,不能完全按照别的国家的模式来建设国家。另一方面,他又认为仅仅依靠中国自己关起门来搞建设也不行,必须充分吸收外国的先进经验,充分利用外国的资金、外国的技术,发展高科技,在世界高科技领域占有一席之地,来加速我们中国的发展。

(一)与时俱进学习外国的长处

一是要以世界先进的科技成果作为中国发展的起点。1978年9月,邓小平在出访途中到东北三省考察工作,在听取中共吉林省委常委汇报工作时强调,经过一段时间的努力,中国面对的国际条件相对于新中国成立初期那段时间有了很大改善,比过去好得多了,这就在客观上使我们能够吸收国际先进技术、经营管理理念和经验,吸收他们的资金来为我所用。现在我们思考问题,解决问题,都不要绕过这个客观事实,这是对我们积极有利的方面。在听取中共鞍山市委负责同志汇报工作时又指出,世界在发展,我们不在技术上前进,不要

说超过，赶都赶不上，那才真正是爬行主义。我们要以世界先进的科学技术成果作为我们发展的起点。我们要有这个雄心壮志。

二是学习先进才有可能赶超先进。邓小平强调，世界发达国家都注意最新科技成果，据说他们政府头头每天办公桌上都放一张每日科技新闻。科学研究方面的先进东西是人类劳动的成果，自己不懂就要向懂行的人学习。向外国的先进管理方法学习，不仅新引进的企业要按人家的先进方法去办，原有企业的改造也要采用先进的方法。1978年3月18日，在全国科学大会开幕式上的讲话中，邓小平又指出，认识落后，才能改变落后。学习先进，才有可能赶超先进。任何一个民族、一个国家，都需要学习别的民族、别的国家的长处，学习人家的先进科学技术。我们不仅因为今天科学技术落后，需要努力向外国学习，即使我们的科学技术赶上了世界先进水平，也还要学习人家的长处。为了解决人们的思想认识问题，邓小平明确指出先进的科学技术和经济管理方法与资本主义制度并没有本质的联系。1980年他在回答意大利记者法拉奇提问时说，资本主义要比封建主义优越。有些东西并不能说是资本主义的。比如说，技术问题是科学，生产管理是科学，在任何社会，对任何国家都是有用的。我们学习先进的技术、先进的科学、先进的管理来为社会主义服务，而这些东西本身并没有阶级性。这种不仅吸收国外先进自然科学，而且大胆吸收国外先进社会科学，诸如管理方面的文明成果来为社会主义服务的思想，为我们解放思想、扩大开放，提供了依据，指明了方向。同时，邓小平也强调，我们学习外国的长处也不是盲目地学，必须要与中国的具体实际需要相结合。如他在1982年中国共产党十二大上说，我们的现代化建设，必须从中国的实际出发。无论是革命还是建设，都要注意学习和借鉴外国经验。但是，照抄照搬别国经验、别国模式，从来不能得到成功。这方面我们有过不少教训。把马克思主义的普遍真理同中国的具体实际结合起来，走自己的道路，建设有中国特色的社会主义，这就是我们总结长期历史经验得出的基本结论。

三是要吸收外国资金、外国技术，甚至包括外国在中国建厂来作为我们发展社会主义社会生产力的补充。1980年4月29日，邓小平在接受卢森堡电视台采访时强调说，办好中国的事情，必须立足于自己，要照顾好自己的特点，完全按照别国的模式来建设中国是不可能的。但是，中国自己关起门来建设也不行，必须充分吸收外国的先进经验，充分利用外国的资金，外国的技术，来加速我们的发展。我们欢迎国际资金来帮助我们发展。你们叫多国公司，我们叫合资经营，这种方式，我们是欢迎的。同时，邓小平还多次强调指出，我们同外国人合资经营，也有一半是社会主义的；合资经营的实际收益，大半是我们拿过来，国家和人民得到的益处大，不会是资本主义，这一点不用担心。针对人们怀疑引进外资和技术会改变中国社会主义性质，邓小平指出："人们有这样的怀疑，中国这样搞四化会不会走资本主义道路。我们肯定地说，不会。"[1]现在，我们国内的资产阶级已经不存在了，过去的资本家的成分已经改变了。外资是资本主义经济，外资在中国所占的份额是有限的，改变不了中国的社会主义制度。发展经济，不开放是很难搞起来的，世界各国的经济发展都要搞开放，西方国家在资金和技术上就是互相融合、互相交流，不能说"三资"企业不是公有制经济，害怕它的发展。社会主义的特征是搞集体富裕，它不产生剥削阶级。

四是要引进国外智力资本参加中国的建设。在大规模引进国外资金、技术的同时，邓小平还力主引进一种特殊的技术资本——国外的智力资本。早在1977年，他就提出要接受华裔学者回国，请外国著名学者来中国讲学。1983年7月，他在同中央几位负责同志谈话时说，我们搞现代化建设既缺少经验，又缺少知识，要利用国外智力，请一些外国人来参加我们的重点建设和其他各个方面的建设，要尊重人才的价值，不要怕请外国人多花了几个钱。利用国外智力的方式要灵活多样，他们长期来也好，短期来也好，专门为一个题目来也好；要大胆使用外国人才，请来之后，要很好地发挥他们的作用。把外国人请来参加我们的重点建设以及各方面的建设，办教育，搞技术改造，"大量取得国际上的帮助"[2]。在他的支持与关怀下，中国各种形式的留学人员逐年增多，许多留学人员也陆续学成回国，在现代化建设中大显身手。

五是要在吸收和借鉴人类文明成果的同时进行创新发展。善于吸收和借鉴人类社会创造的一切文明成果，并结合实际情况进行创新和发展，是一个民族兴旺、国家富强的重要标志。一个与世界隔绝的国家，是落后的国家；一个拒不接受先进文明成果的民族，绝对是没有希望的民族。必须大胆地吸收和借鉴人类社会创造的一切文明成果。邓小平认为，对人类社会创造的一切文明成果，必须采用"拿来主义"的态度和方法。1977年9月29日，在会见来京参加国庆活动的华侨、港、澳、台同胞代表时，邓小平就说，科学技术是人类劳动的成果，外国人可以用中国的成果，他们就不怕洋奴哲学。他提出，世界上最先进的成果都要学习，引进来作为基础，不管那些洋奴哲学的帽子。同年11月3日，他在会见外籍华人学者王浩时进一步说，现在我们学习外国的东西，要采取"拿来主义"。日本科学发展得快，就是实行了"拿来主义"。"拿来主义"不

---

[1]《邓小平文选》第二卷，人民出版社1994年版，第235页。
[2]《邓小平文选》第二卷，人民出版社1994年版，第133页。

坏，都是人类劳动的成果，既然我们在人类之中，为什么不能用人类劳动的成果？总之，"社会主义要赢得与资本主义相比较的优势，就必须大胆吸收和借鉴人类社会创造的一切文明成果，吸收和借鉴当今世界各国包括资本主义发达国家的一切反映现代社会化生产规律的先进经营方式、管理方法。"[1] "第一要学会，第二要提高创新"[2]。"掌握技术，要善于学习，更要善于创新。"[3]

（二）在世界高科技领域牢牢占有一席之地

中国必须在世界高科技领域占有一席之地，是中国实现科学技术现代化的重要战略思想，也是中国在世界范围内发展高科技的激烈竞争中掌握主动权的一项根本措施。中华人民共和国成立以后几十年中，中国在外部有国际封锁，内部遭到严重经济困难的条件下，下定决心发展自己的高技术，成功地研制了"两弹一星"，极大地提高了中国的国际地位。正如邓小平讲的："如果六十年代以来中国没有原子弹、氢弹，没有发射卫星，中国就不能叫有重要影响的大国，就没有现在这样的国际地位。这些东西反映一个民族的能力，也是一个民族、一个国家兴旺发达的标志。"[4]他认为，为了迎接21世纪高科技领域的激烈竞争，为了取得在国际战略格局中的有利地位，达到和赶上中等发达国家的水平，加快推进中华民族复兴伟业进程，中国必须充分认识发展高科技的紧迫性，制定和部署自己的高科技发展战略。1986年3月3日，王大珩等四位著名科学家向中央提出发展高技术、跟踪世界先进水平的建议。仅仅两天后的3月5日，邓小平就此作出批示："这个建议十分重要，请找些专家和有关负责同志讨论，提出意见，以供决策。此事宜速决断，不可拖延。"在邓小平的支持和推动下，同年11月，产生了经200多位专家全面论证，中共中央和国务院批准实施的《高新技术研究发展计划纲要》（即"863"计划），为发展中国的高科技作出重要战略部署。

对于如何在世界高科技领域占有一席之地，邓小平高瞻远瞩指出：① 中国不能安于落后，一开始就参与世界高科技领域的发展。从发达国家的情况看，进入20世纪90年代以来，高技术产业的比例已达到19%以上，传统产业在高技术的基础上逐步得到改造。而中国高技术产业仍然极为幼稚，产业结构从整体上看基本属于低技术产业。其主要表现是高科技含量和高附加值的出口额在世界贸易总额中比例只有1.32%，仅相当于美国所占比例的1/19，日本的1/13，

---

[1]《邓小平文选》第三卷，人民出版社1993年版，第373页。
[2]《邓小平文选》第二卷，人民出版社1994年版，第129页。
[3]《邓小平文选》第三卷，人民出版社1993年版，第51页。
[4]《邓小平文选》第三卷，人民出版社1993年版，第279页。

德国的 1/9。所以，邓小平指出："现在世界的发展，特别是高科技领域的发展一日千里，中国不能安于落后，必须一开始就参与这个领域的发展。搞这个工程（指正负电子对撞机工程）就是这个意思。还有其他一些重大项目，中国也不能不参与，尽管穷。因为你不参与，不加入发展的行列，差距越来越大。""总之，不仅这个工程，还有其他高科技领域，都不要失掉时机，都要开始接触，这个线不能断了，要不然我们很难赶上世界的发展。"[1]② 发展高科技，中国要走产业化的道路。1988年，国务院批准了"火炬计划"，这是一项促进中国高科技产业化的发展计划。这个计划与"863"计划的实施，有力地推动了中国高科技的发展，许多成果及时地转化为新的产业。1991年4月23日，邓小平为全国高科技研究发展计划纲要计划工作会议作了"发展高科技，实现产业化"的题词。这体现了邓小平把发展高科技与提高国家的综合国力，保证"三步走"战略目标实现，促进生产力的发展和人民生活水平的提高紧密连在一起的思想。③ 注重发展自己的高科技，切实提高自主创新能力。当今世界，国际形势发生重大变化，国际竞争的重点由政治、军事的竞争逐步转向经济与科技的角逐。无数事实表明，中国在抢占高科技发展的制高点过程中，高技术作为国际竞争的重要因素，在许多情况下是无法引进的。因此，邓小平特别强调发展中国"自己的高科技"，坚持独立自主、自力更生的方针。中国在大量吸收世界各国所创造的先进科技成果的同时，必须努力提高我们自己的研究和创新能力，开发出具有自主知识产权的先进技术。1984年邓小平在视察宝钢的题词中指出："掌握新技术，要善于学习，更要善于创新。"④ 更新思想观念，随着时代、实践和科学的发展而不断发展。马克思认为，科学技术是推动社会前进、变动社会制度的最高意义上的革命力量。他说，蒸汽、电力和自动纺织机甚至是比巴尔贝斯、拉斯拜耳和布朗基诸位公民更危险万分的革命家。邓小平强调指出："世界形势日新月异，特别是现代科学技术发展很快。现在的一年抵得上过去古老社会几十年、上百年甚至更长的时间。不以新的思想、观点去继承、发展马克思主义，不是真正的马克思主义者。"[2] "世界在变化，我们的思想和行动也要随之而变。过去把自己封闭起来，自我孤立，这对社会主义有什么好处呢？历史在前进，我们却停滞不前，就落后了。"[3] 这些论断表明了我们共产党人要紧紧跟上科学技术的发展趋势，把科学技术现代化作为建设有中国特色社会主义现代化的关键，早日达到和赶上中等发达国家的水平。

---

[1]《邓小平文选》第三卷，人民出版社1993年版，第279~280页。
[2]《邓小平文选》第三卷，人民出版社1993年版，第291~292页。
[3]《邓小平文选》第三卷，人民出版社1993年版，第274页。

1999年11月20日6时30分7秒，在中国酒泉卫星发射中心用新型长征运载火箭发射了第一艘试验飞船在太空遨游21小时，11月21日凌晨3时41分成功着陆。这艘由江泽民题名为"神舟"号的飞船，由推进舱、返回舱、轨道舱组成，五星红旗图案醒目地印在船体两侧，在灯光照射下，鲜艳夺目。此后，"神舟"系列飞船陆续升空，并圆满完成各项任务。人类载人航天已有38年历史，中国仅用七年就突破航天最高技术，继俄、美之后成为世界上第三个掌握这一高技术的国家。中国载人航天工程首次飞行试验的成功再次表明，中国人民完全有能力独立自主地攻克尖端技术，在世界高科技领域牢牢占有一席之地，来加快推进中华民族复兴伟业的进程。

第七章　邓小平发展科学技术的理论与实践

本章主要从邓小平科学技术发展的理论与实践、邓小平发展信息化科技的理论与实践、邓小平发展生态科技的理论与实践、邓小平发展管理科技的理论与实践、邓小平发展安全科技的理论与实践五个方面入手，对邓小平发展科学技术的理论与实践进行梳理、研究、阐述。

一、邓小平发展科学技术的理论与实践概述

邓小平认为，科技发展只有坚持解放思想，才能认识到科技是第一生产力，认清世界科技发展的最新趋势及它的发展对世界和中国所带来的影响；只有坚持解放思想，才能认识到科技工作者也是劳动者，是中国工人阶级中的一部分；只有坚持解放思想，才能摆正"红"与"专"的关系，努力造就又红又专的知识分子大军；只有坚持解放思想，才能创造出科技发展的良好外部环境。邓小平坚持解放思想，不但对现代科学技术的性质、功能、作用、地位等问题进行了深刻的理论思考，而且还从全球战略和中国社会主义现代化建设的实践出发，全面阐述了推进中国科学技术事业发展进步的一系列根本性的发展战略理论。

（一）要认清科学技术对生产力发展具有的第一位的变革作用

一是科学技术作为智能因素已渗透到生产力的基本要素之中。邓小平指出："历史上的生产资料，都是同一定科学技术相结合的；同样，历史上的劳动力，也都是掌握了一定的科学技术知识的劳动力[1]。"我们常说，人是生产力中最活跃的因素。这里讲的人，是指有一定的科学知识、生产经验和劳动技能来使用生产工具，实现物质资料生产的人。由于现代科学技术日新月异，生产设备的更新、生产工艺的变革都非常迅速。许多产品，往往不要几年的时间就有新一代的产品来代替。当代自然科学正以空前的规模和速度，应用于生产，使社会物质生产的各个领域面貌一新。这一切表明，在现代社会中，科学技术对生产力基本要素的渗透作用日益明显，科学向技术、生产转化的周期日益缩短，节奏加快。随着科学技术的不断进步，它对生产力的发展起到的第一位的变革作用将更加明显。

---

[1]《邓小平文选》第二卷，人民出版社1994年版，第88页。

二是现代科学为生产技术进步开辟道路并决定其发展方向。邓小平认为，现代科学技术不只在个别的科学理论上，个别的生产技术上获得了发展，也不只是有了一般意义上的进步和改革，而是几乎各门科学技术领域都发生了深刻变化，出现了新的飞跃，产生并正在继续产生一系列新兴科学技术，表明科学技术已成为现代社会生产的先导因素和发展动力。

三是科技进步是推动国民经济增长的首要因素。邓小平认为："四个现代化，关键是科学技术的现代化。没有现代科学技术，就不可能建设现代农业、现代工业、现代国防。没有科学技术的高速度发展，也就不可能有国民经济的高速度发展。"[1]由于科学技术在经济增长中的作用越来越大，它也就越来越突出地在各方面直接体现为生产力，说明现代科学技术对中国经济持续、快速、健康发展所起的重大作用。

由于这些因素，邓小平果断地把科学技术摆在推动经济发展的首要位置。而这种地位的变化，并非把科技作为生产力基本要素之一加入其中，而是将其看作能无限增值的资源本身。它使人们从更高层次上看到了人类社会的发展前景，指明了当代中国社会主义现代化建设的有效推动力量和发展社会生产力的根本途径。

（二）凡是世界上先进的科技成果都要拿过来为我所用

一是要把外国先进的科技成果放到教材里去。赶超世界先进科技首先必须实施科技教育，打牢学习世界各国先进的科技知识、科技理论和科技思想的基础，培育先进科技扎根和生长的沃土。邓小平指出："现代自然科学一日千里，教材要做到精，就要合乎现代科学的发展水平，要用最新的科学知识来教育青年。……要把国外先进的科学技术成果放到教材里去，把数理化和外文的基础打好。"[2]针对过去中国各级各类教材没有吸收外国先进的科技成果的现状，邓小平强调要重新审定大学、中小学教材。高等学校"可以花钱把外国技术资料买来，编到教材中去"[3]，同时，"要进口一批外国的自然科学教材，结合我们的实际编出新的教材，以后就拿新教材上课"[4]。"我们要在科学技术上赶超世界先进水平，不但要提高高等教育的质量，而且首先要提高中小学教育的质量，按照中小学生所能接受的程度，用先进的科学知识来充实中小学的教育

---

[1]《邓小平文选》第二卷，人民出版社 1994 年版，第 86 页。
[2]《邓小平科技思想年谱》（1975—1994），中央文献出版社 2004 年版，第 24~25 页。
[3]《邓小平年谱》（1975—1997），中央文献出版社 2004 年版，第 164 页。
[4]《邓小平年谱》（1975—1997），中央文献出版社 2004 年版，第 167 页。

内容。"[1]唯有如此,中学水平才能提高。此外,还要多学点外语,"一点外语知识、数理化知识也没有,还攀什么高峰?中峰也不行,低峰还有问题"[2]。邓小平强调,抓科技,首先要恢复外语教学。

二是大量派遣留学生,把外国的先进科技成果拿回来。派遣留学生是把外国最先进的科技成果拿回来的有效措施。1919年9月上旬,刚满15岁的邓小平就进入重庆留法勤工俭学预备学校学习法语和工业技术知识。一年后,经过学校毕业考试、法国驻重庆领事馆的口试,邓小平取得了赴法国学习的资格。尽管由于种种原因,在法国近五年的时间内,邓小平没能进入正规学校进一步学习法语和科技知识,但是艰苦的"勤工"生活,使他能够用初步掌握的法语在当时最现代的企业接受大工业的启蒙。由此,邓小平对派留学生的重要性有亲身的体验,终身积极推动。1977年10月10日,在会见美籍华人、高能加速器专家邓昌黎教授前,同中国科学院负责人和专家等谈话时,邓小平就派科研人员到外国学习,提出了具有政策意义的意见。他说:"可以尽快派人去,学习回来后搞我们的建设。去过一次的,以后还可以去。去的人不在年龄大小,而是要有点水平有点基础的,这样容易把先进的科学技术成果拿回来。"[3]在会见邓昌黎教授和夫人黄乃申时,邓小平说:"我们可以派几个人到你那里去学习一年,时间不够可以学一年半到二年。他们学习回来马上可以参加加速器的建设。如果有什么问题,再出去学。可以带着问题去学。开始去可以学得广一些,再去时间可以短一些,学得专一些。"[4]1978年7月6日至10日,卡特总统的科学顾问弗兰克·普赖斯率领科学家代表团访问中国期间,接受邓小平关于向美国派遣700名中国留学生以及未来几年派遣几万名留学生的建议。邓小平访问美国期间,与国家科委主任方毅一起同美国签订了促进科学交流的协议。1979年初第一批50名中国留学生抵达美国,1980年有1 025名中国人持学生签证赴美,到1984年时已有14 000名中国学生进入美国大学,其中三分之二所学专业是自然科学、医学和工程。[5]除积极推动向美国等国家派遣留学生外,邓小平主张,还应当向世界各国派遣留学生,要增加去欧洲的留学生,不仅是联邦德国,还有其他国家,各有特长,都可以学到本领。

三是利用外国智力,请外国人来参加中国的科技建设。改革开放后,邓小平把利用国外智力作为发展科技的重大方针,要求创造条件引进国外智力,尤

---

[1]《邓小平文选》第二卷,人民出版社1994年版,第104页。
[2]《邓小平文选》第二卷,人民出版社1994年版,第34页。
[3]《邓小平年谱》(1975—1997),中央文献出版社2004年版,第219页。
[4]《邓小平年谱》(1975—1997),中央文献出版社2004年版,第219~220页。
[5] 傅高义:《邓小平时代》,生活·读书·新知三联书店2013年版,第342~343页。

其要从华裔科学家开好头。邓小平指出:"有一批华裔学者要求回国……我们要创造条件,盖些房子,做好安置他们回国的准备工作……接受华裔学者回国是我们发展科学技术的一项具体措施……我们还要请外国著名学者来我国讲学。现在国家还有困难……要在困难条件下,尽力把工作做好。"[1]1978 年 1 月中旬,邓小平批准教育部、国防工业办公室、外交部《关于拟邀请美国周以苍教授短期来华讲学的请示》;1978 年 3 月初,批准中国科学院、外交部等《关于邀请美籍物理学家李政道来华短期工作的请示》。5 月至 7 月,当时在美国里海大学任教的金属和材料学专家周以苍应上海交通大学邀请前来中国讲学。不仅如此,邓小平还把聘请外国专家的工作提升到了利用外国智力的战略高度。1983 年 7 月 8 日,在同中央几位负责同志谈话时,邓小平说:"要利用外国智力,请一些外国人来参加我们的重点建设以及各方面的建设。对这个问题,我们认识不足,决心不大。搞现代化建设,我们既缺少经验,又缺少知识。不要怕请外国人多花了几个钱。他们长期来也好,短期来也好,专门为一个题目来也好。请来之后,应该很好地发挥他们的作用。过去我们是宴会多,客气多,向人家请教少,让他们帮助工作少,他们是愿意帮助我们工作的。"[2]根据邓小平的谈话精神,1983 年 8 月 24 日,中共中央作出《关于引进外国智力以利四化建设的决定》;9 月 7 日,中共中央决定,成立中央引进外国智力以利四化建设工作领导小组。1991 年,有 50 多个国家和地区的 3 万多名专家学者来华工作,帮助兴建一批重点项目,对企业进行改造,培养文化教育方面的人才。

四是中国要较快地发展,就要引进世界各国的先进技术和利用外资。学习外国先进技术,引进先进技术装备、科研条件、实验装置,是支撑现代前沿科技的重要平台。① 要抢时间、加快引进先进技术。邓小平指出:"引进技术的谈判,要抢时间,要加快速度。对共同市场,也要迅速派人去进行技术考察。发达资本主义国家有三大支柱产业,即钢、建筑材料和汽车。我们汽车工业还不行。建筑业的发展越往后要求越高。对于共同市场,对于日本、美国,要专门成立一个班子,不干别的事,集中力量,专门研究。要注意国际动态,现在是对我们最有利的时机。总之,要抓紧时间,多争取一年时间都合算。"[3]因此,邓小平要求全国要加速引进一大批科研手段。② 在技术消化条件不具备的情况下,还得先引进外国的产品。邓小平说:"我们航空方面的技术力量差,主要是电子技术、软件、发动机落后。这些东西要完全靠自己解决,时间可能要很长,

---

[1]《邓小平文选》第二卷,人民出版社 1994 年版,第 57 页。
[2]《邓小平文选》第三卷,人民出版社 1993 年版,第 32 页。
[3]《邓小平年谱》(1975—1997),中央文献出版社 2004 年版,第 267 页。

困难会很大,可以引进某些技术,特别要引进那些缺门技术。要买一点新的、性能较好的飞机。"[1]③利用外资要积极探索技术转让。邓小平说:"我赞成大胆使用外资,但大胆以外还要加一个'会'字,即要会使用外资……我们引进外资时,在技术转让问题上还不够积极,管理人员胆子就更小了。克服这个问题,一方面我们要更加开放,创造比较优越、比较合理的投资环境,勇于和敢于使用外资,这是我们的方针;另一方面,希望外国投资者在中国投资时,在技术转让方面更加开明一点。"[2]利用外资不仅仅是弥补中国建设资金的不足,更重要的是要把利用外资作为引进外国先进技术、设备和管理经验的一条有效途径,来加速中国的发展。④要有赶超世界先进水平的志气。邓小平说:"我们要学习国际上先进经验,但光跟在别人后也不行,要有赶超世界先进水平的志气。""引进技术,自己制造","创造一些名牌","打开国际市场"。[3]因为,"中国是一个大国,又是一个穷国。我们提出实现四个现代化的时候,必须看到这两个基本特点。中国既然是个大国,完全依靠外国资金来建设我们的国家是不可能的,必须是立足于国内,立足自力更生这个基本原则。就是立足于自己,也要照顾自己的特点,完全按照别的国家的模式来建设中国是不可能的"[4]。

(三)建立科技与经济相结合的科技体制,实行科技领域的对外开放

科学技术是第一生产力,但是科学技术只有面向经济建设,积极主动地为经济建设服务,切实解决经济建设中的问题,才能推进经济的发展。经济建设只有坚定地依靠科技进步,才能蓬勃而持久地发展。这样也才能为科技发展提供坚实的物质基础。在建设新中国的崭新事业中,广大科技人员积极投身于火热的经济建设中,曾创造出了许多科技奇迹,为社会主义建设事业作出了重要贡献。但是,长期以来,中国科技体制存在许多问题,最大问题就是科技与经济脱节。这在很大程度上约束了中国经济的发展。据有关部门统计,约有60%~70%的科技成果被束之高阁,没有及时有效地转化为生产。这一方面由于长期以来计划经济体制所导致的不良后果,另一方面则是技术力量不足。有30%~40%的科技成果虽然在生产领域得到了推广运用,但其转化周期比较长。这既影响了经济的发展,也不利于科技本身的进步。而世界上一些发达国家的情形与我们恰恰相反,这些国家的国民生产总值年增长率中依靠科技进步的因素高

---

[1]《邓小平年谱》(1975—1997),中央文献出版社2004年版,第517页。
[2]《邓小平年谱》(1975—1997),中央文献出版社2004年版,第1135页。
[3]《邓小平科技思想年谱》(1975—1994),中央文献出版社2004年版,第158~159页。
[4]《邓小平科技思想年谱》(1975—1994),中央文献出版社2004年版,第153页。

达 60%~80%。尤其是科学技术迅速发展的今天，现代科学技术日益成为生产的先导，过去那种"生产—技术—科学"的循环过程已被"科学—技术—生产"的循环过程所替代，科技成果转化为生产力的速度越来越快。这表明现代科技本身面向经济建设的要求越来越强烈了。因此，要在中国这样一个基础差、底子薄、劳动力素质不高的国度中实现经济腾飞，继续沿着过去以扩展动力外延的粗放经营方式越难以做到的，唯有依靠技术革新、科学管理、开发高新技术产品等才可行。中国共产党十一届三中全会提出了把党的工作重点转移到经济建设上来，把经济搞上去，早日实现四个现代化，就是我们工作的中心，我们的一切工作都要围绕这个中心展开，并为这个中心服务。科学技术既然是第一生产力，理所当然要面对经济建设主战场，围绕经济发展的目标，不断提高科技水平，勇于攀登科技高峰，为经济建设提供强有力的支持和保障。

从实践上看，科技与经济结合，是经济发展的客观需要。那么，如何实现科技和经济相结合，其结合点又在哪里？毫无疑问，在市场、在企业。因为大量的、主要的科研项目要从工农业生产实践中去寻找，从市场中去寻找。要实现科技与经济相结合，还必须改革经济体制和科技体制。中国原有科技体制存在诸多弊端，其中最主要的是科技与经济严重脱节，由此带来了其他环节的一系列脱节：基础研究、应用研究、技术开发相互脱节，等等。这些弊端一方面不利于经济建设，使经济发展缺乏科技强有力的支撑；另一方面也使科技发展缺乏科技强有力的支持，不利于科技自身的发展。为此，邓小平严肃指出："现在要进一步解决科技和经济结合的问题。所谓进一步，就是说，在方针问题、认识问题解决之后，还要解决体制问题。……新的经济体制，应该是有利于技术进步的体制。新的科技体制，应该是有利于经济发展的体制。双管齐下，长期存在的科技与经济脱节的问题，有可能得到比较好的解决。"[1]邓小平的这些思想理论为深化科技体制改革指明了方向，那就是科学技术工作必须面向经济建设，经济建设必须依靠科学技术。

"对外开放就是要引进技术为我所用。"[2]邓小平认为，对外开放是科技发展的必要条件，因为：① 科技按其属性来说，应当是开放的。科技的发展本来就是互相交流的产物。随着经济全球化和生产国际化的逐步发展，科学技术国际化成为全球经济竞争的一种新手段。在这种情况下，科技方面实行对外开放就是一种必然的选择。只有实行对外开放，才能获得我们所需要的先进技术和设备；只有实行对外开放，才能获取世界科技发展的最新信息；只有实行对外

---

[1]《邓小平文选》第三卷，人民出版社 1993 年版，第 108 页。
[2]《邓小平年谱》(1975—1997)，中央文献出版社 2004 年版，第 1339~1340 页。

开放，才能在同人家的不断交流、对话中，增长自己的才干，发展自己的科技事业。②历史和现实的两方面经验都充分证明，发展科技必须实行对外开放。在科技发展方面，闭关自守，故步自封是愚蠢的。早在20世纪80年代，邓小平在总结历史经验的基础上深刻地指出，中国作为世界文明古国，曾经对世界文明的发展作出重要贡献，但到近代却落伍和停滞了。这是因为"闭关自守"使我们吃了苦头。中华人民共和国成立以后一段时间里也实行这种政策，其结果又使中国落后了。与此同时，东边的日本却因为实行对外开放，大规模引进技术而一举成为世界科技、经济强国。为此，邓小平指出，对外开放不是权宜之计，而是一项基本国策，是一个根本的战略指导思想。"科学技术是人类共同创造的财富。任何一个民族、一个国家，都需要学习别的民族、别的国家的长处，学习人家的先进科学技术。我们不仅因为今天科学技术落后，需要努力向外国学习，即使我们的科学技术赶上了世界先进水平，也还要学习人家的长处。"邓小平还强调："提高我国的科学技术水平，当然必须依靠我们自己努力，必须发展我们自己的创造，必须坚持独立自主、自力更生的方针。但是，独立自主不是闭关自守，自力更生不是盲目排外。"[1] "要引进国际上的先进技术、先进装备，作为我们发展的起点。"[2]在他的指导下，《中共中央关于科学技术体制改革的决定》要求："国内有关的研究与开发工作要同引进技术紧密结合，消化、吸收引进的先进技术，提高开发生产技术的起点，进而发展新的创造，提高自主开发的能力。"

（四）重视基础研究，努力在高科技领域占有一席之地

1. 邓小平对发展高科技、实现产业化的重视与支持

一是积极评价当代世界新技术革命，指出高科技代表了世界新技术革命的发展趋势。高度重视当代科学技术革命和新产业革命，是邓小平科学技术思想理论形成和发展的重要前提。1978年邓小平就指出："现代科学技术正在经历着一场伟大的革命。近三十年来，现代科学技术不只是在个别的科学理论上、个别的生产技术上获得了发展，也不只是有了一般意义上的进步和改革，而是几乎各门科学技术领域都发生了深刻的变化，出现了新的飞跃，产生了并且正在继续产生一系列新兴科学技术。现代科学为生产技术的进步开辟道路，决定它的发展方向。……一系列新兴的工业，如高分子合成工业、原子能工业、电子计算机工业、半导体工业、宇航工业、激光工业等，都是建立在新兴科学基

---

[1]《邓小平文选》第二卷，人民出版社1994年版，第91页。
[2]《邓小平文选》第二卷，人民出版社1994年版，第133页。

础上的。"他进而指出："大量的历史事实已经说明：理论研究一旦获得重大突破，迟早会给生产和技术带来极其巨大的进步。当代的自然科学正以空前的规模和速度，应用于生产，使社会物质生产的各个领域面貌一新。……同样数量的劳动力，在同样的劳动时间里，可以生产出比过去多几十倍几百倍的产品。社会生产力有这样巨大的发展，劳动生产率有这样大幅度的提高，靠的是什么？最主要的是靠科学的力量、技术的力量。"[1]正是因为客观总结和科学预测了当代高新技术及其产业发展的客观规律和一般趋势，邓小平才创造性地提出了"科学技术是第一生产力"的命题。

　　二是高度重视高新技术及其产业的发展，强调要大力发展中国的高新技术。1986 年，邓小平富有远见地提出促进高新技术发展的投资战略，指出："发展高科技，我们还是要花点钱，该花的就要花。前几年有的外国科学家问我，你们在不富裕的情况下为什么要搞加速器？我说，我们是从长远考虑。现在看来搞对了，决心下对了，起码争取了几年时间。在高科技方面，我们要开步走。不然就赶不上，越到后来越赶不上，而且要花更多的钱，所以从现在起就要开始搞。"[2]1988 年 8 月 24 日，邓小平在视察北京正负电子对撞机工程时指出："下一个世纪是高科技发展的世纪。"并强调："过去也好，现在也好，将来也好，中国必须发展自己的高科技，在世界高科技领域占有一席之地。如果六十年代以来中国没有原子弹、氢弹，没有发射卫星，中国就不可能叫有重要影响的大国，就没有现在这样的国际地位。这些东西反映一个民族的能力，也是一个民族、一个国家兴旺发达的标志。"因此，邓小平强调，即使穷，我们也要发展高新技术，不仅要建设正负电子对撞机，在其他高科技领域"都不要失掉时机"[3]。

　　三是直接关心支持中国第一个国家级高新技术发展计划的形成和发展。1986 年，邓小平对四位科学家的报告作了及时批示和高度评价，他说："这个建议十分重要"，要"找些专家和有关负责同志讨论，提出意见，以凭决策。此事宜速作决断，不可拖延"。由此促成了中国国家级"863 计划"的出台，推出了国家《高技术研究发展计划纲要》。1991 年 4 月 23 日，邓小平又为全国"863"计划工作会议作了"发展高科技，实现产业化"的题词。在邓小平直接支持和推动下，中国"863"计划取得了重要成果，极大地提高了中国高技术发展的水平。该计划已取得多项研究成果，如在生物技术领域中的两系法杂交水稻、植物基因图谱研究、动植物转基因技术、基因工程药物和疫苗等技术；在信息技

---

[1]《邓小平文选》第二卷，人民出版社 1994 年版，第 87 页。
[2]《邓小平文选》第三卷，人民出版社 1993 年版，第 183~184 页。
[3]《邓小平文选》第三卷，人民出版社 1993 年版，第 279~280 页。

术领域中突破了大规模并行处理技术,研制成功了具有自主知识产权的"曙光"系列计算机,开发了大型数字程控交换机等;在自动化领域中如计算机集成技术(CIMS)、特种机器人等关键技术取得了重大进展;在新材料领域开发出新型高性能镍氢电池的产业化技术等,都使中国高新技术创新能力明显增强。

四是强调大力发展国际科技合作与交流。1977年10月,邓小平会见加拿大麦吉尔大学东亚研究中心主任林达光教授和夫人陈恕时指出:"要加强学术交流,我们已决定派十个人到丁肇中的研究所去学习"[1],"我们主张促进同外国的科学、技术、文化交流,就是要取长补短,相互学习"[2]。1978年5月,邓小平在会见马达加斯加民主共和国政府经济贸易代表团时指出:"科学技术本身是没有阶级性的,资本家拿来为资本主义服务,社会主义国家拿来为社会主义服务。中国古代有四大发明,世界各国后来不是也利用了嘛!现在世界上的先进技术、先进成果我们为什么就不能利用呢?我们要把世界一切先进技术、先进成果作为我们发展的起点。"[3]1980年邓小平又指出:"要弄清什么是资本主义。资本主义要比封建主义优越。有些东西并不能说是资本主义的。比如说,技术问题是科学,生产管理是科学,在任何社会,对任何国家都是有用的。我们学习先进的技术、先进的科学、先进的管理来为社会主义服务,而这些东西本身并没有阶级性。"[4]邓小平强调:"提高我国的科学技术水平,当然必须依靠我们自己努力,必须发展我们自己的创造,必须坚持独立自主、自力更生的方针。但是,独立自主不是闭关自守,自力更生不是盲目排外。科学技术是人类共同创造的财富。任何一个民族、一个国家,都需要学习别的民族、别的国家的长处,学习人家的先进科学技术。我们不仅因为今天科学技术落后,需要努力向外国学习,即使我们的科学技术赶上了世界先进水平,也还要学习人家的长处。"[5]

五是将国际科技合作提高到扩大开放的高度。邓小平要求中国科学技术和经济发展必须以国际水平为比较标准:"现在科学技术发展了,国际交流发展了,我们的经济一定要在国际上有竞争力,要拿国际水平的尺度来衡量一下。"[6]1983年7月8日,邓小平在同几位中央负责同志谈话时指出:"要利用外国智力,请一些外国人来参加我们的重点建设以及各方面的建设。对这个问

---

[1]《邓小平年谱》(1975—1997),中央文献出版社2004年版,第223页。
[2]《邓小平年谱》(1975—1997),中央文献出版社2004年版,第257页。
[3]《邓小平文选》第二卷,人民出版社1994年版,第111页。
[4]《邓小平文选》第二卷,人民出版社1994年版,第351页。
[5]《邓小平文选》第二卷,人民出版社1994年版,第91页。
[6]《邓小平文选》第二卷,人民出版社1994年版,第270页。

题，我们认识不足，决心不大。"[1]1985年4月15日，邓小平在会见外宾时再次强调："对外开放具有重要意义，任何一个国家要发展，孤立起来，闭关自守是不可能的，不加强国际交往，不引进发达国家的先进经验、先进科学技术和资金，是不可能的。"[2]

六是利用国际先进科技成果要以创新为基点。1978年9月18日，邓小平在听取中共鞍山市委负责同志汇报时提出发展中国科学技术必须实现创新战略。他指出："我们要以世界先进的科学技术成果作为我们发展的起点。"而"引进先进技术设备后，一定要按照国际先进的管理方法、先进的经营方法、先进的定额来管理"[3]。同年，邓小平又指出："应该充分利用世界的先进的成果，包括利用世界上可能提供的资金，来加速四个现代化的建设。"[4]"资本主义国家先进的经营方法、管理方法、发展科学的方法，我们社会主义应该继承。"[5]而"掌握新技术，要善于学习，更要善于创新"[6]。

2. 发展高科技，要走中国特色高科技产业化道路

一是正视严峻现实，走自主创新之路。中国特色的高技术产业化道路，就是把世界科学技术、经济的发展规律和中国的具体实际相结合，解决中国的问题。为此，必须正视中国面临的严峻的现实：① 高层次的科技人才稀缺。科研能力达到世界先进水平的高级研究人才屈指可数，数量与发达国家相差甚远；大学生的入学率低，远低于世界平均水平。② 中低技术产业比重大。按照OECD划分高、中、低三类产业的标准（R&D经费/销售收入），中国产业技术结构呈金字塔形状。高技术产业化是国际竞争的制高点，是推动经济发展，社会进步与文明繁荣的火车头。针对中国的情况，高技术产业化的力度不能太小，否则不能应付急剧变化的国际形势和不能满足中国现代化建设的实际需要。③ 国民经济的三元结构。20世纪50年代刘易斯提出发展中国家的"二元经济结构理论"。20世纪70年代后，随着科学技术迅猛发展带来的生产力革命，中国已经成为农业、工业、知识业并存的"三元经济结构"的发展中国家，中国的现代化建设，要同时实现两个过渡（从农业社会向工业社会过渡和从工业社会向知识社会过渡）。这个历史任务是非常艰巨的。

---

[1]《邓小平文选》第三卷，人民出版社1993年版，第32页。
[2]《邓小平文选》第三卷，人民出版社1993年版，第117页。
[3]《邓小平文选》第二卷，人民出版社1994年版，第129页。
[4]《邓小平文选》第二卷，人民出版社1994年版，第234页。
[5]《邓小平文选》第二卷，人民出版社1994年版，第235页。
[6]《邓小平文选》第三卷，人民出版社1993年版，第51页。

二是坚持"发展高科技，实现产业化"的战略决策。20 世纪 80 年代，中国提出"经济建设必须依靠科学技术，科学技术必须面向经济建设"的战略方针，据此制定了科技工作的三个层次，即面向经济建设主战场；发展高技术及其产业；加强基础研究与应用研究。三个层次实际上已经把高、中、低三类技术产业包含在内。20 世纪 90 年代初，邓小平根据高科技在国际竞争中突出的战略地位，提出"发展高科技，实现产业化"的决策。通过高技术及其产业的发展，带动一大批新产业的发展，带动传统产业的改造与升级，从而推动国民经济的发展，推动社会的进步。从辩证法的观点来看，高、中、低三类技术产业在整个产业结构中是相互依存、相互促进的，高技术产业是主导，中、低技术产业是基础。中国中、低技术产业的数量虽然庞大，但只要抓好高技术产业这个龙头，注意高、中、低三类产业的相互配合与协调发展，严格的调整可以转变为难得的机遇。20 世纪 90 年代末，知识经济时代到来，江泽民认为："知识经济，创新意识，对于我们 21 世纪的发展至关重要。"中国科学院根据中央精神，根据中国的制度、传统、文化、经济与科学技术发展水平，提出了"中国面向 21 世纪的国家创新体系"。这是由与知识创新和技术创新相关的机构和组织构成的网络系统，其主要组成部分是企业（大型企业集团和高技术企业为主）、科研机构和高等院校。这是中国实现高技术产业化的一个伟大的社会系统工程。

中国人口多，就业、环境与发展是极大的问题。在科学、技术与经济的总体发展水平相对落后的情况下，针对三元经济并存的现实，从高技术产业化的战略高度，调整产业结构是当务之急。产业结构的调整关系着社会就业，关系着人民生计，关系着经济持续、稳定的发展，考虑到高技术产业化的世界历史经验，宜作如下的调整：① 大力发展信息通信产业。知识经济优先发展的高技术产业是信息通信业，它是发展市场经济最重要的条件之一。在市场经济中商业空前繁荣，市场交易方式的根本变革是推动社会经济发展的强大动力。信息通信产业为市场分析、客户联系、物资调配、信息沟通等商业活动提供了空前强大的通信工具，而且它为就业提供了大量的工作岗位。② 以高新技术改造农业。10 多亿人口的吃饭、穿衣靠农业，市场的繁荣与发展靠农业。中国是农业人口大国，东、中、西部地区经济发展极不平衡，以高新技术改造农业是中国高技术产业化的一条重要途径。据中国科协有关报道，改革开放以来，中国利用生态工程技术实施生态农业很有特色。它根据不同的自然资源条件和社会人文经济条件，建设不同类型的生态县、生态乡、生态农场乃至庭院生态经济，对中国和世界农业的持续发展作出了重大贡献。中国在高新技术的农业应用上取得了显著的成果，如植物杂种优势利用、生物工程农作物应用，核技术应用，生长调节剂的应用等；遥感遥测技术在农业资源调查、检测和决策管理上的应用；计算机与系统工程在农业生产上的应用；微波能在农业上的应用。③走中西医结合的道路，发展医疗卫生保健事业。10多亿人口都有生、老、病、死的问题，医疗卫生保健事业与人民生活、经济发展息息相关，它的支出在 GDP 中占相当大的比重。走中西医结合的道路是中国高技术产业化的又一条重要途径。中西医结合就是应用现代医学科学技术研究中医，发扬中医的特色，如整体观点、辩证观点；中医方药疗效稳妥可靠，绝大多数无明显的副作用；非药物疗法，像针灸、推拿按摩、气功、饮食疗法、心理疗法等；对某些疑难病症疗效好；中医学的预防养身保健、康复医学、老年医学等都有独特的使用价值。这些是西医望尘莫及的。中西医结合是中国医学特有的高技术，中华人民共和国成立以来取得了显著的成就：某些疾病的临床治疗，取得了比单一疗法优越的治疗效果；创立了针刺麻醉及对针麻原理的研究；中西医结合的"宏观辩证与微观辩证相结合"的研究，取得了中医辨证所需的实验检测指标。中西医结合，必将为中国医疗卫生保健事业的发展提供强大的动力。④大力兴办教育产业。中国是人口大国，"教育搞上去了，人才资源的巨大优势是任何国家比不了的"[1]。在当今激烈的竞争中，焦点是人才，基础是教育。围绕发展高技术产业，一方面要大规模地培养各级各类合格人才；另一方面要重点培养中、低技术产业急需的科技型经营和管理人才；在当今激烈的国际竞争中，尤其要重点培养高技术产业急需的、具有全球竞争力的、战略性的科技人才。

三是坚持技术创新，加速发展高科技产业。科技发展的生命力在于创新。邓小平认为，对于中国这样科技落后的国家，要发展科技，继承是十分必要的，继承是发展中国科技事业的前提和基础，但光有继承还不够，还必须重视创新。首先，从科学技术发展规律来看，创新是科技发展的生命力所在，只有建立在创新基础上，科学技术才会实现质的飞跃；其次，从本国经验来看，改革开放以来，中国通过对外开放，大规模引进国外先进技术，有大量事实已经证明，只有做好建立在消化、吸收基础上的创新，才能真正掌握国外的先进技术；最后，从国外经验来看，日本等一些国家之所以能成功地发展起来，关键在于做好了科技创新的工作。因此，邓小平向来认为，科技发展的生命力在于创新，而进行创新的关键在于做好基础理论研究工作，这正如他所指出的："大量的历史事实已经说明：理论研究一旦获得重大突破，迟早会给生产和技术带来极其巨大的进步。"[2]①参与世界高科技的发展，不要失掉时机。邓小平高瞻远瞩，

---

[1]《邓小平文选》第三卷，人民出版社1993年版，第120页。
[2]《邓小平文选》第二卷，人民出版社1994年版，第87页。

审时度势，对世界高科技发展的特点和前景，以及中国发展高科技的重要性和紧迫性作了明确的分析。他说："现在世界的发展，特别是高科技领域的发展一日千里，中国不能安于落后，必须一开始就参与这个领域的发展。搞这个工程就是这个意思。还有其他一些重大项目，中国也不能不参与，尽管穷。因为你不参与，不加入发展的行列，差距越来越大。""总之，不仅这个工程，还有其他高科技领域，都不要失掉时机，都要开始接触，这个线不能断了，要不然我们很难赶上世界的发展。"[1]这两段论述，把发展高科技的紧迫性和重要性讲的清清楚楚，也把邓小平发展中国高科技的决心和壮志体现得明明白白。现代高科技的发展，综合性很强，充分发挥学科之间的互补性，是促进高科技一日千里的发展的优势特点。这是一个规律性特点。因此，邓小平要求中国全面参与，不失时机。② 发展高科技，要走产业化的道路。邓小平指出，世界上一些国家都在制订高科技发展计划，中国也制订了高科技发展计划。下一个世纪是高科技发展的世纪。这个科学预见不仅使中国明确了世界发展前景的特点，而且为中国制订科技发展规划指明了方向。更为难能可贵的是，邓小平在及时地指出世界发展前景特点的同时，又不失时机地亲自倡导和支持中国知识界制订了发展高科技的"863 计划"，建成了北京正负电子对撞机工程，在赶超世界高科技发展水平方面，争取了时间。1988 年，国务院批准了"火炬计划"，这是一项促进中国高科技产业化的发展计划。这个计划与"863 计划"的实施，有力地推动了中国高科技的发展，许多成果及时地转化为新的产业。1991 年 4 月 23 日，邓小平为全国高科技研究计划纲要计划工作会议作了"发展高科技，实现产业化"的题词。这体现了邓小平把发展高科技与提高国家的综合国力、保证"三步走"战略目标实现、促进生产力的发展和人民生活水平的提高紧密连在一起的思想。1992 年春，邓小平再次指出："靠科学才有希望"，"近一二十年来，世界科学技术发展得多快呀！高科技领域的一个突破，带动一批产业的发展……高科技领域，中国也要在世界占有一席之地"[2]。从 20 世纪 80 年代中期以来，邓小平特别关注世界高科技的发展，不失时机地提出了"中国必须在世界高科技领域占有一席之地"，作为科技工作的新的战斗任务，并且亲自领导科技界制订了高科技发展计划，建成一个又一个的高科技工程实施。到 1992 年上半年，这个计划已在生物技术、信息技术、自动化技术、能源技术、新材料技术等五个主要领域，取得了 400 多项研究成果，全国已建成高新技术开发区 52 个，实

---

[1]《邓小平文选》第三卷，人民出版社 1993 年版，第 279~280 页。
[2]《邓小平文选》第三卷，人民出版社 1993 年版，第 377~378 页。

现高新技术成员的"火炬计划"项目2 700多项,开发出高新技术产品几千种。③ 充分发扬高科技工作者的自主创新能力,注重发展自己的高科技,是邓小平科技发展思想理论的重要内容之一。他反复强调要有自己的东西,有自己的技术,有自己的创造。当今世界,国际形势发生重大变化,国际竞争的重点由政治、军事的竞争逐步转向经济与科技的角逐。无数事实说明,中国在抢占高科技发展的制高点过程中,高技术作为国际竞争的重要因素,在许多情况下是无法引进的。因此,邓小平特别强调发展中国"自己的高科技",坚持独立自主、自力更生的方针。中国在大力吸收世界各国所创造的先进科技成果的同时,必须努力提高中国自己的研究和创新能力,开发出具有自主知识产权的先进技术。1984年邓小平在视察宝钢的题词中指出:"掌握新技术,要善于学习,更要善于创新。"发展高科技,反映了民族的创造能力,也是国家民族走向兴旺发达的标志。20世纪60年代以来,中国取得了"两弹一星"的成就,80年代又自行设计、研制和建成了电子对撞机工程。说明中华民族聪明能干,具有旺盛的创新能力,标志着我们中华民族正在迈步地走向兴旺发达。④ 更新思想观念。随着时代、实践和科学的发展而不断发展、邓小平强调指出:"世界形势日新月异,特别是现代科学技术发展很快。现在的一年抵得上过去古老社会几十年、上百年甚至更长的时间。不以新的思想、观点去继承、发展马克思主义,不是真正的克思主义者。"[1] "世界在变化,我们的思想和行动也要随之而变。过去把自己封闭起来,自我孤立,这对社会主义有什么好处呢?历史在前进,我们却停滞不前,就落后了。"[2]这些论断表明了中国要紧紧跟上科学技术的发展趋势,把科学技术现代化作为建设有中国特色社会主义现代化的关键,早日达到和赶上中等发达国家的水平。

二、邓小平发展信息化科技的理论与实践

邓小平有关发展信息化科技的理论与实践是邓小平发展科学技术理论与实践的重要体现之一。

(一)现代技术革命的本质是信息革命

一是信息技术是现代技术革命的主导技术。如上所述,现代技术革命是以

---

[1]《邓小平文选》第三卷,人民出版社1993年版,第291~292页。
[2]《邓小平文选》第三卷,人民出版社1993年版,第274页。

信息为对象进行处理、加工和传递的技术,具体包括微电子、计算机硬件和软件以及现代通信技术。信息技术代表了这次技术革命的方向和潮流,其他技术则不能代表。同时,信息技术对生产力和社会生活各方面影响最大,如电子计算机的应用几乎遍及社会各个角落。据统计,其应用范围已达几千种,人们预测将来其用途至少在2万种以上。信息技术已成为当今世界发展最迅猛、影响最广泛的新兴技术。

二是现代技术革命所带来的新兴产业都是知识技术密集型的产业。即现代技术革命所带来的新兴产业完全是建立在大量信息和知识基础上的,它与传统的资本密集型产业和劳动密集型产业截然不同,需要投入较高级复杂劳动,急需要较多科技专家的研究,具有竞争性强、创造性强、人才密集、知识密集的特点。据统计,科学技术的比重在劳动密集型的产业中不到10%,在资本密集型的产业中不到30%,在知识技术密集型的产业中却高达80%。

三是现代技术革命前所未有地突出了信息和知识的重大作用。由于这次技术革命是以信息技术为核心、以知识技术密集型的产业为主体的技术革命,因而它决定了生产发展的关键因素,不是像传统工业那样主要靠资金、材料和能源,而是靠信息和知识。如闻名遐迩的美国硅谷,就是依靠丰富的智力资源发展起来的。这里有美国一流的大学斯坦福大学和加州贝克莱分校,掌握搞技术的人员就有22万,具有博士学位的科学家、工程师有6 000多人,诺贝尔奖获得者有9人,其科技人才密集度居美国首位,使硅谷从几十年前的一片果园变成了产值达400亿美元的高技术工业基地,其中集成电路的生产占全世界的1/4、美国的1/3。

简而言之,现代技术革命使信息和知识成为当代社会最重要的战略资源,发挥越来越重要的作用。美国学者韦格纳说得好:"1750-1950年间发生的工业革命是使能源造福于人类,而1950年开始的、迄今方兴未艾的信息革命是信息造福于人类。"

(二)邓小平发展信息化科技理论与实践的内容

一是强调中国特色社会主义现代化建设中信息的重要性。20世纪以来,随着经济全球化及新技术革命的突飞猛进,信息在现代社会中扮演着越来越重要的角色,占据着越来越重要的位置,发挥着越来越重要的作用。信息和劳动力、资本一样,成为最重要的生产要素。邓小平指出:"现在不是讲信息重要吗?确实很重要。"[1]首先,在中国特色社会主义现代化建设中,信息是科学决策的重

---

[1]《邓小平文选》第三卷,人民出版社1993年版,第306~307页。

要基础。在中国改革开放,推进中国经济、政治、社会、文化、生态等的建设发展中,各级政府和决策者必须做出科学的、民主的、可操作的决策,而作出科学的决策需要掌握和运用及时、准确、全面的信息。1985年,邓小平在接见外宾时指出:"中国社会过去闭塞,造成信息不通,是一个很大的弱点。"[1] "做管理工作的人没有信息,就是鼻子不通,耳目不灵。"[2]因此,在信息网络时代,中国的决策者必须充分占有、运用,分析海量、全面、迅捷、准确的信息才能科学决策,才能推进中国特色社会主义现代化建设的迅猛发展。其次,信息化是推进中国特色社会主义现代化建设的重要基础。随着信息化浪潮的不断发展,信息化逐步深入到中国经济政治社会生活中,它事关全面落实科学发展观、建设社会主义和谐社会、经济社会发展大局、中国社会在未来世界的直接竞争力和影响力。邓小平一再告诫大家:"我们最大的经验就是不要脱离世界,否则就会信息不灵、睡大觉,而世界技术革命却在蓬勃发展。"[3]我们必须抓住信息化发展的机遇,推进中国特色社会主义现代化建设的不断发展。最后,信息是推进中国特色社会主义建设的重要战略资源。准确而及时的信息在决策中起着越来越重要的作用,邓小平把信息作为重要的战略资源予以高度的重视。未来学家阿尔文·托夫勒在《第三次浪潮》中指出:"如果前工业社会的财富是土地,工业社会的财富是资本,那么后工业社会(信息社会)的财富就是信息。谁具备了先进的信息技术,谁就能获得更多的信息,也就能得到更多的财富,反之亦然。"随着新技术革命的不断兴起发展、信息技术的不断完善,以及社会信息化程度的日益提高,信息在经济社会的发展中正成为最重要的战略资源,受到越来越多国家和政府的高度重视。

二是重视中国特色社会主义现代化建设中信息资源的开发利用。信息化时代的发展和对中国特色社会主义现代化建设的巨大影响,使信息已经深入到经济社会的各个方面,人们也越来越认识到信息的重要作用,人们对信息资源的需求量越来越大,需求越来越迫切。信息资源的开发利用和中国特色社会主义现代化建设密切相关。邓小平高度重视现代化建设中信息资源的开发利用。首先,邓小平"开发信息资源,服务四化建设"思想理论的提出,加快和推进了中国特色社会主义信息资源开发利用的建设和发展。为了加快信息服务业的发展,沟通信息,传播知识,探讨新问题,1981年7月1日,新华社决定创办《经济参考报》。1981年3月21日,邓小平在新华社关于创办《经济参考报》的报

---

[1]《邓小平文选》第三卷,人民出版社1993年版,第117页。
[2]《邓小平文选》第三卷,人民出版社1993年版,第307页。
[3]《邓小平文选》第三卷,人民出版社1993年版,第290页。

告上批示"赞成"。1984年9月18日，邓小平为创刊两周年的《经济参考报》题词"开发信息资源，服务四化建设"，高瞻远瞩为信息工作的发展指明了方向，开启了中国信息化建设的征程。这12个字的题词，不仅成为《经济参考报》的办报宗旨，更成为中国特色社会主义信息化发展的指导方针。1988年，邓小平又为"国家信息中心"题名。这一系列的举措，对于统一认识、重视信息资源的开发利用，促进中国特色社会主义信息产业发展的繁荣局面具有重要的作用。其次，中国信息资源的开发利用和中国特色社会主义现代化建设相互依存、相互促进。信息资源的开发利用必须着眼于服务中国特色社会主义现代化建设，信息的开发利用与中国特色社会主义经济建设的发展密切相关，相辅相成，共同促进。邓小平"开发信息资源，服务四化建设"深刻地阐明了开发信息资源与国家建设的密切关系，即信息资源开发的价值和落脚点是和中国特色社会主义现代化建设相互依存、相互促进的。

三是重视中国特色社会主义现代化建设中信息的开放性。邓小平的信息化思想理论和他的对外开放思想理论具有密切的联系。首先，中国特色社会主义的信息化建设必须打开国门，必须和全球化、信息化、科技化、网络化的世界经济发展相一致。邓小平指出："我们要利用机遇，把中国发展起来。"他在总结中国历史尤其是鸦片战争以来中国近现代史的教训后，深感痛心地说："对外开放具有重要意义，任何一个国家要发展，孤立起来，闭关自守是不可能的……中国社会过去闭塞，造成信息不通，是一个很大的弱点。"[1]其次，邓小平以世界眼光指出，中国要崛起，就必须"坚定不移地实行对外开放政策"，"向外国的先进管理方法学习"，"吸收世界先进经验"。他还强调："如果没有香港，起码我们信息就不灵通。总之，改革开放要更大胆一些。"[2]"重要的是，切不要把中国搞成一个关闭性的国家。实行关闭政策的做法对我们极为不利，连信息都不灵通。"[3]邓小平信息化思想理论中对外开放政策的实施，把中国与世界连接起来，打开了信息化建设、信息化资源建设、开发利用的通道，使中国能适应瞬息万变的世界经济、政治、文化、社会、生态的发展，在经济全球化的发展中占据了经济发展高地，加快了中国特色社会主义经济社会的发展步伐。

四是重视中国特色社会主义现代化建设中信息人才的培养。邓小平高度重视人才的培养，多次强调"人才难得"，人才问题是个"战略问题""关键问题"。首先，在知识经济信息网络时代，世界各国的发展及综合国力的竞争，说到底

---

[1]《邓小平文选》第三卷，人民出版社1993年版，第117页。
[2]《邓小平文选》第三卷，人民出版社1993年版，第297页。
[3]《邓小平文选》第三卷，人民出版社1993年版，第306页。

是人才的竞争，要推进中国信息化建设，必须加强信息化人才的培养。邓小平指出："没有人才不行，没有知识不行。""改革经济体制，最重要的、我最关心的，是人才。改革科技体制，我最关心的，还是人才。"[1]1984年，邓小平作出"电子计算机的普及要从娃娃抓起"的指示，从而有力地推动了中国信息人才的培养。邓小平也非常重视基础教育。1983年10月1日，邓小平为北京景山学校题词："教育要面向现代化，面向世界，面向未来。"在多种场合，邓小平反复强调教育的重要性。他说："我们需要越来越多的专门人才。"[2] "科学技术人才的培养，基础在教育。"[3] "抓科技必须同时抓教育。……办教育要两条腿走路。既注意普及，又注意提高。"[4]邓小平高度重视信息人才培养和教育，中国各类专业信息人才不断成长，不断涌现，为中国特色社会主义信息资源建设提供了强有力的智力支持。

（三）邓小平发展信息化科技理论与实践的影响力

信息化以信息技术为基础，具有后发优势，信息化应用水平是综合科技水平的反映。早在中国改革开放的初期，邓小平就已经洞察到信息化建设的重要性，先后作出了一系列的论述。邓小平的信息化理论与实践，是其科技理论与实践中的一项重要内容。在邓小平信息化理论与实践指导下，中国特色社会主义的信息化建设从无到有、从弱到强直至跻身世界高新技术前沿国家，为中国成为科技强国写下了华章。

作为开放的中国，面对世界性竞争，把握信息革命和信息化这个历史的转折点十分重要。以江泽民、胡锦涛、习近平为核心的各届党中央，在继承邓小平发展信息化科技理论与实践的基础上，对中国的信息化建设问题作了更加系统的论述，从而丰富和发展了邓小平的信息化理论与实践。1992年5月31日，江泽民会见出席中国当代物理学家联谊招待会海内外物理学家时的讲话中指出，随着人类进入信息与智能的时代，随着中国经济建设进入全面发展的新时期，进入20世纪80年代，世界电子信息产业以磅礴的气势，高速发展，电子水准已经成为后工业化时期发达国家最强大的生产力标志。1998年6月1日，江泽民在接见两院院士时，针对中国信息资源的开发和利用，在国内首次提出了"数字地球"的概念。胡锦涛也明确指出，科学技术对经济社会发展的决定

---

[1]《邓小平文选》第三卷，人民出版社1993年版，第108页。
[2]《邓小平文选》第二卷，人民出版社1994年版，第264页。
[3]《邓小平文选》第二卷，人民出版社1994年版，第95页。
[4]《邓小平文选》第二卷，人民出版社1994年版，第40页。

作用越来越明显,极大地改变着当今世界的生产和生活方式,为生产力和社会的发展开辟了新的广阔前景,特别是信息网络化的迅速发展,对各国政治、经济、军事、科技、文化、社会等领域正在产生深刻的影响。现在世界各国都在争先恐后调整科技政策,建立国家创新体系,鼓励和引导科技突破与技术创新,促进科研成果尽快进入市场和向现实生产力转化。可以预见,未来十年将出现全球性的新科技推广应用和更大规模的产业结构调整高潮。2015年12月16日,习近平在浙江省乌镇视察"互联网之光"博览会讲话时更是明确指出:"互联网是20世纪最伟大的发明之一,给人们的生产生活带来巨大变化,对很多领域的创新发展起到很强的带动作用。互联网发展给各行各业创新带来历史机遇。要充分发挥企业利用互联网转变发展方式的积极性,支持和鼓励企业开展技术创新、服务创新、商业模式创新,进行创业探索。鼓励企业更好服务社会、服务人民。要用好互联网带来的重大机遇,深入实施创新驱动发展战略。"

在历届中国共产党领导人的高度重视下,中国特色社会主义信息化建设发展迅速。2001年信息产业占全国工业比重达到8%,信息产业年均增长超过32%。当年中国内地PC总销量达965万台,成为世界第三大市场;高性能计算机研制水平达到世界前列;计算机、通信产品和信息家电出口不断增长,软件出口增长超过34%;科技创新与市场紧密结合的趋势逐步形成,并开始走上世界市场。今天,中国特色社会主义信息化建设更是突飞猛进地向前发展,这既是与邓小平的高瞻远瞩和科学决策分不开,也与以江泽民、胡锦涛、习近平为核心的各界党中央对邓小平信息化建设理论实践的坚持、丰富、发展、创新是分不开的。

三、邓小平发展生态科技的理论与实践

科学技术是认识和掌握自然规律、社会发展规律的正确理论和方法,因而它在经济社会和自然环境中,始终处于十分重要的地位,具有巨大的促进作用。在研究中国发展规划时,邓小平指出核电站还是要建设,油气田探采、交通建设、生态环境等很重要,都需要发展,主张经济建设与生态环境协调发展,坚持走可持续发展的路子,认为"科学技术的发展和作用是无穷无尽的"[1]。

(一)邓小平的生态科技观

科学技术从本质讲是以人为本的,是由人们发现、发明、开发并为其服务

---

[1]《邓小平文选》第三卷,人民出版社1993年版,第17页。

的。但是现代科技在给人们带来巨大经济利益的同时，也引发了一系列的全球性生态危机，出现了罗马俱乐部关于"增长的极限"的悲观思潮，进而认为科学技术使人发生异化，科学技术是把"双刃剑"，生态破坏与环境污染是源自科技进步。中国这样一个人口多、底子薄、人均资源占有量相当低的国家，一方面生态环境脆弱，自然灾害频繁；另一方面，传统的生产模式和消费方式又使中国的生态环境问题日趋严峻。如何对待和处理经济发展与环境保护的关系，准确认识和掌握生态系统科学技术的客观规律，发挥科学技术的积极作用，是事关中国经济社会与自然资源、环境保护共生共赢、和谐发展的首要问题。对此，邓小平有清醒而深刻的认识。他认为，利用科学技术可以促进人、生态环境、自然资源和经济社会的协调发展。1982年，在谈到与生态科技息息相关的农业产业建设时，邓小平指出，要抓好农业科学研究，农业增产增收，多种经营大发展，耕作栽培方法改革，农村能源问题以及生态环境保护等，都得靠科学。他以发展农业科技，推进生态农业经济建设为例说明：先进科技的研发利用，不仅能够实现经济的增产增收，而且还能够理性地协调自然资源的开发、利用、节约与保护，解决资源能源问题，消除人与自然的对立，维护自然生态平衡，促进经济社会各要素和谐共生，实现经济效益、生态效益、社会效益的有机统一，保障人、自然与经济社会的相互协调和可持续发展以及发展沼气改善环境卫生；人口控制管理是一项战略化任务；兴修水利，治沙造林，造福子孙后代，等等。可见，邓小平所主张的科学技术观，打破了传统科技观的束缚，是以马克思主义生态观看待科学技术、发展科学技术、利用科学技术的生态科技观。即他所倡导的科学技术实质上是指生态学意义上的科学技术即生态科技。

（二）邓小平的生态科技价值观

邓小平运用马克思主义的基本原理，科学认识和准确揭示科学技术生态化功能的同时，十分重视科学技术对人类社会、经济建设、生态环境和生产力发展的价值与作用，尤其是在深入分析研究世界新科技革命兴起后国际竞争与全球经济社会、生态环境发展变化的新特点新要求的基础上，提出了以"科技是第一生产力"为核心观点的生态科技价值观，由此而成为中国可持续发展的重要指导思想。

在邓小平看来，生态科技已成为生产力诸要素发展的主导因素，是先进生产力可持续发展的首要因素。社会生产力的基本要素是生产资料和劳动者，生态科技对生产力系统的主导作用或第一作用，不是单独地孤立地表现出来的，而是通过生态科技引起劳动者和生产工具、劳动对象的变化与变革而表现出来的。① 生态科技是提高劳动者素质的主导因素。劳动者作为生产力系统中人的因素，是最活跃具有决定性作用的力量。但劳动者对生产力的这一能动的决定作用要与生态科技结合在一起，才能发挥主导作用。尤其在人类社会从工业文明走向生态文明的伟大实践中，劳动者只有在掌握现代科技知识和劳动技能的同时具有生态环境保护知识，将生态学原理及规律渗透到现代科技系统中，才能成为最活跃的决定性力量，进而推进社会生产力的科学发展。② 生态科技是劳动对象生态化开发利用的主导因素。马克思主义生态观认为，自然资源是有限的，劳动对象作为社会生产力的物的要素的重要内容，通常表现为两种情形：一种是未经人类实践活动改造的自然资源，如土地、森林、水源与矿藏等；另一种是经过人的劳动加工的原料、材料及排泄物等，如钢材、面粉及废料等。生态科技的开发利用可以提高劳动资料的使用能力、扩大劳动对象的范围、改变与提高劳动对象的品质，甚至变废为宝，使有限资源循环利用，从而促进社会生产力水平不断提高。③ 生态科技是改进与创新劳动工具的主导因素。劳动工具在生产力的物质要素中占十分重要的地位，是人们支配与利用自然的强大杠杆。劳动工具的先进与否反映人们通过生产劳动向自然获取价值的物质装备水平。而生态科技水平又决定劳动工具、手段及工艺的性能与水平，生态科技化程度越高，劳动工具就越先进越生态化、合理化，社会生产力水平就会更高。由此可见，生态科技作为生产力的首要因素，是理所当然的。

邓小平在重申和强调科技是生产力，而且还是第一生产力这一生态科技价值观的同时，也充分肯定生态科技对经济发展与生态文明建设的重要作用。1978 年，邓小平在党中央召开的全国科学大会上强调，中国现代化的关键是科技现代化。没有科技现代化，就不可能实现农业、工业和国防现代化；没有科技的强大支撑，也就不可能有中国经济社会的大发展。1980 年 7 月，在同河南省委负责人谈农村工作时，邓小平指出，农村的发展，一是政策要正确，二是坚持科学种田。1982 年 11 月，会见美国前驻中国大使谈到中国的生态环境时，邓小平指出，像黄土高原这些水土流失严重的地区，要运用先种草后种树的（生态）技术，把黄土高原建设为绿色草地和现代牧场，这不仅会让人们富起来，也会使自然环境变得更好。1992 年，邓小平强调，推动经济快速发展，必须发展科技、依靠科技，靠科学才有希望。

（三）邓小平的生态科技实践观

一是邓小平重新认识与确立了生态科技实践的地位和作用。邓小平对中国人口多、底子薄的国情，生产力相当落后的现实有着深刻的认识。为进一步解放和发展生产力，邓小平将科学技术的生产力地位提升至第一生产力，并始终强调生态科技只有同经济建设、自然环境保护等实践紧密结合起来，才能显示出巨大的作用。他把马克思主义的基本原理与中国的国情结合起来，在坚持毛泽东关于生产实践、阶级斗争和科学实验是实践的三个基本形式的马克思主义实践观的基础上，针对现代科学技术高速发展与中国科技水平的现实差距，明确指出："中国要发展，离开科学不行"[1]，并十分重视生态科技实践。在邓小平生态科技理论指导下，中国共产党十三大把发展科学技术放在首要位置，中国共产党十四大进一步强调振兴经济首先要振兴科技，1995年党中央国务院首次作出了"科教兴国"的战略部署。

二是邓小平科学地揭示生态科技实践主体的群众性特征。1978年，在全国科学大会阐述科学技术是生产力时，邓小平指出，生态科技实践的主体是指具有一定的科学知识、生产劳动经验、技能并通过生产工具来实现物质资料生产的人。各个行业都要抓科技，大的企业既要设立科技研究机构，也要配备科研人员。每个部门都要抓好科研工作。要努力抓好农业科技研究，大力培养现代农业科技人才，进一步提倡科学种田。他勇于打破传统科技实践观的束缚，将过去少数科研人员在实验室进行的科学实验活动，明晰为广大劳动群众为生态科技实践主体的社会实践活动。在邓小平看来，先进的科学技术只有被广大劳动群众所掌握，才能转化为推进人、自然和经济社会可持续发展的强大的物质力量。

三是邓小平在大力倡导生态科技实践的同时，又身体力行，积极参与实践。新中国成立后，中国一方面人口众多、人均资源拥有量相当低。另一方面，由于受急于求成的"左"思想影响，中国的经济建设片面追求发展速度，一度出现高投入、高消耗、高污染、低产出的传统发展模式，使中国自然环境日趋恶化。"大跃进"和人民公社化时期，全国大炼钢铁，以致森林被乱砍滥伐，大量开荒种地，使自然生态遭受极其严重的破坏。面对中国人、自然环境与经济社会发展的突出矛盾，邓小平大力倡导人民群众开展生态科技实践，运用种草植树、兴修水利、沼气技术以及人口控制管理等生态科技，改善自然生态环境，建设生态农业，实现中国人口有计划的生育，促使中国自然环境、经济建设和社会建设可持续发展。① 他把植树造林、绿化环境作为有利于子孙后代的千秋大业，要求要永无止境地干下去。1979年，在邓小平的倡导下，全国人大决定每年的3月12日为全民义务植树节，从而使植树造林成为全国性、群众性的生态科技实践运动。邓小平不仅首倡全民义务植树，而且还身体力行，在每年的全民义务植树节，都要挤时间参加植树，即便是外出视察，所到之处都要安排

---

[1]《邓小平文选》第三卷，人民出版社1993年版，第183页。

时间种植几棵树。② 邓小平始终坚持毛泽东关于"兴修水利"和推广沼气技术的生态科技思想,他从地方到中央,每到一地工作都号召"兴修水利",积极参加兴修水利实践和推广沼气技术工作。20 世纪 50 年代初,主持西南局工作的邓小平,曾到都江堰岁修工程工地参加劳动;1958 年,他与毛泽东等党和国家领导人又到北京十三陵水库建设工地参加劳动;1958 年至 1983 年,邓小平先后五次视察黑龙江,研究治水造林等环境保护问题。他十分重视长江、黄河水利资源开发和环境保护工作,20 世纪 80 年代初,邓小平从重庆顺江东下,对三峡问题及建设中的葛洲坝水利工程进行了实地考察研究,为长江三峡水利工程建设作出了巨大贡献。邓小平也十分重视农村沼气科技实践,多次强调要进一步抓好沼气技术的科学研究、技术开发和推广运用。在他的倡导下,国家计委、科委和农业部等部门,协同推进中国沼气技术的科研实践,使中国沼气科技实践活动如火如荼,农村沼气技术和沼气的综合利用也达到了国际先进水平。③ 为协调人、自然资源与经济建设的可持续发展,邓小平率先提出并指导中国人口控制管理实践,从 20 世纪 50 年代初走上党和国家领导岗位后,40 多年来始终注重人口控制管理的科学研究与指导,强调人口控制管理是一项战略任务,千万不要粗心大意。

四、邓小平发展管理科技的理论与实践

"我们管理水平低,技术力量不够,科学跟不上,原材料过不了关,这怎么行?""我们有的工厂八个工人,只有一个技术人员。技术人员队伍要扩大","要结合任务考虑提高管理水平和技术水平"[1],"管理干部、技术干部和技术工人的培养都要抓紧。要从现在起培养,不然引进的新设备不会用。要赶快培养,这方面可不能空谈"[2]。"管理也是一门科学,是更带有综合性的科学。"[3] "技术问题是科学,生产管理是科学,在任何社会,对任何国家都是有用的。我们学习先进的技术、先进的科学、先进的管理来为社会主义服务。"[4]

(一)邓小平的科技人才管理现状观

邓小平强调,科学技术是中国特色社会主义现代化建设事业的关键,而支撑这个关键的则是中国广大的科技人员。因此,邓小平多次提出要认真解决中

---

[1]《邓小平年谱》(1975—1997),中央文献出版社 2004 年版,第 245 页。
[2]《邓小平年谱》(1975—1997),中央文献出版社 2004 年版,第 333~334 页。
[3]《邓小平科技思想年谱》(1975—1994),中央文献出版社 2004 年版,第 150 页。
[4]《邓小平文选》第二卷,人民出版社 1994 年版,第 351 页。

国科技人员十分短缺和使用浪费的突出问题。1961年11月23日，邓小平在中共中央书记处会议上听取冶金工业七年规划汇报时的重要讲话中指出："这几年来，我们对技术干部关心不够，对他们的使用有问题。"主要表现在：一是"有许多新生力量，能力未得到很好的发挥"；二是没有重视提拔年轻人，"世界上的科学家，成名的很多是在三十岁左右。现在再不重视培养提拔年轻人就晚了"；三是专业技术力量的问题比较突出，要搞学位，"学位不搞不行。"[1]1979年1月31日，邓小平会见美国前总统尼克松时指出：中国"不仅要培养技术专家，还要培养管理人员。管理是一门专门的学问，这是我们最薄弱的一个环节"[2]。1979年10月19日，在全国政协、中共中央统战部宴请出席各民主党派和全国工商联代表大会时，邓小平在强调了知识分子包括科技工作者是工人阶级的一部分之后，再次提出中国科技人才的紧缺和浪费现象，认为"在调动和发挥各方面的知识分子、专家以及其他人士的积极作用上，还存在不少问题"[3]。1982年10月14日，邓小平同宋平谈话时指出："我们不是没有人才，问题是能不能很好地把他们组织和使用起来，把他们的积极性调动起来，发挥他们的专长。要落实知识分子政策，第一位的就是科技队伍的管理使用问题。这个问题应当抓紧解决了。现在科技人员一方面很缺，另一方面又有很大的窝工浪费，学非所用、用非所长的现象很严重。科技队伍的组织管理问题，要认真考虑，现在的管理形式不行。怎样把全国的科技人员使用起来，并且使用得当，是个很大的问题。科技人员分布在国防部门、民用部门、各种科研单位和高等院校，要想法打破部门、地方界限，合理使用。"[4]

（二）邓小平具有中国特色的科技人才管理观

邓小平认为，要大力发展社会主义生产力，就必须建设一支宏大的又红又专的科学技术队伍。邓小平关于"人才"的论述数不胜数。早在1975年2月9日，邓小平出席中央军委常务会议，在谈到总参工作确定编制时就特别强调指出，铁道兵还要减，但"要保留技术骨干，工程兵也要保留一些技术骨干。总的原则是保留技术骨干"[5]。同年4月28日，邓小平出席中央军委常委会时再次强调要"保留技术兵、技术装备、提高战斗力"[6]。同年5月19日，邓小平

---

[1]《邓小平文选》第一卷，人民出版社1994年版，第291~292页。
[2]《邓小平科技思想年谱》(1975—1994)，中央文献出版社2004年版，第124页。
[3]《邓小平文选》第二卷，人民出版社1994年版，第204页。
[4]《邓小平年谱》(1975—1997)，中央文献出版社2004年版，第860页。
[5]《邓小平科技思想年谱》(1975—1994)，中央文献出版社2004年版，第1页。
[6]《邓小平科技思想年谱》(1975—1994)，中央文献出版社2004年版，第3页。

出席中央军委常委会时特别要求:"要特别注意培养一批年轻的、有发展前途的科技人员,放到适当的领导岗位上……主动给科技人员创造好的工作条件和生活条件……建立严格的科学管理、严格的科研生产制度。"并说:"没有严格的规章制度,一个小零件就可以毁全局。"[1]同年5月28日,邓小平在钢铁工业座谈会上提出:"要特别注意那些老工人、技术骨干、老劳模,要把这一部分人的积极性调动起来。"[2]1977年5月24日,他响亮地提出:要"尊重知识,尊重人才。"[3]1980年3月31日,邓小平明确要求:"在科学技术方面中国要向日本学习,在企业管理方面更要向日本学习,这比做生意还重要。"[4]直到晚年,在南方谈话中,他还说:"我是个外行,但我要感谢科技工作者为国家作出的贡献和争得的荣誉。"[5]综观邓小平科技人才管理理念,可以发现:① 科技人才管理观是邓小平科学技术思想理论的重要组成部分;② 科技人才管理观是邓小平理论中人才理论的重要内容;③ 邓小平科技人才管理观具有完整的体系,形成了从人才发现、培养、使用、选拔到管理的系统思想;④ 重视选拔年轻科技人才是邓小平科技人才管理观的重点。

(三)邓小平科技人才管理理论的核心

1979年10月17日,邓小平会见威廉·米立肯为团长的美国加州访华团时指出:"我们现在缺乏技术人才,特别缺乏管理人才,我们不仅要学习先进国家的一些技术,管理知识也要学习。"[6]11月26日,邓小平在会见美国不列颠百科全书出版公司编委会副主席布尼和加拿大麦吉尔大学东亚研究所主任林达光等时指出:"多年来我们放松了科学研究和教育,这方面损失是很大的。我们要加强科学教育事业,要发现人才,很好地使用人才。归根到底,就是要发挥积极性,只要把人们的聪明才智调动起来,我们还是有希望的。"[7]1983年3月2日,邓小平再次强调发挥中青年知识分子作用的重要性。"我们现在一方面知识分子太少,另一方面有些地方中青年知识分子很难起作用。落实知识分子政策,包括改善他们的生活待遇问题,要下决心解决。"又说:"《人到中年》这部电影值得一看,主要是教育我们这些老同志的。"[8]并强调人才问题也是科技体制改

---

[1]《邓小平科技思想年谱》(1975—1994),中央文献出版社2004年版,第3~4页。
[2]《邓小平文选》第二卷,人民出版社1994年版,第11页。
[3]《邓小平文选》第二卷,人民出版社1994年版,第40页。
[4]《邓小平科技思想年谱》(1975—1994),中央文献出版社2004年版,第150页。
[5]《邓小平文选》第三卷,人民出版社1993年版,第378页。
[6]《邓小平科技思想年谱》(1975—1994),中央文献出版社2004年版,第139页。
[7]《邓小平文选》第二卷,人民出版社1994年版,第233页。
[8]《邓小平文选》第三卷,人民出版社1993年版,第26页。

革最为关键的问题。1985年，邓小平在论述中国科技体制改革的目标时指出：要充分发挥人才的积极作用，"第一，能不能每年给知识分子解决一点问题，要切切实实解决，要真见效。第二，要创造一种环境，使拔尖人才能够脱颖而出。改革就是要创造这种环境。……善于发现人才、团结人才、使用人才，是领导者成熟的主要标志之一"。他还特别强调指出："改革经济体制，最重要的，我最关心的，是人才。改革科技体制，我最关心的，还是人才。"[1]同年5月19日，他在全国教育工作会议上指出："我们国家，国力的强弱、经济发展后劲的大小，越来越取决于劳动者的素质，取决于知识分子的数量和质量。"[2]

（四）邓小平优化科技管理水平的措施

一是加强和改进党对科技的领导，发挥社会主义制度的优越性。1957年，邓小平就提出了党对学校、科学工作的领导问题，他认为："共产党有没有资格领导，这就决定于我们自己。……现在，共产党能不能领导学校，能不能领导科学？现在本事还不大嘛！"1978年，邓小平又对科学技术工作的领导提出了新要求：如党的各级领导干部要由"外行""逐渐成为内行"，要研究和掌握科学技术工作的客观规律，为科技人员创造有利条件（邓小平自告奋勇地抓全国科技教育工作，做广大科技教育工作者的后勤部长）等；"必须建立一个坚强的领导班子"，"领导班子就是作战指挥部。搞生产也好，搞科研也好"，"都是作战。指挥部不强，作战就没有力量"，"领导班子问题，是关系到党的路线能不能贯彻执行的问题"。[3]在科教部门的"调整当中……第一位的是配备好领导班子""一个单位有三个人要选得好""第一人"是"书记""第二个是领导科研或教学的人"第三个是"管后勤的""有了这样的三把手，事情就比较好办了。"[4]他指示，科研机构要实行党委领导下的所长负责制，"学校党委的领导同志"则"应该是个专业人员""他可以不是教学人员，但至少应该是懂得教育的有管理学校专长的专业人员，会管某一类学校"[5]。这样"既有利于加强党委领导，又有利于充分发挥专家的作用"[6]。"不论是党内的还是党外的专家，担负了行政职务，党委就应当支持他们的工作，充分发挥他们的作用，使他们真正做到有职有权有责。"[7]他强调"领导就是服务"，就是"愿意给教育、科技部门的

---

[1]《邓小平文选》第三卷，人民出版社1993年版，第108～109页。
[2]《邓小平文选》第三卷，人民出版社1993年版，第120页。
[3]《邓小平文选》第二卷，人民出版社1994年版，第8～9页。
[4]《邓小平文选》第二卷，人民出版社1994年版，第53页。
[5]《邓小平文选》第二卷，人民出版社1994年版，第263页。
[6]《邓小平文选》第二卷，人民出版社1994年版，第97页。
[7]《邓小平文选》第二卷，人民出版社1994年版，第98页。

同志当后勤部长"[1]。而作为科教管理的一个必要环节,"后勤工作很重要","没有后勤,科研搞不起来。"[2]"后勤工作的任务,就是要为科研工作、教育工作服务,要为科研工作者和教育工作者创造条件,使他们能够专心致志地从事科研、教育工作。"[3]总之,"领导者必须多干实事。"[4]通过卓有成效的工作为科教发展创造最佳环境。同时,邓小平认为,必须对全国有限的科技资源进行优化配置和充分利用,"只要我们充分发挥社会主义制度的优越性,把力量统一地合理地组织起来,人数少,也可以比资本主义国家同等数量的人办更多的事,取得更大的成就"[5]。

二是关心、领导科技体制改革,推动中国科技制度创新。邓小平深刻地认识到,科学技术巨大生产力功能的实现是需要体制条件和管理条件支撑的。1978年,邓小平提出必须对现存科技体制进行改革和调整,建立一种新的制度。"我们就是要建立这样一套制度,使那些有专业知识的、年富力强的人,被选拔到能够发挥他们才干的工作岗位上来。"[6]1980年1月16日,邓小平在中共中央召集的干部会议上提出"科学技术主要是为经济建设服务的"重要思想理论,成为后来中国科技体制改革和科学技术发展的重要指导方针。1985年,邓小平明确提出改革科技体制"是为了解放生产力","现在要进一步解决科技和经济结合的问题。所谓进一步,就是说,在方针问题、认识问题解决之后,还要解决体制问题"。"经济体制,科技体制,这两方面的改革都是为了解放生产力。新的经济体制,应该是有利于技术进步的体制。新的科技体制,应该是有利于经济发展的体制。双管齐下,长期存在的科技与经济脱节的问题,有可能得到比较好的解决。"[7]通过改革建立起能真正"解放生产力"的全新的经济体制、科技体制和教育体制等,以解决"长期存在的科技与经济脱节的问题"[8]。同时,新的教育体制应该能"提高教育质量,提高科学文化的教学水平,更好地为社会主义建设服务"[9],保证"教育事业必须同国民经济发展的要求相适应"[10]。正是在邓小平这些思想理论的指导下,中共中央相继颁行《关于经济体制改革

---

[1]《邓小平文选》第三卷,人民出版社1993年版,第121页。
[2]《邓小平文选》第二卷,人民出版社1994年版,第33页。
[3]《邓小平文选》第二卷,人民出版社1994年版,第56页。
[4]《邓小平文选》第三卷,人民出版社1993年版,第121页。
[5]《邓小平文选》第二卷,人民出版社1994年版,第52页。
[6]《邓小平文选》第二卷,人民出版社1994年版,第224~225页。
[7]《邓小平文选》第三卷,人民出版社1993年版,第108页。
[8]《邓小平文选》第三卷,人民出版社1993年版,第108页。
[9]《邓小平文选》第二卷,人民出版社1994年版,第103页。
[10]《邓小平文选》第二卷,人民出版社1994年版,第107页。

的决定》(1984年10月)、《关于科技体制改革的决定》(1985年3月)和《关于教育体制改革的决定》(1985年5月),从农村改革到以城市为重点的全面改革随后在全国范围内有计划、有步骤地展开。一系列的改革,大大激发了广大科教人员的积极性,逐步建立起了比较完善的科教体制,明显提高了科教成果的转化成效,着实促进了科教与经济的紧密结合。

  三是抓实科技管理关键点改革、优化科技队伍管理机制。深化科技改革,涉及方方面面,而科技管理则是其中的关键着力点,因为任何改革方案都要通过科学的管理才能实现科技与经济的良性互动发展。所以,邓小平非常关心科技管理,从多方面阐明了其科技管理思想理论。现代科技的勃兴带动了"劳动生产率"的"大幅度提高",要求我们中国的"广大劳动者"努力"提高科学文化水平","创造出比资本主义更高的劳动生产率"[1]。"大庆有个特点,尽管'四人帮'干扰破坏,他们仍坚持严格地科学管理制度。工业越现代化,越要有严格的管理。所以大庆这面红旗没有倒。"[2]"要恢复各种制度,恢复总工程师、总设计师、总工艺师等岗位责任制……没有岗位就没有责任"[3],"我们要在技术上、管理上都来个革命","不合格的作编外处理,要组织他们学习,对他们进行培训,开辟新的就业领域。合格的管理人员、合格的工人,应该享受比较高的待遇,真正做到按劳分配"[4]。"扩大企业自主权要加一条,搞得不好的要淘汰。首先是人员的淘汰、更换,还有企业整个淘汰。……扩大了企业自主权,企业就要算经济账,人浮于事的问题就能解决了。这样做,有利于提高我们的管理水平和技术水平,提高劳动生产率。……今后不合格的产品国家不收,企业管理要有这一条。"[5]特区"是技术的窗口、管理的窗口,知识的窗口,也是对外政策的窗口。从特区可以引进技术,获得知识,学到管理,管理也是知识。特区成为开放的基地,不仅在经济方面、培养人才方面使我们得到好处,而且会扩大我国的对外影响"[6]。同时,"现代经济和技术的迅速发展,要求教育质量和教育效率的迅速提高"[7]。办好教育更"需要大量的、合格的学校管理人员"[8]。既然"在实现四个现代化的进程中,必然会出现许多我们不熟悉的、

---

[1]《邓小平文选》第二卷,人民出版社1994年版,第104页。
[2]《邓小平年谱》(1975—1997),中央文献出版社2004年版,第218页。
[3]《邓小平年谱》(1975—1997),中央文献出版社2004年版,第234页。
[4]《邓小平年谱》(1975—1997),中央文献出版社2004年版,第384页。
[5]《邓小平科技思想年谱》(1975—1994),中央文献出版社20044年版,第137~138页。
[6]《邓小平科技思想年谱》(1975—1994),中央文献出版社20044年版,第189~190页。
[7]《邓小平文选》第二卷,人民出版社1994年版,第107页。
[8]《邓小平教育理论学习纲要》,北京师范大学出版社1998年版,第68页。

预想不到的新情况和新问题"[1],那么"各方面的新情况都要研究,各方面的新问题都要解决,尤其要注意研究和解决管理方法、管理制度、经济政策这三个方面的问题"[2]。全党必须"着重抓紧""学科学技术","学管理"[3],因为"管理也是知识"[4],"管理也是一种技术"[5],我们完全可以"学习先进的技术、先进的科学、先进的管理来为社会主义服务"[6]。

优化科技队伍管理使用机制。"把科学技术工作和人才培养工作做好"是最难的一条。所以,"怎样打破军民界限、部门地方界限,合理使用,把全国的科技人员使用起来,并且使用得当,是个很大的问题"。"要落实知识分子政策,第一位的就是科技队伍的管理使用问题。"[7]为此,他提出:"人才,只有大胆使用,才能培养出来。对那些有本事的人,要放手提拔,在工资级别上破格提高。招聘也是个办法。"[8]"要创造一种环境,使拔尖人才能够脱颖而出。"[9]"觉得是人才的,即使有某些弱点缺点,也要放手用。"[10]过去那种对待人才"用非所学、用非所长"的"窝工浪费"的"管理形式不行",今后要"很好地把他们组织和使用起来,把他们的积极性调动起来,发挥他们的专长"[11]。"设计博士后流动站,是一个新的方法,这个方法很好。培养和使用相结合,在使用中培养,在培养和使用中发现更高级的人才。"[12]

五、邓小平发展安全科技的理论与实践

科学技术安全是关系到一个主权国家经济政治安全乃至整个国家利益安全的重要因素。为此,邓小平要求要"一个行业一个行业地搞规划,就可以解决技术交流、技术保密的问题"[13],领导中国制定了一系列维护中国科技安全的路线、方针、政策、措施,有力地维护了中国对外开放条件下的科技安全。

[1]《邓小平文选》第二卷,人民出版社1994年版,第152页。
[2]《邓小平文选》第二卷,人民出版社1994年版,第149页。
[3]《邓小平文选》第二卷,人民出版社1994年版,第153页。
[4]《邓小平文选》第三卷,人民出版社1993年版,第52页。
[5]《邓小平文选》第三卷,人民出版社1993年版,第65页。
[6]《邓小平文选》第二卷,人民出版社1994年版,第351页。
[7]《邓小平文选》第三卷,人民出版社1993年版,第17页。
[8]《邓小平文选》第三卷,人民出版社1993年版,第17~18页。
[9]《邓小平文选》第三卷,人民出版社1993年版,第108页。
[10]《邓小平文选》第三卷,人民出版社1993年版,第369页。
[11]《邓小平文选》第三卷,人民出版社1993年版,第17页。
[12]《邓小平科技思想年谱》(1975—1994),中央文献出版社2004年版,第192页。
[13]《邓小平年谱》(1975—1997),中央文献出版社2004年版,第890页。

（一）邓小平科技安全理论与实践的指导原则

一是发展科技事业必须坚持国家利益、国家安全第一的原则。国家利益、国家安全是一个国家主权独立与完整的重要表征。邓小平认为，国家利益是一个主权国家维持生存和发展所必需的诸要素总和，反映和体现着一个主权国家的根本利益，发展国家之间的经济科技交流与合作，应当从国家自身的战略利益出发，把"国家的主权、国家的安全要始终放在第一位"[1]，坚持"以自己的国家利益为最高准则"[2]，坚持相互尊重，平等相待，真诚合作，任何违背国际规则损害中国利益安全的行径，中国人民永远不会接受。国家经济科技合作必须建立在互不干涉内政、平等互利的安全基础上，任何损害中国利益与安全的企图是完全徒劳的，不会得逞，这已是为历史反复证明并将继续证明的结论。

二是坚持独立自主，维护国家科技安全的原则。这是中国发展对外经济科技合作关系，把科技安全与国家安全紧密结合起来的基本原则。中国要善于维护国家主权、国家科技安全，坚持独立自主的原则不动摇。从20世纪50年代后期到70年代中期，中国基本上处于没有多少外援的状态，这反而激发了中华民族自力更生奋发图强的精神动力，在当时经济科技条件相当艰难的情况下，中国科技工作者发扬了独立自主、艰苦奋斗的优良传统，成功地搞出了"两弹一星"这样饮誉世界的高尖技术。在科技条件相对优越的今天，坚持独立自主原则仍然具有重要意义，不要把希望寄托在发达国家身上。因为，"中国的经验第一条就是自力更生为主"[3]，必须正确处理好坚持独立自主与维护国家科技安全的关系。

三是维护科技安全必须坚持平等互利的原则。平等互利、和平共处五项原则是中国发展一切对外经济、文化、科技关系的"最好的方式"[4]。科学技术本身是没有国界的，人类一切高新技术都是我们宝贵的精神财富，是中国经济发展的起点。中国对外开放引进了大量外资和技术，帮助中国加快经济建设步伐，同时，我们也应当清楚地看到，帮助必须是平等互利的，即平等互利、和平共处应当是世界各国经济技术安全合作必须遵循的基本原则，中国也真诚地希望世界各国秉承平等互利、和平共处的原则，发展经济技术关系。

四是积极稳妥安全地发展涉外经济技术关系的原则。在邓小平看来，世界

---

[1]《邓小平文选》第三卷，人民出版社1993年版，第348页。
[2]《邓小平文选》第三卷，人民出版社1993年版，第330页。
[3]《邓小平文选》第二卷，人民出版社1994年版，第406页。
[4]《邓小平文选》第三卷，人民出版社1993年版，第96页。

形势错综复杂，经济科技合作既要积极热情，又要稳妥安全，在达成共识的领域内要抓住机遇，积极抢占；在分歧较大甚至有可能危害中国利益安全的问题上应当审慎、稳妥，决不贸然决策，更不能崇洋媚外，丧失国格和主权。

五是科技安全与世界稳定相统一的原则。中国是经济、文化、科技比较落后的发展中国家，即使将来发展富裕起来了，仍然属于第三世界，也"永远不会称霸，永远不会欺负别人，永远站在第三世界一边"[1]。中国是世界"大三角"之一，是世界上爱好和平与发展的重要力量。从世界政治经济发展的角度来说，中国发展科学技术是实现中国特色社会主义现代化建设的需要，也是世界和平、发展和安全的要求，"对世界、对亚太地区的和平和稳定都是有利的。……肯定会起比较显著的作用"[2]，决不会对世界和平和国际安全构成任何威胁。

（二）邓小平科技安全理论与实践的基本内容

一是加强科技安全管理工作。中国在高科技领域形势喜人，但在科技安全管理上做得很不够，甚至处于麻木的状态，缺乏科技鉴别力和敏锐性。中国发展对外科技合作关系，必须增强科技安全意识，筑起坚固的科技城堡，否则"我们就不可能保卫从而也不可能建设社会主义"[3]。科学技术把世界装扮得很精彩，推动了产业结构、生产方式、劳动力选择发生重大变化，特别是信息技术高速发展，加快了世界经济技术合作的步伐，修改了世界经济发展方向，塑造世界新型"网络经济"形态，国际投资、国际生产、国际贸易以及一些跨国公司的经济活动，将按网络重新组合，这种经济趋势必将在更大程度上更广范围内冲击着一个国家的经济主权和科技安全，从而使世界各国特别是发展中国家面临新的挑战。对此，我们应当高度警惕，确保中国经济安全和科技安全。

二是严厉打击科技犯罪活动，保护国家科技秘密。中国改革开放以来，经济建设相当有成绩，这是瞩目共仰的事实。但是，有的人走私、贿赂、盗窃国家财产、盗骗国家经济情报、泄露经济科技秘密、出卖科技信息和文件、卷入国外经济情报网和科技间谍组织，这些对中国经济科技造成了重大威胁和损害，而且还会随着国际情报势力日益猖獗，中国在这方面面临着十分严峻的挑战。因此，打击科技犯罪活动，保护国家科技秘密，是一项紧迫而重要的战略任务。

---

[1]《邓小平文选》第三卷，人民出版社1993年版，第56页。
[2]《邓小平文选》第三卷，人民出版社1993年版，第105页。
[3]《邓小平文选》第二卷，人民出版社1994年版，第169页。

中国对于科技犯罪必须给以最严厉的法律制裁，特别是对于那些泄露国家重要科技情报、技术机密的党员、干部、军人，不仅要开除党籍、干籍、军籍、公职，而且要绳之以法，坚决把打击各种科技犯罪活动的斗争提到是中国坚持社会主义道路和实现现代化的一个保证的原则高度上来，作为"一个经常的斗争，经常的工作"[1]。据有关资料介绍，沿海某省 90%的国有企业的技术资料、文件、科技商业营销决策，不同程度地被外商盗窃，科技人才外流也带走了科技情报资料；国家经贸委负责人也疾呼：国有企业科技秘密被泄密和窃密的现象屡屡发生，使国有企业的生产经营受到严重影响，要求每个中国公民要从国家和人民的利益安全出发，自觉严守国家科技秘密，同一切科技犯罪活动作不懈斗争，要把商业技术秘密作为重要的知识产权、无形资产和参加市场竞争的重要手段，加强保护，切实建立一道科技安全防盗门。

三是建立科技护栏机制，为发展中外技术合作保驾护航。中国是世界"大三角"之一，显示了中国在国际事务里面是有足够分量的国家。为了更好地扩大对外开放，保守科技秘密、建立科技护栏机制、设置科技安全防线，是十分必要的。① 构建科技人才护栏。科技人才是最重要的资本，当代国际经济竞争说到底是经济科技人才的竞争。发达国家为了抢占国际竞争优势和科技制高点，开展了激烈的科技人才争夺战和经济科技情报间谍战。但是，中国对此认识不足。由于综合因素的影响，特别是知识分子政策还有些没有很好地贯彻落实，导致中国科技人才严重流失，大批高素质科技人才被外商高薪挖走，或被外商高薪拉拢而流入外资企业，许多优秀科技人才因国内科研政策、环境、条件等问题而留在国外了。这应当引起我们中国的高度警惕。邓小平指出：发展科技，必须尊重知识，尊重人才，"改革科技体制，我最关心的，还是人才"[2]。这体现了他尊重知识、关爱科技人才的思想理论。② 设置科技法律护栏。邓小平认为，要加强法制建设，特别是要加强科技立法，"在全体人民中树立法制观念"[3]。对外开放以来，中国先后制定了《专利法》《技术合同法》《科学技术成果转化法》《科学技术进步法》《中国 21 世纪议程》以及一些涉外科技法律法规，但在科技安全保护方面的法律却相当欠缺。这不能不说是中国立法工作的一个严重不足。特别是关于国有企业科技人才、高技术机密保护方面的法律，特别是科技立法滞后，执法不严，又缺乏国际科技竞争的经验，导致中国在维护国家科技安全斗争中处于一种相当被动的状态。因此，尽快建立完善科技安

---

[1]《邓小平文选》第二卷，人民出版社 1994 年版，第 404 页。
[2]《邓小平文选》第三卷，人民出版社 1993 年版，第 108 页。
[3]《邓小平文选》第三卷，人民出版社 1993 年版，第 163 页。

全的法律护栏机制，是中国法制建设的一项紧迫任务。③组建中国科学技术安全委员会，负责国家科技安全保密、处理涉外科技纠纷、知识产权、专利权等科技管理方面的工作，把中国的科技事业推向统一、开放、安全的国际大舞台，为中国发展对外科技合作关系保驾护航。

（三）邓小平科技安全建设的基本经验与启示

一是加强党对科技工作的领导，提高科技政策安全水平。1975年9月邓小平提出"各方面都要整顿"时，明确要求抓紧整顿研究院、所、室，切实加强党对科研机构和科研工作人员的领导与管理。1978年3月，他在全国科学大会开幕式上深刻指出，能不能把中国的科学技术尽快地搞上去，关键在于我们党是不是善于领导科学技术工作。在他看来，党委政治领导主要是保证科技工作正确的政治方向，贯彻落实党的科技工作路线、方针、政策，完成科技计划与任务，增强科技安全意识。尤其在中国加入 WTO 之后，中国更要结合国际规则和国际科学技术标准，加强党对科技工作的领导，维护中国科技安全，党应该居于领导的地位，"这是谁也无法否认的客观事实"[1]，也是发展对外科技合作确保中国科技安全的根本原则与保证。

二是建立和完善科技管理机制，营造良好的科技安全环境。科技安全水平取决于科技管理状况。邓小平设想过组建中国科学技术安全委员会，负责制定科学技术方针、政策、制度原则、远景规划和各项科研计划，会同国家科委、国防科工委管理国家高新技术、尖端技术、军工技术、科技投入、知识产权、专利权等具体事务，贯彻执行国家科技各项规划、计划，指导保护科技资料、材料、仪器、基础设施，特别是保护高技术人才、高级技术情报安全，创造良好的科技政策制度环境和营造科技安全管理氛围。

三是正确处理对外开放与维护中国科技安全的关系，广泛开展国际科技安全合作。1988年6月，邓小平会见"九十年代的中国"国际会议全体代表时指出："中国要谋求发展，摆脱贫穷和落后，就必须开放。……不仅是发展国际间的交往，而且要吸收国际的经验。"[2]要把世界一切先进技术、先进成果作为中国发展的起点，努力加强同世界各国经济科技领域的广泛合作。同时，必须带着警惕的安全意识与各国科技合作，在打交道的过程中趋利避害，正确处理好对外开放与维护经济科技安全的关系。

[1]《邓小平文选》第二卷，人民出版社1994年版，第266页。
[2]《邓小平文选》第三卷，人民出版社1993年版，第266页。

四是加强科技安全法制建设，为维护国家科技安全提供法律保障。邓小平认为，发展科学技术也"还是要靠法制，搞法制靠得住些"[1]。中国科技安全领域的法律法规，可以说是一个严重空白。因此，把科技安全法制建设纳入到中国特色社会主义法制建设轨道上来，是摆在当今中国面前的一项紧迫而重要的任务。

---

[1]《邓小平文选》第三卷，人民出版社1993年版，第379页。

第八章 邓小平科技理论与实践的特征特点、国际视野及其丰富发展

本章主要从邓小平科技理论与实践的特征特点、邓小平科技理论与实践的国际视野、习近平对邓小平科技理论与实践特征特点国际视野的丰富发展,以及坚持邓小平、习近平科技理论与实践特征特点国际视野、加快建设世界科技强国的步伐四个方面入手,对邓小平科技理论与实践的特征特点国际视野及其丰富发展进行梳理、研究、阐述。

一、邓小平科技理论与实践的特征、特点

邓小平科技理论与实践,是邓小平运用马克思主义的立场、观点和方法,审视和分析当代世界科技革命与社会发展的紧密联系,对发展中国的科学技术所提出的一系列特色鲜明、意义深远的重要观点,深刻反映了当代科学技术在经济社会发展中的作用,突出了科学技术"第一性"的特征。邓小平科技理论与实践的鲜明特征、特点,对于实现中华民族的伟大复兴,具有重大的现实意义和深远的历史意义。

(一)邓小平科技理论与实践的特征

一是强调科学技术成为当代生产力系统中的"第一要素"。现代社会生产力是多因素、多层次有机结合的大系统。生产力系统中的诸多因素在生产力系统中的地位和作用是有差别的,在不同的时代和不同的条件下会有不同的重要程度。只是到了20世纪下半叶,科学技术才真正成为生产力系统中的第一要素。二战以后,科学技术迅速发展,对世界产生了广泛影响。邓小平指出:"近三十年来,现代科学技术不只是在个别的科学理论上、个别的生产技术上获得了发展,也不只是有了一般意义上的进步和改革,而是几乎各门科学技术领域都发生了深刻的变化,出现了新的飞跃,产生了并且正在继续产生一系列新兴科学技术。现代科学为生产技术的进步开辟了道路,决定它的发展方向。"[1]新科技革命成果层出不穷,极大地提高了社会生产率,带来了新的经济繁荣。

---

[1]《邓小平文选》第二卷,人民出版社1994年版,第87页。

二是认为科学技术成为推动当代社会发展的"第一力量"。生产力是推动经济社会发展的本原和最强大的力量。在当代，科学技术成为生产力中的第一要素后，科学技术也就成为推动经济社会发展的"第一力量"。邓小平反复强调，中国经济与社会的发展，国家综合国力的提升，人民生活水平的提高，都与科学技术的发展相关，都要依靠科技第一生产力这个强大力量的支持和推动。"世界新科技革命蓬勃发展，经济、科技在世界竞争中的地位日益突出，这种形势，无论美国、苏联、其他发达国家和发展中国家都不能不认真对待。"[1]事实上，当代各国综合国力的竞争，也主要是围绕着科学技术的竞争，科学技术已经无可争辩地成为推动经济社会发展的"第一力量"。

三是提出以科学技术为核心的知识成为当代社会的"第一资源"。从人类社会经济形态的发展来看，先后经历了采猎经济、农业经济、工业经济等不同的经济形态。在这些经济形态下，主导产业分别是采集狩猎业、农业和工业，占决定地位的生产资源则是劳动力、自然资源和资本。20 世纪 80~90 年代以来，人类开始进入知识经济社会。知识经济是以知识为基础的，知识是非稀缺性、非消耗性，具有共享性和易操作性，在使用中还能产生更多的知识，因此从根本上说知识经济是可持续发展的、低耗高性的经济。正如邓小平指出："科学技术的发展和作用是无穷无尽的。"[2]科技作为知识经济的核心和"第一资源"，开辟了人类社会的光明前景。

四是指出知识分子因其掌握科学技术居当代社会地位的"第一位置"。科学技术是一种精神产品，必须有人来掌握，也只有通过人来掌握，才能转化为现实的直接的生产力。邓小平指出，发展科学技术的基本任务是"出成果出人才，要出又多又好的科学技术成果，出又红又专的科学技术人才"[3]。在知识经济时代，人的智慧占据突出的地位，必须坚持以人为本，开发、培养大量高素质的人才资源。邓小平历来重视对人才的使用和培养，提出要"尊重知识，尊重人才"，在党内养成尊重知识分子的空气。他说："靠空讲不能实现现代化，必须有知识，有人才。"[4]邓小平还非常迫切地提出："我们向科学技术现代化进军，要有一支浩浩荡荡的工人阶级的又红又专的科学技术大军，要有一大批世界第一流的科学家、工程技术专家。造就这样的队伍，是摆在我们面前的一个

---

[1] 江泽民：《在接见出席中国科学院第九次院士大会和中国工程院第四次院士大会部分院士与外籍院士时的讲话》，《人民日报》，1998-08-10。
[2]《邓小平文选》第三卷，人民出版社 1993 年版，第 17 页。
[3]《邓小平文选》第二卷，人民出版社 1994 年版，第 97 页。
[4]《邓小平文选》第二卷，人民出版社 1994 年版，第 40 页。

严重任务。"[1]重视知识分子和科技人员,要从根本上认识和解决知识分子的阶级属性和地位问题,邓小平明确地说:"要把'文化大革命'时的'老九'提到第一,科学技术是第一生产力嘛,知识分子是工人阶级一部分嘛。"[2]

五是主张促进科技发展的教育应成为当代社会的"第一战略"。邓小平指出:"发展科学技术,不抓教育不行。……抓科技必须同时抓教育。从小学抓起,一直到中学、大学。"[3]当今世界,各国有识之士无不把科技和教育视为争雄天下的战略产业。1977年邓小平复出工作后,自告奋勇抓科技和教育工作,充分显示了作为一位伟大的国家领导人的睿智的战略眼光。事实上,邓小平的科技思想理论与教育思想理论二者就是融为一体,密不可分的。在阐述他们的战略地位时是如此,在论述它们的社会功能时也是如此,在部署战略实施时更是如此。邓小平反复强调:"我们的发展战略规划,第一位就是发展教育和科学技术。"[4]"我们完全有能力把教育搞上去,提高我国的科学技术水平,培养出数以亿计的各级各类人才。……一个十亿人口的大国,教育搞上去了,人才资源的巨大优势是任何国家比不了的。有了人才优势,再加上先进的社会主义制度,我们的目标就有把握达到。……中央提出要以极大的努力抓教育,并且从中小学抓起,这是有战略眼光的一着。"[5]

(二)邓小平科技理论与实践的特点

1. 以宽广眼界分析和判断国际形势,是邓小平科技理论与实践的出发点

一是和平与发展成为时代主题。20世纪50年代,建立了雅尔塔体系,形成了对立的东西两大阵营,冷战开始。进入20世纪80年代,处于南方的第三世界国家与北方发达国家间的矛盾逐渐加剧,"南北"问题即经济发展问题突出起来。1985年,邓小平及时把握时代变化,指出:"现在世界上真正大的问题,带全球性的战略问题,一个是和平问题,一个是经济问题或者说发展问题。和平问题是东西问题,发展问题是南北问题。概括起来,就是东西南北四个字。南北问题是核心问题。"[6]80年代末90年代初,随着苏联解体,冷战结束,世界走向多极化趋势。虽然和平与发展两大问题都未解决,但世界的总趋势是从战争对抗走向

---

[1]《邓小平文选》第二卷,人民出版社1994年版,第91页。
[2]《邓小平文选》第三卷,人民出版社1993年版,第275页。
[3]《邓小平文选》第二卷,人民出版社1994年版,第40页。
[4]《邓小平年谱》(1975—1997),中央文献出版社2004年版,第1217页。
[5]《邓小平文选》第三卷,人民出版社1993年版,第120页。
[6]《邓小平文选》第三卷,人民出版社1993年版,第105页。

和平与发展。要壮大和平力量、维护世界和平，必须紧紧抓住科技尤其是高科技来加快自身建设。邓小平指出："中国要发展，离开科学不行……实现人类的希望离不开科学，第三世界摆脱贫困离不开科学，维护世界和平也离不开科学。"[1]

二是新科技革命浪潮的到来。从 20 世纪 40 年代，人类开始了第三次科技革命时期；20 世纪 70 年代以后，又进入了一个科技在各个领域都异常活跃的新阶段。在它的推动下，世界经济有了突飞猛进的发展。这次科技革命实质可称作信息控制技术革命，它要解决的中心技术课题是社会生产和管理的信息自动控制。如果说第一、二次科技革命的实质是人类体力的解放，那么第三次科技革命则是人类智力的解放，是一场成为发展生产力的决定性因素的智力革命。邓小平敏锐地把握住了第三次科技革命的脉搏，深刻指出："世界在变化，我们的思想和行动也要随之而变。"[2]20 世纪 80 年代以后，邓小平的科技视角转向世界高科技领域的激烈竞争及其对国家整体发展的影响上。他高瞻远瞩地指出，21 世纪是高科技发展的世纪，谁占有科技优势，谁将占有政治、经济发展的主动权，中国高科技事业要开步走。虽然中国还很不富裕，而且研究开发高科技的费用高、风险大，但要从国家长远发展的利益着眼，高科技的发展将为中国科技事业的发展争取时间，节约资金，奠定坚实的基础，有利于提高中华民族的影响力和国际地位。因此，邓小平特别强调中国必须在高科技领域占有一席之地，要"发展高科技，实现产业化"。

三是国际社会主义实践遭受到巨大挫折。第二次世界大战以后，出现了中国等一大批社会主义国家，社会主义事业蓬勃发展起来。但是，自 20 世纪 50 年代中期以后，社会主义国家的发展出现了曲折，主要表现为生产力发展缓慢，人民生活水平提高不快，特别是僵化的体制抓不住以新科技推动经济发展的大好时机，严重阻碍企业成为促进科技发展的主力军，阻碍了科技生产力功能的发挥。这是社会主义建设事业的前车之鉴。

正是从和平与发展成为时代主题、第三次科技革命蓬勃发展、社会主义国家遭受挫折的国际形势出发，邓小平对中国的科技发展问题进行了深刻思考，在实践中逐渐形成了全面的科技理论与实践。

2. 实事求是地分析和研究中国国情，是邓小平科技理论与实践的立足点

实事求是是马克思列宁主义、毛泽东思想的精髓，也是邓小平理论的精髓。邓小平不仅运用马克思主义基本理论，实事求是地研究和制定中国的政治、经

---

[1]《邓小平文选》第三卷，人民出版社 1993 年版，第 183 页。
[2]《邓小平文选》第三卷，人民出版社 1993 年版，第 274 页。

济、文化政策，而且在科技与教育方面，他始终坚持实事求是的原则。他认为，我们考虑中国的科技问题，必须从中国的科技基础出发，立足于中国的客观国情。

早在中国社会主义改造基本完成，开始全面建设社会主义时，邓小平就非常重视科技问题，提出党必须特别注意培养精通生产技术和其他各种专门业务知识的干部，这个问题关系到我们的前途。他重视科技文化的普及与提高，认为"我们在任何时候都要坚持'两条腿走路'，做到在普及基础上的提高和在提高指导下的普及"。"只普及不提高，科学文化不能很快进步；只提高不普及，也不能适应国家各方面的需要。"[1]1975 年，他主持中央工作时，亲自抓科研机构整顿工作，整顿自"文化大革命"以来长期处于瘫痪状态的中科院及其所属的各种研究机构，并以其超人的胆识与魄力指出："科学技术叫生产力，科技人员就是劳动者！"[2]1977 年 5 月 24 日，他在同中央两位同志谈话时指出："我们要实现现代化，关键是科学技术要能上去。"[3]他以日本明治维新后下大力气发展科技和教育，导致现代化事业的快速发展为例，倡导借鉴日本的成功经验，通过大力发展科技和教育推动中国特色社会主义现代化建设的迅速发展。1977年 8 月 8 日，他在科学和教育工作座谈会上发表讲话，明确提出，要使中国赶上世界先进水平应该从科学和教育入手。在 1978 年的全国科学大会上，他进一步指出："四个现代化，关键是科学技术的现代化，没有现代科学技术，就不可能建设现代农业、现代工业、现代国防。没有科学技术的高速度发展，也就不可能有国民经济的高速度发展。"[4]接着，他分析了现代科技在社会生产中的巨大作用，认为现代科学为生产技术的进步开辟了道路，一系列新兴的工业都是建立在新兴科学基础上的。不仅工业发展是如此，"当代的自然科学正以空前的规模和速度，应用于生产，使社会物质生产的各个领域面貌一新"[5]。1985 年，邓小平在实践中进一步看到了科学技术的作用，指出："现在连山沟里的农民都知道科学技术是生产力。""他们从亲身的实践中，懂得了科学技术能够使生产发展起来，使生活富裕起来。农民把科技人员看成是帮助自己摆脱贫困的亲兄弟，称他们是'财神爷'[6]。"此后，邓小平的眼光放得更远，他始终盯着发达国家的科学技术和教育水平，要求大胆地实行开放政策，学习世界先进的科学技术，他山之石，为我所用。

---

[1]《邓小平文选》第一卷，人民出版社 1994 年版，第 280 页。
[2]《邓小平文选》第二卷，人民出版社 1994 年版，第 34 页。
[3]《邓小平文选》第二卷，人民出版社 1994 年版，第 40 页。
[4]《邓小平文选》第二卷，人民出版社 1994 年版，第 86 页。
[5]《邓小平文选》第二卷，人民出版社 1994 年版，第 87 页。
[6]《邓小平文选》第三卷，人民出版社 1993 年版，第 107 页。

3. 明确提出"科学技术是第一生产力",是邓小平科技理论与实践的关键点

"科学技术是生产力",这是马克思主义的一个基本原理。1978年3月,邓小平在全国科学大会上重温了马克思关于科学技术是生产力的观点,并紧密结合近几十年来科技领域发生的深刻变革、一系列新兴科技成果的产生给生产和技术带来的巨大进步等事实,进一步指出,现代科学技术的发展,使科学和生产的关系越来越密切了,科学技术作为生产力,越来越显示出巨大的作用;现代的劳动者只有具备较高的科学文化水平,丰富的生产经验,先进的劳动技能,才能在现代化的生产中发挥更大的作用;社会生产力有这样巨大的发展,劳动生产率有这样大幅度的提高,靠的是什么?最主要的是靠科学的力量、技术的力量;科学技术正在成为越来越重要的生产力。

1988年9月5日,邓小平在会见来访的捷克斯洛伐克总统胡萨克时,第一次提出了"科学技术是第一生产力"的论断。1988年9月12日听取价格和工资改革方案汇报时,再次提出这一论断,并进一步阐述了这一理论对教育、农业、知识分子问题以及科学技术本身的指导意义。1992年初,邓小平在南方谈话中再一次强调要依靠科技、重视科技,把对科学技术作用的认识提到新高度:"我说科学技术是第一生产力。近一二十年来,世界科学技术发展得多快啊!高科技领域的一个突破,带动一批产业的发展。我们自己这几年,离开科学技术能增长得这么快吗?要提倡科学,靠科学才有希望。"[1]

"科学技术是第一生产力"作为邓小平科技理论实践观的精髓,是对马克思主义科技观的继承与发展。这一论断,揭示了科学技术对当代生产力发展和社会经济发展的第一位变革作用。这里所说的"第一"不是指人与物的关系,也不是指唯有科学技术才是生产力,而是指科技对生产力整体发展的推动作用在当代已成为最重要的因素。正是在这种意义上,邓小平关于"科学技术是第一生产力"的科学论断,不仅是对科学技术认识的一次巨大飞跃,是对马克思主义科技理论实践观的重大发展和创新,而且对中国正在进行的社会主义现代化建设事业也具有重大的指导意义。

4. 把科学技术结合到中国特色社会主义事业中,是邓小平科技理论与实践的根本点

在政治方面,把科学技术作为全党全国工作重心转移的重要内容。邓小平在重申"科学技术是生产力""知识分子是工人阶级的一部分"等论断的同时,

---

[1]《邓小平文选》第三卷,人民出版社1993年版,第377~378页。

提出了"尊重知识，尊重人才"的观点。他指出："我们既然承认了这两个前提，那么，我们要在短短的二十多年中实现四个现代化，大大发展我们的生产力，当然就不能不大力发展科学研究事业和科学教育事业，大力发挥科学技术工作者和教育工作者的革命积极性。"[1]为此，要努力在全党和社会造成尊重知识、尊重人才的浓厚空气。全党和全社会都要真正尊重知识，真正发挥知识分子的作用。当前，世界各国的竞争主要体现为综合国力的竞争，而最终将取决于科技实力的竞争，这个竞争的核心又是科技人才的竞争。邓小平力倡"尊重知识，尊重人才"之风，极具战略眼光和远见卓识。

在经济方面，邓小平提出要进一步解决科技与经济结合的问题。一方面，他力图改变传统的农业模式，把农业的发展和科学技术结合起来。他指出，农业文章很多，我们还没有破题。农业的发展一要靠政策，二要靠科学，科学技术的作用是无穷无尽的。另一方面，他强调要用先进的技术和管理方法改造企业，并指出在企业的编制里"一定要有相当规模的科学研究机构。美国和日本的大企业，都有相当规模的科学研究机构"[2]。为了进一步解决科技和经济结合的问题，邓小平提出，在方针问题、认识问题解决之后，还要解决体制问题，并强调"新的经济体制，应该是有利于技术进步的体制"[3]。这是解决经济和科技长期脱节的重要方面。新时期中国共产党提出要把经济的发展转移到依靠科技进步上来，正是对邓小平这一思想理论与实践的具体落实。

在教育方面，邓小平提出科技要发展，教育是基础。科学技术本身的发展及其向现实生产力的转化，关键在于劳动者的科技知识水平，这自然离不开教育，离不开全民族科技文化素质的提高。面对长期以来科技知识在中国人民大众中的普及与应用相当落后的现实，邓小平一再强调："发展科学技术，不抓教育不行。""抓科技必须同时抓教育。从小学抓起，一直到中学、大学。"[4]1988年9月12日，他在听取有关价格和工资改革初步方案时又专门强调，从长远看，要注意教育和科学技术。否则，我们已经耽误了二十年，影响了发展，还要再耽误二十年，后果不堪设想。"我们要千方百计，在别的方面忍耐一些，甚至于牺牲一点速度，把教育问题解决好。"[5]正是在邓小平这些思想理论的指导下，形成了中国"科教兴国"的战略国策。

在对外开放方面，邓小平提倡实行开放政策，学习世界先进科学技术。他

---

[1]《邓小平文选》第二卷，人民出版社1994年版，第89~90页。
[2]《邓小平文选》第二卷，人民出版社1994年版，第130页。
[3]《邓小平文选》第三卷，人民出版社1993年版，第108页。
[4]《邓小平文选》第二卷，人民出版社1994年版，第40页。
[5]《邓小平文选》第三卷，人民出版社1993年版，第275页。

指出,科学技术本身没有阶级性,它是人类共同创造的财富。任何一个民族、一个国家都需要学习别的民族、别的国家先进的科学技术,不应盲目排外。邓小平多次提醒人们一定要以马克思主义的科学态度,实事求是地认识和分析中国科技发展的历史、现状和原因,不能老是以中国古代创造的科技发明曾经对世界作出较大的贡献来"安慰我们现实的落后",认识落后、分析落后,才能去追赶先进,承认落后就有希望了。正是基于对国际经验和国内现状的客观认识以及对国家未来战略发展的考虑,邓小平恳切地指出:"中国在历史上对世界有过贡献,但是长期停滞,发展很慢。现在是我们向世界先进国家学习的时候了。"[1]"即使我们的科学技术赶上了世界先进水平,也还要学习人家的长处。"[2]"要引进国际上的先进技术、先进装备,作为我们发展的起点。"[3]

二、邓小平科技理论与实践的国际视野

邓小平科技理论与实践既形成和发展于中国改革开放和中国特色社会主义现代化建设的伟大实践中,又着眼于世界现代科技进步日新月异的发展趋势。

(一)中国搞现代化是用世界先进技术、先进成果作发展起点,引领中国社会经济进入先进科技推动的快车道

一是把先进科技成果放到教材里,用最新科技成果办教育。"文化大革命"期间,被扣上"资产阶级"反动学说的政治帽子后,许多现代科技知识、科技思想和科技理论被抛出教科书。学习外国先进科技,邓小平要求从改革教材入手。他指出:"现在世界科学发展一日千里,我们办教育要以最新成果为基础,否则就是爬行主义。"[4]邓小平要求重新审定大中小学教材,进行教材改革,"按照中小学生所能接受的程度,用先进的科学知识来充实中小学的教育内容"[5]。高等学校"可以花钱把外国技术资料买来,编到教材中去"[6]。"要进口一批外国的自然科学教材,结合我们的实际编出新的教材,以后就拿新教材上课"[7]。邓小平用世界最新科技成果来提高全民的科技素养,耕耘了世界先进科技扎根中国的沃土。

---

[1]《邓小平文选》第二卷,人民出版社 1994 年版,第 132 页。
[2]《邓小平文选》第二卷,人民出版社 1994 年版,第 91 页。
[3]《邓小平文选》第二卷,人民出版社 1994 年版,第 133 页。
[4]《邓小平年谱》(1975—1997),中央文献出版社 2004 年版,第 215 页。
[5]《邓小平文选》第二卷,人民出版社 1994 年版,第 104 页。
[6]《邓小平年谱》(1975—1997),中央文献出版社 2004 年版,第 164 页。
[7]《邓小平年谱》(1975—1997),中央文献出版社 2004 年版,第 167 页。

二是派遣有科技基础的留学生，容易把先进科技成果拿回来。早年留学法国期间，在当时最先进企业的"勤工"生活使邓小平接受了工业革命的启蒙，他深刻认识到，派遣留学生是把国外先进科技成果拿回来最直接的途径。1977年10月10日，邓小平同中国科学院负责人和专家等谈话时，对派遣科研人员到外国学习，提出了具有政策意义的意见。他说："可以尽快派人去，学习回来后搞我们的建设。去过一次的，以后还可以去。去的人不在年龄大小，而是要有点水平有点基础的，这样容易把先进的科学技术成果拿回来。"[1]经邓小平提议和亲自推动，1979年初第一批50名中国留学生抵达美国，1980年有1 025名中国人持学生签证赴美，到1984年时已有14 000名中国学生进入美国大学，其中三分之二所学专业是自然科学、医学和工程。[2]早在1978年9月30日，邓小平就富有远见地在《来信摘要》反映的一位留美工作的中国医生提出优待在美国工作的中国科学家和允许中国公民自费到美国留学等建议，作出批示：'国务院办公室商同有关单位处理，所提要求似可同意'"[3]，从此，自费留学人数大大超过公费留学人数。邓小平认为，应当向世界各国派遣留学生，留学生的任务是学习先进科技，并要求派遣的留学生必须人人都是懂行的和将派遣的重点放在进修生及研究生上。到1991年底，留学回国人员中已有两万多人获得各种科技成果，有200多人获得近500项国际科技奖，有3 000多人获得近5 000项国家级科技奖，有1 000多人获得近2 000项专利。实践证明，派遣留学人员是学习外国先进科技，填补国内科技空白的有效方法。

三是要利用国外智力，请外国人来参加中国各方面的建设。人才是科技知识和管理知识的载体。引进和利用国外人才，是学习国外先进科技的有效方式。20世纪50年代，中国先后聘请苏联专家10 800多人，其他社会主义国家的专家1 500多人，他们对新中国奠定现代科技基础发挥了重要的作用。改革开放后，邓小平把利用国外智力作为学习外国先进科技的重大举措，要求创造条件引进国外智力，尤其要从华裔科学家开好头。邓小平指出："接受华裔学者回国是我们发展科学技术的一项具体措施……我们还要请外国著名学者来我国讲学……现在国家还有困难……要在困难条件下，尽力把工作做好。"[4]1978年初，在"左"的思潮还没有全面清理的政治氛围下，邓小平批准有关部门邀请美籍华人、物理学家、1957年诺贝尔物理学奖获得者，时任美国哥伦比亚大学

---

[1]《邓小平年谱》(1975—1997)，中央文献出版社2004年版，第219页。
[2] 傅高义：《邓小平时代》，生活·读书·新知，三联书店2013版，第343页。
[3]《邓小平年谱》(1975—1997)，中央文献出版社2004年版，第392页。
[4]《邓小平文选》第二卷，人民出版社1994年版，第57页。

教授李政道，美国里海大学任教的金属和材料学专家周以苍，前来中国讲学，开创新时期引进国外智力的先河。1983年7月8日，邓小平把聘请外国专家的工作提升到利用外国智力的战略高度，提出："要利用外国智力，请一些外国人来参加我们的重点建设以及各方面的建设。对这个问题，我们认识不足，决心不大。搞现代化建设，我们既缺少经验，又缺少知识。不要怕请外国人多花了几个钱。他们长期来也好，短期来也好，专门为一个题目来也好。请来之后，应该很好地发挥他们的作用。过去我们是宴会多，客气多，向人家请教少，让他们帮助工作少，他们是愿意帮助我们工作的。"[1]根据邓小平的谈话精神，1983年8月24日，中共中央作出《关于引进外国智力以利四化建设的决定》。9月7日，中共中央决定成立中央引进外国智力以利四化建设工作领导小组。1991年，有50多个国家和地区的3万多名专家学者来华工作，帮助兴建一批重点项目，对企业进行改造，培养文化教育方面的人才。

四是引进外国先进科研设备，更新科研手段，加速科技现代化。现代科技是以科学实验为基础的社会实践活动。科技现代化，首先是科研手段即科学实验的现代化。正如邓小平所说，现代工业的"许多新的生产工具，新的工艺，首先在科学实验室里被创造出来"[2]。"文化大革命"期间，科研活动尤其是基础性科学研究被全面否定，不仅科研手段现代化的规划成为泡影，而且原有的科学仪器遭受毁灭性的破坏，科学实验处于整体瘫痪的状况。粉碎"四人帮"后，邓小平及时要求更新科研手段。然而，现代科研设备的研制成本高、规模大、周期长，引进先进科研条件、实验装置，建设和改造国家重点实验室，是加快科研手段现代化的现实路径。1977年10月20日，在与北京大学负责人谈话时，邓小平明确提出："要引进一些研究手段，更新研究手段。"[3]1979年1月8日，在听取王震等汇报工作时，邓小平指出："引进外国大型科研设备，同外国科研机构合作搞科研，加速科学技术现代化，这个好。"[4]大型电子计算机是科研手段现代化的核心，邓小平强调要千方百计引进外国先进技术或设备，保证更新科研手段的迫切需要。他指出："计算机关键的问题是怎么样真正把技术弄到手，有些过不了关的可以引进材料，有些元件搞不出来可以买些，我们自己来装配。这是可以走的道路，也是省的道路。"[5]在邓小平的坚决支持下，与外国专家合作，引进部分技术和装备，很快建成了北京正负电子对撞机国家

---

[1]《邓小平文选》第三卷，人民出版社1993年版，第32页。
[2]《邓小平文选》第二卷，人民出版社1994年版，第87页。
[3]《邓小平年谱》(1975—1997)，中央文献出版社2004年版，第225~226页。
[4]《邓小平年谱》(1975—1997)，中央文献出版社2004年版，第473页。
[5]《邓小平年谱》(1975—1997)，中央文献出版社2004年版，第366页。

实验室,对飞机、导弹、车辆、建筑物群模型进行空气动力学试验的管道装置"风洞"等现代实验装备,奠定了中国在世界高科技领域占有一席之地的坚实基础。

(二)"四个现代化,关键是科学技术的现代化",不仅是针对中国现代化本身讲的,很大程度是根据世界现代科学技术发展的基本规律与特点做出的科学结论

1. 现代科学技术正在发生日新月异的新变化

在中国改革开放之初的 1978 年,邓小平就强调指出:"世界上先进技术发展很快,发展速度不是用年来计算,而是用月、日来计算的,叫做日新月异。"[1]时隔 11 年后的 1989 年,邓小平又指出:"世界形势日新月异,特别是现代科学技术发展很快。现在的一年抵得上过去古老社会几十年、上百年,甚至更长的时间。"[2]同年 5 月末,他在同中央负责同志的谈话时又指出:"现在世界的发展一日千里,每天都在变化,特别是科学技术,追都难追上。"[3]从邓小平的以上几次谈话中,我们清楚地看到,他是多么关注世界科技进步迅猛发展的形势,并为此表现出了强烈的紧迫感和民族忧患意识。

2. 现代科学技术的明显超前性

邓小平对当代社会生产这一鲜明特点看得非常清楚,他指出:"现代科学为生产技术的进步开辟道路,决定它的发展方向。许多新的生产工具,新的工艺,首先在科学实验室里被创造出来。一系列新兴的工业,如高分子合成工业、原子能工业、电子计算机工业、半导体工业、宇航工业、激光工业等,都是建立在新兴科学基础上的。"[4]这是邓小平总结第二次世界大战以来各国生产力发展经验得出的一个重要结论。

在 19 世纪中叶以前,科学与技术是分离的,它们各自独立发挥着社会作用。技术的进步往往依靠传统技艺的提高和改进,只能凭经验摸索着前进。科学理论也经常跟在实践之后来概括和总结人们在生产技术活动过程中积累起来的经验材料。因此,常常出现的情况是:在科学理论上还没有搞得十分清楚的东西,在技术上却可以实现它,而科学上已经发现了的东西,在技术上却很久难以实现。

现代科学技术的发展,已是科学与技术的关系日益密切,突出地表现在技

---

[1]《邓小平文选》第二卷,人民出版社 1994 年版,第 112 页。
[2]《邓小平文选》第三卷,人民出版社 1993 年版,第 291 页。
[3]《邓小平年谱》(1975—1997),中央文献出版社 2004 年版,第 1278 页。
[4]《邓小平文选》第二卷,人民出版社 1994 年版,第 87 页。

术科学化和科学技术化两个方面。现代技术完全建立在科学理论的基础之上，技术的发明已离不开科学理论的指导。正如，是先有了量子理论，而后运用量子力学研究固体中电子运动过程，建立了半导体能带模型理论，使半导体技术和电子技术蓬勃发展起来，并促进了电子计算机的发展。又如，运用相对论及原子核裂原理形成和发展了核技术，促进了原子能在军事、航运、发电等方面的应有；再如，运用光电子理论创造了激光技术，建立了激光产业；运用分子生物学、生物化学、微生物学和遗传学等新成就，发展起生物技术，并广泛应用于工业、农业、医药卫生和食品工业等方面。

3. 自然科学与人文社会科学的结合

当代社会历史的客观进程，特别是当代一些重大科技问题、经济问题和社会发展问题等所具有的高度综合性质，决定了当代自然科学技术与人文社会科学的结合。主要表现在科学技术越来越多地参与到解决经济增长、社会发展、国家安全和对外政策等重大问题上。当代社会出现的各种全球性的人口、粮食、资源、环境等问题，从一定意义上说是由科学技术广泛应用于社会而引发的。这些问题的解决远远超出了国家的范围，也超出了自然科学的范围。因此，必须综合运用各门自然科学、各种技术手段和人文社会科学知识去研究解决。当代一些富有创造性的理论成果正是出现了各门自然科学、技术科学和社会科学相互交汇之处。

4. 科学技术作为第一生产力越来越显示出巨大的作用

现代新科技革命兴起后，科学技术已进一步地扩散、渗透和融合于生产力的诸要素之中，科学技术与劳动者的结合极大地提高了人们认识自然、改造自然和保护自然的能力，而科学技术与生产资料的结合则大幅度提高了工具的效能，从而大大提高了社会劳动生产率，使社会生产力发生质的飞跃，科学技术已成为生产力诸要素中的主要因素，成为决定生产力发展的第一位要素。邓小平以其敏锐的世界眼光注意到："当代的自然科学正以空前的规模和速度，应用于生产，使社会物质生产的各个领域面貌一新。特别是由于电子计算机、控制论和自动化技术的发展，正在迅速提高生产自动化的程度。同样数量的劳动力，在同样的劳动时间里，可以生产出比过去多几十倍几百倍的产品。"社会生产力有这样巨大的发展，劳动生产率有这样大幅度的提高，靠的是什么？邓小平肯定地回答："最主要的是靠科学的力量、技术的力量。"[1]后来，邓小平在会见

---

[1]《邓小平文选》第二卷，人民出版社1994年版，第87页。

外宾时又讲道:"马克思说过,科学技术是生产力,事实证明这话讲得很对。依我看,科学技术是第一生产力。"[1]此后,他又在不同场合多次重申这一观点。很显然,邓小平关于"科学技术是第一生产力"的思想理论,不仅体现了邓小平科技理论鲜明的时代特征,而且是对现代科学技术与经济发展新态势作出的新概括,是对当代生产力系统结构和发展趋势的准确分析与把握。

(三)实现中国的现代化必须有一个正确的开放的对外政策,除了"主要依靠自己的努力"外,"必须充分吸收外国的先进经验,充分利用外国的资金、外国的技术,来加速我们的发展"

1. 中国的现代化离不开世界,必须实行对外开放

中国的现代化离不开世界,必须实行对外开放,既体现了人类社会发展规律,又为中国的历史经验所证明。在当今世界,经济全球化的潮流较之近代世界有了更加迅猛的发展,世界经济联系更加密切,开放程度更加扩大。邓小平敏锐地把握这一客观历史发展进程,指出:"现在的世界是开放的世界。"[2]实行经济等全方位开放的对外开放,已成为当今世界各国谋求发展的必然要求。在开放的世界中,"任何一个国家要发展,孤立起来,闭关自守是不可能的"[3]。发达国家是这样,发展中国家也是这样。

邓小平以马克思主义的宽广眼界观察中国和世界,在深刻总结中国历史经验的基础上强调中国的现代化离不开世界。他指出:"现在任何国家要发达起来,闭关自守都不可能。我们吃过这个苦头,我们的老祖宗吃过这个苦头。恐怕明朝明成祖时候,郑和下西洋还算是开放的。明成祖死后,明朝逐渐衰落。以后清朝康乾时代,不能说是开放。如果从明朝中叶算起,到鸦片战争,有三百多年的闭关自守……把中国搞得贫穷落后,愚昧无知。"[4]新中国成立后,第一个五年计划也称得上是对外开放,不过当时只是对苏联东欧开放。以后又关起门来,基本上没有什么发展。历史经验一再证明,关起门来搞建设是不能成功的。闭关自守只能落后于世界,落后于时代,而落后就要被动挨打,就有被开除球籍的危险。我们必须深刻记取这一历史教训,引以为鉴,放眼未来,坚定不移地实行对外开放。当然,我们强调对外开放,并非放弃独立自主、自力更生的发展方针,中国的现代化"主要依靠自己的努力"[5],这是任何时候都必须坚

---

[1]《邓小平文选》第三卷,人民出版社1993年版,第274页。
[2]《邓小平文选》第三卷,人民出版社1993年版,第64页。
[3]《邓小平文选》第三卷,人民出版社1993年版,第117页。
[4]《邓小平文选》第三卷,人民出版社1993年版,第90页。
[5]《邓小平文选》第二卷,人民出版社1994年版,第233页。

持的，不能走极端。正是在坚持这一重要前提下，邓小平为中国对外开放制定了一系列诸如引进技术、利用外资、创办经济特区等开放政策。

2. 中国发展要赶上世界先进水平，必须从科学和教育着手

赶上世界先进水平，必须从科学和教育着手，充分体现了邓小平观察问题和分析问题的国际视角。早在 1977 年中国改革开放前夕，邓小平就指出："我们要实现现代化，关键是科学技术要能上去。"但是，中国的现实情况是："同发达国家相比，我们的科学技术和教育整整落后了二十年。"[1]后来他又强调指出："同发达国家相比较，经济上的差距不止是十年了，可能是二十年、三十年，有的方面甚至可能是五十年。"[2]这显然应该包括中国在科学和技术方面同世界水平存在的巨大差距。那么如何缩小这一差距呢？特别是如何赶上世界先进水平呢？邓小平深思熟虑后作了明确回答，他指出："我们国家要赶上世界先进水平，从何着手呢？我想，要从科学和教育着手。"[3]这就提出了解决问题的关键，即把抓科学和教育作为实现现代化的主要矛盾来抓。1977 年，他在同教育部主要负责同志谈话时又强调指出："我知道科学、教育是难搞的，但是我自告奋勇来抓。不抓科学、教育，四个现代化没有希望，就成为一句空话。"[4]这一方面表明邓小平知难而进抓教育和科学的决心，另一方面也揭示了科学和教育在中国现代化建设中的重要地位。

关于如何抓科技，邓小平认为，一要挑选尖子人才。邓小平强调："要从科技系统中挑选出几千名尖子人才"[5]，要为他们创造条件，让他们专心致志地做研究工作。后来他又不止一次强调："要创造一种环境，使拔尖人才能够脱颖而出。"[6]总之，一定要在党内造成一种空气：尊重知识，尊重人才。要做到这一点，就必须重视从事脑力劳动的人，要承认这些人是劳动者，打破常规去发现、选拔和培育人才，人才不能脱颖而出，也就不可能尽快成长。二要抓现有的科学研究队伍。邓小平称科学研究队伍是"科学工作的骨干力量"。因为没有一支强大的高水平的专业科学研究队伍，就难以攀登现代科学技术的高峰，而科学研究机构的基本任务就是既要出成果又要出人才，特别是要在"出又多又好的科学技术成果"的同时，"出又红又专的科学技术人才"[7]。三是对有重

---

[1]《邓小平文选》第二卷，人民出版社 1994 年版，第 40 页。
[2]《邓小平文选》第二卷，人民出版社 1994 年版，第 132 页。
[3]《邓小平文选》第二卷，人民出版社 1994 年版，第 48 页。
[4]《邓小平文选》第二卷，人民出版社 1994 年版，第 68 页。
[5]《邓小平文选》第二卷，人民出版社 1994 年版，第 40 页。
[6]《邓小平文选》第三卷，人民出版社 1993 年版，第 109 页。
[7]《邓小平文选》第二卷，人民出版社 1994 年版，第 97 页。

大科研成果的人要给予重奖,即除了对他们发明创造给予奖励外,还要提高他们的工资。

关于如何抓教育,邓小平认为,要抓好三方面工作:一要办好重点小学、重点中学、重点大学。要经过严格考试,把最优秀的人集中在重点中学和大学。邓小平建议,重点大学教育部要管起来,要直接抓好几个学校,搞点示范。同时,还要办好师范大学。因为,不办好师范教育,教师就没有来源。二要提高中小学和高等教育的质量。邓小平指出,我们要在科学技术上赶超世界先进水平,不但要提高高等教育的质量,而且首先要提高中小学教育的质量,不能老是停留在传统的教育内容上,必须知识更新,特别是要按照现代科学技术的要求来编写教材,只有这样才能保证中小学教育质量的提高。因为中小学教育是最基础的教育,只有中小学质量提高,才能从根本上保证高等教育质量的提高。三要提高教师的水平。提高中小学和高等教育的质量,核心在教师。要做到这一点,就必须加强师资培训。为此,邓小平强调,要请一些好的教师当教师的教师,大学教师要帮助中学教师提高水平。因为,只有老师教得好,学生才能学得好。提高教师的水平是一个综合的标准,应包括政治思想水平、业务工作能力以及改进作风等。四要切实帮助教师解决一些实际问题。如两地分居的业务骨干,要优先把他们的家搬来。同时,科研教育经费也应该增加。总之,对那些具体解决而且也能够解决的困难,要抓紧解决。

3. 中国的现代化必须充分吸收外国的先进经验,特别是先进技术和资金

邓小平十分重视这个问题,他说,在科学技术方面,中国古代曾经创造过辉煌的成就,四大发明对世界文明的进步起了伟大作用。但是中国祖先的成就只能用来坚定中国赶超世界先进水平的信心,而不能用来安慰中国现实的落后。他认为:"认识落后,才能去改变落后。学习先进,才有可能赶超先进"[1],搞四个现代化必须主要依靠自己的努力,必须发展中国自己的创造,必须坚持独立自主、自力更生的方针。应该说这是中国搞建设一贯坚持的方针。但是,独立自主不是闭关自守,自力更生不是盲目排外,就是说要坚持改革开放。这主要体现在以下四点:① 科学技术是人类共同创造的财富。"任何一个民族、一个国家,都需要学习别的民族、别的国家的长处,学习人家的先进科学技术[2]。"中国不仅因为今天科学技术落后,需要努力向外国学习,即使将来中国的科学技术赶上了世界先进水平,也还要学习人家的长处。应当讲这是一条规律,任

---

[1]《邓小平文选》第二卷,人民出版社 1994 年版,第 91 页。
[2]《邓小平文选》第二卷,人民出版社 1994 年版,第 91 页。

何国家要发展都不能例外。② 科学技术本身没有阶级性。资本家拿来为资本主义服务，社会主义国家拿来为社会主义服务。中国的四大发明曾为世界各国所利用。③ 社会主义要赢得与资本主义相比较的优势，就必须充分吸收和借鉴人类社会创造的一切文明成果。其中，要特别注意吸收和借鉴当今世界各国包括资本主义发达国家的一切反映现代社会化生产规律的先进经营方式、管理方法。④ 要充分利用世界先进技术和资金。改革开放以来，邓小平多次强调，实现四个现代化必须善于学习，取得国际上的帮助。要充分利用世界上一切先进技术、先进成果，作为我们发展的起点。关于引进先进技术，他强调引进后一定要按照先进的管理方法、先进的经营方法、先进的定额来管理，也就是按照经济规律管理经济；关于利用外资，一种叫自由外汇，一种叫设备贷款，邓小平主张不管哪一种，中国都要利用。他说，第二次世界大战后，一些破坏得很厉害的国家，包括欧洲、日本，都是采用贷款的方式搞起来的。不过它们主要是引进技术、专利。中国现在如果条件利用得好，外资数目可能更大一些。他为此还强调，要把工作立足点放在充分利用、善于利用外资上。他还指出引用国外先进技术、先进成果应当注意的问题，即决不学习和引进资本主义制度，决不学习和引进各种丑恶颓废的东西。总之，学习资本主义国家的某些好东西，包括经营管理方法，不等于实行资本主义，只是为了发展社会生产力。此外，引进国外先进技术和资金，还包括和外商办合资或独资企业。

（四）中国的现代化建设，必须高度重视"科学技术的现代化"，在世界高科技领域的竞争中，中国要"占有一席之地"

1. 21世纪是高科技发展的世纪，中国必须抓住机遇，迎头赶上

邓小平以敏锐的世界眼光观察世界与未来，指出21世纪是高科技发展的世纪，"中国必须发展自己的高科技，在世界高科技领域占有一席之地"[1]。这是邓小平为实现中国科学技术现代化而作出的重要战略部署。20世纪70年代以来，在全世界范围蓬勃兴起的信息技术、新材料技术、新能源技术、激光技术、生物技术、空间技术、海洋技术等高技术群落，无论对发达国家还是发展中国家都既是一个严峻的挑战，又提供了难得的发展机遇。面对在全世界范围兴起的新科技革命浪潮，20世纪80年代以来，西方一些发达国家围绕着新技术的崛起纷纷制定自己的对策。1983年3月23日，里根总统宣布实施"战略防御计划"（即后来被称为的"星球大战"）。这是一个以高技术为基础的军事研究计划，是继"曼哈顿计划"和"阿波罗计划"之后，第三个全面的高科技发展计

---

[1]《邓小平文选》第三卷，人民出版社1993年版，第279页。

划。克林顿入主白宫后,明确强调对技术投资就是对美国未来投资。在美国提出"战略防御计划"之后两年,西欧于1985年4月共同制定了"尤里卡"科技发展计划。该计划核心在于通过发展高科技,提高欧洲工业和国民经济的生产率。英国也不示弱,同年7月,以政府名义发表了科技白皮书和题为《对科学基地的战略》的报告。日本对此更是反应积极,于1980年提出"技术立国"的口号,并先后推出了"人类新领域研究计划"和"人与地球科学计划",以应对来势迅猛的世界新技术潮流。韩国于1984年制定了"走向2000年的科技发展战略",1989年又制定了"发展高科技五年计划",加速对微电子、计算机和新材料等领域的研究与开发。

为迎接世界新科技革命浪潮的挑战,在邓小平的高度重视与支持下,中共中央、国务院批准并决定从1987年1月1日起始实施"高技术研究发展计划"(又称"863计划")。该计划确定560个研究项目,力图对全国范围内的高新技术发展起到先行和推动作用。1991年,邓小平又为"863计划"工作会议作了重要题词:"发展高科技,实现产业化"。此外,为进一步促进与推动中国高新技术及产业的发展,继1988年8月国家批准北京高新技术产业开发区之后,全国各省市区高新技术产业开发区已达53个,高新技术企业近2 000家,成为技术进步和自主创新的高地。与此同时,配合"863计划",国家又先后实施"火炬计划""星火计划""燎原计划"以及"国家工程研究中心计划""国家重点工业性实验计划"等一系列重大科技行动。科技进步在经济社会发展中的重大作用日益增强。

2. 中国必须发展自己的高科技,否则没有自己的国际地位

中国是世界上最大的发展中国家,能否在这场发展高科技的激烈竞争中掌握主动权,事关中华民族的命运和社会主义的兴衰成败。邓小平指出:"过去也好,今天也好,将来也好,中国必须发展自己的高科技,在世界高科技领域里占有一席之地。"他还说:"如果六十年代以来中国没有原子弹、氢弹,没有发射卫星,中国就不能叫有重要影响的大国,就没有现在这样的国际地位。这些东西反映一个民族的能力,也是一个民族、一个国家兴旺发达的标志。"[1]由此他强调,为了取得在国际战略格局中的有利地位,为了达到和赶上中等发达国家的水平,中国必须充分认识发展高科技的紧迫性,制定自己的战略部署。为此,他要求:一要加强中国自己的创造,切实提高中国的自主创新能力。邓小平强调发展中国"自己的高科技",要求中国必须坚持独立自主、自力更生的方

---

[1]《邓小平文选》第三卷,人民出版社1993年版,第279页。

针,切实提高中国的自主创新能力。邓小平1984年在视察宝钢的题词中指出:"掌握新技术,要善于学习,更要善于创新。"[1]发展中国自己的高科技,必须善于把自主创新和引进先进技术结合起来,通过对引进技术的消化吸收,提高中国自己的研究和创新能力,开发出具有自主知识产权的先进技术。中国必须在学习、引进国外先进技术的同时,坚持不懈地着力提高国家的自主研究开发和创新能力。二要紧跟世界进步潮流,赶上时代的发展。在新技术革命不断兴起的世界潮流中,只有善于把握和抓住机遇的民族,才是有希望的民族,才有可能赶上时代的发展,后来居上。邓小平以其远见卓识的世界眼光指出,只有抓住新科技革命这一重要机遇,才能赶上时代的发展,才有可能实现中国现代化的战略目标,赶上和达到发达国家的水平。对发展高科技,邓小平表现出前所未有的紧迫感,他指出:"在高科技方面,我们要开步走,不然就赶不上,越到后来越赶不上,而且要花更多的钱,所以从现在起就要开始搞。"[2]在谈到北京正负电子对撞机的工程时,邓小平又说:"现在世界的发展,特别是高科技领域的发展一日千里,中国不能安于落后,必须一开始就参与这个领域的发展。搞这个工程就是这个意思。还有其他一些重大项目,中国也不能不参与,尽管穷。因为你不参与,不加入发展的行列,差距越来越大。"[3]"总之,不仅这个工程,还有其他高科技领域,都不要失掉时机,都要开始接触,这个线不能断了,要不然我们很难赶上世界的发展。"[4]邓小平的这些精辟论述,对中国抓住新科技革命的机遇,发展自己的高科技,有重要的指导意义。

(五)中国"向科学技术现代化进军",不仅"要有一支浩浩荡荡的又红又专的科学技术大军",还"要有一大批世界第一流的科学家、工程技术专家"

邓小平对中国科学技术现代化对科技人才的需求问题非常重视。他说:"革命事业需要有一批杰从的革命家,科学事业同样需要有一批杰出的科学家。"[5]我们中国"向科学技术现代化进军",不仅"要有一支浩浩荡荡的又红又专的科学技术大军",更"要有一大批世界第一流的科学家、工程技术专家"。[6]邓小平这里强调的人才问题涉及两个方面:① 中国要培养的人才,是一支"浩浩荡荡的又红又专的科学技术大军",既有数量上的要求,又有政治和业务的要求,

---

[1]《邓小平文选》第三卷,人民出版社1993年版,第51页。
[2]《邓小平文选》第三卷,人民出版社1993年版,第184页。
[3]《邓小平文选》第三卷,人民出版社1993年版,第279~280页。
[4]《邓小平文选》第三卷,人民出版社1993年版,第280页。
[5]《邓小平文选》第二卷,人民出版社1994年版,第96页。
[6]《邓小平文选》第二卷,人民出版社1994年版,第91页。

即"又红又专"。② 在中国自己培养的人才中要有"一大批""世界第一流"的科学家、工程技术专家,既有数量上不是少数的,而是一大批的要求;更有质量上的"世界第一流"要求,不是"世界第二流",也不是"世界第三流"。可见邓小平对此要求标准之高。

邓小平为此强调,要把尽快地培养出一批世界第一流水平的科学家、工程技术专家,作为我们科学教育战线的重要任务。就科学战线来说,一要有一支专业的科学研究队伍。邓小平认为,没有一支强大的高水平的专业科学研究队伍,就难以攀登现代科学技术高峰。这既是对专业科研队伍骨干作用的高度评价,更是对专业科研队伍的殷切期望。二要科学研究机构既出成果又出人才。邓小平强调要出又多又好的科学技术成果,出又红又专的科学技术人才。能不能在出成果同时培养出人才,邓小平把它作为衡量一个科研机构党委工作好坏的主要标准。三要使科学研究人员了解自己的科学研究工作同实现中国社会主义现代化的关系。邓小平指出:"搞科学研究对国家有贡献就是红"[1],为此,他要求要"鼓舞和动员他们以革命的精神,和衷共济,大力协同,努力攻克科学堡垒,攀登科学高峰"[2],为实现中国社会主义现代化,为赶上世界先进水平而勤奋工作。

就教育战线而言,培育人才的任务,特别是培养具有世界一流水平的人才的任务更重。这正如邓小平所说,教育方面有好多问题,归根到底的是要出人才、出成果。① 教育要面向现代化培育人才。教育担负着提高劳动者素质和培养专门人才的重要任务。"一个十亿人口的大国,教育搞上去了,人才资源的巨大优势是任何国家比不了的。有了人才优势,再加上先进的社会主义制度,我们的目标就有把握达到。"[3]也就是说,必须优先发展教育,让教育真正担负起培育人才特别是培养世界一流人才的重任。② 教育要面向世界培育人才。为此,国家决定建设"211"工程,即面向 21 世纪,重点建设 100 所具有世界先进水平的一流大学和一流学科,这是落实邓小平关于培养具有"世界第一流水平的科学家、工程技术专家"要求而采取的重要措施。③ 教育要面向未来特别是要着眼于现代科学技术的发展趋势、培养走在世界前列的科学家队伍。也就是说,教育事业的改革与发展要有超前性和预见性,为实现中国社会主义现代化建设的宏伟目标、推进中华民族复兴进程,准备好各类人才和劳动后备军,同时使中国的教育走在世界的前列。

---

[1]《邓小平年谱》(1904—1974),中央文献出版社 2009 年版,第 1645 页。
[2]《邓小平文选》第二卷,人民出版社 1994 年版,第 99 页。
[3]《邓小平文选》第三卷,人民出版社 1993 年版,第 120 页。

三、习近平对邓小平科技理论与实践的丰富和发展

邓小平指出:"现代科学为生产技术的进步开辟道路,决定它的发展方向。许多新的生产工具,新的工艺,首先在科学实验室里被创造出来。""大量的历史事实已经说明:理论研究一旦获得突破,迟早会给生产和技术带来极其巨大的进步"[1],中国"当然就不能不大力发展科学研究事业和科学教育事业,大力发扬科学技术工作者的革命积极性"[2]。"迅速掌握世界最新的科学技术。"[3]"把我们的国家建设成为社会主义的现代化强国,才能更有效地巩固社会主义制度,对付外国侵略者的侵略和颠覆,也才能比较有保证地逐步创造物质条件,向共产主义的远大理想前进[4]。"据此,习近平不仅指出了中国科技发展的目标、方向、战略和关键点,而且要求"要牢牢把握科技进步大方向",力争在基础科技领域作出大的创新,在关键核心技术领域取得大的突破;"要牢牢把握产业革命大趋势",以培育具有核心竞争力的主导产业为主攻方向,围绕产业链部署创新链,发展科技含量高、市场竞争力强、带动作用大、经济效益好的战略性新兴产业,把科技创新真正落实到产业发展上。

(一)习近平关于中国科技发展的理论与实践

1."坚定不移走科技强国之路"是中国科技发展的基本目标

一是工程科技进步和创新对经济社会发展的主导作用更加突出。习近平认为,一部人类文明编年史,就是一部工程科技创造史。回顾人类文明史,人类社会经历了由低级向高级螺旋式上升的农业文明和工业文明时代。在每一阶段文明进程里,人类物质生活和精神生活质量的高低与同期社会生产力发展水平的高低紧密相连,而工程科技又扮演了社会生产力发展重要动力因素的角色。换言之,工程科技与人类生存息息相关。展望未来,科技和人类生存将更加紧密地联系在一起。为此,习近平指出:"工程造福人类,科技创造未来。"[5]时至今日,人类衣食住行等方方面面都打上了工程科技的烙印。在习近平看来,科技是改变世界的重要力量,它是源于生活需要,又归于生活之中。习近平主政浙江期间,规划和领导了杭州湾跨海大桥的修建。杭州湾跨海大桥激活了苏

---

[1]《邓小平文选》第二卷,人民出版社1994年版,第87页。
[2]《邓小平文选》第二卷,人民出版社1994年版,第90页。
[3]《邓小平文选》第二卷,人民出版社1994年版,第91页。
[4]《邓小平文选》第二卷,人民出版社1994年版,第86页。
[5]《人民日报》,2014-06-04。

浙沪经济圈,它的直接影响是交通上的天堑变通途,更深层的意义和价值在于经济社会的发展进步,以及由此扩散到各个领域的发展。正因为如此,习近平才颇有感触地谈到:"科学技术作为第一生产力的作用愈益凸显,工程科技进步和创新对经济社会发展的主导作用更加突出。"[1]这是因为,工程科技是提升劳动生产率的关键,并在此基础上解放和发展生产力。

二是科技是国家强盛之基。习近平特别关注科技在一个国家强盛过程中所起的作用。从科技的视角回顾近代以来的中国历史,习近平认为鸦片战争之后,中国虽然励精图治求变求新,但还是免不了任人宰割、一败再败,最终国将不国,民族危亡,民不聊生。以史为镜,可知兴衰。西方列强用坚船利炮强行洞开晚清政府国门后,历史给我们上了一堂警示教育课,我们从中悟出了一个真理,经济总量的大小不是衡量一个国家强弱的硬性指标,人口规模的大小和疆域面积的大小也不是民族强盛与否的完整体现,而科技却是检验一个民族强盛与否的重要试金石。基于此,习近平总结道:近代史上,中国落后挨打的根子之一就是科技落后。反言之,一个民族要强大,一个国家要发展,就要不断重视科学技术、发展科学技术。

三是创新是民族进步之魂。中华人民共和国成立 60 多年特别是改革开放 30 多年以来,中国经济社会发展迅速。科技的创新驱动能力、科技在实现国家强盛方面的能力已经不断得到彰显。为此,习近平坚定地认为,要实现中华民族复兴中国梦目标,我们必须坚定不移贯彻科教兴国战略和创新驱动发展战略,坚定不移走科技强国之路。科学技术不仅是生产力,而且是生产力诸要素中居于首位的因素。纵览世界不同国家和地区之间的竞争,表面是综合国力的竞争,其实质是科学技术的竞争。对此,习近平强调:科技是国家强盛之基,创新的民族进步之魂。

2. "创新、创新、再创新"是中国科技发展的根本方向

一是中华民族是富有创新精神的民族。一个民族持续的发展进步,一个国家长期的兴旺发达,背后的灵魂和不竭动力一定是创新。如果一个民族没有或者丧失了创新能力,它在世界民族之林中就很难有立足之地。习近平深情地指出,中华民族是富有创新精神的民族。中国古代有很多诸如"天行健,君子以自强不息"和"苟日新,日日新,又日新"等关于创新的句子。中国人的创新成果比比皆是:中国人在世界上最早利用煤、石油和天然气等化石能源;中国人探索出了"四大发明";中国人学会了从谷物中提取琼浆玉液的酿酒技术;中

---

[1]《人民日报》,2014-06-04。

国人掌握了烧制精美瓷器的陶瓷技术等等。这些创新成果不仅有力地推动了当时中国经济社会的发展，而且即便是靠有限的传播方式，其中一些创新技术成果也得以输出到欧亚大陆进而进入世界各地，深刻影响了整个世界的发展进步。更有学者认为，古代中国在科技交流中经常是以捐赠者的身份，向欧亚大陆传播其科技发明，进而影响世界文明的发展。

二是科技发展的方向就是创新、创新、再创新。长期以来，中国发展经济的主要方式是粗放型的扩张，传统高收入、高耗能、高污染和低产出的模式以难以为继。"三高一低"的老路走不通了，必须积极探索新的出路。出路的关键在于依靠科技进步，而科技进步的关键源于不断创新。对此，习近平强调：我国科技发展的方向就是创新、创新、再创新。创新是中国特色社会主义现代化建设的关键词之一，表明了中国共产党治国理政的崭新理念。习近平把科技创新的地位给予空前提升，强调社会生产力和综合国力的提高最终要靠科技创新作为战略支撑，国家发展全局的核心位置必须是依靠科技创新。如何进行创新？习近平着重强调：① 抓基础工作。各级科研机构和政府部门要高度重视原始性专业基础理论突破，增强科技成果的原创理论含金量；注重平台建设，加强科学基础设备、设施建设，大力推进科学研究的基础性、系统性和前沿性工作。② 抓系统工作。坚持从中国实际出发，积极主动整合和利用好全球创新资源，有重点地参加国际大科学装置和科研基地及其中心建设和利用。③ 抓重点工作。每个时代都有独具特色的科研工作，必须抓住主要矛盾和矛盾的主要方面，主动准确把握重点领域科技发展的战略机遇，选准选优科技发展领域和优先方向，努力实现关键技术重大突破。在创新的背后，习近平更关注观念和意识的重要性。他认为，重要的是要"树立强烈的创新自信"[1]创新理论和创新成果是全人类的公有财富，不会归一个民族和国家专享。如果没有创新理论和创新实践的自信，永远只能邯郸学步，步别人后尘。

3."下好先手棋，打好主动仗"是中国科技发展的重要战略

一是"下好先手棋，打好主动仗"具备良好的国内环境。习近平强调中国科技发展要"下好先手棋，打好主动仗"。目前，中国具备"下好先手棋，打好主动仗"的有利国内环境。① 中华人民共和国成立以来，特别是改革开放 30 多年来，中国积累了较为丰盈的物质财富。马克思主义认为，物质决定意识，经济基础决定上层建筑。物质财富是我们集中力量在科技领域办大事的重要基

---

[1] 习近平《深化科技体制改革，增强科技创新活力》，新华网，2013-07-17。

础。② 中国有丰富的人才储备。科技蓝图描绘之后，科技人才就是决定性因素。科技人才储备越多，科技发展的后劲才越足。到目前为止，中国仅大学生就培养了 1.5 亿人才队伍。③ 经过若干年努力，中国科技发展的整体水平得到了大幅度提升，科技基础较为坚实。一些重要领域已跻身世界先进行列，以高铁和核电为代表的某些领域正由先前的亦步亦趋向并驾齐驱、引领时代潮流转变。④ 中国现在正处于一个关键时期，新型工业化稳步推进，信息化扑面而来，城镇化热火朝天，农业现代化成果喜人，自主创新发展空间极其广阔，科技发展的动力表现出了前所未有的强劲之势。因此，具有重大战略意义的科技决策有利于"下好先手棋，打好主动仗"，造福于国家和民族。

二是"下好先手棋，打好主动仗"的重要举措。习近平认为："发展科学技术必须具有全球视野、把握时代脉搏。"[1]中华民族现在比近代以来任何时期都要更加接近于实现中华民族伟大复兴。但是，中华民族伟大复兴绝不会是一帆风顺的。世界地理大发现以来，大国兴衰沉浮的历史经验表明，一个国家的发展壮大势必冲击着现存的国际政治经济秩序，引起地缘政治关系发生变化，因此这个国家发展势必遇到种种阻力和压力。中国当下面临的阻力和压力，比历史上其他国家崛起时面临的阻力和压力都要大得多，复杂得多。所以，中国从这个经验看，必须审时度势，牢牢抓住战略时机，善于决断。今天，科技创新的重要历史机遇摆在了中国人面前，我们必须"下好先手棋，打好主动仗"。科学技术是世界性的、时代性的。如何"下好先手棋，打好主动仗？"习近平首先向阻碍科技发展的体制开刀，他坚持认为必须扫除影响科技创新能力提高的障碍，彻底清除沉积在科技和经济转移转化通道上的体制淤泥；坚持有所为、有所不为的思想，优先支持的科技领域一定要能够促进经济发展方式转变，给经济增长点开辟一片新的天地，突破制约中国经济社会可持续发展的瓶颈问题。此外，习近平还反复强调要尊重知识，重视人才，要不拘一格降人才，发挥科技人才创新积极性，在全社会充分营造勇于创新、鼓励成功、宽容失败的社会氛围。

4. "把人才资源开发放在科技创新最优先的位置"是中国科技发展的关键点

一是千秋基业人才为要。科技创新和社会环境相关、和科技体制密不可分，但人自始至终是科技创新中最关键的因素。中国既是人力资源大国，也是智力资源大国。常言道"心之官则思"，大脑的功能主要是进行思考。中国有近 14

---

[1] 习近平《深化科技体制改革，增强科技创新活力》，新华网，2013-07-17。

亿人口，14 亿颗大脑中蕴藏的智慧资源是非常巨大的。如果说知识就是力量，那么人才就代表着未来。习近平指出：必须大力培养造就规模宏大、结构合理、素质优良的创新性科技人才。人才成长规律表明，伯乐相马，更重赛场识马。一个国家要想在科技创新方面走在世界前列，就必须善于发现人才、培育人才和凝聚人才。发现人才要交由创新实践来完成，培育人才要交由创新活动来完成，凝聚人才要交由创新事业来完成。习近平指出，中国庞大的科技人才队伍是我们引以为豪的人力资本。但同时，中国科技队伍建设存在一定问题，其中最突出的挑战是创新型人才结构性不足。总体而言，中国缺乏世界级科技大师，理工科世界领军人才和拔尖人才存量稀少，储备不足，部分领域的工程技术人才培养同经济社会生产和创新实践脱节。因此，习近平强调，中国要把人才资源开发放在科技创新最优先的位置。培养创新型人才是国家和民族的百年大计，千年基业。

二是把人才资源开发放在科技创新最优先位置。科技创新的实现，少不了科技人才资源的开发。习近平十分重视从改革人才培养机制入手，进行人才资源开发。他的体制改革实现体现了过程和目标的统一。① 在处理个人和集体的关系上，尊重个人劳动，鼓励发挥一技之长，也推崇把竞争和合作相结合，实现人才资源合理配置，流动有序。② 在处理中外人才关系上，坚持独立自主，深挖内部潜力，同时要筑巢引凤，有广招天下英才的胸襟，积极主动创造有利条件吸引海外优秀专家学者为我所用。③ 在处理体制内外关系上，各级党委和政府，要在政治待遇上、工作环境上、生活安排上主动关怀、积极支持、热情关心以院士为首的科技工作者，努力当好"后勤部长"；要营造有利于科技创新的宽松的内外体制氛围，科技界内要春色满园，社会上更需要万紫千红。

（二）习近平关于当今科技进步大方向的理论与实践要求

1. 习近平关于当今世界科技发展大方向的理论与实践

科学技术是世界性的、时代的，发展科学技术必须具有全球视野、把握时代脉搏。"当今世界，科学技术发展确实很快，可以说是突飞猛进、一日千里。""比如，大数据。研究表明，工业化时期数据量大约每十年翻一番，现在数据量每两年就翻一番。浩瀚的数据海洋就如同工业社会的石油资源，蕴含着巨大生产力和商机，谁掌握了大数据技术，谁就掌握了发展的资源和主动权。再比如，先进制造。西方国家都在讲'再工业化'，实质上就是用新技术推动高端制造业发展。未来绿色化、智能化、柔性化、网络化的先进制造业，不仅会从源头上有效缓解资源环境压力,改变制造业'资源消耗大户''污染大户'的面貌,而且会引发制造业及其相关产业链的重大变革。又比如,量子调控。科学家们开始调控量子世界,这将极大推动信息、能源、材料科学发展,带来新的产业革命。量子通信已经开始走向实用化,这将从根本上解决通信安全问题,同时将形成新兴通信产业。还比如,人造生命。这几年,这个领域的研究发展很快。二〇一〇年第一个人造细菌细胞诞生,打破了生命和非生命的界限,为在实验室研究生命起源开辟了新途径。有的科学家认为,未来五至十年人造生命将创造出新的生命繁衍方式。这些不仅对人类认识生命本质具有重要意义,而且在医药、能源、材料、农业、环境等方面展现出巨大潜力和应用前景,也将给生命伦理带来全新挑战。"[1]

科学技术越来越成为推动经济社会发展的主要力量,创新驱动是大势所趋。"新一轮科技革命和产业革命正在孕育兴起,一些重要科学问题和关键核心技术已经呈现出革命性突破的先兆。物质构造、意识本质、宇宙演化等基础科学领域取得重大进展,信息、生物、能源、材料和海洋、空间等应用科学领域不断发展,带动了关键技术交叉融合、群体跃进,变革突破的能量正在不断积累。……这一动向值得我们高度关注。""面向未来,可以说,新科技革命和产业变革将是最难掌控但必须面对的不确定性因素之一,抓住了就是机遇,抓不住就是挑战。新科技革命和产业变革将重塑全球经济结构,就像体育比赛换到了一个新场地,如果我们还留在原来的场地,那就跟不上趟了。"[2]"信息技术、生物技术、新材料技术、新能源技术广泛渗透,带动几乎所有领域发生了以绿色、智能、泛在为特征的群体性技术革命。传统意义上的基础研究、应用研究、技术开发和产业化的边界日趋模糊,科技创新链条更加灵巧,技术更新和成果转化更加快捷,产业更新换代不断加快。科技创新活动不断突破地域、组织、技术的界限,演化为创新体系的竞争,创新战略竞争在综合国力竞争中的地位日益重要。科技创新,就像撬动地球的杠杆,总能创造令人意想不到的奇迹。"[3]"我们必须增强忧患意识,敏锐把握世界科技创新发展趋势,紧紧抓住和用好新一轮科技革命和产业变革的机遇,不能等待、不能观望、不能懈怠。""我们不仅要赶上时代,而且要勇于引领时代潮流、走在时代前列。"[4]

---

[1]《习近平关于科技创新论述摘编》,中央文献出版社2016年版,第76~78页。
[2]《习近平关于科技创新论述摘编》,中央文献出版社2016年版,第78页。
[3]《习近平关于科技创新论述摘编》,中央文献出版社2016年版,第81页。
[4]《习近平关于科技创新论述摘编》,中央文献出版社2016年版,第78~79页。

综合起来看，现在世界科技发展有这样几个趋势。"一是移动互联网、智能终端、大数据、云计算、高端芯片等新一代信息技术发展将带动众多产业变革和创新；二是围绕新能源、气候变化、空间、海洋开发的技术创新更加密集；三是绿色经济、低碳技术等新兴产业蓬勃兴起；四是生命科学、生物技术带动形成庞大的健康、现代农业、生物能源、生物制造、环保等产业。面对世界科技发展新趋势，世界主要国家纷纷加快发展新兴产业，加速推进数字技术同制造业的结合，推进'再工业化'，力图抢占未来科技和产业发展制高点。一些发展中国家也加大科技投入，加速发展具有比较优势的技术和产业，谋求实现跨越发展。有人提出了'第三次工业革命'即将到来的观点，有人认为'第三次工业革命'以制造业数字化为核心，有人认为'第三次工业革命'是数字制造和个人制造的融合。如果实现了通过互联网平台汇集社会资源、集合社会力量、推动合作创新，形成人机共融的制造模式，那将使全球技术要素和市场要素配置方式发生深刻变化，将给产业形态、产业结构、产业组织方式带来深刻影响。比如，现在讨论得很热闹的 3D 打印技术，已经从研发转向产业化应用。可以预见，随着 3D 打印技术规模产业化，传统的工艺流程、生产线、工厂模式、产业链组合都将面临深度调整。虽然对'第三次工业革命'还有不同看法，但恰好说明人们正在探讨世界科技创新发展趋势，以求抢占先机。对此，我们必须高度重视、密切跟踪、迎头赶上。"[1]

2. 习近平关于牢牢把握当今世界科技进步大方向的理论与实践

搞清楚科技进步大方向。"当前，新一轮科技革命正在孕育兴起，一些重要科学问题和关键核心技术已经呈现革命性突破的先兆，带动了关键技术交叉融合、群体跃进，变革突破的能量正在不断积累。未来五到十年，世界可能发生一系列重大科技事件，在互联网技术和其他学科的交叉应用方面已初见端倪，在基础科学研究方面也会出现重大变化。"[2]"前几天，我看了一份材料，说'机器人革命'有望成为'第三次工业革命'的一个切入点和重要增长点，将影响全球制造业格局，而且我国将成为全球最大的机器人市场。国际机器人联合会预测，'机器人革命'将创造数万亿美元的市场。由于大数据、云计算、移动互联网等新一代信息技术同机器人技术相互融合步伐加快，3D 打印、人工智能迅猛发展，制造机器人的软硬件技术日趋成熟，成本不断降低，性能不断提升，

---

[1]《习近平关于科技创新论述摘编》，中央文献出版社 2016 年版，第 75~76 页

[2]《习近平关于科技创新论述摘编》，中央文献出版社 2016 年版，第 80 页

军用无人机、自动驾驶汽车、家政服务机器人已经成为现实,有的人工智能机器人已具有相当程度的自主思维和学习能力。国际上有舆论认为,机器人是'制造业皇冠顶端的明珠',其研发、制造、应用是衡量一个国家科技创新和高端制造业水平的重要标志。机器人主要制造商和国家纷纷加紧布局,抢占技术和市场制高点。看到这里,我就在想,我国将成为机器人的最大市场,但我们的技术和制造能力能不能应对这场竞争?我们不仅要把我国机器人水平提高上去,而且要尽可能多地占领市场。这样的新技术新领域还很多,我们要审时度势、全盘考虑、抓紧谋划、扎实推进。"[1]

密切跟踪、科学研判世界科技创新发展的趋势,对看准的方面超前规划布局、切实加大投入、抢占先机。"我们要瞄准世界科技前沿领域和顶尖水平,树立雄心,奋起直追,潮头搏浪,树立敢于同世界强手比拼的志气,着力增强自主创新能力,在科技资源上快速布局,力争在基础科技领域作出大的创新,在关键核心技术领域取得大的突破。"[2]"要充分发挥集中力量办大事的体制优势,瞄准突破口和主攻方向,着力攻克一批关键核心技术,不断提高自主创新能力,努力占据战略制高点。"[3]

"面对信息化潮流,只有积极抢占制高点,才能赢得发展先机。"[4]"加强信息基础设施建设,发展网络经济,推进信息惠民。""深度融入经济社会发展、融入人民生活。"[5]"我国大数据采集和应用刚刚起步,要加强研究、加大投入,力争走在世界前列。"[6]要"及时确立发展战略,全面增强自主创新能力,掌握新一轮全球科技竞争的战略主动"。[7]"我们不能在这场科技创新的大赛场上落伍,必须迎头赶上、奋起直追、力争超越。"[8]

(三)习近平关于当今世界产业革命大趋势的理论与实践要求

1. 习近平关于当今世界产业革命大趋势的理论与实践

未来几十年,新一轮科技革命和产业变革将同人类社会发展形成历史性交

---

[1]《习近平关于科技创新论述摘编》,中央文献出版社 2016 年版,第 82~83 页
[2]《习近平关于科技创新论述摘编》,中央文献出版社 2016 年版,第 80 页
[3]《习近平关于科技创新论述摘编》,中央文献出版社 2016 年版,第 83 页
[4]《习近平关于科技创新论述摘编》,中央文献出版社 2016 年版,第 85 页
[5]《习近平关于科技创新论述摘编》,中央文献出版社 2016 年版,第 86~87 页
[6]《习近平关于科技创新论述摘编》,中央文献出版社 2016 年版,第 85 页
[7]《习近平关于科技创新论述摘编》,中央文献出版社 2016 年版,第 84 页
[8]《习近平关于科技创新论述摘编》,中央文献出版社 2016 年版,第 81~82 页

汇,工程科技进步和创新将成为推动人类社会发展的重要引擎。"信息技术成为率先渗透到经济社会生活各领域的先导技术,将促进以物质生产、物质服务为主的经济发展模式向以信息生产、信息服务为主的经济发展模式转变,世界正在进入以信息产业为主导的新经济发展时期。生物学相关技术将创造新的经济增长点,基因技术、蛋白质工程、空间利用、海洋开发以及新能源、新材料发展将产生一系列重大创新成果,拓展生产和发展空间,提高人类生活水平和质量。绿色科技成为科技为社会服务的基本方向,是人类建设美丽地球的重要手段。能源技术发展将为解决能源问题提供主要途径。"[1]

当今全球科技革命发展的主要特征是从"科学"到"技术"转化,基本要求是重大基础研究成果产业化。"人们对生产生活便捷化的要求,带动了云计算、物联网、移动互联网、大数据等新一代信息技术不断涌现和突破。气候变化对人类带来的生存压力和人们对环境质量的要求,推动煤炭清洁燃烧、太阳能电池、风电、储能技术、智能电网、电动汽车等新能源技术不断取得重大进展。人口老龄化趋势,形成了对生物技术进步的巨大需求,促使产业化规模快速扩大。发达国家劳动力成本全面上升,促进了智能制造技术迅速发展,使机器人在越来越多领域替代人力。"[2]

未来科技创新及其成果决不能仅仅落在经费上、填在表格里、发表在杂志上,而要面向经济社会发展主战场,转化为经济社会发展第一推动力,转化为人民福祉。"要坚持产业化导向,加强行业共性基础技术研究,努力突破制约产业优化升级的关键核心技术,为转变经济发展方式和调整产业结构提供有力支撑。要以培育具有核心竞争力的主导产业为主攻方向,围绕产业链部署创新链,发展科技含量高、市场竞争力强、带动作用大、经济效益好的战略性新兴产业,把科技创新真正落到产业发展上。"[3]"高新区是科技的集聚地,也是创新的孵化器。看一个高新区是不是有竞争力、发展潜力大不大,关键是看能不能把'高'和'新'两篇文章做实做好。高新区要择优引入企业和项目,不能装进篮子都是'菜'。希望高新区抓好科技、人才、政策等要素配置组合,把推动信息化和工业化深度融合落实到具体行业、具体产业、具体产品上。"[4]

---

[1]《习近平关于科技创新论述摘编》,中央文献出版社2016年版,第97~98页
[2]《习近平关于科技创新论述摘编》,中央文献出版社2016年版,第100页
[3]《习近平关于科技创新论述摘编》,中央文献出版社2016年版,第97页
[4]《习近平关于科技创新论述摘编》,中央文献出版社2016年版,第92页

2. 习近平关于牢牢把握当今世界产业革命大趋势的理论与实践

紧密结合中国发展遇到的瓶颈制约，进一步明确技术创新和产业化的方向和重点。"面对现实需求，通过形成良好市场环境，发挥企业主体作用，发挥不同地区比较优势，大力推动产业化进程。同时，要抓住一批事关国家安全和发展全局的基础性、核心性的重大科研项目，组织力量进行攻关，努力突破制约产业优化升级的关键核心技术，为转变经济发展方式提供有力科技支撑。"[1] "大力推进产业结构优化升级，要从实际出发，着眼于全球产业发展和变革大趋势，瞄准世界产业发展制高点，以提高技术含量、延长产业价值链、增加附加值、增强竞争力为重点，发展战略性新兴产业，发展先进制造业，发展以生产性服务业为重点的现代服务业，推动工业化和信息化深度融合，尽快形成结构优化、功能完善、附加值高、竞争力强的现代产业体系。"[2] "发展集战略性新兴产业和先进制造业于一身的高端装备制造业，培育新兴装备制造产业集群。要大力培育支撑中国制造、中国创造的高技能人才队伍"[3]，努力占领世界制高点、掌控技术话语权，使中国成为现代装备制造业大国。"我正在请有关部门组织研究的几个问题：一是水资源问题。我国这么大，发展产业、工业化、现代农业和城镇化，对水需求很大，要充分发挥科技的作用。二是能源安全。现在我国石油有一半以上靠进口，而我国资源特色是煤，如何保护生态，在煤的清洁化等方面要下功夫，科技要攻关。同时，页岩气技术如何突破，还有生物质能源、可再生能源。三是农业。一要搞大农业，走农业科技化工业化道路，还要考虑碎片化的一家一户的农业，两方面都要考虑。既要搞设施农业，也要考虑个体农户，因地制宜。总之，水资源、能源、农业都要靠科技。"[4] "要给农业插上科技的翅膀，按照增产增效并重、良种良法配套、农机农艺结合、生产生态协调的原则，促进农业技术集成化、劳动过程机械化、生产经营信息化、安全环保法治化，加快构建适应高产、优质、高效、生态、安全农业发展要求的技术体系。"[5]

培育发展新产业，加快技术、产品、业态等创新，支持节能环保、新一代信息技术、高端装备制造等产业成长。"按照高端化、智能化、绿色化、服务化

---

[1]《习近平关于科技创新论述摘编》，中央文献出版社 2016 年版，第 100～101 页
[2]《习近平关于科技创新论述摘编》，中央文献出版社 2016 年版，第 91 页
[3]《习近平关于科技创新论述摘编》，中央文献出版社 2016 年版，第 93 页
[4]《习近平关于科技创新论述摘编》，中央文献出版社 2016 年版，第 91-92 页
[5]《习近平关于科技创新论述摘编》，中央文献出版社 2016 年版，第 93 页

的方向，实施好《中国制造 2025》、'互联网+'行动计划，积极发展健康、教育、养老、旅游等服务业。"[1] "要充分发挥企业利用互联网转变发展方式的积极性，支持和鼓励企业开展技术创新、服务创新、商业模式创新，进行创业探索。鼓励企业更好服务社会，服务人民。要用好互联网带来的重大机遇，深入实施创新驱动发展战略。"[2] "发展海洋科学技术，着力推动海洋科技向创新引领型转变。建设海洋强国必须大力发展海洋高新技术。近年来，我国海洋科技取得了一些突破，有些研究成果在国际上产生了较大影响，但总的看，海洋科技还是一条'短腿'，难以满足海洋事业发展要求。必须依靠科技进步和创新，努力突破制约海洋经济发展和海洋生态保护的科技瓶颈。"[3] "按照'三个一批'的路径，加快推进能源技术革命。一是应用推广一批。要推动相对成熟、有需求、有市场、成本低的技术尽快实现产业化，从而有效提高现有能源生产和应用技术水平，如大型煤炭综采技术、超临界和超超临界燃煤发电技术、燃煤锅炉和窑炉污染物控制管理技术、余热余压利用和热泵技术、高效锅炉和高效电机、节能电器和绿色照明、城市轨道交通、建筑节能、智能物流、风电和光伏发电及上网技术、垃圾发电、混合动力汽车等。二是示范试验一批。对有一定技术积累，但技术工艺路线尚不定型、经济性和市场可接受性有待检验、尚不具备大规模产业化的技术，要进行试验，探索技术定型、大批量生产的路径，如页岩气勘探开采、煤制油气、煤制烯烃等煤化工，大型先进压水堆、高温气冷堆核电、海上核动力平台、智能电网、分布式能源、特高压输电等重要技术。三是集中攻关一批。主要是指那些前景广阔、但核心技术受制于人、亟待集中力量奋力攻关的技术，如大型海上风电、高效太阳能发电、生物液体燃料等可再生能源高效开发利用，深海油气勘探开发利用、页岩油气和天然气水合物勘探开发利用，先进储能、碳捕捉利用和封存，先进超超临界发电和燃气轮机、纯电动汽车、新一代先进压水堆和高温气冷堆核电、快中子反应堆核电、核乏燃料处理、地热能和海洋能开发利用等技术。这些技术是专家们提的，是否准确要论证。我们可否按照'三个一批'的思路走，应用先行，加快试验，集中攻关，缩小差距，力争超越。"[4]

---

[1]《习近平关于科技创新论述摘编》，中央文献出版社 2016 年版，第 104 页
[2]《习近平关于科技创新论述摘编》，中央文献出版社 2016 年版，第 103 页
[3]《习近平关于科技创新论述摘编》，中央文献出版社 2016 年版，第 91 页
[4]《习近平关于科技创新论述摘编》，中央文献出版社 2016 年版，第 98~100 页

四、坚持邓小平、习近平科技理论与实践，加快建设世界科技强国的步伐

"十三五"时期是全面建成小康社会和进入创新型国家行列的决胜阶段，是深入实施创新驱动发展战略、全面深化科技体制改革的关键时期，必须认真贯彻落实党中央、国务院决策部署，面向全球、立足全局，深刻认识并准确把握经济发展新常态的新要求和国内外科技创新的新趋势，系统谋划创新发展新路径，以科技创新为引领开拓发展新境界，加速迈进创新型国家行列，加快建设世界科技强国的步伐。

（一）构筑国家先发优势"三大技术体系"

一是构建具有国际竞争力的现代产业技术体系。把握世界科技革命和产业变革新趋势，围绕中国产业国际竞争力提升的紧迫需求，强化重点领域关键环节的重大技术开发，突破产业转型升级和新兴产业培育的技术瓶颈，构建结构合理、先进管用、开放兼容、自主可控的具有国际竞争力的现代产业技术体系：一是发展高效安全生态的现代农业技术；二是发展新一代信息技术；三是发展智能绿色服务制造技术；四是发展新材料技术；五是发展清洁高效能源技术；六是发展现代交通技术与装备；七是发展先进高效生物技术；八是发展现代食品制造技术；九是发展支撑商业模式创新的现代服务技术；十是发展引领产业变革的颠覆性技术；为中国产业迈向全球价值链中高端提供有力支撑。

二是健全支撑民生改善和可持续发展的技术体系。围绕改善民生和促进可持续发展的迫切需求，加大资源环境、人口健康、新型城镇化、公共安全等领域核心关键技术攻关和转化应用的力度：一是发展生态环保技术；二是发展资源高效循环利用技术；三是发展人口健康技术；四是发展新型城镇化技术；五是发展可靠高效的公共安全与社会治理技术，为形成绿色发展方式和生活方式、全面提升人民生活品质提供技术支撑。

三是发展保障国家安全和战略利益的技术体系。围绕国家和人类长远发展需求，加强海洋、天空以及深地极地空间拓展的关键技术突破，提升战略空间探测、开发和利用能力：一是发展海洋资源高效开发、利用和保护技术；二是发展空天探测、开发和利用技术；三是发展深地极地关键核心技术；四是发展维护国家安全和支撑反恐的关键技术；为促进人类共同资源有效利用和保障国家安全提供技术支撑。

（二）持续加强基础研究

坚持面向国家重大需求和世界科学前沿，坚持鼓励自由探索和目标导向相结合，加强重大科学问题研究，完善基础研究体制机制，补好基础研究短板，增强创新驱动源头供给：一是加强自由探索与学科体系建设；二是强化目标导向的基础研究和前沿技术研究；三是组织实施国际大科学计划和大科学工程；四是加强国家重大科技设施建设；五是开展重大科学考察与调查；六是加强基础研究协同保障，显著提升我国的科学地位和国际影响力。

（三）完善科技成果转移转化机制

实施促进科技成果转移转化行动，进一步破除制约科技成果转移转化的体制机制障碍，完善相关配套措施，强化技术转移机制建设，加强科技成果权益管理改革：一是建立健全技术转移组织体系；二是深化科技成果权益管理改革；三是完善科技成果转化激励评价制度；四是强化科技成果转化市场化服务；五是大力推动地方科技成果转移转化，激发科研人员创新创业活力。

第三篇

科教兴国篇

我们国家要赶上世界先进水平，要从科学和教育着手，发挥好科教兴国作用。本篇主要从邓小平的科技教育观（第九章）、邓小平科技教育人才培养与当今集聚人才大举措的理论与实践（第十章）、邓小平尊重知识尊重人才的理论与实践及其丰富发展（第十一章）、邓小平科技教育理论与实践与中国科教兴国战略理论与实践（第十二章）四个方面入手，对其进行全面系统梳理、研究、阐述。

第九章 邓小平的科技教育观

本章主要从邓小平的科技教育一体观、邓小平的科技教育地位观、邓小平的科技教育作用观、邓小平的科技教育创新观、邓小平的科技教育发展方向观五个方面入手,对邓小平的科技教育观进行梳理、研究、阐述。

一、邓小平的科技教育一体观

邓小平十分重视教育与科学技术密切联系不可分割的关系。邓小平指出:"我现在主要的兴趣是如何使我国的经济发展得快一点,关心最多的还是科学和教育,这是能否实现四个现代化的最关键的问题"[1],"教育工作关心到整个现代化的水平,今后二十五年发展远景,关键是我们教育部门要培养人。科学研究后继有人问题,中心是教育部门的问题"[2],"发展科学技术,不抓教育不行","抓科技必须同时抓教育"。[3]教育与科研两者关系很密切,"整个国家赶超世界先进水平,科学研究是先行官","抓科研就要抓教育"。[4]所以,"要大大加强科学技术研究工作,大大加强各级教育工作,以及全体职工和干部的教育工作。全党全社会都要真正尊重知识,真正发挥知识分子的作用。这样,我们就一定能逐步实现现代化"[5]。邓小平从"实现现代化,关键是科学技术要能上去。发展科学技术,不抓教育不行"[6]的战略目标高度,把教育和科学技术提到同等重要的位置。他说:"我们向科学技术现代化进军,要有一支浩浩荡荡的工人阶级的又红又专的科学技术大军,要有一大批世界第一流的科学家、工程技术专家。造就这样的队伍,是摆在我们面前的一个严重任务。"[7]教育特别是高等教育,是向科研部门输送大批的符合实际需要的高水平的专门人才的主要途径。然而,高等教育并不是孤立的,因为高质量的高等教育必须以高质量的中

---

[1]《邓小平年谱》(1975—1997),中央文献出版社2004年版,第347页。
[2]《邓小平年谱》(1975—1997),中央文献出版社2004年版,第109页。
[3]《邓小平文选》第二卷,人民出版社1994年版,第40页。
[4]《邓小平年谱》(1975—1997),中央文献出版社2004年版,第158~159页。
[5]《邓小平文选》第三卷,人民出版社1993年版,第70页。
[6]《邓小平文选》第二卷,人民出版社1994年版,第40页。
[7]《邓小平文选》第二卷,人民出版社1994年版,第91页。

小学教育为基础，所以，邓小平指出："我们要在科学技术上赶超世界先进水平，不但要提高高等教育的质量，而且首先要提高中小学教育的质量，按照中小学生所能接受的程度，用先进的科学知识来充实中小学的教育内容。"[1]他的结论是：一方面，"抓科技必须同时抓教育。从小学抓起，一直到中学、大学"[2]，"从现在开始做起，五年小见成效，十年中见成效，十五年二十年大见成效"[3]。另一方面，"要很好地研究科研和教育如何协调、人员如何经常交流的问题。人员不流动，思想就会僵化。外国科研机构很注意更新科研队伍，经常补充年轻的、思想灵活的人进来。我们也要逐步实行科研人员流动、更新的制度"[4]。

在邓小平的理论体系中，发展生产力、科学技术、教育是内在的逻辑上联在一体的。邓小平从发展生产力出发，在拨乱反正的历史时期，就将解放科技人才与教育工作者紧紧联系在了一起，开始了科教一体观的实践。1975年9月4日，邓小平在胡乔木面交《科学院汇报提纲》过程稿后指出："这个文件很重要，不单管科学，而且可以适用于文化教育各部门。教育方面存在不少问题，现在老师积极性不高，学生也不用心学，教学质量低，这样下去怎么能实现四个现代化？"[5]粉碎"四人帮"，邓小平重新参与党和国家的领导工作之后，他首先自告奋勇抓科技和教育，他明确指出："我们要彻底清除'四人帮'的流毒，把尽快地培养出一批具有世界第一流水平的科学技术专家，作为我们科学、教育战线的重要任务。"[6]1977年5月和8月，他先后两次重申："发展科学技术，不抓教育不行。没有知识，没有人才，怎么上得去？"[7]10月10日，他在会见邓昌黎教授和夫人黄乃申谈话时指出："我们发展科学的方针已经定了，现在需要的是各项具体措施。我们希望科教方面的整顿五年见初步成效，十年见到中效，十五年见到大效。十五年以后还要不断进步。"[8]在1978年3月18日的科技大会上，邓小平对他的科教一体观进行了完整的阐述。他首先确立一个基本出发点："我们要在短短的二十多年中实现四个现代化，大大发展我们的生产

---

[1]《邓小平文选》第二卷，人民出版社1994年版，第104页。
[2]《邓小平文选》第二卷，人民出版社1994年版，第40页。
[3]《邓小平文选》第二卷，人民出版社1994年版，第40页。
[4]《邓小平文选》第二卷，人民出版社1994年版，第70页。
[5]《邓小平年谱》(1975—1997)，中央文献出版社2004年版，第91页。
[6]《邓小平文选》第二卷，人民出版社1994年版，第96页。
[7]《邓小平文选》第二卷，人民出版社1994年版，第40页。
[8]《邓小平年谱》(1975—1997)，中央文献出版社2004年版，第220页。

力，当然就不能不大力发展科学研究事业和科学教育事业。"[1]"科学技术人才的培养，基础在教育。"[2]即"现在中国的事情还是科学、教育重要"[3]。6月5日，邓小平会见坂本朝一率领的日本广播协会代表团时指出："我们要实现四个现代化，不抓紧科学教育不行，科学教育不采用现代化的方法也不行，电化教育这个手段是重要的措施之一。"[4]1980年10月14日，邓小平同国家计委负责同志谈话时指出："科技人员分布在国防部门、民用部门、各种科研单位和高等院校，要想法打破部门、地方界限，合理使用。"[5]1985年5月9日，邓小平在全国教育工作会议上更是特别指出："我们多次说过，我国的经济，到建国一百周年时，可能接近发达国家的水平。我们这样说，根据之一，就是在这段时间里，我们完全有能力把教育搞上去，提高我国的科学技术水平，培育出数以亿计的各级各类人才。我们国家，国力的强弱，经济发展后劲的大小，越来越取决于劳动者的素质，取决于知识分子的数量和质量。一个十亿人口的大国，教育搞上去了，人才资源的巨大优势是任何国家比不了的。有了人才优势，再加上先进的社会主义制度，我们的目标就有把握达到。"[6]

邓小平科教一体观的思想理论在他指引全党全国人民创立有中国特色的社会主义的实践中进一步发展和完善。1982年，在确定中国共产党十二大提出的20世纪末"翻两番"目标时，邓小平提出："大体上分两步走，前十年打好基础，后十年高速发展。战略重点，一是农业，二是能源和交通，三是教育和科学。搞好教育和科学工作，我看这是关键。"[7]这就把科教一体确定为发展战略的关键所在。80年代末期，邓小平根据新的形势与新的经验，又进一步提出"科学技术是第一生产力"的理论，并确立中国必须在世界高科技领域占有一席之地的战略目标，由此他又进一步指出要把教育摆在优先发展的战略地位。科技第一生产力与教育优先发展观，是邓小平科教一体观的理论实践新高峰。到了90年代，邓小平又把发展高科技和实现产业化有机联系了起来，提出科学创新的问题，为以江泽民为核心的中国共产党中央领导集体进一步提出科技创新体系、创新教育问题以及科教兴国等问题奠定了理论实践基础。

---

[1]《邓小平文选》第二卷，人民出版社1994年版，第89~90页。
[2]《邓小平文选》第二卷，人民出版社1994年版，第95页。
[3]《邓小平年谱》(1975—1997)，中央文献出版社2004年版，第353页。
[4]《邓小平科技思想年谱》(1975—1994)，中央文献出版社2004年版，第81页。
[5]《邓小平科技思想年谱》(1975—1994)，中央文献出版社2004年版，第176页。
[6]《邓小平文选》第三卷，人民出版社1993年版，第120页。
[7]《邓小平文选》第三卷，人民出版社1993年版，第9页。

二、邓小平的科技教育地位观

面对新科技革命浪潮的冲击和周边国家通过发展科技教育获得富民强国的严酷现实，邓小平以其超人的睿智和非凡的胆识，科学剖析各大强国经济发展的历史进程，深刻总结了各社会主义国家兴衰成败的经验教训，提出科技是第一生产力，教育必须置于优先发展的战略地位，要依靠科技教育才能建成社会主义强国。至此，长期困扰中国共产党和人民的科技教育地位问题终于有了定论。

（一）教育具有基础性、全局性、先导性战略地位

教育的本质和功能决定了教育战略地位的基础性、全局性、先导性。作为提高生产力中最活跃因素——劳动者素质的经济社会活动，教育基于生产的需要而产生并发展，而后又反过来促成生产的加速发展。20世纪中叶以后，发达国家教育进步与经济发展呈高度正相关的事实，引起了邓小平的深沉思索。他从教育与科技发展、经济腾飞、社会进步等多重关系上科学分析了教育的战略地位，逐步形成了"百年大计，教育为本，优先发展教育"的战略思路。既然中国要赶上世界先进水平必须从科教着手，而"同发达国家相比，我们的科学技术和教育整整落后了二十年"[1]，我们要"实现四个现代化，大大发展我们的生产力，当然就不能不大力发展科学研究事业和科学教育事业，大力发扬科学技术工作者和教育工作者的革命积极性"[2]。在他看来，教育和科技都是国民经济的战略重点，同是关系到四化建设全局和社会主义历史命运的根本大事。"教育是一个民族最根本的事业。四化建设的实现要靠知识、靠人才……这就要抓教育。"[3] "一个十亿人口的大国，教育搞上去了，人才资源的巨大优势是任何国家比不了的。有了人才优势，再加上先进的社会主义制度，我们的目标就有把握达到。"他认为正是从战略高度考虑，"中央提出要以极大的努力抓教育"[4]。那种"只抓经济，不抓教育"的做法是不能接受的，"忽视教育的领导者，是缺乏远见的、不成熟的领导者，就领导不了现代化建设"[5]。他指示："国家计委、教育部和各部门，要共同努力，使教育事业的计划成为国民经济计

---

[1]《邓小平文选》第二卷，人民出版社1994年版，第40页。
[2]《邓小平文选》第二卷，人民出版社1994年版，第89~90页。
[3]《邓小平年谱》（1975—1997），中央文献出版社2004年版，第1112页。
[4]《邓小平文选》第三卷，人民出版社1993年版，第120页。
[5]《邓小平文选》第三卷，人民出版社1993年版，第121页。

划的一个重要组成部分。"[1]"各级领导要像抓经济工作那样抓好教育工作。"[2]"要千方百计……把教育问题解决好[3]。"现在要为将来的发展打好基础，第一位是发展教育和科技，要从现在的娃娃抓起，因为未来是他们的。根据邓小平这些战略思想理论，党中央在 1985 年先后颁行科教体制改革的决定后，于 1993 年发布了《中国教育改革和发展纲要》，明确指出："教育是社会主义现代化建设的基础，必须坚持把教育摆在优先发展的战略地位。"1995 年，党中央首次正式提出实施科教兴国发展战略。教育终于和科技一道实现了历史性的跨越。这是中国历史发展的必然，更是中国共产党和人民对教育地位的正确定位。因为教育担负着提高劳动者素质和培养专门人才的双重任务，优先发展教育不仅是保证经济持续增长，而且是使科学技术转化为现实生产力的重要媒介，是推广和传播科技成果、实现科学知识再生产的重要部门，是进行科学技术研究的重要领域、实现社会全面进步的必要条件，更是提高全民族科学文化素质、把沉重的人口负担转化为巨大的人力资源优势、加快中国现代化建设步伐、推进中华民族复兴伟业进程的一条必由之路。

（二）科学技术是第一生产力

根据世界科技发展的趋势和社会发展的规律，邓小平创造性地发展了马克思主义的科技观，提出了"科学技术是第一生产力"的论断。早在 1952 年，他就指出保证科学研究工作广泛开展的三个条件之一"是党和政府包括毛主席，都很重视这项叫基本建设的工作。在这方面投资就叫做基本建设投资"[4]。这表明他对科研乃至对科技功能的深刻认同，已经蕴含了科学技术是生产力的思想。20 多年后，他分三个阶段和层面阐明了其崭新的命题。①"科学技术是生产力"。1975 年，他在听取胡耀邦汇报中科院工作时，肯定了《汇报提纲》中关于"科学技术也是生产力"的观点，认为："如果我们的科学研究工作不走在前面，就要拖整个国家建设的后腿。"[5]他明确指出："提高自动化水平，减少体力劳动，世界上发达国家不管是什么社会制度都是走这个道路。""科学技术叫生产力，科技人员就是劳动者！"[6]②"科学技术是越来越重要的生产力"。1977 年，他主动提出分管科技教育，指出："科技和教育，各行各业都要抓"，

---

[1]《邓小平文选》第二卷，人民出版社 1994 年版，第 108 页。
[2]《邓小平文选》第三卷，人民出版社 1994 年版，第 121 页。
[3]《邓小平文选》第三卷，人民出版社 1993 年版，第 275 页。
[4]《邓小平年谱》（1904—1974），中央文献出版社 2009 年版，第 1070 页。
[5]《邓小平文选》第二卷，人民出版社 1994 年版，第 32 页。
[6]《邓小平文选》第二卷，人民出版社 1994 年版，第 34 页。

"每个部门都要进行科学研究"[1],"我们国家要赶上世界先进水平……要从科学和教育着手"[2]。1978年,他在全国科学大会开幕式上明确指出:"科学技术是生产力,这是马克思主义历来的观点。""现代科学技术的发展,使科学与生产的关系越来越密切了。科学技术作为生产力,越来越显示出巨大的作用。""当代的自然科学正以空前的规模和速度,应用于生产,使社会物质生产的各个领域面貌一新。"[3]大量事实表明,"科学技术正在成为越来越重要的生产力。"[4]③"科学技术是第一生产力"。1988年,他总结世界科技与经济发展的新形势,创造性地提出了"科学技术是第一生产力"的英明论断,并强调:"从长远看,要注意教育和科学技术。"[5]上述三个层面紧密衔接,共同构成了邓小平"科学技术是第一生产力"理论的完整思想体系。邓小平这些思想理论,揭示了当代科学技术与经济发展的辩证关系,为中国依靠科技进步加速经济发展指明了航向;阐明了科技对社会生产力发展的首位牵引功能;确立了科技在中国特色社会主义建设中的应有地位,为实践科教兴国奠定了思想理论基础。

三、邓小平的科技教育作用观

科技教育的地位决定了科技教育的作用。邓小平深入考察了现代科技教育在人类发展史特别是20世纪中期以来的巨大作用,深刻总结了包括中国在内的社会主义国家在发展利用科技教育方面的经验教训,精辟地论述了科技教育在中国特色社会主义现代化建设中的历史作用,明确提出,四个现代化,科技是关键,教育是基础的崭新论断。

(一)科技是现代化建设的关键

邓小平从科技是生产力乃至"第一生产力"的思想理论出发,一贯强调科技在中国特色社会主义现代化建设中的重要作用。他指出:"我们当前以及今后相当长一个历史时期的主要任务……就是搞现代化建设。能否实现四个现代化,决定着我们中国的命运、民族的命运。"但"这是一个非常艰巨的任务","要使中国实现四个现代化,至少有两个重要特点是必须看到的:一个是底子薄。""第二条是人口多、耕地少。"而这两点背后的寓意是"现在中国仍然是世界上很贫穷的国家之一。中国的科学技术力量很不足,科学技术水平从总体上看要比世

---

[1]《邓小平文选》第二卷,人民出版社1994年版,第41页。
[2]《邓小平文选》第二卷,人民出版社1994年版,第48页。
[3]《邓小平文选》第二卷,人民出版社1994年版,第87页。
[4]《邓小平文选》第二卷,人民出版社1994年版,第88页。
[5]《邓小平文选》第三卷,人民出版社1993年版,第274页。

界先进国家落后二三十年"。"在生产还不够发展的条件下,吃饭、教育和就业就成为严重的问题。"所以,在尚处在社会主义初级阶段的中国进行"中国式的现代化,必须从中国的特点出发"[1],必须选好着力点。要从"科学和教育着手",通过大力发展科学教育事业,提高劳动者素质,带动经济社会的全面振兴。"我们要实现现代化,关键是科学技术要能上去。"[2]"不抓科学、教育,四个现代化就没有希望,就成为一句空话。"[3]尤其是"世界在发展,我们不在技术上前进,不要说超过,赶都赶不上去,那才真正是爬行主义。我们要以世界先进的科学技术成果作为我们发展的起点。"[4]"要善于学习,大量取得国际上的帮助。要引进国际上的先进技术、先进装备,作为我们发展的起点。"[5]总之,"科学技术的发展和作用是无穷无尽的。"[6]"四个现代化,关键是科学技术的现代化。没有现代科学技术,就不可能建设现代农业、现代工业、现代国防。没有科学技术的高速度发展,也就不可能有国民经济的高速度发展。"[7]他把科技现代化提升到"四化"建设的关键位置,着重凸现了科技的社会经济功能,阐明了科技进步在现代化建设中的伟大作用。

(二)教育是现代化建设的基础

一是高校是科研发展的重要力量。由于人才荟萃、资料齐全、设备先进、机构完整、协作方便等原因,高校在培养人才的同时具有进行科研的独特条件。邓小平指出:"重点大学既是办教育的中心,又是办科研的中心。"[8]"高等院校,特别是重点高等院校,应当是科研的一个重要方面军。""他们有这个能力,有这方面的人才。""随着高等院校的整顿,学生质量的提高,学校的科研能力会逐步增强,科研的任务还要加重。朝这个方向走,我们的科学事业的发展就可以快一些。"虽然"我们还不能让所有的高等院校普遍加重科研的分量,但是重点大学都要逐步加重科研的分量,逐步增加科研的任务。从科研队伍的数量来说,若干年后,学校的科研机构也许同专业研究机构大致相等"[9]。现代高校在发达国家科研发展中一直扮演重要角色,改革开放以来中国高校科研项目

---

[1]《邓小平文选》第二卷,人民出版社 1994 年版,第 162~164 页。
[2]《邓小平文选》第二卷,人民出版社 1994 年版,第 40 页。
[3]《邓小平文选》第二卷,人民出版社 1994 年版,第 68 页。
[4]《邓小平文选》第二卷,人民出版社 1994 年版,第 129 页。
[5]《邓小平文选》第二卷,人民出版社 1994 年版,第 133 页。
[6]《邓小平文选》第三卷,人民出版社 1993 年版,第 17 页。
[7]《邓小平文选》第二卷,人民出版社 1994 年版,第 87 页。
[8]《邓小平年谱》(1975—1997),中央文献出版社 2004 年版,第 167 页。
[9]《邓小平文选》第二卷,人民出版社 1994 年版,第 53 页。

比例稳居总量的 1/3 的事实，都充分证明了邓小平上述论断的正确性。

二是教育是科技人才的培养基地。教育的天职是培养人，培养科技人才是教育推动科技进步的重要表现。"我国科学研究的希望，在于它的队伍有来源。科研是靠教育输送人才的，一定要把教育办好。"[1]我们讲"要办重点小学、重点中学、重点大学。要经过严格考试，把最优秀的人集中在重点中学和大学"。[2]就是因为"小学、中学、大专学校是培养科学技术人才的重要基础，而大专学校又是科学研究一个重要的方面军。"[3]"教育方面有好多问题，归根到底是要出人才、出成果。"[4]所以，"科学技术人才的培养，基础在教育"[5]。既然"我们向科学技术现代化进军，要有一支浩浩荡荡的工人阶级的又红又专的科学技术大军，要有一大批世界第一流的科学家、工程技术专家"[6]。那么，我们就要"把尽快地培养出一批具有世界第一流水平的科学技术专家，作为我们科学、教育战线的重要任务"[7]。教育正是通过推出科技成果和培养科技人才展现其强大的"科技功能"的。所以，科技离开教育这一基础，就是无本之木，就是无源之水，就会后继无人。

三是教育是提高国民素质和培育社会人才的基础。"四化"大业的实现，从根本上说取决于劳动者素质的提高和大批社会各类人才的涌现。"中国的事情能不能办好，社会主义和改革开放能不能坚持，经济能不能快一点发展起来，国家能不能长治久安，从一定意义上说，关键在人。"[8]而"这里讲的人，是指有一定的科学知识、生产经验和劳动技能来使用生产工具、实现物质资料生产的人"，是"生产力中最活跃的因素"。"劳动者只有具备较高的科学文化水平，丰富的生产经验，先进的劳动技能，才能在现代化的生产中发挥更大的作用。"[9]而要提高中国劳动者的综合素质，就必须依赖教育。现代化建设是一项庞大的系统工程，既需要全面提高劳动者素质，更需要造就社会各级各类人才，培养一支宏大的知识分子队伍。"靠空讲不能实现现代化，必须有知识，有人才。"[10]

---

[1]《邓小平文选》第二卷，人民出版社 1994 年版，第 50 页。
[2]《邓小平文选》第二卷，人民出版社 1994 年版，第 40 页。
[3]《邓小平年谱》（1975—1997），中央文献出版社 2004 年版，第 201 页。
[4]《邓小平文选》第二卷，人民出版社 1994 年版，第 70 页。
[5]《邓小平文选》第二卷，人民出版社 1994 年版，第 95 页。
[6]《邓小平文选》第二卷，人民出版社 1994 年版，第 91 页。
[7]《邓小平文选》第二卷，人民出版社 1994 年版，第 96 页。
[8]《邓小平文选》第三卷，人民出版社 1993 年版，第 380 页。
[9]《邓小平文选》第二卷，人民出版社 1994 年版，第 88 页。
[10]《邓小平文选》第二卷，人民出版社 1994 年版，第 40 页。

也就是说，这里的"人"更包括各级各类社会人才。只有足够数量的高素质人才不断涌现并做到人尽其才，才尽其用，中国的事业才能蒸蒸日上。邓小平指出："要珍视劳动，珍视人才，人才难得呀！"[1]"也只有有了成批的杰出人才，才能带动我们整个中华民族科学文化水平的提高。"[2]"人才不断涌现，我们的事业才有希望。"[3]他强调，不论"改革经济体制"，还是"改革科技体制……最重要的、我最关心的，是人才"[4]。在他看来，人才问题"概括地说就是'尊重知识，尊重人才'八个字，事情成败的关键就是能不能发现人才，能不能用人才"[5]，尤其是在关键时期更显出人才的巨大作用，"一个人才可以顶很大的事，没有人才什么事情也搞不好"[6]。所以，"一定要在党内造成一种空气：尊重知识，尊重人才"[7]。因为"四化建设的实现要靠知识、靠人才"[8]。"没有人才不行，没有知识不行"，这是"搞好教育和科学工作"乃至四化建设成败的关键，"'文化大革命'的一个大错误是耽误了十年人才的培养。现在要抓紧发展教育事业"[9]。"全党全社会都要真正尊重知识，真正发挥知识分子的作用。这样，我们就一定会逐步实现现代化。"[10]

四、邓小平的科技教育创新观

"中国应该每年有新的东西，每一天都有新的东西，这样才能占领阵地。"[11]"教育要面向现代化，面向世界，面向未来"[12]，教育"不但要看到近期的需要，而且必须预见到远期的需要，不但要依据生产建设发展的要求，而且必须充分估计到现代科学技术的发展趋势"[13]。"搞科技，越高越好，越新越好"[14]等，是邓小平科技教育创新观的高度概括提炼。

---

[1]《邓小平文选》第二卷，人民出版社1994年版，第50页。
[2]《邓小平文选》第二卷，人民出版社1994年版，第96页。
[3]《邓小平文选》第三卷，人民出版社1993年版，第18页。
[4]《邓小平文选》第三卷，人民出版社1993年版，第108页。
[5]《邓小平文选》第三卷，人民出版社1993年版，第91~92页。
[6]《邓小平文选》第三卷，人民出版社1993年版，第369页。
[7]《邓小平文选》第二卷，人民出版社1994年版，第41页。
[8]《邓小平年谱》(1975—1997)，中央文献出版社2004年版，第1112页。
[9]《邓小平文选》第三卷，人民出版社1993年版，第9页。
[10]《邓小平文选》第三卷，人民出版社1993年版，第70页。
[11]《邓小平年谱》(1975—1997)，中央文献出版社2004年版，第1336~1337页。
[12]《邓小平文选》第三卷，人民出版社1993年版，第35页。
[13]《邓小平文选》第二卷，人民出版社1994年版，第108页。
[14]《邓小平文选》第三卷，人民出版社1993年版，第378页。

（一）邓小平对创新重要性的认识

"我们不能总跟在人家后面走，要有自己的创造。要敢想、敢说、敢干，富有创造性。如果外国没有的话，我们就不能说；外国没有的图，我们就不能画；外国没有的字，我们就不能写，那么我们就永远不能超越别人，就不能对世界做出我们的贡献。"[1] "我们一定要有独创精神，要闯出自己的道路。有些必须由我们独创。"[2]翻开邓小平著作，可以说创新是贯穿邓小平理论的一根主线。光从现有的邓小平的文献看，他至少八次谈创新。第一次是 1977 年 9 月 26 日，邓小平会见欧洲核子研究中心总主任和加速器部主任时指出："我们要以现代世界先进水平为起点，老老实实地、虚心地学习一切先进的科学技术，并在学习中创新。"[3]第二次是同年的 9 月 29 日，邓小平在会见英籍作家韩素音时指出："中国人是聪明的，再加上不搞关门主义，不搞闭关自守，把世界上最先进的科研成果作为我们的起点，洋为中用，吸收外国的东西，先学会它们，再在这个基础上创新，那么，我们就是有希望的。"[4]这里邓小平说的是要通过一整套改革创新重整中国山河，实现中华民族振兴的战略思想。第三次是 1977 年 12 月 26 日，在会见澳大利亚共产党（马列）主席希尔和夫人乔伊斯时，邓小平指出："我们的潜力很大，加上认真学习外国经验，在学习外国东西的基础上加以创新。大家劲头都来了，但是需要解决的问题还不少。"[5]这里，邓小平把关于从科技创新入手振兴中华的思想进一步延伸到理论创新和国家的治理上。第四次是在 1978 年，在谈到鞍钢如何改造的时候，邓小平就指出："引进技术改造企业，第一要学会，第二要提高创新。"[6]第五次也是在 1978 年，在《解放思想，实事求是，团结一致向前看》这篇重要讲话中，在谈到如何坚持解放思想、实事求是的同时，邓小平把创新和解放思想、实事求是联系在一起指出："干革命，搞建设，都要有一批勇于思考、勇于探索、勇于创新的闯将。没有这样一大批闯将，我们就无法摆脱贫穷落后的状况，就无法赶上更谈不到超过国际先进水平。我们希望各级党委和每个党支部，都来鼓励、支持党员和群众勇于思考、勇于探索、勇于创新，都来做促进群众解放思想、开动脑筋的工作。"[7]这里，邓小平实质上指出了创新就是解放思想、实事求是的过程，解放思想、

---

[1]《邓小平年谱》（1904—1974），中央文献出版社 2009 年版，第 1442~1443 页。
[2]《邓小平年谱》（1904—1974），中央文献出版社 2009 年版，第 1897 页。
[3]《邓小平年谱》（1975—1997），中央文献出版社 2004 年版，第 206 页。
[4]《邓小平年谱》（1975—1997），中央文献出版社 2004 年版，第 210 页。
[5]《邓小平年谱》（1975—1997），中央文献出版社 2004 年版，第 51 页。
[6]《邓小平文选》第二卷，人民出版社 1994 年版，第 129 页。
[7]《邓小平文选》第二卷，人民出版社 1994 年版，第 143~144 页。

实事求是就是要达到创新。第六次是在1979年，在中国文学艺术工作者第四次全国代表大会上的祝词中指出："围绕着实现四个现代化的共同目标，文艺的路子要越走越宽，在正确的创作思想的指导下，文艺题材和表现手法要日益丰富多彩，敢于创新。"[1]第七次是在1984年，在视察宝钢题词中，邓小平指出："掌握新技术，要善于学习，更要善于创新。"[2]第八次是1992年，邓小平在南方谈话中指出："现在建设中国式的社会主义……经验很多……都是自己的特色。这样好嘛，就是要有创造性。"[3]"高科技领域的一个突破，带动一批产业的发展。"[4]"搞科技，越高越好，越新越好。越高越新，我们也就越高兴。不只我们高兴，人民高兴，国家高兴。"[5]"农村搞家庭联产承包，这个发明权是农民的。农村改革中的好多东西，都是基层创造出来，我们把它拿来加工提高作为全国的指导。"[6]这些都说明邓小平对创新的重要性的认识。

（二）邓小平的科技教育创新观

邓小平科技教育观的逻辑推演便是邓小平的科技教育创新观。科技教育创新，也是邓小平对当代高科技产业化与世界经济全球化趋势的新现实所作的新的理论实践概括，从而形成了"科学技术是第一生产力——以科技教育创新为具体体现"这样一个完整的理论体系，为以后的党中央领导集体确立科教兴国战略与科技教育创新体系基本国策奠定了理论实践基础。

1. 科技发展靠创新

"科学技术是第一生产力。"[7]"四个现代化，关键是科学技术的现代化。"[8]"经济发展得快一点，必须依靠科技和教育"[9]，而科技的发展靠创新。邓小平在充分肯定科学技术在现代化发展中的重要地位和作用的基础上，也指出了要靠科技创新来发展技术："理论研究一旦获得重大突破，迟早会给生产和技术带来极其巨大的进步。"[10]邓小平于1982年10月14日在《前十年为后十年做好准备》中指出："我们整个经济发展的战略，能源、交通是重点，农业也是重点。

---

[1]《邓小平文选》第二卷，人民出版社1994年版，第211页。
[2]《邓小平文选》第三卷，人民出版社1993年版，第51页。
[3]《邓小平文选》第三卷，人民出版社1993年版，第372页。
[4]《邓小平文选》第三卷，人民出版社1993年版，第377页。
[5]《邓小平文选》第三卷，人民出版社1993年版，第378页。
[6]《邓小平文选》第三卷，人民出版社1993年版，第382页。
[7]《邓小平文选》第三卷，人民出版社1993年版，第274页。
[8]《邓小平文选》第二卷，人民出版社1994年版，第86页。
[9]《邓小平文选》第三卷，人民出版社1993年版，第377页。
[10]《邓小平文选》第二卷，人民出版社1994年版，第87页。

农业的发展一靠政策,二靠科学。科学技术的发展和作用是无穷无尽的。"[1]这就不但指出了科学技术对中国整个经济发展战略的实现的重大推动作用,而且指出了科技创新的无比广阔的前景。1992年初,邓小平在《在武昌、深圳、珠海、上海等地的谈话要点》中阐述道:"经济发展得快一点,必须依靠科技和教育。我说科学技术是第一生产力。近一二十年来,世界科学技术发展得多快啊!高科技领域的一个突破,带动一批产业的发展。我们自己这几年,离开科学技术能增长得这么快吗?要提倡科学,靠科学才有希望。近十几年来我国科技进步不小,希望在九十年代,进步得更快。每一行都树立一个明确的战略目标,一定要打赢。高科技领域,中国也要在世界占有一席之地。我是个外行,但我要感谢科技工作者为国家作出的贡献和争得的荣誉。大家要记住那个年代,钱学森、李四光、钱三强那一批老科学家,在那么困难的条件下,把两弹一星和好多高科技搞起来。应该说,现在的科学家更幸福,因此对他们的要求会更多。我说过,知识分子是工人阶级的一部分。老科学家、中年科学家很重要,青年科学家也很重要。希望所有出国学习的人回来。不管他们过去的政治态度怎么样,都可以回来,回来后妥善安排。这个政策不能变。告诉他们,要做出贡献,还是回国好。希望大家通力合作,为加快发展我国科技和教育事业多做实事。"[2]

"企业应该建立科研机构,掌握情报,开发新品种。""资本主义社会的企业、公司都有专门的研究机构,商品卖不出去,就逼着它非搞新品种不可。"[3]"引进技术改造企业,第一要学会,第二要提高创新。……以世界先进的科学技术成果作为我们发展的起点。我们要有这个雄心壮志。"[4]1988年,邓小平根据世界高科技发展的趋势,就以其战略家的睿智,向中国发出了向高科技进军的时代最强音:"高科技领域的一个突破,带动一批产业的发展。"[5]"下一个世纪是高科技发展的世纪……过去也好,今天也好,将来也好,中国必须发展自己的高科技,在世界高科技领域占有一席之地。"因为原子弹、氢弹、卫星"这些东西反映一个民族的能力,也是一个民族、一个国家兴旺发达的标志。现在世界的发展,特别是高科技领域的发展一日千里,中国不能安于落后,必须一开始就参与这个领域的发展。"[6]"每一行都树立一个明确的战略目标,一定要

---

[1]《邓小平文选》第三卷,人民出版社1993年版,第17页。
[2]《邓小平文选》第三卷,人民出版社1993年版,第377~378页。
[3]《邓小平科技思想年谱》(1975—1994),中央文献出版社2004年版,第134页。
[4]《邓小平文选》第二卷,人民出版社1994年版,第129页。
[5]《邓小平文选》第三卷,人民出版社1993年版,第377页。
[6]《邓小平文选》第三卷,人民出版社1993年版,第279页。

打赢"[1],要占领世界科技的"制高点"。这里讲的"突破"就是创新,并且强调:"搞科技,越高越好,越新越好。越高越新,我们也就越高兴。不只我们高兴,人民高兴,国家高兴。"[2]他以极大的热情鼓励科技创新,支持科技创新,爱护科技创新。今天,结合知识经济扑面而来的形势,我们更加感到邓小平是多么的远见卓识,更加认识到向高科技进军的紧迫性,更加增强了科技创新的责任感和积极性。

邓小平不仅为中国的科技创新指明了战略方向,而且还亲自领导了科技创新活动。他虽然日理万机,还亲自领导和促进北京正负电子对撞机实验室的建设工作,并为实验室培土题字,十分关心。1986年,他亲自领导制订了《高科技研究发展计划纲要》即"863计划",1988年又组织实施了"火炬计划"。这两项的实施,已取得了一大批接近和领先于世界先进水平的高科技成果,有力地推动了中国现代化事业的发展。

2. 教育提高须创新

邓小平指出:"发展科学技术,不抓教育不行。靠空讲不能实现现代化,必须有知识,有人才。"[3]"科学技术人才的培养,基础在教育。"[4]这就是说,科技进步是实现现代化的决定性因素,而教育的发展又是科技进步的基础,即现代化建设、科技进步、教育发展是三位一体不可分割的关系,教育是为科技、为现代化建设服务的。那么,教育的发展也就必须按照科技和现代化发展的需要来培养人才。因而,邓小平指出:"教育要面向现代化,面向世界,面向未来。"[5]这就为中国在现代条件下发展教育指明了方向。要做到"三个面向",显然中国的教育就必须改革,必须创新。因为面向现代化,科技是关键,科技的发展需要创新,需要创新型人才;面向世界,日趋激烈的经济竞争和综合国力较量越来越集中表现为科技的竞争、人才的竞争,同样需要培养科技型创新人才;面向未来,知识经济扑面而来的现实,是以知识为基础的经济,发展知识经济就必须进行知识、技术的创新,这就需要创新型科技人才,而这样的人才只能通过教育来培养。就目前中国的教育体制、教学方法和内容来讲,虽然进行了一些改革,取得很大进步,但是仍不能适应培养创新型人才需要,必须深入改革,继续创新,创造出一套能够适应现代化建设需要,尽快培养大批创新型人才的

---

[1]《邓小平文选》第三卷,人民出版社1993年版,第378页。
[2]《邓小平文选》第三卷,人民出版社1993年版,第378页。
[3]《邓小平文选》第二卷,人民出版社1994年版,第40页。
[4]《邓小平文选》第二卷,人民出版社1994年版,第95页。
[5]《邓小平文选》第二卷,人民出版社1994年版,第35页。

体制；教育的内容也必须删除一些陈旧的内容，来一番的改造和安排，使之适应现代科技发展的要求，适合科技创新人才的成长；教学方法更是要彻底改变那种满堂灌注式方法，采取灵活多样的、启发式、开放式、个性化的方法，充分利用电化教学，调动学生的创造性思维，发挥主体作用，培养其独立思考，善于提出和解决问题，努力创新。体制、教学方法和教学内容改革的目的只有一个，就是培养出适应现代化建设需要的大批创新型高素质的人才队伍。具体讲，这样的人才在思想素质上，应该具有爱国主义精神、求实创新精神、拼搏奉献精神、团结协作精神；在业务素质上，应该具有扎实的理论基础、复合的知识结构、创新的思维能力，而且要具备面向市场、面向世界的能力和素质。

五、邓小平的科技教育发展方向观

面对世界政治、经济、科技、教育形势的不断发展变化，邓小平始终以战略家的眼光敏锐地观察并思考着中国科技教育的未来发展走向问题。20世纪70年代末以后，世界科技教育迅猛发展的态势，逐渐使其发展高科技和"三个面向"的科技教育发展方向观形成，成为其科技教育观理论与实践的重要组成部分。

（一）教育发展要立足于"三个面向"培养人才

作为科技发展和现代化建设的基础事业，教育需要采取什么样的发展方向才能应对世界科技教育发展的新形势？1983年，邓小平他为北京景山学校题词："教育要面向现代化，面向世界，面向未来。"[1]

1. 教育要面向现代化，强调了教育与现代化建设相辅相成的互动关系，揭示了教育与经济发展互为依存的客观规律

邓小平指出："三中全会决定把工作重点转移到社会主义现代化建设方面来，实际上已经解决了。"[2]"当前以及今后相当长一个历史时期的主要任务……就是搞现代化建设。""社会主义现代化建设是我们当前最大的政治，因为它代表着人民的最大的利益、最根本的利益。"[3]"同心同德地实现四个现代化，是今后一个相当长的时期内全国人民压倒一切的中心任务，是决定祖国命运的千秋大业[4]。"但"现代化建设的任务是多方面的，各个方面需要综合平衡，不能

---

[1]《邓小平文选》第三卷，人民出版社1993年版，第35页。
[2]《邓小平文选》第二卷，人民出版社1994年版，第182页。
[3]《邓小平文选》第二卷，人民出版社1994年版，第162~163页。
[4]《邓小平文选》第二卷，人民出版社1994年版，第208~209页。

单打一。但是说到最后,还是要把经济建设当作中心……其他一切任务都要服从这个中心,围绕这个中心,决不能干扰它,冲击它"[1]。他强调:"这件事情,任何时候都不要受干扰,必须坚定不移地、一心一意地干下去。许多问题,不搞四个现代化解决不了。"[2]因此,包括教育和科技在内的其他行业都要围绕、服从和服务于这一中心,"全国党政军民"要"一心一意地服从国家建设这个大局,照顾这个大局"[3],"要把四个现代化作为重点,坚持发展生产力,始终扭住这个根本环节不放松"[4]。教育必须与科技、社会发展的战略目标和战略步骤相适应,为"四化"建设培养足量的合格人才,全面提高国民科技文化素质和思想道德修养。同时,还要不断深化教育改革,适时更新教育观念,合理规划教育发展,努力完善教育体系,充分发挥教育在推进中国特色社会主义现代化建设中的重要作用。

2. 教育要面向世界,明确了教育要适应改革开放新形势和应对新科技革命勃兴的需要,及早培养能参与国际竞争的开放型人才

邓小平强调,现在的世界是开放的世界,中国的发展离不开世界。"我们建国以来长期处于同世界隔绝的状态"[5],而"实现四个现代化必须有一个正确的开放的对外政策"[6]。"离开了国际的合作是不可能的。应该充分利用世界的先进的成果,包括利用世界上可以提供的资金,来加速四个现代化的建设。"[7]因为,"现在的世界是开放的世界。中国在西方国家产业革命以后变得落后了,一个重要原因就是闭关自守"[8]。历史地看,"任何国家要发达起来,闭关自守都不可能。我们吃过这个苦头,我们的老祖宗吃过这个苦头"。"长期闭关自守,把中国搞得贫穷落后,愚昧无知。"[9]"要得到发展,必须坚持对外开放、对内改革。"[10]"总结历史经验,中国长期处于停滞和落后状态的一个重要原因是闭关自守。经验证明,关起门来搞建设是不能成功的,中国的发展离不开世界。"[11]既然"任何一个国家要发展,孤立起来,闭关自守是不可能的,

---

[1]《邓小平文选》第二卷,人民出版社1994年版,第250页。
[2]《邓小平文选》第二卷,人民出版社1994年版,第276页。
[3]《邓小平文选》第三卷,人民出版社1993年版,第99页。
[4]《邓小平文选》第三卷,人民出版社1993年版,第64页。
[5]《邓小平文选》第二卷,人民出版社1994年版,第232页。
[6]《邓小平文选》第二卷,人民出版社1994年版,第233页。
[7]《邓小平文选》第二卷,人民出版社1994年版,第234页。
[8]《邓小平文选》第三卷,人民出版社1993年版,第64页。
[9]《邓小平文选》第三卷,人民出版社1993年版,第90页。
[10]《邓小平文选》第三卷,人民出版社1993年版,第202页。
[11]《邓小平文选》第三卷,人民出版社1993年版,第78页。

不加强国际交往，不引进发达国家的先进经验、先进科学技术和资金，是不可能的"[1]，那么"中国要谋求发展，摆脱贫困和落后，就必须开放。"[2]"否则就会信息不灵，睡大觉"[3]，就是鼻子不通，耳朵不灵"，就可能"重复回到过去那样，把经济搞得死死的"[4]。教育要面向世界，就是倡导通过教育吸取世界各国的先进科技知识和生产管理经验，借鉴一切反映人类先进文明的优秀成果，借以推进中国特色社会主义现代化建设。这是世界教育的发展趋势，更是中国实施科教兴国战略的必然选择。

3. 教育要面向未来，规划了教育要为未来培养人才，教育的社会功能要通过培养的人才在未来社会生活中显现出来

"青年一代的成长，正是我们事业必定要兴旺发达的希望所在。"[5]"现在小学一年级的娃娃，经过十几年的学校教育，将成为开创二十一世纪大业的生力军"[6]，尤其是"知识不是立即就能得到的，人才也不是一天两天就能培养出来的，这就要抓教育，要从娃娃抓起"[7]。否则，滞后的或急功近利的教育就无法打造具有未来理念的社会各类人才，教育就会"把整个现代化水平拖住了"[8]，"就会误大事"[9]。同时，人民和干部"有理想、有道德、有文化、有纪律""四有"素养和"富强、民主、文明、和谐，自由、平等、公正、法治，爱国、敬业、诚信、友善"社会主义核心价值观的形成也需要各级各类的长期教育来实现。由于现代科技的日新月异，未来社会的政治、经济、文化等各个方面都将迅速升级换代，教育必须面向未来，超前发展，才能全面提高国民综合素质，造就足够数量的高水平人才队伍和高素质干部队伍，才能使教育真正在科教兴国实践中发挥最大的作用。

（二）科技发展要立足与经济结合、着眼于高科技、坚持对外开放与引进技术并举

1. 科技发展要立足与经济结合

为了改变科技与经济脱节以及生产技术严重落后的状况，邓小平提出："科

---

[1]《邓小平文选》第三卷，人民出版社1993年版，第117页。
[2]《邓小平文选》第三卷，人民出版社1993年版，第266页。
[3]《邓小平文选》第三卷，人民出版社1993年版，第290页。
[4]《邓小平文选》第三卷，人民出版社1993年版，第307页。
[5]《邓小平文选》第二卷，人民出版社1994年版，第95页。
[6]《邓小平文选》第三卷，人民出版社1993年版，第120页。
[7]《邓小平年谱》（1975—1997），中央文献出版社2004年版，第1112页。
[8]《邓小平文选》第二卷，人民出版社1994年版，第34页。
[9]《邓小平文选》第三卷，人民出版社1993年版，第121页。

学技术主要是为经济建设服务的。"[1]他一方面号召"科技界面向经济建设"[2]，另一方面多次指示要加强企业的科学研究工作，他说："加强企业的科学研究工作。这是多快好省地发展工业的一个重要途径。随着工业的发展，企业的科技人员数量应当越来越多，在全部职工中所占的比例应当越来越大"[3]，中国"全国有几十万个企业、几十万个生产大队，只有每个企业和生产大队都来大搞技术改造，大搞科学实验，先进的科学技术才能广泛地在工农业中得到引用，才能多快好省地发展生产"[4]。

自然科学的研究有应用研究和基础研究之分。当我们强调科学技术主要是为经济建设服务的时候，绝不能否定基础研究的重要性和必要性。这首先是因为基础研究的成果，往往为新的技术开辟道路，创造出新的产业，以至于从根本上改变生产的面貌；有些基础研究虽然与现实的生产并没有关系，但是它能丰富人类对于客观世界的认识，也应当给予可能的支持。在不同性质的研究机构和高等学校里可以按照实际情况有所分工。邓小平说："科学不是划分为基础科学和应用科学吗？生产部门也会有搞基础科学的，但要着重搞应用科学；科学院和大学可以多搞一些基础科学，但也要搞应用科学，特别是工科院校。"[5]邓小平对中国科学院建造加速器的关心和支持，是他重视基础科学的一个范例。

2. 科技发展要着眼于高科技

1978年，邓小平指出："现代科学技术正在经历着一场伟大的革命。近三十年来，现代科学技术不只是在个别的科学理论上、个别的生产技术上获得了发展，也不只是有了一般意义上的进步和改革，而是几乎各门科学技术领域都发生了深刻的变化，出现了新的飞跃，产生了并且正在继续产生一系列新兴科学技术。"[6]随后，他从各个角度思考论述了中国高新科技发展战略问题。他在1986年指出："在高科技方面，我们要开步走，不然就赶不上，越到后来越赶不上，而且要花更多的钱，所以从现在起就要开始搞。"[7]1988年在提出"科学技术是第一生产力"后指出："下一个世纪是高科技发展的世纪。""过去也好，今天也好，将来也好，中国必须发展自己的高科技，在世界高科技领域占有一席之地"，高科技成果是"反映一个民族的能力，也是一个民族、一个国家兴旺

---

[1]《邓小平文选》第二卷，人民出版社1994年版，第240页。
[2]《邓小平文选》第三卷，人民出版社1993年版，第108页。
[3]《邓小平年谱》（1975—1997），中央文献出版社2004年版，第83~84页。
[4]《邓小平文选》第二卷，人民出版社1993年版，第97页。
[5]《邓小平文选》第二卷，人民出版社1994年版，第53页。
[6]《邓小平文选》第二卷，人民出版社1994年版，第87页。
[7]《邓小平文选》第三卷，人民出版社1993年版，第184页。

发达的标志"。他认为，社会主义中国能成为"有重要影响的大国"，能有"现在这样的国际地位"，就得益于中国 60 年代发展的"两弹一星"等高技术成果。所以，"现在世界的发展，特别是高科技领域的发展一日千里，中国不能安于落后，必须一开始就参与……发展"。否则，就会"因为你不参与，不加入发展的行列"，而导致中国与世界强国之间的"差距越来越大"，我们就"很难赶上世界的发展"[1]。同时，由于科技的"第一生产力"作用，高科技更能推动经济的发展，在世界经济全球化浪潮中更具有战略作用。"高科技领域的一个突破，带动一批产业的发展。"[2]近一二十年来，世界科技与经济的互动发展乃至中国科技与经济发展的高度都说明，振兴经济必须依靠科技和教育。所以，"搞科技，越高越好，越新越好"[3]。"要提倡科学，靠科学才有希望。"[4]他号召："发展高科技，实现产业化。"[5]"每一行都树立一个明确的战略目标，一定要打赢。高科技领域，中国也要在世界占有一席之地。"[6]

对于高科技的产业化发展，邓小平总结世界和中国的教训，结合当今世界形势的发展变化，着重强调了两点：一是高技术必须产业化，二是军民结合以民为主。中国发展电子计算机起步于 1956 年，到 1986 年，30 年间研制了巨型、大中小型以及微型机多达 208 种，固然在科学研究和国防建设上发挥了一定作用，可是并没有形成具有竞争力的、能够稳定批量生产的产业，不仅无法进入国际市场，而且国内市场也基本上被外国产品所占领。这种情况，由于开始重视高技术的产业化才有所改变。1986 年 3 月 3 日，王大珩、王淦昌、杨嘉墀、陈芳允等四位科学家写信建议：面对世界性的高技术研究和开发竞争，中国必须紧密跟踪世界高技术发展。邓小平 3 月 5 日的批示中指出，这个建议十分重要，这种事情要速决，不可拖延，并强调发展高技术的方针是军民结合以民为主。

3. 科技发展要坚持对外开放与引进技术并举

"总结历史经验，中国长期处于停滞和落后状态的一个重要原因是闭关自守。经验证明，关起门来搞建设是不能成功的，中国的发展离不开世界。"[7]"中国要发展，没有国际合作，不搞开放，关起门来是不行的。"[8]"学习先进，才有可能赶超先进。""科学技术是人类共同创造的财富。任何一个民族、一个

---

[1]《邓小平文选》第三卷，人民出版社 1993 年版，第 279~280 页。
[2]《邓小平文选》第三卷，人民出版社 1993 年版，第 377 页。
[3]《邓小平文选》第三卷，人民出版社 1993 年版，第 378 页。
[4]《邓小平文选》第三卷，人民出版社 1993 年版，第 377~378 页。
[5]《邓小平年谱》(1975—1997)，中央文献出版社 2004 年版，第 1329 页。
[6]《邓小平文选》第三卷，人民出版社 1993 年版，第 378 页。
[7]《邓小平文选》第三卷，人民出版社 1993 年版，第 78 页。
[8]《邓小平科技思想年谱》(1975—1994)，中央文献出版社 2004 年版，第 222 页。

国家,都需要学习别的民族、别的国家的长处,学习人家的先进科学技术。我们不仅因为今天科学技术落后,需要努力向外国学习,即使我们的科学技术赶上了世界先进水平,也还要学习人家的长处。"[1]当然,提高中国的科学技术水平,必须依靠我们自己的努力,必须发展我们中国自己的创造,必须坚持独立自主、自力更生的方针。但是,独立自主不是闭关自守,自力更生不是盲目排外。

为了更好更快地引进技术,邓小平提出了一系列有力的政策措施。他早在1979年4月就倡议建立经济特区。1984年2月,他在视察几个特区后指出:"特区是个窗口,是技术的窗口,管理的窗口,知识的窗口,也是对外政策的窗口。"并进一步指出:"可以考虑再开放几个港口城市","要开发海南岛"[2]。1991年他又提出加快上海的开放,把浦东建成经济特区。他主张多搞点"三资"企业,不要怕,从中国家可以得到一部分收入,更重要的是可以学到一些好的管理经验和先进的技术。他非常重视大量派遣留学生到发达国家去学习科学技术和管理经验。1979年初,中国在海外的留学生不过千余人,他提出每年至少派出一万人,并且要求对自费留学生同公费留学生一视同仁。他还强调要引进外国智力,"请一些外国人来参加我们的重点建设以及各方面的建设。对这个问题,我们认识不足,决心不大。搞现代化建设,我们既缺少经验,又缺少知识。不要怕请外国人多花了几个钱。他们长期来也好,短期来也好,专门为一个题目来也好。请来之后,应该很好地发挥他们的作用"[3]。

邓小平针对海内外一些人士存在的疑虑,明确指出:"技术问题是科学,生产管理是科学,在任何社会,对任何国家都是有用的。我们学习先进的技术、先进的科学、先进的管理来为社会主义服务,而这些东西本身并没有阶级性。"[4]

(三)以科技教育发展带动生产力、经济、文化发展以致整个社会发展

"我说科学技术是第一生产力。近一二十年来,世界科学技术发展得多快啊!高科技领域的一个突破,带动一批产业的发展。我们自己这几年,离开科学技术能增长这么快吗?要提倡科学,靠科学才有希望。"[5]

邓小平科技教育发展理论深入经济、文化、社会发展的方方面面,形成了科技教育发展的全方位理论。① 经济发展论。中国是一个发展中国家,经济相对落后,要建设现代化,首先必须发展经济。当前,世界正兴起以信息技术革命为先导的新的产业革命,这就给中国的发展带来了新的契机,使中国有可能

---

[1]《邓小平文选》第二卷,人民出版社1994年版,第91页。
[2]《邓小平文选》第三卷,人民出版社1993年版,第51~52页。
[3]《邓小平文选》第三卷,人民出版社1993年版,第32页。
[4]《邓小平文选》第二卷,人民出版社1994年版,第351页。
[5]《邓小平文选》第三卷,人民出版社1993年版,第377~378页。

跨越一些传统的发展阶段,迎头赶上发达国家。邓小平一贯强调要抓住这样一个历史机遇,加快发展经济,由此他明确指出:"经济发展得快一点,必须依靠科技和教育。"[1]② 文化发展论。邓小平强调,物质文明与精神文明都搞好,才是有中国特色社会主义。他进一步指出社会主义精神文明的根本任务是培育有理想、有道德、有文化、有纪律的公民,提高全民族的素质。培养"四有"公民,发展教育科学文化事业是一项基础性建设。教育的目标是以科学的理论武装人,这里的科学理论含义,不仅指马列主义毛泽东思想,而且包括哲学、社会科学和自然科学理论。③ 社会发展论。早在 1978 年,邓小平就指明:"我们要在短短的二十多年中实现四个现代化,大力发展我们的生产力,当然就不能不大力发展科学研究事业和科学教学事业。"[2]1982 年,在谈到中国共产党十二大提出到本世纪末"翻两番"的总目标时,他又明确指示:"大体上分两步走,前十年打好基础,后十年高速发展。战略重点,一是农业,二是能源和交通,三是教育和科学。搞好教育和科学工作,我看这是关键。"[3]邓小平在从中国国情出发,提出中国社会主义建设的目标和路线,并且提出在实施达到这个目标的"三步走"战略步骤时,每一步都要依靠科技与教育:摆脱贫困、解决温饱要靠科技与教育;实现小康、丰衣足食要靠科技与教育;达到中等发达国家水平,必然面临更加剧烈的国际竞争,更要依靠科技与教育。邓小平理论的其他一些重要内容,如关于改革开放、维护世界和平和军队建设、"一国两制"和祖国统一等,都包含必须发挥科技与教育的作用的论述。

(四)以优先发展教育带动科学技术发展,进而实现人的发展

优先发展教育,是邓小平发展战略的关键所在。"中国的事情能不能办好,社会主义改革开放能不能坚持,经济能不能快一点发展起来,国家能不能长治久安,从一定意义上说,关键在人。"[4]早在他第一次复出工作的 1975 年,他便尖锐地指出:"我们有个危机,可能发生在教育部门,把整个现代化水平拖住了。"[5]1985 年,他又指出:"一个十亿人口的大国,教育搞上去了,人才资源的巨大优势是任何国家比不了的。""中央提出要以极大的努力抓教育,并且从中小学抓起,这是有战略眼光的一着。如果现在不向全党提出这样的任务,就会误大事,就要负历史的责任。"[6]中国是一个经济文化落后的发展中的大国,

---

[1]《邓小平文选》第三卷,人民出版社 1993 年版,第 377 页。
[2]《邓小平文选》第二卷,人民出版社 1994 年版,第 89~90 页。
[3]《邓小平文选》第三卷,人民出版社 1993 年版,第 9 页。
[4]《邓小平文选》第三卷,人民出版社 1993 年版,第 380 页。
[5]《邓小平文选》第二卷,人民出版社 1994 年版,第 34 页。
[6]《邓小平文选》第三卷,人民出版社 1993 年版,第 120~121 页。

人口基数大，人均资源相对不足。中国的现代化，不可能照搬西方国家 19 世纪或 20 世纪用过的传统模式，而必须走可持续发展之路。这里最关键的一着，便是将巨大的人口负担转变为巨大的人才资源。只有这样，才能既加快经济发展，又有效地保护环境与资源，使经济、社会、人口、资源、环境得到协调发展。这就自然而然地要将教育提到优先发展的关键地位，并以教育的发展带动物质文明、精神文明与民主政治等的总体发展。

在邓小平的理论中，科技是生产力发展的前提，而教育又是科技发展的前提。1977 年 8 月，他明确指出："我国科学研究的希望，在于它的队伍有来源，科研是靠教育输送人才的，一定要把教育办好。"[1]1978 年，他更明确指出："科学技术人才的培养，基础在教育。"[2]他还具体分析道："科研人员美国有一百二十万，苏联九十万，我们只有二十多万，还包括老弱病残，真正顶用的不很多。"[3]他设想说："我国的经济，到建国一百周年时，可能接近发达国家的水平。我们这样说，根据之一，就是在这段时间里，我们完全有能力把教育搞上去，提高我国的科学技术水平，培养出数以亿计的各级各类人才。"[4]邓小平的思想理论非常明确：发展经济，中国特色社会主义现代化建设必须依靠科学技术，依靠人才；人才的培养靠教育，教育是根本，是基础，人的发展必须依靠教育和科技。

（五）加强和改善党对科技教育事业的领导，是科技教育事业取得与时俱进健康发展的保证

中国科技教育发展史证明，只有不断加强和改善党对科技教育的领导，才能保证科技教育事业获得健康的发展。"能不能把我国的科学技术尽快地搞上去，关键在于我们党是不是善于领导科学技术工作。"[5]而"改善党的领导，其中最主要的，就是加强思想政治工作"[6]，即"党委的领导，主要是政治上的领导，保证正确的政治方向，保证党的路线、方针、政策的贯彻，调动各个方面的积极性。同时，是通过计划来领导，要抓好科学研究计划，要知人善任，把力量组织好"。"还必须做好后勤保证工作，为科学技术人员创造必要的工作条件，这也是党委的工作内容。"[7]为此，邓小平提出很多具体办法来加强和改善党对科技工作的领导，如"科学技术研究机构要建立技术责任制，实行党委

---

[1]《邓小平文选》第二卷，人民出版社 1994 年版，第 50 页。
[2]《邓小平文选》第二卷，人民出版社 1994 年版，第 95 页。
[3]《邓小平文选》第二卷，人民出版社 1994 年版，第 40 页。
[4]《邓小平文选》第三卷，人民出版社 1993 年版，第 120 页。
[5]《邓小平文选》第二卷，人民出版社 1994 年版，第 96 页。
[6]《邓小平文选》第二卷，人民出版社 1994 年版，第 365 页。
[7]《邓小平文选》第二卷，人民出版社 1994 年版，第 98 页。

领导下的所长负责制","要有分工负责,要从上到下建立岗位责任制","科学研究机构党委实行群众路线"[1]等。总之,"科研工作能不能搞起来,归根到底是领导班子问题,不把领导班子弄好,谁来执行政策?"[2]"我们需要建立一支坚持社会主义道路的、具有专业知识和能力的干部队伍,而且是一支宏大的队伍"[3],这是保证科技工作顺利发展的关键。

在加强党对教育工作领导方面,邓小平要求各级党政机关都要认真抓教育,不断加强并改善党对教育工作的领导,号召全社会都要关心和支持教育。他指出:"教育要狠狠抓一下,一直抓它十年八年。"[4]针对社会上对教育工作漠不关心的不良现象,他强调:"教育事业,决不只是教育部门的事,各级党委要认真地作为大事来抓。各行各业都要来支持教育事业,大力兴办教育事业。"[5]国家有关部门"要共同努力,使教育事业的计划成为国民经济计划的一个重要组成部分"。"要制订加速发展电视、广播等现代化教育手段的措施","多快好省发展教育事业"[6]。要通过多种方式"提高人民教师的政治地位和社会地位。不但学生应该尊重教师,整个社会都应该尊重教师","要采取适当的措施,鼓励人们终身从事教育事业"[7]。在中国现代化建设起步的关键时期,"要抓紧发展教育事业"[8]。随着时间的推移,"从中央到地方,到农村党支部,有越来越多的同志,懂得知识和人才的重要性,懂得教育的重要。这是我们党的一大进步",但"还有相当一部分同志,包括一些高级干部,对于发展和改革教育的必要性,认识不足,缺乏紧迫感"。既然教育是"全党全国工作重点"之一,那么,"一个地区,一个部门,如果只抓经济,不抓教育,那里的工作重点就是没有转移好,或者说转移得不完全。忽视教育的领导者,是缺乏远见的、不成熟的领导者,就领导不了现代化建设"。所以,"各级领导要像抓好经济工作那样抓好教育工作","各级党委和政府,对教育工作不仅要抓,并且要抓紧、抓好,严格要求,少讲空话,多干实事"。他坚信:"只要各级领导认真抓,我看教育的事情好办,悲观是没有根据的。扎扎实实抓他几年,中华民族教育事业空前繁荣的新局面,一定会到来。"[9]

---

[1]《邓小平文选》第二卷,人民出版社1994年版,第97~98页。
[2]《邓小平文选》第二卷,人民出版社1994年版,第33页。
[3]《邓小平文选》第二卷,人民出版社1994年版,第264页。
[4]《邓小平文选》第二卷,人民出版社1994年版,第70页。
[5]《邓小平文选》第二卷,人民出版社1994年版,第95页。
[6]《邓小平文选》第二卷,人民出版社1994年版,第108页。
[7]《邓小平文选》第二卷,人民出版社1994年版,第109页。
[8]《邓小平文选》第三卷,人民出版社1993年版,第9页。
[9]《邓小平文选》第三卷,人民出版社1993年版,第121~122页。

第十章 邓小平科技教育人才培养与
当今集聚人才大举措的理论与实践

本章主要从邓小平关于抓好教师这个知识分子重要组成部分和培养造就宏大知识分子队伍"工作母机"工作的理论与实践、邓小平关于加强科技人才队伍建设的理论与实践、邓小平关于一定要有相当规模的研究机构八科研队伍加强和扩大起来的理论与实践、习近平关于当今集聚人才大举措的理论与实践要求四个方面入手，对邓小平科技教育人才培养与当今集聚人才大举措的理论与实践进行梳理、研究、阐述。

一、邓小平关于抓好教师这个知识分子队伍重要组成部分和培养造就宏大知识分子队伍"工作母机"工作的理论与实践

"我们国家，国力的强弱，经济发展后劲的大小，越来越取决于劳动者的素质，取决于知识分子的数量和质量。一个十亿人口的大国，教育搞上去了，人才资源的巨大优势是任何国家比不了的。有了人才优势，再加上先进的社会主义制度，我们的目标就有把握达到。"[1]所以，"教师很重要，要选好，要有一个好的教师队伍"[2]。因为，教师是培养合格人才的关键。

（一）学校能不能为社会主义建设培养合格的人才，关键在教师

一是教育活动是培养人的实践活动。在这个活动中，教师是活动的主体，一切教育活动都是通过教师作用于学生的。学生年龄越小，教师这种主体所发挥的影响作用也越大。

二是教育是按照一定社会的要求来培养学生，使其成为一定社会所需要的人。教师正是社会要求的体现者，他的作用在于使学生的身心朝着与社会要求相统一的方向发展。

三是教师是教育活动的设计者和组织者，领导着教育活动的进行。列宁说过，在任何学校里，最重要的是课程的思想政治方向。这个方向完全只能由教

---

[1]《邓小平文选》第三卷，人民出版社1993年版，第120页。
[2]《邓小平文选》第二卷，人民出版社1994年版，第64页。

学人员来决定，任何"监督"、任何"领导"、任何"教学大纲""章程"等，对教学人员来说都是空谈。任何监督、任何教学大纲等，绝对不能改变由教学人员所决定的课程方向。有关教育与教学的问题中，没有一个问题不总是和师资培养的问题有联系的，如果得不到足够数量的合格教师，任何最使人钦佩的改革也势必要在实践中失败。这就是说，在学校这一特定的环境中，决定着课程的思想政治方向和培养人的质量的，正是受国家和社会委托的教师。

四是教育在促进学生身心健康发展的过程中，处于矛盾的主导方面。一般来说，教师年长者，相对来讲，知识掌握得多一些、经验丰富一些，为人处世也老练一些。更重要的是教师是受过专业训练，掌握着教育科学知识和技能的专门从事教育工作的人。"术业专攻""闻道在先"，从这个意义上说，教师在为人、做学问方面具有权威性，在教育工作中具有有效性。由于学生在校时间多，与教师接触频繁，对学生教育与影响上教师比起他人也占有优势，这就决定了教师在培养合格人才上起着关键作用。所以邓小平一直非常关心教师的工作，并且反复强调说："要加强学校的教师队伍。"[1]"教师很重要，要选好，要有一个好的教学队伍。"[2]"只有老师教得好，学生才能学得好。"[3]

（二）教师发现人才、培养人才，本身就是一种成就，就是对国家的贡献

在学校教育活动中，全部教学活动主要依靠教师来进行，学生正是在教师精心培育、循循善诱之下，才能成长为栋梁之材。教师教育的对象是正在成长的人，他们有自己的发展过程。而教师面对的又不是一个学生，一个班上有几十名，情况千差万别，这就决定了教师工作的复杂性；教师的任务不仅要教书，还要育人，既要传授知识，发展学生的智力和体力，又要塑造他们的精神世界，培养他们的思想和品德，特别是在当今科学技术日新月异的年代里，知识更新速度不断加快，知识陈旧的周期不断缩短，教师还必须具有不断改革教学的精神和能力。从工作的空间来说，教师工作决不只限于课堂，除了课堂教学之外，还有大量的校外活动和家访工作需要教师参与和指导；从工作时间来说，教师工作很难局限在八小时之内，要教好课、出人才，教师必须付出艰辛的劳动和大量时间。可以说，教师的工作量是无限的；从教师工作的对象来说，每个学生都以一个不同于别人的最敏感、最细腻的精神世界，教师不仅要言传，而且要身教，需要花费全部心血和精力，才能把学生培养好。所以，邓小平说："人民教

---

[1]《邓小平文选》第二卷，人民出版社1994年版，第70页。
[2]《邓小平文选》第二卷，人民出版社1994年版，第64页。
[3]《邓小平文选》第二卷，人民出版社1994年版，第55页。

师是培养革命后代的园丁。他们的创造性劳动,应该受到党和人民的尊重。"[1]

教师在学校里培养大批的"又红又专"的社会主义建设人才的同时,还应善于发现和培养出"世界第一流的科学家、工程技术专家"。中国古代的一些教师就常把"得英才而教育之"当作一大乐趣。世界上有的教育家、科学家,也把发现和培养新的人才看作自己毕生科研工作、教育工作的最大成就。在今天,人民教师为社会主义"四化"建设培养人才,既要大面积提高教育质量,保证向国家输送大批的合格的各级各类的人才,又要十分注意在广泛的群众基础上发现和培养出更杰出的人才,这也是中国社会主义革命和建设的需要。毛泽东在抗日战争初期曾经说过:"如果我们党有一百个至二百个系统地而不是零碎地、实际地而不是空洞地学会了马克思列宁主义的同志,就会大大地提高我们党的战斗力量,并加速我们战胜日本帝国主义的工作。"[2]邓小平说:"革命事业需要一批杰出的革命家,科学事业同样需要有一批杰出的科学家。"他认为:"我们的科学家、教师发现人才,培养人才,本身就是一种成就,就是对国家的贡献。""尽管有些新人在科学成就上超过了老师,他们老师的功绩还是不可磨灭。"[3]

(三)要与时俱进地提高教师水平

为了提高教育质量,使学校能够为国家培养出更多更好的社会主义建设人才,邓小平一再强调要加强教师队伍的建设,要重视教师的培训工作,要研究如何提高教师水平的问题。邓小平说,"只有老师教得好,学生才能学得好。"[4]而要做到这一点,就要与时俱进地"提高教师的水平,包括政治思想水平、业务工作能力以及改进作风等"[5]。

从中国教师队伍的现状来看,总体素质不是很高,同教育的发展和改革的要求很不适应。一方面由于现代科学技术发展十分迅速,教学内容需要不断改革、充实和提高,每一个教师都面临着需要继续学习和提高业务水平的问题。另一方面,还由于中国地域广阔,经济发展不平衡,不少地区,特别是一些交通不便的贫困落后地区,教师极端缺乏、教师质量不高。好一点的教师往往被调走去当干部或改行干别的工作;中学毕业教中学,小学毕业教小学的现象比较普遍。为此,提高教师队队伍水平和素质已成为发展中国教育事业的十分重

---

[1]《邓小平文选》第二卷,人民出版社1994年版,第95页。
[2]《毛泽东选集》第二卷,人民出版社1991年版,第533页。
[3]《邓小平文选》第二卷,人民出版社1994年版,第96页。
[4]《邓小平文选》第二卷,人民出版社1994年版,第55页。
[5]《邓小平文选》第二卷,人民出版社1994年版,第55页。

要的迫切的问题。邓小平说:"教育战线任务愈来愈重,各级教育部门不能不努力提高现有教师队伍的教学能力和教学质量。"[1]"要把师资培训列入规划,列入任务。"[2]要设法"大力培训师资"[3],提高教师的政治思想水平、业务工作能力以及改进工作作风等。邓小平不仅提出了要赶快培养和提高教师队伍这一战略任务,同时也提出了许多怎样培训和提高教师水平的具体建议和措施。

在政治思想方面,邓小平认为:"各级党委和学校的党组织,应该热情地关心和帮助教师思想政治上的进步,帮助他们认真学习马克思列宁主义、毛泽东思想,使更多的人牢固地树立起无产阶级的共产主义的世界观。"[4]人民教师面对众多学生,为了把他们培养成有理想、有道德、有文化、有纪律的社会主义公民,就必须与时俱进地提高教师的政治思想水平。

在业务工作能力方面,邓小平认为对在职教师,"教育部和各地教育行政部门,要采取切实有效的措施,比如充分利用广播、电视,举办各种训练班、进修班,编印教学参考资料等"[5],来帮助教师提高。此外,还可以请一些好的教师当教师的教师,大学教师要帮助中学教师提高水平。请一批华裔学者和外国著名的学者来中国讲学;科研系统有的人可以调出来搞教育、支援教育。根据邓小平的指示,教育部多次召开了讨论师资培训的会议,先后颁发了《关于进一步加强中小学在职教师培训工作的意见》《加强教育学院建设若干问题的暂行规定》等一系列文件,明确指出要把"发展师范教育和培训在职教师作为发展教育事业的战略措施"。

在作风方面,邓小平特别要求教师要有民主作风,并说没有民主就不可能有自觉纪律。他强调教师要为人师表,要求学生做到的,教师自己必须首先做到。"群众对干部总是要听其言、观其行的。连长指导员不以身作则,就带不出好兵来;领导干部不做出好样子,就带不出部队的好风气,就出不了战斗力。""政治干部更要强调以身作则,我们过去在战争年代就是这样。那时,你打仗不勇敢,怕死,你不同战士心连心,不联系实际,不联系群众,做政治工作就没有人听。"[6]要使他们懂得,不只是年轻就能解决问题,不只是有了业务就能解决问题,还要有好的作风;密切联系群众,这是最根本的一条。以上虽然是对部队的政治干部说的,但教师是"人类灵魂的工程师",也是学校的思想教育工

---

[1]《邓小平文选》第二卷,人民出版社1994年版,第109页。
[2]《邓小平文选》第二卷,人民出版社1994年版,第55页。
[3]《邓小平文选》第二卷,人民出版社1994年版,第110页。
[4]《邓小平文选》第二卷,人民出版社1994年版,第109页。
[5]《邓小平文选》第二卷,人民出版社1994年版,第109~110页。
[6]《邓小平文选》第二卷,人民出版社1994年版,第124页。

作者，上述讲话的精神对教师当然也是完全适用的。人们常说："学高为人师，身正为人范。"人民教师加强修养，端正作风，乃是搞好教育教学的必要前提。

在加强教师队伍建设方面，邓小平认为，根本的出路还是要办好各级师范。"不办好师范教育，教师就没有来源。"[1]办好师范教育，既是优化教师队伍的核心，也是提高教育质量的保证。从学历看，据1988年统计，符合要求的高等学校教师占其总数的89.8%，高中教师占其总数的42.66%，初中教师占其总数的36.77%，小学教师占其总数的72.5%，幼儿教师占其总数的48.75%。当然，在没有达到规定学历的教师中，也不乏能胜任教师工作的同志，但是从教师队伍整体的文化素质来看，这种情况不能不令人忧虑。《教师法》把教师的资格问题提到法律的高度来认识，并要求进一步努力办好各级师范学校，这无疑对于保证教师的素质和人才的培养，具有决定性的作用。

在培养和提高教师队伍的水平方面，邓小平要求各级教育行政部门对教师队伍建设问题还应勤加检查和督促。早在1958年，他在中共中央书记处会议讨论教育工作时就强调："师资问题要注意。正规大学、中学现有的师资质量不能降低。"[2]他还说："教育行政部门抓什么？抓干部、抓教员；他们提高了，学生就可以提高，学校就可以办好；各级党委和政府，对教育工作不仅要抓，并且要抓紧、抓好，严格要求，少讲空话，多干实事；比如说，师资培训，怎样组织？……各级党政负责同志，要经常深入学校，倾听广大师生的意见和呼声，为他们排忧解难。"

（四）尊重教师，提高人民教师的政治地位和社会地位

1. 把教师工作放在一个极为重要的位置加以认识

教育过程中的基本矛盾是教与学，教师是教与学的主导，对学生的思想道德素质、文化科学素质和身体素质的发展，乃至个性的形成都有重要的影响。邓小平早在1954年4月的政务院政务会议上就提出过：学校办得好坏，教师起着非常重要的作用。1978年，邓小平进一步阐述了这一观点："一个学校能不能为社会主义建设培养合格的人才，培养德智体全面发展、有社会主义觉悟的有文化的劳动者，关键在教师。"这就把建设一支高水平的教师队伍摆在了教育事业能否健康发展，社会主义现代化建设事业能否成功，中华民族能否腾飞的关键地位。从而把尊重教师的思想建立在了一个很高的认识基点上，反映出邓小平对待教师问题的战略眼光。

---

[1]《邓小平文选》第二卷，人民出版社1994年版，第69页。
[2]《邓小平文选》第一卷，人民出版社1994年版，第282页。

2. 充分肯定教师劳动的价值，倡导全社会都来尊重人民教师

教师是知识分子的一部分，正确认识和评价知识分子，是形成尊重教师风气的前提。1977年8月，在科学和教育工作座谈会上，邓小平针对"两个估计"，明确指出，中华人民共和国成立后17年教育战线的主导方面是红线，广大知识分子是在党的正确领导下勤奋工作的，其中教育工作者的劳动更辛苦。他肯定地说："无论从事科研工作的，还是从事教育工作的，都是劳动者。"接着，在1978年3月的全国教育工作会上，他又重申了知识分子（包括人民教师）是工人阶级的一部分的观点，从而为正确评价教师的工作奠定了思想基础。

邓小平不仅肯定教师是劳动者，而且进一步肯定教师从事的是一种培养人才的创造性劳动。他指出："人民教师是培养革命后代的园丁。他们的创造性劳动，应该受到党和人民的尊重。""我们的科学家、教师发现人才，培养人才，本身就是一种成就，就是对国家的贡献。"他称赞人民教师全身心投身于教育事业的可贵精神，说教师工作是很光荣的。他号召要特别注意调动教师工作的积极性，要尊重教师。"不但学生应该尊重教师，整个社会都应该尊重教师。"1980年春节，邓小平在北京人民大会堂亲切会见北京市1.8万名大、中、小学和幼儿园教师，对他们的辛勤劳动表示慰问，令广大教师备受鼓舞。

3. 主张提高人民教师的政治地位和社会地位，使教师职业成为令人羡慕的职业

邓小平认为"对于优秀的教育工作者，应该大张旗鼓地予以表扬和奖励"，并提出了一系列具体措施。他提出大专院校要恢复教授、讲师、助教等职称，并且建议在第二年召开全国教育大会，总结交流办学经验，奖励有成就的各级各类学校教师。他在1978年3月提出，成绩突出的小学教员，工资可以评为特级。1978年4月的全国教育工作会上，他说，特别优秀的教师，可以定为特级教师。在邓小平的大力倡导下，党和政府在提高教师社会地位方面做了大量工作，制定了一些具体规定。如，中小学也逐步实行了职称制度，一批中小学教师被授予"特级教师"称号，还有许多教师被授予劳动模范的称号或成为"五一"劳动奖章获得者，不少人还被推选为各级人大代表和政协委员。1985年1月，国家还规定每年的9月10日为教师节。这些，都极大地激发了广大教师教书育人的积极性和创造性。

为了提高教师的社会地位，邓小平还认为"要把从事教育工作的与从事科研工作的放到同等重要的地位，使他们受到同样的尊重"[1]，以克服一些人思

---

[1]《邓小平文选》第二卷，人民出版社1994年版，第50页。

想上存在的搞科研重要、搞教育次要,科学家光荣、教师算不了啥的世俗偏见。他说,好的教师就是人才。他还对社会上一些人只重视大学教师、轻视中学教师、歧视小学教师的思想提出批评。邓小平说,在我们社会主义教育事业中,高等教育是重要的,但是,"高等院校学生来源于中学,中学学生来源于小学"[1]。因此,大学教师、中学教师、小学教师都是不可缺少的。他们的劳动同样重要,决不可厚此薄彼。邓小平再三说明:"一个小学教师,把全部精力放到教育事业上,就是很可贵的。要当好一个小学教师,付出的劳动并不比一个大学教师少,因此小学教师同大学教师一样光荣。"[2] 总之,邓小平要求把提高教师地位落到实处,使教师这一职业真正成为全社会都尊敬和羡慕的职业。

4. 要求不断改善教师的工作条件和物质待遇

邓小平认为光提高教师的政治地位和社会地位还不行,各级教育行政部门和学校领导要给教师创造条件,切切实实帮助教师解决一些具体问题。比如"要确实保证教师的教学活动时间,要关心他们的政治生活、工作条件和业务学习"[3],"对于那些与爱人分居两地的业务骨干,要优先把他们的家搬来"[4],"对于在教学工作中作出突出贡献的教师,应该给以表扬和奖励"[5]。对于"一头钻到科研里面埋头苦干,应当鼓励"[6],"对于终身为教育事业服务的人,应当鼓励"[7],"对于优秀的教育工作者,应该大张旗鼓地予以表扬和鼓励"[8]。"除了精神上的鼓励,还要采取其他一些鼓励措施,包括改善他们的物质待遇。"[9] "我们实行精神鼓励为主、物质鼓励为辅的方针。颁发奖牌、奖状是精神鼓励,是一种政治上的荣誉。这是必要的。但物质鼓励也不能缺少。"[10]

根据教师工作的特点,邓小平提出要确实保证教师的教学活动时间,"各级党政负责同志,要经常深入学校,倾听广大教师的意见和呼声,为他们排忧解难"[11]。他说,教师的劳动是相当繁重的,要让教师搞好劳逸结合,让教师们休假,给教师以消除疲劳,思考问题、总结经验的时间,给他们以休整的时间,

---

[1]《邓小平文选》第二卷,人民出版社1994年版,第54页。
[2]《邓小平文选》第二卷,人民出版社1994年版,第50页。
[3]《邓小平文选》第二卷,人民出版社1994年版,第95页。
[4]《邓小平文选》第二卷,人民出版社1994年版,第56~57页。
[5]《邓小平文选》第二卷,人民出版社1994年版,第95页。
[6]《邓小平文选》第二卷,人民出版社1994年版,第51页。
[7]《邓小平文选》第二卷,人民出版社1994年版,第50页。
[8]《邓小平文选》第二卷,人民出版社1994年版,第109页。
[9]《邓小平文选》第二卷,人民出版社1994年版,第51页。
[10]《邓小平文选》第二卷,人民出版社1994年版,第102页。
[11]《邓小平文选》第三卷,人民出版社1993年版,第121页。

不能把他们的假期都占用了。他多次呼吁，根据按劳分配的原则，必须提高教师特别是中小学教师的物质待遇。早在1954年，在政务院政务会议讨论教育工作时他就说过："中小学教员中间，工资也应该有很高的，他们付出的劳动多，贡献大嘛。"1978年3月，他提出，小学教员的工资太低，要提高他们的工资。同年4月，他又一次提出，要研究教师特别是中小学教师的工资制度，要采取适当的措施，鼓励人们终身从事教育事业。1988年9月，他再次强调："我们不论怎样困难，也要提高教师的待遇。"邓小平关于提高教师工资的主张，已体现在《中国教育改革和发展纲要》和《中华人民共和国教师法》中，这两个文件规定教师平均工资水平不低于国家公务员的平均工资水平，并且要随着国民收入的增长逐步提高。

二、邓小平关于加强科技人才队伍建设的理论与实践

"我们向科学技术现代化进军,要有一支浩浩荡荡的工人阶级的又红又专的科学技术大军，要有一大批世界第一流的科学家、工程技术专家。造就这样的队伍，是摆在我们面前的一个严重任务。"[1]所以，"必须打破常规去发现、选拔和培养杰出的人才"[2]。"善于发现人才，团结人才，使用人才，是领导者成熟的主要标志之一。"[3]

（一）邓小平培养科技人才的基础的理论与实践

1. 坚持一要普及二要提高"两条腿走路"的科技人才培养路径

早在1958年，邓小平就提出当时教育方面要解决的问题主要是普及与提高的关系问题。他认为教育"一要普及，二要提高，两者不能偏废。只普及不提高，科学文化不能很快进步；只提高不普及，也不能适应国家各方面的需要。社会主义建设需要有文化的劳动者，所有劳动者也都需要有文化。教育普及了，群众的科学文化水平提高了，发明创造就会多起来"。他强调："我们在任何时候都要坚持'两条腿走路'，做到在普及基础上的提高和在提高指导下的普及。"[4]

一是基础教育和高等教育并重。基础教育和高等教育是教育结构中的两个主要部分。在中国，目前基础教育的主要任务是普及，是为提高全民族的素质

---

[1]《邓小平文选》第二卷，人民出版社1994年版，第91页。
[2]《邓小平文选》第二卷，人民出版社1994年版，第95页。
[3]《邓小平年谱》(1975—1997)，中央文献出版社2004年版，第1032页。
[4]《邓小平文选》第一卷，人民出版社1994年版，第280页。

打好基础；高等教育的主要任务是提高，是培养各类专门人才，提供科技成果。邓小平对这两个层次的教育都给予重视，他是这样概括二者的辩证关系的：只有"在广泛的群众基础上，才能不断涌现出杰出人才。也只有有了成批的杰出人才，才能带动我们整个中华民族科学文化水平的提高"[1]。他提出，我们要在科学技术上赶超世界先进水平，不但要提高高等教育的质量，而且首先要提高中小学教育的质量。1977年，他力主恢复了高考制度，为提高高校教育质量创造了条件。他主张把高等院校特别是重点高等院校办成教学和科研两个中心，以提高高等教育的整体水平。同时他又指出高等院校学生是来源于中学的，中学学生又来源于小学的，"因此要重视中小学教育"。在他的支持下，中国开展了普及九年制义务教育的工作，并于1986年颁布了《中华人民共和国义务教育法》。1993年2月颁布的《中国教育改革和发展纲要》规定了在20世纪末基本普及九年义务教育的任务。总之，正如邓小平自己所说的，他抓教育是"从小学抓起，一直到中学、大学"。

二是坚持多种形式办学。邓小平主张办学不能只有一种形式，应根据实际情况，实行统一性与多样性相结合的原则，多层次、多规格、多种形式办学。他的多种形式办学的主张，充分考虑了中国经济、社会发展对教育的需求，他认为"制订教育规划应该与国家的劳动计划结合起来，切实考虑劳动就业发展的需要"[2]。在基础教育方面，他提出在发展普及基础教育的同时，应该考虑扩大农业中学、各种中等专业学校、技工学校的比例，倡导发展职业技术学院。就高等教育来说，邓小平提出"两条腿走路"。"大专院校是一条腿，各种半工半读的和业余的大学是一条腿。"[3]1978年，他还强调"要制订加速发展电视、广播等现代化教育手段的措施，这是多快好省发展教育事业的重要途径，必须引起充分的重视"[4]。在他的支持下，中央广播电视大学于1979年2月正式开学。

三是恢复和办好重点学校。集中力量办好一批重点学校，是建国后教育上曾采取的重要措施。1959年1月，邓小平主持召开中央书记处会议讨论教育工作时指出："两条腿走路的方针应该肯定，要贯彻执行，但这并不妨碍建设一些重点学校。大、中、小学都要有重点学校，提高文化、科学水平主要靠它们，

---

[1]《邓小平文选》第二卷，人民出版社1994年版，第96页。
[2]《邓小平文选》第二卷，人民出版社1994年版，第108页。
[3]《邓小平文选》第二卷，人民出版社1994年版，第54页。
[4]《邓小平文选》第二卷，人民出版社1994年版，第108页。

要抓好[1]。"实践证明,重点学校无论是在出人才方面,还是在出经验方面,都取得了很大成效,起到了示范和带头作用。新时期开始后,邓小平根据既注意普及又注意提高的原则,提出在大力发展教育事业中,要恢复和办好重点学校。1977年5月,他提出"要办重点小学、重点中学、重点大学"[2]。同年8月,在科学和教育工作座谈会上,邓小平又说:"在大专院校中先集中力量办好一批重点院校。重点院校除了教育部要有以外,各省、市、自治区和各个业务部门也要有一点。"[3]1978年4月,在全国教育工作会议上他又一次提出:"为了加速造就人才和带动整个教育水平的提高,必须考虑集中力量加强重点大学和重点中小学的建设,尽快提高它们的教学水平和教学质量。"[4]根据邓小平的建议,中国在现有的财力、师资力量都不十分充足的条件下,集中力量办了一批重点学校,在提高教育质量、培养优秀学生、推动教育改革等方面都发挥了积极作用,带动了整个教育事业的发展。实践证明,办好重点学校的主张既符合中国的国情又符合教育发展的客观规律。同任何事物一样,学校的发展也有一个从低级向高级发展的过程。这个过程是通过不平衡向平衡,新的平衡被打破这样一个螺旋上升的发展来实现的。

四是实行高考制度来发现选拔人才。1977年8月8日,邓小平在科学和教育工作座谈会上明确指出:"从高中直接招生,我看可能是早出人才、早出成果的一个好办法。"同年9月19日,在同教育部主要负责同志谈话时,他进一步提出这个问题:"为什么要直接招生呢?道理很简单,就是不能中断学习的连续性。十八岁到二十岁正是学习的最好时期。"在谈到考试的作用,邓小平认为:"考试是检查学习情况和教学效果的一种重要方法,如同检验产品质量是保证工厂生产水平的必要制度一样。当然也不能迷信考试,把它当做检查学习效果的唯一方法。要认真研究、试验,改进考试的内容和形式,使它完善起来。"[5]在谈到对招生的条件时,邓小平说:"关于招生的条件,我改了一下。政审,主要看本人的政治表现。政治历史清楚,热爱社会主义,热爱劳动,遵守纪律,决心为革命学习,有这几条,就可以了。总之,招生主要抓两条:第一是本人表现好,第二是择优录取。"[6]严格考试,择优录取,实现公平竞争,一个"考"

---

[1]《邓小平年谱》(1904—1974),中央文献出版社2009年版,第1479页。
[2]《邓小平文选》第二卷,人民出版社1994年版,第40页。
[3]《邓小平文选》第二卷,人民出版社1994年版,第54页。
[4]《邓小平文选》第二卷,人民出版社1994年版,第108页。
[5]《邓小平文选》第二卷,人民出版社1994年版,第105页。
[6]《邓小平文选》第二卷,人民出版社1994年版,第69页。

字，调动了广大青少年学习文化科学知识、上进求学的积极性，广大教师的工作热情也空前高涨。大学的教育质量得到提高，也促进了中小学教学质量的提高。高考对各级学校教学秩序的恢复是一个有力促进，整个社会风气也为之一新。看到这样的局面，邓小平十分欣慰地指出："这次高考中发现了一些了不起的人才。许多人抵制'四人帮'的压力，自学完成了全部大学的课程，有些可以直接当研究生，个别的还可以当研究员。还有一些十五六岁、十七八岁的青年可以上大学。"[1]

五是打破常规，不拘一格发现选拔培养人才。在人才的问题上，邓小平主张"必须打破常规去发现、选拔和培养杰出人才"。关于"打破常规"，邓小平具体指出："还有个跳级、留级问题。这涉及的只是少数人。我个人倾向于允许跳级，这样，人才出得更快嘛。"[2]1983 年 12 月，邓小平会见杨振宁时，当听到杨振宁关于在中国科技大学少年班成立软件小组的建议时说："这个意见很好。要看得远一点，要不然来不及。科技大学要作为重点支持。科大少年班可以扩大吗？别的大学为什么不能搞少年班？"[3] "至少北大、清华、交大、复旦应办一点少年班。"[4] "软件占百分之八十，硬件占百分之二十，这就要靠脑子。杨振宁说美国都是十六七岁的娃娃搞软件，好多尖端技术都是娃娃搞出来的……搞软件，我们有条件，中国有一大批好的娃娃。现在不少下象棋、围棋的都是娃娃。"[5] "学术界……有才干的人要上去，学术界才能活跃……学术界、教育界应该在年轻化方面带个头。学术上的本领是不能弄虚作假的，当教授为什么一定要等到上了年纪？二三十岁当教授也可以嘛。"[6]

根据邓小平打破常规、不拘一格选拔人才的主张，一方面，中国教育界进行了一系列改革创新工作，如中国科技大学"少年班"，培养自然科学方面智力超强的少年成为科技人才，取得了成功的经验。科大少年班招收的都是 15 岁以下的在校初、高中学生，最小的才 11 岁。他们多数都在小学、初中阶段跳过级。科大在少年班培养上，不仅在学制上允许跳跃升迁，而且因材施教，允许超前学习，横向选课。总之，打破了一些常规的做法，从而取得了可喜的成果。有的学生半年里就完成一年的学业，有的 3 年里取得双学位。又如清华大学对于智力优秀的学生实行特殊培养，开设"因材施教"班，选定"因材施教"生，

---

[1]《邓小平年谱》(1975—1997)，中央文献出版社 2004 年版，第 258 页。
[2]《邓小平文选》第二卷，人民出版社 1994 年版，第 55 页。
[3]《邓小平年谱》(1975—1997)，中央文献出版社 2004 年版，第 952 页。
[4]《邓小平年谱》(1975—1997)，中央文献出版社 2004 年版，第 990 页。
[5]《邓小平年谱》(1975—1997)，中央文献出版社 2004 年版，第 955 页。
[6]《邓小平年谱》(1975—1997)，中央文献出版社 2004 年版，第 1151 页。

使在某方面有特殊能力的学生能成长得更快。现在一批"娃娃博士"已崭露头角，在一些前沿学科领域作出了重要贡献。另外，中国有10多所大学也建立了少年班。另一方面，中国教育部门对于智力超常的儿童、少年注意发现和培养，已有一批中学建立了超常儿童实验班。特别值得提出的是，中国近些年来对于中学理科方面优秀学生的发现和培养，已形成独特的选才体系。一批尖子学生脱颖而出，自1985年中国队首次参加国际奥林匹克学科竞赛以来，在各学科奥赛中均取得优异的成绩。参赛选手后来几乎都成为有关研究领域的拔尖人才。事实证明，邓小平关于不拘一格培养杰出人才的思想理论是体现了教育科学规律和人的身心发展规律的，他提出的建议是行之有效的，是我们在教育科技工作中应认真遵循的。

2. 坚持多渠道的人才培养渠道

（1）通过教育特别是高等教育培养人才。

为了做好和加快人才的培养工作，邓小平强调，各行各业都要重视教育事业的发展，重视人才培养工作，将教育的战略地位落到实处。他指出，中央提出要以极大的努力抓教育，并且从中小学抓起，这是有战略眼光的一着。如果现在不向全党提出这样的任务，就会误大事，就要负历史的责任。因为，各级各类人才，是中国社会主义现代化建设的重要保证和重要条件，而要把一个人培养成才，离不开从小教育和专门的训练，特别是"不搞好大学，无法提高全民族的科学文化水平"[1]。

首先，这是现代高等教育顺应知识经济时代潮流的需要。21世纪是知识经济高速发展的时代。知识经济是一种全新形态的经济。在知识经济时代，知识尤其是尖端科学知识将成为最重要的经济因素和生产要素，从而社会生产特别是高效益的各种劳动形式向以脑力劳动为主和不断开发新知识资源的方向发展。知识具有无限性和再生性特征，尖端科学知识、高层次科技创新型人才对社会生产力的推动作用将无可比拟。知识经济的兴起，表明综合国力的竞争进入了以科技和教育为基础的新阶段。可以说，知识经济时代，一个国家国民素质的高低、掌握知识的程度、拥有人才的数量，特别是知识创新和技术创新能力，将成为决定一个国家、一个民族在国际竞争和世界格局中地位的关键因素。在知识经济时代，教育特别是高等教育将发挥以往时代从未有过的关键性作用。因此，充分认识到高校在迎接知识经济挑战中的历史使命，发挥高等教育在知识经济时代的重要作用，牢固树立培养高层次创新型人才、创新型专家学者的

---

[1]《邓小平年谱》(1975—1997)，中央文献出版社2004年版，第331页。

紧迫感，是时代和社会发展赋予现代高等教育的历史使命。其次，这是发展完善有中国特色社会主义的需要。中国特色社会主义建设事业，在知识经济大潮中，知识、信息、技术成了社会经济发展的决定因素，但无论是知识、信息、技术的生产、传播、应用，都依赖于高素质的具有创造才能的劳动者，需要大批的科技人才和管理人才。从这个意义上说，当代特别是 21 世纪的国际竞争，归根到底是国民素质和人才的竞争。因此，迎接知识经济的挑战，必须十分重视提高国民素质和人才开发。中国要在 21 世纪——知识经济时代使中国特色社会主义的现代化技术逐步赶上世界先进术水平，必须是加速度前进。要加速度前进，必须更进一步进行经济体制改革和政治体制改革，尽可能地缩短"相当长的社会主义初级阶段"的历史时限。这些均须大量的高素质、高质量具有创新思维的各种人才。所以，中国必须着眼于由知识经济主宰的 21 世纪的竞争，把培养高层次的创新型人才提高全民族的思想道德素质和科学文化素质，摆到优先的战略地位。深层次地讲，培养政治、经济、文化各方面的创新型人才是发展完善中国特色社会主义建设事业的必由之路。

　　高等教育要肩负起历史使命，只能通过高教改革来完成。正如《中共中央关于经济体制改革的决定》所说："科学技术和教育对国民经济的发展有极其重要的作用。随着经济体制的改革，科技体制和教育体制的改革越来越成为迫切需要解决的战略性任务。""教育工作不适应社会主义现代化建设需要的局面还没有根本扭转。特别是面对我国对外开放，对内搞活，经济体制改革全面展开的形势，面对着世界范围的新技术革命正在兴起的形势，我国教育事业的落后和教育体制的弊端就更加突出了。"要从根本上解决这个弊端，必须从高教体制入手，系统地进行改革，"对研究机构的调整，哪些该合、哪些该分，也都要考虑。高等学校的专业，哪些要合、哪些要分，哪些要增加、哪些要减少、哪些要取消，也要有一个统一的规划"[1]，走"共建、调整、合作、合并"的道路，即通过"共建"，有效地调动高校为区域和地方经济建设服务的积极性，加强高校与社会之间的联系，为高校的教学改革注入新的活力，提供新的机遇；通过"合作"，改善高等教育的结构和高校的学术氛围，将大大提高高等学校的教学水平和教育质量；通过"调整""合并"，优化教育资源配置，使学校的办学水平和实力得到显著提高，出现良好的发展态势等，"创造一种环境，使拔尖人才能够脱颖而出。改革就是要创造这种环境"[2]，建立创新型的教育体系和人才培养机制。

---

[1]《邓小平文选》第二卷，人民出版社 1994 年版，第 52 页。
[2]《邓小平文选》第三卷，人民出版社 1993 年版，第 109 页。

21世纪各国间在政治,经济、文化、军事各方面的竞争将会加剧,这种竞争的核心是人才的竞争,人才竞争的核心是人才培养质量的竞争。中国高等教育要有所作为,必须培养出在世界科学特别是高层次、高科技舞台上有竞争能力和创新能力的学者和专家,在国际跨国公司里面要有一些起重要作用的企业家,也包括各级领导人才和学术带头人,否则很难说中国的高等教育的改革是成功的。质量是中国高等教育培养高层次科技创新型人才的生命线、关键性环节。高等教育教学、科研的协调是高层次创新型人才成长的根本途径。为了使创新型人才脱颖而出,高等教育的教学应改进教学方法,激发高层次学者对高深学问学术问题的探讨的兴趣,使其去发现新问题,并进行不断的探索、研究,最终获得创新的科研成果。创新精神的培养是提高高层次人才素质的核心。邓小平说得好:"改革经济体制,最重要的、我最关心的,是人才。改革科技体制,我最关心的,还是人才。"[1]他还指出:"高等院校,特别是重点院校,应当是科研的一个重要方面军,这一点要定下来。""随着高等院校的整顿,学生质量的提高,学校的科研能力会逐步增强,科研的任务还要加重。朝这个方向走,我们的科学事业的发展就可以快一些。"[2]因此,高校要建立起以全面素质教育为基础的创新教育体系和以创新意识、创新精神为核心的人才培养机制,彻底改革"应试教育"的弊端,面向知识经济,培养"面向现代化、面向世界、面向未来"的跨世纪的基础扎实的高层次创新型人才,参与国际竞争的拔尖创新型人才和大师级学者,使之站在世界科学前沿,取得世界级水平的科研成果,为中国科教兴国和中华民族的伟大复兴建立奇功。

(2)通过智力开发培养人才。

在知识经济时代,新的科学技术知识不断涌现,知识技能和生产技术的更新周期缩短,即使是受过中等和高等教育的人,也需要不断地更新知识技术。早在1981年,邓小平就提出要注意开发大中专学生的智力,他认为,对大中专学生的智力开发可以促使他们迅速把知识转化为创造性才能,可以促使其学到实践中存在着的、工作中迫切需要的而书本上没有的知识,还可以补充新的知识,巩固已得知识,防止知识老化和退化;中国人的智力不比外国人差,中国人不是低能的,不要总以为只有外国人才干得好。如果不进行智力开发,"外国的先进技术就不能掌握"[3]。邓小平指出:"智力开发是很重要的。我说的是包括职工教育在内的智力开发,要更好地注意这个问题。"[4]邓小平认为,过去由

---

[1]《邓小平文选》第三卷,人民出版社1993年版,第108页。
[2]《邓小平文选》第二卷,人民出版社1994年版,第53页。
[3]《邓小平文选》第二卷,人民出版社1994年版,第129页。
[4]《邓小平文选》第三卷,人民出版社1993年版,第26页。

于经济发展水平的限制,我们的智力投资太低。因此,要增加智力投资,特别是有计划地对大批干部、工人进行正规教育,提高他们的政治水平、文化水平、技术水平和经营管理水平,并且经过培训考核,从中发现和选拔优秀人才,这是一种能够收到很好效果的智力投资。要使全体干部、工人充分理解进行智力开发的重大意义,要组织他们学习,对他们进行培训,开辟新的就业领域,并逐步把这种培训变为适用于全体干部和工人的经常制度。劳动者文化知识水平和生产技能的提高,劳动生产率就会显著提高。中国经济落后、劳动生产率低,是同劳动者科学文化素质不高密切相关的。要实现四个现代化,必须改变这种状况。对于如何进行智力开发,邓小平提出要立足岗位,提高在职人员素质;要办好业余大学以及职工大学、广播电视大学等成人教育,通过继续教育培养更多的人才。

为了确保邓小平通过智力开发培养人才的思想理论落到实处,《中华人民共和国教育法》明确规定:国家鼓励发展多种形式的成人教育,使公民接受适当形式的政治、经济、文化、科学、技术、业务教育和终身教育。现行各种形式的职工大学、业余大学、函授大学、电大等继续教育,满足了在岗、转岗、失业和待业人员的学习需要,加快了专门人才的培养,提高了从业人员的素质和能力,直接有效地推动了经济和社会的发展。

(3)通过对外开放培养人才。

邓小平在考虑对外开放战略时,已将人才培养纳入其构想中。他指出,中国的科学技术和人才培养比发达国家落后了二十年,必须对外开放,向外国学习,借鉴和吸收外国的先进经验和成果,只有这样才能在与世界同步的水平上开发智力,尽快缩短这段差距,培养的人才也才能适应对外开放的需要。为此,邓小平要求培养一大批适应中国对外开放,适应世界新技术革命发展趋势,在国际上有竞争力的"开放型""全球通用型"人才。邓小平号召不仅要向资本主义发达国家学习先进的科学、技术、经营管理方法以及其他一切对我们有益的知识和文化,而且还要同第三世界国家相互交流,相互学习,相互合作,"积极开展国际学术交流活动,加强同世界各国科学界的友好往来和合作关系"[1],在对外开放中培养人才。通过对外开放培养人才,把"走出去"和"引进来"有机结合起来,一方面派人出国留学,使人才接受和掌握国外先进的科学知识和尖端技术,回国后为国家经济建设服务,推进现代化建设事业的发展;另一方面进行学术交流,把外国专家请进来,参加中国的建设,并帮助我们培养人才。

---

[1]《邓小平文选》第二卷,人民出版社1994年版,第91页。

（4）通过实践锻炼培养人才。

实践出人才，是马克思主义人才观、毛泽东人才理论的一个极为重要的观点。中国革命和建设的伟大实践，造就了老一辈无产阶级革命家，造就了一大批治党、治国、治军的栋梁之材，也造就了一代又一代大有作为的人才。人才成长的经验表明：实践是成才的最好课堂，与人民群众相结合，看到自己在社会实践和群众基础方面的不足，是人才成长的必由之路。正是这种不足，制约了人才的成长，延长了人才特别是年轻干部的成长周期，也影响了人才潜力的发挥。邓小平坚持和发展了这一观点，非常重视在实践中培养人才，尤其是培养青年人才，提出人才来源于人民群众的主张。

邓小平指出，只要给中青年干部以适当的工作和位置，他们就会在实践中成长起来。他认为，脱离实践是无法成才的。人才要在实践中锻炼，要在实践锻炼中出人才。没有受过大中专教育的中青年干部和知识青年，虽然文化水平低一点，但他们有实践经验，只要有计划地训练和培养，很多人一定可以成为具有专业知识和能力的干部。他还提倡各类人才在进行改造客观世界的实践的同时，要努力改造自己的主观世界，不断提高和更新自己的专业知识，充分发挥自己的聪明才智，以加快成才的速度。他主张各类人才尤其是青年人才要胸怀大志、不畏艰险、勤学苦练，在艰苦环境中磨炼自己，在社会实践中成长为各项事业的骨干；要深入专业、深入实际；要放到适当的工作岗位，多压担子，在实践中增加才干。这体现了人才是从实践中学习，在实践中成长的规律。

人民群众是历史的创造者，是中国共产党的力量源泉和胜利之本，是中国改革开放和社会主义现代化建设的主力军。人才来源于人民群众，在人民群众中涌现的优秀人才，是人民群众的先进分子，他们的学识、智能、创造性劳动能够有力地促进生产力的发展。在邓小平看来，中国特色社会主义现代化建设需要的不是少数英雄豪杰，而是千百万的人才大军。人民群众是人才培养和选拔的广阔源泉。邓小平从历史唯物主义的观点出发，十分重视从工人、农民和其他劳动者中培养和选拔人才。他说，工人、农民中有人才，战士中有人才，中小学教师中有人才，"我们工人阶级中的杰出人才，是来自人民的"，群众是人才的母亲，一切有利于社会发展的人才都离不开群众。社会需要人才，只有在广泛的群众基础上，才能不断涌现出杰出人才；只有不断挖掘培养群众中的人才，社会主义事业才能兴旺发达。因此，我们中国要坚持从党和国家前途、命运的战略高度，以对人才成长高度负责的精神，在改革开放和现代化建设的伟大实践中，考察和识别人才，挑选和培养接班人，有意识地选派有培养前途的年轻干部到艰苦的地方和岗位上去工作，或者派他们去从事那些难度大、突击性强的工作，特别要注意安排年轻干部到条件艰苦或工作局面复杂的环境中去经受考验和锻炼，提高本领和才干。

（5）通过自学培养人才。

自学历来是人们取得知识的重要途径。自学，对每一个人而言都是人生必须经历的。一个有求知欲的人，必须与学习相伴终生。任何工作岗位都有它特殊的知识要求和相应的知识结构，即使是大学毕业的学生，在学校里学习所获得的知识也只能说是为工作需要奠定了一定基础，而不能一下子完全满足工作的需要。因为，处在科学技术飞跃发展的今天，善于获取知识，自觉调整知识结构，并且具有开发能力的人才成为关键。"知识更新"成为人们普遍面临的问题，人的一生要不断学习，补充和更新知识。青年人要胜任本岗位的工作，要想为国家建设作贡献，要想成才，都必须有一个再学习和不断学习的问题。

邓小平认为，自学是培养人才的一条重要渠道，中国"有一大批刻苦自学的中青年优秀人才"[1]，指出"'文化大革命'前大专学校毕业的和自学成才达到同等水平的知识分子，总有几百万吧"[2]。邓小平充分肯定了刻苦自学的中青年优秀人才以及上山下乡的青年中涌现出的大批深入群众"又红又专"的人才，号召人们要树立终身学习的观念，下苦功夫自学，不管在哪一行的，不管年龄多大，必须力求使自己学会本行最新的知识和技术，来适应改革开放和现代化建设的需要。要把个人的学习目的和国家的强盛、人民的幸福联系起来，充分认识和理解时代的呼唤、祖国的期望、人民的重托，怀着强烈的使命感，以"振兴中华，实现四化"为己任，才能产生永不穷竭的动力和锲而不舍的毅力，在自学成才的大道上刻苦奋进，自强不息，为祖国和人民作出更大的贡献。

邓小平强调从国家建设的全局需要和国家长远发展的战略高度来注重人才的培养，加快培养人才的力度和步伐。他对人才培养渠道的探索以及拓展，为培养同中国改革开放和现代化建设要求相适应的数以亿计的高素质劳动者和数以千万计的专门人才发挥了重要的作用，为中国科教兴国战略和人才强国战略的实施奠定了坚实的基础。

（二）邓小平青年科技人才培养理论与实践

邓小平认为："实现四个现代化的目标，我们面临的问题是多方面的，最大

---

[1]《邓小平文选》第二卷，人民出版社 1994 年版，第 325 页。
[2]《邓小平文选》第三卷，人民出版社 1993 年版，第 17 页。

的困难是人的问题,是知识缺乏的问题"[1],即"知识不足,人才不足"[2]。破解人才不足的难题,"要特别注意培养一批年轻的、有发展前途的科技人员",要"注意保护这些人,使用这些人。要赶快把这个问题解决好"[3],"这就使加速培养年轻一代的科学技术人才的任务更加迫切了"[4]。"我们的老同志应当高兴地帮助青年人赶上来。"[5]

1. 青年一代的成长,是中国科技事业必定兴旺发达的希望

科学是年轻人的游戏,是科学界普遍流行的科学界的自我形象的描述。从科技发展规律、科技发展史来看,世界科技的重大突破都是伟大科学家在相对年轻的时候取得的。20世纪70年代末期,面对中国科技的新阶段新使命新任务,邓小平强调:"科学的未来在于青年。青年一代的成长,正是我们事业必定要兴旺发达的希望所在。"[6]只有大批青年人投身科技事业,中国科技的未来才有前途。青年科技队伍的迅速壮大和成长,是新中国"科教兴国"的基础和前提。1992年1月25日,在视察珠海亚洲仿真系统工程有限公司时,邓小平对电子计算机操作人员说:"我很高兴,我们有这么多年轻的科技队伍。""珠海这个地方就容纳了这么多高科技人才,从全国来说,就更多了。今天我们看到这么多年轻的科技工作者,有希望啊!"[7]

青年人朝气蓬勃,勇于进取,锐意创新,敢于向未知世界进军,往往能超出前人的成就。邓小平指出:"世界科学发展史说明,在科学领域里作出杰出贡献的往往是中年人和青年人。"[8]"特别是在科学研究中,往往是青年出的成果多,发明创造多。"[9]青年科技工作者发明多、创造多、成果多,是由他们的自身素质决定的。也就是说,青年科技工作者思维敏捷、精力旺盛,掌握和积累知识和经验最为快捷,包袱最少,敢想敢干,具备科技新发现和新创造的有利条件。正如邓小平所说:"搞科研要靠老人,也要靠年轻人,年轻人脑子灵活,记忆力强。大学毕业二十多岁,经过十年三十多岁,应该是出成果的年龄。"[10]年轻时代容易出成果,是因为,从某种意义上讲,年轻科学家比他们的专家老

---

[1]《邓小平科技思想年谱》(1975—1994),中央文献出版社2004年版,第152页。
[2]《邓小平年谱》(1975—1997),中央文献出版社2004年版,第1046页。
[3]《邓小平年谱》(1975—1997),中央文献出版社2004年版,第47页。
[4]《邓小平文选》第二卷,人民出版社1994年版,第95页。
[5]《邓小平年谱》(1975—1997),中央文献出版社2004年版,第739页。
[6]《邓小平文选》第二卷,人民出版社1994年版,第95页。
[7]《邓小平年谱》(1975—1997),中央文献出版社2004年版,第1337页。
[8]《邓小平年谱》(1975—1997),中央文献出版社2004年版,第575页。
[9]《邓小平科技思想年谱》(1975—1994),中央文献出版社2004年版,第49页。
[10]《邓小平文选》第二卷,人民出版社1994年版,第32页。

师更易于跟上其领域的知识的发展。由于科学上的尖端研究要求关注周围范围较窄的问题，因而已成名的专家为了使自己的研究走在前列，往往对其专业领域之外的他人的研究不熟悉。但是，学生们会得到其专业研究前沿的许多专家的指教。与他们年长的和暂时为专家的老师相比，这些人会使他们了解更广泛的学术领域的最新进展，哪怕是一时的。也就是说，更为宽广的知识面，是年轻人创新和发明的有利条件。因此，邓小平要求，科技界在年轻化方面要带个头，做好挖掘青年人才、造就青年人才的工作，保证科技事业和国家的兴旺发达。

2. 培养青年科技人才，是中国最大的课题

1978年6月26日、27日，听取王震等领导同志汇报时，邓小平说："要有尖子，技术上要选拔年轻人，……领导上要有意识地培养，有意识地提拔。"[1]"我们自己要培养出大量有能力的大学生。我提出重点大学招生要翻一番，如北大、清华、航空学院也是这样。利用原来的学校翻一番，比新建来得快。"[2]改革开放后，随着中国共产党和国家工作重点转移，经济社会对科技人才提出了巨大需求，培养年轻科技人才成为国家十分迫切的任务。1983年6月18日，在会见参加1983年北京科学技术政策讨论会的外籍专家时，谈到人才培养时邓小平强调："我们这方面有缺点。人有，当然要经过培养。大概希望还是在四十岁左右的人。要学点东西，学会管理，找青年、中年人来培养，这是全党的问题，是我们国家最大的课题。"[3]

培养年轻科技人才，关键是要建立有利于其成长的制度。早在20世纪60年代初期，邓小平就极力提倡提拔年轻科技人才。1961年11月23日，邓小平提出："把年轻人提起来，放到重要岗位，管的业务宽了，见识就广了，就能更好地发挥作用。……现在再不重视培养提拔年轻人就晚了，到了我们这个年纪就不行了。"[4]邓小平要求各部、研究院根据所属单位的情况，提拔一大批工程师，有多少提多少。主要根据专业技术水平，在知识分子中间包括工人的优秀分子中间，经过精选、评议，按程序也可以破格，争取在全国提拔几万个工程师。1962年成立的国防部五院科学技术委员会，其委员就包括宋健、鲍克明、陈怀瑾、刘从军、颜之初等30岁左右的年轻人。改革开放后，邓小平提出建立培养青年科技人才的制度问题。1979年11月2日，在《高级干部要带头发扬党的优良传统》的报告中，邓小平提出："我们就是要建立这样一套制度，使

---

[1]《邓小平年谱》(1975—1997)，中央文献出版社2004年版，第333页。
[2]《邓小平年谱》(1975—1997)，中央文献出版社2004年版，第334页。
[3]《邓小平年谱》(1975—1997)，中央文献出版社2004年版，第913~914页。
[4]《邓小平文选》第一卷，人民出版社1994年版，第291页。

那些有专业知识的、年富力强的人,被选拔到能够发挥他们才干的工作岗位上来。"[1]1986年11月9日,在会见日本首相中曾根康弘时,邓小平指出:"我们也希望中国出现一大批三四十岁的优秀的科学家、教育家、文学家和其他各种专家。要制定一系列制度包括干部制度和教育制度,鼓励年轻人。"[2]1995年11月30日国家人事部等部门印发的《"百千万人才工程"实施方案》对年轻科技人才的培养提出了具体规划,即到1997年遴选和掌握五六千名或更多一点30~40岁左右的优秀人才,作为重点培养对象。到2000年,在对国民经济和社会发展影响重大的50个左右的一流学科和500个左右的二级学科门类中,造就一批国内一流或具有世界水平的专家、学者,使这批年轻的专家、学者成长为各个学科领域的跨世纪的学术和技术带头人,从而改善中国专业技术带头人队伍的结构,形成青年人才能持续成长、不断涌现的机制。

改革论资排辈的落后制度,破格提拔年轻科技人才。"文化大革命"后,邓小平高度关注年轻科技工作者成长,要求破除"论资排辈"的人才制度的弊端,破格提拔优秀年轻科技人才。他认为:"我们说资本主义社会不好,但它在发现人才、使用人才方面是非常大胆的。它有个特点,不论资排辈,凡是合格的人就使用,并且认为这是理所当然的。从这方面来看,我们选拔干部的制度是落后的。论资排辈是一种习惯势力,是一种落后的习惯势力。……所以,我们要改革现行的干部工作制度,建立有利于提拔年轻干部的制度。"[3]"我们的科学工作者,只要做出了贡献,符合研究员、教授的标准,哪怕只有三十岁,也要把他们提拔到研究员和教授的岗位上,给予应有的学位和技术职称。……在这个问题上要改变论资排辈的现象。"[4]对于一些年轻的优秀科学家国内外都出了名了,却不能够提拔为教授、提拔为研究员的现象,邓小平指出:"学术上,只要有创造、有贡献,就应该评给相应的学术职称,不能论资排辈。"[5]邓小平认为,中国目前人才往往从五六十岁的人中挑选,这样就不能体现活力。中国只有出现三四十岁的政治家、科学家、经济管理家和企业家,并由这批人担负重任,国家才有活力,政策才能保持长久。他要求每年选拔重用几十个年轻的科技专家,用财政部拨的经费奖励特别优秀的人才,强调经费不够可以多拨一些。

大学少年班,是培养青年科技人才的大胆尝试。邓小平从中国的长远战略的角度思考人才的培养问题,因此特别重视青少年的智力开发和教育。邓小平

---

[1]《邓小平文选》第二卷,人民出版社1994年版,第224~225页。
[2]《邓小平年谱》(1975—1997),中央文献出版社2004年版,第1153页。
[3]《邓小平文选》第二卷,人民出版社1994年版,第225~226页。
[4]《邓小平年谱》(1975—1997),中央文献出版社2004年版,第575页。
[5]《邓小平文选》第二卷,人民出版社1994年版,第224页。

强调:"实现下世纪五十年翻两番也要在本世纪打好基础,特别是智力方面要打好基础。因为那时候管事的是我们现在的娃娃。从娃娃时代起就要打好基础。"[1]培养年轻科技人才也要从娃娃抓起。因此,邓小平坚决支持大学少年班的招生和扩大试点。1977年12月11日、12日,恢复高考制度,当时考生的年龄差距比较大,很多考生已经为人父母。针对这种情况,邓小平提出:"还有一些十五六岁、十七八岁的青年可以上大学。"[2]邓小平关于大学生年龄的思想,为大学少年班的举办提供了可能。1978年3月9日,中国科大破格选拔20名少年,最大的16岁,最小的只有11岁。1983年12月28日,在会见美籍华人杨振宁教授时,邓小平赞同他关于在中国科技大学少年班成立软件小组的建议,指出:"这个意见很好。要看得远一点,要不然来不及。科技大学要作为重点支持。科大少年班可以扩大吗?别的大学为什么不能搞少年班?"[3]1985年1月,教育部决定,继中国科技大学之后,在北大、清华、北师大、吉林大学、西安交大等全国12所重点高校开办少年班,扩大试点。截至2008年,中国科大少年班共招收31期学生总计1 220人,已毕业1 027人,其中935人考取研究生,占91%。据不完全统计,少年班毕业学生中约20%选择学术研究作为终身职业,93人拥有国内教授、副教授职称和国外终身教授;约为35%在世界500强企业任职。

3. 老科学家要承担培养年轻科技人才的重担

邓小平认为:"大学要重点培养研究生。这样做,研究人员成长得快。这是个方针问题。这样出人才会快些。"[4]1977年7月29日,在听取方毅、教育部长刘西尧汇报教育工作时,邓小平说最近要开一个科学和教育工作座谈会,任务之一就是恢复研究生的培养。他说:"清华、北大要恢复起来。要逐步培养研究生。"[5]1978年,教育部颁布了《高等学校培养研究生工作暂行条例(修改草案)》,开始在全国有条件的高等学校和研究机构,恢复招收研究生,研究生教育有了迅速的发展。1974-1978年共招收研究生79 459名,是"文化大革命"前17年的2.4倍。

研究生制度是培养年轻科技人才的重要的基本的途径,但是,由于各种原因,长期以来,并没有被老年科学家所重视。1956年中国科学院招收研究生表

---

[1]《邓小平年谱》(1975—1997),中央文献出版社2004年版,第1217页。
[2]《邓小平科技思想年谱》(1975—1994),中央文献出版社2004年版,第57页。
[3]《邓小平年谱》(1975—1997),中央文献出版社2004年版,第952页。
[4]《邓小平年谱》(1975—1997),中央文献出版社2004年版,第173页。
[5]《邓小平年谱》(1975—1997),中央文献出版社2004年版,第167页。

明,尽管似乎有足够的高级人员可供分配(191位导师/268名学生),但导师承担的责任被更多地看成是高级科学家的非研究性工作。粉碎"四人帮"后,邓小平意识到,培养青年科技人才,不仅要建立研究生制度,而且还要解决老一辈科学家的思想问题,使他们愿意培养新人。因此,邓小平提出,科技人员的科技成果是对国家的贡献,同时,培养科技人才也是一种成就,是对科技事业的贡献。1978年3月17日,在修改在全国科学大会开幕式上的讲话稿时,邓小平将"英国的著名科学家戴维,把发现和培养法拉第(他原是一个自学的订书工,后来成为大物理学家、大化学家),看作自己毕生科学工作中的最大成就"一段话,改为"世界上有的科学家把发现和培养新的人才,看作自己毕生科学工作的最大成就"[1]。1978年3月18日,《在全国科学大会开幕式上的讲话中》,邓小平对上述事项作了更加生动和深刻的阐述:"我们的科学家、教师发现人才,培养人才,本身就是一种成就,就是对国家的贡献。在科学史上可以看到,发现一个真正有才能的人,对科学事业可以起多么大的作用!世界上有的科学家,把发现和培养新的人才,看作自己毕生科学工作中的最大成就。这种看法是很有道理的。我们国家现在一些杰出的数学家,也是在他们年轻的时候,被老一辈数学家发现和帮助他们成长起来的。尽管有些新人在科学成就上超过了老师,他们老师的功绩还是不可磨灭的。"[2]

青年科技工作者超越老一辈科技工作者,是人类发展的客观规律,是科技持续发展的历史必然。因此,邓小平鼓励老一辈科技工作者要乐于帮助年轻人尽快地赶上和超越自己。他说:"这件事情搞好了,我们见马克思还可以交得了账,否则交不了账。"[3] "科学的未来在于青年。青年一代的成长,正是我们事业必定要兴旺发达的希望所在。"[4] "在科学研究上,也往往是青年人赶过老年人,我们的老同志应当高兴地帮助青年人赶上来。"[5]邓小平鼓励老一辈科学家要像钱学森那样,热心帮助年轻科技人员的成长,他说:"当年钱学森搞导弹的时候,给他一百个高中生,就这样带出来了。"[6]经中央军委批准,1956年10月8日,国防部五院即导弹研究院正式成立,钱学森任院长。五院刚成立时,从有关部门抽掉了30多名技术专家,并分配了100多名大学毕业生,组成了最

---

[1]《邓小平年谱》(1975—1997),中央文献出版社2004年版,第281页。
[2]《邓小平文选》第二卷,人民出版社1994年版,第96页。
[3]《邓小平文选》第二卷,人民出版社1994年版,第265页。
[4]《邓小平文选》第二卷,人民出版社1994年版,第95页。
[5]《邓小平文选》第二卷,人民出版社1994年版,第56页。
[6]《邓小平科技思想年谱》(1975-1994),中央文献出版社2004年版,第234页。

初的技术队伍。或许，邓小平所说的就是这100名大学生。他们后来都成为中国航天科技领域的杰出人才。

20世纪80年代初期，中国科技人才老化现象比较严重，年轻科技工作者没有得到足够重视。各级党委特别是一些老同志，对青年人才注意不够，没有去有意识地发现、选拔、培养、帮助年轻专业人才。为此，邓小平提出："老同志的最主要的任务，第一位的任务，是提拔年纪比较轻的干部。"[1]1980年1月16日，在中共中央召集的干部会议上的讲话中，他说："前几天，在广州开了个粒子物理理论讨论会，有个消息很值得高兴，我们的粒子物理理论的水平，大体上接近国际先进水平。就是说，我们已经有相当先进的水平，而且有一批由我们自己培养出来的取得了成就的年轻人，只是人数比一些先进国家少得多。这就说明，我们并不是没有人。好多人才没有被发现，他们的工作条件太差，待遇太低，他们的作用不能充分地发挥出来。我们的一些老同志要有这样的觉悟，不要看不起年轻人，总觉得年轻人不如我们行。……我看还是要开明一点，要从大局着眼，要从我们事业的前途着眼。有能干的人，我们要积极地去发现，发现了就认真帮。"[2]

（三）坚持从认识、制度、生活等方面保障杰出人才不断涌现成长

1. 科技事业需要有大量杰出的科学家和工程师

早在20世纪50年代中期，邓小平在参与以毛泽东为核心的第一代中央领导集体的决策中，就深刻地认识到社会主义建设对科技人才不仅有数量上的要求而且有质量上的要求，拥有大批掌握新技术和接近现代先进水平的科技专家，是尽快赶上世界先进水平的重要条件。1956年2月24日，《中共中央关于知识分子问题的指示》强调："必须培养出在数量上和质量上都足以独立地解决我国现代化的工业、农业、交通运输业、国防、卫生事业和其他各个部门的技术问题的专家。没有大批这类能够掌握新技术的专家，是不能够实现我国全部国民经济技术改造的任务的。""同时，必须发展自然科学的基本理论研究，培养出一定数量的接近现代先进水平的物理学家、化学家、数学家、生物学家和其他理论科学家。这是争取我国科学有重大进步的决不可忽视的方面。"在当时中国的科技水平状态下，"能够掌握新技术"的技术专家和"接近现代先进水平"的理论科学家，是杰出科技人才的主体。中国科学院学部委员是中国科技界的杰出人才，其研究成果代表着中国科技的最高水平。

---

[1]《邓小平文选》第二卷，人民出版社1994年版，第265页。
[2]《邓小平文选》第二卷，人民出版社1994年版，第264-265页。

1967年6月20日、7月19日，邓小平参加的中共中央政治局会议批准的聂荣臻《关于当前自然科学工作中若干政策问题的请示报告》和国家科委党组、中国科学院党组《关于自然科学研究机构当前工作的十四条意见（草案）》的报告，提出了培养杰出科技人才的基本政策。邓小平在这次会议上发表重要意见，同意"为了尽快赶上世界先进科学水平，必须建立一支数量很大的，水平较高的，而且拥有一批杰出科学家的科学技术队伍"的思想，支持选拔和培养杰出科技人才的具体政策措施。当时，由于科技政策的调整和苏联专家的撤走，杰出科技人才成为攻克科技难关、促进经济建设和国防建设必不可少的依靠力量。因此，中共中央政治局提出，选拔和培养杰出科技人才的各项政策规定和具体措施，在自然科学工作中必须坚决贯彻执行。

20世纪五六十年代，在整体科技水平比较低的条件下，中国能够实现尖端技术的突破，一个重要的因素是拥有数量相当的世界级优秀科技专家。邓小平说："大家要记住那个年代，钱学森、李四光、钱三强那一批老科学家，在那么困难的条件下，把两弹一星和好多高科技搞起来。"[1]随着科技的迅猛发展，"大科学"的科研组织团队化和组织化特征日益突出，很多科研项目尤其是重大科学项目单凭个人的力量及作坊式的操作完全不能承担。然而，大科学并未削弱科学家个人的作用，相反，杰出科学家和工程技术专家个人的作用显得更加重要。随着中国社会主义现代化建设事业的发展，越来越多地依靠科学、技术、管理水平的提高，越来越需要充分发挥科学、技术、管理专家特别是那些杰出人才的作用。即如邓小平在全国科技工作会议上讲话指出的："我们的科学家、教授、工程师，走到工厂，走到地方，到处都受欢迎，到处都请你们谈战略，谈远景，谈规划。科学技术专家这样广泛地参加经济、社会活动，是我国几千年历史上从来没有过的。科技专家在我们国家里的政治地位已经同过去大大不同了。你们工作做得越好，越有成绩，就会使全国人民越加懂得知识的可贵，推动大家都来尊重知识，学习知识，掌握知识。人们正是通过你们的工作，来评价科学技术在现代化建设中的地位，评价科学技术人员的作用。"[2]

2. 从工作制度上创造有利于杰出人才涌现和成长的必要条件

在解决对杰出科技人才的认识问题之后，邓小平强调要从制度上解决杰出科技人才的培养问题。邓小平指出："人才流动问题不解决好，出不了人才。"[3]为此，他要求"不仅要从思想上，而且要从工作制度上创造有利于杰出人才涌

---

[1]《邓小平文选》第三卷，人民出版社1993年版，第378页。
[2]《邓小平文选》第三卷，人民出版社1993年版，第108页。
[3]《邓小平年谱》（1975—1997），中央文献出版社2004年版，第894页。

现和成长的必要条件。"[1]也就是说,要创造一种环境,使拔尖人才能够脱颖而出。通过改革,形成杰出科技人才涌现的机制,是邓小平打破常规去发现、选拔和培养杰出人才的基本思路。

20 世纪 60 年代初,邓小平十分赞同各研究机构的领导人亲自掌握实行重点培养的杰出科技人才的培养政策,认为只有在政治上加强对他们的教育,业务上给他们创造条件,研究工作和自学时间有切实保证,给予实习、考察、进修、参加国内外学术会议的机会等,才能不断发现和选拔新的人才。"文化大革命"结束后,邓小平要求立即恢复和完善培养杰出科技人才的有效做法,创造拔尖人才脱颖而出的有利条件。1977 年 5 月,他要求"从科技系统中挑选出几千名尖子人才。这些人挑选出来之后,就为他们创造条件,让他们专心致志地做研究工作"[2]。他认为,创造条件光讲不行,要切切实实帮助解决一些具体问题。① 有安静的地方读书。"文化大革命"结束不久,国家各方面都比较困难,与全国的老百姓一样,科技人员的居住条件相当差。邓小平要求优先解决那些比较有培养前途的科研人员的住房困难,使他们能够有安静的地方专心致志地从事科研工作。② 政治要求要适当。在"左"的思想还没有彻底肃清的情况下,过高的政治要求是妨碍杰出科技人才成长的思想屏障。邓小平认为,对杰出科技人才的政治标准要恰当,要把他们研究工作的成果与爱国、爱社会主义、接受党的领导联系起来。1992 年春,他在南方谈话中胸襟宽广地说:"希望所有出国学习的人回来,不管他们过去的政治态度怎么样,都可以回来,回来后妥善安排。这个政策不能变。"[3]③ 实行奖励制度。纠正"四人帮"批判物质刺激的误导,邓小平认为,奖惩制度"重在鼓励,重点在奖",对科技人才即要给予精神上的鼓励,还要改善物质待遇,对那些科学研究很有成就,为国家作出了贡献的杰出科技人才,应该给予奖励;对那些真正有本事的人,要放手提拔,在工资级别上破格提高,同时对重要的科技成果还要给予重奖。通过奖励,开出一条路来,让有才能的人很快成长。④ 老科学家要争当伯乐。老一辈科技专家的"传、帮、带",是杰出科技人才成长的重要方式。老一辈科技专家能够发现和培养杰出人才,应当说是对国家的贡献。1978 年 3 月 18 日,在全国科学大会开幕式上,邓小平指出:"我们国家现在一些杰出的数学家,也是在他们年轻的时候,被老一辈数学家发现和帮助他们成长起来的。"[4]在科学发

---

[1]《邓小平文选》第二卷,人民出版社 1994 年版,第 213 页。
[2]《邓小平文选》第二卷,人民出版社 1994 年版,第 40~41 页。
[3]《邓小平文选》第三卷,人民出版社 1993 年版,第 378 页。
[4]《邓小平文选》第二卷,人民出版社 1994 年版,第 96 页。

展史上有这样的情形,发现一个杰出的科技人才,将推动科技的革命性变革。因此,世界上一些著名的科学家把培养人才看作自己科学工作中的最大成就。邓小平认为这种看法是很有道理的。

根据邓小平关于建立杰出科技人才发现、选拔和培养制度的思想理论,经过多年的摸索,中国改进完善了人才工作管理体制,完善了党管人才的领导体制,改进了人才管理方式,加强了人才工作法制建设。在创新人才工作机制方面,形成了人才培养开发机制、人才评价发现机制、人才选拔任用机制、人才流动配置机制、人才激励保障机制。

3. 开列名单,照顾杰出科技人才的生活

中华人民共和国成立初期,国家建设对科技人才尤其是杰出科技人才的需求十分迫切。但是,由于平均主义思想的束缚,杰出科技人才工资低的问题长期不能得到解决,影响了其积极性的发挥。1954 年 7 月 9 日,在政务院政务会议讨论教育工作时,邓小平提出高级科技人才的工资问题。他认为,在当时的条件下,要普遍提高科技人员的工资有很大困难,但是提高真正有本事的高级专门人才的工资是应该的,是能够做到的。他说:"过去我们想请各行各业开个名单,提高一些人的工资,说了好久,只是停留在口头上,没有实现。看来,有些共产党员头脑里平均主义思想还不少,到处有抵触,结果是多一事不如少一事,不了了之。这次我建议文委在自己管理的范围内提出一个名单,科学家可以选一二百人,不讲名望,就是选那些贡献突出的,真正有本事的。大学教授也可以选一二百人。还要订出章程来,这样就可以推动那些思想不通的人……请郭老下个命令,提出个名单,二百人左右,先解决这些人的问题。这个问题,周总理过去在政务会议上也讲过,但是没有行得通。这次必须像考试那样,限期交卷,否则就是不热心这个工作。"[1]

20 世纪 60 年代初期,中国遭受严重的自然灾害,副食品供应极度短缺,人民生活水平十分困难,在这种情况下,作为中共中央总书记的邓小平仍然高度重视杰出科技人才的生活问题。1960 年 10 月 27 日,中共中央书记处决定,关于改善在京的科学家、艺术家和著名教授的副食品是补助供应问题,由齐燕铭同志负责,成立办公机构,开列名单,制定办法,由国家拨出专款,专门解决。当时担任国务院秘书长的齐燕铭很快写出报告,报经中央批准后付诸实施。根据中共中央书记处的指示,1960 年 8 月 1 日,中共中央办公厅转发了《齐燕铭关于对在京高级干部和高级知识分子在副食品供应方面给予照顾问题的报

---

[1]《邓小平文选》第一卷,人民出版社 1994 年版,第 210~211 页。

告》，要求在京有关单位即遵照执行。《报告》提出，在京高级知识分子中的一级人员，享受国务院部长级供应标准：每人每月肉四斤，白糖二斤，甲级烟两条，鸡蛋三斤；在京的党内外高级知识分子中的二、三级人员：每人每月肉二斤，白糖一斤，甲级烟两条，鸡蛋二斤。1960年11月9日，中共中央向各中央局，各省、市自治区，下发转发《齐燕铭关于对在京高级干部和高级知识分子特需供应的报告的指示》，要求全国各地参照执行。《指示》要求："实行副食品特需供应的照顾面，对党外民主人士和高级知识分子可以稍宽，对党内干部必须从严。"1961年7月13日，在中共中央书记处会议上，邓小平提出，应千方百计把科技专家、教授生活搞好，不光解决个人，还要解决他一家的问题，人同此心。

　　改革开放后，总结照顾杰出科技人才生活等方面的经验，邓小平强调要照顾少数杰出科技人才的生活。1977年7月27日，邓小平提出："要把有作为的科技工作者列出名单，填出表格。对这些人要给予适当照顾。"[1]1984年中组部等下发《优先提高有突出贡献的中青年科学、技术、管理专家生活待遇的通知》，落实邓小平的指示。《通知》指出，关心并照顾好杰出科技人才的生活，是符合社会主义"四化"建设的需要，也是符合党和人民的根本利益的。要按照邓小平的要求，打破常规，优先地提高那些真有本事、贡献突出的杰出人才的生活待遇，在这个问题上不能吃"大锅饭"，搞平均主义。应当对那些贡献突出、国内外有名望的中青年科学、技术、管理专家，采取特别措施，优先地破格地提高他们的生活待遇。《通知》规定，对热爱社会主义祖国的中青年科学（包括自然科学、社会科学）、技术和管理专家，年龄在55周岁以下，在理论研究上有创造性的成果，具有重大科学价值，得到国内外公认的；在生产、技术（包括工、农、医等）、教育、管理工作中有重大发明创造或革新，具有显著经济效益或社会效益的；在专业工作中做出了特别优异的成绩，对建设社会主义精神文明和物质文明有重大贡献，具有显著社会效益，在国内同行中享有较高声誉的，要优先提高其生活待遇，包括：越级（不限级次）提升工资级别；限期尽快解决夫妻两地分居困难，妥善解决配偶工作问题和子女随迁问题；住房按照当地高级知识分子住房标准给予调整，尽快解决；因公、因病由所在单位保证用车；改善医疗条件，加强保健措施，给予住院或门诊照顾。

　　改革开放以来，在邓小平杰出科技人才思想理论的指导下，中国高层次人才队伍建设取得了显著的成绩。顺应新世纪世界各国的竞争本质是科技人才的

---

[1]《邓小平年谱》(1975—1997)，中央文献出版社2004年版，第166页。

竞争的趋势，中共中央适时提出新世纪新阶段人才工作的根本任务是实施人才强国战略，把杰出科技人才的培养摆到空前突出的位置。只有适应现代化建设的需要，培养大批高层次人才，中国才能在世界科技领域拥有更多的话语权。

三、邓小平关于一定要有相当规模的科学研究机构，把科研队伍加强和扩大起来的理论与实践

"一定要有相当规模的科学研究机构。美国和日本的大企业，都有相当规模的科学研究机构。我们也要把科研队伍加强和扩大起来。"[1]"科学研究有四个方面军。第一方面军是科学院。第二方面军是大专院校。第三方面军是生产部门的研究机构，这是最大的方面军。第四方面军是科学普及机构。国家科委要管这四个方面军的事情。"[2]"研究所要建立研究秩序，要搞定额，搞考核，要有淘汰制度。"[3]

（一）科学研究机构的基本任务

1978年3月18日，邓小平在全国科学大会开幕式上的讲话中指出："科学研究机构的基本任务是出成果出人才，要出又多又好的科学技术成果，出又红又专的科学技术人才。衡量一个科学研究机构党委的工作好坏的主要标准，也应当是看它能不能很好地完成这个基本任务。只有很好地完成这个基本任务，才是为巩固无产阶级专政、建设社会主义真正尽了自己的责任。""要完成这个基本任务，有许许多多的工作要做。不可能所有这些事情都由党委去抓，都由党委去解决。应当老老实实地承认，在科学技术工作中，我们有许多东西还不懂。即使懂得，也不能事事都由党委来办。要有分工负责，要从上到下建立岗位责任制。这样，工作才能有秩序，有效率，才能职责分清，赏罚分明，不致拖延推诿，互相妨碍。"[4]这里，邓小平提出科学研究机构的基本任务是多出成果多出人才，这就为新时期中国各类科研机构的建设指明了方向。同时，邓小平还要求"科研机构的领导不能凭资格，而要根据科研水平，要懂行的去领导。"[5]

（二）科学研究机构的组织措施

1978年3月18日，邓小平在全国科学大会开幕式上的讲话中指出："中央

---

[1]《邓小平文选》第二卷，人民出版社1994年版，第130页。
[2]《邓小平年谱》(1975—1997)，中央文献出版社2004年版，第215页。
[3]《邓小平年谱》(1975—1997)，中央文献出版社2004年版，第350页。
[4]《邓小平文选》第二卷，人民出版社1994年版，第97~98页。
[5]《邓小平年谱》(1975—1997)，中央文献出版社2004年版，第359页。

规定，科学研究机构要建立技术责任制，实行党委领导下的所长负责制。这是重要的组织措施。它既有利于加强党委的领导，又有利于充分发挥专家的作用。"

邓小平是针对什么现状和什么目的宣布上述中央的规定呢？邓小平在谈到当时的现状时指出："在二十世纪内，全面实现农业、工业、国防和科学技术的现代化，把我们的国家建设成为社会主义的现代化强国，是我国人民肩负的伟大历史使命。围绕着要不要四个现代化，我们曾经同'四人帮'进行了尖锐激烈的斗争。'四人帮'胡说什么'四个现代化实现之日，就是资本主义复辟之时'，疯狂进行破坏，使我国国民经济一度濒于崩溃的边缘，科学技术与世界先进水平的差距愈拉愈大。"[1]针对"四人帮"散步的谬论，邓小平还着重阐述了科学技术的发展对国民经济发展的重大意义，指出："四个现代化，关键是科学技术的现代化。没有现代科学技术，就不可能建设现代农业、现代工业、现代国防。没有科学技术的高速度发展，也就不可能有国民经济的高速度发展。"[2]邓小平在谈到这次大会的目的时指出："党中央决定召开这次全国科学大会，目的就是动员全党全国重视科学技术，制订规划，表彰先进，研究加速发展科学技术的措施。"[3]由此可见，邓小平宣布的中央规定科研机构要建立技术责任制是上述重要的措施之一。在这次大会上，邓小平指出："科学技术是生产力，这是马克思主义历来的观点。""理论研究一旦获得重大突破，迟早会给生产和技术带来极其巨大的进步。当代的自然科学正以空前的规模和速度，应用于生产，使社会物质生产的各个领域面貌一新……社会生产力有这样巨大的发展，劳动生产率有这样大幅度的提高，靠的是什么？最主要的是靠科学的力量、技术的力量。"[4]"正确认识科学技术是生产力，正确认识为社会主义服务的脑力劳动者是劳动人民的一部分，这对于迅速发展我们的科学事业有极其密切的关系。"[5]"我们向科学技术现代化进军，要有一支浩浩荡荡的工人阶级的又红又专的科学技术大军。"[6]"科学技术人员应当把最大的精力放到科学技术工作上去。"[7]"科学技术人才的培养，基础在教育。""必须打破常规去发现、选拔和培养杰出的人才。"[8]

邓小平在谈到科学技术部门的各个研究所中，怎样实现党委领导下的所长负责制时，继续阐述道："党委的领导，主要是政治上的领导，保证正确的政治

---

[1]《邓小平文选》第二卷，人民出版社1994年版，第85~86页。
[2]《邓小平文选》第二卷，人民出版社1994年版，第86页。
[3]《邓小平文选》第二卷，人民出版社1994年版，第86页。
[4]《邓小平文选》第二卷，人民出版社1994年版，第87页。
[5]《邓小平文选》第二卷，人民出版社1994年版，第89页。
[6]《邓小平文选》第二卷，人民出版社1994年版，第91页。
[7]《邓小平文选》第二卷，人民出版社1994年版，第94页。
[8]《邓小平文选》第二卷，人民出版社1994年版，第95页。

方向，保证党的路线、方针、政策的贯彻，调动各个方面的积极性。同时，是通过计划来领导，要抓好科学研究计划，要知人善任，把力量组织好。为了实现科学研究计划，为了把科学研究工作搞上去，还必须做好后勤保证工作，为科学技术人员创造必要的工作条件，这也是党委的工作内容。我愿意当大家的后勤部长，愿意同各级党委的领导同志一起，做好这方面的工作。"[1]对于如何抓所里的业务、行政等工作，邓小平指出："科学技术的业务领导工作，应当放手让所长、副所长分工去做。不论是党内的还是党外的专家，担负了行政职务，党委就应当支持他们的工作，充分发挥他们的作用，使他们真正做到有职有权有责。他们同样也是党和国家的干部，决不应该见外。党委应该了解和检查他们的工作，但是不能包办代替。许多事情，比如对学术论文的评价，科学技术人员业务水平的考核，研究计划的制订，研究成果的鉴定，等等，都应该充分发扬民主，走群众路线，广泛倾听有关科学技术人员的意见。对于学术上的不同意见，必须坚持百家争鸣的方针，展开自由的讨论。在科学技术工作中，认真听取专家的意见，充分发挥专家的作用，是使我们少犯错误、做好工作所必需的。这是我们科学研究机构党委实行群众路线的一个重要方面。"[2]

（三）把专业研究队伍同群众队伍结合起来

"专业的科学研究队伍，是科学工作的骨干力量。没有一支强大的高水平的专业科学研究队伍，就难以攀登现代科学技术的高峰，群众性的科学实验活动，也难以持久深入地一浪高过一浪地向前发展。我们一定要把专业队伍同群众队伍结合起来。"[3]"搞经济建设、搞教育、搞科学、搞政法等等，应该说，我们的专业人才太缺乏了。所以，我们需要建立一支坚持社会主义道路的、具有专业知识和能力的干部队伍，而且是一支宏大的队伍。"[4]"大厂、中厂，甚至小厂都要有科研机构、科研队伍。不要只看到科学院的科研人员，还要看到生产中的科研人员，这是大量的。例如鞍钢有十多万人，自动化搞起来，生产人员可以减少到五万，有万把人搞科学研究完全应该，要为整个钢铁工业服务。不管什么行业都得搞科学研究。"[5]"把我们国家许许多多的科学遗产，加以批判地接收和整理，是一项非常重要的工作。"[6]"按经济规律办事，就要培养一批能按经济规律办事的人。我们需要一些专家、懂行的人，现在不懂行的人太多

---

[1]《邓小平文选》第二卷，人民出版社1994年版，第98页。
[2]《邓小平文选》第二卷，人民出版社1994年版，第98页。
[3]《邓小平文选》第二卷，人民出版社1994年版，第97页。
[4]《邓小平文选》第二卷，人民出版社1994年版，第264页。
[5]《邓小平年谱》(1975—1997)，中央文献出版社2004年版，第177页。
[6]《邓小平文集》(上)，人民出版社2014年版，第88页。

了,'万金油'干部太多了。我们的干部有一千八百万,缺少的是专业干部,技术人员、管理人员和其他各种专业人员。如果能增加一百万司法干部,增加两百万合格的教员,有五百万科学研究人员,再有两百万会做生意的人,那就比较好了。现在的干部结构不合理,不对路。改变这个状况,是一项相当长期的工作。现在就要着手,不然,有好机器、好设备,也发挥不了作用。我们要相信,我们是能够培养这样一批人才出来的。"[1]"必须十分重视文艺人才的培养。在一个九亿多人口的大国里,杰出的文艺家实在太少了。这种状况与我们的时代很不相称。我们不仅要从思想上,而且要从工作制度上创造有利于杰出人才涌现和成长的必要条件。"[2]"再一个就是培养军队和地方两用人才,也是个顾全大局的问题。现在军队这方面工作做得不错,有成绩,这个很好。军队培养两用人才,地方是欢迎的。这方面工作真正做好了,部队干部战士转业复员到地方就容易了。"[3]

(四)在实践中增长科研人员的才干

"现在科研队伍大大削弱了,接不上了。搞科研要靠老人,也要靠年轻人,年轻人脑子灵活,记忆力强。大学毕业二十多岁,经过十年三十多岁,应该是出成果的年龄。这一段时间一些科研人员打派仗,不务正业,少务正业,搞科研的很少。少数人秘密搞,像犯罪一样。陈景润就是秘密搞的。这些人还有点成绩,这究竟算是红专还是白专?像这样一些世界上公认有水平的人,中国有一千个就了不得。说什么'白专',只要对中华人民共和国有好处,比闹派性、拉后腿的人好得多。现在连红专也不敢讲,实际上是不敢讲'专'字。中央表扬了这样的人,对他们应该爱护和赞扬。"[4]"科学研究应当允许一二十年搞不出成果,这不要紧","允许失败,允许中间科研成果报废。现在是科学研究太少,应当让科技人员研究,要鼓励他们敢想、敢研究,给他们创造条件,鼓励创新。"[5]"我们要很好地研究科研和教育如何协调、人员如何经常交流的问题。人员不流动,思想就会僵化。外国科研机构很注意更新科研队伍,经常补充年轻的、思想灵活的人进来。我们也要逐步实行科研人员流动、更新的制度。要注意发现人才。现在有些人的成就外国人都公认,我们反而不了解,说明我们的一些制度有缺陷,不能发现人才。"[6]"一个令人高兴的情况是确有一批司局

---

[1]《邓小平文选》第二卷,人民出版社1994年版,第196页。
[2]《邓小平文选》第二卷,人民出版社1994年版,第212~213页。
[3]《邓小平文选》第三卷,人民出版社1993年版,第100页。
[4]《邓小平文选》第二卷,人民出版社1994年版,第32页。
[5]《邓小平年谱》(1975—1997),中央文献出版社2004年版,第177页。
[6]《邓小平文选》第二卷,人民出版社1994年版,第70页。

长和一些副部长比较强,并且懂得业务。省、市也有一批这样的干部。要把这些人放到企业(中小企业,不一定大企业)中去当两年厂长,然后再上来当部长、副部长。这样,我们就会有一批又红又专的强的领导骨干,我们的管理水平就会大大提高。"[1]

四、习近平关于集聚人才的理论与实践要求

人才是经济社会发展的第一资源,是创新的根基,创新驱动实质上是人才驱动。深入实施人才优先发展战略,坚持把人才资源开发放在科技创新最优先的位置,优化人才结构,构建科学规范、开放包容、运行高效的人才发展治理体系,形成具有国际竞争力的创新型科技人才制度优势,努力培养造就规模宏大、结构合理、素质优良的创新型科技人才队伍,为建设人才强国作出重要贡献。

(一)人才资源是第一资源

要树立强烈的人才意识。"寻觅人才求贤若渴,发现人才如获至宝,举荐人才不拘一格,使用人才各尽其能。"[2] "要建成创新型国家,要为世界科技事业发展作出贡献,必须有一支能打硬仗、打大仗、打胜仗的战略科技力量,必须有一批国际一流水平的科研机构。"[3] "我们搞现代化建设、抓军事斗争准备,固然有经费和装备上的问题,但最核心的问题是人才。没有钱国家可以逐步增加投入,没有装备可以抓紧研制,但有了钱和装备、没有人才也不行。"[4] "实现中华民族伟大复兴,人才越多越好,本事越大越好。我国是一个人力资源大国,也是一个智力资源大国,我国十三亿多人大脑中蕴藏的智慧资源是最可宝贵的。知识就是力量,人才就是未来。我国要在科技创新方面走在世界前列,必须在创新实践中发现人才、在创新活动中培育人才、在创新事业中凝聚人才,必须大力培养造就规模宏大、结构合理、素质优良的创新型科技人才。"[5] "要把科技创新搞上去,就必须建设一支规模宏大、结构合理、素质优良的创新人才队伍。"[6] "综合国力竞争归根到底是人才竞争。"[7] "推进自主创新,人才

---

[1]《邓小平文选》第一卷,人民出版社1994年版,第336~337页。
[2]《习近平关于科技创新论述摘编》,中央文献出版社2016年版,第108页。
[3]《习近平关于科技创新论述摘编》,中央文献出版社2016年版,第110页。
[4]《习近平关于科技创新论述摘编》,中央文献出版社2016年版,第113~114页。
[5]《习近平关于科技创新论述摘编》,中央文献出版社2016年版,第117页。
[6]《习近平关于科技创新论述摘编》,中央文献出版社2016年版,第111页。
[7]《习近平关于科技创新论述摘编》,中央文献出版社2016年版,第107页。

是关键。没有强大人才队伍作后盾,自主创新就是无源之水、无本之木。"[1]

要把人才资源开发放在科技创新最优先的位置。"'一年之计,莫如树谷;十年之计,莫如树木;终身之计,莫如树人。'我们要把人才资源开发放在科技创新最优先的位置,改革人才培养、引进、使用等机制,努力造就一批世界水平的科学家、科技领军人才、工程师和高水平创新团队,注重培养一线创新人才和青年科技人才。"[2]"我国一方面科技人才总量不少,另一方面又面临人才结构性不足的突出矛盾,特别是在重大科研项目、重大工程、重点学科等领域领军人才严重不足。解决这个矛盾,关键是要改革和完善人才发展机制。一是要用好用活人才,建立更为灵活的人才管理机制,完善评价这个指挥棒,打通人才流动、使用、发挥作用中的体制机制障碍,统筹加强高层次创新人才、青年科技人才、实用技术人才等方面人才队伍建设,最大限度支持和帮助科技人员创新创业。'千军易得,一将难求。'要大力造就世界水平的科学家、科技领军人才、卓越工程师、高水平创新团队。二是要深化教育改革,推进素质教育,创新教育方法,提高人才培养质量,努力形成有利于创新人才成长的育人环境。三是要积极引进海外优秀人才,制定更加积极的国际人才引进计划,吸引更多海外创新人才到我国工作。"[3]"要充分发挥好现有人才作用,同时敞开大门,招四方之才,招国际上的人才,择天下英才而用之。各级党委和政府要积极探索集聚人才、发挥人才作用的体制机制,完善相关政策,进一步创造人尽其才的政策环境,充分发挥优秀人才的主观能动性。""要广纳人才,开发利用好国际国内两种人才资源,完善人才引进政策体系。我曾经讲过,要坚持以用为本,按需引进,重点引进能够突破关键技术、发展高新技术产业、带动新兴学科的战略型人才和创新创业的领军人才。要放手使用人才,在全社会营造鼓励大胆创新、勇于创新、包容创新的良好氛围,既要重视成功,更要宽容失败,为人才发挥作用、施展才华提供更加广阔的天地,让他们人尽其才、才尽其用、用有所成。要完善促进人才脱颖而出的机制,完善人才发现机制,不拘一格选人才,培养宏大的具有创新活力的青年创新型人才队伍。要鼓励人才继承中华民族'先天下之忧而忧,后天下之乐而乐'的传统美德,把个人理想与实现中国梦结合起来,脚踏实地,勤奋工作,把自己的智慧和力量奉献给实现中国梦的伟大奋斗。"[4]

---

[1]《习近平关于科技创新论述摘编》,中央文献出版社2016年版,第107页。
[2]《习近平关于科技创新论述摘编》,中央文献出版社2016年版,第117~118页。
[3]《习近平关于科技创新论述摘编》,中央文献出版社2016年版,第111页。
[4]《习近平关于科技创新论述摘编》,中央文献出版社2016年版,第107~108页。

（二）集聚人才

健全集聚人才的体制机制、政策环境。"培养集聚人才，要有识才的眼光、用才的胆识、容才的雅量、聚才的良方，健全集聚人才、发挥人才作用的体制机制，创造人尽其才的政策环境。要发挥好现有人才作用，同时揽四方之才，择天下英才而用之。要加强科研院所和高等院校创新条件建设，完善知识产权运用和保护机制，激发科研人员创新活力，让各类人才的创新智慧竞相迸发。"[1] "择天下英才而用之，关键是要坚持党管人才原则，遵循社会主义市场经济规律和人才成长规律，着力破除束缚人才发展的思想观念，推进体制机制改革和政策创新，充分激发各类人才的创造活力，在全社会大兴识才、爱才、敬才、用才之风，开创人人皆可成才、人人尽展其才的生动局面。"[2] "要实行更加开放的人才政策，不唯地域引进人才，不求所有开发人才，不拘一格用好人才，在大力培养国内创新人才的同时，更加积极主动地引进国外人才特别是高层次人才，热忱欢迎外国专家和优秀人才以各种方式参与中国现代化建设。要积极营造尊重、关心、支持外国人才创新创业的良好氛围，对他们充分信任、放手使用，让各类人才各得其所，让各路高贤大展其长。"[3] "要广泛吸引海外优秀专家学者为我国科技创新事业服务。要在全社会积极营造鼓励大胆创新、勇于创新、包容创新的良好氛围，既要重视成功，更要宽容失败，完善好人才评价指挥棒作用，为人才发挥作用、施展才华提供更加广阔的天地。"[4]

做好堪当大任、能做大事优秀人才的发现培养工作。"广大院士不仅要做科技创新的开拓者，更要做提携后学的领路人。希望广大院士肩负起培养青年科技人才的责任，甘为人梯，言传身教，慧眼识才，不断发现、培养、举荐人才，为拔尖创新人才脱颖而出铺路搭桥。广大青年科技人才要树立科学精神、培养创新思维、挖掘创新潜能、提高创新能力，在继承前人的基础上不断超越。"[5] "希望广大留学人员坚持面向现代化、面向世界、面向未来，瞄准国际先进知识、技术、管理经验，以韦编三绝、悬梁刺股的毅力，以凿壁借光、囊萤映雪的劲头，努力扩大知识半径，既读有字之书，也读无字之书，砥砺道德品质，掌握真才实学，练就过硬本领。已经完成学业的留学人员也要拓宽眼界和视野，加快知识更新，优化知识结构，努力成为堪当大任、能做大事的优秀人才。"[6]

---

[1]《习近平关于科技创新论述摘编》，中央文献出版社2016年版，第116页。
[2]《习近平关于科技创新论述摘编》，中央文献出版社2016年版，第114页。
[3]《习近平关于科技创新论述摘编》，中央文献出版社2016年版，第115页。
[4]《习近平关于科技创新论述摘编》，中央文献出版社2016年版，第118页。
[5]《习近平关于科技创新论述摘编》，中央文献出版社2016年版，第119页。
[6]《习近平关于科技创新论述摘编》，中央文献出版社2016年版，第113页。

(三）用好人才

用好人才，首先要用好科学家。"我记得当年拿破仑就格外重视科学家，在遭到敌人猛烈攻击时，他首先想到的是保护科学家，因为他明白科技就是战斗力。科技创新，需要基础研究引领和支撑。要想让科学家多出成果，必须给他们创造条件。在基础研究领域，也包括一些应用科技领域，要尊重科学研究灵感瞬间性、方式随意性、路径不确定性的特点，允许科学家自由畅想、大胆假设、认真求证。"[1]

用好人才，重点是科技人员。"科学家毕竟是少数，数量庞大的科研人员是创新的主力军。用好科研人员，既要用事业激发其创新勇气和毅力，也要重视必要的物质激励，使他们'名利双收'。名就是荣誉，利就是现实的物质利益回报，其中拥有产权是最大激励。"[2]

用好人才，还要用好企业家。"企业家是推动创新的重要动力。世界上一些很著名的企业家并不是发明家，但他们是创新的组织者、推动者。企业家有十分敏锐的市场感觉，富于冒险精神，有执着顽强的作风，在把握创新方向、凝聚创新人才、筹措创新投入、创造新组织等方面可以起到重要作用。要推动企业家积极投身创新事业，依法保护企业家的财产权和创新收益，消除他们的后顾之忧，激发他们的创新激情。要重视发挥技术工人队伍作用，让他们参与工艺改进和产品设计，使他们的创新才智充分涌流。"[3]

要择天下英才而用之。"广泛吸引各类创新人才特别是我们最缺的人才，如首席科学家、战略科学家、世界级科技大师、风险投资企业家等。要用事业吸引高端人才，有的重大科技项目，只要是不保密的，境外有合格合适的人才也可以主持，给他个首席科学家，同时按照国际规范强化合同约束和法律约束。"[4]

（四）提高劳动者素质

要始终高度重视提高劳动者素质，培养宏大的高素质劳动者大军。"劳动者素质对一个国家、一个民族发展至关重要。劳动者的知识和才能积累越多，创造能力就越大。提高包括广大劳动者在内的全民族文明素质，是民族发展的长远大计。"[5] "要树立正确人才观，培育和践行社会主义核心价值观，着力提高

---

[1]《习近平关于科技创新论述摘编》，中央文献出版社2016年版，第120页。
[2]《习近平关于科技创新论述摘编》，中央文献出版社2016年版，第121页。
[3]《习近平关于科技创新论述摘编》，中央文献出版社2016年版，第121~122页。
[4]《习近平关于科技创新论述摘编》，中央文献出版社2016年版，第122页。
[5]《习近平关于科技创新论述摘编》，中央文献出版社2016年版，第123页。

人才培养质量,弘扬劳动光荣、技能宝贵、创造伟大的时代风尚,营造人人皆可成才、人人尽展其才的良好环境,努力培养数以亿计的高素质劳动者和技能人才。"[1]

实施职工素质建设工程,推动建设宏大的知识型、技术型、创新型劳动者大军。"我们一定要深入实施科教兴国战略、人才强国战略、创新驱动发展战略,把提高职工队伍整体素质作为一项战略任务抓紧抓好,帮助职工学习新知识、掌握新技能、增长新本领,拓展广大职工和劳动者成长成才空间,引导广大职工和劳动者树立终身学习理念,不断提高思想道德素质和科学文化素质。"[2]

(五)具体举措

1. 推进创新型科技人才结构战略性调整

促进科学研究、工程技术、科技管理、科技创业人员和技能型人才等协调发展,形成各类创新型科技人才衔接有序、梯次配备、合理分布的格局。深入实施国家重大人才工程,打造国家高层次创新型科技人才队伍。突出"高精尖缺"导向,加强战略科学家、科技领军人才的选拔和培养。加强创新团队建设,形成科研人才和科研辅助人才的梯队合理配备。加大对优秀青年科技人才的发现、培养和资助力度,建立适合青年科技人才成长的用人制度,增强科技创新人才后备力量。大力弘扬新时期工匠精神,加大面向生产一线的实用工程人才、卓越工程师和专业技能人才培养。造就一大批具有全球战略眼光、创新能力和社会责任感的企业家人才队伍。加大少数民族创新型科技人才培养和使用,重视和提高女性科技人才的比例。加强知识产权和技术转移人才队伍建设,提升科技管理人才的职业化和专业化水平。加大对新兴产业以及重点领域、企业急需紧缺人才的支持力度。研究制定国家重大战略、国家重大科技项目和重大工程等的人才支持措施。建立完善与老少边穷地区人才交流合作机制,促进区域人才协调发展。

2. 大力培养和引进创新型科技人才

发挥政府投入引导作用,鼓励企业、高等学校、科研院所、社会组织、个人等有序参与人才资源开发和人才引进,更大力度引进急需紧缺人才,聚天下英才而用之。促进创新型科技人才的科学化分类管理,探索个性化培养路径。促进科教结合,构建创新型科技人才培养模式,强化基础教育兴趣爱好和创造

---

[1]《习近平关于科技创新论述摘编》,中央文献出版社2016年版,第119页。
[2]《习近平关于科技创新论述摘编》,中央文献出版社2016年版,第123~124页。

性思维培养，探索研究生培养科教结合的学术学位新模式。深化高等学校创新创业教育改革，促进专业教育与创新创业教育有机结合，支持高等职业院校加强制造等专业的建设和技能型人才培养，完善产学研用结合的协同育人模式。鼓励科研院所和高等学校联合培养人才。

加大对国家高层次人才的支持力度。加快科学家工作室建设，鼓励开展探索性、原创性研究，培养一批具有前瞻性和国际眼光的战略科学家群体；形成一支具有原始创新能力的杰出科学家队伍；在若干重点领域建设一批有基础、有潜力、研究方向明确的高水平创新团队，提升重点领域科技创新能力；瞄准世界科技前沿和战略性新兴产业，支持和培养具有发展潜力的中青年科技创新领军人才；改革博士后制度，发挥高等学校、科研院所、企业在博士后研究人员招收培养中的主体作用，为博士后从事科技创新提供良好条件保障；遵循创业人才成长规律，拓宽培养渠道，支持科技成果转化领军人才发展。培育一批具备国际视野、了解国际科学前沿和国际规则的中青年科研与管理人才。

加大海外高层次人才引进力度。围绕国家重大需求，面向全球引进首席科学家等高层次创新人才，对国家急需紧缺的特殊人才，开辟专门渠道，实行特殊政策，实现精准引进。改进与完善外籍专家在华工作、生活环境和相关服务。支持引进人才深度参与国家计划项目、开展科技攻关，建立外籍科学家领衔国家科技项目的机制。开展高等学校和科研院所部分非涉密岗位全球招聘试点。完善国际组织人才培养推送机制。

优化布局各类创新型科技人才计划，加强衔接协调。统筹安排人才开发培养经费，调整和规范人才工程项目财政性支出，提高资金使用效益，发挥人才发展专项资金等政府投入的引导和撬动作用。推动人才工程项目与各类科研、基地计划相衔接。

3. 健全科技人才分类评价激励机制

改进人才评价考核方式，突出品德、能力和业绩评价，实行科技人员分类评价。探索基础研究类科研人员的代表作同行学术评议制度，进一步发挥国际同行评议的作用，适当延长基础研究人才评价考核周期。对从事应用研究和技术开发的科研人员注重市场检验和用户评价。引导科研辅助和实验技术类人员提高服务水平和技术支持能力。完善科技人才职称评价体系，突出用人主体在职称评审中的主导作用，合理界定和下放职称评审权限，推动高等学校、科研院所和国有企业自主评审，探索高层次人才、急需紧缺人才职称直聘办法，畅通非公有制经济组织和社会组织人才申报参加职称评审渠道。做好人才评价与项目评审、机构评估的有机衔接。

改革薪酬和人事制度，为各类人才创造规则公平和机会公平的发展空间。完善科研事业单位收入分配制度，推进实施绩效工资，保证科研人员合理工资待遇水平，健全与岗位职责、工作业绩、实际贡献紧密联系和鼓励创新创造的分配激励机制，重点向关键岗位、业务骨干和作出突出贡献的人员倾斜。依法赋予创新领军人才更大的人财物支配权、技术路线决定权，实行以增加知识价值为导向的激励机制。积极推行社会化、市场化选人用人。创新科研事业单位选聘、聘用高端人才的体制机制，探索高等学校、科研院所负责人年薪制和急需紧缺等特殊人才协议工资、项目工资等多种分配办法。深化国家科技奖励制度改革，优化结构、减少数量、提高质量、强化奖励的荣誉性和对人的激励，逐步完善推荐提名制，引导和规范社会力量设奖。改进完善院士制度，健全院士遴选、管理和退出机制。

4. 完善人才流动和服务保障机制

优化人力资本配置，按照市场规律让人才自由流动，实现人尽其才、才尽其用、用有所成。改进科研人员薪酬和岗位管理制度，破除人才流动障碍，研究制定高等学校、科研院所等事业单位科研人员离岗创业的政策措施，允许高等学校、科研院所设立一定比例的流动岗位，吸引具有创新实践经验的企业家、科技人才兼职，促进科研人员在事业单位和企业间合理流动。健全有利于人才向基层、中西部地区流动的政策体系。加快社会保障制度改革，完善科研人员在企业与事业单位之间流动时社保关系转移接续政策，为人才跨地区、跨行业、跨体制流动提供便利条件，促进人才双向流动。

针对不同层次、不同类型的人才，制定相应管理政策和服务保障措施。实施更加开放的创新型科技人才政策，探索柔性引智机制，推进和保障创新型科技人才的国际流动。落实外国人永久居留管理政策，探索建立技术移民制度。对持有外国人永久居留证的外籍高层次人才开展创办科技型企业等创新活动，给予其与中国籍公民同等待遇，放宽科研事业单位对外籍人员的岗位限制，放宽外国高层次科技人才取得外国人永久居留证的条件。推进内地与港澳台创新型科技人才的双向流动。加强对海外引进人才的扶持与保护，避免知识产权纠纷。健全创新人才维权援助机制，建立创新型科技人才引进使用中的知识产权鉴定机制。完善留学生培养支持机制，提高政府奖学金资助标准，扩大来华留学规模，优化留学生结构。鼓励和支持来华留学生和在海外留学生以多种形式参与创新创业活动。进一步完善教学科研人员因公临时出国分类管理政策。

拓展人才服务新模式。积极培育专业化人才服务机构，发展内外融通的专业性、行业性人才市场，完善对人才公共服务的监督管理。搭建创新型科技人才服务区域和行业发展的平台，探索人才和智力流动长效服务机制。

第十一章　邓小平尊重知识尊重人才的理论与实践及其丰富和发展

本章主要从邓小平尊重知识尊重人才的理论与实践、江泽民对邓小平尊重知识尊重人才理论实践的丰富发展、胡锦涛对邓小平尊重知识尊重人才理论实践的深化发展三个方面入手，对邓小平尊重知识尊重人才的理论与实践及其丰富和发展进行梳理、研究、阐述。

一、邓小平尊重知识尊重人才的理论与实践

"搞四个现代化，知识应放在第一位。"[1] "一定要在党内造成一种空气：尊重知识，尊重人才。要反对不尊重知识分子的错误思想。"[2] "要大大加强科学技术研究工作，大大加强各级教育工作，以及全体职工和干部的教育工作。"[3] "全党和全社会都要真正尊重知识，真正发挥知识分子的作用。这样，我们就一定会逐步实现现代化。"[4]

（一）邓小平关于没有真才实学实现不了现代化的理论与实践

邓小平十分重视真才实学的问题。1980年1月16日，他在《目前的形势和任务》中指出："只靠坚持社会主义道路，没有真才实学，还是不能实现四个现代化。无论在什么岗位上，都要有一定的专业知识和专业能力，没有的要学，有的要继续学，实在不能学、不愿学的要调整。我们要按照专业的要求组织整个领导班子，充分发挥专业人才的作用，并且领导广大群众，按照专业的要求，去学习和工作。"[5] 要做到有真才实学，就要处理好"红"与"专"的关系问题，对此，邓小平指出："这里要说一说红与专的关系。专并不等于红，但是红一定要专。不管你搞哪一行，你不专，你不懂，你去瞎指挥，损害了人民的利益，耽误了生产建设的发展，就谈不上是红。不解决这个问题，不可能实现四个现

---

[1]《邓小平科技思想年谱》（1975—1994），中央文献出版社2004年版，第181页。
[2]《邓小平文选》第二卷，人民出版社1994年版，第41页。
[3]《邓小平文选》第三卷，人民出版社1993年版，第70页。
[4]《邓小平文选》第三卷，人民出版社1993年版，第70页。
[5]《邓小平文选》第二卷，人民出版社1994年版，第262页。

代化。现在国际国内普遍都感觉到我们人浮于事，官僚主义，办事拖拉，到处靠开会画圈过日子，许多问题一个电话就可以解决的，拖到半年解决不了。这样还搞什么四个现代化！所以好多外国人说，中国这样搞四个现代化没有希望。国内的人民也有这个议论。这是真的，不是假的。"[1]邓小平对此并不满意，他说："现在我们的干部是不是多，像我们这么大的国家，各行各业，一千八百万干部，就绝对数字来说，并不算多。问题是干部构成不合理，缺乏专业知识、专业能力的干部太多，具有专业知识、专业能力的干部太少。比如现在我们能担任司法工作的干部，包括法官、律师、审判官、检察官、专业警察，起码缺一百万。可以当律师的，当法官的，学过法律、懂得法律，而且执法公正、品德合格的专业干部很少。又如我们的教师，合格的大中小学教师，全国如果增加二百万、三百万，不算多。我们的学生，中小学生多；大学生很少，在校的不过一百万。拿美国来说，在校大学生一千万，它是二亿二千万人口，二十二个人中就有一个。如果我们有二百万到三百万在校大学生，我们培养的专门人才就会比较多。这就要求增加办学校的人才，增加教师。我们中小学教师也不够，很多教师负担太重，影响到教学水平。我们也需要大量的、合格的学校管理人员，这也是专业人员。比如学校党委的领导同志，应不应该是个专业人员呢？应该是。他可以不是教学人员，但至少应该是懂得教育的有管理学校专长的专业人员，会管某一类学校。总之，目前重要的问题并不是干部太多，而是不对路，懂得各行各业的专业的人太少。"[2]"要发现专家，培养专家，重用专家，提高各种专家的政治地位和物质待遇。用人的政治标准是什么？为人民造福，为发展生产力、为社会主义事业作出积极贡献，这就是主要的政治标准。"[3]

充分利用现有的人才、发现人才、培养人才。"我们需要有越来越多的专门人才，但是，是不是说，我们现在就没有人才呢？不是，是我们的各级党委，特别是一些老同志，在这方面注意不够，没有去有意识地发现、选拔、培养、帮助一批专业的人才。前几天，在广州开了个粒子物理理论讨论会，有个消息很值得高兴，我们的粒子物理理论的水平，大体上接近国际先进水平。就是说，我们已经有相当先进的水平，而且有一批由我国自己培养出来的取得了成就的年轻人，只是人数比一些先进国家少得多。这就说明，我们并不是没有人。好多人才没有被发现，他们的工作条件太差，待遇太低，他们的作用不能充分地

---

[1]《邓小平文选》第二卷，人民出版社 1994 年版，第 262~263 页。
[2]《邓小平文选》第二卷，人民出版社 1994 年版，第 263 页。
[3]《邓小平文选》第二卷，人民出版社 1994 年版，第 151 页。

发挥出来。我们一些老同志要有这样的觉悟，不要看不起年轻人，总觉得年轻人不如我们行。其实，我们过去干工作多大岁数？还不是二十几岁就做大工作了。现在的人就比我们蠢一些呀？我看还是要开明一点，要从大局着眼，要从我们事业的前途着眼。有能干的人，我们要积极地去发现，发现了就认真帮。我们要逐渐做到，包括各级党委在内，各级业务机构，都是由有专业知识的人来担任领导。现在特别要注意从40岁左右的人中间选拔。40岁左右是一个什么含义？大体上是50年代进大学的人。建国30年了，如果说1961年到1966年毕业，那个时候是25岁左右，现在就是40岁左右到45岁左右。当然，选拔干部也要包括50岁内外的。这批人是我们的重要财富。在座的恐怕这样年龄的不算多，这是一件很遗憾的事情。如果有一天在座听报告的同志中，40岁左右的占了主导地位，那是我们的事业兴旺发达的标志。我们不能够用我们还可以马马虎虎过得去来安慰自己。我们要看到我们事业的前途。我们的人才本来就少，决不能再浪费人才，我们经不起这个浪费。"[1]

由此可见，邓小平对有真才实学的人才多么重视。人才问题同建设中国特色的社会主义事业紧密地联系在一起，一定要引起我们的充分重视。

（二）邓小平关于知识、人才在现代化建设中的作用的理论与实践

1940年3月28日，邓小平在和刘伯承致电各兵团，就减少减员、充实部队问题时指出："发挥干部的政治责任心和积极性，应大胆提拔优秀知识分子参加各种工作，吸引他们积极参加整军工作。"1942年5月27日，在山西中条上河村召开的有县、营以上的党政军干部参加的中条区高级会议上，在讲到积蓄力量时，邓小平强调指出："目前应争取一部分知识分子参加抗日工作，将来即使退出此区，这批知识分子可到太行太岳根据地工作；若是再来此区，这批知识分子仍可继续工作。"在会议结束时，他再次讲到知识分子问题。他说："发展力量决定我们的干部。在加强现有干部质量的同时，要大量地吸收大批知识分子，反对农民的狭隘及知识分子排挤知识分子的不正确观点。"[2]今天，为了实现四个现代化，建设一个伟大的社会主义国家，邓小平认为："靠空讲不能实现现代化，必须有知识，有人才。没有知识，没有人才，怎么上得去？科学技术这么落后怎么行？"[3]"我们国家，国力的强弱，经济发展后劲的大小，越

---

[1]《邓小平文选》第二卷，人民出版社1994年版，第264~265页。
[2]《邓小平人生纪实》（上），凤凰出版社2011年版，第305~306页。
[3]《邓小平文选》第二卷，人民出版社1994年版，第40页。

来越取决于劳动者的素质，取决于知识分子的数量和质量。"[1] "现在我们国家面临的一个严重问题，不是四个现代化的路线、方针对不对，而是缺少一大批实现这个路线、方针的人才。道理很简单，任何事情都是人干的，没有大批的人才，我们的事业就不能成功。"[2] 因为，人才是先进生产力的开拓者。科技既然是第一生产力，而知识分子特别是广大科技人员则是科技的载体，是工人阶级中掌握科学文化知识较多的部分，是第一生产力的代表，先进生产力的开拓者。科技进步、政治繁荣和社会进步，从根本上说取决于开发人力智力资源，提高劳动者素质，培养大批人才，充分发挥知识分子的作用。因为，物化智力和知识资本本身并不创造价值，而是由智力劳动把它们转移到商品上的；智力劳动凝结在物化智力和知识资本的知识价值，都是通过智力劳动者的劳动转移过去的。没有这种智力劳动者也就不会有科技成果及其转化。"要把'文化大革命'时的'老九'提到第一，科学技术是第一生产力嘛，知识分子是工人阶级一部分嘛"。[3]

从中国共产党来说，早在抗日战争时期，中央就作出了大量吸收知识分子的决定，认为"在长期的和残酷的民族解放战争中，在建立新中国的伟大斗争中，共产党必须善于吸收知识分子，才能组织伟大的抗战力量"。并且指出："没有知识分子的参加，革命的胜利是不可能的。"[4] 中华人民共和国成立初期，中国共产党也是非常注意尊重知识、尊重人才的。广大干部虚心学习经济、学管理、学科学、学文化，这对第一个五年计划的胜利完成和经济建设取得取得巨大成就，确实起到了重大作用。但是，从1957年反右斗争扩大化提出"外行领导内行"后，由于忽视知识分子的作用，不尊重科学，有人认为"人有多大胆，地有多大产"，只要"政治挂帅"和群众运动，靠"大轰大鸣"就能赶超世界先进水平，结果受到自然规律的惩罚。1959年开始纠正"左"的错误，强调要按客观规律办事，情况刚刚有了一点好转，可是到1962年，又重提"阶级斗争为纲"，以为"阶级斗争，一抓就灵"。这就更加离开了马克思主义的轨道。1966年到1976年"文化大革命"中，林彪、"四人帮"轻视知识分子、歧视知识分子，达到了登峰造极的地步，使中国的经济濒临崩溃的边缘。这就从反面使我们更加深刻地认识到，不尊重知识，不尊重人才，就没有现代科学技术的发展，也就不可能有国民经济的高速度发展。所以，实现四个现代化，没有知识，没有人才，靠空谈是化不出来的。这是历史经验的结晶，也是付出沉痛代价后被

---

[1]《邓小平文选》第三卷，人民出版社1993年版，第120页。
[2]《邓小平文选》第二卷，人民出版社1994年版，第220~221页。
[3]《邓小平文选》第三卷，人民出版社1993年版，第275页。
[4]《毛泽东选集》第二卷，人民出版社1991年版，第618页。

中国共产党和人民重新认识和掌握的一条科学真理。

邓小平在阐述知识、人才在现代化建设中的巨大作用时并没有忽视社会科学的重要性。他在《关于科学和教育工作的几点意见》中指出:"科学当然包括社会科学。"[1]这个革命实践告诉我们,社会科学对社会主义革命和建设客观规律的认识和运用,直接影响到中国社会主义革命和建设的成败和速度的快慢。特别是100多年来,随着社会的发展以及科学的日新月异,各门科学都发生了深刻变化,产生了新的飞跃,科学这个概念需要包括更多的方面,也正像马克思曾经预言的,未来科学的发展趋势,自然科学和社会科学将融为"一门科学",二者不只是结成联盟,而将是"合流"、一体化。这一点,在中国特色社会主义现代化建设的进程中已被实践证实,并将会被越来越多的人所重视。

(三)邓小平关于知识分子及其作用的理论与实践

1. 邓小平对知识分子问题的分析

1978年3月18日,邓小平在全国科学大会开幕式上的讲话,对自己关于知识分子问题的理论框架进行了全方位的展开分析。此后,他的思路始终是按此逻辑发展的。邓小平这次讲话从三个层面展开分析了知识分子问题。

第一,从生产力的角度分析知识分子问题。

邓小平首先明确了一个基本的观点。他说:"科学技术是生产力,这是马克思主义历来的观点。早在一百多年以前,马克思就说过:机器生产的发展要求自觉地应用自然科学。并且指出:'生产力中也包括科学'。"[2]邓小平运用马克思主义这一基本观点,进一步深刻分析了科学技术同生产劳动力的关系,指出:"历史上的生产资料,都是同一定的科学技术相结合的;同样,历史上的劳动力,也都是掌握了一定的科学技术知识的劳动力。我们常说,人是生产力中最活跃的因素。这里讲的人,是指有一定的科学知识、生产经验和劳动技能来使用生产工具、实现物质资料生产的人。"[3]在此基础上,邓小平进一步提出了自己关于知识分子劳动大军发展趋势的分析。他说:"承认科学技术是生产力,就连带要答复一个问题:怎么看待科学研究这种脑力劳动?科学技术正在成为越来越重要的生产力,那么,从事科学技术工作的人是不是劳动者呢?"[4]广大知识分子是劳动者,他们是脑力劳动者;尽管旧社会脑力劳动者也各有不同,但应

---

[1]《邓小平文选》第二卷,人民出版社1994年版,第48页。
[2]《邓小平文选》第二卷,人民出版社1994年版,第87页。
[3]《邓小平文选》第二卷,人民出版社1994年版,第88页。
[4]《邓小平文选》第二卷,人民出版社1994年版,第88页。

当指出的是，从现代社会生产力演进的这个角度出发，广大知识分子是从体力劳动者大军分离出来的一支新的劳动大军：在工业革命前是以体力劳动大军占优势；在工业社会时期，体力劳动大军与脑力劳动大军平分秋色；在知识经济时代，脑力劳动大军将成为主体力量。"随着现代科学技术的发展，大量繁重的体力劳动将逐步被机器所代替，直接从事生产的劳动者，体力劳动会不断减少，脑力劳动会不断增加，并且，越来越要求有更多的人从事科学研究工作，造就更宏大的科学技术队伍。"[1]在这里，邓小平揭示了知识分子劳动大军的发展趋势。

邓小平以生产力为出发点看待知识分子的社会特征和作用，是知识分子问题在理论与实践认识上的一个重要突破。① 广大知识分子是劳动者，他们不是剥削阶级。② 它使人们从劳动者的角度来切入生产关系，就更容易看清知识分子的经济地位和社会地位。③ 由于广大知识分子与先进生产工具相结合，成为现代生产力中最活跃的因素，将有助于进一步分析知识分子在现代社会中的特征，从而确立知识分子理论与实践的基础。

马克思主义经典作家在分析社会进步力量时一个显明特点之一，就是把这些阶级与先进的生产力相联系，分析他们与生产力的相互关系，邓小平在这一问题上是继承了马克思的。他在1988年9月，进一步发挥了这一思想理论，指出："马克思讲过科学技术是生产力，这是非常正确的，现在看来这样说可能不够，恐怕是第一生产力。"也联系到知识分子问题时说："要把'文化大革命'时的'老九'提到第一，科学技术是第一生产力嘛。知识分子是工人阶级一部分嘛。"[2]邓小平的这些分析，抓住了现代社会生产力要素变革与发展的必然趋势，具有经久不衰的生命力。

第二，从生产力进入到生产关系的角度分析知识分子问题。

中华人民共和国成立后，中国共产党从经济地位决定论的角度对知识分子属性分析的文献是1950年《中央人民政府政务院关于划分农村阶级成分的决定》。这一决定明确规定："凡受雇于国家的、合作社的或私人的机关、企业、学校等，为其中办事人员，取得工资以为生活之全部或主要来源的人，称为职员。职员为工人阶级中的一部分。"对于其中"取得高额工资以为生活之全部或主要来源的人，例如工程师、教授、专家等，称为高级职员，其阶级成分与一般职员同。"阶级成分是指一个人在社会经济关系中所处的地位。通俗地说，就是指一个人是属于哪个阶级营垒的人，阶级成分就是阶级属性。我们说1950年政务院的这一份文件是"经济地位决定论"，即这一份文件以经济地位来划分

---

[1]《邓小平文选》第二卷，人民出版社1994年版，第89页。
[2]《邓小平文选》第三卷，人民出版社1993年版，第275页。

阶级。邓小平在划分知识分子属性问题上坚持了这一马克思主义观点。他在分析资本主义社会中受雇于资本家的知识分子时指出："马克思曾经指出，一般的工程技术人员也参与创造剩余价值。这就是说，他们也是受资本家剥削的"[1]。邓小平认为，不能以劳动成果服务的对象来区分阶级，有很多从事科学技术工作的知识分子，"他们的劳动成果为剥削者所利用，这一般是社会制度决定的，并不是出于他们的自由选择。"[2]邓小平认为，也不能以政治态度来区分阶级，因为"在剥削阶级统治的社会里……有很多从事科学技术工作的知识分子，如同列宁所说，尽管浸透了资产阶级偏见，但是他们本人并不是资本家，而是学者"[3]。从经济地位决定论来看，学者属于职员的范畴，而职员是工人阶级一部分。

邓小平关于以经济地位划分知识分子阶级属性的论述，坚持了马克思主义的观点，其含义可以归结为：绝大多数知识分子在资本主义社会属于雇佣劳动者，他们在阶级属性上同一般工人并没有本质的区别，或者说本来就是工人阶级的一部分。这一结论，从根本上确定了大多数知识分子是工人阶级一部分的观点，彻底否定了以世界观为标准的不正确认识，它标志着困扰中国共产党数十年的理论实践是非得到了最终解决。

邓小平的这些看法与马克思关于知识分子属性的看法是一致的。马克思和恩格斯在《共产党宣言》中就开宗明义地讲，资产阶级抹去了一切向来受人尊崇的和令人敬畏的职业的灵光，它把医生、律师、教士、诗人和学者变成了它出钱招雇的雇佣劳动者。其后马克思在《资本论》中进一步分析了资本主义社会体力劳动与脑力劳动的共同特征，指出工程师、机械师是"高级工人"，办事员是"产业资本家的雇佣工人"。这是因为资本主义生产方式的特点，恰恰在于它把各种不同的劳动，因而也把脑力劳动和体力劳动，或者说把脑力劳动为主或者以体力劳动为主的各种劳动分离开来，分配给不同的人。但是，这一点并不妨碍物质产品是所有这些人的共同劳动的产品，或者说并不妨碍他们的共同产品体现在物质财富中。另一方面，这一分离也丝毫不妨碍：这些人中的每一个人对资本的关系是雇佣劳动者的关系，是在这个特定意义上的生产工人的关系。所有这些人不仅直接从事物质财富的生产，并且用自己的劳动直接同作为资本的货币交换，因而不仅把自己的工资再生产出来，并且还直接为资本家创造剩余价值。他们的劳动是由有酬劳加无酬的剩余价值组成的。马克思还对从

---

[1]《邓小平文选》第二卷，人民出版社1994年版，第89页。
[2]《邓小平文选》第二卷，人民出版社1994年版，第88~89页。
[3]《邓小平文选》第二卷，人民出版社1994年版，第88页。

事教育、艺术等领域的知识分子属性作出了分析。他指出在学校中，教师对于学校老板，可以是纯粹的雇佣劳动者，这种教育工厂在英国多得很。这些教师对学生来说虽然不是生产工人，但是对雇佣他们的老板来说是生产工人。老板用他们的资本交换教师的劳动能力，通过这个过程使自己发财。戏院、娱乐场所等的老板也是用这种办法发财致富。在这里，演员对观众来说，是艺术家，但是对自己的企业主来说，是生产工人。马克思不是以经济收入的多少来判定知识分子的属性，而是把分配方式与生产方式相联系进行分析。他讲道，同样，工资也是在另一个项目中被考察的雇佣劳动：在一处作为生产要素的劳动所具有的规定性，在另一处表现为分配的规定。如果不是规定为雇佣劳动，那么，它参与分配的方式也就不表现为工资。在这里，如同马克思在经济学里把劳动价值论贯彻到底一样，他在社会层面，也把经济地位决定论贯彻到底。在马克思看来，资本主义社会里受雇于人的广大知识分子属于雇佣劳动者，他们在阶级属性上同产业工人并没有什么本质的区别，这是马克思主义知识分子理论的一个根本出发点，也是邓小平分析知识分子问题的理论与实践的基础。

第三，从一般到特殊，深刻揭示中国知识分子的社会属性。

邓小平在分析知识分子问题时，采用了从一般到特殊的方法，即分析知识分子一般问题，再具体到中国知识分子。他从社会制度变更的角度，首先指出中国知识分子与资本主义社会知识分子的区别问题。他说："在社会主义社会里，工人阶级自己培养的脑力劳动者，与历史上的剥削社会中的知识分子不同了。"[1]根据邓小平以上从生产力和生产关系角度的分析，社会主义社会的广大知识分子同资本主义社会的广大知识分子之间具有相同也有差异。他们之间的相同是：他们都是与先进的生产力相联系，是现代社会的脑力劳动者；他们都是无产阶级的一部分，都是先进的阶级。他们之间的差异之点在于：① 社会主义社会的广大知识分子是社会主义社会的主人，而资本主义社会的广大知识分子处于受雇佣被剥削的地位。② 资本主义社会的广大知识分子的阶级属性与他们服务的的对象不统一，而在社会主义的社会里广大知识分子的阶级属性与他们的服务对象统一起来了。③ 资本主义社会广大知识分子的阶级属性与上层建筑意识形态不统一，而在社会主义社会广大知识分子的阶级属性与上层建筑及意识形态获得了统一。这些比较证明，中国共产党在中华人民共和国成立初期对知识分子的思想改造是合理的，这并不是因为他们是资产阶级知识分子，而是由资本主义社会中知识分子的特点决定的；同时也说明当时中国知识分子不但在

---

[1]《邓小平文选》第二卷，人民出版社 1994 年版，第 89 页。

阶级属性上已经是无产阶级的一部分，更显著的是他们在思想上也与社会主义意识形态统一起来了。而中国在后来的失误的根源，在于把资本主义社会里的知识分子特点扩大到社会主义中来，并把这种阶级属性与服务对象及上层建筑意识形态的不统一的关系颠倒过来，从而走上了错路。

根据前述的推论，邓小平一方面对中国知识分子阶级属性作出这样的判定：中国知识分子，"他们的绝大多数已经是工人阶级和劳动人民自己的知识分子，因此也可以说，已经是工人阶级自己的一部分"[1]；另一方面，邓小平又对中国广大知识分子的思想作出这样评价："我们的科学技术队伍，在毛泽东思想的哺育下，确有很大的进步。绝大多数科学技术人员热爱党、热爱社会主义，努力同工农兵相结合，满腔热情地对待自己从事的科学技术工作。做出了成绩。甚至在林彪、'四人帮'那样迫害和摧残知识分子的时候，广大科学技术人员也没有动摇对党对社会主义的信任。在极端困难的条件下，仍然坚持科学技术工作。许多人在同'四人帮'斗争中表现出很高的觉悟。'四人帮'被粉碎后，他们迸发出极大的革命热情，衷心拥护党中央，为实现四个现代化更加奋发努力工作。这样的队伍，多么难能可贵！这样的队伍，就整个说来，不愧是我们工人阶级自己的又红又专的科学技术队伍！"[2]邓小平也讲到知识分子世界观的改造，但这种改造的性质同工人阶级和劳动人民内部的自我教育和自我改造是基本相同的。这就是说，中国广大知识分子在阶级属性上既是工人阶级一部分，在思想上也就成为用先进的世界观为指导的工人阶级的一部分。

第四，当今中国知识分子阶层的现状与特点。

一是知识分子阶层的人数已居世界首位。改革开放以来，中国教育科技文化卫生等事业持续快速发展，2015年，中国（未统计港澳台）具有大学（指大专以上）文化程度的人口约为1.5亿。以此学历为标准，可以说中国拥有全世界最庞大的一个广义的知识分子群体。其中从事专业技术工作的知识分子是狭义的知识分子，占了大多数；还有相当一部分具有大专以上学历的"知识分子"，分别从事公务管理工作、国有企事业管理工作，或经营管理非公有制企业、个体企业等，分属于相应的阶层。狭义的知识分子阶层即专业技术人员阶层。根据国家统计局发布的《第三次全国经济普查主要数据公报》（第1号），2013年末中国科学研究和技术服务业、教育、卫生及社会工作，文化、体育等行业的全部从业人员约为3800万，排除其中约20%的非专业技术人员，再加上二、

---

[1]《邓小平文选》第二卷，人民出版社1994年版，第89页。
[2]《邓小平文选》第二卷，人民出版社1994年版，第92页。

三产业企业的全部从业人员（约 2.91 亿）中约 10% 的专业技术人员，中国的专业技术人员总数约为 6 000 万。截至 2014 年底，6 000 万专业技术人员中，累计共有 2 500 多万人取得各类专业技术人员资格证书。

二是知识分子阶层的特点发生了深刻变化。知识分子具备较高的科学技术和文化知识，从事较复杂的创造性劳动，既是社会先进生产力的重要代表者和物质财富的重要创造者，又是社会文化的重要代表者、社会意识形态的重要传播者和精神文明的直接创造者，还是人类自身教育与健康的守护者。在现阶段，中国的知识分子阶层具有以下特点。① 在社会中的地位愈益重要。中国的改革开放时代，正赶上"信息革命"为代表的新科技——产业革命和"知识经济"的潮流，知识分子阶层成为最主动、最活跃、最有作为的一个阶层，既关注天下与国家，也关注自我价值与利益，两方面的诉求都最强烈，其地位、作用和影响还将随着知识经济的发展而不断得到新的体现。② 科学精神更加突出。同样由于新科技——产业革命和"知识经济"的推动，中国的知识分子阶层也由"文史类"为主转变为"理工类"为主，其人文精神在继续发展的同时，科学精神得到更大的凸显，更排斥空洞的说教，更笃信客观的事实。③ 角色最易转换，自主性增强。在改革开放和知识经济、文化产业等大发展的背景下，拥有专业知识与技能且主动性较强的知识分子，除从事专业技术工作外，还可有"上朝"从政、"下海"经商、科技入股或称为"自由职业者"等多种选择，角色最易转换，也转换最多，其自主性、独立性也空前高涨。④ 价值观和意识形态多元化特点突出，民主意识和主人翁观念强烈。知识分子阶层文化程度高，自主性强，信息渠道多样、广泛、快捷，尤其是不但基于社会利益多元化，而且基于知识分子阶层中各集团自身利益也多元化的客观现实，知识分子的价值观、意识形态和政治态度的多元化，也就强烈地表现出来。但不论其价值观与意识形态的分歧有多大，民主意识和主人翁观念强烈，则是其一个显著的共性。

2. 邓小平发挥知识分子"龙头"作用理论与实践的体现

上述马克思主义理论与实践为发挥知识分子在中国科教兴国战略中的"龙头"作用指明了方向。1982 年 7 月 26 日，邓小平同姚依林等谈话时指出："没有一套办法，怎么能把几百万知识分子骨干用起来？人才，只有大胆使用，才能培养起来。说缺乏经验，只有使用他，才能使他积累经验。"[1] 1984 年 10 月 1 日，邓小平在中华人民共和国成立 35 周年庆祝典礼上，号召"全党和全社会

---

[1]《邓小平科技思想年谱》(1975—1994)，中央文献出版社 2004 年版，第 171 页。

都要尊重知识，真正发挥知识分子的作用。这样，我们就一定会逐步实现现代化"。[1]

一是把"老九"提到第一。"文化大革命"中"四人帮"一伙把知识分子放在地、富、反、坏、右、叛徒、特务、"走资派"之后，称为"臭老九"，大肆鼓吹"知识越多越反动"，许多专家被诬为"反动学术权威""白专"典型。"四人帮"一伙的种种丑恶行径极大地伤害了广大知识分子建设社会主义的积极性和创造性，也在广大人民群众中间造成了极大的思想混乱。针对这种情况，1977年邓小平刚刚复出就指出要恢复知识分子的名誉。他说："'四人帮'创造了一个名词叫'臭老九'。'老九'并不坏，《智取威虎山》里的'老九'杨子荣是好人嘛！错就错在那个'臭'字上。毛泽东同志说，'老九'不能走。这就对了。知识分子的名誉要恢复。"[2]1988年9月，邓小平在一次谈话中列举了知识分子在原子弹、氢弹、卫星、空间技术中所作出的重要贡献之后，严肃指出要解决好知识分子的待遇问题，使他们感到有希望。最后他意味深长地说："要把'文化大革命'时的'老九'提到第一。"[3]"中国人是很聪明的，虽然科学家研究条件差，生活待遇不高，但他们还是取得了很大成绩。"[4]他还要求"要记住那个年代，钱学森、李四光、钱三强那一批老科学家，在那么困难的条件下，把两弹一星和好多高科技搞起来。应该说，现在科学家更幸福，因此对他们的要求会更多"，他还"希望所有出国学习的人回来。不管他们过去的政治态度怎么样，都可以回来，回来后妥善安排。这个政策不能变"[5]。

二是政治上信任，工作上放手。所谓政治上信任，就是要坚信知识分子是劳动者的一部分，尊重他们的劳动、人格；所谓工作上放手，就是不能外行领导内行，要使知识分子有职有权，充分发挥他们的专长。邓小平指出："科学技术的业务领导工作，应当放手让所长、副所长分工去做。无论是党内的还是党外的专家，担负了行政职务，党委就应当支持他们的工作，充分发挥他们的作用，使他们真正做到有职有权有责。他们同样也是党和国家的干部，决不应该见外。党委应该了解和检查他们的工作，但不能包办代替。"[6]1977年8月8日，在科学和教育工作座谈会上，邓小平说："要珍视劳动，珍视人才，人才难得呀！要发挥知识分子的专长，用非所学不好。有人建议，对改了行的，如果

---

[1]《邓小平文选》第三卷，人民出版社1993年版，第70页。
[2]《邓小平文选》第二卷，人民出版社1994年版，第51页。
[3]《邓小平文选》第三卷，人民出版社1993年版，第275页。
[4]《邓小平文选》第三卷，人民出版社1993年版，第358页。
[5]《邓小平文选》第三卷，人民出版社1993年版，第378页。
[6]《邓小平文选》第二卷，人民出版社1994年版，第98页。

有水平，有培养前途，可以设法收一批回来。这个意见是好的。"[1]邓小平还指出，合理使用和安排知识分子，必须改革一切不适应专业人才成长和发挥作用的陈规陋习，打破常规，去发现、选拔和培养各专业的杰出人才，使各专业的业务尖子能脱颖而出。

三是大胆使用知识分子。所谓大胆使用知识分子，就是指大胆提拔德才兼备又具有管理经验的知识分子，建设一支专业化的队伍。拨乱反正之后，邓小平总结中国几十年来社会主义革命与建设的经验，从中国特色社会主义现代化建设需要一定的知识结构和专业层次等要求出发，提出了"我们的科学工作者，只要作出了贡献，符合研究员、教授标准的，哪怕只有三十岁，也要把他们提拔到研究员和教授的岗位上，给予应有的学位和技术职称"和"中年人是各个领域里的骨干力量，我们要大胆地培养他们，使用他们，把他们放到应有的岗位上"[2]的要求，提出了干部"四化"（革命化、年轻化、知识化和专业化）标准，要求干部队伍既要有较高的政治思想素质，又不能是空头政治家，不能是外行，必须精通专业技术知识和具备一定的管理经验。他说："我们不是没有人才，问题是能不能很好地把他们组织和使用起来，把他们的积极性调动起来，发挥他们的专长。"[3]"目前重要的问题并不是干部太多，而是不对路，懂得各行各业的专业的人太少。办法就是学。……今后的干部选择，特别要重视专业知识。我们长期都没有重视，现在再不特别重视，就不可能进行现代化建设。没有专业知识，又不认真学习，尽管你抱了很大的热心建设社会会主义，结果做不出应有的贡献，起不到应有的作用，甚至还起相反的作用。"[4]邓小平的这段论述可谓有胆有识，在中国特色社会主义建设时期具有创造性的意义。

四是给知识分子必要的工作条件和适当的生活待遇。"科学家就是要专心钻研，宁可让他单干，带几个徒弟，主要让他在技术上点头，组织工作不要做，不要干涉他的工作，不要浪费他的时间"[5]，"要主动给科技人员创造好的工作条件和生活条件。如果让他们成天忙于家庭和个人事务，哪还有心思搞技术工作"[6]，"对技术人员，只要努力钻技术，在技术上有贡献的，就应支持"[7]。"要主动给科技人员创造好的工作条件。"在邓小平的倡导下，党中央下了大力气改

---

[1]《邓小平文选》第二卷，人民出版社1994年版，第50~51页。
[2]《邓小平科技思想年谱》（1975—1994），中央文献出版社2004年版，第140页。
[3]《邓小平文选》第三卷，人民出版社1993年版，第17页。
[4]《邓小平文选》第二卷，人民出版社1994年版，第263-264页。
[5]《邓小平年谱》（1904—1974），中央文献出版社2009年版，第1716页
[6]《邓小平年谱》（1975—1994），中央文献出版社2004年版，第47页
[7]《邓小平年谱》（1975—1994），中央文献出版社2004年版，第165页

善知识分子的工作条件和生活待遇,极大地调动了广大知识分子的积极性和创造性:必要的工作条件,包括让知识分子最有效地支配自己的工作时间,保证他们有较多的时间用在业务上;适当的生活待遇,指中国知识分子的待遇普遍偏低,应该逐步有所提高,尤其要注意提高高级知识分子的待遇。邓小平同志一贯重视解决高级知识分子和教师的待遇问题。他说:"我认为对有真才实学的知识分子,不管老中青都要提高精神的特别是物质的待遇。"[1] "能不能每年给知识分子解决一点问题,要切切实实解决,要真见成效。"[2] "关于教师待遇问题。现在要普遍提高他们的工资待遇是很困难的,但是真正有本领的教授、副教授,高级工程师,高级医生,以及其他方面的高级专门人才的工资待遇,应该提高。"[3] "我们无论怎么困难,也要提高教师的待遇。这个事情,在国际上都有影响。"[4]在改革开放的新时期,邓小平多次强调,对知识分子除了精神上的鼓励外,还要采取其他一些鼓励措施,要改善他们的物质待遇,包括知识分子骨干中的两地分居问题,对有突出贡献的知识分子给予物质奖励,等等。他明确指出,"光空讲不行,还要给他们创造条件,切切实实地帮助他们解决一些具体问题。"[5] "我要继续给大家当好后勤部长。"[6]邓小平对知识分子的关怀,体现了他一贯求真务实的精神,也体现了一个战略家的长远眼光。

(四)邓小平关于尊重知识、尊重人才的理论与实践

"尊重知识、尊重人才是长远的根本大计。"[7] "要发展就需要人才,不用人才不行。要鼓励用人才,出人才。……要挖掘人才,要不断造就人才,一年三百六十五天,都要做这件事。只要有人才,就可以创造出技术,事业就兴旺发达。"[8]

1. 人民群众中蕴藏着大量人才

人才来自于人民群众。"我们工人阶级的杰出人才,是来自人民的,又是为人民服务的。在广泛的群众基础上,才能不断涌现出杰出人才。也只有有了成批的杰出人才,才能带动我们整个中华民族科学文化水平的提高。"[9] "我们自

---

[1]《邓小平科技思想年谱》(1975—1994),中央文献出版社2004年版,第135页。
[2]《邓小平文选》第三卷,人民出版社1993年版,第108~109页。
[3]《邓小平文选》第一卷,人民出版社1994年版,第210页。
[4]《邓小平文选》第三卷,人民出版社1993年版,第275页。
[5]《邓小平文选》第二卷,人民出版社1994年版,第56页。
[6]《邓小平科技思想年谱》(1975—1994),中央文献出版社2004年版,第140页。
[7]《邓小平年谱》(1975—1994),中央文献出版社2004年版,第1112页。
[8]《邓小平科技思想年谱》(1975—1994),中央文献出版社2004年版,第235页。
[9]《邓小平文选》第二卷,人民出版社1994年版,第96页。

己培养起来的、政治上好的、有马列主义修养的人还是有的。选人不完全是从党的系统里面选,视野要开阔一点。"[1] "好的中青年干部到处都有。'文化大革命'中长期对林彪、江青一伙的做法不满,进行积极或消极抵制,政治表现好,又肯干,有专业知识的中青年干部,各行各业、各地区、各单位都有,问题是我们没有发现和提拔他们。就是一度受过林彪、江青一伙的欺骗,犯过一些错误,后来确已觉悟转变而又确有真才实学的人,我们也不能抛开不用。不少同志只是看到周围熟悉的一点人,总在原来的一些人中打圈子,不会深入到群众中去选拔人才,这也是一种官僚主义。"[2] "中青年干部有的是,问题是过去我们老同志眼睛长期不是向着他们,不从他们中间去选拔接班人,总是在老的圈子里面转过去转过来,总解决不了这个问题。"[3]

人才在人民群众中取之不尽。"眼睛不要望着上面派来或别区调来干部,要坚决地从群众中放手提拔。我们已有一年的工作时间,已经涌现出一批积极分子,从他们中间选拔一批干部是可能的。也只有如此,才能进一步地联系群众,使工作生根。我们的干部特别要注意从工人中去选拔。如果我们把工会工作做好了,干部来源的困难就容易解决些了。"[4] "我们培养、选拔人才,有广阔的源泉,有巨大的潜力。最近,高等学校招生制度改革之后,发现了一批勤奋努力的、有才华的优秀青少年。看到他们的优异成绩,我们都感到高兴。尽管'四人帮'猖獗一时,但是,他们没有能够扑灭广大青少年的学习热情,没有能够扼杀广大教师为党为人民精心培育下一代的革命积极性。今天,党中央这样关注科学和教育事业,这样着力于培养选拔人才,我们可以预见,一个人才辈出、群星灿烂的新时代必将很快到来。"[5] "我们需要有越来越多的专门人才,但是,是不是说,我们现在就没有人才呢?不是,是我们的各级党委,特别是一些老同志,在这方面注意不够,没有去有意识地发现、选拔、培养、帮助一批专业的人才。"[6] "我们确实已经有不少比较优秀的年轻人,在经济建设、科学技术、文化教育等各个领域中,都有不少有专业知识、有管理能力、很能干的人。政治思想好、党性强,又有见解、有本领的人,各部门各地方有的是。"[7]

---

[1]《邓小平文选》第三卷,人民出版社 1993 年版,第 315 页。
[2]《邓小平文选》第二卷,人民出版社 1994 年版,第 325~326 页。
[3]《邓小平文选》第二卷,人民出版社 1994 年版,第 414 页。
[4]《邓小平文选》第一卷,人民出版社 1994 年版,第 183 页。
[5]《邓小平文选》第二卷,人民出版社 1994 年版,第 95 页。
[6]《邓小平文选》第二卷,人民出版社 1994 年版,第 264 页。
[7]《邓小平文选》第二卷,人民出版社 1994 年版,第 281 页。

2. 建立人才涌流的机制

更新人才工作的思想观念。"不要求全责备。毛泽东同志说过，要打破'金无足赤、人要完人'的形而上学思想。这是马克思主义者的态度，是彻底的唯物主义者的态度。"[1]"目前的问题是，现行的组织制度和为数不少的干部的思想方法，不利于选拔和使用四个现代化所急需的人才。希望各级党委和组织部门在这个问题上来个大转变，坚决解放思想，克服重重障碍，打破老框框，勇于改革不合时宜的组织制度、人事制度，大力培养、发现和破格使用优秀人才，坚决同一切压制和摧残人才的现象作斗争。"[2]

形成人尽其才的机制。"如果不管贡献大小、技术高低、能力强弱、劳动轻重，工资都是四五十块钱，表面上看来似乎大家是平等的，但实际上是不符合按劳分配原则的，这怎么能调动人们的积极性？"[3]"对知识分子除了精神上的鼓励，还要采取其他一些鼓励措施，包括改善他们的物质待遇。教育工作者的待遇应当同科研人员相同。假如科研人员兼任教师，待遇还应当提高一点，因为付出的劳动更多嘛。讲按劳分配，无非是多劳多得，少劳少得，不劳不得。这个问题从理论到实践，有好多具体问题要研究解决。这不仅是科学界、教育界的问题，而且是整个国家的重大政策问题。"[4]"要有奖有罚，奖罚分明。对干得好的、干得差的，经过考核给予不同的报酬。我们实行精神鼓励为主、物质鼓励为辅的方针。颁发奖牌、奖状是精神鼓励，是一种政治上的荣誉。这是必要的。但物质鼓励也不能缺少。在这方面，我们过去行之有效的各种措施都要恢复。奖金制度也要恢复。对发明创造者要给奖金，对有特殊贡献的也要给奖金。搞科学研究出了重大成果的人，除了对他的发明创造给予奖励外，还可以提高他的工资级别。如果他干了几年，干不出成绩来，就应该让他改行。"[5]"在学校里面，应该有教授（一级教授、二级教授、三级教授）、副教授、讲师、助教这样的职称。在科学研究单位，应该有研究员（一级研究员、二级研究员、三级研究员）、副研究员、助理研究员、研究实习员这样的职称。在企业单位，应该有高级工程师、工程师，总会计师、会计师等职称。凡是合乎这些标准的人，就应该授予他相应的职称，享受相应的工资待遇。现在工资规定低一点也可以，但不能太低，不能搞平均主义，不能吃'大锅饭'。在一个研究所里，好的研究员的工资可以比所长高。在一个学校里，好的教授的工资可以比校长高。

---

[1]《邓小平文选》第二卷，人民出版社1994年版，第51页。
[2]《邓小平文选》第二卷，人民出版社1994年版，第326页。
[3]《邓小平文选》第二卷，人民出版社1994年版，第30～31页。
[4]《邓小平文选》第二卷，人民出版社1994年版，第51页。
[5]《邓小平文选》第二卷，人民出版社1994年版，第102页。

这样才能鼓励上进，才能出人才。我们就是要建立这样一套制度，使那些有专业知识的、年富力强的人，被选拔到能够发挥他们才干的工作岗位上来。""对科学家一般不要用行政事务干扰他们，要尽量使他们能够集中主要精力去钻研业务，搞好科研工作。"[1] "今后我们要很好地研究科研和教育如何协调、人员如何经常交流的问题。人员不流动，思想就会僵化。外国科研机构很注意更新科研队伍，经常补充年轻的、思想灵活的人进来。我们也要逐步实行科研人员流动、更新的制度。要注意发现人才。现在有些人的成就外国人都公认，我们反而不了解，说明我们的一些制度有缺陷，不能发现人才，要认真改进。"[2] "改革经济体制，最重要的、我最关心的，是人才。改革科技体制，我最关心的，还是人才。"[3]

要为人才做好后勤保障。"我提出一个单位有三个人要选得好。党委统一领导，书记很重要，一定要选好，这是第一个人。第二个是领导科研或教学的人，要内行，至少是接近内行或者比较接近内行的外行。还有一个管后勤的，应当是勤勤恳恳、扎扎实实、甘当无名英雄的人。有了这样的三把手，事情就比较好办了，下面单位的调整，计划的执行等等，就可以比较顺利地进行了。"[4] "后勤工作的任务，就是要为科研工作、教育工作服务，要为科研工作者和教育工作者创造条件，使他们能够专心致志地从事科研、教育工作。后勤工作包括提供资料，搞好图书馆，购置和供应器材、实验设备，建设中间工厂，也包括办好食堂、托儿所等等。搞后勤的要学会管家，学会少花钱多办事。有些问题的解决本来是轻而易举的，但是"四人帮"横行时一直无人去解决。一些科研人员到处去跑器材，耽误事情，浪费时间，是一种很大的损失。现在一定要有一批人搞后勤工作。这些人要甘当无名英雄，勤勤恳恳，热心为大家服务。后勤工作也是一门学问，也需要学习，也能出人才，不钻进去是搞不好的。"[5] "现在国家还有困难，有些实际问题一下子还解决不了。我个人认为，科研、教育经费应该增加。但不能希望马上增加很多。要在困难条件下，尽力把工作做好。原来条件比较好的，要充分利用现有的条件，尽快把工作搞上去；原来条件比较差的，要逐步改善。那些必须解决而且也能够解决的困难，要抓紧解决。"[6]

---

[1]《邓小平文选》第二卷，人民出版社1994年版，第224～225页。
[2]《邓小平文选》第二卷，人民出版社1994年版，第70页。
[3]《邓小平文选》第三卷，人民出版社1993年版，第108页。
[4]《邓小平文选》第二卷，人民出版社1994年版，第53页。
[5]《邓小平文选》第二卷，人民出版社1994年版，第56页。
[6]《邓小平文选》第二卷，人民出版社1994年版，第57页。

3. 重视人才的吸引

既重视国内人才、也积极吸引海外人才。"这几年来，我们对技术干部关心不够，对他们的使用有问题。有许多新生力量，能力未得到很好发挥。好多大学毕业生，工作了几年还当见习技术员，为什么不能大胆提拔当工程师？留学生回来后，使用得又怎样？我们再没有钱，也要把这批人提上来。不在其位，不谋其政嘛。"[1] "要发挥原工商业者的作用，有真才实学的人应该使用起来，能干的人就当干部。对这方面的情况，你们比较熟悉，可以多做工作。比如说旅游业，你们可以推荐有本领的人当公司经理，有的可以先当顾问。还要请你们推荐有技术专长、有管理经验的人管理企业，特别是新行业的企业。不仅是国内的人，还有在国外的人，都可以用，条件起码是爱国的，事业心强的，有能力。"[2] "人是最宝贵的财富。我们有几万名留学生在国外，这是财富，要争取他们回来。我们要加强同他们的联系。一个是搞博士后的方法，一个是特区、开放城市招聘留学生的方法。""招聘要有对象，有名单，要赶快搞规划。尤其是科学研究机构，现在就要去招聘，把最优秀的先招聘回来。""最优秀的，招聘的条件要提高。"[3] "实际上引进人才也引进了技术。"[4] "我们的留学生有几万人，如何创造他们回来工作的条件，很重要。有些留学生，回来以后没有工作条件，也没有接纳他们的机构，有些学科我们还没有。可以搞个综合的科研中心，设立若干专业，或者在现有的一些科研机构和大学里增设一些专业，把这些人放在里面，攻一个方面，总会有些人做出重大贡献。否则，这些人不回来，实在可惜啊。"[5] "大家要记住那个年代，钱学森、李四光、钱三强那一批老科学家，在那么困难的条件下，把两弹一星和好多高科技搞起来。应该说，现在的科学家更幸福，因此对他们的要求会更多。我说过，知识分子是工人阶级的一部分。老科学家、中年科学家很重要，青年科学家也很重要。希望所有出国学习的人回来。不管他们过去的政治态度怎么样，都可以回来，回来后妥善安排。这个政策不能变。告诉他们，要做出贡献，还是回国好。希望大家通力合作，为加快发展我国科技和教育事业多做实事。"[6]

形成拴心留人、争相创新的氛围。"要发挥科技人员的积极性，要搞三结合，科技人员不要灰溜溜的。不是把科技人员叫'老九'吗？毛主席说，'老九不能

---

[1]《邓小平文选》第一卷，人民出版社1994年版，第291页。
[2]《邓小平文选》第二卷，人民出版社1994年版，第156～157页。
[3]《邓小平科技思想年谱》(1975—1994)，中央文献出版社2004年版，第203页。
[4]《邓小平科技思想年谱》(1975—1994)，中央文献出版社2004年版，第213页。
[5]《邓小平文选》第三卷，人民出版社1993年版，第275页。
[6]《邓小平文选》第三卷，人民出版社1993年版，第378页。

走'。这就是说，科技人员应当受到重视。他们有缺点，要帮助他们，鼓励他们。要给他们创造比较好的条件，使他们能够专心致志地研究一些东西。这对于我们事业的发展将会是很有意义的。"[1] "我们还要把那些比较好的、有培养前途的科技人员记下来，建立科技人员档案，帮助他们创造条件，不管他们资格老不老。一九五七年我去苏联，尤金说，苏联的原子弹，是三个三四十岁的年轻人搞出来的。这样的人我们就没有啊？总之，要给有培养前途的科技人员创造条件，关心他们，支持他们，包括一些有怪脾气的人。首先要解决这些人的房子问题，家庭有困难的也要帮助解决。"[2] "要从科技系统中挑选出几千名尖子人才。这些人挑选出来之后，就为他们创造条件，让他们专心致志地做研究工作。生活有困难的，可以给津贴补助。现在有的人家里有老人孩子，一个月工资几十元，很多时间用于料理生活，晚上找个安静地方读书都办不到，这怎么行呢？对这些人的政治要求要适当。他们在政治上要爱国，爱社会主义，接受党的领导。他们做好研究工作，出了成果，就对政治有利，对中华人民共和国有好处。"[3] "飞机修理员、舰船修理人员、医务人员等专业技术人员，都应该搞成辈子兵，可以按干部待遇，可以升级。"[4] "许多事情，比如对学术论文的评价，科学技术人员业务水平的考核，研究计划的制订，研究成果的鉴定，等等，都应该充分发扬民主，走群众路线，广泛倾听有关科学技术人员的意见。对于学术上的不同意见，必须坚持百家争鸣的方针，展开自由的讨论。在科学技术工作中，认真听取专家的意见，充分发挥专家的作用，是使我们少犯错误、做好工作所必需的。"[5]

4. 重视人才的使用

坚持德才兼备。"挑选领导干部，不管老中青，都要看他是不是肯干，是不是能带头吃大苦耐大劳。这是第一条。当然还要有头脑。"[6] "我们今后配备领导班子的时候，要选用什么人呢？要选那些认真学习马列主义、毛泽东思想，在斗争中经得起考验的人；要选那些党性强，能团结人，不信邪的人；要选那些艰苦朴素，实事求是，说老实话，办老实事，做老实人，作风正派的人；要选那些努力工作，联系群众，关心群众疾苦，有魄力，有实际经验，能够办事

---

[1]《邓小平文选》第二卷，人民出版社 1994 年版，第 26~27 页。
[2]《邓小平文选》第二卷，人民出版社 1994 年版，第 33 页。
[3]《邓小平文选》第二卷，人民出版社 1994 年版，第 40-41 页。
[4]《邓小平科技思想年谱》(1975—1994)，中央文献出版社 2004 年版，第 164~165 页。
[5]《邓小平文选》第二卷，人民出版社 1994 年版，第 98 页。
[6]《邓小平文选》第二卷，人民出版社 1994 年版，第 36 页。

的人。"[1] "要有一支坚持走社会主义道路的、具有专业知识和能力的干部队伍。""我们要在中国社会主义制度下实现四个现代化,理所当然的,我们的干部队伍一定要坚持社会主义道路,要有马列主义的基本观点,要遵守党的纪律和国家的纪律。"[2] "只靠坚持社会主义道路,没有真才实学,还是不能实现四个现代化。无论在什么岗位上,都要有一定的专业知识和专业能力,没有的要学,有的要继续学,实在不能学、不愿学的要调整。我们要按照专业的要求组织整个领导班子,充分发挥专业人才的作用,并且领导广大群众,按照专业的要求,去学习和工作。"[3] "我们选干部,要注意德才兼备。所谓德,最主要的,就是坚持社会主义道路和党的领导。在这个前提下,干部队伍要年轻化、知识化、专业化,并且要把对于这种干部的提拔使用制度化。" "许多同志除了不注意干部队伍的年轻化外,对干部队伍的知识化、专业化也很不重视。这也是过去在知识分子问题上长期存在的'左'倾思想的一种恶果。"[4] "选人要选好,要选贤任能。选贤任能这个话就有德才资的问题。贤就是德,能无非是专业化、知识化,有实际经验,身体能够顶得住。"[5] "干部不是只要年轻,有业务知识,就能解决问题,还要有好的作风。要全心全意为人民服务,深入群众倾听他们的呼声;要敢说真话,反对说假话,不务虚名,多做实事;要公私分明,不拿原则换人情;要任人唯贤,反对任人唯亲。"[6]

选人不拘一格。"这次提拔工程师,不是个别的,有多少提多少。我看全国能够提拔几万个工程师。要经过精选、评议。提拔的条件主要是根据专业技术水平,政治条件是不反对共产党,忠于祖国。共产党员专业技术不合格的也不能提。有的人可以破格提成工程师,不一定都要经过见习技术员、技术员再提为工程师。"[7] "老中青,现在要着重注意中。这里所说的中,就是现在四十岁多一点的干部。这些人至少有一二十年的工作经验,有些还有上十年的领导工作经验。发现一个好苗子,要让他一个台阶一个台阶地上来,每个台阶可以快一点,比如搞个年把子再上来。这种培养方法好,是对干部真正的爱护。"[8] "在人才的问题上,要特别强调一下,必须打破常规去发现、选拔和培养杰出的人才。这是被'四人帮'搞乱了的一个重大问题。他们把有贡献的科学家、教

---

[1]《邓小平文选》第二卷,人民出版社1994年版,第75页。
[2]《邓小平文选》第二卷,人民出版社1994年版,第261页。
[3]《邓小平文选》第二卷,人民出版社1994年版,第262页。
[4]《邓小平文选》第二卷,人民出版社1994年版,第326页。
[5]《邓小平文选》第二卷,人民出版社1994年版,第400页。
[6]《邓小平文选》第三卷,人民出版社1993年版,第146页。
[7]《邓小平文选》第一卷,人民出版社1994年版,第292页。
[8]《邓小平文选》第二卷,人民出版社1994年版,第36页。

授、工程师诬蔑为资产阶级学术权威,把我们党和国家培养成长的优秀中年青年科学技术人员,诬蔑为修正主义苗子。我们要彻底清除'四人帮'的流毒,把尽快地培养出一批具有世界第一流水平的科学技术专家,作为我们科学、教育战线的重要任务。"[1] "我们要特别注意选拔中年干部。也许再过五年,大学毕业生里会出现一批人才,他们的年龄都在三十岁以下,对这些人我们要注意提拔。但是从现在的状况来说,重点应该放在选拔中年干部,要选拔他们当中合乎三个条件的人接班,老同志要让路。我们要破格选拔人才,不要按老规矩办事,要想到这是百年大计。先不说百年大计,十年大计首先要想嘛。" "我们说资本主义社会不好,但它在发现人才、使用人才方面是非常大胆的。它有个特点,不论资排辈,凡是合格的人就使用,并且认为这是理所当然的。从这方面来看,我们选拔干部的制度是落后的。论资排辈是一种习惯势力,是一种落后的习惯势力。"[2] "干部的提升,不能只限于现行党政干部中区、县、地、省一类台阶,各行各业应当有不同的台阶,不同的职务和职称。随着建设事业的发展,还要制定各个行业提升干部和使用人才的新要求、新方法。将来很多职务、职称,只要考试合格,就应当录用或者授予。打破那些关于台阶的过时的观念,创造一些适合新形势新任务的台阶,这才能大胆破格提拔。而且不管新式老式的台阶,总不能老是停留在嘴巴上说。一定要真正把优秀的中青年干部提拔上来,快点提拔上来。提拔干部不能太急,但是太慢了也要误现代化建设的大事。现在就已经误了不少啊!特别优秀的,要给他们搭个比较轻便的梯子,使他们越级上来。"[3] "人才,只有大胆使用,才能培养出来。对那些真正有本事的人,要放手提拔,在工资级别上破格提高。招聘也是个办法。我们要开一条路出来,让有才能的人很快成长,不要老是把人才卡住。人才不断涌出,我们的事业才有希望。"[4] "人才是有的。不要因为他们不是全才,不是党员,没有学历,没有资历,就把人家埋没了。善于发现人才,团结人才,使用人才,是领导者成熟的主要标志之一。"[5] "还有一个问题,发现和使用人才的问题。的确是人才难得啊。" "你们觉得是人才的,即使有某些弱点缺点,也要放手用。一个人才可以顶很大的事,没有人才什么事情也搞不好。1975年我抓整顿,用了几个人才,就把几个方面的工作整顿得很有成效,局面就大不一样。我们现在不是人才多了,而是真正的人才没有很好地发现,发现了没有果断地起用。

---

[1]《邓小平文选》第二卷,人民出版社1994年版,第95~96页。
[2]《邓小平文选》第二卷,人民出版社1994年版,第225页。
[3]《邓小平文选》第二卷,人民出版社1994年版,第324页。
[4]《邓小平文选》第三卷,人民出版社1993年版,第17~18页。
[5]《邓小平文选》第三卷,人民出版社1993年版,第109页。

对每个人都会有不同的意见,不会完全一致。有缺点可以跟他谈清楚,要放手地用人。总的看,我们对使用人才的问题重视不够。我建议中央总结一下用人的问题,尊重人才,广开进贤之路。"[1]

用人用其所长。"有些单位让他们去搞与专业技术无关的行政工作,还有的长期下放劳动或打杂。以后,对大学毕业生的使用,要注意发挥他们的专长。"[2]"有位老科学家,搞半导体的,北京大学叫他改行教别的,他不会,科学院半导体所请他作学术报告,反映很好。他说这是业余研究的。这种用非所学的人是大量的,应当发挥他们的作用,不然对国家是最大的浪费。他是学部委员、全国知名的人,就这么个遭遇。为什么不叫他搞本行?北大不用他,可以调到半导体所当所长,给他配党委书记,配后勤人员。"[3]"要发挥知识分子的专长,用非所学不好。有人建议,对改了行的,如果有水平,有培养前途,可以设法收一批回来。这个意见是好的。'四人帮'创造了一个名词叫'臭老九'。'老九'并不坏,《智取威虎山》里的'老九'杨子荣是好人嘛!错就错在那个'臭'字上。毛泽东同志说,'老九'不能走。这就对了。知识分子的名誉要恢复。"[4]"科学技术的业务领导工作,应当放手让所长、副所长分工去做。不论是党内的还是党外的专家,担负了行政职务,党委就应当支持他们的工作,充分发挥他们的作用,使他们真正做到有职有权有责。他们同样也是党和国家的干部,决不应该见外。党委应该了解和检查他们的工作,但是不能包办代替。"[5]"要善于选用人员,量才授予职责。要发现专家,培养专家,重用专家,提高各种专家的政治地位和物质待遇。用人的政治标准是什么?为人民造福,为发展生产力、为社会主义事业作出积极贡献,这就是主要的政治标准。"[6]"要落实对原工商业者的政策。""落实政策以后,工商界还有钱,有的人可以搞一两个工厂,也可以投资到旅游业赚取外汇,手里的钱闲起来不好。你们可以有选择地搞。总之,钱要用起来,人要用起来。"[7]"各民主党派和工商联的成员以及他们所联系的人们中,有大量的知识分子,其中不少同志有较高的文化科学水平,有丰富的实践经验,不少同志是学有专长的专门家,他们都是现代化建设中不可缺少的重要力量。原工商业者中不少人有比较丰富的管理、经营

---

[1]《邓小平文选》第三卷,人民出版社 1993 年版,第 369 页。
[2]《邓小平文选》第一卷,人民出版社 1994 年版,第 292 页。
[3]《邓小平文选》第二卷,人民出版社 1994 年版,第 32~33 页。
[4]《邓小平文选》第二卷,人民出版社 1994 年版,第 50~51 页。
[5]《邓小平文选》第二卷,人民出版社 1994 年版,第 98 页。
[6]《邓小平文选》第二卷,人民出版社 1994 年版,第 151 页。
[7]《邓小平文选》第二卷,人民出版社 1994 年版,第 157 页。

企业和做经济工作的经验,在调整国民经济、搞好现代化建设中可以发挥积极作用。原国民党军政人员以及其他爱国人士也能够利用自己的专长和社会关系,在现代化建设事业和统一祖国的大业中作出自己的有益贡献。"[1] "把科学技术工作和人才培养使用工作做好……怎么能把几百万知识分子骨干用起来?'文化大革命'前大专学校毕业的和自学成才达到同等水平的知识分子,总有几百万吧。用好这些人,是很顶事的。我们不是没有人才,问题是能不能很好地把他们组织和使用起来,把他们的积极性调动起来,发挥他们的专长。现在科技人员一方面很缺,另一方面又有很大的窝工浪费,用非所学、用非所长的现象很严重。这样的管理形式不行。怎样打破军民界限、部门地方界限,合理使用,把全国的科技人员使用起来,并且使用得当,是个很大的问题。"[2]

5. 大胆使用青年人才

青年是国家未来,是民族的希望。"科学的未来在于青年。青年一代的成长正是我们事业必定要兴旺发达的希望所在。在科学研究上,也往往是青年人赶过老年人,我们的老同志应当高兴地帮助青年人赶上来。"[3] "老一代文艺工作者,在发现和培养青年文艺工作者方面负有重要的重任。青年文艺工作者年富力强,思想敏锐,是我们文艺事业的未来。应当热情帮助并严格要求他们,使他们既不脱离生活,又能在思想上、艺术上不断进步。"[4]

要努力为青年成长创造条件。"庙只有那么大,菩萨只能要那么多,老的不退出来,新的进不去,这是很简单的道理。因此,老同志要有意识地退让。要从大处着眼,小道理要服从大道理,不要一涉及到自己的具体问题就不通了。我们将来要建立退休制度。但是,最重要的还是选拔培养接班人。现在有些地方对选进领导班子的年轻人,还是论资排辈,发挥不了他们的作用。我们的人才是有的,关键是要解放思想,打破框框。只要我们敢于把他们提起来,让他们在其位,谋其政,经过一两年就能干起来了。"[5] "选拔接班人要越快越好,现在我们工作中真正的骨干大都是40岁左右的人,30岁左右的骨干还很少,我们应该把这层骨干大胆地提拔起来。在座的同志过去负重要责任的时候年龄都不大,当团长、当师长的,有的当军长的,也只是20几岁,难道现在的年轻人比那个时候的年轻人蠢?不是。是因为被我们这些人盖住了,是论资排辈的

---

[1]《邓小平文选》第二卷,人民出版社1994年版,第204页。
[2]《邓小平文选》第三卷,人民出版社1993年版,第17页。
[3]《邓小平年谱》(1975—1994),中央文献出版社2004年版,第739页。
[4]《邓小平文选》第二卷,人民出版社1994年版,第212页。
[5]《邓小平文选》第二卷,人民出版社1994年版,第193页。

习惯势力使得这些年轻人起不来。好多同志在他们没有到领导岗位以前好像不行,其实把他们一提起来,帮助他们一下,很快就行了嘛。"[1] "要培养、选拔一批年轻干部到各级领导岗位上来,老干部对他们要传帮带,要给他们树立一个好的作风,要使他们能够继承和发扬党的艰苦朴素、密切联系群众等优良作风。要使他们懂得,不只是年轻就能解决问题,不只是有了业务知识就能解决问题,还要有好的作风。密切联系群众,这是最根本的一条。"[2] "这些年轻人选拔上来以后,可以干得久一些。他们现在经验不够,过两年经验就够了;现在不称职,过两年就可能称职了。他们脑筋比较活。整党明年就要推进到基层,到各单位各企业,这是一件非常了不起的工作,成功不成功就看我们能够不能够发现一批年轻人。因为到了本世纪末,现在30岁的,那时是40几;现在40岁的,那时也才50几。我们老同志在这个问题上要多顾多问。这方面可要解放思想呀,不解放思想不行啦!要说服老一点的同志把位子腾出来,要不然年轻干部没有位子呀。"[3] "要注意下一代接班人的培养。我坚持退下来,就是不要在老年的时候犯错误。老年人有长处,但也有很大的弱点,老年人容易固执,因此老年人也要有点自觉性。越老越不要最后犯错误,越老越要谦虚一点。现在还要继续选人,选更年轻的同志,帮助培养。不要迷信。我二十几岁就做大官了,不比你们现在懂得多,不是也照样干?要选人,人选好了,帮助培养,让更多的年轻人成长起来。他们成长起来,我们就放心了。"[4]

大胆提拔和放手使用青年人才。"把年轻人提起来,放到重要岗位,管的业务宽了,见识就广了,就能更好地发挥作用。要重视20几岁、30几岁的年轻人。世界上的科学家,成名的很多是在30岁左右。现在再不重视培养提拔年轻人就晚了,到了我们这个年纪就不行了。"[5] "现在科研队伍大大削弱了,接不上了。搞科研要靠老人,也要靠年轻人,年轻人脑子灵活,记忆力强。大学毕业20多岁,经过十年30多岁,应该是出成果的年龄。"[6] "培养接班人,这件事关系到军队建设和未来反侵略战争的大局,非解决不可。年轻干部只要选得准,搞好对他们的传帮带,加强学校的培养,是能够接好班的。我们老同志在这个问题上,眼光要放得远一些,要积极发挥骨干作用,选好接班人,带好接班人。这件事做好了,我们才有资格去见马克思,见毛主席,见周总理。"[7]

---

[1]《邓小平文选》第二卷,人民出版社1994年版,第223页。
[2]《邓小平文选》第二卷,人民出版社1994年版,第230页。
[3]《邓小平文选》第三卷,人民出版社1993年版,第92页。
[4]《邓小平文选》第三卷,人民出版社1993年版,第381页。
[5]《邓小平文选》第一卷,人民出版社1994年版,第291页。
[6]《邓小平文选》第二卷,人民出版社1994年版,第32页。
[7]《邓小平文选》第二卷,人民出版社1994年版,第123页。

"有些同志担心，年轻人经验不够，不能胜任。我看，这种担心是不必要的。经验够不够，只是比较而言。老实说，老干部对于现代化建设中的新问题，不是也没有什么经验，也要犯一些错误吗？一般说来，年轻人经验少一些，这是事实。但是，同志们回想一下，我们中间许多人当大干部、做大事，开始的时候还不是二三十岁？应该承认，现在一些中青年同志的知识，比我们那个时候并不少。经过的斗争考验少一点，领导经验少一点，这是客观条件造成的。不在其位，不谋其政嘛。放在那个位置上，他们就会逐步得到提高。"[1] "把年轻干部放到第一线压担子，这个路子对，不能只靠人家扶着。他们受到了锻炼，提上来别人也会服气。"[2] "我们的社会主义改革开放和现代化事业要继往开来，需要大批可靠的接班人。要多选一些年轻干部，放到一定的领导岗位上，一边工作一边培养。对特别突出的，应该大胆破格提拔。要有这个魄力和勇气，不然新人上不来呀！"[3]

6. 党必须重视和做好人才工作

尊重劳动，尊重知识，尊重人才，尊重创造。"要反对不尊重知识分子的错误思想。不论脑力劳动，体力劳动，都是劳动。从事脑力劳动的人也是劳动者。将来，脑力劳动和体力劳动更分不开来。发达的资本主义国家有许多工人的工作就是按电钮，一站好几小时，这既是紧张的、聚精会神的脑力劳动，也是辛苦的体力劳动。要重视知识，重视从事脑力劳动的人，要承认这些人是劳动者。" "在军队中，科研和教育也要一起抓，进行现代战争没有现代战争知识怎么行？要使军队领导干部自己有知识而且尊重知识。要办各级学校，经过训练，使军队领导干部掌握现代科学文化知识和现代战争知识。"[4] "要尊重劳动，尊重人才。毛泽东同志不赞成'天才论'，但不是反对尊重人才。他对我评价时就讲过'人才难得'。扪心自问，这个评价过高。但这句话也说明人才是重要的，毛泽东同志是尊重人才的。你们讲科研机构要出成果、出人才，教育战线也应该这样。中小学教师中也有人才，好的教师就是人才。要珍视劳动，珍视人才，人才难得呀！"[5] "不但学生应该尊重教师，整个社会都应该尊重教师。我们提倡学生尊敬师长，同时也提倡师长爱护学生。尊师爱生，教学相长，这是师生之间革命的同志式的关系。对于优秀的教育工作者，应该大张旗鼓地予以表扬和奖励。"[6]

---

[1]《邓小平文选》第二卷，人民出版社1994年版，第324～325页。
[2]《邓小平文选》第三卷，人民出版社1993年版，第166页。
[3]《毛泽东邓小平江泽民论人才》，党建读物出版社2003年版，第172页。
[4]《邓小平文选》第二卷，人民出版社1994年版，第41页。
[5]《邓小平文选》第二卷，人民出版社1994年版，第50页。
[6]《邓小平文选》第二卷，人民出版社1994年版，第109页。

要抓紧实施人才强国战略。"我国现在科研人员少,队伍小,比不上那些发达的大国,这点我们要承认。美国科研队伍有 120 万人,苏联前年的资料是 90 万人,现在又增加了。我们是 20 多万人。但是,正像有的同志说的,只要我们充分发挥社会主义制度的优越性,把力量统一地合理地组织起来,人数少,也可以比资本主义国家同等数量的人办更多的事,取得更大的成就。"[1] "要在坚持社会主义道路的前提下,使我们的干部队伍年轻化、知识化、专业化,并且要逐步制定完善的干部制度来加以保证。提出年轻化、知识化、专业化这三个条件,当然首先是要革命化,所以说要以坚持社会主义道路为前提。其次,这并不是说,不具备这三个条件或不合其中某一两个条件的德才兼备、善于学习、身体也好的同志就要调离。年龄的条件不能说得过死。如果离开了现在的干部队伍,我们的一切任务都不能完成,也就不可能实现干部队伍的年轻化等等。但是要看到,这是一个战略问题。我们的干部队伍总要变得比较年轻些,比较有知识,比较懂得业务。有些同志对这个问题的重要意义至今还认识不足,这有历史原因和实际原因,需要耐心细致地进行全面的准确的宣传解释工作。同时,在执行中还要定出妥善的步骤。"[2] "选拔培养中青年干部这个问题太大了……我们历来讲,这是个战略问题,是决定我们命运的问题。现在,解决这个问题已经是十分迫切了,再过三五年,如果我们不解决这个问题,要来一次灾难。"[3] "所有老干部都要认识,实现干部队伍的革命化、年轻化、知识化、专业化,是革命和建设的战略需要,也是我们老干部的最光荣最神圣的职责;是我们对党的最后一次历史性贡献,也是对我们每个人党性的一次严重考验。所以,这件事情必须解决,而且早就应该解决。"[4] "几年前我们就提出干部队伍要'四化',即革命化、年轻化、知识化、专业化。这些年在这方面做了一些事情,但只是开始。领导层干部年轻化的目标,并不是三五年就能够实现的,十五年内实现就很好了。明年党的十三大要前进一步,但还不能完成,设想十四大再前进一步,十五大完成这个任务。这不是我们这样年纪的人完成得了的。但是制定一个目标十分重要。哪一天中国出现一大批三四十岁的优秀的政治家、经济管理家、军事家、外交家就好了。同样,我们也希望中国出现一大批三四十岁的优秀的科学家、教育家、文学家和其他各种专家。要制定一系列制度包括干部制度和教育制度,鼓励年轻人。在这方面,严格说来我们刚刚开步走,

---

[1]《邓小平文选》第二卷,人民出版社 1994 年版,第 52 页。
[2]《邓小平文选》第二卷,人民出版社 1994 年版,第 361 页。
[3]《邓小平文选》第二卷,人民出版社 1994 年版,第 384 页。
[4]《邓小平文选》第二卷,人民出版社 1994 年版,第 396 页。

需要思考的问题和需要采取的措施还很多，必须认真去做。"[1]

加强和改进人才工作。"党的干部的管理工作，在近几年的一个重要进步，是开始实行了分级分部的管理，使干部的管理工作同政治和业务的检查监督工作，互相结合了起来。党应当沿着这个方向，把干部管理的工作推进到一个新的水平，使全党任何部门、任何职位的干部都受着党的认真的监督和具体的帮助，使党的干部的质量，不断地得到提高，而这也就是全体党员的质量不断地得到提高的主要条件。"[2] "各级、各行，各大厂或者是部委，可考虑建立考核委员会。一定要掌管到他那个单位，列入名册的有多少专业技术人员，是些什么情况。大学毕业生工作两年考核一次。这就是说，不要漏掉了人才。解决这个问题光靠人事部门不行。专业技术水平一定要由专家来考核鉴定。要经常帮助专业技术人员进修，给他们提供自学条件，这也要定个制度出来。看来学位不搞不行，可以先搞一个方案。"[3] "二十多年来，我们党对科学技术工作的领导，虽然积累了一些经验，但是应该承认，怎样科学地组织管理和领导好社会主义的科学技术事业，我们面前还有很大的未被认识的必然王国。不改变这种情况，就很难取得大的成就，就不会有主动权。"[4] "多少年来，我们对干部就是包下来，能上不能下。现在看来，副作用很大。我们面前摆着这个难题，现在还没有很好的办法解决。唯一的出路是要能下。这是一项很艰巨的工作。"[5] "怎样按照选拔干部的条件去做，这很重要。加强政治机关，特别要注意加强管干部的部门。政治机关的干部，特别是管干部的干部，要很公道，很正派，不信邪，不怕得罪人；也要有耐心，能熟悉干部，联系干部。我们的传统历来是政治机关管干部，首长总要经过政治机关去考核、审查干部，这才符合组织原则。要把这个好的传统继承起来。"[6] "干部工作的另外一个问题，就是干部交流问题。这是中央作了决定的，现在也是执行的问题。干部交流，是自上而下的工作。属于中央管理的干部的交流，由中央组织部提出意见，经过中央批准。省委管理的干部的交流，由省委组织部提出意见，经过省委批准。干部交流不是由下面提出什么比例、数字，而是根据需要。"[7] "还有一个干部调整、交流问题。毛泽东同志讲了，除八大军区司令员对调外，省军区和有些部门的干部也要交流一下，在一个地方待久了不好。有的在地方卷入了派性，妨碍地方的

---

[1]《邓小平文选》第三卷，人民出版社1993年版，第179页。
[2]《邓小平文选》第一卷，人民出版社1994年版，第251页。
[3]《邓小平文选》第一卷，人民出版社1994年版，第292页。
[4]《邓小平文选》第二卷，人民出版社1994年版，第99页。
[5]《邓小平文选》第一卷，人民出版社1994年版，第329页。
[6]《邓小平文选》第二卷，人民出版社1994年版，第22页。
[7]《邓小平文选》第一卷，人民出版社1994年版，第331页。

工作，总要调换一下嘛。如果有了山头，一定要去掉，要把山头平一平，把干部交流一下，不要挤到一堆。有些人适当调动一下地方有好处，主要是换一个地方可以多接触一些人，多了解一些情况，遇事也会谨慎一些。总之，在一个地方待久了不好。对干部要教育，要把这个问题讲清楚。"[1] "老同志现在的责任很多，第一位的责任是什么？就是认真选拔好接班人。选得合格，选得好，我们就交了账了，这一辈子的事情就差不多了。其他的日常工作，是第二位、第三位、第四位、第五位、第六位的事情。第一位的事情是要认真选拔好接班人。"[2] "我们的人才本来就少，决不能再浪费人才，我们经不起这个浪费。老同志的最主要的任务，第一位的任务，是提拔年纪比较轻的干部。别的事情搞差一点，这件事情搞好了，我们见马克思还可以交得了账，否则是交不了账的。"[3] "几年来新老干部的合作和交替，进行得比较顺利。从中央到地方的党政军各级领导岗位，都补充了一批德才兼备年富力强的优秀干部。这次三个委员会成员的进退，工作做得很好，特别是中央委员会的年轻化，前进了一大步。一批老同志以实际行动，带头废除领导职务终身制，推进干部制度的改革，这件事在党的历史上值得大书特书。"[4]

邓小平关于"尊重知识，尊重人才"的有关论述，阐明了人才是中国社会主义现代化建设成败的关键，要努力提高现有科学技术队伍水平和充分发挥他们的作用；包括科学人员在内的知识分子，是掌握科学文化知识较多工人阶级的一部分，是科学文化知识的传播者和先进生产力的开拓者，在向科技现代化进军、攀登科学技术高峰的进程中，要充分发挥他们的主力军作用；要树立对科技人员正确的评价标准，打破常规，发现、选拔和培养杰出人才，把尽快地培养出一批具有世界第一流水平的科学技术专家作为科学、教育战线的重要任务，创造一种环境使拔尖人才能够脱颖而出；善于发现人才，团结人才，使用人才，是领导人成熟的主要标志之一。这一切，科学地回答了尊重知识、尊重人才的一系列重要问题。

二、江泽民对邓小平尊重知识尊重人才理论与实践的丰富和发展

"知识分子是工人阶级中掌握科学文化知识较多的一部分，是先进生产力的开拓者，在改革开放和现代化建设中有着特殊重要的作用。能不能充分发挥广

---

[1]《邓小平文选》第二卷，人民出版社1994年版，第23页。
[2]《邓小平文选》第二卷，人民出版社1994年版，第227页。
[3]《邓小平文选》第二卷，人民出版社1994年版，第265页。
[4]《邓小平文选》第三卷，人民出版社1993年版，第145页。

大知识分子的才能,在很大程度上决定着我们民族的盛衰和现代化建设的进程。"[1] "党的科技政策和知识分子政策,归结到一点,就是'尊重知识,尊重人才'。"[2]

(一)江泽民关于"人才资源是第一资源"的理论与实践方略

"在社会的各种资源中,人才是最宝贵最重要的资源。各级党委和政府一定要不断促进和积极扶持各类优秀人才的脱颖而出,并十分珍惜和用好人才。""人才是科技进步和经济社会发展最重要的资源,智力是活的知识力量。"[3] "人才是兴军之本,必须把培养和造就大批高素质人才作为军队建设的根本大计来抓。我们历来强调,决定战争胜负的是人而不是武器,无论武器装备发展到什么程度,人在战争中的作用始终是第一位的,任何时候都不能见物不见人。如果我们有了高素质的人才,又有了先进的武器装备,就如虎添翼。"[4] "人才是一个国家发展最重要的资源。当今世界,争夺人才的竞争异常激烈。美国的经济、科技所以发展得快,很重要的一个原因就是它从全世界网罗了大批人才。我们要有政治远见,及早研究对策,真正把培养和使用好各类人才作为党和人民事业兴旺发达的大事来看待、来落实。""做好人才工作,首先要确立人才资源是第一资源的思想,克服'见物不见人'和'重使用,轻培养'的倾向。"[5] "当今和未来的世界竞争,从根本上说是人才的竞争。这种人才竞争是全面的,包括领导人才在内的各个方面各个层次的人才,都面临着各种竞争和斗争的检验与考验。"[6] "对于我们来说,这将是决定党、国家和民族在进入新世纪后的前途与命运的竞争和较量。"[7]

(二)江泽民关于"尊重劳动、尊重知识、尊重人才、尊重创造"的理论与实践方针

江泽民继承了毛泽东、邓小平的"双尊"思想,带领中国共产党和人民在改革开放和现代化建设的伟大实践中,创造性地提出适合中国情况又反映时代特点的关于知识分子问题的新思想、新论断、新政策,如他指出:"尊重知识,

---

[1]《江泽民论有中国特色社会主义(专题摘编)》,中央文献出版社2002年版,第253~254页。
[2] 江泽民:《论科学技术》,中央文献出版社2001年版,第39页。
[3]《毛泽东邓小平江泽民论人才》,党建读物出版社2003年版,第3页。
[4]《毛泽东邓小平江泽民论人才》,党建读物出版社2003年版,第6~7页。
[5]《毛泽东邓小平江泽民论人才》,党建读物出版社2003年版,第4页。
[6]《毛泽东邓小平江泽民论人才》,党建读物出版社2003年版,第9页。
[7]《毛泽东邓小平江泽民论人才》,党建读物出版社2003年版,第6页。

尊重人才，充分调动广大科技人员的积极性、主动性和创造性，是解放科技生产力的前提。""党的科技政策和知识分子政策，归结到一点，就是'尊重知识，尊重人才'。""要使尊重知识、尊重人才在全社会蔚然成风，形成学科技、用科技的新风尚。""为使各类科技人才充分发挥作用，各级党委和政府要始终信任、关心和爱护他们，努力为他们提供适宜的工作条件和生活条件，还要采取有效措施，促进全社会进一步形成尊重科学、尊重知识、尊重人才的良好风尚。大批优秀人才的不断涌现及其作用的充分发挥，我国社会主义现代化事业的发展就大有希望。""我们将坚持不懈地贯彻落实科教兴国战略和可持续发展战略，建设和完善国家创新体系，大力培养和积极引进人才，全面提高全民族的科学文化素质，在全社会努力弘扬科学精神，促进科技成果更好地转化为现实生产力。推进科学技术的发展，很重要的一项条件是形成科学研究、技术开发、社会生产和市场需求、社会投入、政府支持之间的良性体制，在全社会形成尊重知识、尊重人才、鼓励创新的文化氛围。"[1]江泽民在继承"双尊"思想的基础上进一步提出："必须尊重劳动、尊重知识、尊重人才、尊重创造，这要作为党和国家的一项重大方针在全社会认真贯彻。要尊重和保护一切有益于人民和社会的劳动。不论是体力劳动还是脑力劳动，不论是简单劳动还是复杂劳动，一切为我国社会主义现代化建设作出贡献的劳动，都是光荣的，应该得到承认和尊重。海内外各类投资者在我国建设中的创业活动都应该受到鼓励。一切合法的劳动收入和合法的非劳动收入，都应该得到保护。"形成与社会主义初级阶段基本经济制度相适应的思想观念和创业机制，营造鼓励人们干事业、支持人们干成事业的社会氛围，放手让一切劳动、知识、技术、管理和资本的活力竞相迸发，让一切创造社会财富的源泉充分涌流，以造福于人民等就是其重要的体现。

（三）江泽民关于"培养和造就大批德才兼备的各类人才"的理论与实践要求

人才的本质特征是具备一定的专门知识和较强的实践能力，具有较强的创造性，能够进行创造性劳动；具有开拓创新能力，在为社会创造物质文明和精神文明的某一方面起着较大作用；具有进步性，是社会先进生产力和先进道德文化的代表，对历史的进步发挥着积极的促进作用；具有社会性和进步性，总是以一定的方式存在于现实的社会之中，为现实的社会进步服务。当今社会衡量人才的一个主要标准就是对知识的掌握程度，一般来说，科技知识分子是当代各类人才的主体。

---

[1]《毛泽东邓小平江泽民论人才》，党建读物出版社2003年版，第214~216页。

"在社会的各种资源中,人才是最宝贵的资源。各级党委和政府一定要不断促进和积极扶持各类优秀人才的脱颖而出,并十分珍惜和用好人才。到本世纪末和下世纪初,要在我国理、工、农、医及交叉学科和高新技术领域中,培养和造就一支能够进入世界科学前沿的科学家队伍,一支具有技术创新能力、能够不断攻克经济建设和社会发展中各种复杂难题的工程技术专家队伍,一支学有所长并具有突出领导才能的科技管理专家队伍,组成我国现代化事业所要求的宏大的科学技术大军。"[1]"各级党委和政府都要着眼于党和国家事业的长远发展和人才的总体需要,紧紧抓住培养人才、吸引人才、用好人才三个环节,大力实施人才战略,特别要重点培养和造就优秀的学科带头人和工程技术的帅才,全面提高专业技术人才的科学素质和创新能力,为改革开放和现代化建设提供强大的人才保证。"[2]"要下功夫造就一批真正能站在世界科学技术前沿的学术带头人和尖子人才。""要鼓励和支持冒尖,鼓励和支持当领头雁,鼓励和支持一马当先,这不是提倡搞个人突出、个人英雄主义,而是合乎人才成长规律的必然要求。学得好的影响和带动学得不好的,水平高的影响和带动水平比较低的,这样就可以促进共同进步与提高。必须坚决克服用'一个模子'来培养人才的倾向。不准别人脱颖而出,谁一冒尖、一先进,就孤立人家,把人家挤压下去,以为这样大家都'公平'了、舒服了,殊不知这是扼杀优秀人才、否定先进事物的极其错误的行为。如果让这种现象泛滥作祟,还谈什么创新精神,我们的国家和民族还有什么希望?"[3]

学校和科研机构是为社会主义建设培养人才的地方。江泽民多次强调指出,学校要按照人才成长的规律和特点,把培养学生的创新意识和开拓精神作为素质教育的重点任务;科研机构要成为人才培养基地,纳入国家高级人才培养的教育体系;要建立开放、流动、竞争、合作的科技人员管理制度,营造生动、活泼、民主的学术氛围,鼓励探索和创新;继续执行"支持留学,鼓励回国,来去自由"的方针;要设立国家最高科学技术成就奖,鼓励科技创新,重奖成就卓著的优秀科技工作者。他尤其希望青年科技工作者,特别是大学生成为:理想远大、热爱祖国的人,追求真理、勇于创新的人,德才兼备、全面发展的人,视野开阔、胸怀宽广的人,知行合一、脚踏实地的人。他认为,大力培养、任用青年人才,应成为我们推动科技创新、知识创新和各方面创新的重要指导思想;要不拘一格地选用年轻人,努力从学习、体制、政策、环境等方面创造

---

[1]《江泽民论有中国特色社会主义(专题摘编)》,中央文献出版社2002年版,第255页。
[2]《江泽民论有中国特色社会主义(专题摘编)》,中央文献出版社2002年版,第261页。
[3]《江泽民论有中国特色社会主义(专题摘编)》,中央文献出版社2002年版,第256页。

条件让青年人才脱颖而出,大批年轻英才不断涌现出来;要在全社会树立崇尚创新的良好风尚,让他们充分施展才华,勇于创新,大展宏图。

（四）江泽民关于"教育必须以提高国民素质为根本宗旨"的理论与实践保障

"各级各类学校都要全面贯彻党的教育方针,坚持社会主义办学方向,努力培养德智体全面发展的'四有'新人。要针对改革和建设过程中出现的新情况、新问题,不断加强和改进学校的思想政治工作和政治课教育。要加强对学生进行马列主义、毛泽东思想基本理论特别是邓小平同志建设有中国特色社会主义理论的教育,加强党的基本路线的教育,加强爱国主义、集体主义和社会主义思想的教育,加强中国近代史、现代史和国情的教育,加强我国优秀文化传统和革命传统的教育。要通过总结经验、改进教学方法,使各级各类学校的政治课上得更好。加强理论教育、思想教育和政治工作的目的,就是要引导和帮助青年学生树立正确的世界观、人生观、价值观,打下科学理论的基础,确立为建设有中国特色社会主义而奋斗的政治方向。这样,才能增强青少年抵制错误思潮和拜金主义、享乐主义、极端个人主义等腐朽思想侵蚀的能力。各地区各部门的主要领导同志要经常同师生座谈,作形势报告,这要形成制度。要认真维护学校的教学秩序,促进安定团结。全社会都要关心和保护学生的健康成长,共同创造良好的育人环境。"[1] "我们必须全面贯彻党的教育方针,坚持教育为社会主义、为人民服务,坚持教育与社会实践相结合,以提高国民素质为根本宗旨,以培养学生的创新精神和实践能力为重点,努力造就'有理想、有道德、有文化、有纪律'的,德育、智育、体育、美育等全面发展的社会主义事业建设者和接班人。"[2]

"思想政治教育,在各级各类学校都要摆在重要地位,任何时候都不能放松和削弱。要说素质,思想政治素质是最重要的素质。不断增强学生和群众的爱国主义、集体主义、社会主义思想,是素质教育的灵魂。我在今年年初中央举办的金融研究班的讲话中,曾经强调了一个问题,就是对干部、群众和学生必须认真进行中国历史、地理、文学知识和政治知识的教育,没有这些知识的武装,人们的爱国主义、集体主义、社会主义思想是难以确立起来的。在学校中,对数学、物理、化学和外语等知识的教育要重视,对上面讲的这些知识的教育也要重视。如果轻思想政治教育、历史知识教育和人格培养,那就会产生很大的片面性,而这种片面性往往会影响人的一生的轨迹。这一点请教育战线的领

---

[1]《江泽民论有中国特色社会主义（专题摘编）》,中央文献出版社2002年版,第262页。
[2]《江泽民论有中国特色社会主义（专题摘编）》,中央文献出版社2002年版,第265页。

导者、管理者和广大教师千万加以注意。"[1] "各级各类学校都要把全面推进素质教育，提高受教育者的全面素质，作为教育工作的战略重点。既要重视和不断加强、改进文化知识教育，又要重视和不断加强、改进思想道德教育。通过思想道德教育，增强受教育者的思想政治素质和社会责任感，培养敬业爱岗和服务质量意识，养成既讲竞争进取，又讲团结合作的风气。还要努力普及科学技术教育，提高全民的科技水平，为推广应用实用技术，发展高新技术提供人力基础。"[2]

"终身学习是当今社会发展的必然趋势。一次性的学校教育，已经不能满足人们不断更新知识的需要。我们要逐步建立和完善有利于终身学习的教育制度。学校要进一步向社会开放，发挥学历教育、非学历教育、继续教育和职业技术培训教育等多种功能。普通教育、职业教育、成人教育和高等教育要加强相互间的衔接与沟通，为学习者提供多种多次受教育的机会。要以远程教育网络为依托，形成覆盖全国城乡的开放教育系统，为各类社会成员提供多层次、多样化的教育服务。中华民族具有崇尚教育的优良传统，二十一世纪的中国应该成为人人皆学之邦。"[3]

实施素质教育的指导思想是邓小平"三个面向"即"面向现代化、面向世界、面向未来"和江泽民提出的"四个统一"即"坚持学习科学文化知识与加强思想修养的统一，坚持学习基本知识与投身社会实践的统一，坚持实现自身价值与服务祖国人民的统一，坚持树立远大理想与进行艰苦奋斗的统一"。倡导要尊重学生身心发展特点和教育规律，坚持面向全体学生，为学生的全面发展创造相应的条件；要更加重视德育，并使德育、智育、体育、美育、劳动技术教育和社会实践诸方面相互渗透、相互促进，贯穿于教育的各个环节和阶段，促进学生的全面发展。

三、胡锦涛对邓小平尊重知识尊重人才理论与实践的深化发展

2003年12月，胡锦涛在全国人才工作会议上提出了人才强国战略，这是对邓小平尊重知识尊重人才理论与实践的深化发展。

（一）胡锦涛人才观的"三个牢固"理论与实践

胡锦涛把科学人才观的内涵概括为："牢固树立人才资源是第一资源的观

---

[1]《江泽民论有中国特色社会主义（专题摘编）》，中央文献出版社2002年版，第264页。
[2]《江泽民论有中国特色社会主义（专题摘编）》，中央文献出版社2002年版，第265页。
[3]《江泽民论有中国特色社会主义（专题摘编）》，中央文献出版社2002年版，第266~267页。

念""牢固树立人人都可以成才的观念""牢固树立以人为本的观念"[1]。

人才资源是第一资源,是因为人是先进生产力和先进文化的重要创造者和传播者。特别是在当今,高技术产业迅速增长,以知识为基础的产业逐步上升为社会的主导产业,战略资源不再是农业经济时代的土地、工业经济时代的原材料能源等物质资源,而人才资源才是一个国家经济和社会发展最重要的战略资源。当今和未来世界的竞争,从根本上说是人才的竞争,谁占有更多人才,谁就能在综合国力的竞争中占优势。为此世界各发达国家无不高度重视人才的开发,提出不同的人才开发战略。中国人口众多,社会主义现代化建设任务十分艰巨,而各方面人才奇缺,树立"人才资源是第一资源"的思想,充分发挥人才资源开发在经济社会中的基础性、战略性、决定性作用,对于中国从人口大国变为人才资源强国尤其具有决定性意义,对促进科技教育的发展也有十分重要的作用。

人人都可以成才,是胡锦涛对邓小平"尊重知识、尊重人才"和江泽民"人才资源是第一资源"理论与实践的继承与深化。人人都可以成才,求真务实,坚持了人才理论的唯物主义、反对唯学历、唯职称、唯职务的人才观,把品德、知识、能力和业绩作为衡量人才的主要标准。凡是具有一定的知识或技能,能进行创造性劳动,为推进中国特色社会主义物质文明、政治文明、精神文明建设作出积极贡献的劳动者,都是党和国家需要的人才。胡锦涛指出:"谁勤于学习、勇于投身时代创业的伟大实践,谁就能获得发挥聪明才智的机遇,就能成为对国家、对人民、对民族有用之才。"[2]人人都可以成才,揭示了人才问题上的群众观点和群众路线,坚持了人民群众创造历史的历史唯物主义思想,摒弃了片面的、依靠少数人的"精英观"。人人都可以成才,说明人才要从广大群众中去发掘,去培养,而不能只看到身边的人,只看到自己熟悉的人。我们十分需要高层次的人才,即一批忠诚实践马列主义、毛泽东思想、邓小平理论、"三个代表"重要思想和以科学发展观统领经济和社会发展全局,善于治党治国的政治家,一批熟悉国内外市场、具有国际竞争能力的优秀企业家,一批有自主创新能力、具有世界前沿水平的科学技术领军人物。但是,我们也需要数以亿计的高素质普通劳动者。只有广大劳动者科学文化素质的普遍提高,全民族人才资源得到整体开发,人才中的"精英",即政治家、企业家、科学技术专家的产生和成长才有坚实、牢固的基础。数以千万计的专业管理人才,一大批拔尖自主创新人才、一大批政治家,和有品德、知识、能力和业绩的数以亿计的高

---

[1]《胡锦涛文选》第二卷,人民出版社 2016 年版,第 129~130 页。
[2]《胡锦涛文选》第二卷,人民出版社 2016 年版,第 130 页。

素质劳动者相结合,共同组成中国浩浩荡荡的人才大军,全面小康社会的建设事业、中国特色社会主义现代化建设事业和中华民族复兴伟业才能从胜利走向胜利。

树立以人为本的观念,是科学发展观在人才问题上的具体运用。以人为本,就是要把促进人才健康成长和充分发挥人才的作用放在首要位置,努力营造鼓励人才干事业、支持人才干成事业、帮助人才干好事业的社会环境。要理解人才、尊重人才、关心人才、保护人才、用好人才。以人为本,就要坚持改革创新,坚决破除那些不合时宜、束缚人才成长和发挥作用的陈旧观念、做法和体制,建立充满生机和活力的人才工作体制和机制,包括建立和完善劳动、资本、技术和管理等生产要素按贡献参与分配的制度;建立和完善以业绩为重点,由品德、知识、能力等因素构成的人才评价指标体系;建立和完善社会保障制度等,为各类人才发挥其聪明才智创造优越的环境。总之,放手让一切劳动、知识、技术、管理和资本的活力竞相迸发,让一切创造社会财富的源泉充分涌流,以造福于社会,造福于人民。

(二)胡锦涛做好尊重知识尊重人才的"三项工作"要求理论与实践

胡锦涛不仅论述了科学人才观的"三个牢固"内涵,而且明确提出了当前和今后需要做好尊重知识尊重人才的"三项工作"。

一是要以培养造就高层次人才来带动整个人才队伍建设,促进各级各类人才的协调发展。这里指的高层次人才一是党政军领导人才,要大力培养讲政治、懂全局、善于治党治国治军的领导人才;抓好省部级、地厅级后备干部的集中调整、补充工作,按照科学发展观和人才观、正确的政绩观的要求,进一步改进考察方法,把后备干部选准、选好;要围绕建立廉政、勤政、务实、高效政府的要求,建设高素质、专业化的公务员队伍。二是抓好在科技攻关、拓展市场等方面起着主导作用的领军人才和灵魂人才即抓好"拔尖人才"的培养,并以此为重点,推进专业技术人才队伍的建设,特别要重视青年人才和国防科技高层次人才队伍的建设。三是大力培养职业化、现代化、国际化的"三化"企业家;职业化是指应以创办和发展企业作为终身职业,以企业获得最大的经济和社会效益为奋斗目标;现代化应是指先进生产力的开拓者与实践者,善于依靠科技创新和提高劳动者素质来推动企业的发展;国际化是指应具有国际经营理念,熟悉国际惯例,善于在国际竞争中创立国际知名品牌的魄力和知识。为了使这三支人才队伍能够大量涌现,胡锦涛强调要坚持改革创新,完善人才工作的体制和机制,建立以公开、竞争、择优为导向的、有利于这三种人才脱颖而出,充分发挥才能的选拔、任用机制,以带动整个人才队伍的建设。

二是要着眼于人才总量的增长和人才素质的提高，大力加强人才资源能力的建设。要在提高全体人民的思想道德素质、科学文化素质和健康素质的基础上，重点培养人的学习能力、实践能力，着力提高人的创新能力。要加大对人才资源能力建设的投入，促进人才建设的四个"相适应"：人才总量同国家发展的目标相适应，人才结构同各项事业全面发展的需求相适应，人才培养机制同各类人才成长的特点相适应，人才素质同经济社会协调发展相适应。这四个"相适应"是胡锦涛针对中国劳动力整体素质偏低、科技人才相对数量少、总体水平不高的现状提出来的。此外，中国科技队伍的学科分布呈现出传统学科相对齐全、新兴学科发展不够的特点，现有的学科结构与世界科学技术总体发展态势不相适应，与中国经济社会发展要求不相适应的矛盾仍较为突出，尤其是交叉学科和新兴学科发展缓慢，缺乏快速调整机制。中国尚缺乏一批世界级的科学家。由此可见，胡锦涛提出要着眼于人才总量增长和人才素质提高的主张是多么重要。

三是要坚持党管人才的原则。党管人才，体现了中国共产党对人才资源重要价值和作用的深刻认识，反映了中国共产党对人才认识的深化。党管人才，主要是管宏观、管政策、管协调、管服务，重点做好制定政策、整合力量、营造环境，用事业造就人才，用环境凝聚人才，用机制激励人才，用法律保障人才。必须明确，胡锦涛提出的党管人才不是一切由党包办代替，不是"管住人才"，而是"整合人才"，是根据科学发展观以人为本的精神，建立与社会主义市场经济相适应的人才体系的要求，从宏观上制订了人才工作的总体规则，从过去以行政手段为主转变为以政策导向和法律规范为主，建立和完善了中国特色社会主义人才政策法律体系，使人才工作走上了制度化、法律化的轨道。

（三）胡锦涛大教育观念与推动科技自主创新的理论与实践

建设中国特色社会主义必须依靠科学技术，发展科学技术必须依靠人才，而人才的培养又决定于教育。所以，胡锦涛在论述人才问题后紧接着提出，要树立大教育、大培训观念，切实把科技教育放在优先发展的地位，加大教育培训力度，用更大的精力、更多的财力，加快教育事业发展。他强调："要进一步完善普通教育、职业教育、成人教育和高等教育相衔接的教育体系，完善继续教育和培养制度，建立健全人才培养机制。"[1]中国教育事业虽有很大发展，但和全面建设小康社会需要相比，差距还很大。因此在成功实施《1998-2002年面向21世纪教育振兴行动计划》的基础上，2003年3月3日，国务院批转了

---

[1]《人民日报》，2003-12-21。

教育部制定的新一轮《2003-2007年教育振兴行动计划》。这个新一轮教育振兴计划首先把农村教育确定为整个教育工作的"重中之重",同时强调高水平大学建设和职业教育成为中国教育工作的三大战略重点。新一届政府加大财政投入,国家财政性教育经费支出占 GDP 的比重将从 2002 年的 3.41% 争取尽快达到 4%,2010 年力争达到 5% 左右。并且明确提出新增教育经费主要用于农村,力争到 2007 年,使西部地区九年义务教育普及率达到 85% 以上,青壮年文盲率降到 5% 以下。更加重视高等教育健康发展,做好 21 世纪国家重点建设 100 所高等学校的 "211 工程" 和创建若干所世界一流大学的 "985 工程"。职业教育要坚持以就业为导向,坚持为产业发展和农村劳动力转移服务,实施"技能型紧缺人才培养培训计划"和"农村劳动力转移培训计划"。要深化教育改革,明确教育改革的任务是进一步完善管理体制,强化发展教育特别是义务教育是各级政府的重要责任,促进教育公平;推进办学体制改革,开创公办学校和民办学校共同发展的新局面;积极发展中外合作办学,充分利用国外优质资源;改革教育观念、课程、模式、方法、手段,大力推进以培养创新精神和实践能力为核心的素质教育;合理配置教育资源,优化教育结构布局,依托新技术手段,构筑教育资源共享平台;发展现代远程教育,建立覆盖全国城乡的开放教育系统,促进学习型社会的建立与发展。

  对于科学技术,胡锦涛予以更多的关注。2004 年 12 月 28 日,中央政治局举办面向 2020 年中国科技发展战略为内容的第十八次集体学习,胡锦涛强调,要坚持把推动自主创新摆在全部科技工作的突出位置,大力增强科技创新能力,大力增强核心竞争力;要加快国家创新体系的建设,加强原始创新能力和集成创新能力。2005 年 6 月 4 日,胡锦涛在会见中科院院士座谈会代表时又强调要"三个进一步":一是要进一步确立自主创新的战略目标;二是要进一步加强国家自主创新体系建设;三是要进一步造就自主创新的人才队伍。紧接着中央政治局于 6 月 27 日召开会议,研究部署国家中长期科学技术发展工作。会议强调,中国必须更加坚定地把科技进步和创新作为经济社会发展的首要推动力量,把提高自主创新能力作为调整经济结构、转变增长方式、提高国家竞争力的中心环节,把建设创新型国家作为面向未来的重大战略;今后 15 年,中国科技工作要坚持自主创新、重点跨越、支撑发展、引领未来的指导方针,坚持把自主创新能力摆在全部科技工作的核心位置,大力加强原始性创新、集成创新和在引进先进技术基础上的消化、吸收、创新,努力在若干重要领域掌握一批核心技术,拥有一批自主知识产权,造就一批具有国际竞争力的企业和品牌,为中国经济社会发展和国防现代化建设提供强大科技支撑。中央政治局的上述决定,实际上是把胡锦涛的要"三个进一步"充分展开,加以具体化,不仅目标和任务更加明确，措施和办法也更为切实，使之成为中国今后一个相当长时期科研发展的指导方针和行动纲领。

2005年10月12日，中共中央公布的中国共产党第十六届中央委员会第五次全体会议公报，对实施人才强国战略、对发展科技教育和壮大人才队伍的意义、方针、做法作了全面、深刻的论述。会议认为，发展科技要坚持自主创新、重点跨越、支撑发展、引领未来的方针，不断增强企业创新能力，加快建设国家创新体系。坚持教育优先发展，全面实施素质教育，普及和巩固义务教育，大力发展职业教育，提高高等教育质量，深化教育体制改革，加快教育结构调整，促进各级各类教育协调发展，建设学习型社会。加强人才资源能力建设，实施人才培养工程，加强党政人才、企业经营管理人才和专业技术人才三支队伍建设，抓紧培养专业化高技能人才和农村实用人才。

第十二章　邓小平科技教育与生产经济相结合以及科教兴国战略的理论与实践

本章主要从邓小平教育与生产劳动、经济社会发展相结合的理论与实践，邓小平推进农村教育综合改革、科技兴农、农科教结合的理论与实践，邓小平科技教育理论与科教兴国战略，实施科教兴国战略必须坚持的几个问题等方面入手，对邓小平科技教育与生产经济相结合以及科教兴国战略的理论与实践进行梳理、研究、阐述。

一、邓小平教育与生产劳动、经济社会发展相结合的理论与实践

1952年10月，邓小平调中央工作，担任政务院常务副总理不久，在代中央起草的关于教育部的综合报告的批语中就提出了教育计划要与国家经济建设密切配合的意见。后来他又特别强调指出："早在八十年前，列宁就说过：'无论是脱离生产劳动的教学和教育，或是没有同时进行教学和教育的生产劳动，都不能达到现代科学技术水平和科学知识现状所要求的高度。'现代经济和技术的迅速发展，要求教育质量和教学效率的迅速提高，要求我们在教育与生产劳动结合的内容上、方法上不断有新的发展。"[1]"把劳动和教育结合起来，是培养具有共产主义品德和真实本领的年青一代的根本道路"[2]，"我们要发展半工半读学校，培养学生们的劳动习惯。在工厂、农村，让工人、农民也学习文化，把脑力劳动与体力劳动的差距缩小"[3]。邓小平把教育与生产劳动相结合，从学校内部扩大到整个社会经济部门，从学校的教育与生产劳动相结合扩展到整个教育事业和国民经济发展相结合。

（一）重视宏观的教育与生产劳动经济社会发展相结合，把教育事业发展计划纳入国民经济发展计划

邓小平指出："各级各类学校对学生参加什么样的劳动，怎样下厂下乡，花

---

[1]《邓小平文选》第二卷，人民出版社1994年版，第107页。
[2]《邓小平年谱》(1904—1974)，中央文献出版社2009年版，第1454页。
[3]《邓小平年谱》(1904—1974)，中央文献出版社2009年版，第1829页。

多少时间，怎样同教学密切结合，都要有恰当的安排。"[1]但是，"更重要的是整个教育事业必须同国民经济发展的要求相适应。不然，学生学的和将来要从事的职业不相适应，学非所用，用非所学，岂不是从根本上破坏了教育与生产劳动相结合的方针？那又怎么可能调动学生学习和劳动的积极性，怎么可能满足新的历史时期向教育工作提出的巨大要求？"[2]

做到整个教育事业能够跟国民经济发展的要求相适应。邓小平指出："国家计委、教育部和各部门，要共同努力，使教育事业的计划成为国民经济计划的一个重要组成部分。"[3]这是因为，"我们的国民经济是有计划按比例发展的，我们培养训练专门家和劳动后备军，也应该有与之相适应的周密的计划。我们不但要看到近期的需要，而且必须预见到远期的需要；不但要依据生产建设发展的要求，而且必须充分估计到现代科学技术的发展趋势。"[4]为此，他要求"这个计划，应该考虑各级各类学校发展的比例，特别是扩大农业中学、各种中等专业学校、技工学校的比例；要研究发展什么样的高等学校，怎样调整专业设置、安排基础理论课程和进行教材改革。要制订加速发展电视、广播等现代化教育手段的措施，这是多快好省发展教育事业的重要途径，必须引起充分的重视。生产劳动、科学试验和科学研究在学习教育中怎样组织得更有计划，使之更符合于经济计划和教育计划的需要，应该加以深入的研究"[5]。

自从 1978 年邓小平提出教育事业必须同国民经济发展要求相适应这个指导方针以来，中国的教育事业为了适应经济社会发展的需要，进行了一系列的调整和改革，使教育与生产劳动、经济社会发展相结合的方针得到了进一步的贯彻落实。

（二）以重点大学既是办教育的中心又是办科研的中心，体现大学学习、生产、科学研究三大任务的实现

高等教育发展的历史表明，高等学校的社会功能不是一成不变的，而是随着经济、科技的进步而逐渐扩大的。起初的大学只有单一的功能，即传授知识，这时的大学仅仅是教学的中心。产业革命之后，大学逐步承担了科学研究的任务，它不仅致力于传授知识，而且还创造新知识，因而它既是教学的中心，又是科研的中心。特别是在新技术革命的条件下，高等学校科学研究中心的地位

---

[1]《邓小平文选》第二卷，人民出版社 1994 年版，第 107 页。
[2]《邓小平文选》第二卷，人民出版社 1994 年版，第 107~108 页。
[3]《邓小平文选》第二卷，人民出版社 1994 年版，第 108 页。
[4]《邓小平文选》第二卷，人民出版社 1994 年版，第 108 页。
[5]《邓小平文选》第二卷，人民出版社 1994 年版，第 108 页。

更加突出了。"科学、教育一体化"趋势在高等教育范围内，特别是在重点高校尤为明显。研究工作被视为教学过程的主要动力，反过来教学过程又在推动研究工作。由于高等学校在科研人才、学科设置、技术设备等方面为从事高新技术研制开发提供了优越条件，因此世界上许多高技术园区都依托与高校，许多国家都把高等教育作为本国在新技术革命竞争中制胜的武器。

邓小平历来重视高等学校在科学技术领域特别是高科技领域中的作用。他认为高校不仅负有培育一代新人的任务，而且应当担负起进行科学研究、提供科技成果的任务，发挥它在国家科技进步中的作用。早在1958年10月8~9日，他在天津大学谈到大学教育问题时指出："学校有三个作用，学习、生产和研究。三个东西互相联系、互相促进，学习生产促进研究，研究反过来促进生产。"[1]1977年7月29日，邓小平在关于教育工作的谈话中强调，重点大学既是办教育的中心，又是办科研的中心。同年8月8日，他在科学和教育工作座谈会上又明确讲道："高等院校，特别是重点高等院校，应当是科研的一个重要方面军，这一点要定下来。它们有这个能力，有这方面的人才。事实上，高等院校过去也承担了不少科研任务，随着高等院校的整顿，学生质量的提高，学校的科研能力会逐步增强，科研的任务还要加重。朝这个方向走，我们的科学事业的发展就可以快一些。"

邓小平关于重点高校既是教学的中心又是科研的中心的意见，充分估计到了当今时代高等教育结构多层次化、向两端发展的趋向（大量的高校向大众化、普及化、多样化发展，少数大学向技术的"高、精、尖"发展），是符合中国国情的发展高等教育的有效措施。为了发挥重点高校在科技攻关和经济发展中的重要作用和在提高高教整体水平中的主导、带动作用，国家采取了一些十分重要的措施，如在重点大学建立国家重点学科、建立博士后流动站等，都取得了明显的效果。

（三）把教育与生产劳动、经济社会发展相结合奠定在教育体制改革和劳动人事制度改革的基础上

1985年5月发布的《中共中央关于教育体制改革的决定》指出："在改革教育体制的同时改革有关的劳动人事制度，实行'先培训，后就业'的原则。今后各单位招工，必须首先从各种职业技术学校毕业生中择优录取。一切从业人员，首先是专业性技术性较强行业的人员，都要像汽车司机经过考试合格取得驾驶证才许开车那样，必须取得考核合格证书才能走上工作岗位。"这与中国

---

[1]《邓小平年谱》（1904—1974）中央文献出版社2009年版，第1460页。

《宪法》规定中华人民共和国公民有劳动的权利和义务,也有受教育的权利和义务是相一致的。一个公民享受受教育的权利是以尽一个公民为共和国而劳动的义务为前提的,也就是说,一个公民受教育是为了履行一个公民为国家尽劳动的义务。在现代社会中,要劳动就要有文化、有技术,这就必须受教育;反之,一个公民享受劳动的权利又是以受教育的义务为条件的,也就是说没有文化,没有受过教育是没有条件去尽劳动的义务的,因为没有文化适应不了社会主义现代化建设的需要。因此,中国要从劳动人事制度上明确规定:每个公民为了准备为共和国劳动,都必须接受九年制义务教育,经过职业培训才能就业。只有这样,才能保证劳动者的素质。过去中国没有这样做,带来了严重的后果,如工矿企业部门不得不以很大的代价,在职工中进行"双补"(补习文化,补习技术),而"双补"的效果又往往是不很理想的,甚至流于形式。

为了提高劳动者的素质,从 1986 年起,在全国的厂矿企业的 1.3 亿干部和工人中,开展了岗位培训,使教育与生产力相结合做到了"双向结合",落实到广大职工的生产和工作岗位上,为直接地提高经济效益和工作效率服务。全国 30 个省、自治区、直辖市和工业、交通、农林、建筑等 30 个部门制定了大中企业领导干部岗位培训的规划,并付诸实施。许多单位本着"干什么学什么,缺什么补什么,需要什么培训什么"的原则,对干部、工人开展各种层次、形式多样的岗位培训。经考核合格者获得岗位培训证书。许多工矿企业实行了岗位培训合格证书制度。通过培训,职工队伍的政治、技术、业务水平和实际能力都有了明显变化,企业的整体素质和经济效益得到了显著的提高。

8 亿农民的技术培训也在全国范围内广泛开展。这是继联产承包责任制成功解决了农民与土地结合的问题之后,进而解决农民与技术结合、实现农业现代化的关键步骤。农民的技术培训得到了各级农业院校的大力支持。除了 66 所高等农业院校和 376 所农业中专学校外,还建立了 3 所农业部所属农业管理干部学院、中央农业广播学校和农业部声像中心、80 个省级培训自学中心、1 208 个县级技术培训推广中心、1 953 所农机化学校、近 500 所农民中专和农业干部学校,乡镇农民文化技术学校已发展到 33 000 多所。农民技术培训还借鉴外国经验,试行农民"绿色证书"制度。

(四)把教育与生产劳动、经济社会发展相结合贯彻到普通教育、劳动技术教育、职业技术教育的过程之中,做到互相渗透

在中小学普遍开设劳动课、劳动技术课,培养学生热爱劳动和引导学生树立正确的劳动观点,养成良好的劳动习惯,掌握基本的劳动技能。在城市建立劳动技术教育中心,使学生有劳动基地,让劳动技术教育真正落到实处。在农

村中小学除开设劳动课、劳动技术课以外，在初中阶段，结合当地实际，引进职业技术教育因素，编写乡土教材，使学生掌握一定的实用技术和经营常识，为振兴农村经济服务。在城市和农村，随着产业结构的调整、就业结构的变化，发展高中阶段的职业技术教育，使现有的普通高中与职业高中逐渐接近和合一，变成综合高中；学生入学后，既受普通教育，又受职业教育，毕业后既能升学，又能就业。

为小学后、初中后、高中后三次分流做好准备。在农村有条件的地方，办"3+1"初中或初中2年级分叉，以着重进行初级职业技术教育，解决初中后分流学生就业问题；或兴办职业初中，如山东省胶州市在全市各乡镇都增设了一所职业初中，按照7∶3的比例开设文化课和专业课，教学生学种植、养殖、加工等多种实用技术，运用于家庭经营之中，对学生和家长都有吸引力；由于学以致用，又适合多层次人才学习，使一些文化课程的学生也能招得进、留得住，有效地防止了因厌学而辍学的现象。为适应高中毕业生大量不能升学的状况，创立高中后教育，解决就业问题。

在中小学试行"五四学制"，把原来小学6年、初中3年改为小学5年、初中4年。在初中4年里，文化课与劳动技术课的比例，一般是7.5∶2.5或8∶2，既为农村培养实用人才，又不降低文化课水平，兼顾了升学和就业。从辽宁、山东、河北省等地试办"五四学制"的实践经验看，"五四学制"有利于全面贯彻党的教育方针，更好地为农村经济建设培养实用人才。"五四学制"提高了初中生劳动技术素质，解决了他们原来大多数初中毕业生升学无望、致富无术的问题。河北省青龙满族自治县从1977年试办"五四学制"，1988年全县53所初中已全部改为四年制。四年制的学生经常参加实习劳动、管理学校实习园地和家庭果园、养殖场等，培养了学生良好的劳动习惯和艰苦创业精神，增强了热爱家乡、建设家乡的思想感情，有利于落实教育与生产劳动相结合的方针。

（五）在实施"燎原计划"中，深化教育与生产劳动、经济社会发展相结合

"燎原计划"是国家教委于1987年底提出，1988年8月经国务院批准正式实施的。到1991年上半年，全国已有860个县（其中有116个县为全国农村教育综合试验县）、3 800个示范乡，组织实施了"燎原计划"。"燎原计划"的内涵十分丰富。它的主旨是通过发展和改革农村教育，使农村教育为农村经济发展服务，大面积地提高农村劳动者的政治思想道德素质和文化科学技术素质，增强吸收和应用科学技术的能力，促进农村经济和社会的发展，为建设社会主义的新农村服务。在实施"燎原计划"中，从教育的内部来讲，改变了管理体

制上"条块分割"的弊端,把基础教育、职业技术教育和成人教育三种教育统筹安排起来,使它们相互沟通,协调发展。在实施"燎原计划"中,从教育的外部来讲,使农业部门、科技部门和教育部门密切配合,使经济与教育、科技与教育紧密结合形成一体,协调发展,有效地把教育与生产劳动经济社会发展结合起来,促进农村经济和社会的发展。这是因为农村经济的开发,依赖于科学技术,而科技人才的培养又依赖于教育,由此把建立"农科教结合"的农村社会主义建设的新体制提到日程上来。

(六)把教育与生产劳动、经济社会发展相结合注入终身教育之中,赋予教育与生产劳动相结合更深远的意义

过去,我们往往把教育与生产劳动、经济社会发展相结合看作学校的一次性结合的过程,而不是把它看成是现代社会中每一个人在一生当中应坚持不断进行的基本活动。实际上,继续教育、终身教育就是教育与生产劳动、经济社会发展在人的一生中的不断结合的过程。这就是说,我们培养的学生不仅要在学校中实行教育与生产劳动相结合,在他们走上生产、工作岗位之后,仍然要继续走教育与生产劳动、经济社会发展相结合的道路,在一生当中都要不断地学习和工作。总之,人的一生就是教育与劳动、学习与工作循环反复不断结合推动经济社会发展的过程。

二、邓小平推进农村教育综合改革、科技兴农、农科教结合的理论与实践

邓小平在开创建设中国特色社会主义现代化的伟大实践中采取了有针对性的措施来发展农村教育事业,如在20世纪八九十年代国家教委实施的旨在推动农村教育发展的农村综合改革和"燎原计划",以及科技兴农、农科教结合等都是在邓小平的直接引导推动下进行的。

(一)邓小平关于推进农村教育综合改革的理论与实践

中国的农村教育事业曾有过一个从忽视到重视的过程,而对农村教育事业的重视正是在邓小平引导下逐渐转变过来的。1978年农村改革以后,农村开始实行家庭联产承包责任制,很多孩子回去充当家庭农业的辅助劳动力,使农村教育受到冲击,教育一度滑坡。针对这一现状,1980年中央及时做出了普及小学教育的决定,扭转了农村教育的形势。1982年1月11日,邓小平就来信建议中央必须坚持在农村地区实行义务教育,学龄儿童入小学,不许中途退学—

事做出批示:"我赞成乔木同志意见,如何实行,请书记处、国务院拟定。"[1]中共中央书记处对邓小平的批示和胡乔木的建议进行了讨论。1985年5月,中共中央总结各地经验作出了《关于教育体制改革的决定》。邓小平对此评价说,教育体制改革的决定草案,我看是个好文件。《决定》实行分级办学,分级管理,教育开始地方化,责任交给地方,从而调动了各级政府和群众发展农村教育的积极性。这年5月19日,他在《把教育工作认真抓起来》的讲话中指出:"近几年来,从中央到地方,到农村党支部,有越来越多的同志,懂得知识和人才的重要,懂得教育的重要。这是我们党的一大进步。"[2]这是邓小平第一次谈到农村党支部必须懂得教育重要性的问题,从巩固党的执政地位的高度强调要重视农村教育。他对农村教育的高度重视还体现在他所积极推动的教育立法上。1986年,公布实施的《义务教育法》是中国最早的正规教育立法,该法第九条规定:"城市和农村建设发展规划必须包括相应的义务教育设施。"这一法律的颁布实施也是对发展农村教育事业最好的法律支持和保障,因为普及义务教育的主战场就是在农村。此后,中国先后通过的《教师法》(1993)《教育法》(1995)《职业教育法》(1996)《民办教育促进法》(2002)等都含有促进和保护农村教育事业发展的丰富内容。

1988年5月4日,国家教委向国务院发出关于实施"燎原计划"的请示。9月30日,国务院原则批准国家教委实施"燎原计划"的总体设想。"燎原计划"是中国在邓小平教育思想理论指导下,推进农村教育综合改革的重要尝试。实施"燎原计划"就是要把农村教育综合改革与农村经济、社会的发展,与农村第二步改革密切结合起来,立足于提高农业劳动者的素质,增强农村基层吸收运用科学技术的能力,使农业科技大面积得到推广应用,转化为现实生产力。1989年5月20日,国家教委下发了《关于在全国建立"百县农村教育综合改革实验区"的通知》。10月25日,何东昌在长沙召开的第一次全国"燎原计划"与农村教育改革实验县工作会议上的讲话中指出:"教育的大头在农村",我们要高度重视农村教育,农村教育抓不好,就很难说中国的教育搞好了;要深刻理解、高度重视,并采取切实的措施坚持不懈地抓好农村教育的各项工作。农村教育综合改革的实践充分表明,中国教育的重点在农村,难点在农村,希望也在农村。

自20世纪80年代中期以来,中国在邓小平科教理论的指导下,为了落实

---

[1]《邓小平年谱》(1975—1997),中央文献出版社2004年版,第797页。
[2]《邓小平文选》第三卷,人民出版社1993年版,第121页。

科技兴农战略，积极推进农村教育综合改革，积累了改革和发展农村教育的宝贵经验，中共中央发布了《中共中央关于教育体制改革的决定》，从实践上大大丰富了邓小平农村教育思想理论。尔后，国家教委在总结历史经验的基础上，提出了对农村教育进行综合改革的设想，并决定选点实验。1990年7月，国家教委又制定了《全国农村教育综合改革实验区工作指导纲要（试行）》，对农村教育综合改革的指导思想与原则、目标与任务、措施与条件、领导与评估等都提出了明确的规定和要求。1994年2月13日，中共中央、国务院正式印发《中国教育改革和发展纲要》，具体提出农村教育综合改革的要求：县、乡两级政府把教育纳入当地经济社会发展的整体规划，分级统筹管理基础教育、职业技术教育、成人教育，落实科教兴农战略。此后，江泽民、李鹏、李岚清等党和国家领导人多次发表讲话，强调要深化改革，发展农村教育。

农村教育综合改革的一项重要内容，就是调整农村教育的内部结构，实行基础教育、职业教育和成人教育的"三教"统筹，实现农村各类教育的相互沟通、协调发展，提高农村教育的整体效益。农村"三教"统筹的根本目的在于调整和优化农村教育结构，密切结合农村社会的实际，注重素质教育和实际能力的培养。"三教"统筹下，抓基础教育从应试教育向素质教育转变，抓职业技术教育立足于培养农村科学技术力量，抓成人教育重点在开展实用技术的培训；管理体制上要统一领导，统筹规划，综合管理；在教育投入上统筹兼顾，合理使用，提高效益；在人才培养上，相对分工，相互沟通，整体育人。因此，农村"三教"统筹的思想也是构成邓小平农村教育思想的一项重要内容。

除农村基础教育外，大力发展农村职业教育和农村成人教育是提高农业生产者素质和振兴农村经济的必由之路。1977年5月24日，邓小平指出："办教育要两条腿走路，既注意普及，又注意提高。"[1]他所说的教育"两条腿"就是指正规教育和业余教育两条腿，其中业余教育就是积极开展职业教育和成人教育。实际上，职业技术教育和成人教育又是相互交叉的。1978年4月，邓小平又从就业的角度谈到了职业技术教育和成人教育，他指出："今后国家将努力开辟新的途径，增加新的行业，以便更有效地为四个现代化服务。我们制订教育规划应该与国家的劳动计划结合起来，切实考虑劳动就业发展的需要。"[2]这就为发展职业技术教育和成人教育包括农村职业技术教育和成人教育指明了方向。

改革开放以后，中国非常重视成人教育事业的发展，农村成人教育也随之

---

[1]《邓小平文选》第二卷，人民出版社1994年版，第40页。
[2]《邓小平文选》第二卷，人民出版社1994年版，第108页。

发展起来。1986年12月召开了新中国成立以来第一次全国成人教育的工作会议。会后，国务院批转了国家教委《关于改革和发展成人教育的决定》，明确指出成人教育在整个教育事业中"与基础教育、职业技术教育、普通高等教育同等重要"。1993年2月，中共中央、国务院颁发的《中国教育和发展纲要》再次重申要"积极发展"成人教育，认为成人教育是传统学校教育向终身教育发展的一种新型教育制度。农村职业技术教育的发展，必须与农村经济社会全面发展相结合，与农村产业结构调整和农民脱贫致富的要求相结合，与发展社会主义市场经济和转移农村剩余劳动力相结合，走多样化、市场化之路。

1992年2月12日，《国务院关于实行农科教结合，推动农村经济发展的通知》对于发展农村职业技术教育做出了明确的阐述，指出："要加强农村职业技术教育和适用技术培训工作，培养一大批扎根于农村的科技力量，提高广大农民的素质，是科教兴农的重要环节。"农村职业技术教育要坚持为农业和农村经济建设服务的方针，因地制宜，按需施教，灵活多样，注重实效；在农村职业技术办学的形式上要积极探索，围绕更好为农村经济发展服务的目的，探索农科教结合的新形式，应充分发挥市场机制的作用，利用社会闲散资金和民间力量来办学，提高农村职业技术教育的办学质量和效益。

(二) 邓小平关于科技兴农的理论与实践

一是农业科技现代化是农业现代化的核心。邓小平指出，"农业现代化不单单是机械化，还包括应用和发展科学技术等"[1]；科学技术现代化是农业现代化的关键，"没有现代科学技术，就不可能建设现代农业"[2]。农业现代化包括农业生产装备现代化即农业生产手段的机械化、电气化、自动化；农业生产技术现代化即农业生产的科技化与信息化；农业生产经营管理现代化即农业经营的市场化、农业结构的专业化、农业生产组织的企业化，等等。改革开放初期，邓小平正是从具体的农业工作，从各门具体的学科来认识科学技术对于农业发展的重要性的。

二是农业要靠科学，政策只能解决一时的问题。1982年3月26日，邓小平在会见美国西方石油公司董事长哈默后对陪同的有关部门负责人说："我们落实了农村政策，农业形势很好，但靠政策只能解决一段时间的问题，农业还要靠科学，要尽快解决肥料问题。"[3]这就是说，尽管发展农业既要靠政策，又要

---

[1]《邓小平文选》第二卷，人民出版社1994年版，第28页。
[2]《邓小平文选》第二卷，人民出版社1994年版，第86页。
[3]《邓小平年谱》(1975—1997)，中央文献出版社2004年版，第807页。

靠科学，但相比之下，政策具有时效性，而发展科技则是长期的根本举措。这是邓小平对他农业发展依靠政策与科技思想的重大修正，强调科技的发展更具有长远和根本意义。这年 10 月 14 日，从肥料问题的解决、土地如何增加收入等农业具体问题中，邓小平形成了"农业的发展一靠政策，二靠科学"的著名论断，并强调说："科学技术的发展和作用是无穷无尽的。"[1]认识到科学技术在农业发展中的无穷无尽作用，这就为中国农业发展指明了根本动力和可靠依据。

三是尊重科学，农业收入就会成倍增加。邓小平把农业科技发展同农民增收联系起来。1981 年 11 月 19 日，他在会见罗马尼亚共产党中央政治执行委员会委员、政府第一副总理扬·丁卡时说，农业生产因地制宜，"尊重科学，同样是一块土地，收入就会增加三倍甚至四倍"[2]。

四是农业科技是涉及多学科的知识体系。邓小平很具体地谈到农业科技的丰富内容。1978 年 4 月 30 日，他在同国务院政治研究室负责人谈话时说："从科学方面来说，要发展农业，需要有生物学的发展，气象学的发展，土壤学的发展，遗传学的发展。"[3]这就大大拓宽了当时人们对于现代农业科学技术的认识视野，指出农业科技不仅包括一般的农学知识，而是涉及多种学科的农业科学技术的知识体系。1983 年 1 月 12 日，邓小平和胡耀邦同万里、姚依林、胡启立、张劲夫、宋平等谈话时指出："提高农作物单产，发展多种经营，改革耕作栽培方法，解决农村能源，保护生态环境等等，都要靠科学。"[4]这表明，邓小平已经从农业发展的方方面面体会到了科学技术的重要性，农业科学技术是包括多学科的知识技术体系。

五是农业问题最终要靠科学来解决。随着发达国家生物工程技术的发展以及在现代农业生产中日益广泛的运用，邓小平强调了生物工程技术对于农业发展的重要性。他认为生物工程技术是尖端技术，"将来农业问题的出路，最终要由生物工程来解决，要靠尖端技术。"[5]此后，他把农业科技的发展看作解决中国农业问题的根本性途径。1989 年 6 月 16 日，他在《第三代领导集体的当务之急》的谈话中再一次强调："农业问题也要研究，最终可能是科学解决问题。科学是了不起的事情，要重视科学。"[6]

---

[1]《邓小平文选》第三卷，人民出版社 1993 年版，第 17 页。
[2]《邓小平年谱》(1975—1997)，中央文献出版社 2004 年版，第 787 页。
[3]《邓小平年谱》(1975—1997)，中央文献出版社 2004 年版，第 303 页。
[4]《邓小平年谱》(1975—1997)，中央文献出版社 2004 年版，第 882 页。
[5]《邓小平文选》第三卷，人民出版社 1993 年版，第 275 页。
[6]《邓小平文选》第三卷，人民出版社 1993 年版，第 313 页。

为了贯彻邓小平"科技兴农"战略,党中央和政府提出了一系列的重大决策,"大力推进科教兴农,发展高产、优质、高效农业和节水农业"的农业发展方针写进了中国共产党的十五大报告,指出:"我国是农业大国,要把农业科技作为整个科技工作的一个重点,努力赶上世界先进水平。推进农业科技革命,要在广泛运用农业机械、化肥、农膜等工业技术成果的基础上,依靠生物工程、信息技术等高新技术,使我国农业科技和生产力实现质的飞跃,逐步建立起农业科技创新体系。"农业科技创新体系新概念的提出,是"科技兴农"的更高层次的要求和更深层次含义的拓展,是对邓小平"科技兴农"思想理论的重大发展。农村科技创新体系涵盖农村科技从研究开发到推广应用的全过程,是各种农村科技创新主体及其创新活动、创新支撑体系所组成的有机整体,主要包括农村科技创新的研究开发体系、推广体系、管理体系和支撑体系等方面。农村科技创新体系建设的原则是:制度创新重于技术创新;体系创新关键是组织创新;推广创新是科技创新的突破口;以人为本,鼓励参与。

邓小平强调农业科技的重要性后,进一步强调:科技的发展靠人才,而人才的培养靠教育。他由此逐渐形成了农业科教并重、科教兴农的思想理论。1983年1月12日,邓小平指出:"农业文章很多,我们还没有破题。农业科学家提出了很多好意见。要大力加强农业科学研究和人才培养,切实组织农业科学重点项目的攻关。"[1]他强调不仅要加强农业科学技术的研究与攻关,而且要加强农业科技人才的培养。因为科学技术发展只是表面现象,在科技的背后起支撑作用的是教育。科学技术人才是科学技术的最终承担者,而科学技术人才的培养只能靠教育。自农村改革以来,中国大力加强农业科学研究和人才的培养,切实组织农业科学重点项目的攻关。截至2002年,中国共有农业科研机构1 096个,从业人员92 399人,农业科研经济实体465个。由此可见,中国农业科技人才的培养取得了初步成效。在邓小平看来,农业人才的培养包含着广泛的内容。农业教育不仅要加强农业科研人才的培养以推动前沿科技的进步,更重要的还在于农业科技如何转化为现实生产力。1983年12月22日,邓小平在听取有关方面负责人汇报当前经济情况时指出,今后要进一步提倡科学种田,还要大力培养农业科技的应用型人才。"我们有大量中学生,要把他们培养成土专家,让他们在农村发挥作用。"[2]这就是说,不仅要培养大量农业高科技人才,而且要培养千千万万的"土专家",提高整个农村科学种田的本领。而要培养千千万

---

[1]《邓小平文选》第三卷,人民出版社1993年版,第23页。
[2]《邓小平年谱》(1975—1997),中央文献出版社2004年版,第949页。

万的"土专家",这只有靠发展中国的教育事业,才能提高中国农业科技水平。为此,邓小平特别强调建立农业科技教育推广体系的重要性,他认为建立农业科技的教育推广体系是广大农民的热切期盼,因为农民是懂得科教兴农的道理的。1985年3月7日,邓小平出席全国科技工作会议闭幕式,接见与会同志和首都科技界代表,在作题为《改革科技体制是为了解放生产力》的讲话中动情地说:"我很高兴,现在连山沟里的农民都知道科学技术是生产力。他们未必读过我的讲话。他们从亲身的实践中,懂得了科学技术能够使生产发展起来,使生活富裕起来。农民把科技人员看成是帮助自己摆脱贫困的亲兄弟,称他们是'财神爷'。'财神爷'这个词,不是我的用语,是农民的发明。但是,他们的意思,同我在科技大会上讲的话是一样的。"[1]

(三)邓小平关于农科教结合的理论与实践

邓小平农科教结合理论与实践是邓小平科技兴农战略思想理论与实践的进一步深化,其落脚点在教育,更加明确了农村教育的根本地位以及优先发展战略。1988年9月,邓小平对他的农科教结合思想理论进行了精辟的阐述:"从长远看,要注意教育和科学技术。否则,我们已经耽误了20年,影响了发展,还要再耽误20年,后果不堪设想。最近,我见胡萨克时谈到,马克思讲过科学技术是生产力,这是非常正确的,现在看来这样说可能不够,恐怕是第一生产力。将来农业问题的出路,最终要由生物工程来解决,要靠尖端技术。对科学技术的重要性要充分认识。科学技术方面的投入、农业方面的投入要注意,再一个就是教育方面。我们要千方百计,在别的方面忍耐一些,甚至于牺牲一点速度,把教育问题解决好。"[2]过去,人们对于邓小平的这一段深刻论述,其注意力主要集中在邓小平的"科学技术是第一生产力"的观点上,而对于其中邓小平深刻的农村教育思想理论——农科教结合的完整思想理论却有所忽视。即对于邓小平这一段话的理解决不能停留于望文生义的字面上的简单认识,而要透过字面深刻把握字里行间所包含的农科教结合理论实践的真谛。

一是邓小平强调要注意教育和科学技术。过去20年的耽误既是教育的耽误,也是科技的耽误;首先是教育的耽误,由于教育的耽误而引发科技的耽误。这里对教育与科技并重是表达农科教结合思想理论的起步。

二是邓小平的这一段话是对科技和教育的重视。他对科技和教育的这种重视都是紧密结合农业的发展,以农业为例来进行阐述的。他唯一的举例就是农

---

[1]《邓小平文选》第三卷,人民出版社1993年版,第107页。
[2]《邓小平文选》第三卷,人民出版社1993年版,第274~275页。

业，既谈到了农业生物工程技术，又强调农业的投入要注意教育方面。这是对农科教结合思想理论的论证过程。

三是邓小平对农科教结合思想理论的直接表达科学技术方面的投入、农业方面的投入，这两者都要注意教育方面。邓小平"科学技术方面的投入、农业方面的投入要注意，再一个就是教育方面"这一句话，是口头语言正常语序的颠倒，它的正常顺序，也就是他的本意是："再一个就是科学技术方面的投入、农业方面的投入要注意教育方面。"这是完整地而非断章取义地、实事求是地而非教条地理解邓小平这段话的关键。因为邓小平在这里根本就没有单独阐述农业投入的意思，而只是为了强调教育而涉及农业投入。如果在这里进行一番关于农业投入的引申和讨论就是大错特错！同样，他在这里也不是要阐述科技投入的问题，而是从科技投入中强调注意教育方面而对教育进行强调。只有这样，才能连贯性地理解邓小平在这段话中的完整含义。他在这全段话里阐述了一个问题（农科教结合的问题）的"两个"方面：一个方面是科技，再一个就是"教育方面"。

四是农科教结合的落脚点是教育。为了农村教育事业的发展，哪怕在其他方面，包括农村经济发展方面做出适当的牺牲都是值得的。在这里，邓小平仍然是强调科技投入和农业投入必须为了教育（农村教育）而作出必要的忍耐，经济的发展为教育的发展作出必要的牺牲。从更大范围看，不仅发展农业科技要靠教育，就是发展农村的各项其他事业也需要通过教育来培养千千万万的各种类型的人才。

1992年2月12日，《国务院关于实行农科教结合 推动农村经济发展的通知》对邓小平农科教结合思想理论进行了全面的阐释，从而使之得到进一步发展。《通知》指出："实行农科教结合，即在政府统筹协调下，使农、科、教等各方面形成强大合力，以促进农业和农村经济发展为目标，以推广农业科学技术为动力，以加强农村教育特别是职业技术教育和适用技术培训为基础，实现农业和农村经济的全面振兴。"《通知》阐明了农科教结合的重要意义：它有利于形成以教治愚、以科致富、以富兴科教的良性循环和农村经济发展的新机制；有利于加强农村物质文明和精神文明建设；有利于巩固农村社会主义阵地；是兴国利民、造福子孙后代的大事。《通知》要求各级政府要把实行农科教结合落到实处，推动农业和农村经济同科技、教育事业的协调发展，并把它作为改革是否深入、是否收到实效的一个重要标志。1998年10月14日，中国共产党十五届三中全会通过了《中共中央关于农业和农村工作若干重大问题的决定》，指出："农业的根本出路在科技、在教育。实行农科教结合，加强农业科学技术的研究和推广，注重人才培养，把农业和农村经济增长转到依靠科技进步和提高劳动者素质的轨道上来。"即在坚持邓小平科技兴农思想理论的基础上，对邓小平农科教结合思想理论进行的又一次强调。

实行"农科教结合"，使教育、科技、农业结合在一起，统筹管理，统一规划，引科技之水，入教育之渠，灌农业之田，形成强大的合力，使科学技术迅速应用于生产实践，为农村的经济发展提供巨大的智力支持，使教育和科技更好地为农村经济服务。这是改革开放以来，农村发展和改革中富有创造性的成功之举，是建设中国特色的社会主义教育体制的又一大特色。

三、邓小平科技教育理论与科教兴国战略

科学技术是第一生产力，教育是培养科学技术人才的基础。"我知道科学、教育是难搞的，但是我自告奋勇来抓。不抓科学、教育，四个现代化就没有希望，就成为一句空话。抓，要有具体政策、具体措施，解决具体的思想问题和实际问题。"[1]实施科教兴国，把科学技术和教育摆在经济和社会发展的重要位置，加速实现国家的繁荣强盛，既是全面贯彻落实邓小平科技教育思想理论的现实反映和客观要求，又是顺利实现中国"三步走"战略目标和复兴中华民族的科学抉择。

（一）中国科教兴国战略

以江泽民为总书记的党中央领导集体，积极贯彻执行邓小平的"科学技术是第一生产力"的思想理论，确定了中国要实行科教兴国的战略。1992年，中国共产党十四大确立了邓小平建设有中国特色社会主义理论在全党的指导地位，明确了中国经济体制改革的目标是建立社会主义市场经济体制，并指出："必须把经济建设转到依靠科技进步和提高劳动者素质的轨道上来。"1993年，中共中央、国务院发布了《中国教育改革与发展纲要》，提出了建设有中国特色社会主义教育体系的主要原则，明确了教育优先发展的战略地位。1994年，中共中央、国务院召开了改革开放以来的第二次全国教育工作会议，动员全党全社会实施这一纲要。1995年，《中共中央、国务院关于加快科学技术进步的决定》发布，全国科技大会召开。江泽民在大会讲话中第一次正式提出中国要实施科教兴国战略，其关于"科教兴国，是指全面落实科学技术是第一生产力的思想，坚持教育为本，把科技和教育摆在经济、社会发展的重要位置，增强国家的科技实力及向现实生产力转化的能力，提高全民族的科技文化素质，把经

---

[1]《邓小平文选》第二卷，人民出版社1994年版，第68页。

济建设转移到依靠科技进步和提高劳动者素质的轨道上来,加速实现国家的繁荣强盛"观点表明的科教兴国目的;全面落实"科学技术是第一生产力"和"科学技术人才的培养,基础在教育"的思想理论,依靠科技和教育振兴中国经济表明的科教兴国的基本内容,以及把科技和教育摆在经济社会发展的重要位置,要求科技和教育与经济结合,促进科技和教育向现实生产力转化;要求提高中国全民族的科技文化素质,把经济建设转移到依靠科技进步和提高劳动者素质的轨道上来,等等,都是邓小平科技教育理论与实践的基本思想,都是邓小平科技教育理论与实践的现实反映和客观要求。1996年,全国人大八届四次会议通过了《关于国民经济和社会发展的"九五"计划和2010年远景目标》,把科教兴国战略作为中国的一项基本国策。1997年,中国共产党十五大报告中关于科技、教育的论述,是历次党的代表大会报告中最系统、最充分的一次,在重申要加快实施科教兴国战略和可持续发展战略时,在科学技术是第一生产力、科技进步是经济发展的决定性因素方面,要求要充分估计未来科学技术特别是高技术发展对综合国力、社会经济结构和人民生活的巨大影响,把加速科技进步放在经济社会发展的关键地位;使经济建设真正转到依靠科技进步和提高劳动者素质的轨道上来;要从国家长远发展需要出发,制定中长期科学发展规划,统观全局,突出重点,有所为、有所不为,加强基础研究和高技术研究,加快实现高技术产业化;强化应用技术的开发和推广,促进科技成果向现实生产力转化,集中力量解决经济社会发展的重大和关键技术问题;有重点有选择地引进先进技术,增强自主创新能力,更加重视运用最新技术成果,实现加速发展的跨越。在深化科技和教育体制改革、促进科技教育同经济的结合方面,要求要充分发挥市场和社会需求对科技进步的导向和推动作用,支持和鼓励企业从事科研、开发和技术改造,使企业成为科研开发和投入主体;有条件的科研机构和大专院校要以不同的形式进入企业或同企业合作,走产学研结合的道路,解决科技和教育体制上存在的条块分割、力量分散的问题;鼓励创新、竞争和合作;实施保护知识产权制度;人才是科技进步和经济社会发展最主要的资源,要建立一整套有利于人才培养和使用的激励机制;积极引进国外智力,鼓励留学人员回国工作或以适当方式为祖国服务。1998年,在第九届全国人大一次会议上,国务院总理朱镕基宣布,本届政府要把实施科教兴国战略作为最大任务,进一步把科教兴国方针贯彻到底。总之,实施科教兴国战略,是基于中国国情,基于当代科技革命的趋势和综合国力较量的形势,基于对社会主义前途命运的关注而作出的正确选择,是中国实现现代化的重要途径。

  实施科教兴国战略的核心是科技教育与经济的密切结合。中国的现代化建设实践深刻表明,经济建设必须依靠科技进步。不论是产业结构调整、优化产业结构，还是培育未来新的经济增长点；无论是提高市场竞争力，还是开拓新的市场空间，经济建设中许多深层次矛盾和问题的解决，归根到底有赖于科技水平和创新能力的提高，有赖于全民科技、教育素质的提高，这也是中国和发达国家的差距所在。同时，在新的形势下，科技教育工作也要有新的思路和措施；教育水平提高了，科技进步和经济发展才有后劲；科学技术实力和国民教育水平始终是衡量综合国力和社会文明程度的重要标志，也是每个国家走向繁荣昌盛的两个不可缺少的环节。正如邓小平所指出那样，中国要实现现代化，赶上世界先进水平，必须从科学和教育着手，狠抓科技时必须狠抓教育。

实施科教兴国战略关键是要有高素质的劳动者和专门人才。邓小平曾强调指出："改革经济体制，最重要的、我最关心的，是人才。改革科技体制，我最关心的，还是人才。"[1]江泽民同样十分关心人才的培养，他语重心长地指出："科学技术人员是新的生产力的重要开拓者和科技知识的重要传播者，是社会主义现代化建设的骨干力量。实施科教兴国战略，关键是人才。人类生产及社会服务自动化、信息化、智能化水平正在不断提高，许多繁重、重复的体力劳动正在被各种自动化机械和计算机所取代，对劳动者知识和技术水平的要求越来越高。大大提高我国劳动者中科技人才的比例，提高劳动者队伍的整体素质，对于我国社会主义现代化建设事业具有重大意义。"[2]为此，他指出，要培养和造就大批德才兼备的科技人才，就要采取切实措施，为他们创造良好的工作、学习和生活条件，形成相互切磋、取长补短、平等交换意见的学术环境；要促进全社会进一步形成尊重科学、尊重知识、尊重人才的良好风尚；要建立一套有利于人才培养和使用的激励机制；要保护知识产权，允许和鼓励技术等生产要素参与收入分配；要积极引进国外智力，鼓励留学人员回国工作或以适当方式为祖国服务。他要求各级党委政府要信任、关心、爱护人才，在全社会树立尊重科学、尊重知识、尊重人才的良好氛围。

（二）邓小平科技教育理论与中国科教兴国战略

1. 邓小平关于"科学技术是第一生产力""科学技术人才的培养，基础在教育"等理论与实践，为中国科教兴国战略奠定了理论与实践基础

二战以后，科学技术有了突飞猛进的发展。特别是20世纪60年代以来，科技的进步一日千里，一项重大突破往往带动一批新兴产业的出现并深刻地影

---

[1]《邓小平文选》第三卷，人民出版社1993年版，第108页。
[2] 江泽民《论科学技术》，人民出版社2001年版，第58页。

响着人们的生活、观念和社会、经济的各个方面。在西方发达国家，20世纪以来国民生产总值的增长依靠科技进步因素的比重，20世纪初仅占5%~20%，到50~60年代上升到50%左右，80年代则高达60%~80%。国外对美国1948—1981年经济增长的计算分析表明，其经济增长的66%来自科技进步，资本投入的贡献仅占15%，劳动增长的贡献占19%。现代西方国家经济发展的事实说明，科学技术在经济增长中的作用已大大超过资本和劳动。在现代社会，科学技术不仅成为经济增长的新因素，而且在经济增长诸因素中已成为第一重要或决定性的因素。正是在总结现代科学技术发展的新特点及其对社会生产力的巨大影响的基础上，邓小平先后指出："四个现代化，关键是科学技术的现代化。"[1]"科学技术是生产力，这是马克思主义历来的观点。"[2]"科学技术的发展和作用是无穷无尽的。"[3]"中国要发展，离开科学不行。""实现人类的希望离不开科学，第三世界摆脱贫困离不开科学，维护世界和平也离不开科学。"[4]"马克思说过，科学技术是生产力，事实证明这话讲得很对。依我看，科学技术是第一生产力。"[5]"经济发展得快一点，必须依靠科技和教育。我说科学技术是第一生产力。近一二十年来，世界科学技术发展得多快啊！高科技领域的一个突破，带动一批产业的发展。我们自己这几年，离开科学技术能增长这么快吗？要提倡科学，靠科学才有希望。近十几年来我国科技进步不小，希望在九十年代，进步得更快。"[6]"希望大家通力合作，为加快发展我国科技和教育事业多做实事。搞科技，越高越好，越新越好。越高越新，我们也就越高兴。不只我们高兴，人民高兴，国家高兴。"[7]由此可见，邓小平关于"科学技术是第一生产力""科学技术人才的培养，基础在教育"的理论与实践，不仅极大地丰富和发展了马克思关于科学技术和生产力的理论，揭示了科学技术和教育对当代生产力发展和社会经济发展的第一位的变革作用，而且这一理论与实践启示我们，在建设社会主义的诸多任务中，要把发展社会生产力摆在首要位置，而在发展社会生产力的诸多任务中，要把发展科学技术和教育摆在第一的位置；科教兴国，必须先兴科教，为引导中国实施科教兴国战略，把经济建设的重点转移到依靠科技进步和提高劳动者素质的轨道上来提供了坚实的理论实践基础和巨大的精神力量。

---

[1]《邓小平文选》第二卷，人民出版社1994年版，第86页。
[2]《邓小平文选》第二卷，人民出版社1994年版，第87页。
[3]《邓小平文选》第三卷，人民出版社1993年版，第17页。
[4]《邓小平文选》第三卷，人民出版社1993年版，第183页。
[5]《邓小平文选》第三卷，人民出版社1993年版，第274页。
[6]《邓小平文选》第三卷，人民出版社1993年版，第377~378页。
[7]《邓小平文选》第三卷，人民出版社1993年版，第378页。

2. 邓小平关于"尊重知识,尊重人才"等理论与实践,为中国科教兴国战略确定了依靠力量

邓小平一贯认为,要发展中国的科技教育事业,最重要的是充分调动广大科教人员、知识分子的积极性和创造性。邓小平从时代特点和中国国情出发,以强烈的历史责任感和求实精神,冲破长期以来"左"的思想影响,提出了"尊重知识,尊重人才"的思想。他提出:"一定要在党内造成一种空气:尊重知识,尊重人才。"[1]"全党和全社会都要真正尊重知识,真正发挥知识分子的作用。"[2]他反复强调:"靠空讲不能实现现代化,必须有知识,有人才。"[3]邓小平把尊重知识、尊重人才同发展科教事业,实现现代化联系起来,并确定了知识与人才在社会主义现代化建设中的重要地位与作用。为了在全社会造成尊重知识、尊重人才的风气,他不仅科学地分析了知识分子的阶级属性,肯定科技人员是劳动者,是工人阶级中具有较高科学文化水平的人,是先进生产力的开拓者,而且要求中国要大胆依靠和使用科教人员,并采取得力措施,改善他们的政治地位和经济地位,改善他们的工作条件和生活待遇,充分发挥他们的聪明才智,为中国的现代化建设服务。

现代社会经济的竞争、综合国力的竞争,说到底,是人才的竞争。实施科教兴国战略,最重要的是人才。所以,中国一定要坚持以教育为本,努力提高全民族的科学文化素质,培养和造就一批又一批德才兼备的科技人员和高素质的人才队伍。1998年3月5日,李鹏在《政府工作报告》中总结道:"五年来取得一大批重要科技成果,其中一些达到或接近国际先进水平,我国整体科技实力进一步增强。授予专利权22.4万件,知识产权进一步得到保护。科技工作面向经济建设主战场,集中力量解决了一批重大和关键技术问题,不少科技成果得到推广和应用,为国民经济和社会发展作出了重要贡献。积极推进了高技术研究及其产业化,研制开发出一批我国权利人拥有知识产权的高新技术和高新技术产品。基础研究在一些前沿领域取得可喜的进展。国家优先发展教育的战略决策逐步落实,教育投入随着国家财力的增强而不断增加,社会力量办学也为发展教育事业作出了贡献。占全国人口65%的地区基本普及九年义务教育,青壮年文盲率下降到6%。教育结构进一步调整,职业教育和成人教育迅速发展,中等职业学校的在校生占高中阶段教育总人数的56%以上。数以亿计的城乡劳动者接受了不同形式和不同程度的岗位培训、技术和专业培训。高等

---

[1]《邓小平文选》第二卷,人民出版社1994年版,第41页。
[2]《邓小平文选》第三卷,人民出版社1993年版,第70页。
[3]《邓小平文选》第二卷,人民出版社1994年版,第40页。

教育稳步发展，管理体制改革有了良好开端，教育质量和办学效益有所提高。五年共培养本科和专科毕业生 687 万人，研究生 17.5 万人，留学回国人员逐年增多，为各条战线输送了大批专业人才。""哲学社会科学研究进一步开展。"

3. 邓小平关于"发展高科技，实现产业化"等理论与实践，为中国科教兴国战略指明了主攻方向

早在 1978 年，邓小平就在全国科学大会上指出："现代科学技术正在经历着一场伟大的革命。近 30 年来，现代科学技术不只是在个别的科学理论上、个别的生产技术上获得了发展，也不只是有了一般意义上的进步和改革，而是几乎各门科学技术领域都发生了深刻的变化，出现了新的飞跃，产生了并且正在继续产生一系列新兴科学技术。……一系列新兴的工业……都是建立在新兴科学基础上的。"[1]邓小平认为："当代的自然科学正以空前的规模和速度，应用于生产，使社会物质生产的各个领域面貌一新。……社会生产力有这样巨大的发展，劳动生产率有这样大幅度的提高……最主要的是靠科学的力量、技术的力量。"[2]邓小平在这里对高新技术在现代社会经济发展中的地位与作用做了高度概括，指明高新科技不仅能开拓新兴产业，而且能大幅度提高劳动者的素质，扩大劳动资料和劳动对象，大幅度提高社会生产力。正是因为高科技的无比威力，当今世界高科技及其产业已成为国际竞争的焦点和一个国家综合国力的集中体现。可以这样说，在当今国际竞争中谁拥有更多的高科技，谁就能占据有利地位，赢得主动。因此，发达国家为了保持自己的霸主地位，纷纷制定了自己的高科技发展战略。邓小平深刻洞察世界高科技领域的激烈竞争态势，作出了"下一个世纪是高科技发展的世纪"的判断，要求中国抢抓机遇，不失时机地迎头赶超。他指出："过去也好，今天也好，将来也好，中国必须发展自己的高科技，在世界高科技领域占有一席之地。"[3]1986 年，他亲自批准实施中国的《高科技研究发展计划纲要》，即著名的"863 计划"。1991 年，邓小平为"863 计划"工作会议作了"发展高科技，实现产业化"的重要题词，进一步指出发展高科技的目标是要使高科技成果迅速转化为现实生产力，实现产业化，为经济发展服务。

在邓小平这些重要思想理论指引下，党中央、国务院批准在全国实施以高新技术产业化、商品化、国际化为目标的"火炬计划"。多年来，全国实施火炬计划项目实现的高新技术产品产值以年均 73.5% 的速度增长。1997 年高新技术产品产值达 1 256 亿元，约占全国工业总产值的 10.8%。在此期间，经国务院

---

[1]《邓小平文选》第二卷，人民出版社 1994 年版，第 87 页。
[2]《邓小平文选》第二卷，人民出版社 1994 年版，第 87 页。
[3]《邓小平文选》第三卷，人民出版社 1993 年版，第 279 页。

批准，全国建立了 53 个高新技术产业开发区，1997 年 53 个高新区共实现技工贸总收入 3 388 亿元，利税 350 亿元，分别比上年增长 80% 和 76%。1998 年，武汉东湖高新技术开发区新增产值占武汉市新增工业产值的 40.5%，拉动武汉市工业增长 5.5 个百分点。这些事实充分说明，高新技术对中国经济结构、产业结构调整和经济增长方式的转变有着强大的促进作用，"发展高科技，实现产业化"是科教兴国战略的主攻方向。

  4. 邓小平关于"掌握新技术，要善于学习，更要善于创新"等理论与实践，为中国科教兴国战略提供了内在动力

  一个国家的创新能力，特别是科技创新和知识创新能力，是决定它在国际竞争格局中地位的重要因素。邓小平很早就指出了科技创新的重要性，1978 年，他在谈到用先进技术和管理方法改造企业问题时就明确指出："要提高我们的技术水平、管理水平，没有一点创造性不行。"[1]他特别强调："掌握新技术，要善于学习，更要善于创新。"[2]要瞄准当代世界科技发展前沿，引进先进科技成果，作为我们发展的起点；要在高起点上通过消化吸收，发挥自主创新能力，形成有自主知识产权的先进科技，走有中国特色的科技强国之路。

  为了更好地落实邓小平关于科技创新的思想理论，提高全民创新意识，增强国家创新能力，党中央、国务院决定加强国家创新体系建设，组织实施"技术创新工程""知识创新工程"和"211 工程"等创新工程。这些工程的实施，在宏观上，逐步形成适应社会主义市场经济体制和符合科技教育发展规律的国家创新系统及其运行机制，创建一批国际知名大学和国家知识创新基地，不断取得具有国际水平的重大科技成果，培养和造就大批具有创新意识和创新能力的高素质人才。在微观层面上，逐步确立企业技术创新的主体地位，通过大力推进现代企业制度，使企业成为自主经营、自负盈亏的法人实体，成为技术开发、技术创新、科技投入和科技成果转化的主体，使中国的大型企业拥有自主知识产权的主导产品、名牌产品和关键技术的开发能力。可以预见，随着创新工程的实施，技术进步将成为提高中国经济增长质量和效益的主要途径，科技创新将成为中国兴旺发达的强劲动力。

  5. 邓小平关于"要进一步解决科技和经济结合"问题等理论与实践，为中国实施科教兴国战略找到了关键

  科学技术研究作为人类的一种社会活动，从生产劳动实践中相对独立出来

---

[1]《邓小平文选》第二卷，人民出版社 1994 年版，第 131 页。
[2]《邓小平文选》第三卷，人民出版社 1993 年版，第 51 页。

之后，便对社会和社会进步产生了明显的推动作用。在现代社会，科技进步已成为经济和社会发展的重要因素乃至主要因素。正如邓小平所指出的那样："四个现代化，关键是科学技术的现代化……没有科学技术的高速度发展，也就不可能有国民经济的高速度发展。"[1]在中国，由于长期计划经济体制下形成的科技系统与经济系统相互独立，科研单位长期游离于企业之外，科技与经济脱节，"科技与经济两张皮"的现象十分突出。为了解决这个矛盾，1982年，党中央、国务院提出了"经济建设必须依靠科学技术，科学技术工作要面向经济建设"的重要方针。1985年，全国科技工作会议又作出了《关于科技体制改革的决定》。邓小平在这次会议上强调指出："要进一步解决科技和经济结合的问题……新的经济体制，应该是有利于科技进步的体制。新的科技体制，应该是有利于经济发展的体制。"[2]1995年，江泽民在全国科技大会上进一步强调，中国的科技工作基本方针的"核心是科技与经济的密切结合。""从根本上讲，科技与经济的结合要靠体制来保证。"因此，实施科教兴国战略的关键，是要改革科技体制，从根本上解决科技与经济相互脱节的问题。一方面要促进经济建设真正转移到依靠科技进步和提高劳动素质的轨道上来；另一方面要建立起适应社会主义市场经济体制和科技自身发展规律的新型科技体制，实现科技与经济的协调发展。

四、中国实施科教兴国战略必须坚持的几个问题

（一）必须同时实施可持续发展战略

人和自然的关系问题始终是我们必须关注的重大问题。人类不仅要认识自然、改造自然，而且更重要的是保护自然。人类应该扭转传统的"征服"自然的观点，提高自身认识自然、改造自然和保护自然的能力，把自然看作自己的"朋友"，与自然和谐相处，互利共生。中国是人口众多、资源相对不足的国家，在实施科教兴国战略时必须同时实施可持续发展战略。要按照中国共产党十五大报告要求，"坚持计划生育和保护环境的基本国策,正确处理经济发展同人口、资源、环境的关系。资源开发和节约并举，把节约放在首位，提高资源利用效率。统筹规划国土资源开发和整治，严格执行土地、水、森林、矿产、海洋等资源管理和保护的法律。实施资源有偿使用制度。加强对环境污染的治理、植树种草，搞好水土保持，防治荒漠化，改善生态环境。控制人口增长，提高人口素质，重视人口老龄化问题"，等等。

---

[1]《邓小平文选》第二卷，人民出版社1994年版，第86页。
[2]《邓小平文选》第三卷，人民出版社1993年版，第108页。

（二）科技教育工作者必须自觉锤炼肩负科教兴国伟大历史使命的品质

江泽民要求科教工作者要肩负科教兴国的伟大历史使命，要为社会主义物质文明和精神文明建设贡献自己的全部力量。为此，他把中国科教工作者崇高品质高度概括为："爱国主义精神、求实创新精神、拼搏奉献精神、团结协作精神"。

科教工作者要具有"爱国主义精神"。今天讲爱国，就是要爱社会主义祖国，拥护中国共产党的领导，要把个人的理想和事业融汇于祖国的社会主义现代化建设的伟大事业中。

科教工作者要具有"求实创新精神"。求实是科教之本，创新的科教发展的生命力所在，科学研究和教书育人来不得半点虚假，必须以求实的态度，尊重客观规律，探索真理，开拓创新。

科教工作者要具有"拼搏奉献精神"。拼搏奉献是所有科教工作者所必须具备的品德，科教工作是一项艰苦的创造性劳动，科教工作者要树立雄心壮志，坚忍不拔，艰苦奋斗，不懈探索，勇攀高峰，用自己的知识造福于人民。

科教工作者要具有"团结协作精神"。团结协作是现代社会化市场条件下科学技术研究活动和教育工作的内在要求，相互尊重、团结合作、取长补短、百花齐放、百家争鸣。发挥集体优势，协同攻关，才能更好地推动科学技术和教育事业的发展。

这一概括表明，在江泽民的科学技术和教育观中，科教人员的思想素质和业务能力不是相互孤立的，而是相互联系的，培养和造就大批德才兼备的科教人才是中国科技教育事业繁荣昌盛的决定性因素。

（三）必须充分调动知识分子的积极性和创造性，大力提倡和支持知识创新，促进高科技产业化

科教兴国战略关系到中国以什么姿态站在世人面前，关系到中国能否在激烈的竞争中赢得最大的主动，关系到中国的前途和民族的命运。因为，知识是唯一在使用过程中不被消耗，可以通过创新而不断增值，能为社会共享的资源。知识最终将代替权力和资本成为最重要的社会力量。实施科教兴国战略，建立知识创新体系，知识分子是主体。高素质的知识型人才队伍，是振兴中华、使中国屹立于世界民族之林的希望所在。中国要尊重知识，尊重人才，尊重科学，尊重实践，要为知识分子创造宽松、创新、求真、唯实的研究环境。而当今中国的社会主义现代化建设正处于一个重要的历史时刻，改革进入攻坚阶段，发展处于关键时期，形势很好，充满希望，但也存在一系列棘手的问题和深层次

矛盾。要解决这些问题，必须依靠科技创新和进步，科技创新和进步又取决于有足够数量的高素质人才。因此，利用政策充分调动、发挥知识分子的积极性和创造性，不断提高他们的知识水平和知识更新速度，增强他们的竞争实力，就显得尤为重要。

科学研究分为基础研究和应用研究、开发研究。基础研究是学科前沿的创新研究，它以认识客观世界的物质结构和各种运动形态、发现新现象、认知新规律为己任；基础研究的重大发现常常带来新思维方法、新的视野和发展领域，带来新的技术和生产的革命性变化，导致很多新产业的出现。中国要重视基础科学研究，建立独立的研究机构和学院，从事系统的实验和理论研究；要重视培育世界级的研究中心，全方位地为优秀研究人员脱颖而出创造良好条件。邓小平十分重视基础研究与应用研究的协调发展，很早就提出增加高等院校的科研能力，并预见若干年后，学校的科研机构同专业研究机构会大致同等，并说生产部门会有搞基础科学的，但着重于应用科学，科学院和大学可以多搞一些基础科学，但也要搞应用科学。朝着这个方向走，中国的科学事业就可以发展得快一些。与此同时，中国也不能忽视应用研究和开发研究。应用科技和开发研究一般具有明确的目的，是为了进一步发展某项技术，提高生产效率，拓宽应用领域，利用基础研究的新发现开辟新的生产力，合理使用和节约资源，保护环境和生态等，是在具体研究项目、技术改革中创新的过程。中国是一个发展中国家，国力有限，当前更为紧迫的是要根据中国经济和社会发展的需要，加强应用科技研究和开发研究，并在市场经济的推动下，迅速将已经取得的科技成果转化为现实的生产力，实行产学研相结合，共同促进高新技术产业化。

（四）必须与时俱进培养和造就一支高素质、现代化的领导干部队伍

科教兴国关键在人，尤其是要有一支政治理论素养、文化素养以及现代化科技知识含量很高的领导干部队伍，这是不言而喻的，也是当前较为紧迫的任务之一。因为，中国的科教兴国兴的是有中国特色的社会主义中国，以马克思主义为指导，理所当然地是中国完成这一历史使命的理论基础。这就要求中国的领导干部具有相当高的马克思主义水平，尤其要刻苦学好邓小平理论，从而保证科教兴国朝着正确的方向发展。邓小平理论是在马克思主义与当代中国改革开放实践的科学结合中诞生的，是在广泛的领域和更深的层次上对马克思主义的坚持和发展。因此，贯彻执行科教兴国战略，不仅要求领导干部要完整准确地把握邓小平理论的精髓和科学体系，尤其要学好关于"第一生产力论"和

"教育基础论"，结合现阶段中国科技和教育发展中提出的新问题，采取切实有效的措施，将邓小平理论运用到实践中，解决好方向性、方针性的问题。只有这样才能真正发挥马克思主义对科教兴国的指导作用。

建设中国特色的社会主义强国，要求干部具有很高的文化素养特别是具有民族文化素养的干部，要求领导干部学习和掌握中华民族的历史、五千年文化的精华。即领导干部应该率先垂范，刻苦学习，了解民族文化，尊重民族文化，尽可能地掌握其精髓，并通过干部队伍文化素质的提高带动整个民族文化素养的全面提高。同时，不懂现代科学技术，领导干部就很难做到思想敏锐、决策英明、管理科学、举措得当，也就不可能正确地吸收先进技术和经验，向世界水平看齐，更谈不上有所超越了。只有领导干部队伍科学技术水平不断提高，重视科技和教育，大力提倡和支持知识创新，促进高科技产业化，切实把经济建设转到依靠科技进步和提高劳动者素质的轨道上来，中国经济社会发展落后局面才会得到彻底的改变。

（五）必须增加投入，深化改革，把科教兴国战略落到实处

当今，世界经济正处在工业经济向知识经济转变的时代。知识，历来是经济发展的核心要素，是比材料、资本、劳动力、汇率更为重要的经济因素。"知识经济"是当今世界经济的最新特点和发展趋势，因而越来越受到世界各国的高度重视。发达国家纷纷调整和制定发展战略，以求在21世纪的国际舞台上占领先地位。美国、日本把科研投入的重点放在生物技术、微电子技术、信息技术、电脑技术等关键性的高科技领域。1996年，美国投入信息产业的资本就占资本总量的40%以上，大大超过其他产业。日本也不甘落后，仅三井公司的环球信息网络就有三个层次、160多个海外分支机构组成，通过卫星把东京、纽约、伦敦、悉尼和巴黎等世界主要城市的信息中心连接起来，每天接收的通信超过5万件。欧盟也在进一步从宏观上努力实施其"科教兴国"战略，依靠科学技术与教育，快速持续地发展经济，以确保其"跨世纪发展"。为此，欧盟委员会于1997年7月发表《2000年议事日程》，明确提出要"将知识化放在最优先地位"。亚洲一些国家也不示弱，韩国提出了建立"头脑强国"的口号，由政界、产业界、学术界和科研机构的39名高层人士任"韩半岛信息促进本部"的社团法人，其任务是为在21世纪使韩国建成信息化社会而对政府提供政策咨询。新加坡也在积极为提高人力素质、发展知识经济而努力，并于1997年6月成立了由公共和私营领域里杰出人士组成的"人力21指导委员会"。这些迈向知识经济的重要举措，展示了该国今后经济社会发展的方向。

各国政府为迎接知识经济的挑战，在制订科技发展战略的同时，也在研究教育发展规划，增加教育投入。教育是知识产业中最重要的组成部分，是增大人力资本的根本手段。人力资本通过人力投资而形成，主要的人力投资包括正规教育与职业培训。如美国80%的工作岗位本质上都是脑力劳动，欧盟把教育放在知识经济的中心，通才教育与专才教育并列发展，正规教育与职业教育并肩前进，注意培养科技、管理和商业人才。正是由于人们越来越认识到以知识为基础创造财富的方法正在强行征服世界，而妨碍穷国赶上富国的是人力资本的缺乏，并不是缺少有形资产，所以亚洲不少国家也在急起直追，要在发展教育、开发人力资源方面，赶上时代的要求。总之，各国政府都意识到，要进一步推动本国科学研究和经济的发展，保持或争取在世界上科技和经济的领先地位，必须把重点放在发展教育、培养人才上面，着眼于未来。

中国政府也在积极调整科技战略，增加经济投入，以确保科教兴国的正确实施。邓小平始终要求各级党政领导，真正把教育科技的优先发展作为一项重要任务来抓，把努力增加教育科技投入当作落实教育科技战略地位的根本措施。

邓小平在1978年4月召开的全国教育工作会议上提出了"教育事业必须同国民经济发展的要求相适应"的科学观点，这一观点阐明了教育与经济相互促进、相互依存的辩证统一关系。一方面，国民经济的发展要靠教育提供人才等智力资源，另一方面，经济为教育的发展提供资金等物质条件。在这样立论的基础上考虑教育投入问题，他要求"国家计委、教育部和各部门，要共同努力，使教育事业的计划成为国民经济计划的一个重要组成部分"。但是，在教育事业发展中投入不足一直是一个未能很好解决的问题。邓小平始终反复强调要解决教育发展与经济发展比例失调的问题。1980年1月16日，在中央召集的干部会议上，他再一次谈到了这个问题。他说处理好教育发展和经济发展的关系是很重要的。二者之间的比例失调，其表现就是教育经费太少，这是一个很大的缺点。他明确地说："经济与教育……都有相互依存的关系，不能顾此失彼。"为了建设现代化的社会主义强国，必须重视发展教育科技事业，保证有足够的教育科技投入，提高教育科技投入在国家财政支出中的比例，因此邓小平提出："我们非要大力增加教科文卫的费用不可"，"无论如何要逐年加重这方面，否则现代化就化不了。"

教育科技投入不仅仅是一种消费，而且具有生产性，是有效扩大再生产的必要投入，是比物质资源的投入更有效益的投资。世界许多国家的经验都证明了这一点。邓小平在呼吁增加教育科技投入时，以许多国家的经验作为借鉴，用以说明我们解决这一问题的现实性和紧迫性。1977年，在谈到日本经济发展的成功经验时，他强调了日本现代化与兴办教育科技的关系，他说："日本人从明治维新就开始注意科技，注意教育，花了很大力量。明治维新是新兴资产阶级干的现代化，我们是无产阶级，应该也可能干得比他们好。"1980年，他在谈到教育经费问题时，还举例说甚至有些第三世界的国家在这方面也比我们重视得多："印度在教育方面花的钱就比我们多。像埃及这样的国家，人口只有四千万，按人口平均计算，他们在教育方面花的钱，也比我们多几倍。"以此提醒我们党、政府和人民要把眼界放宽些，看清我们的差距，急起直追，干好我们自己的事。

在实际工作中，教育科技特别是教育的战略地位远未真正落实，一些同志还不能自觉地摆正教育与经济的关系，只强调教育要为经济发展服务，而一谈到依靠教育发展经济，就认为不那么必要，认为教育是"软"任务，甚至把教育视为"包袱"。具体到经费问题上，甚至错误地认为，在财力有限的条件下，"经济要大上，教育顾不上"，"一工交，二财贸，剩多剩少给文教"。针对这种情况，邓小平及时指出："还有相当一部分同志，包括一些高级干部，对于发展和改革教育的必要性，认识不足，缺乏紧迫感，或者口头上承认教育重要，到了解决实际问题时又变得不那么重要了。我们不是已经实现了全党全国工作重点转移吗？这个重点，本来就应该包括教育。"他还指出，有些地方的所谓没钱办教育，只是借口而已，"再拿出一点钱来建校舍和宿舍，我看也可以拿得出来"。

当前，中国生产力水平还比较低，教育科技规模大，教育科技投入仍然处于较低水平。在这种条件下，更应该处理好经济发展与教育科技发展的关系。邓小平号召"再穷，也要照顾科教经费"。"我们要千方百计，在别的方面忍耐一些，甚至与牺牲一点速度，把教育问题解决好。"这是邓小平根据社会经济与教育相互依存、相互促进的辩证关系，从社会主义现代化建设的总体布局的高度作出的发展教育事的部署和决策。只要中国的各级党委政府坚定不移地按照邓小平的部署决策去做，就能有效解决好教育科技特别是教育投入问题，进而推动中国"科教兴国"战略的实施。

主要参考文献

[1] 邓小平文选：第一、二、三卷[M]. 北京：人民出版社，1994，1993.

[2] 邓小平文集（1949—1974）：上、中、下[M]. 北京：人民出版社，2014.

[3] 邓小平年谱（1975—1997）：上、下[M]. 北京：中央文献出版社，2004.

[4] 邓小平年谱（1904—1974）：上、中、下[M]. 北京：中央文献出版社，2009.

[5] 邓小平论教育工作[M]. 北京：北京师范大学出版社，1998.

[6] 邓小平论教育[M]. 北京：人民出版社，1995.

[7] 邓小平科技思想年谱（1975—1997）[M]. 北京：中央文献出版社，2004.

[8] 邓小平教育理论学习纲要[M]. 北京：北京师范大学出版社，1998.

[9] 邢贲思. 邓小平思想辞典[M]. 北京：法律出版社，1994.

[10] 毛泽东邓小平江泽民论教育[M]. 北京：中央文献出版社，2002.

[11] 龙平平. 邓小平研究述评[M]. 北京：中央文献出版社，2003.

[12] 邓小平研究述评（2003—2014）：上、下[M]. 成都：四川人民出版社，2014.

[13] 邓小平人生纪实：上、中、下[M]. 南京：凤凰出版社，2011.

[14] 曹应旺. 邓小平的智慧[M]. 北京：中央文献出版社，2004.

[15] 傅高义. 邓小平时代[M]. 北京：生活·读书·新知三联书店，2013.

[16] 教育体制改革文献选编[M]. 北京：教育科学出版社，1985.

[17] 毛泽东选集：第三卷[M]. 北京：人民出版社，1991.

[18] 毛泽东文集：第六、七、八卷[M]. 北京：人民出版社，1999.

[19] 江泽民论有中国特色社会主义专题摘编[M]. 北京：中央文献出版社，2002.

[20] 江泽民. 论科学技术[M]. 北京：中央文献出版社，2001.

[21] 习近平谈治国理政[M]. 北京：外文出版有限责任公司，2014.

[22] 习近平关于全面深化改革论述摘编[M]. 北京：中央文献出版社，2014.

[23] 习近平关于科技创新论述摘编[M]. 北京：中央文献出版社，2016.

[24] 胡锦涛文选：第二卷[M]. 北京：人民出版社，2016.

后　记

　　广安是邓小平的故乡，家乡人民对邓小平始终深怀感恩之心、爱戴之情、敬仰之意。在建设伟人故里的实践中，坚持、丰富和创造性地发展邓小平理论是我们责无旁贷的使命。正是基于这一朴素的情怀，在邓小平诞辰113周年、《关于科学和教育工作的几点意见》发表40周年、恢复高考40周年等之际，邓小平图书馆牵头，组织本馆和邻水经济社会发展研究会的社科理论工作者，联系邓小平在长期的革命、建设、改革中一贯的教育科技思想理论观点，深刻认知邓小平有关教育科技理论与实践一体的方略，追踪觅史，广览文献，辛勤笔耕，通过"教育基础篇、科技关键篇、科教兴国篇"等科学构思设计，编著了《邓小平教育科技理论与实践研究》，对邓小平教育科技理论与实践进行全面、系统、深入的梳理、分析、研究、阐释，使邓小平教育科技理论与实践丰富的科学内涵得以全面展现，使其完整的科学体系得以充分体现，进而使其在现代化建设中的基础关键作用得以发挥。

　　无论是我们的思想境界还是我们的理论水平与研究能力，要完整准确地阐释博大精深的邓小平教育科技理论与实践，都存在较大的差距，《邓小平教育科技理论与实践研究》中难免存在不足。我们明知力不从心，但仍坚持研究邓小平教育科技理论与实践，目的在于表达家乡人民对小平同志的无限崇敬，为"坚持邓小平理论，在实践中继续丰富和创造性地发展这个理论"尽些绵薄之力。《邓小平教育科技理论与实践研究》的撰写，参考、借鉴了有关专家、学者的研究成果，在此，我们一并表示衷心感谢！同时，我们还要特别感谢中共中央文献研究室张曙研究员在百忙中予以指导和帮助，以及西南交通大学出版社各位老师给予的指导和帮助。

课题组
2017年6月